U0148854

新儒·新新儒

東方文化與國際社會的融合

張炳煌敬書

魏萼·李奇茂·張炳煌 主編

文史哲出版社

國家圖書館出版品預行編目資料

新儒．新新儒：東方文化與國際社會的融合 / 魏萼，李奇茂，張炳煌主編. -- 初版. --臺北市: 文史哲,民 91

面; 公分

含參考書目

ISBN 957-549-479-2 (平裝)

1.儒家 – 論文,講詞等 2.文化 – 論文,講詞等

121.207　　91019841

新儒．新新儒

東方文化與國際社會的融合

主編者：魏　萼．李奇茂．張炳煌
出版者：文史哲出版社
登記證字號：行政院新聞局版臺業字五三三七號
發行人：彭正雄
發行所：文史哲出版社
印刷者：文史哲出版社
臺北市羅斯福路一段七十二巷四號
郵政劃撥帳號：一六一八〇一七五
電話886-2-23511028・傳真886-2-23965656

售價新臺幣九〇〇元

中華民國九十一年十月初版

ISBN 957-549-479-2

△淡江大學張紘炬校長開幕式致詞

▷中國孔孟學會李煥會長

△美國伊利諾大學亞太研究中心主任于子橋教授

▷中央研究院中國文學與哲學研究所研究講座劉述先教授

△北京大學東西方文化研究中心主任梁守德教授

▷輔仁大學哲學系鄔昆如教授

△前瞻基金會董事長、淡江大學特約講座魏鏞教授

▷中國孔學會理事長、淡江大學文錙藝術中心主任李其茂教授

淡江大學　　　　　美國史丹佛大學胡佛研究所　　　美國夏威夷大學
馮朝剛副校長　　　　資深研究員馬若孟教授　　　　哲學系成中英教授

▷歐亞基金會理事長、淡江大學張京育教授

北京大學國際關係學院常務副院長潘國華教授

國父紀念館張瑞濱館長

△北京大學國際關係學院副院長許振洲教授

◁淡江大學文錙藝術中心副主任張炳煌教授

台灣大學國際講座　黃光國教授　　波蘭華沙大學漢學研究中心主任　昆斯特教授　　義大利東方大學亞洲研究中心史花羅教授

二〇〇二年五月四日淡江大學大會會場之一角

二〇〇二年五月五日國父紀念館大會會場之一偶

淡江大學俄羅斯研究所所長彼薩列夫教授　淡江大學歷史系系主任劉增泉教授　淡江大學俄羅斯研究所馬良文教授

魏 序

—不做中國古代思想的奴隸—

淡江大學的校歌一開始就説到：浩浩淡江，萬里通航，新舊思想，輸來相將。這個儒家思想的基本精神就是要融合東方與西方的文化與思想。在東方思想方面，必須抓著中國文化的精華所在，要博覽中國古代的諸子群書，但不做古代思想的奴隸；在西方思想方面，必須吸收西方文化的精華，要精研西方當前的經典著作，但不做外來思想的殖民地。具體的説，我們不但不做儒家思想大漢沙文主義的狂夫，而且也不做盎格魯-撒克遜（Anglo-saxon）西方文化霸權主義的幫兇。換言之，要在潺潺滾滾的歷史長河和浩浩蕩蕩的時代巨輪中找到「致中和」的全球化本土主義 (Glocalism) 價值觀的思想體系。具體的説，這個學術精神不但要做到「古為今用」，而且也要做到「洋為中用」，同時更要「與時俱進」的依據國內、國外主客觀情勢，賦予新時代、新思想生生不息的生命力。這一方面要從國情出發，面向國際，從本土出發，面向全球，使國情的現實與國際的理想接軌，使本土的文化與全球的價值接軌。

太史公司馬遷有言：「通古今之變，究天人之際，成一家之言。」誠哉斯言。承蒙美國夏威夷大學成中英教授的鼓勵及鞭策，這次由淡江大學國際研究學院、北京大學國際關係學院及北京大學東西方文化研究中心等單位共同主辦的「東方文化與國際社會」國際學術研討會（二〇〇二年五月四日、五月五日）正是要面對東西方文化的比較價值觀進行探討，同時也要尊重各地區、各國家的本土文化特色，兼具孫中山文化的涵義，進而尋找儒家文化在中國「文藝復興」與「啓蒙運動」中的新角色等等有關的問題。因此「新新儒家」的科際整合（人文與社會科學等的理論與實踐）意義正是本次會議討論的主要重點。

這次會議有來自中國大陸北京大學的學者梁守德、潘國華等十位教授，波蘭華沙大學漢學研究中心主任昆斯特（Mieczyslaw Kunstler）教授，義大利東方大學亞洲研究中心的史花羅（Paolo Santangelo）教授，以及美國史丹佛大學胡佛研究所資深研究員兼東亞部門主任馬若孟（Ramon H. Myers）教授，美國伊利諾大學亞太研究中心主任于子橋（George T. C. Yu）教授，美國夏威夷大學哲學系成中英（Chung-yin Cheng）教授等，還有港台許多知名的學者劉述先教授、鄔昆如教授、黃光國教授、張永儁教授、葉海煙教授等等人士共同參與此盛會，其意義非凡。

應讀者們的要求，本出版品正是蒐集這次「東方文化與國際社會」國際學術研討會學者們所發表的論文，彙集成冊。本著作的出版要感謝藝術家李奇茂教授（中國孔學會會長）、張炳煌教授（淡江大學文錙藝術中心副主任）、李靜之（淡江大學國際研究學院秘書）、鄭惠文（淡江大學國際研究學院助理）等的大力協助，若無他們的協助，這部著作的出版是不可能的。此外台北文史哲出版社彭正雄社長的支持，使本書得以順利出版，其功不可沒，特此致謝。

魏　萼 敬識 於淡江大學國際研究學院

二〇〇二年七月二日

成 序

—儒學三義與新新儒學的發展高峰—

儒學是一種動態發展的學問，其動態發展係來自人的自覺，自覺人的潛力、自覺人的價值，也自覺人的問題，也許正因為人有問題，而不得不自覺以克服之，並進而實現與發揚人的潛力和價值。基於此，儒學形成一套重視德行，重視實踐、重視人際、重視環境的倫理、政治、文化生態的哲學體系，此一體系形成並非歷史的偶然，而為人之為人的必然與應然所致。

儒學內含的動態性導向儒學能夠外在發展的三個面向：面向行為（德—道德）、面向真實（道—道體）、面向學問（知—知識）。三個面向在理想上彼此相連，貫通為一，但在現實上，由於歷史和社會因素，或基於人的發展的需要，卻可以倚輕倚重，導向儒學焦點性的分野以及程序性的差別，因而有不同面貌的儒學。下面我就儒學三面向論述古典儒學（倫理儒學）、新儒學（道體儒學）和新新儒學（知識儒學）的差別，並指出當此21世紀人類社會重組、經濟重組之際，我們必須重視知識儒學，並基於知識儒學以實現倫理儒學與道體儒學。

我們可以把重視道德行為看成古典（先秦）儒學的特徵，把重視道體本心看做宋明以來新儒學（當代新儒家也一併在此分類之中）的精神所在，但重視知識，擴大知識的探索，然後轉知識為價值（轉知為智為德），以打破社群及族群之歷史偏執和蔽塞無知，發揮人性的多重創造力，建立一個多元一體、和諧繁榮的人類社會，則是一個發展中的、方興未艾的、具有未來性的新新儒學的典範。

古典儒學是為己之學，也是為仁之學，為己所以為仁、為仁所以為己。仁者愛人，愛人之道在充實自己、修持自己、提升自己、規範自己，從「己所不欲、勿施於人」做到「己欲立而立人、己欲達而達人」。這種重視行為，追求人格完美的修持是古典（先秦）儒學的基本精神，也是孔子倡導儒學以化成人性的初衷，開展與實現禮樂社會與王道政治的起點。稱之為倫理儒學，自然極為恰當。

新儒學（包含當代新儒學）具有強烈的道體意識，從道體根源上肯定人性之德、人性之真，同時也著重建立一個生命流行，萬物化生的本體宇宙觀和天地人一體並存的生態哲學。人之道德修持有其形上的基礎，也有其倫理與心理的需要，表現為性即理、心即理的雙重道德形上學命題。發展至今，當代新儒家主張返本創新、回歸本心，在道德基礎建立民主政治與科學知識（所謂內聖開出新外王），本質上與宋明理心學並無二致，故總稱之為道體儒學可也。

倫理儒學與道體儒學均為儒學之重要面向，應時代與歷史的需要而發展演進，但若不能超越歷史，則將囿於歷史，陷於歷史，而不能面對時代與人性發展的訴求，把人性和人類社會推向更高的價值，更高的存在境界。周易「生生不已」，大學「日新又新」之義在於與時偕進、通變變通，開物成務、化成天下。故為儒學者，不可不面對 21 世紀人類全球化的發展，從多種層面與多向努力來促進人類社會、經濟、政治、法律、倫理、科技的改進、革新與創造，期以實現人類持續生存發展、和平融合、共享繁榮和尊嚴，以達永遠的崇高。欲達到此一崇高理想目標，也就不能不十分重視知識，重視自然之客觀結構與物能、物性之自然性向，不以人役物，也不以物役人。人與物，亦如人與人，必需互動發展，人必需從中獲取知識，擴大知識，不斷改進知識，以知識作基礎，建立合理的制度和準則，實現效率和價值並重的知識經濟與知識政治，同時也實現開拓人性、滿足人性的雙理（管理與倫理）平衡和諧的社會需求。重視知識，即所以外在的掌握人性，修持道德，即所以內在的體察人性，合知識與道德，即所以實現人性社會於知識社會之中，此可謂為「合外內之道，故時措之宜」的知識儒學，此即我所謂之新新儒學。

21 世紀的人類面臨空前巨大的無形危機、無形的恐怖、無形的壓迫、無形的煩憂，唯為從儒學身心內外多面向切入，方能解除此一魔障。作為知識儒學的新新儒學（新新儒家）力求打破無知愚昧和成見，以清明的、開放的求知理性，追求自然、社會與人文、自我的知識，以及與其相應的德性和價值，雙管齊下、雙輪並進，為全體人類，解除困境、解決問題，並創造一個美好和諧的人性社會。

近年來，魏?教授從經濟學的立場研究儒學，成果甚豐，也得到相同的結論，並提出發展新新儒學的理念，實在令人欣慰和感佩。

新新儒學整合倫理與真實（包含經濟實利）的努力，更發揮了儒學成人成己的精義。從此意義言之，新新儒學超越了古典儒學與新儒學而又包含之。作為儒學資源與現代自然社會與人文知識的大整合，新新儒學也可說是儒學發展的一個高峰。

成中英 序於台北旅次

二〇〇二年八月二十五日

黃　序

—新新儒家的崛起—

此次淡江大學與北京大學聯合舉辦「東方文化與國際社會」國際學術研討會，邀請國內外專家學者，齊聚一堂，討論「新新儒家」的科際整合問題·就一個多年來致力於發展「本土社會科學」的心理學者來看，是深具時代意義的。我從一九八〇年代開始，致力於發展「本土心理學」·後來逐漸察覺到：所謂「心理學本土化」的問題，其實是國內社會科學界，乃至於整個科學界，對西方科學哲學缺乏相應的理解所造成的問題。因此，我一面有系統地研究西方的科學哲學，一方面以之作為其礎，分析中華文化傳統，並據以發展本土心理學。多年來的經驗，使我深深體會道：華人本土社會科學的發展，本質上是一種「會通東、西文化」的過程，唯有「究中西之際，窮古今之變」，才有可能「成一家之言」。

因此，當魏萼院長邀請我參加此次研討會時，我立刻毫不遲疑地答應下來，並撰寫一篇論文，題為「從新儒家到新新儒家」，說明我對於這個問題的看法。在我看來，「新儒家」的主張本質上是一種「實踐哲學」，「新新儒家」則應當是一種「社會科學」。這樣的觀點和魏萼教授在〈新「新儒家」釋疑〉一文中的論點是十分類似的。更值得注意的是：哲學界前輩劉述先教授在〈現代新儒學發展的軌跡與展望〉一文中指出：新儒學思想由第二代到第三代的發展，是由「尊德性」到「道問學」的轉向；成中英教授在〈第五階段儒學的發展〉一文中不僅指出西方「現代性」和中國「古典性」的對比，而且指出：新新儒學發展的重大工程在於「貫通東西、融合東西」。在此次研討會上所發表的各篇論文更是清楚地反映出：不論是從那一種社會科學的立場在討論華人社會中的問題，都不可能不吸納西方重要的學術典範，更不可能迴避掉儒家的文化傳統。

這許許多多的跡象已經很清楚地顯示：新新儒家的時代已經來臨。以在華人社會中從事社會科學研究做為終身職志的學者，在認清此一時代趨勢之後，如何在自己的研究領域中「融匯東西」，以加強自身「道問學」的本事，是我們最需要嚴肅思考的問題。

國家講座教授　**黃光國**

二〇〇二年七月一日

新儒・新新儒

東方文化與國際社會的融合

（東方文化與國際社會國際學術研討會論文集）

目 次

第二篇 東西文化的融合

第三篇 各地區文化的特色

第四篇　孫中山先生與國際社會

附　錄

第一篇

儒學、新儒學、新新儒學

1

第五階段儒學的發展與新新儒學的定位

成中英

從儒學內在的發展邏輯來看，儒學面臨的問題是如何從個人的道德修持經社群的改造而達致人類社會的修齊治平。驗之於中國政經的歷史，儒學實際達到的成果與階段性的成就大都停留在個人的道德修持與一般性的社會與政治的局部改造上面，更無論長期持久的優良效果。相反的，歷代累積的歷史效應往往是負面的，沈陷的，封閉的。這可以用皇權專制的深化與惡化來說明。自漢之宰相至宋明之門下中書內閣的發展標誌出皇權的集中內化，也標誌出皇權的逐步腐化與走向敗亡。儒學作爲內聖外王之學，經漢儒的通經、宋儒的體道，拒絕成爲皇權專制衰亡的賠葬品，是否能在新的現代的政經體制上實現其理想又成爲儒學的時代課題。更深入的問題是在政治與社會歷史的發展中，儒學曾扮演了什麼樣的角色？它曾促進了什麼樣的改革？它又遭遇到什麼樣的失敗？在21世紀的今天，儒學能否促進現代化與現代性的順利產生？它能否把中國與東亞帶向新時代的政經發展？它能否成爲提升人類社會品質的文化力量？所謂新時代的政經發展指的是政治的民主化、經濟的自由化。政治上的民主化的含義是全民在政治上的理性的意志參與，追求在政治組織與政治實行中合夫理性價值的人性潛能的實現。經濟上的自由化則是指的建立導向合理自由競爭的市場，運用科技知識來促進生產力與提升社會中全體與個人物質生活與精神生活的品質。兩者涉及的問題固然很多，但其要點不外乎發展人性中的創造能力以謀取人類社群的整體與個別福利，並逐步走向人類的大同與世界的永遠和平及可持續的向上發展。這是人類社會走向全球化的一個動因。

從這個人類發展的理念與遠大目標來看，儒學不但早具此等發展的願景與精神，也可說爲此一發展的目標提供了思想與理念的資源。故儒學本身的發展必須以此爲標的，也必須善用此一價值認知來進行理論的重建更新與具體的實際應用。傳統的儒學提供了發展的方向與目標，但卻未能在理論與方法上不斷的進行嚴密的探討。這固然有其客觀環境的原因，我們也不能忽視儒學生命成長的內在的因素：它未能發揮其合內省（致誠與涵泳本體）與外觀（致知與窮理達道）之學的潛能，在不斷的平衡綜合中，以求認清問題、面對問題、與解決問題（所謂力求實踐、通體致用，固時措之宜），並從問題中擴展知識的範圍與主體決策的能力。此即表明儒學要成爲中國文化的現代化實力以及世界經濟全球化的動力必須先要自身的現代化，也就是必須自身具備發展知識、充實及開拓理性資源的能力，而不必侷限在因循文化的積習成規之中。文化傳統的重要性不在文化的積習成規，而在文化所包含的價值眼光、價值理念與價值體驗。

我們可以把儒學的歷史發展看成三個層次與五個階段。所謂三個層次是指道德、經濟與政治三者形成的三項考慮，也就是義、利與仁的三項考慮。孔子重視道德層面，並以之爲治國平天下的基礎。但要做到此，卻必須要排除自私自利，以仁爲已任。

因之，仁義並舉，以義抗利就成了傳統儒家的思想標誌，同時也就束縛了儒家的經濟思想兩千年。關於儒學的道德、經濟與政治三層次的認識我們可以作如下的觀察：道德是約束個人的私欲以尋求與達到社會和諧安寧。進一步克已複禮，擴展個人的仁愛之心，以天下爲己任，以德服人，必能由內聖而外王而王道天下。政治指的就是這種克己複禮、以德服人、正己正人的工夫。但爲了使道德能夠規範與成就政治，就不得不對能夠誘人私欲、陷人於腐敗的利加以限制，甚至對如何去實現衆人之利的經濟也就絕少發揮。就以論語一書而論，我們看到的是君子固窮，小人重利而爲君子所不恥。至於國家的經濟大局，孔子強調的是不患寡而患不均。相對于更早期的管子而言，孔子顯然並不重視經濟。這也許是周代齊魯兩國不同的政風所顯示的文化差異把。雖然，孟子站在人民基本的生活需求的滿足上思考到如何建立一個可持續發展的福利國家，但這仍非西方 18 世紀以來借積極開發經濟來建立知識社會、理性政治，來實現人生的自由與平等的同調。大學中有一段反應了以德生財的精闢推論："是故君子先愼乎德。有德此有人，有人此有土，有土此有財"。此一推論卻必須假設德的含義在現代化的需求中必須擴大，應該包含高瞻遠屬、知人善任的眼光與開物成務、節流開源的雄才。一個現代化的儒家就必須致力於經濟的建設，並以經濟的建設爲達到政治建設與文明建設的的一個必要途徑與手段。

儒學發展五階段論①：儒學的發展有其班班可尋之歷史軌跡。

---

① 牟宗三有所謂儒家三期發展說：先秦儒學爲第一期，宋明儒學爲第二期，當代新儒家爲第三期。杜維明對此作了發揮。我此處提出的儒學發展五階段論應更能表達儒學發展的豐富內涵與曲折過程，爲儒學的當今與未來發展提供更深刻與廣闊的願景。

首先必先朔之於儒學發展的原初階段（紀元前六世紀--紀元前四世紀）。對此一階段的理解至今仍未盡完全。但此處我們可以把理解的重點說出。第一必須要肯定儒學的歷史文化基礎，以之源於中華民族的生活智慧與宇宙認知。故不可把論語與易傳裂為二本。在原始的宇宙認知上儒家與道家是共源。其次，孔子的“吾道一以貫之”的道是體用無間、持體達用之道，不可局限在倫理與政治平面，但卻包含兩者為內外之一體。其核心是生生不已之德，實現為義利兼具的一體之仁。

孔子也重視智與禮，但卻以之為體仁的條件與形式。因之孔子的哲學是包含極廣的，涵攝了孟子與荀子的重悟（思）與重學（知）、重義與重禮、重氣與重理、重力行與重清明的多重性格。

在經典上我們可以看出四書五經的一體多元、多元一體的整體性與開放性。我們必須在此一理解的基礎上去理解儒學的發展的內核精神與精義以及其擴展與自我超越反本創新的能力。

也在此一基礎上我們可以看到中華民族的文化與學術生命的發展與更新的潛力。

總言之，古典儒家的精神在以全民個人道德的修持來促使個人自我實現、進行社會改造與達到民本政治的建立。儒家最後的目的在人性的完成與仁愛社群的實現。何謂個人道德的修持？在掌握個人生命的潛力以自省的方式體察人性原初的同情共感、克己度人的內在能力與意志，並發揮為合理的個人行為與生活方式。我們對孔孟之道的理解當可從此數言所包含的數方面切入。孔子面對複雜的人際關係與社會結構認識或覺悟到人的自我的對惡的克制與否與善的擴展與否的主導能力，因而提出一個“仁”字來作為行為的起點與標準。仁既能克制自我以予己以成長的機遇、予人以活動的空間，又能擴展自我以包容他人，從而待人如己，己所不欲，無施於人，己欲爲善，與人爲善。己欲爲惡，因惡惡而棄惡從善。由此觀之，仁之自覺既爲自我的認同提供一個本體的層面，又爲道德價值或行爲規範提供了一個確認是非善惡的最根本的意念與信仰，是乃人性之爲人性、人之爲人的根基所在。

古典的儒家是以仁的發軔與仁的完成爲個人及社會的生命的最終價值。在人的仁的轉化與成就過程中因種種處境與關係呈現了種種德性。儒家的所謂諸德就是人的實現爲仁的呈現，必須從一個整體的仁的完整過程中去理解。又必須從人的最終信仰、最終價值、最終承擔來理解。論語中曾子說“士不可不弘毅，任重而道遠，仁以爲己任，不亦重乎，死而後已，不亦遠乎。” (8-7)就是這個意思。孔子又說：“志士仁人，無求生以害仁，有殺身以成仁。” (15-9) 由此甚至可見孔子心目中的仁者的殉道性，可說富有強烈的宗教情操。但即使作爲宗教的情操來看待，仁者之能捨生取義、殺身成仁，非必要以特定的宗教信仰爲物件爲目標，也非必假設有此一特定的宗教物件或此一特定的宗教目標，但卻必須要以人自身的行爲價值爲目標，以人對生命的意義的最終覺悟爲依歸，故是完完全全以個人生命的超越與人性的實現爲終極關懷的。仁界定了人，也成就了人，界定了道，也成就了道，並實現了人的內在的德的、道的、或道德的宗教性。

以上所說的就是儒家人的生命哲學的內在的超越。這個內在的超越是在人的生命中實現生命本體及宇宙本體的深沈價值，體現了超越自我又完成自我的在有限性中實現無限性的精神。此一超越除了精神意義外也有其宇宙論的意義：此即自我創造性的超越或內在的超越而非外緣拯救性的超越或外在的超越。這點說明了儒家的人文、人本、人主的宗教性（自我終極完成）本質。同時也顯示了儒家可以與時階進、同時向外向內開拓的創造性的所在。儒家之能夠不斷發展不斷革新正是體會了儒家內涵的自強不息、厚德戴物、日新又新的創造精神。從這個意義上說古典儒學是原始的中國的生命本體宇宙哲學的具體實現，也就是周易的天地人哲學的天人合一、天人感應、體用相需、本末一貫的道德性的發揮。因之古典儒家在其發展中也逐漸形成了一個含蓋天地萬物的本體宇宙哲學，與其道德的實踐與社會政治的體現彼此呼應，並互為基礎，表現為知行本質上的一貫性、持續性、發展性與開放性。這也是古典儒家自孔子以來到孟子重自反、荀子重勸學的一貫學習求知精神之所在。當然，這點也就保證了儒家的可持續成長的再生能力與能量，在今後歷史與文化的發展中呈現多樣的境界開拓與制度建立。

儒學發展的第二個階段從古典儒家到漢代儒學（紀元前二世紀--紀元三世紀）走的是經典的整合與經義的系統化路線。面對秦火焚燒的灰燼如何在文獻上求正確完整，在文字註疏上求原有義理，在義理上求貫通圓融，在應用與實踐中求效果求權威，都可看成是漢代學者面對時代的當急之務。基於歷史的此一要求來理解漢代儒家，漢代儒家可說在轉授經學的同時力圖建立一個比較完整可信的古典知識體系與與語言解說系統。董仲舒(179-104BCE)不但可看成是此一方面的集大成者，且進一步把對天的信仰與社會倫理及政治措施密切的關聯起來形成一個天人與主客相互感應的陰陽五行符命系統。他與漢武帝“天人三策”的對話開其了獨尊儒學罷黜百家的漢代儒學權威。此一措施不但引起了儒學的過度倫理化、政治化，也導向其纖緯化、政爭化，使西漢儒學走向衰落之路。又因為政治的因素，兩漢經學今古文之爭未能得到很好的解決，使後人無法獲得古典學術的全貌。但就中國詮釋哲學的發展來看，諸多中國經典詮釋的特色卻可自此以角度來理解：重建文本與原義或發掘微言大義。無論是周易的象數之學或詩書與春秋的註疏之學都體現了既廣博而又剁雜的特徵。一直要到東漢末的王充才對此一局面進行了強調實證的整飭與批判。到了王弼更盡掃象數，建立了與人生及宇宙直接體驗關聯的周易哲學。這其間道家哲學發揮的淨化提升作用自然是不容忽視的。在此基礎上，宋明理氣心性之學才得以發揮。儒家與道家的互補與互動於此也可見一斑。

在魏晉玄學（新道家）的基礎上中國佛學的發展是可以理解的。在玄學與中國佛學的基礎上儒家的再發展更是可以予期與理解的。這就是儒學第三階段的宋明新儒家（十世紀至十七世紀）的興起的動力與資源。至於宋明新儒家的特色何在，我們可以列述其重點如下：

1. 對本體宇宙的體驗浸泳以為生命價值之源（周敦頤，張載，二程）
2. 對道的理化與氣化以及本體哲學的整體系統化（邵雍，朱熹）
3. 對自我人性的深入感受形成性理化與心性化（二程與朱熹）
4. 對人天深層動態結構與發展過程的體會與理解（周敦頤，邵雍）
5. 建立道德倫理內在的規範於本體心性的體會與理解之上（陸象山，王陽明）
6. 面臨心性哲學的思辯化的兩極發展及其內在張力（朱熹，陸象山）

7. 面對天人（道德）本體致知達用有關治理及改革實務的考驗（二程，王安石）
8. 面臨改革中人性、社會、經濟與政治結構的挑戰與教訓（王安石，二程）
9. 面對理性與人主體性（悟性）的根源與分化的整合挑戰（朱熹，王陽明）

宋明新儒家面對問題的態度爲何，解決的問題方式爲何，帶來的新問題的性質爲何。保存及開拓古典儒學的方面爲何。迎拒及融合道家與佛學的方面又爲何。我們可以從北宋道學的發展、南宋理學的建立、宋明心學的興起與此等諸學的實際運作與致用來考察。在此考察中吾人得到以上九點結論。更值得吾人反思的是道學、理學與心學的致用所標示的體用如何平衡激蕩、如何相互批判與如何推陳出新的問題。我們當可從宋代神宗(1068-1086)、哲宗(1086-1101)兩朝王安石變法的成敗中領取到許多儒學作爲體用之學的深刻教訓②。

自宋而元，自元而明，自明而清，宋明理學與心學遞有消長，優劣互見。清代(1616-1911)可視爲儒學發展的第四階段，是一個恐懼戒愼的保全階段。明末清初四大家（顧炎武、黃宗曦、王夫之、顏元）在失國之痛的反省中深入的批判了宋明理學與心學的流弊，力圖建立一個開放的本體宇宙觀與歷史哲學及務實的實踐哲學。但由於改朝換代，雖然開啓了崇實絕虛、回歸經典、直探義理的學風，卻不能扭轉清廷基於統治的要求實現的文化政策，轉向考據與訓詁。這也使儒學不能於痛定思痛之後有一番飛

---

② 參考關長龍著<兩宋道學命運的歷史考察>，上海學林出版社出版，2001 年。頁 99-254。

躍發皇的更新。相反的，乾嘉漢學的流行使儒學陷於整理典籍編纂考證文獻的巢穴之中，不再具有通經致用的氣象。固然，吾人一方面必須肯定乾嘉漢學的科學考據的成就，對傳統文化的知識體系進行了嚴密合理的整理，另方面也不能不惋惜錯失了中國可能發展實學與科學的機會（明末朱之瑜遠走日本，倡導經國濟民的國家改革，影響了明治維新，使日本較速的走向現代化，即為一例）。

考據之學兩派，吳派（成于惠棟）與皖派（成于戴震）。吳派固步漢儒，思想上缺少創見。皖派則能求眞求實，抒發己見。最重要的實例是，戴震從訓詁之學的實踐中凝聚出新的思考方法與新的思考方向，並對宋明進行整體的批判。戴震舉出"以理殺人"的批判指向後期理學與心學的閉塞與脫離人性與生活，是一針見血之論。但可惜的是他卻未能掌握早中期宋明的理性主義與道德精神來進行社會與個人倫理的重建，開拓一個面對世界宇宙的知識視野，對時代的影響也因之極為弱小。以此，乾嘉之末，方東樹、章學誠等人不得不重提宋學以批判漢學。基於對時蔽與社會危機的自覺，道光期間，今文經學派（公羊學派）逐漸興起，主張"通于天道人事，志于經世匡時"，對清代後期的社會有振聾發聵的作用，並導向變法維新之議。其中，龔自珍(1792-1841)最能切中當時的全面危機（經濟、政治、社會），具有強烈的時代使命感，並積極提出均田利民、生產富國、君臣共治的大型變革思想。卻可惜此一經世致用的公羊之學未能即時採用，列強侵略日急，亂世逐不可免矣。

總言之，有清一代儒學的處境可說是時時面對危機，不是陷溺被動，守成隱退，就是大聲疾呼，無以獲得社會與當局者的適當回應。畢竟社會與當政者的積習已深，面對時代之大變，終以欲振乏力，難以自拔。這正可說明鴉片戰爭之後，歷經洋務自強變法維新的努力而仍歸於失敗的原由。當然，從個別的經學家或學問家言，開始重視事功之學並要實踐從事實業，也不少見。但舉國卻無儒學活潑生命力的鼓舞，因循守舊，心態固蔽，只可謂守死善道而已。儒學的生機可說已到斷簹絕港的地步了。

十九世紀中國經歷了恒古未有之大變。宋明理學本就不足以因應時變，但如能早謀改革並反本創新，開放吸收，剛健自強，也必能如日本之明治勵精圖治，而又不必走上軍國主義的道路。由於錯過了時機，儒學的再發展就必須經過一個迂回的過程了。這就是我說的儒學的第五階段的發展。此一階段的發展應該掌握中國歷史發展的教訓，擴大眼光，吸取新知，開拓資源，面對政經文三大領域進行持續的整合與創造。要達到此目的，必須面對中西方或東西方的兩大文化體系進行理解與把握，以切入知識與與行爲雙向的全面整合與逐步融合。

東西文化及哲學兩大系統隔閡既大且深。此等隔閡不外出於西方現代文化突出的四方面發展：系統科學知識的發展（儒道重智慧不重知識；重自我學習不重集體探索），功利道德與權利倫理的發展（儒家迄未正視功利主義與個人權利主義；儒家重德性與責任不重形式上的權利），民主政治與民主社會的發展（儒家以民本爲政治之本，未能相互主體化爲形式上及實質上的民主），自由市場與市場經濟的發展（儒家不看重商賈與貿易，因不重視個人及集體的自由謀利之故）。西方由此又產生了法理與法治的發展、國家權力的發展，經濟知識化並與科技的結合，經濟與社會文化的結合。總體來說，西方的文化積極擴展主義或曰權力意志外求主義的發展是與儒家人本主義與人文主義內省主義形成尖銳的對比。我們可以列表對照之，並可將之歸納爲現代知識論所論述的內在主義與外在主義的對立，亦即古典性與現代性的對比與對立。我們在下面可看到有關西方現代性與中國古典性的重大特質差異對比：

現代性（西方）	**古典性（中國）**
1. 知識抽象概念化、科學化與系統化	1. 知識的具體表像呈現與經驗組合
2. 人主體性的意志化與物質化	2. 人反思本體的自然隨機與氣象表達
3. 人性的中立化與生理化	3. 人性的道德內涵的價值體驗
4. 人天結構分離化與對立化	4. 天人合一的心性起點與修持成就
5. 道德倫理的權利化與立法	5. 道德倫理的德性化與自約要求
6. 心理科學的物件化與行爲化	6. 掌握主體人性的內省與修持機制
7. 生命現象的觀測化與實驗化	7. 內在超越于自然生命的本體而歸於道
8. 社會國家的民主化與法治化	8. 轉化王聖爲聖王的奉獻與期盼
9. 人類經濟的全球化與統合化	9. 無視于或無爲於經濟發展的主導性

在此等比照的理解下，如何以古典性之體發展與含容現代性之用是二十世紀儒學發展面臨的最大的課題與挑戰。此即爲第五階段儒學發展中的重大課題與挑戰。當代新儒家（自 20 世紀三十年代以訖於 21 世紀的今天）的興起自有其時代性的眼光與迫切的使命感，但未能系統的掌握古典性與現代性的要點對照是一根本的缺失。往往以一概全，往往畫地自限，故步自封，整合未成而先下結論，都是當代心儒家內在理性的或方法論上的缺點。至於徑在道德理性一條鞭的基礎上對治科學與民主兩課題尤不能解決所有現代性的根本問題。其失在未能窺知本體理性的包容性與一體多元性而善加利用。總結當代新儒學的的重大缺失爲未能正確

的掌握全局，未能深入西方傳統，未能知此知彼，也因之未能自我全面反思，未能自我全面深度批判，未能曆定發展的方向與經世致用的戰略要點。對於早期新儒家熊十力與梁漱溟等的批判與對於後期新儒家唐君毅與牟宗三等的批判最好參考我最近用英文編寫的著作《現代中國哲學》③

第五階段中新新儒學的興起在面對當代新儒家的盲點與蔽執而進行再啓蒙並回歸原點而再出發④。此有兩重點：重點之一在掌握自我以掌握宇宙本體，掌握宇宙本體以掌握自我。此點可以周易的本體宇宙論說明之。重點之二在掌握天人一體的整體以面對現實，以發現問題、分析問題、解決問題。認知問題與解決問題的核心在持全以用中。所謂用中是在全盤考慮下所獲得的最佳評估與實行方案與策略。所謂中與用中是相對整體的體而言，是

---

③ 見 Chung-ying Cheng & Nick Bunnin，edited，*CONTEMPORARY CHINESE PHILOSOPHY*，Oxford: Blackwells，2002。

④ 一九九〇年代初期我即產生“新新儒學”的概念。此一概念是基於我對當代新儒家的哲學探討與建言的結果。主要的意思在促進當代儒學的自我超越與繼續不斷發展，同時也是爲儒學面對康得後、馬克思後、現代後，甚至後現代後的西方思想與人類社會的發展所作的創造綜合的投射與願景。一九九七年應<文化中國>的主編梁燕成博士的邀請赴溫哥華演講並接受訪問，談中國哲學的後現代建構問題。我即正式提出當代新儒家之後的新新儒學的發展。我在談論中還把“新新儒學”一詞與“後後現代”相對而用。同時我也提出了“前現代”、“現代”、“前後現代”、“後現代”與“後後現代”的世界文化五段發展論。那次訪談之文曾登載于同年的一期<文化中國>中。後來又收在上海東方出版中心於 1999 年出版的<當代智者對話>一書中(見 303 頁-324 頁)。在本文中，我則正式提出了儒學發展的五階段論。一九九八年春季我應香港中文大學哲學系之邀作了一次客座演講，講題即爲“後後現代與新新儒學”。這段期間老友魏萼教授也開始用“新新儒家”一詞，並與我進行了非常有益的探討。魏萼教授是知名的經濟學家。他的巨著<中國資本論>一書非常有創見。最近他又寫了“清儒。吳儒。新新儒”一文(見<思與言>雜誌，第 39 卷第四期，2001，頁 31-56)。魏教授所謂“吳儒”屬於後期清代儒學，看重實學與經濟，可名之爲“經濟儒學”。

可以在整體的體中合理化與說明的，也可以在其中改進與改良的。甚至此用也可以導致對本體的再認識與再掌握。所謂體是開放宇宙中開放的自我，所謂用是變化中的宇宙對變化的管理。

新新儒學必須面對仍在科技發展變化中的西方全面的理解、全面的分析、全面的反思，

並在體、用、學、思、知、行、法、策等方面都進行重整。事實上，此一重大工程在貫通東西、融合東西。貫通融合東西之道在尋找共同點以建立溝通，面對差異以創立包含體系，並轉化差異使其具有陰陽互補互動的創造功能。同時也把重建儒家看成爲重建人類文明發展的方向的工作。在21世紀的科學文明的良好物質基礎上重建具有全球人類性的人文精神與人本主義，表現爲解決問題的方法思考，也表現爲深度的人天（自然）的倫理思考，用之於社會與經濟，使其兼具知識性與智慧性，並同時兼具客體化與主體化的兩面。唯有如此，方能發揮儒學的持體致用的本體理性的哲學，也唯有如此，方能回歸古典儒家天人互動的創造精神。

此一新新儒學如何體現古典儒學與宋明儒學呢？又如何體現中國古典性與西方現代性呢？總的來說，它的活力在掌握了古典儒家的自強不息的創造精神，並承接宋明理學與心學的盡理盡氣的拓展精神以開發一個以人與群互動的整體倫理，兼具具有全球性與人類性。它必須接受西學知識系統建立的啓發，強調一個開放的學習組織與學習過程，主客互動，以知識推進價值，以價值整合知識，使其深化與廣化。它必須結合東西方的文明精華，追求以知識爲極限的價值，以價值爲基礎的知識，開展一個生生不息的本體宇宙觀，一個自我實現自我完成的人生境界，一個整體的人的生命價值定位。最後，它必須結合古典性與現代性及後現

代性，在肯定普遍主義的架構中對相對主義進行探討，在接受眞實與現實的基礎上對虛無主義及虛擬主義進行理解，在發揚德性倫理的過程中對功利主義進行整合，重建融合異己的自我與生活世界，而不局限於自我創建的理性世界。

在最近的社會與政治科學對國家與社會與經濟的發展策略的討論中，英國學者 Giddens 有所謂第三路線的說法。何謂第三路線？第三路線是對第一路線與第二路線而說的。在論語中學與思可看成兩條治學的路線，但兩者缺一不可，故最好的方式就是兩者兼用，進行一個最佳或具有最見效果的組合。第三路線應該就是此一最好的組合。但如果兩物不可得兼，必須要有取捨，也必要有一個決定取捨的標準，此一標準也可視爲第三路線，因爲它是獨立於兩者之上的一個尺度，一個眼光。故孟子說魚與熊掌不可得兼，舍魚而取熊掌，是基於熊掌更爲難得。故第三路線的眞正的含義在認知與批判已存有的第一、第二或其他選擇以求最好的選擇，也可說是針對第一與第二所作的最佳選擇。孔子說的“君子之于天下也，無適也，無莫也，義之與比”(4-10）或“無可、無不可”(18-8) 的適當選擇就可以看做第三路線的態度或原則的說明。在一般的情況下，孔子所提出的“時中”概念也可以作爲對第三路線的說明。

第三路線就是孔子說的“執其兩端，用其中於民”（中庸 6) 的用中路線。論語裏孔子常談到中字，而其所謂中往往指的是中節、中的的中。如他說柳下惠是“言中倫、行中慮”，又說虞仲夷逸是“身中清、廢中權”。(18-8) 他也表示“夫人不言，言必有中”(11-14)。

如上所說，所謂“用中”應該有兩個意思：一是知其兩端而取其中而用之；一是無論是否有兩端，只要能夠依照一個理想的標準或價値力求其中的。第二個意思應該是更重要。因爲即使有兩端，用其中的中絕不是一個折其半的折中，蓋如此則流於機戒而無法眞正解決問題。

如此，“用中”之義也就不外乎中用：所謂“中用”就是能發揮解決問題的作用。甚至我們也可以解釋中庸的哲學原理就是用中以中用，中用而用中。中庸即中於日常之道而用之，故中庸即中用。同樣，時中即中時。中庸說的“致中和而天地位、萬物育”的道理乃在執中而用中，使執中之中中於用。執中之中指的是本體，而“用中”也可指用本體的知或整體的知以找到解決問題之道以解決問題，此即中用。如此我們也就回答了如何去知中、執中與用中的問題。

知中就是要回歸本體掌握整體，有一個全宇的全球的大局的眼光與理解，執中就是無忘此一本體的眼光以求深刻持續，用中乃在從超越具體時空到深入具體時空來發掘問題、認知問題、分析問題與解決問題。執中而中用是一個制定政策或策略的方法論：此一方法論或可名之爲“立足整體、針對具體以解決問題”的方法論。

當代最著名的英國社會學家Anthony Giddens (1938-) 的第三條路或中間路線的提出也不是偶然的⑤。二戰期間及其後東西兩大陣營的對立是資本主義與社會主義的對立，也可說是獨裁政治與自由經濟的對立。一個重點在創造財富（市場）、分散權力（民主），另一個重點則在平均所得（福利分配機制）與集中權

---

⑤ 見其所著 *The Third Way: The Revival of Social Democracy*，1998 *The Third Way and Its Critics*，2000。Giddens所謂第三條路其實更是政治經濟上的中間偏左路線，而不必等同我在此辯明的“整體針對具體”用中以中用的思考方法。他的第三路線的觀點直接影響了德國總理 Schmidt 與英國首相 Blair 的施政政策。

力（獨裁）。但兩者的價值觀各有所長，若有最佳的組合，既能創造財富，又能合理均分，既有民主的體制，又能建立有效管理，豈不更好？故在1940年代，源于奧地利學派的知名經濟學家熊比德(Joseph Schumpter 1883-1950）提出資本主義的最後消解與市場社會主義的經濟政策立場就是一種指向未來的第三條路⑥。Giddens在社會與政治學上提出第三條路也可說是提出一個在政治與經濟上思考問題、解決問題的方法。這個方法如從體用思考上說，儒家則早已提出，只是有待於我們更進一步的疏解與發揮而已。這一工作我們在上面已經做到了。這也就可以看做第五階段儒學發展的重要工作：用現代的語言彰明儒學明體致用的毋忘本體的思考方法。

我們綜合以上有關儒學第五階段的發展為新新儒學的實質內涵與發展方向。

此一實質內涵與發展方向可以簡述為下列十大原則⑦：

1. 在古典儒學與宋明儒學的基礎上建立一個創造性的、含栝天人互動的本體宇宙觀與人類生命發展觀；
2. 在古典儒學與現代理性哲學與科學基礎上建立一個主客分合自如的知識論與動態的知識系統觀，包含科學研究、工業技術開發、社會經濟發展的網連與互動；
3. 在古典與宋明儒學及當代科學的基礎上建立一個理性與人性互動、個人與群體互動的價值觀點與價值體系；
4. 在古典儒學及東西方文化的比較基礎上，發展及持續的開展一個體用相需、持體致用、利用明體的方法論，亦即上

---

⑥ 見其所著 *Capitalism*， *Socialism and Democracy* 一書，1942年出版。

⑦ 有關下列諸點，可參考我最近出版的<儒家哲學論：合內外之道>一書，北京中國社會科學出版社出版，2001年。

述的“立足整體、針對具體以解決問題”的思考方法論。

5. 綜合宋明理學與心學，我們可以把理氣心性的作用與關聯形成一個知行合一的知識決策論：氣感於心、驗之於理、反歸於性、受之若命、性之命之、以成其行。
6. 在古典儒學與現代倫理學的基礎上建立一個整體性的人類倫理學，其重點在統合權利（含人權）與責任以統合德性與功利，也就是在人與人、社群與社群、族群與族群、國與國、文明與文明的和諧化的基礎上同時尋求個人潛力的發展與全體社群利益的最大化。
7. 綜合歷史上四階段的儒學發展經驗及現代化的要求與西方現代化的得失，建立一個倫理與管理互動的管理機制與體系，同時用之于公共行政與經濟企業管理。
8. 綜合資本主義與社會主義的發展經驗，在第四階段儒學公羊學的精神與上述新新儒學的價值關於方法論的基礎上建立開物成物、兼及創造財富與均平財富的經世利民經濟架構並培護其發展。
9. 掌握理性的資源、歷史的經驗、文化的精神、社會的需要，在古典儒家的人文關懷的基礎上開展及優化現代民主與法治，創造社會進步與文化發展的大環境、大氣候。
10. 面對人類未來與人類政經文發展的需要，基於儒學天下為公、世界大同的理想，積極推動理性與人文的教育，使儒學的價值觀、倫理學與方法思考能夠作出創造人類萬世太平與可持續繁榮的貢獻。

2

現代新儒學發展的軌跡與展望

劉述先

文革以後，大陸興起了一股研究「現代新儒學」的潮流，使之成為與馬列、西方思想鼎足而三的顯學。一九八六年它被列為國家重點研究項目之一，劃撥經費，組織團隊，進行研究，為期十年，已經有了相當成果。①因應於大陸這樣的發展，不能聽任其壟斷這個領域研究的主導與發言權，中央研究院文哲所於一九九三年起，也開始了一個「當代儒學主題研究計劃」，迄今為止，做了三個三年計劃，組織會議，出版論著，成績斐然，得到各方的肯認。②海峽兩岸在學術上作良性競爭，雖然彼此的視域、方法、論斷有相當區隔，在不斷辯難的過程中，卻也促進了雙方的交流互濟，成就了一個頗為難得的成功的範例。我被大陸列為現代新儒學第三代的代表人物之一，積極參與海峽兩岸的研究與交流活動，不斷作出自己的省思，如今已有一些思緒，願意藉此機會，提出來與大家分享。

現代新儒學是一個自然形成的潮流，當初並沒人有意要把它變成一個學派，更不是一個門派，它沒有嚴格的定義，也沒有人

---

① 參方克立：《現代新儒學與中國現代化》（天津人民出版社，1997 年）

② 參李明輝：〈中央研究院「當代儒學主題研究計劃」概述〉，《漢學研究通訊》，總 76 期，(2000, 11)，頁 564-571。

知道究竟那些人應該包括在裡面。是通過一個「倒溯回敘」的歷程，才浮現了一些線索。③大陸的研究團隊在方克立的主導之下，經過不斷的探索與論辯，定出了一個十人名單：梁漱溟(1893-1988)、熊十力(1885-1968)、張君勱(1887-1969)、馮友蘭(1895-1990)、賀麟(1902-1992)、錢穆(1895-1990)、方東美(1899-1977)、唐君毅(1909-1978)、牟宗三(1909-1995)、徐復觀(1903-1982)，作爲現代新儒家學案的研究對象。後來又增加了馬一浮(1883-1967)，與年青一代的余英時(1930-)、劉述先(1934-)、杜維明(1940-)，以及成中英(1935-)，④並由中國廣播電視出版社出他們的論著輯要。第一批六册（方、唐、牟、余、劉、杜）於一九九二年出版，適當八九年天安門事件以後的知識眞空時期，大受讀者歡迎。後來總共出了十四册，只錢穆一卷似因版權問題未出。而大陸學者又喜歡作系譜世代的安排，論辯誰才是第二代、第三代，乃至第四代，意見分歧，莫衷一是。我順著這一條線索加以省思，重新整理，得到一個「三代四群」的架構如下：⑤

第一代　第一群：梁漱溟、熊十力、馬一浮、張君勱

　　　　第二群：馮友蘭、賀麟、錢穆、方東美

---

③ 澳洲 Adelaide University 的 John Makeham 現在正在做這方面的研究，主編一本論文集，尚待出版，他最強調這個面向。或者是受到多文化主義流行的影響，西方學者也與時俱增顯示了對這方面的興趣。第一部全面介紹這一思潮的英文書適時出版，參 Umberto Bresciani, Reinventing Confucianism: The New Confucian Movement (Taipei: Ricci Institute, 2001)。而我也已經與 Greenwood Press 簽約，今年完成一部 Contemporary Neo-Confucianism 的英文書稿。

④ 這個十五人的名單爲白安理(Bresciani)書所接受，現已成爲最有力量的主流看法。

⑤ 這個架構的提出，參拙作：〈現代新儒學研究之省察〉，《中央研究院中國文學與哲學研究所集刊》第 20 期 (2002)。本文可以說是該文的濃縮本，並對該文所引發的一些問題略加回應。比較詳細的注釋，也請參考該文。

第二代　第三群：唐君毅、牟宗三、徐復觀

第三代第四群：余英時、劉述先、成中英、杜維明

大陸對於現代新儒學取一十分寬泛的看法，舉凡以儒家思想有現代意義與價值的學者都可以包括在內，名單是開放的。與之相對，港、台、海外則流行一種狹義的「當代新儒家」的看法。一九五八年元旦，著名的〈中國文化與世界宣言〉在香港《民主評論》與《再生》雜誌同時發表，由唐君毅、牟宗三、徐復觀與張君勱四位學者簽署，明白宣稱心性之學爲中國文化的基礎，被視爲當代新儒家的標誌。除了上一代的張君勱之外，唐、牟、徐都是熊十力的弟子，乃倒溯回去以熊爲開祖。錢穆與唐君毅在香港創辦新亞書院，被公認爲當代新儒學的一個中心；徐復觀則邀請牟宗三加盟新成立的東海大學，成爲當代新儒學的第二個中心。⑥年輕一代的海外新儒家大多是這些人的弟子。這個統緒很自然地把馮友蘭排除在外面，因爲他的新理學把重點放在理氣論，不在心性論，他以新實在論的共相釋朱熹的理根本未得縏要，而他缺少主體的體認，大陸易手之後，被迫改易舊說，到了文革時期竟然依附四人幫，爲士林所不齒。無論如何他的思想對於港、台、海外新儒家思想的發展不是一個因素，則是清楚明白的事實。然而在發展的過程中，當代新儒家內部也出現了不同的聲音。五八年錢穆因爲不願外界誤會其倡立門派而未簽署〈宣言〉，以至後來引起了錢穆是不是新儒家的辯論。其實錢氏與唐、牟的區別實在更接近新儒家內部理學與心學的差別。大陸方面則強調四九年後選擇留在祖國的學者如梁、熊、馮、賀在現代新儒學發展過程中的貢獻，並承認馬列思想在進入中國以後也因

---

⑥　參拙著：《新儒學的開展》（台中市：東海大學通識教育中心，1997 年）。

受到新儒學思想的衝擊而深化。無可諱言，這兩個不同的視域有一些矛盾衝突是不可化解的。但我認爲，大陸在文革以後對外開放，承認新儒學在現代化過程中作出了一定的貢獻，並歡迎以後的交流互動，乃至容許某種程度的參與，在態度上已經有了長足的進步與改變。而我現在雖仍秉持我對當代新儒家的一些基本看法，卻也願意作出一些改變，而主張大陸與港台兩個視域可以並存，分別有其定位。大陸的「現代新儒學」取廣義的解釋，英文譯爲“(Contemporary) New Confucianism”，在適當的脈絡之中，甚至可以省略Contemporary一字。在五四反孔的狂潮中，梁漱溟宣示了不同的睿識，並有無比的勇氣力抗時流，提倡尊孔，功不可沒。馮友蘭繼起，以胡適所謂「正統派」的觀點著中國哲學史，在抗戰時期出所謂的「貞元六書」，在現代新儒學發展的過程中，不能不說佔有一重要的地位。賀麟則提倡新心學，第一個打出「新儒家」的旗幟，可謂燭照機先，看到了未來儒家思想發展的一個方向。而熊十力乃異軍突起，開出了「當代新儒家」的統緒，這個詞英文應譯作“Contemporary Neo-Confucianism”，理由是英文“Neo-Confucianism”一詞指的是宋明理學——統攝程朱理學與陸王心學，其共識爲「天道性命相貫通」，雖則各自的解釋可以完全不同。當代新儒家繼承的正是宋明理學心性之學的線索，尤其以陸王心學爲正宗。以此，狹義的「當代新儒家」可以視作廣義的「現代新儒學」範圍以內的一個特殊的分支。這樣以往許多糾纏不清的問題都可以迎刃而解，像馮友蘭，他明顯地屬於「現代新儒學」的範圍，但決不是「當代新儒家」的一員。乃至余英時也並不屬於狹義的「當代新儒家」的範圍。有了這種新的理解，許多不必要的爭論就可以休矣！

有了「三代四群」的架構，再配合由二〇年代開始，每二十年就有一波發展，總共四波發展的觀察，乃可以對現代新儒學的潮流，有一鳥瞰式的全面性的理解。這個潮流倒溯回去，大家一致公認，梁漱溟是第一位先驅人物。但他決非抱殘守缺之輩，從小就熱中吸收來自西方的新知。而他青年時期向佛，頗想出家爲僧。二十幾歲就爲蔡元培所延聘，進北大教書，與西化派的胡適和左派的李大釗爲友。一九二二年商務出版他的《東西文化及其哲學》，風行一時。他提出西方、中國、印度三大文化傳統，分別採取前進、雙行、後退的途徑。東方文化不免過分早熟，印度文化雖然可以面對生死的終極問題，卻不適用於當前。在現階段他也贊成全盤西化，走意欲向前衝，戡天役物的道路。但西方文化的偏向到一次大戰已暴露無遺，得轉入重視人際關係，前進後退兩行兼顧的道路，孔子的智慧有其重大的意義，最後才轉到印度文化走意欲後退，解脫生死的道路。梁氏自承是思想家，並非學問家，他的思想有一指向，並未成一系統。他的盟友張君勱曾追隨梁啓超訪歐，一樣感到當前歐洲文化的巨大限制而思有以對治之。他的資源也並非完全來自中國傳統，他和梁漱溟一樣激賞柏格森 (H. Bergson)，並服膺倭伊鏗 (R. Eucken) 的精神哲學。他於一九二三年在清華作的一次演講中，觸發了所謂的「科玄學論戰」。由於他把科學與人生觀完全對立起來，立論不免也有偏向，讓人誤會他有反科學的傾向，一時似乎居於劣勢。但中國文化復興的呼聲在徹底抹煞傳統的五四以後已不可壓抑，成爲現代新儒家潮流發展的第一波前奏。

孟子曾謂：「生於憂患，死於安樂。」（告子下），現代新儒學潮流乃隨著國難之方殷而成長。一九三七年蘆溝橋事變，抗戰軍興。是在逃難最艱困的環境下，馮友蘭構思、撰寫並出版了《新理學》（商務，一九三九），以後又出了另外五本書，所謂

「貞元六書」，援《易》「貞下起元」之意，建構了他自己的哲學系統，對於國家民族的前途，抱著無窮的希望。錢穆則抱著書稿跑防空洞，於四〇年出版了《國史大綱》，提出了他的民族史觀。方東美本來研究興趣主要在西方哲學，抗戰前夕應教育部之邀，通過廣播在一九三七年向全國青年宣講：「中國先哲的人生哲學」，從此轉變了他一生的研究方向。賀麟本人雖未能建構新心學系統，但他的預言卻應驗在一個完全料不到的泉源之上，可謂異數。在年輩上屬於第一代的熊十力在社會上一向無籍籍名，在四四年他的偉構《新唯識論》語體文本由商務出版，爲中國哲學會列爲「中國哲學叢書甲集」第一部著作。這是一塊里程碑，開啓了精神上的新天地，也下開了當代新儒家的統緒。由這些可以看到四〇年代現代新儒學潮流開展的風貌。可惜的是，抗戰結束，老百姓並沒有太平日子可以過，緊接著的是內戰。四九年大陸易手，在毛澤東的領導之下建構了中華人民共和國，對儒者而言，則是進一步的厄運。

六〇年代是第三波。大多數的知識份子都因對共黨心存幻想而滯留大陸，後來不免遭遇到文革的噩運。只有極少數人甘願作孤臣孽子，流放到港、台、海外，忍受花果飄零之苦。國民政府遷台，本來危在旦夕，不想韓戰爆發，海峽兩岸乃演變成爲長期對峙之局。錢穆與唐君毅在香港，方東美、牟宗三與徐復觀到台灣，只張君勱去了美國。他們乃由文化的存亡繼絕，轉上了學術研究的道路。五八年的〈宣言〉是一個標誌。此後第二代的新儒家在有生之年不斷發表皇皇巨著，把中國哲學思想在學術上帶上了前所未有的高度與深度。錢穆出版了他的《朱子新學案》的偉構。方東美也完成了他的中國哲學的英文巨著。他們並傳道授業，教出了下一代的弟子，薪火相傳，爲新儒家放一異彩。

八〇年代是第四波。第三代弟子衆多，但比較有特色的是增加了一國際面向。六〇年代港、台學子留學美國蔚爲風氣。多數學習理工，但也有少數學文。第三代學著受過嚴格的西方學術訓練，並在異域謀求一枝之棲，而國內外情勢都有了巨大的變化。美國自韓戰、越戰以後已無復往日的自信，知識份子的批判意識上升，隨著黑人爭人權、平等待遇的趨勢，多文化主義思想流行。而七十年代亞洲經濟起飛，令世界刮目相看，對儒家文化的估價改變了態度。文革以後，大陸也逐漸向外開放，多少有學術交流互濟的空間。而第三代學者到八〇年代，學術逐漸成熟，即使儒門淡薄，站在中國文化的立場發言，在西方的多元架構中，仍然爭取到一定的地位。他們不再像上一代那樣護教心切，只需在世界衆多精神、文化傳統之中站穩一席地位，與其他傳統相互頡頏，調和共存，交流互濟，便已經足夠了。而儒耶對話，出現了「波士頓儒家」(Boston Confucianism) 的新發展，絕非往日所可以想像的情況了。⑦

當然我所預設主流意見所提出的這一份名單並不是就完全沒有問題。像第一代的馬一浮，雖然年青時曾出國遊學，後來卻只講傳統六藝，影響也有限，不知其「新」在何處？同樣的問題可以向沉浸在舊學之內的錢穆提出。方東美對宋明理學不契，頗有微辭，思想明顯與第二代新儒家的唐、牟有異，把他包括在名單內，早就有學者提出質疑。成中英更因爲是方東美的弟子，最後才被收了進來，問題就更大了。而余英時本人並不願意被歸入這一行列。但是主流意見既定出這份名單，也有其充足理由加以衛

---

⑦ Cf. Robert Cummings Neville, *Boston Confucianism* (Albany: State University of New York Press, 2000), John H. Berthrong, *All under Heaven: Transforming Paradigms in Confucian-Christian Dialogue* (Albany: State University of New York Press, 1994)。

護，不必由我在此多贅。而未收入這一名單之內的學者也不必對現代儒學的發展沒有貢獻。譬如陳榮捷 (Wing-tsit Chan) 以英文編釋中國哲學資料書，與狄百瑞 (de Bary) 一同在哥倫比亞大學提倡新儒學之研究，成就有目共睹。只因他自稱是基督徒，並以近似漢學的方法研究宋學，故未收入。秦家懿 (Julia Ching) 則是天主教徒，情形也相彷彿。而勞思光著：《中國哲學史》，因不契於宋明理學的天道論，與當代新儒家論旨有區隔，同時肯定康德「窮智見德」的普世意義，本人也不願歸入行列，乃未收入。像以上這一類的情況是完全可以理解的，其餘不及備論。好在名單本來是開放的，只要提得出理由，不同的說法一樣可以流傳，也就不必在此深究了。

由四波的發展，我們可以看到大半個世紀之中新儒學思想發展軌跡的轉變。第三代的思想迄今尚在形成之中，難以作成定論。但由第二代到第三代，已可看出由「尊德性」到「道問學」的轉向。第四代還未成爲研究的對象，不在本文論列的範圍以內。但未來肯定會往超越理念落實於具體社會文化的脈絡的方向發展，則是可以預期的。

3

孟子與奧斯定人性論比較研究

鄔昆如

緒　論

一、孟子 (372-289 B.C.) 與奧斯定 (St.Augustine，354-430 A.D.) 雖隔六個多世紀，但二者分別在自己文化國中，都扮演著重要的角色。在中國，孟子承傳了孔子 (551-479 B.C.) 的思想，開啓了後來的儒家正統；在西洋，奧斯定繼承了柏粒圖 (427-347 B.C.) 及基督宗教思想，開展了往後十幾世紀的基督主流。孟子成爲東方的聖人（亞聖），奧斯定則爲西方聖者。

二、孟子雖繼承孔子，但其創見則是把孔子「下學而上達」（論語，憲問）之思路，改變爲「回歸內心」，從外超越走向內超越。同樣，奧斯定也把柏拉圖的外超越，以及希伯來的高高在上的上帝，降凡到「內心」之中，成爲「心靈哲學」(Philosophy of Mind) 的思路。

三、孟子和奧斯定所處的世界，都是百家爭鳴的時代，而二者都能在雜陳混亂的學說中，衛護正統，破除異端；孟子之於力排楊墨，一如奧斯定力斥伯拉糾 (Pelagianism) 學派①一般，二位

---

① 柏拉糾 (Pelagianism) 派爲西洋中世第五世紀時期的異端，膨脹著人的善性，和人類自由的無限上綱，因而否定原罪，也不主張嬰兒接受洗禮。

都能指點迷津，同時提出化解之道。

四、孟子與奧斯定的思路，都是「心靈哲學」，都是「心性」哲學；但是，對心性研究的進路、成果各不相同。孟子的「憂患意識」，使其關懷天下蒼生，以「忠」、「孝」二德目來建設安和樂利的社會；奧斯定的「罪惡感」使其關心自己靈魂的得救，以「絕色」、「絕財」爲心願，來使自己能安身立命。一個是向上攀爬到形上學本體論的峰頂，一個則是平伸至倫理道德的「仁、義、禮、智」之氛圍中。不過，在落實到具體的人生課題上，亦同是關懷個人的安身立命，以及群體的安和樂利。

壹、孟子人性論

一、孟子人性論所看重的，並不是「人」的定義，或人的本質課題，而是把心思集中在人性功能的部份。孟子心目中的「人」，首先是其群體性的人際關係：「父子有親，君臣有義，夫婦有別，長幼有序，朋友有信」（滕文公上）。人與禽獸之別有就是人有這些「親」、「義」、「別」、「序」，「信」的人際關係，而禽獸卻缺乏這些關係。這群體性的「人倫」（五倫），其中三倫「親」、「別」、「序」，亦即父子、夫婦、兄弟（長幼）都完成於「家」中。於是，「家」的從個別性完美的「修身」，到群體性完善的「治國」、「平天下」，就成了核心的概念。「齊家」因而是人性完成自我的基準。「家」中正常的人際關係：父慈子孝、兄友弟恭，因而成爲「人性」善惡批判的標準。②

---

② 參閱鄔昆如著的〈「齊家」與「出家」的衝突與調和〉，哲學與文化，第21卷第1期，83年1月，第18-26頁。

人的群體性（人與人之間的關係）是孟子人性論的內涵，也是其探討人性的始點。

進一層的「人性」探索，則是「心性」傾向的動態描繪，即是「四端」的描述：「惻隱之心，仁之端也；羞惡之心，義之端也；辭讓之心，理之端也；是非之心，智之端也」（公孫丑上）。仁、義、禮、智四種德目，是「人性」個別性，同時是「人性」動態的傾向。

知識的獲得，可以是「下學而上達的」（孔子）；但是，德行的修習，卻非要發自內心不可。一個人若沒有四德中的任何一種，便不成爲人：「無惻隱之心，非人也；無善惡之心，非人也；無辭讓之心，非人也；無是非之心，非人也。」（公孫丑上）。

二、人性是向著德行的，而這德行是向著人群的，這也就是儒家心性中的「憂患意識」，憂國憂民，憂文化的沒落，憂人性的迷失；這意識可上溯至周易的「作易者其有憂患乎？」（繫辭下六章）的詢問開始，經過孟子自己記述的「世衰道微，邪說暴行有作....孔子懼，作春秋。」（滕文公下），不但作周易者有憂患意識，作春秋的孔子也因憂患意識而「成春秋，亂臣賊子懼」（同上）。孟子所下的結論是「生於憂患，死於安樂」（告子下）。

「憂患」使人成德，陪伴人走向安樂的死亡。

（不過，儒家學理中的死亡，雖是個人生命的結束，可是，透過「家」文化「孝道」的延續，「生命」仍活在子孫心中）。③

---

③ 參閱鄔昆如著的〈家庭倫理與儒家倫理思想中之歷史演變〉，收集在《文化哲學講錄》（七），輔大出版社，87/9，第 135-143 頁。

三、儒家道德文化「孔曰成仁，孟曰取義」，隨著來的荀子(298-238 B.C.) 的「禮」，就蔚成了下迴旋的「由仁生義，由義生禮」的具體化過程，同時也締造了上迴旋的「攝禮歸義，攝義歸仁」的回歸取向。具體社會的「禮壞樂崩」，在孟子看來，便是「世衰道微」。他說：「世衰道微，邪說暴行有作：臣拭其君者有之，子拭其父者有之。」（滕文公下）

孟子對文化沒落的憂心，以「邪說」和「暴行」兩方面分別來說。孟子先說「暴行」，那是「臣弒君」和「子拭父」。「臣弒君」違反了「忠」的德目，「子拭父」違反了「孝」的德目。大社會（國）沒有了「忠臣」，小社會（家）缺少了「孝子」，社會自然就動亂。

接著，孟子訴說「邪說」：「楊朱墨翟之言盈天下；天下之言，不歸楊，即歸墨。楊氏爲我，是無君也；墨氏兼愛，是無父也。無父無君，是禽獸也。」（同上）

孟子學說中，忠和孝是社會安定的德目基礎；亂世就因爲不忠不孝，而忠孝兩全時，社會才安和樂利。

四、作爲儒家傳人的孟子，雖感嘆世衰道微，雖對文化沒落心有戚戚焉；但是，絕沒有灰心喪志，而是以其智慧和勇氣指點迷津，提出化解之道。這指點和化解也正是智者和聖者的救苦救難精神。

孟子的拯救之道可以分爲兩個面向，其一是向下之道，其二是向上之道。向下之道的理念面，是人間太平世；而其進路則是從修身開始，經過齊家，治國，而邁向太平世。向下之道的制度面，也是孟子七篇中「雙向對話」的重點課題：政治體制要用德治、王道、仁政，而反對霸道、暴政、虐政。思想基礎「爲何如此」問題的答案，則是「民本」思想。原來，孟子心目中，平民百姓才是政治關係的核心對象。其「民爲貴，社稷次之，君爲輕」（盡心下）。「民貴君輕」的理念，是孟子對當時的政治人物所指示的參考，而不是對群體大衆的宣講，這也就是孟子的「民本」而沒有達到「民主」的階段。「民本」，在這裡不是民主式的百姓在爭取「權利」，而是由爲政者的良心善意所施展於平民百姓的「福利」。

五、孟子人性論既在人際關係中尋找，也因此其有等級性的（親疏有別）的關懷和垂愛，容不下墨翟的博愛式的「兼愛」，而特別提出「親親、仁民、愛物」（盡心上）的有等差的「愛」，而且用不同的概念展示在不同等級：對父母是「親」，對百姓是「仁」，對事物是「愛」；更進一步提出：「君子之於物也，愛之而弗仁；於民也，仁之而弗親；親親而仁民，仁民而愛物。」（同上），不但「愛」有差等，也有順序：先親親，繼而仁民，最後才愛物。

六、孟子的向上之道，就完全表現出其形上架構在心性論中的鋪陳：那就是從「盡心、知性、知天」順序的知性進路，進展到「存心、養性、事天」的道德進路。前者較爲理論色彩，而後者則是實踐原則。從盡心到存心，從知性到養性，從知天到事天，是孟子心路歷程，從人到天的發展。從人性到天理，所走的途徑是「心性」的，是由「心」去出發的。孟子哲學不太注意人性的敏銳頭腦，知性的發揮，而是把重點專注在靈性生命的底基：心性的主體性把握。而這心性主體性雖在別處，論及仁義禮智之「端」時，有「非外礫我者，我固有之也」（告子上）的語句；但這裡論及心性動態的「知」和「行」時，卻明顯提出了「目的論」，指明「盡心」、「知性」的目的，在於「知天」；指明「存心」、「養性」的目的在於「事天」。「知天」是知性進路的目的，「事天」是德性進路的終極。在這裡，孟子的「人性論」給「上天」開啓了一道窗，讓「心」之外的客觀世界的「天」有個活動的空間。

孟子雖非宗教家，但其哲學思想畢竟在探討的尾端，與「天」相遇，而相遇的方式則是「事天」，對「天」的事奉、敬拜。

貳、奧斯定人性論

一、西洋教父時代 (Patristic Period) 的哲學努力，集中在「知與信」融通的課題上：「信以求知」(Crede，ut intelligas!）以及「知以求信」(Intellige，ut credas!）相互間來回遊走；而此期最偉大的教父，就是奧斯定。奧氏的偉大不只是其著作和學說有突出之處，而是其以身作則地完全活在知與信的調和中，以生命來證成自己的理想。

奧斯定的「人性論」，立基在其人性的靈肉二元的結構上。這二元結構既源自希臘大哲柏拉圖 (Plato，427-347 B.C.），同時又有希伯來經典作後盾。靈魂的觀念性格，一但提升到「上帝肖像」(Imago Dei)，與原屬世間塵土的肉體結合，就構成了人性的「頂天立地」。靈魂的不朽，不但展現了人性的光輝，而且超度著會朽會壞的肉體；人的整體在奧氏看來，有非常完整的尊嚴和價值。

不過，奧斯定身心所感受的（完全展現在其大著《懺悔錄》(Confessiones) 中），卻並非這「頂天立地」的人性，而是遊走在「欲」與「慾」二者間的「罪惡感」。④「原罪」(Peccatum Orig-

④ 參閱鄔昆如著的〈奧斯定的懺悔〉，哲學雜誌，第 36 期，2001 年 8 月，第 26-39 頁。

inale) 的教義，不必進入到奧氏的理念中，而是在其內心深處，刻骨銘心的痛楚。

《懺悔錄》所展示的，正是奧斯定的「心語」，其內容包括了「讚頌」、「稱謝」、「感恩」、「表白」、「懺悔」、「改過」等情緒，而其形式上之所以為「心語」，乃是「獨白」(Soliloquium)，是柏拉圖「對話」(Dialogus) 的蛻變，是奧氏在書中與自己對話。

二、在「回歸內心」的思想進程中，首先發現的，便是心中的熱愛，對名利權位的追求和佔有慾；但在另一方面，又暴露出內心的不安和空虛；尤其是每一次當名利權位到手後，心中的那種悵然若失。

在理性的思辯中，奧氏終於釐清出內心矛盾之所由生，即是：心靈一直嚮往「至善」(Summum Bonum)，亦唯有至善的上帝才足以滿全人心，因而喊出「除非安息於您，吾心永無寧日!」（懺悔錄卷一第一章）；但是，在其生命的反省中，曉得自己一直把「次善」當成「主善」來追求，致使得到之後，內心反而有空虛感。這也就明顯指出，塵世間的名利權位，雖光耀奪目，但卻是過眼雲煙。

奧斯定的懺悔也就在自己理知不夠清晰，誤把「次善」當「至善」，再來就是自己意志不夠堅決，明知是「次善」，還是刻意不顧一切去追求。

三、懺悔錄的「感恩」部份，也即是終於獲得上天的光照，徹底明瞭自身的罪過，同時亦有足夠的勇氣去承認，去定志改過。

和孟子關懷社會民生的情操不太一樣的，奧斯定從「罪惡感」引發出來的，是自身靈魂的救贖，是如何從自身免於再陷入罪惡。

個別靈魂的獲救，是罪惡感導引出來的直接訴求；這訴求不但預設了人的自我認罪、懺悔，而且也深深地悟出，罪過的懲罰，除了良心不安以外，就是會墮入一再重複犯罪的危機。再奧斯定看來，善人和惡人的分野，不在乎犯罪的行爲；因爲，惡人犯罪，善人一樣會犯罪；不過，惡人之所以爲惡人，由於他們犯罪後不思改過，卻一再繼續犯罪，善人就不同，他們再犯罪後，痛心懺悔，力圖改過自新。

關懷個人的學術成果，是「個人」全方位的理解和表達，即是「Persona」概念的運用。拉丁文的 Persona 淵源於希臘哲學的 Hypostasis。後者原意是「面具」，是演戲的人所佩戴，意即演員在台上已不再呈現出自己，而是扮演戲中人物的角色。中世初期由於基督宗教信仰與希臘文化相遇，並設法互相融洽，而以此概念個別指陳上帝降凡的耶穌基督。教會中的救主耶穌所扮的角色是救世者，是人類，尤其是墮落的人類的救星。

再從這個別的 Persona，以與耶穌基督的 Persona 交往，形成了天人之際的「人際關係」(Interpersonal Relationship)。奧斯定的「個別性」關懷，是向著群體性的人際關係開放的；正如孟子雖在人性論中，專講群體性的關係，可也特別關懷個人心性的修成。東西方二大哲人都同時兼顧到人性的個別性和群體性；雖各有偏頗，但卻不排外。

四、孟子的人性沒落，扣緊人際關係的不忠不孝，而奧斯定則把重心放在「犯罪」的事實上。《懺悔錄》卷二第四章起記述少年時的「偷竊」行爲，卷三全部在追憶「淫亂」的行爲以及犯罪後的心靈懊惱。基督宗教承傳了希伯來宗教的戒條：摩西十誡。十誡中有兩對誡命，特別顯眼；第一對是第六誡的禁止邪淫，第九誡的禁止婚外情；第二對是第七誡的毋偷盜，第十誡的毋貪念。第一對「戒色」，第二對「戒財」。奧斯定心目中的人性墮落，同時也是其刻骨銘心的痛楚，也就是「偷」與「淫」，而二者皆專注個別性的墮落。這種「人與物」以及「人與人」之間的關係的墮落，奧斯定在其另一部大著《上帝之城》(De civitate Dei) 中論及，認為它一方面是人性認知的錯誤，另方面亦是意志訴求的錯誤，即是把「次善」當作「至善」（卷十二，第六章）。人性的墮落，表現出外在行為的，是物慾的「偷」，以及肉慾的「淫」；而二者的基礎和淵源則是理知和意志的錯亂。如此，「明知」和「故意」才是對行為要負責的條件，也才是「善」或「惡」的判準。理知「明知」是「惡」，是「次善」，但卻又「故意」去追求，去當作「至善」看待，便成了「惡行」。

五、這種「善惡皆自人心」的學說，的確認清了倫理道德的本源，也正是「心靈哲學」設法勸人「養心」，常以「善念」滋養心靈。而且認為「心有善念」，便會「口出善言」，最後才會有「善行」。在奧斯定的「心的邏輯」中，思、言、行三者是一貫的，善心導出善言，善言導出善行。同樣，惡心導出惡言，惡言導出惡行。無論善惡，都「存乎一心」。

人性的核心課題，因而是「心」的課題。

六、最後，如何使心靈向善避惡，便成為奧氏在罪惡墮落中，獲得拯救的迫切課題。

教父時代的哲學，恰好就是「知與信」、「信與知」，宗教與哲學，知識與信仰相互關係的探討。奧氏的「信以求知」以及「知以求信」的雙迴向設計，便是融通二者的嘗試。畢竟，理論性的「存異求同」並非難事；眞正的困難，是在實驗上，如何叫理知去接受那些「悖理的」，或是「無法理解的」事，當作知識來處理。

在這裡，奧斯定並不同意德爾都良 (Tertullianus，ca. 150-220) 教父的觀點，認爲信與知相互間在「因爲悖理，我才相信」(Credo，quia absurdum est)。而是認爲人的內心有一種和理性不完全相同的邏輯，能夠透過「向上之道」(via ascensus)」以及「向下之道」(via descensus) 的實踐，把信與知連繫起來，並且消融唯一。

內心的向上之道，就是「信」和「望」，內心訴求的熱情，對眞理和美善的追求 (Quaerere) 是奧氏哲學最懇切的體驗，這是「望」德的詮釋；不過，奧氏也相信，這種與生俱來的「向善」傾向，不能是荒謬悖理的，「人心所向」同時亦是「天理彰顯」；因而，心嚮往知的主觀情緒，自有其客觀實現的可能性和必須性。

接著來的，便是向下之道的「愛」。奧斯定哲學指向「慾」與「欲」雙重的「愛」，也是其後來開展的愛情三級的萌芽。原來，從柏拉圖開始，其著名的《饗宴》(Sympsium) 對話錄，就以「性愛」爲探討的主題，釐清男女兩性之愛的種種；但是，柏氏的後續發展也好，其弟子亞里士多德 (Aristotle，384-322 B.C.) 的學說也好，都認定「智慧之愛」高於「性愛」。到了奧斯定，由於注入了基督宗教的情操，「愛」頓時被提升到「博愛」的最高層次。⑤

從「愛人」到「愛仇」(視敵如友)，原就是基督的新誡

---

⑤ 西方文化對「愛」的等級，首由希臘哲人柏拉圖的兩性的「性愛」(eros) 開始，進入到哲學的「愛智」(智慧之愛 philia)，終結於基督宗教完全奉獻犧牲的「博愛」(agape)。

命，也是基督詮釋摩西十誡全方位的用詞。⑥

奧氏的《上帝之城》的奠立基礎也就是這「博愛」，「博愛」所及，也就是「地上天國」建立的堅固基礎。在地上天國的子民，個個充滿愛心，處處呈現關愛和互助，個人安身立命，社會安和樂利之外，共同等待死亡，以及隨死亡而來的復活—來世的生命。

奧斯定的個別性完美的人性論，終究還是止息在群體性完美的地上天國中。這也正是其二部大著，從《懺悔錄》⑦的個人拯救，到《上帝之城》⑧的集體解脫。

結　語

一、從前面分別探討了孟子和奧斯定的人性論，吾人可以清晰地窺見「東方有聖人，西方有聖人」的事實，同時當然在「存異求同」之外，可以找出二者相異處；但是，就人性結構、人性功能、人性意義、個別性、群體性等等方向切入，都可以找出二者共通的人性智慧，同時亦體悟出「人性」中的「天性」，亦隱含在二位大哲學理中。

孟子的「存心→養性→事天」德性的上迴旋進路，雖與奧斯定的「上天→光照→心靈」恩寵的下迴旋進路方向不同，但其內

⑥ 「愛仇的誡命」出自新約馬太福音第五章第 44 節。同書第二十二章第 24-40 節則濃縮摩西十誡只用一個「愛」字，「愛上帝」以及「愛人類」。

⑦ 奧斯定《懺悔錄》(Confessiones) 原文係拉丁文，是奧氏 397-401 年期間的作品，收集在《拉丁教父》(Patrologia Latina) 全集第 32 册，第 659-868 頁。中譯本有應楓譯，光啓出版社，民 77 年 11 月台九版。

⑧ 奧斯定《上帝之城》(De Civitate Dei)，原文拉丁文，成書於 413-416 年，收集在《拉丁教父》全集第 41 册，第 13-804 頁。中譯本有吾宗文譯《天主之城》上、下册，台灣商務，民 60 年 11 月。

涵的「內心」以及超越的「上天」，都成爲哲學實有的辯證，亦都成爲「天→性→心」以及「心→性→天」的雙迴向的「心靈哲學」的進路寫照。

二、二位哲人無論是「憂患意識」或是「罪惡感」，亦都有刻骨銘心的描述：同時，亦都有適時提出化解之道。但是，基本上還是從「心靈」開始，然後再及於「行爲」；基本上還是從「個人」做起，然後再及於「群體」。「內心修養爲先」，「關懷民生樂利」爲後，個人的「安身立命」爲經，群體的「安和樂利」爲緯，架構著實踐哲學的藍圖，孟子和奧斯定同出一轍。

三、儒家的終極目標「太平世」，與基督宗教的目標「地上天國」，雖描繪的方式不同，但以人性爲中心，以人的尊嚴和價值作考量，都展現了人際關係絕不以強權、兇狠爲優先，而是以敦厚、慈愛爲上乘。

孔子的「仁」，孟子以「義」來演繹，來實現；耶穌基督的「博愛」，奧斯定以「信」與「望」來演繹；來實踐。中華儒家主流文化的道德，與西洋基督宗教主流的宗教，有許多吻合之處，其精神更是具有共同淵源的。

4

從新儒家到新新儒家

黃光國

今(2002)年五月四日，淡江大學國際研究學院召開「東方文化與國際社會」研討會，討論「東西文化的融合」、「各地區文化的特色」、「孫中山先生與國際社會」、「儒學、新儒學、新新儒學」等四個主題。多年來，我一直致力於推展社會科學理念，希望能夠以之作爲基礎，來發展本土社會科學，因此對中國文化發展的問題，平常也是多所思考。在我看來，此次研討會的四個主題是彼此連貫的，其中尤以「儒學、新儒學、新新儒學」一項最有意義。在我記憶所及，「新新儒家」一詞，是魏萼教授最先提出來的。魏萼兄是經濟學者，並不是以研究儒家作爲專業。他會提出這樣的概念，特別值得我們加以注意。「新新儒家」一詞，似乎是個未來的概念。在日前華人的學術圈裡，即使稍有蹤跡，也還不成氣候。在這篇短短的文章裡，我只想談一個問題：將來如果眞的有所謂的「新新儒家」，它應當有什麼樣的形貌？具備什麼樣的特色？

在我看來，儒家和新儒家都是處於危機時代的中國知識份子，在憂患意識之下所凝聚而成的一種東方學術思潮，本質上是一種「實踐哲學」。將來如果眞的有所謂的「新新儒家」，當應當是中國知識份子充分吸收西方文明的精華之後，所發展出來的

「本土社會科學」。其本質不僅只是「實踐哲學」而已，而且還應當是一種客觀知識。在以下各節中，我將針對此一主題；展開我的論述。

一、危機時代的儒家和新儒家

如衆所知，孔子是在東周時期看到當時「禮崩樂壞，諸侯僭越」，想要重建商周早朝的封建社會秩序，才下定決心，收集魯、周、宋、杞各國的文獻材料，定《禮》、《樂》，刪《詩》、《書》，並根據魯史作《春秋》。做爲中國商周封建文化的「集大成」者，他所建構出來的儒學，在本質上是一種「實踐哲學」，這一點，已不待多言。在這裡，我們要談的是新儒家所產生的時代背景。

整體而言，新儒家是在清末民初時代，中國在內憂外患交逼之下，面臨了「亡國滅種」的危機，許多主張「西化派」的知識份子，由於對西方文明缺乏相應的理解，所激發出來的一種學術思潮，其本質仍然是一種「實踐哲學」。這裡，我們首先要說明的是：當時知識份子對西方文化普遍的誤解：

1.科學主義

五四運動發生之後，中國學術界曾經發生過兩次影響深遠的論戰，首先是 1922 年開始的「古史辯論戰」，當時剛回國不久的胡適和顧頡剛等人認爲：過去中國文化所累積的不過是一些可經考證的「國故」，主張用「科學方法」來整理「國故」，引起了「國粹派」的反感，因而引發了一場爭論，兩場論戰交雜在一起，對近代中國造成了重大的影響。到了 1923 年，又爆發了一場規模更大的「科玄論戰」。事實上，在「科玄論戰」發生之前，在內憂外患交逼之下，爲了救亡圖存，許多中國知識份子已經開始產生出「科學主義」和「反傳統主義」的想法。譬如「新文化運動」的主要領導人陳獨秀 (1918) 在運動開始之初，便將中西文化對立起來，而徹底否定清末以來的「中體西用」論：「歐洲輸入之文化與吾華固有之文化，其根本性質極端相反」，「吾人倘以新輸入之歐化爲是，則不得不以舊有之孔教爲非；倘以舊有之禮教爲非，則不得不以新輸入之歐化爲是，新舊之間決無調和兩存之餘地。」

他所謂的「歐化」便是號稱「德先生」(Democracy) 和「賽先生」(Science) 的「民主」和「科學」：「要擁護那賽先生，遍布得不反對孔教、禮法、貞潔、舊政治；要擁護那賽先生，遍布得不反對舊藝術，舊宗教；要擁護那德先生，要擁護賽先生，便不得不反對國粹和舊文學」，「我們現在認定：只有這兩先生，可以救中國政治上、道德上、學術上、思想上一切的黑暗。」他非常堅定地表示：「若因爲擁護這兩位先生，一切政府的壓迫，社會的政策，就是斷頭流血，都不推辭。」（陳獨秀，1919)。

這段出名的宣言，變成「新文化運動」的主題。當時許多人在「科學萬能」的預設上，批判傳統社會中一切不合理的現象。譬如，陳獨秀 (1917) 便主張用「萬能的科學」來代替宗教，以「開拓吾人眞實之信仰」：「余之信仰人類將來之信解行證，必以科學爲正軌。一切宗教，皆在廢棄之列。」「蓋宇宙間之法則有二：一曰自然法，一曰人爲法。自然法者，普遍的永久的必然的，科學屬之。人爲法者，部分的一時的當然的也，宗教道德法律皆屬之。」「人類將來之進化，應隨今日方始萌芽之科學，日漸發達，改正一切人爲法則，使與自然法則有同等之效力，然後宇宙人生，眞正契合。此非吾人最大最終之目的乎？」

從這段引文中，我們不難看出陳獨秀思想中「科學主義」

(scientism)。換言之，陳獨秀雖然了解：現代科學的成就尙不足以取代宗教，但他並不認爲科學永遠不可能取代宗教。相反的，他認爲：只要科學不斷發展，人類持續進化下去總有一天，科學可以取代宗教，「宇宙人生，眞正契合」，這才是「吾人最終的目的」。

2.反傳統主義

然而，在當時「救亡圖存」的熱切期盼下，主張「新文化運動」的知識份子卻很快地將「科學」和傳統社會中的不合理現象對立起來。比方說，魯迅在痛斥當時社會上普遍存在的扶乩、靈學等現象時，指出：「據我看來，要救治這幾至國亡種滅的中國，那種孔聖人、張天師傳言由此東來的方法，是全不對症的，只有這鬼話的對頭的科學！不是毛皮的眞正科學！」

儒家是中國文化的核心，在「科學主義」和「反傳統主義」的時代潮流之下，難免成爲批判的箭靶。譬如陳獨秀便曾經強烈地批判儒家倫理的「三綱」之說：「儒者三綱之說，爲一切道德政治之大原。君爲臣綱，則民於君爲附屬品，而無獨立自主之人格矣；父爲子綱，而子於父爲附屬品，而無獨立自主之人格矣。率天下之男女，爲臣，爲子，爲妻，而不見有一獨立自立人格，三綱之說爲之也。原此金科玉律之道德名詞，曰忠、曰孝、曰節，皆非推己及人之主人道德，而爲以己屬人之奴隸道德也。」因此，他號召全國青年男女，「各其奮鬥以脫離此附屬品之地位，以恢復獨立自主之人格」。

魯迅在《狂人日記》中，則借狂人之口，直斥儒家道德「吃人」：「我翻開歷史一看，這歷史沒有年代，歪歪斜斜的每頁上都寫著『仁義道德』幾個字。我橫豎睡不著，仔細看了半夜，才從字縫看出字來，滿本都寫著兩個字是『吃人』！」

被胡適稱讚爲「隻手打孔家店的老英雄」吳虞接著寫了一篇〈吃人與禮教〉，抨擊儒家的封建禮教：「孔二先生的禮教講到極點，就非殺人吃人不成功，眞是慘酷極了。一部歷史裡面，講道德、說仁義的人，時機一到，他就直接間接的都會吃起人肉來了。」「我們中國人，最妙的是一面會吃人，一面又能夠講禮教。吃人與禮教，本來是極相矛盾的事，然而他們在當時歷史上，？認爲並行不悖的，這眞是奇怪了！」「我們如今應該明白了！吃人的就是講禮教的！講禮教的就是吃人的呀！」

3.科玄論戰

1920 年代初期的「科玄論戰」便是這樣的文化氛圍下爆發出來的。第一次世界大戰結束後，1918 年底，梁啓超和張君勱、蔣百里等人赴歐考察，觀察巴黎和會之進行，順道拜訪柏格森 (H. Bergson)、倭鑑 (H. Eucken)、蒲陀羅 (E. Boutroux) 等哲學家。梁氏一面目睹歐戰後滿目瘡痍之慘狀，一面又受蒲陀羅等人悲觀論調之影響，1920 年 3 月回國後，在上海、天津報上連續發表《歐遊心影錄》，宣稱：西方文明已破產，科學萬能之夢已破滅。他的論點是：「宗教和舊哲學已被科學打的個旗靡幟亂」，「所以那些什麼樂利主義強權主義越發得勢。死後既沒有天堂，只有儘這幾十年盡情地快活。善惡既沒有責任，何妨盡我的手段來充滿我個人慾望。然而享用的物質增加速率，總不能和慾望的升騰同一比例，而且沒有法子令他均衡。怎麼好呢？只有憑自己的力量自由競爭起來，質而言之，就是弱肉強食。近年來什麼軍閥，什麼財閥，都是從這條路產生出來的，這回大戰爭，便是一個報應。」

「當時謳歌科學萬能的人，希望著科學成功，黃金世界便指日出現。如今功總算成了，一百年物質的進步，比從前三千年所得還加幾倍。我們人類不惟沒有得著幸福，倒反帶來許多災難。」因此，他宣稱：「歐洲人做了一場科學萬能的大夢，到如今卻叫起科學破產來」，他甚至幻想以中國文化爲基礎，整理出一套新文化去「超拔」歐洲：「可愛青年啊，立正，開步走！大海對岸那邊有好幾萬萬人，愁著物質文明破產，哀哀欲絕喊救命，等著你來超拔他哩。」

不久之後，主張國家社會主義的張君勱在清華大學以「人生觀」爲題發表演講，他說：「天下古今之最不統一者，莫如人生觀。」「科學無論如何發達，而人生觀問題之解決，絕非科學所能爲力，惟賴諸人類己身而已。而所謂古今大思想家，即對此人生觀問題，有所貢獻者也。」「自孔孟以至宋元明之理學家，側重內心生活之修養，其結果爲精神文明。二百年來之歐洲，側重以人力支配自然界，故其結果爲物質文明。」

「一國偏重工商，是否爲正常之人生觀？是否爲正常之文化？在歐洲人觀之，已成大疑問矣。歐戰終後，有結算二、三百年之總帳者，對於物質文明，不勝物外逐物之感....」

「人生觀」的演講稿發表之後，地質學家丁文江 (1923) 針對他的觀點提出反駁，聲稱要打附在張君勱身上的「玄學鬼」。他說：「人生觀現在沒有統一是一件事，永久不能統一又是一件事。除非你能提出事實理由來證明他是永遠不能統一的，我們總有求他統一的義務。」「科學的目的是要摒除個人主觀的成見-----人生觀最大的障礙-------求人所能共認的眞理，科學的方法是辨別事實的眞僞」，「所以科學的萬能，科學的普遍，科學的貫通，不在他的材料，在他的方法。」「玄學家先存了一個成見，說科學方法不適用於人生觀；世界上的玄學家一天沒有死完，自然一天人生觀不能統一。」

4.科學的人生觀

「科玄論戰」一開打之後，當時許多學術界的菁英紛紛加入論戰，吳稚暉 (1923) 因此宣佈他自己「漆黑一團」的宇宙觀和「人欲橫流」的人生觀。他說：「那種駭得煞人的顯赫名詞，上帝呀，神呀，還是取消了好。」「我以爲動植物本無感覺，皆止有其質力交推，有其輻射反應，如是而已。譬之於人，其質構而爲如是之神經系，即其力生如是之反應。所謂情感，思想，意志等等，就種種反應而強爲之名，美其名曰心理，神其事曰靈魂，質直言之曰感覺，其實統不過質力之相應。」

吳稚暉的人生觀很得到胡適的讚賞。這次論戰持續六個月，各方發表的言論多達二十五萬言，胡適 (1923) 將論戰終各方的言論編成一本書《科學與人生觀》，在序文中，他很遺憾的表示：這一次爲科學作戰的人，除了吳稚暉之外，都有一個共同的錯誤，都不曾具體地說明「科學的人生觀」是什麼。因此他愼重其事地提出了十條「科學的人生觀」，希望「拿今日科學家平心靜氣地、破除成見地，共同承認」的「科學的人生觀」做爲人類人生觀「最低限度的依據」。這十條人生觀包括：

(1)根據於生物的科學的知識，叫人知道生物界的生存競爭的浪費與殘酷；因此叫人更可以明白那「有好生之德」的假設是不能成立的。

(2)根據於生物學、生理學、心理學的知識，叫人知道人不過是動物一種，他和別種動物只有程度的差異，並無種類的不同。

(3)根據生物的科學及人類學，人種學，社會學的知識，叫人知道生物及人類社會演進的歷史和演進的原因。

5.科學全能？

從今天的角度來看，「西化派」的這種論點當然是十分偏頗的。他們的最大問題是當時中國的知識份子普遍缺乏「範疇」的概念，沒有在科學和宗教之間劃分清楚的界線。日後許多研究國近代思想史的學者都曾經以不同的方式指出這一點。譬如，郭穎頤指出：當時中國知識界普遍存在的「科學主義」(scientism)，把科學當作全知全能的人類救世主 (Kwok, 1965/1987)。張灝 (1989) 認爲：他們忽略了科學的有限性，「因爲科學雖然能回答許多『什麼』(what) 和『如何』(how) 的問題，可是對於『究竟因』(ultimate why) 卻無以作答。林毓生則認爲：五四知識份子受到儒家傳統一元論主知主義思想模式的影響，普遍存有「界思想文化以解決問題」的思考觀念，企圖藉思想與文化的改造，來解決社會問題 (Lin, 1979)。

葉其忠 (1996) 在對這場論戰作「再評價」的時候，很精闢地指出：當時「玄學派」所抨擊的「科學萬能」，其意義是指「科學全能」(the omnipotence of science)。這是一種極端樂觀的想法，認爲科學和上帝不相上下，甚至可以取而代之。在十九世紀初期，實證主義興起之初，這種烏托邦式的科學主義想法曾經一度流行，可是到了十九世紀末，便已經沒有任何眞正的科學家公開主張這種想法 (Wellmuth, 1944)。第一次世界大戰後，西方知識界對科學的反省，其實是集中在「科學萬能」(the myraidpotencies of science) 之上，希望給科學劃定疆界，避免科學的過渡濫用。「萬能」(the omnipotency) 和「全能」(the myriad potencies) 的區分，在英文裡非常清楚。可是，在中文裡，「萬能」確有「全能」的涵意。梁啓超等人在介紹歐洲知識界對科學的反省時，他們在字面上指的是「科學萬能」大夢，可是在意義上卻是指「科學全能」。這種語意上的混淆，再加上當時中國知識界對西方文化普遍缺乏相應的理解，結果便釀成這場影響深遠的文化論戰。

6.新儒家的危機意識

「科玄論戰」發生之後，中國知識界普遍流行的「全盤反傳統主義」(totalistic anti-traditionalism)，使得許多有保守主意傾向的知識份子產生了強烈的文化認同危機 (Lin,1972/1976)。抗日戰爭之後，緊接而來的共產革命，使得他們的危機感更爲加深。

1958 年，張君勱、唐君毅、牟宗三、和徐復觀等四人在香港出刊的《民主評論》上，發表了一篇〈爲中國文化敬告世界人士宣言〉，成爲「新儒家」之濫觴。在這篇宣言中，他們憂心忡忡地指出：

「我們不能否認，在許多西方人與中國人之心目中，中國文化已經死了。如斯賓格勒，即以中國文化到漢代已死。而中國五四運動以來流行之整理國故之口號，亦是把中國以前之學術文化，統於一「國故」之名詞之下，而不免視之如字紙簍中之物，只待整理一番，以便歸檔存案的。」

因此，他們說：「我們首先要懇求：中國與世界人士研究中國學術文化者，須肯定承認中國文化之活的生命之存在。」

在這種危機意識下所產生的新儒家，很清楚地瞭解到：未來中國文化之發展，在「中國文化中必當建立一統理論的科學知識之世界，或獨立之科學的文化領域，在中國傳統之道德性的道德觀念之外，兼須建立一學統，即科學知識之傳承不斷之統。」

然而，中國人要如何建立這種「學統」呢？新儒家認爲：要具備這種西方理論科學的精神，中國必須要能夠「暫收斂其實用的活動，與進德的目標」，「而此道德的主體之要求建立其自身兼爲一認識的主體時，此道德主體須暫忘其爲道德的主體，即此道德之主體須暫退歸於此認識之主體之後，成爲認識主體的支持者，直俟此認識的主體完成其認識之任務後，然後再施其價值判斷，從事道德之實踐，並引發其實用之活動。此時人之道德主體，遂升進爲能主宰其自身之進退，並主宰認識的主體自身之進退，因而更能完成其爲自作主宰之道德的主體者。」

後來年牟宗三(1961,1975)將這種論點發展成其著名的「良知的自我坎陷說」。然而，坎陷良知以建立「科學知識不斷之統」，並不是新儒家的主要關懷。新儒家的主要關懷所在是保存與發展「人類之一切民族文化」，當然也包括中國文化。在這篇「宣言」中，他們認爲，西方人應當向東方文化學習「當下即是」的精神與「一切放下」之襟抱；圓而神的智慧；溫潤而怛惻或悲憫之情；如何使文化悠久的智慧；天下一家之情懷，等等。這也是新儒家所要弘揚的「中國文化精神」。換言之，新儒家所要提倡的其實還是一種「實踐哲學」，而不是科學或社會科學。

二、新新儒家的形貌

瞭解新儒家的特色之後，我們便可以進一步考量本文所要討論的另一個主題：如果有所謂的「新新儒家」，它應該有什麼樣的形貌？這個問題跟新儒家的期望有關；中國人該如何建立「科學知識傳承不斷之統」，也就是新新儒家所謂的「學統」？

1.科學哲學

多年來，我致力於發展本土心理學，深深體會到：在西方，各門科學的發展和科學哲學之間，有一種「互爲體用」的關係，各門科學的發展，提供成爲科學哲學家反思的材料，科學哲學的發展，又可以回過頭來，指引科學發展的方向。倘若我們想要在非西方社會中發展科學或社會科學，首要之務就是要將西方近代重要的學術研究典範，有系統地介紹給非西方社會的學術研究工作者。

基於這樣的理念，在去(2001)年年初，我整理多年的研究心得，出版了一本書，題爲《社會科學的理路》(黃光國，2001)，該書以維根斯坦的語言哲學作爲起點，有系統地介紹二十世紀內十七位西方主要思想家對於「本體論/知識論/方法論」的觀點，總共形成實證主義、後實證主義、結構主義、詮釋學和批判理論五種主要的學術典範。整體而言，該書內容可以分爲兩大部份：在「結構主義」之前，包括「實證主義」和「後實證主義」在內的各章所介紹的思想家，在談「科學哲學」的時候，他們心目中所想到的「科學」，主要是指「自然科學」，而不是「社會科學」。可是，許多社會科學家也偏好以此種哲學作爲基礎，追求「客觀的知識」。事實上，本書後半部的內容，包括：結構主義、詮釋學、批判理論在內的各章，才是「社會科學」獨有的哲學。最後一章所談的「建構實在論」，則是我融合各家之長，對近世「維也納學派」(Vienna School)主要論點所做的一些補充，希望能夠以之作爲發展本土社會科學的哲學基礎。

2.建構實在論

在我來看，建構實在論的科學哲學在科學的微世界和生活世界之間劃了清楚的界限，它不僅可以釐清五四以來的許多爭議，而且可以幫助我們刻劃出「新新儒學」的形貌。在下列各節中，我將先簡單介紹建構實在論的主要想法，再回過頭來，說明上述論點。

建構實在論(constructive realism)是近世維也納大學教授Fritz Wallner所倡導的一種科學哲學，其目的在於整合二十世紀以來科學哲學的發展，並提出一種知識論的策略，以達到科際整合的目的。建構實在論將人類爲認識外在世界所建構出來的知識體系分作兩種：「生活世界」(lifeworld) 和「微世界」(microworld) 人們在建構這兩種世界時，所使用的語言、思維方式、基本態度、以及世界觀，都各不相同，他們所建構出來的這兩種世界，也各有不同的功能。

3.生活世界

世界上有許多不同的文化，各自使用不同的語言，每一種語言都遵循一定的規則，這些語言和規則締構出來的，即爲我們的生活世界。生活世界是一種原初自明的世界，個人在未有科學知識之前，便不斷地在認識其日常生活中的經驗，並作出各種不同的解釋、組合，以及反應。生活世界的豐富性，植根於個人直接經驗的生活感受。它是不固定的，但也是牢不可破的；人無法超越其界線，也無法窮盡其內容。

人們在「生活世界」中所使用的自然語言，是生活在同一文化中的人在其歷史長河中建構出來的。在該文化源起之初，人們恆久而專注地觀察其生活世界中的事物，刻意屏除掉一己之意志，以一種虛靜的態度，儘量讓每一事物在他們所創造的語言或文字中呈現出其自身。這種思考方式，海德格稱之爲「原初思考」(originative thinking) 或「本性思考」(essential thinking) (Heidegger, 1966)。由於人們相信：事物的「存在」呈現在人們所締造出來的語言或文字之中，最後，人們用語言取代了事物，以爲：人們所建構出來的「實在」，就等於「實在自身」。當人們用語言說出某物時，他同時也讓某物正如這些文字之意義般地出現。

人們在其生活世界裡，必然會使用語言，跟社會中的其他人玩各種不同的語言遊戲。「語言遊戲」(language game) 是維根斯坦所提出的概念，維氏在其後期哲學中，認爲：世界是由各種各

樣的生活形式 (life form) 所組成的；語言則是由各種各樣的語言遊戲所組成的。語言遊戲必須根植於生活形式之中，所謂「生活形式」則是指：在特定的歷史和文化條件之下，人們以其所繼承的風俗、習慣、制度、傳統等等文化遺產作爲基礎的思維方式和思考方式。

生活世界是負載價值的 (value-laden)，它必然存在於歷史的某一個時間點上，伴隨著文化發展而發生變化。不同歷史世代，或不同文化中的生活世界，其內容均不相同。譬如：經濟蕭條、戰爭、或國內政爭等重大事件，都可能造成生活世界的變異。然而，生活在同一文化中的人們，其生活世界在經歷各種變異之際，卻有一種可以作爲先驗條件的形式網構，持續地支撐著生活世界。這就是所謂的「文化遺產」。

4.微世界

微世界是指在某一科學領域中工作的學者，以其語言、規則、及理論，所創造出來的世界。微世界是負載理論的 (theory-laden)。每一個科學的建構都可以視之爲一個相應的「微世界」，可是，科學世界並非人類所建構的唯一的微世界，除此之外，人類還會因其不同的需求，在不同主題引導之下，建構出倫理世界、美感世界、宗教世界等等。由於每一種微世界都是人們在某種主題引導下，用特定的詮釋方式建構出來的，與該主題不相干的現象會被排除掉，因此，它先天地具有一定程度的片面性和偏狹性。

科學家們在建構期理論之「微世界」時所使用的語言和思考方式，和「生活世界」全然不同。科學知識並不是由「靜觀」事物而獲得的。它是科學家爲了達到某一特定目的所製作出來的。它具有一種強求或挑釁的性格，要求以最少的支出，獲得最大的收益。這種「技術性思考」(technical thinking) 必須以「基礎律」(ground principle) 作爲基礎。德文的「基礎律」(Grundsatz) 譯自拉丁文的 principium，兩者均源自希臘文的 axioma，原意指最有價值或非常珍貴之物；在科學命題的領域之內，它是指作爲始端的命題 (first proposition)，其他命題的意義都必須在這個基本意義的照明之下，才得以成立。在基礎律的支配下，現代人總是在其表象思考中不斷地計算著。思考轉變成爲理性的思考，基礎律則成爲「理性」思考的根本。藉由它，理性才能完美地施展出自己的本性，才能成爲眞正的理性 (Heidergger, 1974)。

每一個「微世界」都是科學家基於特定的觀點而建構出來的。針對生活世界的任何層面，我們都可以建構出許多不同的「微世界」，來加以研究。這樣建構出來的每一個「微世界」都具有獨特的任務，它們旣不是永恆的，也不是絕對必然的；當其任務不再當令，或人們面臨新的任務時，科學家們便須要製作出新的建構。

5.作爲實踐哲學的新儒家

瞭解「生活世界」和「微世界」的差異之後，我們便可以回過頭來，思考有關「新儒家」和「新新儒家」的各項爭議。首先，我要指出的是：新儒家在創立之初所擔心的「中國文化已死」，可以說是不必要的過慮。事實上，文化就儲藏在人們所使用的語言和文字之中，只要人們繼續使用某種語言，這種文化就不會「死亡」。事實上，每一個世代的人都會詮釋其文化傳統，都會試圖從他們對各種文化傳統的詮釋中，找尋生命的意義，這種叩問「究竟因」(ultimate why) 的問題，是任何科學的微世界都無法回答的。然而，人們在其生活世界裡所說的語言遊戲及其對應的生活形式畢竟是處於不斷地在變化之中。從建構實在論的角度來看，在中國人傳統生活形式發生激烈變動的五四時期，在那個危疑震撼的時代，新儒家之所以應運而生，蔚然成爲海外最能夠代表中國文化精神的學術團體，主要原因在於他們希望用一系列的著作，締構出一個承載儒家價值的「主題世界」，希望用它來凝聚人心，讓追隨者得以「提撕精神」。

在新儒家誕生半個世紀之後，在全世界快速邁向全球化的時代，東西文化之間的交流愈來愈頻繁，新儒家是否還能夠保持強旺的生命力，有待時間的考驗，在此暫且按下不表。這裡我們要談的是「新新儒家」。我們說過，「新儒家」在本質上是一種「實踐哲學」，不是「社會科學」。相反的，在我心目裡，將來如果有所謂「新新儒家」的話，它雖然也有可能變成一種「實踐哲學」，不過它在本質上都是一種「社會科學」。這話怎麼說呢？

6.作爲社會科學的新新儒家

從文化變遷的角度來看，世界上任何幾種主要文明所闡揚的核心價值，都能賦予人生命的意義，都能夠回答有關「究竟因」的問題，讓人們知道「我是誰？我從何處來？我將往何處去？」儒家的實踐哲學亦不例外。儒家在中國兩千多年的發展，已經發展出一套十分精緻的生命哲學，能夠讓人們安身立命，獲得生命的安頓。從儒家思想的深層結構中，更已經衍生出形形色色的語言遊戲和生活形式，滲透到華人生活世界的每一角落之中(Hwang, 2001)。不論「新儒家」未來的命運如何，儒家文化傳統的影響力是很不容易消褪的。「百姓日用而不知」，也許華人社會中的行動者並沒有覺察到他在日常中的行爲受到儒家文化傳統的影響，可是，任何人要到東亞社會中從事社會科學研究，又非得先對儒家文化傳統有所瞭解不可。在我看來，任何人想要在中國文化中建立本土社會科學的「學統」，也就是新儒家所說的「社會科學知識傳承不斷之統」，他就必須先成爲「新新儒家」的一員。這道理其實也十分淺顯易懂：一個對儒家文化傳統一無所知的人，如何能夠在儒家社會中從事社會科學研究？

從這個角度來看，「新新儒家」和「新儒家」還有一點明顯的不同之處：「新新儒家」的成員應當是華人社會裡在學術機構中從事社會科學研究的人員，而「新儒家」則大多是文史工作者。前者關心的是社會科學研究，後者關懷的是文化理想的實踐。我們還可以藉用Habermas對於「生活世界」和「系統」的區分來說明這一點：在《溝通行動理論》第二卷中，Habermas (1981/1987) 指出：從十四世紀歐洲文藝復興運動發生之後，西方文明便開始推進一系列理性化的過程。尤其是十八世紀工業革命之後，許多西方國家的人民紛紛從其生活世界中分化出各種不同的社會系統，來從事物質再生產的工作。爲了提高物質再生產的效率，他們不得不以金錢和權力作爲系統整合的工作，並建構出形形色色的科學「微世界」，來幫助他們從事生產工作。

學術機構亦不例外。現代國家中的「大學」，也是從人們的生活世界中分化出來的一種社會系統。在大學或其他學術機構中從事社會科學研究的人，也要建構出科學的「微世界」，來幫助他們從事「知識生產」的工作。爲了要達到這樣的目的，他們一定要對儒家文化有所瞭解，就這個意義而言，他們應當最有可能成爲「新新儒家」的一員。

第二，「新新儒家」成員必須瞭解西方科學哲學的演變，「新儒家」則未必。我們說過，「新儒家」是一種「實踐哲學」，「新新儒家」則是社會科學家。任何一種「實踐哲學」都是一個文化群體在其長久的歷史中發展出來的，和科學理論係由單一科學家所建構的，兩者之間有其根本的不同。無可否認，當代的科學或社會科學都是西方文明的產品。一個人不論想要用客觀方法分析儒家文化傳統，或是想要在非西方社會中從事社會科學研究，他都得瞭解西方科學哲學的演變，對西方主要的研究典範有一定的把握。他的研究工作，其實就是在融合東、西方文化，這種研究成果又應當較應映反映出當地文化的特色。

從以上的對比中，我們還可以看出「新新儒家」和「新儒家」的另一點不同之處；「新儒家」產生於危機時代，它源自於中國知識份子對西方文化缺乏相應的理解；「新新儒家」則是在承平時期，中國知識份子經過對東、西文化長期的沉潛反思，才能慢慢？釀成形。這不僅是作爲「新新儒家」的成員如此，作爲能夠接受他們的學術社群亦是如此。如果華人學術社群的大多數成員缺乏自我反省的能力，只懂得盲目套用西方既有的學術研究典範，做些「後續增補」型的複製型研究，即使我們勉強看到一些「新新儒家」的身影，這些人大概也很難逃脫「花？凋零」的命運。我們的學術界會有所謂的「新新儒家」嗎？且讓我們拭目以待。

參考文獻

丁文江 (1923)：〈玄學與科學答張君勱〉。《科學與人生觀》。上海：亞東圖書館。

牟宗三 (1961)：〈理性的運用表現與架構表現〉。《政道與治道》。台北：廣文書局。

牟宗三 (1975)：《現象與物自身》。台北：學生書局。

吳稚暉 (1923)：〈一個新信仰的宇宙觀及人生觀〉。《科學與人生觀》。上海：亞東圖書館。

胡適 (1923)：〈「科學人生觀」序〉。《科學與人生觀》。上海：亞東圖書館。

張君勱 (1923)：〈人生觀〉。《科學與人生觀》。上海：亞東圖書館。

張灝 (1989)：〈新儒家與當代中國思想危機〉，林鎮國譯。《幽暗意識與民主傳統》。台北：聯

梁啓超 (1920/1976)：《歐遊心影錄節錄（台三版）》。台北：中華書局。

陳獨秀 (1915)：〈敬告青年〉。《新青年》，第1卷，第1號。

陳獨秀 (1917)：〈再論孔教問題〉。《新青年》，第2卷，第5號。

陳獨秀 (1918)：〈答佩劍青年〉。《新青年》，第3卷，第1號。

陳獨秀 (1919)：〈本誌罪案之答辨書〉。《新青年》，第6卷，第1號。

黃光國 (2001)：《社會科學的理路》。台北：心理出版社。

經出版事業公司，頁 79-116。

葉其忠 (1996)：〈1923 年「科玄論戰」：評價之評價〉。《中央研究院近代史研究所集刊》。第 26 期，頁 181-234。

Harbermas, J. (1981/1987) . *The Theory of Communicative Action. Vol. II, Lifeworld and System*: A Critique of Functionalist Reason. trans. by T. McCarthy. Boston: Beacon Press.

Heiderger, M. (1966) . *Discourse on Thinking*. New York：Haeper and Row.

Heiderger, M. (1974) . The principle of ground. In T. Hoeller (eds.) , *Man and World*. Vol.II, 207-222.

Kwok, D. W. Y.（郭穎頤）(1965/1987) . *Scientism in Chinese Thou-*

ght, 1900-1950. New Haven, Conn.：Yale University Press.

雷頤（譯）：《中國現代思想中的唯科學主義 (1900-1950）》江蘇：人民出版社。

Lin, Y. S. (1979) . *The Crisis of Chinese Consciousness*：*Radical Anti-traditionalism in the May Fourth Era. Madison*, Wisconsin：The University of Wisconsin Press.

Lin, Y. S. (1972/1976) . Radical iconoclasm in the May Fourth period and the future of Chinese liberalism. In Benjamin I. Schwartz (ed.) , *Reflections on the May Fourth Movement*. Harvard University Press.

林毓生 (1983)：〈五四時代的激烈反傳統思想與中國自由主義的前途〉。《思想與人物》。台北：聯經出版事業公司，頁139-196。

Wellmuth, J. J. (1944) . *The Nature and Origins of Scientism*. Milwaukee, Wisc.：Marquette University Press.

5

新「新儒家」釋疑

魏萼

壹、新亞文化精神的精義

一、從新亞文化的意義談起

一九四九年中國歷史發生了巨變，中國文化也面臨了一個極爲嚴竣的挑戰。一群儒者如錢穆等人爲了拯救此一危機，在香港成立了新亞書院，這是一個大形勢的關鍵時刻。新亞書院迄今已超過五十年華，其間到了一九九七年七月一日香港回歸祖國爲止，這一個階段性任務似已完成。①香港新亞書院成立伊始，物質條件當然非常欠缺，但這些有識之士的儒生們並沒有向現實低頭稱臣，反而愈戰愈奮地延續了中國文化的命脈。一九六三年新亞書院併入中文大學是乃一個新的階段。新亞文化力求尋找中國文化的精髓所在；新亞精神試圖融合中西方文化精華爲一體，因此不是排斥外來文化。排他性、抗他性的文化不是中國文化的本

① 金耀基，〈成立錢賓四先生學術文化講座〉，《大學之理念》，牛津出版社，香港，中國，二〇〇一年，第九十三頁至九十八頁；同時也請參閱余英時，〈新亞精神與中國文化〉，《中國時報》，台北，臺灣，二〇〇〇年十月二十四日第三十七版。亦可參閱魏萼，〈經濟全球化與新新儒家〉，《二十一世紀：東亞文化與國際社會》，當代世界出版社，北京，中國，二〇〇二年，第十頁至三十三頁。

質。清末義和團式的國粹主義文化已喪失中國文化的基本精神，因爲它已否定了中國文化的本質。民國初年的儒者劉師培、嚴復等人富有民族主義，但多少偏向於守舊，這莫非源自鴉片戰爭以後中國人民族自尊心喪失的自然反映，這是儒家文化的一個「黑暗時期」。這些不是中國儒家文化的本質。②

香港地方有其特色，並且受到英國人有效的統治，它的歷史與地理特色可以很客觀的吸收中西文化的精華，因此它也有能力融合中西方文化的優勢，而形成一股新文化的動力，這就是新亞文化精神誕生的自然因素。新亞文化在香港能夠很客觀的擺脫儒家「大漢沙文主義」的中國文化，而且很自然的會以理性的思維方式來清除中國文化的殘渣，同時不做古代文化的奴隸，進而形成一股「文化中國」的新生命力。因此新亞文化的基本精神是迎合西方時代的潮流的一些歐美新價値觀，特別是用於重新評估儒家權威主義、集體主義的薄弱性、劣根性，同時重新以西方自由、民主、人權、法治的新思維以充實之；但不做西方文化的殖民地。其實新亞文化的基本精神是回歸中國文化的基本要義，重新肯定中國文化的道統。以香港新亞精神爲主要的新儒家是要找回儒家思想的基本精神，而不是要拿世俗的、膚淺的異化儒家思想爲圭臬。儒家思想的理學要尋找東西方精華文化爲主軸，它不偏向資本主義的人性主義，也不偏向社會主義的人道主義，它是允執其中的人本主義或人文主義，因爲它要溝通世界東西文化並擷取其精華，貢獻人類；這正是新亞文化精神的要義。③新亞文

② 魏萼，謝幼田，《中國政治文化史論》(1911-1949)，五南文化出版社，台北，臺灣，一九九六年，第十三頁至十四頁。

③ 成中英，《中國哲學的現代化與世界化》，聯經出版社，一九八五年，台北，臺灣，第二十一頁至一〇一頁。另同註一。

化的精神是重新拾回國粹而不是反國粹，因此國粹的儒家思想充分表現在魯迅的「拿來主義」，也是孫文主義的要旨。東西文化各有其精華所在，但也有不適合於國情的東西方文化，但如何做到恰到好處的「洋為中用」、「古為今用」，誠然不是一件很容易的事，然而戰後五十幾年來的日本經驗確實可以借鏡；日本明治維新的「和魂洋才」乃是巧妙實用魯迅「拿來主義」精神的儒家文化圈中的具體板樣④。今日儒學之研究要持有撥亂反正的衛道精神，而不是同流合污、人云亦云、一錯再錯的淪為狹隘民族主義的圈套。新儒家的思想曾為東西文化的溝通給予重新定位，這誠如近代十三、十四世紀以後西方的文藝復興。何況儒家思想並非僅止於文化與思想，它還要有實踐的意義。儒者的本質是要達到修身、齊家、治國、平天下的一貫目標，它既要「內聖」的境界，也要做到己立而立人、己達而達人的「外王」功夫。但是儒者的通病是只能做到某些「內聖」，尚難達到「外王」。明末清初大儒者顧亭林批評士大夫之恥乃是國恥，此非僅指中世紀中國魏晉南北朝知識份子「清談」老莊，也暗指宋明知識份子「空談」孔孟。還有一些儒者當其在野時執意批評時政，他憂國憂民以天下國家為己任，置個人死生於度外，一旦他翻身一變其在朝為官時則比一般人更官僚、推諉塞責。這是一般中國知識份子的通病。還有一些知識份子則是管仲舒「正其誼不謀其利，明其道不計其功」的實踐者，如此曲高和寡、消極的遠離功利，何以能做到為人民、為社會、為國家有所貢獻的機會呢？這正是我們支

④ 魯迅，〈拿來論〉，《魯迅選集》（第四卷），人民文學出版社，北京，一九九九五年，第二十八頁至三十二頁；該篇短文最初發表於一九三四年六月七日《中華日報：動向》，署名霍沖；另可參閱宇野重昭，〈日本對多元文化世界的靠近——普遍性與獨特性〉《二十一世紀：東亞文化與國際社會》，當代世界出版社，北京，中國，二〇〇二年，第一二七頁至一三二頁。

持功利主義儒家思想的道理。

二、「新」新儒家的特色

若不與時俱進，儒家、新儒家的時代意義則已經過去了。在這個廿一世紀裡，儒學的發展要結合人文科學、社會科學、自然科學、管理科學以及現代化的科技等學問；它是「入世」的功利主義儒學。⑤那些無病呻吟、矯揉造作、裝模作樣、沽名釣譽、自欺欺人、劃地自限、和自我膨脹的清談和空談的儒者必須驚醒過來，投入於推動國家現代化的行列，使中國人有尊嚴的、頂天立地的站起來。

這是「新」新儒家的價值觀；因此「新」新儒家必須擁抱國際，走向國際，並且貢獻國際。「新」新儒家亦可稱之爲「儒家新教」，它與一五一七年馬丁・路德 (Martin Luther, 1483-1546) 西歐宗教改革以後的「基督新教」在推動國家現代化的意義是相同的；惟基督新教富有宗教文化的意義，而儒家新教則強調倫理文化的價值觀；彼此是相通而不相同。⑥基督新教對於近代西歐、北美現代化的啓蒙意義貢獻至大。見賢思齊，這是我們推廣新「新儒家」的主要目的和歷史文化意義。中國亦需要宗教改革，尤其是道教文化的重新定位。道教文化、儒家文化、佛教文化等三者互爲相通、相融。由於上述三者文化區域的歷史地理背景互異，因爲時代與環境的不斷變遷，道、佛、儒文化在各地難免有異化的現象，我們應該尊重各地區變遷的道、佛、儒文化特色；

---

⑤ 田浩著，姜長蘇譯，《功利主義儒家——陳亮對朱熹的挑戰》（海外中國研究叢書），江蘇人民出版社，南京，江蘇，一九九七年，第四十九頁至八十二頁。另請參閱林安梧，《儒學與中國傳統社會之哲學省察》，幼獅出版社，台北，臺灣，一九九六年，第二六五頁至二六九頁。

⑥ 魏萼，《中國國富論》（經濟中國的第三隻手），時報出版社，台北，臺灣，二〇〇〇年，第二六三頁至二八五頁。

惟因道教邪教林立，令人擔憂。就以經濟發展的優劣爲例，小乘佛教盛行的東南亞地區其經濟發展無法與大乘佛教爲主要的東北亞地區相比，這顯然與目前北美、西歐等地的基督新教經濟發展優於拉丁美洲、南歐等地天主教地區的情況相似。這些對照甚爲明顯。⑦顯然的，道、儒、釋文化經濟圈的東方社會亟需宗教改革，尤其是中國有些道教的迷信、反科學等的宗教改革。當然的，藏傳佛教從一四〇〇年起的宗喀巴式黃教，已經經歷六百多年亦需宗教改革，否則無法拯救西藏的經濟與人權。⑧

伊斯蘭教的宗教改革呢？當然不能例外。伊斯蘭教文化圈從第七世紀到第十二世紀，曾經有過輝煌的歷史經驗，由於十字軍東征和蒙古西征的殘酷史實，使伊斯蘭教文化變了質，雖然歷經了七個多世紀的伊斯蘭教「黑暗時期」（異化的文化），這仍將造成二十一世紀世界文明大衝突。二〇〇一年九月十一日所發生的美國紐約雙子星世貿大樓撞機事件已充分預測激情的伊斯蘭教教義乃是二十一世紀恐怖主義的主要來源。

二十世紀裡世界文明的走向也已證明了西方資本主義的沒落和共產主義的崩潰。本世紀儒家文化圈的崛起是必然的，而中國人的角色更會引起世人的關注，惟二十一世紀仍非中國人的世紀。中國領導人江澤民先生所提出的「以德治國」思維方式特別重要。⑨子曰：「故遠方不服，則修文德以來之，既來之，則安

---

⑦ 同前，第二十三頁至二十四頁；另可參閱黃心川，〈亞洲價值觀與東西方精神文明交融〉，《二十一世紀：東亞文化與國際社會》，當代世界出版社，北京，中國，二〇〇二年，第五至十頁。

⑧ 同前，第三八一頁至三九五頁。

⑨ 中共總書記江澤民於二〇〇一年七月一日中共建黨八十週年講話內容。另可參閱江澤民於二〇〇一年十二月十八日，中國文學藝術界聯合會第七次全國代表大會，中國作家協會第六次全國代表大會有關講話。

之」，「天下有道，則政不在大夫；天下有道，則庶人不議。」⑩中國歷史上以儒家德治的王道精神來治國，所得到的是文治武功兼備的太平盛世朝代，它們是周朝文王武王的「文武盛世」，漢朝的文帝景帝的「文景之治」，唐朝太宗時期的「貞觀之治」，以及清朝的康熙、雍正、乾隆等三代的大清王朝盛世。周代、漢代、唐代、清代等開朝聖君基本上皆是以王道治國，其得來的太平盛世名不虛傳。而秦朝、隋朝、元朝等的霸道治國只能得逞於一時，無法太平於永遠，所以秦代、隋代、元代等皆是短命的霸權帝國。唐太宗有言，「馬上得天下而不能以馬上治天下」，這是有其道理的。所以他亦說「社稷一戎衣，文章千古事」；「霸道」的打天下是一時的，「王道」的治天下才是永遠的。⑪這裡我們不能不再提及鄧小平於一九七八年在中共「十一屆三中全會」以後改革與開放政策方向的正確性。這是「治天下」的具體表現，此將永垂青史。另外，漢初以和親的方式對待匈奴則天下治，唐太宗以和親的方式對待吐蕃，而康熙以和親的方式對待蒙古等等德治與王道思想皆成爲中國歷史上的佳話。此外滿清康熙政府以後對回民的鎮壓，已造成了清朝的回亂，也可殷鑑⑫。凡此在在證明江澤民「以德治國」的時代意義，這與新「新儒家」的學術思想不謀而合。

「以德治國」即「以儒治國」爲主要的意義。中國歷史上或

---

⑩ 朱熹（宋），〈論語・季氏〉，《四書集註》，臺灣書局印行，一九六〇年，第一三七頁至一三八頁。

⑪ 同註二，第四頁至十二頁。唐代的中央政府組織比漢朝進步；此外，唐代任何人通過考試即可升官，但明、清，則必須在京師考進士、入翰林院才可以，一般的舉人、秀才只能做小官。

⑫ 白壽彝，《中國回教小史》，寧夏人民出版社，銀川，寧夏，二〇〇〇年，第七十七頁至九十六頁。

許有對外侵的史實，例如漢武帝在位四十八年，他打了匈奴四十二年，這並非儒家文化治國所樂見的，但當時漢武帝攻打匈奴多少也是被動的；漢武帝也許不得不如此，其實漢武帝若能效法「文景之治」以德服人，號召匈奴來歸或以儒家文化來融合匈奴的草原文化，則更是高明。所以說漢武帝所謂獨尊儒術，此說法並非完全正確，因爲他多少把儒家思想異化了。此外，唐太宗曾攻打朝鮮也是儒家文化異化現象的另一例證。

儒家文化有其包融性，它可吸收外來優勢的文化，這與基督教文化、猶太教文化、天主教文化、伊斯蘭教文化等這些宗教文化多少有排他性有基本的不同。還有它與其他東方的佛教文化、印度教文化等重視慈悲性的本質亦有些差別；因爲儒家思想以人爲本位的人本主義、人文思想是可以結合人道主義和人性主義於一體的。準此，儒家思想若能與世界上主要的宗教文化如基督教文化、伊斯蘭教文化、佛教文化等等相融合，在尊重各地區所屬的本土文化下，它可以尋找一個富有全球化價值觀的文化，這可能是一個新時代的潮流。這一切的一切，要從新「新儒家」著眼，而西方文藝復興的歷史經驗，甚是寶貴，值得中國人重視。

在這個二十一世紀裡，盱衡當前的形勢，中國人當然可以頂天立地在這個世界裡站起來，可是這個世紀仍然是北美、西歐人士的世紀，因爲北美、西歐的物質文明與精神仍然遙遙領先世界。中國的現代化不只是要發展經濟，也要重視文化的意義，使物質文明與精神文明牢牢的結合在一起。這是「心物合一」論的道理。十三、十四世紀以後西歐的文藝復興的經驗得知文藝復興是民族振興的火炬，它是一國現代化的泉源，文明的花朵。新「新儒家」首先要將中國的文藝與民族文化資產復興起來，並且給予新的文化生命力。⑬中國先秦時期的文藝作品如詩經、楚辭以及後來的漢賦、唐詩、宋詞、元曲、明清小說以及民國時期的散文等等一脈相襲的中國文化資產，甚爲寶貴；而西方的文藝從古希臘的神話、史詩到中世紀的十四行詩，而文藝復興以後的文化作品以及十八、十九世紀西方的浪漫主義和現實主義等的雋永作品也值得中國人的借鏡，滋潤中國文藝的新生命。⑭古今中西方文藝大結合是時代潮流之所趨，如何使「洋爲中用」、「古爲今用」的文藝學術思想融合成爲一體，而且與時俱進，活生生、推陳佈新的凝聚起來，以成爲中華民族的新文藝力量，這也是中國人的希望，甚爲重要。⑮這就是中國文藝復興運動的意義。它是二十一世紀中國現代化「新啓蒙」的動力。

貳、新儒家與新「新儒家」

一、新「新儒家」是新儒家的具體實現

儒家思想在鴉片戰爭後面臨了極爲嚴竣的外來文化衝擊。經過一百多年來的中西文化衝突與融合後，今日的儒學又以嶄新的面貌來面對這個新的二十一世紀。這就是新「新儒學」時代的到來。

新「新儒學」是整合當前儒家思想的精神文明，並且落實於國家現代化的實踐意義上面。換言之，新「新儒家」的具體意義是儒家思想的現代化與國際化。「新儒學」是新「新儒學」的理論基礎，新「新儒學」是「新儒學」的具體實踐。「新儒家」乃

⑬ 魏萼，《中國國富論》（一個富有中國特色的新國富論），時報出版社，台北，臺灣，二〇〇〇年，第二一五頁至二三〇頁。

⑭ 同註九。

⑮ 同前。

是指現代的新儒家，它與南宋朱熹的新儒家當然是不同的。現代新儒學的定義，學術界的看法分歧。⑯至今此大約可以歸納爲三個時期：第一時期，應可源自以一九一〇年代「新青年雜誌」以及「新青年」爲中心的學者，這應包括一九四九年以前的許許多多思想家，其中以當時北京大學以及有關參與思想論戰的學者如陳獨秀、胡適之、李大釗、梁漱溟、郭沫若、魯迅、梁實秋、錢穆等等人士均可列入。第二時期，應可包括以一九四九年以後，一九九七年以前港台以及旅居歐美等地的儒學研究者爲主要；這是以香港新亞研究所爲主軸的港台儒學學者唐君毅、徐復觀、牟宗三等人爲主要。第三時期則是一九九七年七月一日香港回歸中國以後，中國大陸、港台以及全球各地儒學學者有鑒於戰後儒家文化圈地區經濟發展傑出表現，咸認爲儒學研究應不是僅止於儒學理學之理論階段，最主要的要從儒學的實證面與實踐層面著眼，特別重視儒學落實於國家現代化與國際化方面。這正如西歐文藝復興以後的文化重建，並且有啓蒙運動在西歐國家的民主政治、市場經濟和多元化社會等的現代化意義。第三時期的儒學的特別在於重視儒學的實踐與檢驗，可以稱之爲新「新儒家」。此有別於第二階段以香港新亞研究所爲主軸的港台學者們，似僅止於儒學的理學理論階段，他們主要的特色在於擺脫儒學的意識形態，並且重視儒學理性的中西文化交流與融合、貫通。這個儒學發展時期比之民國以來的儒家們有開明派（傾向於西化的康有爲、梁啓超等人）和保守派（傾向於國舊的劉師培、嚴復等人）

---

⑯ 陳少明，《儒學的現代轉折》（現代新儒學研究叢書，方克立、李錦全主編），遼寧大學出版社，瀋陽，遼寧，一九九二年，第一頁至五十二頁；另同註六，第一十八頁至四十九頁。

的儒學學者們似有明確的差異。⑰因為第三時期的儒家們能夠抓得著儒學的本質，以「拿來主義」的方式，用以吸收西方思想的精髓，為儒學注入了新的生命力，同時貢獻於國家現代化。

一九八〇年代以後，中國大陸「馬列中國化」的新思想甚囂塵上，於是中國傳統文化，西方主流的自由民主文化，西方非主流的馬列主義文化等三者並舉，蔚成一股新的儒學研究風潮。這與一九四九年以後的港台當代新儒家在文化的定位上有些不同。一九九七年以後，台灣海峽兩岸三地的不斷文化交流，使得儒學的研究在不斷的溝通中趨於理性與共識。這是中國的希望，中國人的前途。

新「新儒家」思想在政治發展、經濟發展、社會發展、國際關係、民族團結以及兩岸關係等等方面都能施展其獨特的政策意義，這就是富有中國特色的政教合一。「政」是政府有關的制度與政策，「教」是儒家思想的道德規範。儒家思想的道德規範所呈現出來的是「和而不同」的施政方針和「一體多元化」的價值觀。儒家思想內聖外王、致中和的「入世」思想體系不只可以救中國，也可以平天下，並且協和萬邦、平彰百姓。

二、全球化本土主義的新價值觀

在政治發展方面：儒家思想是要從「為民做主」發展到「以民為主」的民主思想價值觀。⑱在一些經濟開發中國家，因教育水準低、民智未開、民品低劣，何況法令規章尚未完全建立，則不宜立即實施西方式全民政治與公民投票。俟上述經濟、教育、法律狀況等稍有解決之後，立即可還政於民、平章百姓，並且徹

---

⑰ 同註二。他們多少偏向保守主義，後來的陳獨秀、胡適之等人則是矯枉過正。

⑱ Myers, R. H., and Linda Chao, The First Chinese Democracy, John Hopkins University Press, Baltimore, Maryland, 1998, pp. 217-305.

底邁向西方民主政治之路；這可展現出個別國家民主政治的特色。具體的說，它是民本思想。

在經濟發展方面：儒家思想是需要以「藏富於民、民富國強」爲主要的經濟發展目標。中國這部儒家經濟思想發展史是以市場經濟爲主軸，但它有社會政策，而不是社會主義，也不是以資本主義爲主流。它是以實事求是爲中心思想的中國經濟，它應有市場經濟，也有政府經濟；政府經濟是補充市場經濟之不足，並不是將市場經濟取而代之。經濟制度發展的理想是小而有效率的政府，大而有活力的市場。政府經濟的具體意義在於發展市場經濟、藏富於民，讓老百姓能賺錢、富起來。具體的說，它是民生思想。

在社會發展方面：價值一體多元化是儒家思想、中國文化的本質。所謂一體是指中國道德文化中的四維八德等共同價值座標，這是多元文化中彼此相互認同的最大公約數。然而對於多元文化中所產生的不同文化價值應給予最大的尊重。富有兼容並包的思想特色是中國文化的本質，所以它的融合性特別強。中國文化歷經滄桑始終屹立不搖，但最後終將是贏家，永恆於世界、歷史。

在民族政策方面：除漢族以外，中國有五十五個少數；中國各民族均有其文化價值的特色，彼此應予尊重。中華民族這個文化大家庭是「和而不同」的，各個民族在一個共同的屋簷下和諧相處、互助合一。幾千年來，中華文化的基本精神是一體多元化的包容性，不同民族彼此和平共存、相互尊重、不斷融合。因爲尊重各少數民族個別不同的文化傳統和宗教信仰，因此並沒有發生什麼彼此嚴重排斥、鬥爭的現象，這不是世界上其他宗教文化地區或其他民族文化所能比喻的。

在國際關係方面：以儒家思想爲主軸的中華文化是以和平爲主要，它不但要尊重世界上各國家主權的完整，也要扶弱濟傾；國際間相協調、相協助。其中各國民族文化互異，各有其特色。儒家思想反對國際帝國主義，也絕對不做文化沙文主義。儒學思想在戰後傑出的亞太經濟發展經驗，雖有些爭論，但一般來說，其對經濟發展的貢獻似已被世人所肯定，咸認爲其乃亞洲價值的代表。若是如此，儒家思想的特質似也可推薦給國際社會，用以貢獻國際，推動其所謂的全球化本土主義 (Glolocalism) ⑲，以各國間的文化調和 (Cultural Harmony) 取代文化衝突 (Cultural Collusion)。

在台海兩岸關係方面：台灣與大陸在政治、經濟、社會等制度與政策方面當然有些差距，但是中國歷史文化中的大統一或大一統思想是個不易的定律。中國只有一個，但現階段一國兩區卻是一個事實。中國一定要走上「共和國」的道路，那些聯邦或邦聯或國協等均不適合於中國。在台灣的中國國民黨曾一度主張邦聯，這個看法是不正確的。邦聯不適合於中國的國情，此將禍害中國，貽害子孫；何況中國還有那些蒙古、西藏、新疆等區域的問題。在理論上邦聯是多數主權國家，爲維持其安全與獨立，依國際條約，組成國家聯合，而各國仍有其內部主權，且各自保留大部分之對外主權，各具有國際人格者，謂之邦聯。如西元一七五〇年至一七九七年之尼德蘭 (Netherlands) 合衆國，以及一七八一年至一七八九年的北美合衆國是按邦聯之性質與聯邦異，蓋邦

---

⑲ Helmut Schmidt，柴方國譯，《全球化與道德重建》，(*Auf Der Suche Nach einer Offentlichen Moral Globalisierung*, Deutsche Verlags - Anstalt Gmblt, Stuttgart, 1998)，社會科學文獻出版社（中國社會科學院），北京，二〇〇一年，第一三二頁至一三七頁。

聯分子在國際法上爲國際人格者，而聯邦則無此地位也。⑳

叁、落葉歸根、落地生根、落腳挖根

一、儒家思想的落葉歸根

從儒家一體多元化、和而不同的思想觀之，台灣與大陸應在一個中國原則下各自實施不同的政治、經濟、社會體制，這乃是階段性的一國兩區，逐步邁向一國一制的統一中國。台灣歷史雖短，但屢經主權的轉移，台灣應力圖逃避歷史上悲情命運，面對現實，擺脫民粹主義意識形態，並且以大胸襟、大格局、大歷史的前瞻性眼光放遠美好中國的遠景，進而爲衆多的中國人做出偉大的貢獻，否則容易重蹈台灣歷史的悲情。以上所述，乃例舉新「新儒家」思想在政治發展上、經濟發展上、社會發展上、民族政策上、國際關係上、兩岸關係上等方面的一些意義作敘述。其實儒家思想在「內聖外王」的修身、齊家、治國、平天下等道理可以作爲「爲人處世」的方針，其適用的範圍甚廣。特別要強調的是儒家思想是內向防禦性哲學觀，這與基督新教外向攻擊性哲學觀完全不同。所以德國社會學家韋伯 (Max Weber) 曾說基督新教的思想富有支配世界的傾向，因此它可以發展資本主義。㉑同理亦可從文藝復興以後新航路的發現的許多事實得到間接的證明。義大利人士哥倫布 (Christopher Columbus, 1451-1506) 於一四九二年發現新大陸，葡萄牙人達伽瑪 (Vasco da Gama, 1469-1524)

---

⑳ 魏萼，〈有關中國前途的幾個建議〉，《新形勢下兩岸關係發展趨勢與前景》學術研討會，上海國際問題研究所，上海，中國，二〇〇一年十二月十五日至十六日。另有關「邦聯」的歷史資料是邱創煥教授提供的。

㉑ Weber, Max, *The Protestant Ethics and the Spirit of Capitalism*, New York, Free Press, 1958. 另可參閱 Weber, Max, *The Religion of China*: *Confucianism and Taoism*, New York, Free Press, 1951.

於一四九八年繞非洲南端而發現印度，葡萄牙人麥哲倫(Ferdinand Magellan, 1480-1521)於一五二〇年環繞地球一周。之後，西方人士開始殖民印度、南洋以及美洲新大陸，而中國明成祖永樂三年（西元一四〇五年）鄭和下西洋七次，皆是以落葉歸根的史實告終，絕對沒有侵占他人土地的任何嫌疑。㉒今日西方基督新教文化盎格魯・撒克遜(Anglo-Saxon)世界害怕中國的威脅，並且提出所謂的中國威脅論，眞是一件不可思議的事。鄭和於明成祖永樂三年首度率船隊自江蘇省蘇州劉家港出航，而宣德八年（西元一四三三年）第七次下西洋爲止前後共二十八年。當時鄭和每次出航的船隻達百餘艘，水兵兩萬人。鄭和下西洋比一四九二年哥倫布到新大陸早了八十七年。鄭和下西洋是和平之旅，促進中外的文化與經濟交流，所呈現的文明意義是落葉歸根，並沒有如西方國家的荷蘭、西班牙、葡萄牙、英國等等的海外殖民地政策。西方人認爲中國人的強大有所謂「黃禍」的疑慮，其實這是多餘的顧慮，因爲中國文化以儒家思想爲主軸是愛好和平的。西方人士的看法是從西方文化有侵略性的意義著眼來衡量中國，這種看法是錯誤的，我們不能苟同。

二、天主教思想的落地生根

新「新儒家」思想的落葉歸根觀念與天主教思想的落地生根觀念亦是顯然有些不同的。這可從中南美洲的拉丁民族天主教國家看出。從第十五世紀到第十八世紀，西班牙人、葡萄牙人不斷發現新大陸、移民新大陸，進而殖民新大陸，他們的特點是落地生根，與當地的原住民生活在一起，並且與之打成一片，混合、

㉒傅統先，《中國回教史》，寧夏人民出版社，銀川，寧夏，二〇〇〇年，第六十四頁至七十一頁。

融合在一起。這種落地生根的觀念與行為，是秉承天主教思想，藉著天主的意旨四處行善，並且志在四方、無處不是家的思想觀念一致。這是天主教國家落地生根的意義，今日的拉丁美洲國家具體狀況誠如以上所述。其他地區例如東南亞的菲律賓，中國的澳門等等天主教地區皆是明顯的例證。

三、基督新教思想的落腳挖根

基督新教的文化顯然與天主教文化不同，當然更不同於儒家新教。基督新教文化的特質，誠如韋伯教授所說的是有支配世界的屬性，它是有侵略性的。基督新教文化有資本主義的特質，所以有所謂落腳挖根的觀念與行為，以美國保守派人士為代表，㉓這種思想文化的國家經常以其主觀的「文明衝突論」眼光來看世界其他地區的文化發展，哈佛大學杭廷頓 (Samuel P. Huntington) 教授就有這種不正確的看法，是對儒家思想文化「文明調和論」的一個曲解，甚為不幸。類似杭廷頓教授看法的西方人士甚多，比如說美國麻省理工學院梭羅 (Lester Thurow) 教授、約翰霍布金斯大學布里辛斯基 (Zbigniew Brezinski) 教授的看法也多少如此。這莫非是西方文化資本主義者本位的驕傲與偏見。

儒家思想自鴉片戰後，受到西方思想空前的衝擊；這個衝擊是西方思想的介入中國，這個文化衝突帶來中國政治不穩定、經濟不穩定和社會不穩定等文明災害。這就是所謂的西禍。西禍是本自橫斷面的外來衝擊，另外還有一個是來自中國文化自我沉澱的污垢，這就是所謂的腐儒或俗儒，這也就是垂直面的文化衝擊。鴉片戰後，中國遭受到外在、內在雙重的文化衝擊，其嚴重

㉓ 劉東，〈韋伯與儒家〉，《江蘇行政學院學報》，二〇〇一年第一期，南京，江蘇，二〇〇一年，第三十八頁至四十八頁。另請參閱費爾巴哈著，榮震華譯，《基督教的本質》，商務印書館，北京，中國，一九九七年，第二十九頁至六十七頁。

性不言而喻。這個階段是中國文化被西方文化擊倒的不幸時期。具體的說，中國一方面被外來的西方人所擊倒，另一方面是中國被中國人自己擊垮。這是中國儒教文化的黑暗時期，它是中國文明「惡性循環」的主要源泉。

第二次世界大戰以後，儒家文化經濟圈所展現的經濟奇蹟已被世人所共知，此爲所謂的亞洲價值。然而亞洲價值如何走出世界，擁抱世界，貢獻世界呢？目前最重要的是要找到世界共同的價值中的亞洲價值意義。新「新儒家」思想的現代化與國際化甚爲重要，這已如前述。亞洲價值是要貢獻給世界的，但它絕對不能成爲文化資本主義或文化帝國主義。因爲它也是反對西方文化帝國主義的，自己當然不能成爲令世人所共憤的文化資本主義者。

肆、拿來主義與送去主義的本質

一、拿來主義的眞諦

魯迅的短文〈拿來主義〉，甚是玩味㉔。他強調我們要自己主觀的去拿、去取、去選擇我們國家所需要的東西，而不是西方國家依據他們的需要而送來的東西。所以魯迅反對送來主義，因爲它是被動的。魯迅主張拿來主義的立場是基於我們國家主動的。過去西方列強送來鴉片（英國）、香水（法國）、好萊塢電影（美國）、玻璃絲織（日本）等等都是被動的。㉕拿來主義是

㉔ 同註四。魯迅的「拿來主義」思想與孫中山思想的出發點基本上相同。

㉕ 同前；另可參閱 Wei Wou, "*Taiwan's Economic Impact upon Mainland China*", The United States and Cross-Straits Relations: China, Taiwan and the US Entering a New Century (edited by Kenneth Klinlener), Center for East Asia and Pacific Studies, University of Illinois, Urbana-Champaign, Illinois, 2001, pp. 220-237.

主動的爭取我們國家欠缺的東西，特別是促進經濟發展的科技與資本設備等。可是事實並非完全如此。魯迅的話到如今仍有重大的時代性意義，特別是二十一世紀是文化帝國主義的時代，若崇洋媚外、一味吸收西方的文化與思想，囫圇吞棗，則將帶來了國家的動亂，不得不愼。

一般咸認爲十八、十九世紀是西方經濟所主導的世界時代，十九、二十世紀是西方政治所主導的世界時代，二十、二十一世紀是西方文化爲主導的時代。㉖經濟、政治、文化等三者是三位一體，而且互相影響；但從全球近代史發展過程來說先是從經濟資本主義（或稱之爲經濟帝國主義）發展到政治資本主義（或稱之爲政治帝國主義）、文化資本主義（或稱之爲文化帝國主義）等是有階段性的重點，這是歷史造成的。魯迅的〈拿來主義〉值得國人進一步深思。當然的，他多少也是反對「送去主義」的。㉗

二、送去主義的意義

至於什麼是「送去主義」呢？魯迅當時也提到我們送去了許多古董、國寶等到國外展出，其目的是爲了宣揚國威，不錯的。但後來常常變了質，竟將這些古董、國寶出國去送人或變賣給外國人，造成了國家古董資源的外流，一去不回，甚爲可惜。這是錯誤的經驗。不過我們還是要主張送去主義，但我們強調送去的不是那些古董、國寶等古物，而是主動送去中國優秀的文化和現代化的成果，以貢獻國際，發揚國光。㉘但我們絕對不做文化的

㉖ 布里辛斯基 (Zbigniew Brezinski) 原著，林添貴譯，《大棋盤》(*The Grand Chessboard*)，立緒出版社，台北，一九九八年，第二五八頁至三〇二頁。

㉗ 湯一介，〈「拿來主義」與「送去主義」的雙向互動〉，《中國哲學與二十一世紀文明走向》，第十二屆國際中國哲學會，中國社會科學院主辦，北京，七月二十一日至七月二十四日。

㉘ 同前。

「大漢沙文主義」，更不能做「文化帝國主義」。其中最主要的是要去除中華民族的自大或者自卑的心態，展現出理性的民族主義，而不是走上「義和團式」的激情民族主義。對中國人來說，有如此悠久的歷史、豐富的文化，這些都是中國人的資產。但是鴉片戰後，中國人「東亞病夫」的稱號隨之而來。如此民族的自尊心與自卑感等兩者的差距甚大，二者都是不理性的。如何展現出理性民族主義，這特別困難，也特別重要。二〇〇一年七月十三日晚上從莫斯科傳來的北京申奧成功，將主辦二〇〇八年世界奧林匹克運動會，這是一件極爲重大的事蹟，一方面可以掃除中國「東亞病夫」的恥辱，同時也可奮發圖強，展現民族自信心；這難怪全球中國人自然地不約而同發出內心無比的喜悅。目前整個中國大陸士氣相當旺，朝野人士集中精神搞生產促建設，一片蓬勃的景象。這可以看出中國人在二十一世紀確實能夠有尊嚴的，頂天立地的站起來，而且如此站的住，站的穩。當然的，這是中國的榮耀。因爲這將有更是一個強而有力的中華文化大躍進，可以防堵西方文化資本主義的入侵。㉙然而中國人的人口衆多、經濟能力底子薄弱，何況貧富差距仍大，還有那些屬於文化的問題等等，因此在這個二十一世紀裡，仍然是北美、西歐人的世界。另外，此時此刻的台灣，與中國大陸正好形成一個對比，因爲今日的台灣政治、經濟、社會等方面均呈現不穩定的現象，這多少還有那些東方、西方文化衝突的表徵。今日台灣的沉淪，首要來自政治的惡鬥，這多少是受到西方文化資本主義，尤其是美國價值觀入侵的現象，甚值得有識者警惕，尤其是中國知識分子的覺醒。此時此刻正在檢驗新「新儒家」在臺灣實踐的時候了。

㉙ Myers, R. H. and Linda Chao, op. cit. pp. 101-196.

伍、「第三條路」哲學的辨識

一、西方經驗中的「第三條路」現代化

事實證明，戰後的亞太儒家文化圈經濟發展的奇蹟，多少讓世人體會到「第三條路」哲學的意義。可是「第三條路」的西方經驗與東方世界是不一樣的。西方世界是因爲馬列共產主義的崩潰和非馬列資本主義的沒落，由於政策左右搖擺之後邁向「第三條路」的哲學。東方的世界所貫徹的「第三條路」哲學是在本土文化爲中心的基礎不斷自我轉化、調整發展而成，它並沒有西方世界經過所謂的「嘗試和錯誤」的經驗而調整過來。㉚前者東方社會邁向「第三條路」現代化哲學的錯誤代價較低，二十世紀末中國共產主義之自我演進的經驗便是一例，西方國家的經驗則不然；這可從十八世紀以後西方資本主義現代化發展史，以及二十世紀西方馬列共產主義的崛起與滅亡的經驗爲鑑、爲戒、爲鏡。

此外，西方世界基督宗教文化雖能締造西歐、北美等地的現代化文明，可是其「人定勝天」的思想已使自然環境遭受到嚴重的破壞。這種以經濟開發爲首要，忽略了經濟開發所造成自然環境破壞的代價。中國傳統哲學文化中的「天人合一」、「參天化育」思想已逐漸被西方資本主義國家所重視。新「新儒家」一方面重視經濟開發，但另一方面也重視因經濟開發所衍生的負面效果。在這一方面，日本做得很成功。在台灣二〇〇一年七月三十九日遭受到桃芝颱風的侵襲，造成了土石流的災害，台灣人的生

㉚ Anthony Giddens 著，鄭武國譯，《第三條路》(*The Third Way: The Renewal of Social Democracy*)，聯經出版社，台北，一九九九年。另請參閱楊世雄，〈社會主義人性論之省思〉，《哲學雜誌》（第二期：季刊），業強出版社，台北，一九九一年，第四十四頁至五十七頁。

命與財產損失甚爲嚴重。爲何？因爲經濟掛帥，一昧重視經濟開發，認爲人定勝天，大家無知的沾沾自喜；殊不知其已造成了生態環境的嚴重破壞，此經濟發展已付出甚大的代價。在台灣類似的這種情況很多，比如說二〇〇〇年七月汐止地區因爲豪雨造成土石流成災，許多房子倒塌，也造成了許多台灣人生命與財產的損失等。這些例子很多，皆可供中國大陸往後經濟建設的參考，並且防患於未然。西方資本主義的弊案愼防在亞洲地區重演，台灣經濟發展曾爲奇蹟的出現，但其代價也甚高。一國資本主義經濟發展所犧牲的代價，不要讓貧窮的多數百姓來承擔。須知致中和、盡人之性、盡物之性，此乃爲天下至誠，則可以參天地之化育。這些成功與失敗的台灣經濟經驗，再度提醒成爲中國大陸的殷鑑。

二、殊途同歸的東方與西方理學家

儒家思想源自易理；孔子對周公文武時期的德治甚爲敬佩。孔子是整合周公以來的思想「溫故而知新」而成爲一代宗師。孔子綜集西周文化之大成，並且有自己新的看法，是乃「溫故而知新」的「文化中國」。孔子是中國最偉大的理學家，是乃有至聖先師的尊稱。中國這部儒學史可以說是一部理學發展史。儒家思想歷經兩千多年的歷史變遷，其內容不斷充實。其中董仲舒、程灝、程頤、朱熹、陸九淵、陳亮、王陽明、顧炎武、王夫之、黃宗羲、惠棟、戴震等等人的貢獻最大。㉛民國初年因爲腐儒、俗儒充斥，造成政治、經濟、社會等的不穩定。一九一九年的「五

㉛ 艾爾曼著，趙剛譯，《從理學到樸學》（中華帝國晚期思想與社會變化面面觀），江蘇人民出版社，南京，一九九五年，第四頁至六十八頁。

四運動」遂有欲打倒孔家店的呼聲。其實胡適之、陳獨秀等人所謂的要打倒孔家店，並不是要打垮孔儒思想，而是要打醒孔儒文化。其最終的目的是要給儒學新的生命，使之落實於國家的現代化，這符合於新「新儒家的定義。孔子 (B.C. 551-479) 是中國理學之父，他比西方理學之父蘇格拉底 (Socrates, B.C. 469-399) 年長八十二歲，可謂同一時代的人，孔子與蘇格拉底所代表的東西方文化，他們雖有不同，但在理學的內涵裡確有許多雷同之處，若有不同之處，乃是蘇格拉底乃重視是非分明的法治精神，因此西方文化偏向科學的意義。新儒學的代表性人物朱熹 (1130-1200)，是宋明「新儒家」理學典型，他的思想與西方義大利哲學家阿奎那 (Thomas Aquinas, 1225-1274) 的許多看法相似。㉜阿奎那稍晚於朱熹。阿奎那主張存天理之正，去人慾之私，還有那些所謂的原罪禍論等觀念，與朱熹的看法甚相似。㉝他們二人一東一西，不可能謀面，亦不能彼此通通氣息，但何以他們二人的看法相近呢？這是東西理學思想相通而不相同的基本道理，與前述孔夫子與蘇格拉底等二哲的許多看法一樣。另外更有趣的是清代乾嘉思想家戴震 (1724-1777) 與西方經濟學之父亞當·史密斯 (Adam Smith, 1723-1790) 所處的時代相當，彼此的看法亦相近。㉞戴震反對宋理的空談，批評宋儒的申天理、窒人欲的看法乃違天理與人情。朱熹的看法當然不同，在其《孟子字義疏證》一書（凡三卷）中暢談「理」乃是情、欲之所生，道德亦不在情欲之外，而

㉜ 同註五，第一十八頁至四十九頁，及第一〇一頁至一〇八頁。

㉝ 黃光國，〈文化的反思、典範的重建〉，《思與言》（人文與社會科學雜誌），第三十九卷·第四期（二〇〇一年十二月），第一頁至三十頁；另同註五。

㉞ 同註三十一，第六十頁至九十九頁。

理即在事物之中。㉟朱熹的理學也是當時時代的產物。這個看法得到胡適之先生的認同，但胡適之先生亦用清儒的治學方法，梁啓超稱胡適有清儒之風。㊱

西方經濟學從亞當・史密斯開始成爲一個體系。亞當・史密斯在其巨著《國富論》(The wealth of Nations) 中強調私人經濟利潤的動機，並且唯有在私有財產制度與市場經濟體制下才能發生。㊲人們唯有追求私欲才能發展人的潛力，這是「一隻看不見的手」(an invisible hand)。根據亞當・史密斯的看法，理性、慾望、利潤三者之間甚相關。這個思想觀念代表了西方傳統務實的主流思想。㊳此外，約翰・凱恩斯 (John M. Keynes) 曾因爲一九三〇年代世界性的經濟大恐慌，懷疑了亞當・史密斯 (Adam Smith) 的《國富論》裡的主要思想。㊴所以凱恩斯在其《一般理論》(The General Theory) 裡倡導政府經濟的功能；可是凱恩斯的理論只能補充亞當・史密斯理論上的一些不足，無法將亞當・史密斯的思想取而代之。㊵巧得很，與約翰・凱恩斯 (1883-1946) 有

㉟ 林安梧，〈後新儒學的社會哲學：契約、責任與「一體之仁」——邁向以社會正義論爲核心的儒學思考〉，《思與言》（人文與社會科學雜誌），第三十九卷・第四期（二〇〇一年十二月），第五十七頁至八十二頁；另同註五。又戴震辨孟子性理諸義，與朱熹《孟子集註》有些不同，其意近似於荀子而略遠於孟子。戴震說理也似甚爲精確，匡正不少宋儒之偏頗，乃承一家之言。

㊱ 趙德志，《現代新儒家與西方哲學》（方克立、李錦全等主編），遼寧大學出版社，瀋陽，遼寧，一九九四年，第一〇頁至二十八頁。

㊲ Smith, Adam, An Inquiry into the Nature and the Causes of the Wealth of Nations, 1776. 亞當・史密斯是古典經濟學的代表人物，他被譽爲經濟學之父。

㊳ 同前。主張最小的政府乃是最好的政府；儒家思想則主張適度的政府。

㊴ Keynes, John M., *The General Theory of Employment*, Interest, and Money, Harcourt, Brace and Co., 1936. 這本著作的出版，乃是新經濟的開始，世稱凱恩斯革命 (Keynesian Revolution)；主張政府經濟可補充市場經濟之不足，而不是取而代之。

㊵ 張磊，《孫中山評傳》，廣東出版社，廣州，廣東，二〇〇〇年，第五十六頁至

時代相近，但稍早的孫中山(1866-1925)的許多主張思想與觀念相似。孫中山思想中有關國營事業和政府經濟等看法，凱恩斯的《一般理論》的看法亦後如此。㊶東西方文化相似而不相同，但彼此是相通的。以上所例舉的東方的孔子、朱熹、戴震、孫中山等思想理學家，與西方的蘇格拉底、湯姆斯、阿奎那、亞當·史密斯、約翰·凱恩斯等思想理學家相對的時期與觀念相似，殊途同歸；此處只是先抛磚引玉的簡單提出來供參考，類似之爭甚多，願學術界能繼續再一步研究。㊷

陸、東西方理學之父：孔夫子與蘇格拉底

一、孔夫子·蘇格拉底的理學本源

東西方文化的出發點彼此不同，這可從東方的孔子和西方的蘇格拉底爲代表。東方文化是從哲學到科學，西方文化是從科學到哲學；東方文化是從情、理、法的程序進化，西方文化則從法、理、情的程序進化。可是先進已開發國家不管是東方文化或西方文化則逐步的趨同。如此東方現代化與西方現代化的內涵甚是相近。這是目標相同，但過程則不一樣。前述「第三條路」的哲學便是一例。二十一世紀裡，東方與西方現代化則均將邁向「第三條路」的哲學走，但彼此的過程完全不同。中國共產主義的不會崩潰、瓦解便是一例。㊸因爲它已經自我轉成爲富有中國

一〇四頁；另可參閱羅時實，《從經濟學看國父思想》，正中書局，一九七〇年，第一九四頁至二〇〇頁。

㊶ 同前。

㊷ 王岳川，〈後現代後殖民主義在中國〉，《江蘇行政學院學報》（二〇〇一年第一期），南京，江蘇，二〇〇一年第一一九頁至一二六頁。

㊸ 同註三十。另請參閱雅士培著，傅佩榮譯，《歷史的巨人——四大聖哲》，業強出版社，台北，臺灣，二〇〇一年，第七十六頁至一〇六頁。

特色的「大同式」共產主義。此外西方式走上二分法的道理，才會有二十世紀資本主義的沒落，共產主義的沉淪。㊹這也是東方與西方具體不同的地方。

孔子思想是從古代典籍用心整理、綜合之後給予正確的解釋，然後繼續傳下去，並且有了創新。所以說整合、持續和創新是東方文化的三步曲。那西方呢？蘇格拉底當時不敬神，被處死刑；蘇格拉底本可提出理辯，則或可免於一死，但他並不如此做，因爲他尊崇法律。㊺他死後的希臘人就有機會重新檢討法律進而重新修訂法律。在尙未修法之前，必須崇法。這種求守法律、眞理而不變通的作爲是科學的方法嗎？至少西方人的價值座標便是如此。這種明確的二分法的思維方式，完全與易經裡的二爲一，一爲二的思維方式有所不同。兩千五百多年來東方與西方的人已經把這個不同的思維方式看成其生活的一部份，這包括治國、平天下的具體作法。東方與西方還是有些程序上的不同，就以民主發展爲例，東方人與西方人的民主程序與方式有其不同，但民主的意義是一樣的。東方人生從爲民做主做起再發展到以民爲主的作法，便是東方哲學的特色。這種「革命民權」重視人爲的民權，須靠人去爭取來而來的民權，顯然與西方的「天賦人權」，公民社會的觀念與程序也是不同的。在經濟發展方面，東方社會在市場經濟發展條件上尙未成熟之前，是不會全面實施市場經濟的。但在東方社會裡政治發展與經濟發展經常是一體兩面

㊹ 葉自成、龐珣，〈中國和西方外交思想的歷史文化比較〉，《二十一世紀：東亞文化與國際社會》，當代世界出版社，北京，中國，二〇〇二年，第四十一頁至六十四頁；另同前註。

㊺ 雅士培著，傅佩榮譯，《歷史的巨人——四大聖哲》，業強出版社，台北，臺灣，二〇〇一年，第二頁至四十頁。

的。經濟發展到某些程度以後，政治發展必然隨之。在東方社會裡與其全面發展民主政治，還不如先發展經濟重要；此時此刻一個有智慧的領導者來先推動國家的經濟建設則比之先發展全民政治來得更恰當。問題是這個有智慧的領導者是誰？如何產生？這在開發中國家的的東方社會往往也相當困難找到。開發中國家亟需要的是一個好而有效率的政府，可是這一個重要的條件往往是開發中國家所欠缺的，開發中國家最容易陷入的是對民族自信心的缺乏，因而國人崇洋媚外，擋不住那些經濟已開發國家，特別是資本主義國家經濟、政治、文化的侵略。所以經濟開發中國家往往是思想被動式的來接受外來的「送來主義」，而缺乏主動式的選擇外來的「拿來主義」。如此開發中國當然會發生所謂的文化衝擊和經濟惡性循環。因此，儒家思想只在融合外來思想，而不被外來思想所融合。消化西方思想，深化中國思想，此爲良性的、廣泛的「拿來」已開發國家的優勢文化和科技，以做爲落實於國家現代化之所需。這是新「新儒家」的具體意義。

二、儒家致中和的意義

儒家「天人合一」的思想體系甚爲廣泛，他也可以應用在人文和社會科學方面，其具體的表現則在「中庸」的哲學上面，特別在於各種政治經濟制度與政策的層面上，而「致中和」的意義就其中。易經本諸陰陽調和，此是理性的本源。中國文化以儒家爲本位，允執其中的有關行爲，還包括治國、平天下的大道理都在裡面。就以經濟建設爲例，比如說市場經濟與政府經濟的調和，國營經濟與民營經濟的調和，財政經濟與金融經濟，城鎮經濟與都市經濟的調和，經濟生活與精神生活的調和，經濟發展與社會福利的調和等等。其他在政治建設、社會建設等方面亦可以同理迎刃而解。

近百年來，新儒家思想最大的貢獻在於融合中西文化。一反儒家思想兩千多年來的偏重於垂直面融合。新儒家思想則不但繼續其垂直面的融合，它最具意義的乃是橫斷面外來西方思想的融合。雖然在漢朝、唐朝、宋朝以後，也有因爲藉由陸上經濟、海上經濟而能吸收外來的文化與科技，但其極爲有限。但自從鴉片戰爭以後，情況卻不然，這種外來思想的衝擊則是大量的蜂湧而來。復加上中國經濟開發中國家的心態甚爲明顯，國人崇洋媚外之風甚盛，如此豈不帶來文化衝突的弊病呢？其結果當然是中國嚴重的內憂外患、民不聊生。百餘年來，中國不但蒙受外來橫斷面的文化衝擊，同時也遭受到內在縱貫面的文化衝擊。前者已如上述外來「送來主義」的衝擊，後者則是中國文化中的「腐朽儒家」所致。這個變本加厲的文化衝突的「惡性循環」，形成了一百多年來中國儒教文化的黑暗時期。這種情勢直至二十世紀的下半葉才稍有改變。五十年來，中國文化不斷自我去蕪存菁，也不斷的吸收、融合外來的思想，這當然包括西方自由主義思想和馬克思、列寧主義思想在內。在二十一世紀時已實現了一個嶄新的局面；這正如西方十六世紀的西歐基督教文化黑暗時期後，文藝復興的新文化形勢，更在啓蒙運動的指引下，文藝復興使古希臘、羅馬文化而有了新的生命力，並且落實在科學、技術、藝術、經濟、政治、社會等等方面的現代化。西歐文藝復興最大的成就在於將古老歐洲文化落實於現代化。這是幾百年來西歐、北美等地區經濟等現代化獨領風騷於世界的具體根源。歐洲的文藝復興並不是故步自封、無病呻吟、裝模作樣、矯揉造作、自欺欺人、自我膨脹的「形而上」哲學與文化空談運動，而是實事求是，解放思想促使國家現代化的一種綜合性的現代化運動。

新「新儒家」一方面肯定新儒家的文化意義，另一方面則其將其落實於人文社會、科技與管理等現代化的科學意義。㊻它是富有功利主義的入世儒家，而不是那些裝模作樣、無病呻吟、自欺欺人、設地自限、自我膨脹等的書生之見，同時也要有做治國、平天下的雄心與壯志。㊼如何在立德、立功、立言三者兼顧的大目標下，爲國家、爲社會、爲人類作出具體的貢獻。換言之，新「新儒家」要走出「象牙塔」的學術，以面對人類福祉的現實；因此頗富代表性的江南「吳儒」（例如麗澤學派、蕺山學派、浙東學派、乾嘉學派等的學術思想），甚有進一步研究和發揚的價值。㊽

㊻ 魏萼，〈清儒、吳儒、新新儒〉，（從中國經濟的文化資產談起），《思與言》（人文與社會科學雜誌），第三十九卷·第四期（二〇〇〇年十二月），第三十一頁至五十七頁。

㊼ 同前；同註三十一。另請參閱賴賢宗，《體用與心性：當代新儒家哲學新論》（中國哲學叢書），臺灣學生書局，台北，臺灣，二〇〇一年，第二一三頁至二五七頁。

㊽ 李國鈞（主編）、王炳照、李才棟（副主編），《中國書院史》，湖南教育出版社，新化，湖南，一九九七年，第三六〇頁、七五四頁、八三一頁、八八四頁。呂祖謙 (1137-1181) 爲麗澤學派的創始人，劉宗周 (1578-1646) 爲蕺山學派的開山祖師，黃宗羲 (1610-1695) 爲浙東學派的啓蒙人，戴震 (1724-1777) 爲乾嘉學派的掌門人。

6

當代新儒家與台灣的本土化

——一項攸關文化抉擇的課題

葉海煙

曾幾何時，台灣作爲一政治體的面貌與輪廓，竟然出現了諸多不確定的因子——它們不必然和政黨輪替有關，也不全然與兩岸形勢同步發展。或許，在台灣的社會力與文化力交互運作之下，傳統意識與當代思潮是一直如同酵素一般，不斷地爲此地層出不窮的奮興與浮動之人文生態（這顯然無法由環境制約與心理驅力的二元論所主導），提供那足以直接或間接引發改革行動的相關資源。

因此，「本土化」(Localization) 對台灣一地而言，是不僅內容含糊不清，而且還出現了諸多歧義。首先，「本土之文化」或「文化之本土」究何所指，就讓人文學界傷透了腦筋。這當然和台灣史（或「台灣人的史觀」）的實際意理建構有著密切的關聯，但卻也同時不可避免地牽扯到台灣人的生活世界——它包括那由歷史認同、文化認同、社會認同以及具有規約效力的族群認同等主體力量所共通共享的意義場域；其間，是不僅括及已然充斥的客觀條件及其組合，而且還涉及吾人主觀性與相互主觀性彼此交織而成的認知、情意以及理想性的因素。因此，若以傳統爲底，用生活作畫，則所謂「儒者」、「儒家」與「儒學」的當代處境，實已透露了台灣社會裏層隱隱然躍動的本土化力量，其實不必然走向毫無希望的死胡同，而對文化傳統企圖進行改造的新思潮，也就有了掙脫意識形態宰制的大好機會。

一、新儒學何「新」之有？

儒學之分新舊，一方面乃歷史發展使然，如宋明新儒之於先秦儒，另一方面則由學術進程中具眞實意含的繼承、批判與創新相互爲用的思想活動所造成。而後者的意義似乎大於前者，特別是由於儒學發展對應於不同地區不同國家，總難免衍生不同的面貌與風格——如今，台灣作爲一華人住居之地，數百年來之浸淫於儒家文化，是不僅史實昭然，而且「台灣儒學」也早已具有相當程度的客觀性與特殊性。如此看來，在貫時性的歷史脈絡中，在此地提出「新儒學」，並同時由此一「新」義轉生出新舊並蓄、古今兼容的學術眼光與文化取向，顯然有相當的道理在。

在此，我們既已享有一定的「固有」文化，則在迎向未來之際，此一生活世界往往引來各種衝擊與挑戰，對此，我們當然得以「大義凜然」之姿挺身而出，並同時做出適度的回應。因此，若儒學在相當的範圍內屬於固有之文化，那麼儒學是自有其根本，而此文化之根、思想之本便不能迴避當代，也同時不能拒絕與當代多元文化進行對話與交流，當代社會、當代文化是儒學自新常新的壤土，而對話以至於交流則理屬當然，事出自然，其間更自有其必然性，而儒者之善解「必然性」與「應然性」，其實便是無比珍貴的自由——說是生命本然之自由，似也不爲過。

若進一步放眼華人世界的文化境況，在荊棘遍地、荒寒處處的悲涼之外，我們對任何一個文化人或學術人之自命爲「儒者」，是仍充滿無限的期待與盼望。因此，縱然「儒者」的客觀意義早已被此世此在的社會力量消蝕殆盡，但他所坐擁的主觀意趣卻依然激得起吾人身心靈神洽合無間甚至一體無礙的眞實感動。當然，如此屬己的個人經驗極可能不足爲訓，因爲在道德論證當道的行動世界中，任何自況自許的言語施設並無法全然置身於主體際外。因此，當代儒者之自新自勵，是理當對「新」義有如下之解讀與共識：

㈠**思維之新義**：儒學思維乃人文思維，而且是以人文之廣義與深義爲核心的思維，因此它並不必然對應於今日某一人文學之爲一門學科 (science) 的專業性範域。如此看來，我們顯然不必在所謂「新思維」之中刻意製造那與傳統對立對反的各種「後設」意含。朱子云：「舊學商量加邃密，新知培養轉深沈」，原來新舊之間是不必平添無謂之思維阻障。

㈡**文化之新義**：儒家文化之融入於某一文化體中，終究不能是一種文化擴張或文化變型，而理當是一種自立自主的文化現象。因此，台灣文化具體的情境與意境，自然包含了傳統的儒文化，並且已對儒文化進行了長時間的吸收與轉化，這在台灣人的生活現實中歷歷可數。如此，在我們將身家性命寄付於此生此世之際，如何不斷轉出文化之新義與活力，當是儒者不容推卸的重責大任。

㈢**人格的新義**：「儒者」不必然是一項頭銜、一種身份。因此，既然「儒者」是具有理想意義的人格典型，他便同時得寓含吾人自我改造以至於自我變革、自我創新的無盡願景，而此一願景卻也不是一般之理想主義者所能全然洞悉，因爲孔子之爲「聖之時者」，其實已然在歷史軌道之外，另行建構了常新恒新的人文路向，而此一人文路向乃由世間眞實人格之眞實意向所斟定：

儒者當然是歷史的產物，然儒者的理想卻有了貫通古今以通於久遠恆存的眞實意義。而在道德學系統化、結構化的傾向中，如何開發德性自覺之活力，以棄末返本，逆果向因，並溯人間現象之流以探生命之源頭，顯然必須有勇於抗拒名色誘惑，去除我慢我執的自我中心主義的根本決心。因此，顏回之所以爲孔門首善之徒，不正因爲他以「願無伐善，無施勞」爲其志向嗎？在此，顏回其實是以立而不立之志爲其個人理想之所託與深心之所願，這當也是顏回個人眞實意向之所寄——這已然無所寄，無所託，亦無所立。①

二、本土化豈止是「去中國化」？

任何以文化或文化活動爲宏觀思考之全般內容者，總有其自行建構之「人觀」。而此一人觀便不能只是抽象地說或理論地講，因爲存活著的所有人都不能不隸屬於一特定之時空，而任何特定之時空又都已充滿那所謂的「文化」——「人文化成」原本是一群體在特定時空中的共同事業。因此，若以台灣的特殊歷史背景，做爲回顧此地的人文化歷程的重要參照，則面對那已然具有較大的普遍性與共通性的儒學或儒者所託身的中華文化，吾人似乎不能不做一些較爲具體的關切——關切文化傳統能如何在此一現代社會中再生，關切兩千多年來的儒學究已如何通過台灣歷史，昂然進入此刻正以生命爲經，以生活爲緯，同時以生存爲軸的兩千兩百萬人的組合。或許，那以本土化爲導向的思考是理當在儒者昂然之姿之外，再以謙卑而寬和的態度來面對已然雜沓喧

① 葉海煙，《中國哲學的倫理觀》，台北：五南圖書出版公司，2002 年，頁 168。

騰的人間。

關於「本土化」運動，其實質之意含與效益並非淺顯可見。然而，我們都必須承認「本土化」的多樣命題原自有其先在性與根本性。因此，在台灣儒學轉「中國本位」為「台灣本位」的路數之中，我們顯然必須特別謹慎，尤其是對下列兩個基本課題，更得細心照料：

㈠對「文化主體性」、「社會主體性」與「國家主體性」等相關之論述，我們除了寄予情感上的認同之外，卻也同時必須進行理性的分析，以釐清三者之間的不同層次與不同脈絡。如此，也才可能避免泛主體主義的流弊，並且善待社會與家國之間的機體性與發展性。

㈡對任何本位主義，我們更得小心應付、全心防範其可能肇致的「意念的災難」。特別是在文化自由、社會自由與國家自由三者時相往還的生活境遇中，我們除了必須具有一般之生活能力，更要儲備好精神能量與思想資源——也就是說，我們必須在價值意識中大作文章，而且是眞眞實實的好文章。其間，吾人之各種創造性作為是不僅涉及個體之生命，也不只和此一生活世界相交涉，而且還和整個群體的生存息息相關。

對此，曾經由儒學領軍的中華文化確曾經營出足以讓一大社群合理發展的相關條件，而在「文化本位」意識強行將「本土化」推向特定的生活場域的同時，我們便必須注意本土化在所謂「去中國化」的政治活動之外，仍然有其寬闊的思考與行動的空間。因此，檢證儒學在當代的諸多型態（包括傳統儒學與現代儒學、傳統中國儒學與現代台灣儒學等對反型態），應可讓我們更加瞭解「本土」之眞實意涵，也同時培養出較長遠的眼光、較廣闊的視野以及較宏大的肚量，以便在「立足本土」之後，能立即展開各種文化思考與社會行動：

> 揭顯主體性，乃吾人所無可揚棄的自由與權利，而若由此形成種種本位主義，甚至衍生封閉、排外或無端否定自我發展與更新的可能，則那無盡的願景恐將淪入於人心蒙昧、文化荒蕪以及生活資源貧瘠的可悲境況。其實，中國文化本位與臺灣鄉土本位之間並不必然衝突，如果所謂「中國」理當被自由的表述的話——當然，此一「自由」應是此地兩千兩百萬人共享之自由，它自有其相當程度的「國家自由」的意涵。而所謂「台灣鄉土本位」也不必然是固陋的、封閉的，因爲鄉土是文化滋生之場，它不等於特定意義的地域或區域，雖其公共性、開放性與發展性仍需不斷接受全面之檢證與考驗。②

三、儒者能如何建構「新文化觀」？

如今，對文化的研究已不必然在價值意識引領下進行，而在「解構」成風的學術氛圍中，專家放言高論，則又是不能被任意剝奪的權利。然若「世風日下」之嘆並非全然空穴來風，則在諸多人文學術的畛域裏試圖沙裡淘金，顯然不應是無謂之舉。

從孔子一心憧憬「周文」的理想願景，到今日我們時時在意自己的生活文化當如何免於沉淪，原都有「儒」的意味在。也就是說，從君子的立身處世，到眼前公民社會中人人挺身而出，大做各種深具社會性的事業，其間雖有價值觀與文化觀的遷變，但基本之素養與態度卻大同小異。

---

② 見注①，頁268。

因此，假定當世之儒仍然大可通過學術專業與文化志業，大方地上轉於眞實人生與理想社會交織而成的美好未來，其實是有充足理由的。而究能如何建構「新文化觀」，以對治此一生活環境，乃不僅是儒者義不容辭的責任，甚至已然是普羅大衆不能一味推卸的擔負。由此看來，文化自新之道在具建構性的活動之外，適度的否定與破壞似乎仍是必要的手段，而感性、情性、理性與德性也就不能不聯手來爲任何一種文化觀的自我造就共商共事。

首先，在台灣的文化力正大肆彰顯其多變面容之際，儒者擇善固執的舊習是理當有其新義——「擇善」者，擇一切之善，一切之善大可總括於文化之活動，故「擇善」是不僅爲理性之抉擇，更是文化之抉擇。而「固執」者，乃對此一抉擇的固守與堅持，而這又非由個人意向性的自我深究以進於實踐路向的自我把持不可——在此，「自我」乃指所有富有文化意含並力能體現文化理念的實存者，謂之「人文之我」，是可在傳統所謂「形軀之我」、「情意之我」以及「德性之我」之外，另行建構具有高度社會意識與文化意識的現代人格。

因此，儒文化的精神所以能不墜不沈，顯然必須由吾人理性抉擇與文化抉擇二者相加相乘所成就的文化觀予以扶持。而此一文化觀是必然有其新義，而「新文化觀」者，自當是現代儒者人格的核心成分，其主要內容至少有兩個側面：

㈠**對傳統文化的解釋**：確當之解釋才能引來嚴正之批判，如今，是有人於此順序之間有所造次，而誤用甚至濫用了一己的解釋權，於是有了「誤讀」與「謾判」的情事發生。此外，對於文化意義的裏層與表層，我們更須謹愼以對，以避免表裏不分、主客不明甚至造成眞假莫辨的思維之謬誤。例如「中華」者究何所指，而「中華文化」又有如何多樣多重之意含，其實都無法以「泛文化」、「泛政治」或「泛道德」等籠統混含的態度來作單向而約化的理解。

㈡對當代社會的關懷：文化與社會往往是一體的兩面，就台灣社會的諸多問題而言，其與文化交涉者幾乎佔了大半，而現代儒者旣已爲現代社會的一分子，是該當以自身所處之社會爲其生活之據點與定點，以便進而向其他社會有所探問，甚至向整個世界有所追討。因此，在台灣社會不必然能提供足夠之滋養給所謂的「台灣社會」的這個時候，以弘通之器識自許自期的儒者是理當放下任何身段，以低姿態向庶民學習，並同時與所謂「社會基層」共存共榮。孔子自謂「吾少也賤」，然終其一生，又何賤之有？原來社會內部之分工與合作，理當以職分與理分爲定身之尺寸，而吾人之關懷所以始終在憂患意識之中躍動不已，也便是儒者作爲一文化人不容推卸其社會責任的一大現實——其中道理又何必多所嘮叨？

四、結　語

其實，儒者的「未來向度」才是儒者彌足珍貴的情操所寄。在儒學與當代的各種對話已多方展開之際，這兩千兩百萬人如何可能對經典開示無動於衷？又如何能不重回生活之現場來聆聽理性與道德的貼耳絮語？來記取歷史和時代的生聚教訓？因此，放眼未來，或許「新台灣」、「新文化」與「新儒學」是大可偕行並進於「道」中 (On-the-way)，而此「道」乃儒者當仁不讓的天職，以及他們從來不曾揚棄的理想——縱然政經形勢多變，此一生活世界也已然面目可憎，但儒學之爲一特殊之學，依然值得關注（或許，儒學並不必獨立成學），而儒家之爲一家也顯然不必自立門戶（儒門淡泊實乃時勢所趨），因爲我們相信儒者當能從傳統的迷思和現代的詭義裏走出來，而步步邁向那與諸多應然性永無隔閡的未來。

7

普世倫理與全球化

——一個儒家觀點的考察

高柏園

一、前　言

懷黑德 (A. N. Whitehead) 曾說：西方二千年的哲學不過是柏拉圖哲學的注腳罷了。這個說法當然不免誇張，然而，如果我們予以同情的理解，這句話的眞正意義乃在指出人類文明發展，總是有一些根本的問題與回應態度，而人類長期的努力，亦不過就是對此根本問題及回應態度的再表述罷了。不但西方如此，中國的情形亦十分類似。

牟宗三先生在《中國哲學十九講》一書中，便指出先秦哲學之發展乃是針對周文疲弊而發。①其實，如果周文疲弊乃是代表著文明必有的發展過程，也就是文化由成型而僵化而再生的過程，那麼，何止先秦，整個中國哲學史其實都是環繞著文化問題而展開。此中，我們可以舉價値觀的一元與多元問題加以討論。孔子周遊列國，在南方楚國便受到了隱者們的質疑與挑戰；孟子

① 參見牟宗三：《中國哲學十九講》第 3 講，（台北：臺灣學生書局，民國 80 年 12 月，4 刷）。

力闢楊墨，反駁告子、許行之說；荀子有名的非十二子之作，皆充分表現儒家價值觀在當時力爭主流的過程。在道家，老子對仁、義、禮的批判，莊子的〈齊物論〉，也都表現出道家面對價值觀一與多的回應態度。以此再觀佛教之別於中學，宋明儒之闢佛老，不也都是同一問題的多樣衍生嗎？誠如康德 (I. Kant) 的先驗哲學所指出的，道德之爲道德，其普遍性與必然性乃是其成立的必要條件，所有的哲學家在提出其倫理學時，也無不希望能提供一套普遍而必然的道德標準，以做爲人類道德判斷之參考。就此而言，倫理既是普遍必然的道理，則其必然爲一普世性的倫理，這早已是古今中外哲學家的共同努力之所在。果如此，則普世倫理之追求乃是古今中外哲學家的共同追求，爲何在人類進入廿一世紀之時，卻又要如此強調普世倫理呢？

首先，我們可以肯定的是，人類在追求倫理判準的同時，其實也就是在追求一種普遍性的普世倫理。只是不同的時代受限制於其時代之條件，因而其所謂的普世倫理可能只是限制在其個別的時代或區域之中，因而古人所謂的普世倫理在精神上是普遍的，但是事實上卻可能是非普遍的。例如，在基督教世界可能會認爲基督教倫理是普世的，然而，我們知道基督教倫理在基督教世界是普世的，而在其他地域則未必是普世的，當然，其中仍有一些倫理判準是普世的，例如：己所欲，施於人；己所不欲，勿施於人等等道德律令。我們從此中得到的啓示之一是，所謂普世倫理並不是空頭去建構一套普遍的倫理規範，而是應該由已有之種種倫理規範中，擷取其普世性意義的部份。易言之，我們所建立的普世倫理仍然有其歷史意義及傳統意義，如此才能與人類眞實生命之發展相契，以避免空洞或獨斷的危險。

其次，我們之所以能有如此之反省，除了理性上的努力與自覺之外，客觀條件亦是不可或缺的。進入廿一世紀，資訊、經濟、環境等因素的整體性愈來愈強，人類得以以一地球村的成員，觀察、比較不同傳統文化及其倫理觀，同時在實際的交流之中，也迫使人類不得不尋找出相處的共同基礎，以便在不同的背景下，依然能夠理性共存而且相互溝通。人類顯然已由獨白的時代進入對話的時代，而且是文化與文化間的對話。②

第三，既是對話則顯然有對話的主體，而且對話之爲對話必須預設主體間的平等性與獨立性，否則便只是獨白而非對話。人與人之間的對話如此，文化與文化間的對話亦然。現在問題就在我們前面的預設，文化間的平等性與獨立性在現實上未必存在，尤其當現實文明之差距愈大時，平等性與獨立性也就不易維持。我們從中國近代史的發展，便可十分明確地看出此中之差異。船堅炮利與帝國主義一起進入中國，此時要談對話似乎就十分困難了。現在，我們進入廿一世紀，文化間的平等性與獨立性是否就比較樂觀呢？答案依然是否定的。不但如此，文化間因文明程度之差異加大，造成較以往更大的衝突與距離，因此，是否能在諸多文化之間取得較爲一致的價值觀，以促進人類彼此之對話與和諧共存，便是時代的重要問題，此中進一步之理由，應由全球化趨勢之說明開始。

---

② 參見劉述先：〈有關「全球倫理與宗教對話」的再反思〉，「第六屆當代新儒學國際學術會議」會議論文，（台北：鵝湖出版社，民國 90 年 11 月 10-12 日），頁 5：「此所以史威德勒才要戲劇化地提出警告，『不對話，即死亡』，而宣稱，自啓蒙以來，『獨白時代』逐漸終結，『對話時代』正在來臨。知識分子在現階段希望能夠扮演一個角色，建構世界倫理，以面對新世紀乃至千禧年的挑戰。」

二、全球化與普世倫理

一如前論，倫理本身就應該是普遍性的，否則無法說明道德的普遍性與合理性。對這種普遍倫理的追求，一直是人類的努力目標。另一方面，由於人是歷史的存在，因而有其特殊性，進而使其對倫理普遍性的追求過程，亦會出現誤將特殊化的內容視爲普遍性的眞理，進而造成人類文明與文化間的差異與衝突。嚴格言之，文明之間應該是存在著差異，但是不必然蘊含著衝突。因爲文明與文明之間只是一實然的存在，並不會有衝突。衝突一定是預設了某種價值觀而後有的產物，差異只是衝突之所以可能的條件之一，但並不等同於衝突，而人類文明間之困擾並不在差異而在衝突，因此，要解決文明衝突便應該在文明差異之外，尋找其價值標準之差異，進而消解其中之衝突的可能。值得注意的是，文明衝突乃是預設了文明間的交流，在以往，文明可以在各自的領域中做獨白式地發展，因而也大大降低文明衝突之可能，然而，當科技文明滲透至所有文明之時，文明之間已必然地彼此面對，因而彼此間合理對話的基礎便是十分迫切的問題，其實，這也就是全球化所造成的問題之一。

㈠做爲異質的、全面性的全球化趨勢

廿一世紀的來臨並不如人類預期的美好。在台灣有水災爲患，在美國有九一一攻擊事件，不但對世界經濟成長造成衝擊，也使得人們從一種期盼的興奮中逐漸冷卻而清醒，顯然，今年應該是值得重新反省思考的一年。其實，九一一事件只是發生在美國紐約市的災難，但是它卻使得世界經濟受創，也引發了反恐怖的阿富汗戰爭，更重新轉換了國際間的相對情勢，之所以如此，顯然應驗了全球化的影響。廿一世紀由於科技、資訊之高度發

展，全球化的腳步將日益快速，而這樣的潮流吾人應當如何面對、回應，則是十分迫切的問題。

首先，全球化趨勢表現得最為明顯的，便是在國際經濟與政治等現實事務上，這是一個明顯的事實，而全球化趨勢也隱含著二種迥然不同的發展可能。從樂觀的角度看來，全球化使全球人類有了更多的共同經驗與思維方式，也因此，應該可以形成更多的人類共識，進而消弭因誤解與無知所造成的災難與衝突。當自由經濟、民主政治已然成為世界的主要生活形式之時，人類的思考與經驗也日趨同質，也增加彼此了解的可能。同時，資訊與交通的暢通，也使得人類充分了解合作互助的重要性與必然性，而這種合作互助的共識也能有效地破除地區主義的封閉、孤立與排他，進而增進彼此的開放與溝通可能。由此看來，全球化趨勢不只是在物質上促成經濟及政治型態的一元化與共識化，而且在觀念及意識型態上，亦提供較為多元的互動、共存的可能，凡此，皆有其正面之影響。然而，如果我們從較悲觀的角度看來，則全球化也可能造成空前的危機與災難。例如就政治與經濟而言，我們雖不願承認自由經濟與民主政治就是人類唯一的選擇，但是卻也無法否定它們的確是目前最為合理的選擇。只是經濟與政治之現實基礎仍在現實的國力上，而國力間的懸殊，也就造成經濟與政治的不平衡。如今在全球化的趨勢下，表面上看來是公開、公平、公正的，但事實上卻是站在不盡對等的基礎上，是以全球化可能形成另類的帝國主義或殖民風潮。大國可以用其豐厚的國力，在全球化的掩護下，實施另類的侵略與殖民，其結果是造成全球更大的差距與不均衡，當然也就造就了現實的衝突可能，我們由美國九一一事件便可印證此種可能性。除了經濟與政治這些有形的影響之外，也不該忽視文化的影響，此中仍然是不均衡的。生態學家曾以生物種類的多寡，來衡量一個地區的生態平衡與發展，種類愈多，則代表生態愈健全，反之則愈不健全。如今，我們也可以將此運用在文化上，當文化種類愈多時，代表人類思維及創造力的多元與豐富，這也是較爲健康的表現；反之，當世界的文化完全同質化之時，也往往象徵著人類思維的單調與創造力的貧乏。以此爲準，則全球化中的優勢文化藉其政治、經濟之強勢，進一步地壓迫、消滅、取代原有的各種弱勢文化之時，不正也是一種文化生態的浩劫嗎？當我們在台灣、大陸、日本、新加坡、韓國、美國、歐洲的城市，看到的都是一樣的商品、一樣的超級市場、一樣的生活型態時，這是幸還是不幸呢？

綜上所論可知，全球化趨勢乃是一實然的存在，此只是一事實，但是它所帶來的影響卻不只是事實而已，還牽涉到許多文化及價值上的問題，有待吾人認眞地面對與思考。筆者以爲，全球化影響之爲正面或負面，並非由事實決定，因爲二種可能皆已呈現，此中之決定因素，仍在於主體——人，尤其是人的價值觀。當然，我們在此並不是採取一種過分簡化(over-simplify)的做法，硬將所有的問題化約爲道德問題或價值問題。全球化問題是十分複雜而多元的問題，它也需要豐富而多元的解決方式。然而，我們之所以要認眞反省、面對全球化問題，此本身便是一價值問題，因此，當價值問題能獲得解決之時，相信也能提出指導現實事務處理之原則與方向，進而對全球化趨勢，提出較爲合理的規劃與回應。

拜科技文明之賜，人類早已突破自然環境之限制與隔離，不同地區與文明都在同一種科技文明的形式下發展，所謂地球村、全球化，也正是這種現象與趨勢的描述。值得注意的是，人類之所以要採取科技文明做爲發展之形式，並非基於一種知識之興趣，而是發自一種現實生存的要求。易言之，唯有通過科技文明的形式，才能充分掌握國家的生產力，提高人民生活水準，因而此中全球化的主軸既不是知識的、文化的，也不是政治的，而是經濟的。全球化的主要動力及影響是以經濟爲核心，再逐步引申出政治、文化、知識的影響與改變。根據以上的分析，我們可以歸納出以下幾點全球化的特徵：

1.金融市場及資本全球化

2.企業發展的全球化

3.科技知識擴散的全球化

4.民族國家之機制的國際化

5.民族國家在制定全球化管理規則之地位逐漸衰減，取而代之的是多國企業。③

全球化的現象及特質顯然是一種全新的現象，它與以往之經驗有著截然不同的性質，因而亦與以往之經驗及知識產生異質性與斷裂性。另一方面，全球化乃是一全面性的趨勢，所有人皆無法自外其趨勢。

㈡有關全球化的二種評價

就正面意義而言，全球化打破了以往的文化封閉與對立，使人類不同文化能在同一種形式下對話溝通，進而降低彼此的差異與對立，這不能不說是一種正面的發展。同時，在地球上的人類原本就應該要有一種一體感，對地球資源及環境等問題，皆應有全球性的觀點加以面對，這在全球化的趨勢下，亦成爲十分明確的關懷。此外，當多國企業對全球化的影響力逐漸凌駕在民族國

③ 參見：Boyer Robert. And Daniel Drache, 1996, States Against Markets: The Limits of Globalization, London and New York：Routledge.

家之際，也降低了政治及民族主義的意識型態之影響力，使人類能有更為開放的心胸來面對世界。當然，多國企業為追求利潤，不得不尋求更為低廉的產品，由是而使人類的生活水準亦普遍得以提升。總之，種種當代文明的正面意義，似乎也正是全球化趨勢的正面意義。

至於就負面意義而言，正好也是以上正面意義的負面性。首先，全球化誠然打破了文化的封閉，但是是否就同時消除了對立，則尚待觀察。即使不同文化在同一種科技形式下發展，並不表示其間必然是和諧而無衝突的。其次，正是因為全球化使所有人類及文明皆無法逃離此趨勢，因而也迫使某些弱勢文化不得不暴露在不平等的競爭舞台上。佔有知識、資本優勢的國家，便極可能通過全球化趨勢，而對其他弱勢國家採取新的殖民侵略。第三，全球資源與環境誠然是全球性的問題，但是不同國家對此資源之分配及環境的保護，究竟應負多少責任，則尚未解答。因而可能造成資源分配不均及環境污染的不同標準。第四，多國企業既是跨國性的，便表示其不受某個特定國家之管轄，而有賴國際組織的管理，然而國際組織是否健全已是問題，是否會成為強勢國家宰制弱勢國家之合理藉口，都是十分具爭議性的課題。根據聯合國在 1999 年出版的〈人文發展報告〉 (Human Development Report 1999)，在 1990 年後期，世界人口五分之一生活在最高收入國家，擁有全球 GDP 的 86 %，世界出口的 82 %，外地投資的 68 %，世界電話線的 74 %，而最貧窮的五分之一人口的每項只有 1 %，全球化令全球不平等加深是一明顯的事實。不但經濟如此，在文化上強勢文化亦對弱勢文化形成強大的壓力，進而造成文化的窄化與同一化，使人類文化日趨單調而缺乏多元性。以身處台灣的中國人身分而言，本人對全球化負面性的感受是較正面意義更為深刻的。

㈢普世倫理對全球的正面價值

倫理學主要目標之一，便是合理消除倫理的衝突，如今全球化所產生的負面意義，早已造成人類存在上的現實衝突，凡此，皆有待倫理學加以解決。同時，這樣的衝突乃是由於全球化而產生，其存在乃是普世性的，因此，吾人亦必須有一普世性倫理，以合理解決因全球化所造成之倫理問題。道德判斷乃是人類必有之判斷，因此，每個民族文化皆有其倫理判斷之標準。然而，這樣的標準是否普遍地通用，則尚值得討論。易言之，我們並不排斥不同的倫理標準，但是是否具普世性，才是問題的重點。當我們一旦能建立一普世倫理的可能，則全球化趨勢便不只是一實然之存在，而可以有一應循之標準。一如前論，全球化所帶來的負面意義，大多並非是技術問題，而是一價值問題。因此，唯有當人類在普世倫理上獲得較為正面的結論，否則全球化的負面影響將繼續存在甚至擴大。

三、普世倫理的普遍性與特殊性

㈠普世倫理的人性及情感基礎

就儒家而言，倫理的普遍性之根源，其實就是人性的普遍性，更具體的說，就是孟子的性善論。對孟子而言，人的眞正價值乃在人性的美善上，這也才是人的眞實意義之所在。在與告子論性的辯論裡，孟子並不排斥告子的分析內容，但是卻不贊成告子的人性定位。「生之謂性」自是一種對人性的看法，但是卻是不周延的看法，它無法凸顯人的價值與意義。孟子是由人的四端說明良知，由良知說心，由心說性，由性說天，此所謂「盡心知性知天」。正是因為人有價值之自覺與創造，才能使人的「生之謂性」之內容，獲得眞實之意義。易言之，孟子與告子的人性論並不是二種不同的理論而已，其間是具有價值上的優先次序的。

其實，普世倫理本身即預設了人性的普遍性，同時也預設人性本善的普遍性。因爲人類可以對一切不完美的存在視而不見，一切只是如是如是之存在罷了，如此的觀點並不會造成邏輯上的矛盾。然而，人畢竟會對事物採取一價値判斷，而且在判斷的同時選擇美善排斥罪惡，此即良知之知是知非與好善惡惡之知行合一也。當我們做合理的事，便會自然喜悅；當我們做不義的事，就自然不安，這是人類共同的經驗，也正是儒家所強調的內容。以上這樣的想法並非中國人認同而已，美國哲學家孟旦也提出了相似的呼應：

> 多年以來，我一直有興趣回答一個問題，爲什麼儒學延續如此長久？我相信，答案中包含這樣一個事實，即它的大部分內容與人類的狀況相一致，爲了使人們感到其可信並富於啓發性，倫理原則必須與人性相一致，只有與人性相融洽的社會政策才有理由長久獲得成功。

當然，西方某些傑出的哲學家與人類學家們通常都非議一切有意義的人性觀念，美國哲學家理查德·羅蒂 (Richard Rarty) 說道：我們應該停止詢問，我們的本性是什麼，而應該詢問，我們怎麼能夠理解我們自身？許多人類學家起初意在否定諸種族集團在遺傳上的不同，最終確拒斥了一切有關先天的人性的觀念，與此相反，宋明儒學的觀點肯定了一種與生俱來的天性，而且當代生物進化學的發現也支持了這種觀點。宋明儒家從孟子的觀點中引出這樣的命題：存在著普遍的人類情感與思想，以及從事與其相應的行動的傾向。④

孟旦教授在此文中強調了倫理與人性一致性的重要，唯有與人性一致的倫理才能獲得恆常的發展，這也說明了儒學延續之所以如此長久。另一方面，孟旦教授也由當代生物進化學的發現，說明人類情感與思想的普遍性。此中生物血緣關係無疑是十分重要的，因此，諸如五倫、家庭等觀念的提出，便不只是道德的理論建構，它事實上是有生物學做爲基礎的。孟旦教授指出儒家與生物學家共同肯定了三個基本觀點：

1. 愛或同情是普遍的特性，是我們體驗利他主義的主觀形式。儒家與生物學家或心理學家有著多種不同，例如：後者發現利他主義開始於長者對於幼年親屬的行爲（某些時後，儒家的核心觀點是相反的）在生物學那裏，主體是基因以及某種成功地使其再生產者，而不是社會角色（例如父、子）的據有者。儒家關於普遍特性的參照物可能包含著一種有利於男性的性別偏見，但是，儒家與生物學家仍舊分有三種基本觀點，其中的第一個是，利他主義開始於家庭，並且由此向外擴展。⑤
2. 利他主義是互惠的，請注意，雖然互惠利他主義的進化論基礎相似於親族選擇，但是它使利他主義超出了親族集團，它同時包括親族和非親族，重要之處在於，人群中那些知恩圖報的人，而非胡亂行爲的人，可以獲得好處。⑥
3. 道德觀念之有賴於先天情感之處遠遠超過西方生理學家和

---

④ 參見孟旦 (Donald J. Munro)：〈互惠利他主義和宋明儒家倫理學的生物學基礎〉，「第六屆當代新儒學國際學術會議」會議論文，（台北：鵝湖出版社，民國 90 年 11 月 10-12 日），頁 1。

⑤ 同註 4，頁 2。

⑥ 同註 4，頁 3。

> 倫理學家在傳統上所認識到的。無論是由文化鑄造成的內容，意義上的情感，還是先天形式意義上的情感，它們都在個體的道德思考中起著關鍵作用，如果人們的情感的內容因爲他們的背景而不同，那麼他們對於是非會有不同的考慮。⑦

必須說明的是，我們並不是以生物學立場來證明儒家思想的正確，而只是強調儒家思想重視人性眞實內容的立場，是與生物學立場十分相應的。同時，這種生物學立場也是先驗的內容，因而也必然成爲吾人在追求普世倫理時的重要參考。

㈡傳統的特殊性與普遍性：理一分殊

性善論與四端之情的普遍性，爲普世倫理的普遍性提供了普遍之基礎。然而，這樣的基礎也僅僅是提供了有關普世倫理的部份說明，理由很簡單，人性除了普遍性之外，尙有特殊性，此中包含了歷史文化的客觀特殊性以及個人性格之主觀的特殊性。當然，無論是歷史文化或個人性格，都不妨害其原有的普遍性。易言之，性善論並不用爲歷史文化及個人性格之特殊而有差別。然而，就人的實際存在之狀態而言，人不但擁有普遍的性善，同時也必然擁有主觀之特殊性，無論是歷史文化的或是個人性格的。因此，普世倫理的眞正困難之一，並不僅在尋找普遍的規範而已，而且更在如何兼顧每個民族文化傳統之特殊性。孔子所謂「君子和而不同」，其實也正是強調對彼此特殊性之肯定與尊重，因爲對話正是在彼此肯定的立場下才能展開。同時，這種彼此的肯定與尊重並不僅是個人主觀德性修養的結果，同時更是客觀義理之必然。蓋道之無限意義正是通過不同的歷史文化傳統與

---

⑦ 同註4，頁3。

個人生命氣質加以表現。生命內容的多元性，正是道的意義豐富內容的具體表現，唯有當所有生命皆能表現出道之價值時，才是道之具體實現之日。劉述先教授在說明朱子學時，最強調「理一分殊」之義，道理是一，然而卻容許而且必然表現爲殊多之不同內容。劉教授更將「分殊」之分，解爲「分位」義，由是則每個個人、民族文化傳統，皆有其不可逃、不可取代之必然之分，因而每個人、每個傳統皆有其不可取代之價值與意義。⑧試看下文：

> 孔漢思以Humanum (humanity) 爲一切精神傳統的共法，恰好印證了這一點。中國的儒家傳統並不能獨佔生生不已的仁道（與天道），但它的指向，恰正是世界的指向。今日對宋儒的「理一而分殊」作出新解，即是在肯定差異的同時，我們可以看到普世人類精神開展的契合之處，值得我們珍視。如果說，過去的傳統過重「理一」，現代過重「分殊」，則新的全球意識的覺醒，是要讓我們兼重「理一」與「分殊」。⑨

當前的全球化的確讓人類成爲一體，彼此息息相關、休戚與共。然而，這樣的一體只是外在氣勢的使然，其中缺乏理性之基礎，是以雖爲一體而仍衝突不斷、相爭不已。依儒家，則此中之一體非僅是外在氣勢之使然，而尤有道德理想之基礎，如是才能「以理帥氣」，而非「以氣盡理」也。

㈢人文主義精神下的普世倫理原則：儒家的回應

波柏 (Karl Popper) 在其大作《開放社會及其敵人》(The Open

---

⑧ 參見劉述先：〈「理一分殊」與道德重建〉，《台灣儒學與現代生活國際學術研討會論文集》（台北：台北市政府文化局，民國 89 年 12 月，初版）。

⑨ 同註 2，頁 4。

Society and its Enemies)一書中，曾對西方傳統的封閉社會及其反開放的趨勢，進行了有力的批判與反省。⑩然而，波柏的反省雖然銳不可擋，但是其基本的出發點，仍然是以理性及知識為基礎的，也就是由理性及知識的角度，說明西方傳統社會的封閉性及其反開放性，而這種重知識、重理性的精神，也誠然是西方的主流思潮。問題是，我們能純由理性及知識的角度來回應全球化的問題嗎？答案顯然是否定的。

就理性及知識而言，我們大概都能了解、接受諸如「己所不欲，勿施於人」的道德律令，然而，在現實的生活中我們到底做到了多少仍是個未定數，如果將此要求放在國際間，則答案更是令人覺得悲觀。易言之，理性及知識在生活實踐中是缺乏動力的，我們「知而不行」在知識及理性上並不會造成矛盾或衝突，因此，理性及知識便只能成為實踐的工具或方法，卻無法做為實踐的根源與動力。其次，就算理性與知識能解決問題，但是人在使用理性及知識時卻不是無條件的。我們可能非常尊重理性與知識，但是是有條件的，是相對性的。我們可能對同志說理性，但對敵人可以不必。我們不可以出賣祖國，但卻可以欺騙敵國。當理性與知識是有條件的使用時，不但無法寄望它們解決問題，反而因為它們的存在而強化了問題的難度。因此，波柏雖然有效地批評了封閉社會的非理性，但是卻也無法眞正解決非理性的實踐問題。

相對於波柏的重理性精神，柏格森便顯然充分意識到理性的限制，而試圖以非理性的角度重新面對實有。依柏格森，存在的

---

⑩ 卡爾．包柏著，莊文瑞、李英明譯：《開放社會及其敵人》（台北：桂冠圖書公司，民國73年3月，初版）。

本質並非如理性所掌握的內容，反之，理性的形式正是隔絕實有的來源。這樣的說法我們在康德 (I. Kant) 及懷黑德 (A.N. Whitehead) 的思想不難找到共識。對康德而言，人類的認識並非如洛克 (J. L ocke) 所言，如白板般地全然接受，康德認爲人的認識乃是有條件的，在感性上有時間空間的先驗形式，在悟性有圖式，而在理性則有十二範疇，人必須經由諸多先驗形式，方可能建立所謂的認識與知識。正因爲人是經由種種條件之制約而後才能完成認識，因此，「人的認識」乃是「人所能認識的」，不必然即是對象自身之面貌與意義。此即所謂現象與物自身之區分，而康德認爲人只能認識現象，物自身屬於上帝的所知範圍。至於懷黑德則指出科學認知中充滿著假設與抽象，如是構成之知識只是抽象後的結果，與眞實世界相距甚遠，如果我們將抽象知識所及之世界就當成是眞實的世界，我們便可能觸犯了「具體性誤置的謬誤」。而整個實在乃是一歷程之存在，因而應更重視時間及歷程性對實在之影響，其大作《歷程與實在》 (Process and Reality) 亦正標舉「易即體」之意也。値得一提的是，無論是康德或是懷黑德其實重點仍在理性之分解上，而到了柏格森則在根本處做了轉折，也就是由理性而只轉變爲直覺 (intuition)，易言之，我們唯有通過直覺才能與綿延的實在相應，由是而掌握實在的面貌與意義。而直覺並非一理性的活動，而根本是一生活的實踐，由是而使知識轉爲實踐生活的內容。推擴此義，則柏格森對開放社會與封閉社會之討論，亦是由此義展開，易言之，封閉社會的開放性最後仍要經由實踐的宗教加以完成，而不是由客觀的知識加以圓滿。

柏格森認爲，「我們分析的結果之一，是勾勒出封閉的社會與開放的社會之間的顯著差別。」⑪封閉社會的「本質特徵，此刻仍包含著一定的個體，排斥其他的個體。」⑫，而且在封閉社會中，「社會成員相互擁抱，對其他人漠然置之，防範著攻擊或侵襲，警戒著疆域，事實上，是處於永無止境的衝突狀態。人類社會自然產生以來，便是如此。」⑬由此可知，柏格森心目中的封閉社會乃是人類生存本能的結果，只是以生存本能爲基礎的封閉社會並無法提供人類眞正的安全與幸福，因此，人類必須克服本能之控制，而朝向開放的社會發展。柏格森指出：「開放的社會原則上是能夠包容全人類的社會」⑭。然而，這樣的社會並非人類本能所能達到，而有賴宗教，宗教成爲從封閉社會走向開放社會的中介。「就是上帝，宗教通過上帝命令人們，更愛人類。」⑮當然，人類不可能通過理性的知識去認識上帝，而唯有通過直覺與信仰，方可能接近上帝，如是而形成柏格森的直覺主義與神祕主義。

現在，如果我們將全球化問題放在柏格森對開放社會及封閉社會的反省中看來，封閉社會下的全球化正是一切問題的根源，因此，只要將社會由封閉轉爲開放，則全球化便是人類理想國的實現。問題是，柏格森將人類由封閉社會轉向開放社會的動力，最後是由宗教做爲中介而完成，而在西方基督教系統下，上帝也自然是中介之所在。基本上，我們承認人類要由本能的封閉社會轉向開放社會，的確需要本能之外的動力，然而直接訴諸宗教仍

---

⑪ H. Bergson：《The Two Sources of Morality and Religion》，New York, Henry Holt and Company, 1935, p.255.

⑫ 同註 11，頁 22。

⑬ 同註 11，頁 255。

⑭ 同註 11，頁 256。

⑮ 同註 11，頁 25。

有可商榷的空間。首先，宗教對一個無神論者而言並非是自明的，而一個無神論者相信人類應該彼此相愛，這不必有任何邏輯上的矛盾。因此，人類的愛是否是以宗教爲基礎並非自明之理。其次，即使宗教本身對人類之愛有普遍性，要求對所有人皆平等對待。然而，一旦宗教是由某些人來加以執行之時，原有的普遍性還能維持到什麼程度，便十分可疑。我們由現實世界中宗教衝突之不斷，正顯示人對宗教之詮釋已然超過宗教自身之價值與方向，由是形成種種的宗教衝突。

當我們做以上的反省時，並不表示我們反對柏格森的意見，而只是認爲他的解答並非完善。柏格森敏銳地觀察到人類社會的封閉性及其問題，但是想藉由宗教來解決，仍有其基本之困難，此如上述。現在，我們可以看看儒家思想要如何回應此問題。對儒家而言，人類的確有許多本能是屬於動物性的，告子所謂「食、色，性也。」正是此中寫照。然而，我們也不能忽視人性中自我反省、提升的可能，而這樣的可能並非訴諸外在的上帝。孟子在論證人性本善時，便已做了十分充分的說明。人的本性良知不但知是知非，而且在此同時也表現出好善惡惡的內容，此即知與行的合一。同時，當人做不義之事有不安之感，而在行義之時則頗爲愉悅，所謂「理義悅心」，正說明人性原本有自我美善的動力，此方能「由仁義行」而非只是「行仁義」。也因此，人類之所以會博愛，所謂「仁者與天地萬物爲一體」，這都不是外在的規定，不是有意的做爲，而根本是本性自然的流露。事實上，我們由美國九一一事件之後，全世界對此事件的同情看來，人類的愛心仍然是值得肯定與信任的。除了普遍化的人性之愛外，儒家尤其重視歷史文化對人的意義，同時也十分注意人的現實存在性，因而在實踐上仍肯定「親親、仁民、愛物」的差別次序。

孟子在批評墨子兼愛理論時，便十分強調儒家之仁的實踐在現實上的差別性原則。做為一根本之理想而言，仁是普遍及於天地萬物的，此較兼愛猶有過之。蓋兼愛尚只是將對象限定在人類，而儒者的仁愛則不僅及於人類，更遍及一切存在，此即道德心之無限性所在。在理上說，道德心之無限乃一必然之結論，然而另就實踐上說，則不得不有一現實之次序，之所以如此，乃是因為普遍之理的實踐仍是由具體的生命展開，亦必在一現實之世界活動，此時即受到此二者之限制。人固然可以有一無限之理想，然而人卻不能不就其有限之存在中逐步實踐，而此時無限之理固然平等無別，但是在實踐上卻會因為相應實踐者之有限而呈現出本來先後之次第。不但是實踐者在主體上有限，即使實踐者所面臨之情境亦有限，此即人必然是在一歷史文化中展開其存在，合此二義亦即構成中國哲學中十分重要的概念——命。命有積極與消極二義可說，就積極義說，命乃天之所與我者，是一義理之根源，如《中庸》「天命之謂性」便是明顯的例子。就消極義說，命乃吾人現實存在之限制，是現實氣命之基礎，孔子問伯牛之疾，而有「命矣夫」之嘆，便是強調命限義。因此，儒者在道德實踐中的次第性，根本是相應人之命限義而展開。同時，由此命限義而顯之實踐的次第性與道德心之無限性、平等性，亦可相容而無排斥性。蓋實踐的次第性僅是因實踐者之有限而顯之相，其所實踐之理與道德心之無限之理初無分別，反之，此實踐之次第亦顯無限理想之由抽象而具體之必然性也。

總之，吾人對理想之嚮往、對本能之超越，皆可在吾人生命自身中找到充分之動力，不必如柏格森要藉助宗教以為中介，這是儒家有進於柏格森之處。同時，柏格森將本能與智力二分，由是再以宗教爲中介，這樣的處理在方法上亦有明顯的困難。大陸學者尙新建先生便指出：

> 筆者以爲，柏格森所謂道德和宗教的兩重根源，並不是他自己的獨創。而是哲學史上傳統的精神和肉體二分法的再現。……柏格森與他的同胞的差別，不在于他運用二元論解決這些問題，而在于他在一個動態的過程中，即在創造進化的過程中，將兩種因素有機地結合在一起。用筆者的話來說，他是動態二元論者。⑯

二元論的基本問題之一，便是二元之間的關係問題。當柏格森試圖利用宗教來做爲本能與智力之中介時，也就是能引發吾人之理想以超越本能之時，此中宗教之地位便十分困擾，因爲旣是二元又如何有第三者的存在呢？至於柏格森採取動態的二元論加以解決，誠然是試圖化解二元間之對立，然而此中之動力來源仍未能充分說明也。對儒者而言，本能與智力、氣與理，皆不將之視爲二元，而將之視爲兩端，是一體的二種存在型態與內容，此中沒有如何聯繫的困擾。

值得說明的是，當儒者以人性自身之動力取代了柏格森的上帝之後，接下來的問題是，如何保證人性自身會發動其動力呢？此時，就中國傳統而言，當然是由修養論加以說明，吾人乃是由修養與實踐，使吾人之本性能如實地呈現，此所謂「求則得之，舍則失之」，亦所謂「我欲仁，斯仁至矣」之所強調者。然而，我們也不要忽視客觀環境之影響，所謂「里仁爲美」。至於如何

---

⑯ 尙新建：《重新發現直覺主義》（北京：北京大學出版社，2000年3月，初版），頁 169-170。

充分掌握客觀環境就有賴客觀知識與理性的幫助了，在此，我們又重新肯定波柏的分析及說明，我們是在實踐之預設下，展開對客觀知識與理性的掌握。

根據以上的分析，我們便可以重新說明儒家在全球化的意義了。首先，我們應該從人性根本上著手，提升人的互助與博愛精神，這才是全球化的基本動力與方向。如果我們仍然在現實利益的考量下求取暫時的平衡，其結果只是造成更大的衝突罷了。此時儒家的王道主義、仁政思想並不是理論，而是解決問題的根本之道，聯合國的設置其初心亦在此。除了以上的普遍原則之外，儒家對歷史文化的重視，亦將促成全球化過程中對多元文明的保存與發揚，使得人類文明因多元而有互補的可能。推擴此義，則儒家化並非要求東亞一致儒家化，甚至全球儒家化，反之，儒家化乃是一種精神，要求各文化皆能各正性命，共同為人類文明而努力。

最後我們必須面對的問題是：當全球化過程中，不同地區的利害相衝突時，儒家的態度如何？

理一分殊的確不失為一普世倫理的建立規範之一，然而，倫理學之所以產生乃是在倫理抉擇的衝突之解決，此時，我們依然在全球化趨勢中遇到困難。一如儒家批評墨子之無父，乃是指出墨家無法合理安頓人的差別性，然而一旦有差別時，是否會因為選擇而造成差別而不公正呢？筆者認為，儒家在提供普世倫理之說明時，可以提出二個原則，做為倫理衝突之解決參考。

首先，我們根據孟子「殺一不辜而得天下，不為也」的精神，主張「消極的平等性原則」，所謂「消極」乃是指凡是對對象有不利之結果者。此原則要強調的是：對任何人的消極對待都是應該平等避免的，因為人是最終極之目的。無論是親人或陌路，凡是人皆平等，皆不應令人接受消極性之對待。一如「己所不欲，勿施於人」，這原則是基本且優先的，因爲它是對人的最根本的尊重。

其次，我們依儒家「親親、仁民、愛物」的等差精神，主張「積極的差別性原則」。此中所謂「積極」乃是指對生命有正面利益之行爲。此原則在滿足人存在的差別性與特殊性，「消極的平等性原則」是人的義務，「積極的差別性原則」雖亦是人之義務，但是其中內容及程度之差別卻是完全開放的。這也說明普世倫理畢竟只能提供一義務性的規範形式，而無法亦不應做內容性之規範也。另一方面，也說明如果我們無法提升人的道德品質，則人類亦無法由普世倫理之建立而獲致眞正的幸福。

無論是「積極的差別性原則」或是「消極的平等性原則」，其中背後之基礎皆在人性的本善肯定上，是依人性而建立之原則，亦是標準的人文主義精神產物。當然，這也正是儒家的基本立場。

四、有關普世倫理的幾點討論

當全球化使人類文明在氣勢上形成一體，然而由於此中之一體乃是由外在氣勢導之如此，其中缺乏充分之理性反省與自覺。因此，全球化的一體表面似乎有世界一家、大同世界之表象，實質上卻可能形成更無可逃的強凌弱、衆暴寡的事實，而且還可以以全球化做爲錯誤行爲之合理藉口。在此藉口的掩護下，不但現實的資源遭受空前不合理的分配，而且在文化上亦造成弱勢文化的快速消失，形成人類文化的貧乏與單一化，進而使人類文明缺乏合理的對話與多元的創造性。有鑑於此，我們需要有一種普世性的倫理來做爲全球化趨勢之理性及倫理原則，使全球化避免更多、更強、更徹底的失衡，進而讓人類能經由全球化眞正體認天下一家的價值意義，完成世界大同的人類理想。筆者根據儒家的觀點，分別說明了性善論、理一分殊的理論，做爲普世倫理之基礎，並進一步提出「消極的平等性原則」及「積極的差別性原則」，做爲普世倫理建構的操作原則。然而，以上的努力仍可能遭受各種質疑，例如，無論是性善論、理一分殊或其操作原則，基本上仍停留在前理論階段，因爲我們尙未就此原則而完構出一套完整的普世倫理系統。同時，即使我們建構了一套完整的普世倫理系統，是否就能說服人類接受並實踐呢？易言之，此中之問題至少有二：即理論的缺陷與實用性的不足。

針對以上的質疑，劉述先教授做了十分精要的回應。首先，對於全球倫理在理論上的不足，劉教授指出：

> 有關「世界倫理」，孔漢思曾經一而再、再而三地說明，正確的英文表達是"Global Ethic"，而不是"Global Ethics"。也就是說，世界倫理只是一種「態度」，不是一個「理論」，在這個層次上說，根本無所謂「理論基礎薄弱」的問題。……由此可見，世界倫理宣言之起草，只求建構一低限度的「極小式」(minimalist)的倫理，而不是一個「極大式」(maximalist)的倫理學說或理論。⑰

劉教授在此所討論的對象，是指一九九三年芝加哥的世界宗教會通過的由孔漢思 (Hans Kung) 起草的世界倫理宣言。此宣言的主要用心與其說是建構倫理系統，毋寧說是在提供世人一個能普遍接受的「態度」或「共識」，至於進一步的理論建構乃是在

---

⑰ 同註 2，頁 2-3。

共識能充分達成之後的內容。就目前的層次看來，世界倫理宣言並不必背負「理論基礎不足」的批評，反之，它正是在爲世界倫理尋找一種可能的理論基礎。易言之，目前我們只要能條列出一些能被普遍接受的共識即已滿足階段性之要求，至於如何將此共識加以理論化與系統化，則尚待開發。而本文所提供之儒家式的觀點，即是試圖在此精神上，做出初步的理論嘗試。

其次，批評者認爲世界倫理宣言所提出之原則只是一種不完全的指令，只是形式而缺乏實用性。關此，劉教授回應如下：

> 不錯，這些原則的確只作出了不完全的指令，但有這些指令，遠勝過完全沒有任何指令的無政府情況。而貫串這些律令最重要的精神，就是對於人性、人道的尊重，恰恰可以對治時代的弊病。……很明顯，這樣的基石是只能通過個人來體認，而不能通過邏輯推理、或者經驗推概，來加以證明。而由這樣的基石建構出來的世界倫理雖然只是「極小式」的，卻在內容上明確地分辨善惡，決不是像一些流行觀點所說的，僅只是程序理性而已！事實上溝通理性之所以受到肯認，仍不能不基於人性、人道的肯認，而這是有確定內容的肯認。但只要在內容上有這樣的極小式的肯認，就已經有了一個適當的出發點。與質疑者相反，我認爲不完全的指引決不是無用的指引，而且它們恰正是我們這個時代所需要的指引。事實上在今日給予完全的指引既不可能，也不可欲。⑱

就今日而言，人類眞正需要的，或許不是一個完整的道德指

---

⑱ 同註2，頁7。

令，這難免落入獨斷的危險，我們眞正需要的應該是一種生命的覺醒與價值的自覺，這也正是世界倫理宣言的眞正精神，它給予人類一個方向，而不是給人類一個鉅細靡遺的建構藍圖。正如劉教授所指出，這樣完整的指令，既不可能，也不可欲。

五、結　論

值得注意的是，雖然世界倫理宣言只是提出一種態度，同時也不期待提出一個完整的指令，但是它依然希望能得到世人的簽署。這也說明倫理畢竟要與權力做某種結合，因爲唯有如此才能使倫理更具有落實的可能。就算世界倫理宣言並非完美，但是它畢竟使簽署者對之有一種義務與責任，由是而可以更具體落實其實際之效應。當然，這樣的事實也提醒我們，並沒有現成的世界倫理擺在眼前任君享用，而是必須在人類不斷的努力中，才能逐步建立更爲可欲的世界倫理。就此而言，我們也可以重新探討儒家與法家思想的結合，也就是倫理與權力義務的結合，它是普世倫理所必然面對的課題之一。

此外，如果我們想避免因主觀色彩而導致普世倫理的難產，則道家思想不失爲一個極佳的參考點。蓋即使是儒家，其仍然是以道德爲優點，雖然以道德爲優先誠然是合理之論，但是卻也立即造成與其他宗教的可能衝突。反之，道家則是以無、虛爲主軸，它不積極地肯定「What」的問題，而是提出「How」的問題。因爲它不做有關終極關懷的積極肯定，而只是提供一種使一切關懷成爲可能之方法或基礎，由是而避免了所有衝突的可能。我們由莊子〈齊物論〉便可十分明確地嗅到自由而開放的氣息。道家不積極地肯定，而只是一直對扭曲、病態、偏執進行消極地否定與治療。因此，普世倫理一方面可以在道家的「無爲而無不爲」智慧中尋找極深刻的理論根源，同時也可以不必急著建立某種普世倫理，而將重心放在每個個別文化的去病與治療上，由個別文化的健康，而間接促成普世倫理的可能。最後，有關普世倫理及全球化問題上，以道家觀點討論的成果尚不多，倒是值得吾人再深入進行相關研究。

8

從儒學史略論當代新儒家的自我肯定與自我期許

張永儁

壹

中國儒學綿延了兩千五百餘年，慧命不絕。考究其因，自在於儒學本身含蘊著可大可久的祈嚮，以及吸納百川、兼容並蓄的思想寬容特質。自孔子承續周文精神，發揚「六經」意蘊以來，儒學的大方向便已然確立。藉《詩經》表達人文的美感，由《書經》闡述統治者的責任，以《易經》談論宇宙人生的「生生」之理，從「三禮」貞定人生踐履之具體規範，撰《春秋》以明善善、惡惡之分。是以儒學思想的核心，「成德之學」固然是其內蘊之一，然則力行「外王」理念從未偏廢。所謂「成德之學」，乃指個人德性修養，行爲舉止合乎法度，如《大學》所言之「誠意」、「正心」、「修身」之類，是爲「內聖」。所謂「外王」，乃指儒者面對人間世事踐履的經世濟民之業，如《中庸》言「天下之達道者五，所以行之者三」、「凡爲天下國家有九經」，或如《大學》言「治國」、「平天下」之類。事實上，內外區分僅爲方便法門，「敬以直內，義以方外」（《易傳》）、或強調「擇善固執」，以達「成己成物」之「合內外之道」（《中庸》），才是儒門眞切的追求。因此，《莊子・天下》稱述儒家學思是「內聖外王之道」，的然見及切要，而此顯然非「成德之學」一語所能概括①。

從兩千五百餘年的儒學發展，我們可以明證上述所論絕非虛言。儒學原型，孔子已然完善。然就理論創發性而言，儒學史約可劃分爲四個發展段落，一是孔子後「儒分爲八」，儒學朝向不同方向的衍化，此即以孟、荀爲代表的先秦儒學；二是經學獨尊的兩漢，此以「罷黜百家，獨尊儒術」之董仲舒爲代表的兩漢儒學；三是自韓愈始揭道統而開啓的宋明理學；四是承續理學、上溯孔孟的當代新儒家。所創發的哲學意蘊各具特色，相較孔子的儒學原型而言，均可稱爲「新儒家」，因其經世濟民、成德之教，處處充滿新的生機。所以，理解當代新儒家的關懷，從傳統儒學史的觀察中，當能理解他們對自我肯定的堅持與自我期許的精神所在。

貳

孔子承續周文的使命是十分清楚的，其提出「克己復禮爲仁」，固然強調「爲仁由己」（《論語・顏淵》）之人能主動踐行的成德之路，然「爲國以禮」（《論語・先進》）的主張、實現「郁郁乎文」（《論語・八佾》）之周文的理念，則是孔子終身踐履的外王場域。孔子之後，儒分爲八，實以孟、荀爲主，面對戰國滔滔亂世，各自提出救治之方。孟子強調「不忍人之心」

① 勞思光先生認爲傳統儒學的核心在於「成德之學」，亦是因此，認定其「對於社會結構層面的客觀獨立性從未加以注意」。對此論述，我們覺得恐有保留必要。見勞思光，〈儒學之特性〉，見民國八十六年六月七日《聯合報》第四十一版。

的「仁政」（《孟子・公孫丑上》），因而就「爲仁由己」如何可能提出形上依據，遂有「仁義禮智根於心，我固有之，非由外鑠我也」（仝上）的論述，提出「性善」主張，爲人之所以爲人賦予理論的說明。是爲日後「心性之學」的源頭。荀子則就人的現實面論起，認爲人皆有無法袪除的先天欲望，是爲人之性。而人性所欲求的相同，又欲求極多，若不加以限制，必然產生爭亂，是爲「偏險悖亂」之「惡」（《荀子・性惡》）。人應當面對這樣的事實，因此，荀子提出以「禮」的規範加以解決。他認爲「禮」的目的在「養人之欲，給人之求」（《荀子・禮論》），期使人人欲望達到最大滿足而不致產生爭亂。若人人皆能依循「禮」之規範而行，如依據「從道不從君」、「從義不從父」（《荀子・子道》）的原則，整體社會必能達到「正理平治」之「善」（《荀子・性惡》），所以荀子稱「禮者，人道之極也」（《荀子・禮論》）。荀子理論，不從「爲仁由己」如何可能切入，而是對「爲國以禮」之祈嚮提出理論具體可行的說明。孟、荀對於孔子學思的闡揚，實即是儒學史上「第一期新儒家」。

秦漢大一統，戰亂頻仍，與民休息的黃老之術因應而爲主流，儒學遂而沉潛。董仲舒起，情勢丕變。以公羊春秋爲本的董仲舒（《漢書・五行志》），藉由春秋公羊學之「三統」、「三正」、「三世」說爲漢立法，直溯孔子以爲正統（《春秋繁露・三代改制質文》）。董子於〈天人三策〉中云：「《春秋》大一統者，天地之常經，古今之通誼也。今師異道，人異論，百家殊方，指意不同，是以上無以持一統。」因而建議：「諸不在六藝之科、孔子之術者，皆絕其道，勿使並進。」（《漢書・董仲舒本傳》）藉由國家考試取材，形塑了儒學成爲二千年中國王朝政治以及士大夫及平民生活的原型。董子藉宣揚「天」的至高無上，認爲三綱（君爲臣綱，父爲子綱，夫爲妻綱）「可求於天」（《春秋繁露·基義》），人倫事理、政治教化、習俗文義、禮樂設施皆稱爲「道」，並論證「道之大原出於天，天不變，道亦不變」（《漢書·董仲舒本傳》），於是人間社會在「奉天」意義上得以確立運行。如是原型，依著時間發展，理論上不斷細緻（如理學的理氣不一不二的闡述），制度上不斷完善（如科舉考試全面舉行），孔子所稱述之士、君子，因此成爲整體社會與國家的中堅，「乃中國歷史上一條有力的動脈」②，是以錢穆先生稱「中國士統即道統」③。即使後人批評董子「天人感應」的學思中混雜讖緯神學、荒誕怪異之說，然其突顯「天」之意志，「天」以災害異象譴告警懼人事，期使擁有權力者審愼敬事（參見《春秋繁露》中〈爲人者天〉、〈深察名號〉等篇）的主旨，承續先秦儒學意蘊甚明。因此，董子創發出爾後中國人二千年的生活原型，則是不容抹煞與忽略的貢獻。儒學外王之道的彰顯，以此爲盛。就此而言，董子的學思可謂是儒學史上「第二期新儒家」。

董氏而後，由於災異譴告之說泛濫，加上漢末政治黑暗、社會不安，釋、道乘勢而起，彌補人們空虛心靈，講求禮樂名教之儒學淪於空疏，是爲儒學衰期。在釋、道盛行了五、六百年後，韓愈提出「道統」之說（〈原道〉），以恢復孔、孟聖道自任，理學便是在這大纛下，吸納釋、道思維，結合先秦儒學典籍如《論語》、《孟子》、《周易》以及《禮記》中的〈大學〉與〈中庸〉，將先秦儒學所強調之實踐義賦予形而上的理論基礎，

---

② 錢穆，《國史新論》（香港：香港印刷公司，民國 42 年），頁 65。
③ 錢穆，《宋代理學三書隨札》（台北：東大圖書公司，民國 82 年），頁 195。

「天理流行」是其根本預設；《孟子》與〈中庸〉中所蘊含的「心性之學」被理學家加以創造闡揚。他們提高《孟子》地位，貶抑荀、董，藉《周易》發揮儒學中的形上意義，人性以及所固有之仁義禮智，認爲是「天理」所賦予，故先人即具完善道德，對之闡揚，人間世界的踐履必然水到渠成。理學家如是對儒學的解析，實有其深刻的社會背景。歐陽修於〈新五代史序〉中不止息地「嗚呼」哀嘆，即因在六、七十年的唐末五代亂世之中，人間竟無具體德行典範可堪載述，人道淪喪莫此爲甚。冰凍三尺，非一日之寒。自唐天寶安史之亂起，人倫事理的破碎，師道尊嚴的不存，每下愈況，唐末五代達至極點。故理學之興，實乃面對人間價值斲喪、道德無存的局勢，提出所謂「道德重整運動」，因此對「內聖」的重視勝過對「外王」的提倡。爲論程朱抑或陸王，均以自身德性的修持爲先，強調「身心性命」之學，主張「窮理」、「盡性」，以「主敬」、「居敬」爲存養工夫，肯定「性即理」或「心即理」的內在道德理性，以致於理學開啓了中國歷史上人文之美最爲鼎盛的年代，人才輩出，熠熠史册。儒學內聖之道的踐履，以之最顯，可謂「第三期新儒家」。

滿清入關，明士大夫面臨天崩地解的錐心之痛，在奮力抗清、知情勢不可爲後，著書立說，以「存文化」爲念，批評理學「束書不觀」，故倡言躬身力行的實行實學。復因滿人大興文字獄，牽連甚廣，使士大夫噤若寒蟬，考據學因由而興，是爲儒學再衰期。至歐美船堅炮力紛擾，西學東漸，從洋務運動、戊戌變法、立憲新政、辛亥革命、五四新文化運動……，接踵而來，不曾稍歇喘息，中國從器物技藝、政經制度以迄文化思維、倫理觀念、生活態度，全盤受到衝擊，傳統中國中堅份子的士君子，亦因文化優勢的喪失而逐漸瓦解。受西式教育者，鼓吹「科學」與

「民主」，高舉「反傳統」大旗，倡言「全盤西化」。當代新儒家諸君子，便是於這樣的環境中扛起承續傳統儒學精神之慧命，保文化命脈於不墜。他們生逢於時代動亂、風雲奇譎之際，外有日、俄等帝國主義謀我日亟，內有軍閥混戰、政客自謀私利，中國本身又深陷專制轉向民主的二千年未有之巨大變局中，舉國徨徨，莫知其嚮。加上各式外來思潮不斷衝擊著傳統的一磚一瓦，在此國家民族面臨存亡之秋，傳統文化面臨斷續與保存之際，當代新儒家諸君子竭力提倡「至美至好的孔子人生」④，堅持儒學精神的價值體認，懷抱儒學對生命及人生智慧的信念，延續傳統不遺餘力，這是他們的自我肯定處。此從他們生平行誼與著作內蘊均能獲得明證，毋庸贅述。

大體而言，當代新儒家諸君子自我肯定乃是基於傳統儒學「成德之學」的精神，近承宋明，遠溯孔孟，並自稱所從事的工作是「儒學第三期之發揚」（前期乃指先秦儒學與宋明理學）⑤；吸納佛學（如熊十力、梁漱溟、唐君毅、牟宗三等人）或歐美思想（如康德、黑格爾、新實在論、柏格森、德國生命哲學等），重新建構儒學道德的形而上學體系，以求在哲學上探尋一顛撲不破的理論系統，期與洶洶西潮（如科學主義、自由主義、馬克思主義等）相抗衡。從理論內容上看，他們並不是固執保守的傳統主義，而是吸納衆流欲匯歸爲一的文化融合論。同時，在面對時代課題，當代新儒家諸君子期盼從新的哲學體系，轉化傳統儒學意蘊，欲證明儒學亦足能開出現代的「民主」與「科學」之「新

---

④ 參見良漱溟，《東西文化及其哲學》〈臺北：里仁書局，民國 72 年〉，自序。

⑤ 牟宗三語，見《道德的理想主義》（臺北：臺灣學生書局，民國 67 年），〈儒家學術之發展及其使命〉乙文。

外王」⑥，此即是他們自我期許處。當代新儒家諸君子，對傳統文化的繼承與宣揚，氣魄足可比天，精神亦可泣鬼神，比之天崩地解之明末諸遺老的關懷，實不遑多讓。考其發展，可以一九四九年臺海兩岸政治分治爲界，前期以梁漱溟、張君勱、牟宗三與徐復觀四人聯名於一九五八年發表的〈爲中國文化敬告世界人士宣言〉⑦爲代表，迄一九九五年牟先生過世爲止。

當代新儒家諸君子，深感儒門黯淡之局，懷著承續儒學「道統」自命，強調自孔孟以來的道德主體，運用理學內在道德的人性、良知，加上攝取西方哲思重新建立形上體系，並通過理學之聖賢工夫以挺立出人格尊嚴，以之作爲中國文化現代化的根基。他們一致認爲，中國文化是活生生的，不應視如埃及等已消失的古文明而加以研究⑧，故反對史賓格勒宣稱中國文化至漢代已亡的論點⑨，也反對列文森認爲共產中國成立證明了儒學傳統已然「博物館化」的論述⑩，亦不同意許多中國人心中（如持科學主義者）認定中國文化已走入盡頭的態度。在反傳統與全盤西化的風潮中，獨身起而抗衡的梁漱溟先生，在其《東西文化及其哲學》中的一段話，可作此注腳。梁先生認爲，「世界未來的文化就是中

---

⑥ 牟宗三語，詳見《政道與治道》（臺北：臺灣學生書局，民國69年）乙書的闡釋。

⑦ 全名爲〈中國文化與世界——我們對中國學術研究及中國文化與世界文化前途之共同認識〉，於一九五八年刊登於香港的《民主評論》與《再生》兩雜誌元旦號。今收於唐君毅，《中華人文與當今世界》（臺北：臺灣學生書局，民國 64 年），附錄；張君勱，《新儒家思想史》（臺北：弘文館出版社，民國 75 年），附錄。

⑧ 例如張君勱認爲中國傳統文化「是一個生命體，而不是一個博物館」，見《新儒家思想史》（臺北：張君勱先生講學金基金會，民國 68 年），潛言，頁 5。

⑨ 史賓格勒 (Oswald Spengler) 之見，參陳曉林譯，《西方的沒落》(The Decline of the West)（臺北：華興書局，民國 64 年）乙書。

⑩ 列文森 (Joseph R. Levenson) 之見，參鄭大華、任菁譯，《儒教中國及其現代命運》(Confucian China and its Modern Fate)（北京：中國社會科學出版社，2000 年）。

國文化的復興」，中國應「如宋明人那樣再創講學之風，以孔顏的人生爲現在的青年解決他煩悶的人生問題」，如此「才可以眞吸收融取了科學和德謨克拉西兩精神下的種種學術、種種思潮而有個結果」⑪。三十餘年後的徐復觀先生，重複了這樣的態度與立場，其云：「中國文化打倒之後，中國成爲一個野蠻民族，如何能實現科學、民主？所以我們是以對中國文化的批評來代替五四時代的打倒；要透過中國文化自身的反省，使科學民主在中國文化自己身上生根。」⑫總之，當代新儒家諸君子立基於傳統土壤之中，期盼立穩腳根以吸納外來文明，此是諸位君子一致的歸趨。而此，亦可以傳統「內聖外王」稱之，「內聖」依然，「外王」不同於傳統的經世濟民，成了「民主」與「科學」的「新外王」。熊十力先生云：「外王骨髓在內聖，不解內聖，休談外王。」（《原儒》）這是當代新儒家一致的立場。牟宗三先生言：「近時整個時代之癥結端在文化理想之失調與衝突。」故主張自「道統之肯定」（護位孔孟所開闢之生生宇宙之本源）出發，以「學統之開出」（融納希臘傳統，開出學術之獨立性），確立「政統之繼續」⑬。所謂「道統之肯定」，以唐君毅先生的話講，即：「相信人人之內深處，皆有一純潔眞實不忍之心，此不忍之心便是人生之眞實不容已之內在的無上主宰。」⑭如是「內在的無上主宰」，即「性智」（熊十力）、「覺解」（馮友蘭）、「心」（賀麟）、「理性」、「良知」，世人內在本有的道德主

---

⑪ 梁漱溟，《東西文化及其哲學》，頁 235、251、252。

⑫ 徐復觀以筆名「李實」，爲文〈歷史文化與自由民主——對於辱罵我們者的回復〉，《民主評論》第八卷，第十期。

⑬ 牟宗三，《道德的理想主義》，序。

⑭ 唐君毅，《人文精神之重建》（香港：新亞研究所，民國 44 年），頁 287。

體，通過靜觀直覺、自反自覺、或通過「暫忘」（唐君毅）、「坎陷」（牟宗三）等等方式，實踐一切生活，以完善聖賢人格。這是當代新儒家諸君子的關懷核心處。當代新儒家所面臨的時代問題不同以往，因此其學思發展可稱爲「第四期新儒家」。

揆諸當代新儒家諸君子的見識，實頗有深入處，然衆家說法亦有出入，限於篇幅，無法闡述。對於當代新儒家諸君子的關懷以及哲學創見，筆者提供三點淺見如下。

第一，當代新儒家諸君子刻苦堅守民族文化本位之心力，且以復興傳統儒學精神慧命爲主調，其深知卓識是值得後人肯定的。然而，他們所宣稱中國文化是孔孟、理學，卻遺棄了荀子與董仲舒的精闢見解。事實上，荀、董二人的哲學，如上所述，均是朝向經世濟民之「外王」事業開展的。荀子欲以「禮」建立理想國度，並提出「從道不從君」、「從義不從父」（《荀子・子道》）的原則，頗有現代「法治」的初級概念。董仲舒藉由天人感應、奉天法古的說法，限制君主權力的無限擴張，要擁有權力者愼重行事、時時警惕，與現代國家藉由「憲法」規範權力運作，實有雷同之思。惜當代新儒家諸君子顯然未就這一層面提出深入探討，以致在陳述「外王」層面，自始至終找不出傳統典範與之相較，故而理論上必須加以強解⑮，是爲可惜之處。

第二，當代新儒家承續宋明理學遺緒十分明顯，然而，理學經過戴震「以理殺人」的批判，至譚嗣同高唱「衝決網羅」，迄

---

⑮ 例如牟宗三談「內聖」而「新外王」（民主與科學），認爲不同於傳統內聖外王的「直通」，而以「曲通」、「曲轉」的說法加以區別。詳參見《政道與治道》乙書。

魯迅提出「禮教吃人」，傳統理學的世界觀已然破碎。當代新儒家諸君子吸納西方哲思，重新建構新道德的形而上學體系，但似乎偏向於個人內在的道德主體（以熊十力、牟宗三爲代表），如本心、良知，對於「天理」則不談了，最後則必須談論「自我的坎陷」⑯，方能明白「良知」所在，方能由德性主體開出知性主體⑰。如是內聖工夫，不但與理學之知行關係（無論是程朱的知先行後、王陽明的知行合一、王夫之的行先之後）有所出入，同時亦難在現在民主與科學之中落實，因爲現代民主與科學不須透過如是過程亦能良善運作，無怪乎「從內聖以開出新外王」的道統堅持常爲學界所質疑，遂而產生爲當代新儒家諸君子辯護之說，認爲他們是「在現代社會之內講聖學的學人」⑱，退而成爲學院中人，以理性探討取代了生命的鍛鍊。

實則，道德主體的肯定確實是人文品質良善之所在，亦是傳統中國文化（尤其是儒學）的精神慧命。然而，必須認清現代科學與民主在實際的運作中，其基礎則是在於對客觀事物的理解以及藉法律體系予以外範化的規範。固然，傳統中國亦有現代民主的種子，亦有類科學的技藝，但我們必須承認，當今中國科學界得以在世界佔一席之地，其思維與態度恐怕不是從傳統中國文化之中發展出來的；歐美民主精神及其運作移植於中國土地，學習歷程迄今依然跌跌撞撞，最大的原因是尚未出現「民主典範」足

---

⑯ 牟宗三，《現象與物自身》（臺北：臺灣學生書局，民國 69 年），頁 122。

⑰ 〈爲中國文化敬告世界人士宣言〉中即強調，要發展儒家心性之學，「要使中國人不僅由其心性之學，以自覺其自我之爲一『道德實踐的主體』，同時當求在政治上，能自覺爲一『政治的主體』，在自然界、知識界成爲『認識的主體』及『實用技術的活動之主體』」。

⑱ 劉述先語，見〈如何正確理解熊十力〉乙文，收於《當代新儒家人物論》（臺北：文津出版社，1994 年）。

堪效法，而「法治」精神未落實更是主因，其間自有與傳統中國文化思維相衝突之處。在民主層面上，傳統儒家精神誠足以發揮教化之功，如就義利之辨談論遵循法治之切要、就人之道德主體肯定人生而自由平等的民主預設、就倫理規範闡述民主生活暨其精神的實行、就天理天道論述憲政法的至高無上性，諸此等等，皆是可以著力之處。但前提必須認清，二者的思維是不同的。也就是說，或許應以人生而自由平等的概念、於公平、正義、人權之精神下運作民主爲主體，以有助於民主運作之傳統中國文化爲輔，恐是較爲可行之方。

第三，筆者深信「返本」方能「開新」，無傳統及無創新⑲。然而，對於傳統的肯定與否定，應建立在對傳統清楚敘事的理解之上，如是，反傳統與全盤西化的論調終將歸於滅寂。當代新儒家諸君子可貴的精神之一，就是承認傳統中國文化部分的不足，因此急於要求自我轉化。然而，仍須指出，當代新儒家諸君子對於傳統文化的理解亦有所不足，如孔子、孟子、荀子等對「天」的理解，董仲舒「外王之道」的眞義，理學詮釋「仁」與孔子之「仁」的分別，象山「本心」、陽明「良知」與孟子理論的差異，以及對於儒家特重的「人性」議題等等，尙無法清晰而客觀地加以解析與認識。如果說立足於民族文化本位方能開出現代的民主與科學，那麼，對於傳統文化理解不足是否就無法實踐民主與科學呢？答案若是肯定，現今海峽兩岸的中國人恐怕均無資格實踐民主與科學了。事實上，對於傳統文化的理解與民主、科學之實踐，是可以並行而不悖，且在理論與實踐上是可相互補充

⑲ 唐君毅亦云：「在文化思想中，除了科學思想以外，無論哲學、宗教、文學、藝術、政治、社會之思想中，不能復古者，決不能開新。這中間決無例外。」見《人文精神之重建》，頁 309。

的。

肆

對於當代新儒家諸君子，面對國家民族存亡之秋，自我肯定中國文化的遺老遺少之心境、欲保文化命脈之努力著實令人佩服；對其對世界民主、科學之潮流，自我期許欲開出「新外王」的標宗，我們亦有所肯認。然時代轉運，趨勢不一。當代新儒家諸君子拋卻了荀、董外王之思，僅強調孟子、學庸與理學的心性之學，面對二千年未有之變局，作爲士、君子的社會中堅，先天上早已失去實際作爲的著力處。當民主取代了儒學成爲官方認可的生活方式，儒學必須面對時勢作出轉變，無法再以二千年政治模型予以開出新世代的新儒家，儒學生命精神才能再起。以科學爲例，當今中國科學界已然立足腳根，因爲符號化的思維以及機械式的研究方法，願意學習不難擁有；如今藉之反芻回饋，研析傳統中醫、中藥即有所成，是爲顯例。唯賴以安身立命的現代生活方式，恐僅民主精神方能爲之。我們的努力當拋卻先入之見，虛心學習，明晰民主制度建立的依據與原則（必須區分「三權分立」與「社會契約論」的型態不同），奉行不已（尤其是對「法治」的尊重與徹底執行），方能成就公平而富正義的社會。然歐美民主經過荒誕歲月的記憶猶殷鑑不遠（如法國革命的屠殺、德國民主選出希特勒的夢魘、美國民主對黑人等少數民族的歧視、第三世界實施民主選舉而產生民粹獨裁者等），應予牢記，不可完全信以爲美善。故融入傳統中國文化「立人極」之道，如是展現的社會不但是具有原則性的，更是具有人格自我提升之精神的美善社會。這樣的世界，相信也是孔孟、荀董、程朱、陸王等傳統儒者所樂意見及的。

9

新儒學知識論*

林國雄

Abstract

In this paper ,starting from the yin-yang interaction of perceptual cognition and rational cognition , utilizing the active force of chih（知性）to reach Chung-Ho（中和）, then pointing out the structural relationship of data,information and knowledge in order to grasp the content and application , the author finally completes the Neo - Confucian knowledge theory.

Although message , data , information and knowledge may all be objects or the achievements of perceptual cognition,they can only be possessed correctly by means of systematic inference and rational operation in the field of analysis and synthesis in rational cognition . Finally , intervention of the active force of chih to reach Chung-Ho is necessary to make the corresponding information and knowledge more effective.

Keywords:Neo-Confucianism,Knowledge ,Perceptual cognition , rational cognition ,Chih

一、緒　言

1998 年 1 月日本成立了日本知識管理學會，同年 10 月美國生產力品質中心主辦知識管理研討會，同年11 月英國鐵列歐斯調查公司主辦 1998 年知識管理會議〔森田松太郎與高梨智弘〕。同年，哈佛管理評論收集其十年來 8 篇論文編輯成「知識管理」一書〔*Harvard Business Review*〕。而透過新浪搜尋，自 1999 年 1 月至 2000 年 9 月在台灣可查到與「知識管理」相關的中文期刊論文共有 58 筆。可見不論是「知識管理」或「知識經濟」，已蔚成人類經濟再發展的新動力①。

而知識 (knowledge) 是人類認識的成果或結晶〔田運；馮契〕，歷來對其進行論述者有 60 年前金岳霖的知識論，有約兩百年前 J.G.Fichte 的知識學，年代均已久遠。不論「知識管理」或「知識經濟」，爲了在發展上正確，大家均須先將知識的眞正意義先弄清楚。但人類的認識離不開感性，也離不開理性，林國雄已指出理性與感性呈現出其新儒學陰陽兩儀的互動對待②〔1997,

---

① 在歐洲，Francis Bacon 在其「新工具」中第一個提出「知識就是力量」，該書發表於西元 1620 年。在中國，「知爲力」早已是東漢王充的命題，即知識就是一種力量。論衡效力篇說：「儒生以學問爲力」，「人有知學，則有力矣！」，「博達疏通，儒生之力也」。他認爲儒生以知識作爲自己的力量。王充以蕭何在劉邦進兵咸陽後，自覺地收集秦宮所藏戶籍府策爲例說：「蕭何以知爲力……衆將馳走，何驅之也」。認爲蕭何有了知識作爲力量，就能指揮衆將〔方克立〕。王充早培根一千多年提出「知爲力」的命題，可惜沒有持續並蔚成社會風氣。

② 十七世紀天主教傳教士來華，見宋明儒學（理學）與孔孟儒學不同，因而仿西方思想歷史之進程稱之爲新儒學。本文的新儒學主要是延續易經易理、老子道德經思想、董仲舒春秋繁露思想、及北宋周濂溪太極圖說中的思想。太極圖說中即說：「太極動而生陽。動極而靜，靜而生陰。靜極復動。一動一靜，互爲其根。分陰分陽，兩儀立焉。陽變陰合，而生…。二氣交感…，而變化無窮焉。」這是本文陰陽兩儀互動對待的思考邏輯，它正表示客觀事物發展的一種規律，它也表示思維的一

p.458〕，所以本文第二節就先來討論感性與理性認識的兩儀互動③。林國雄後來又指出理性認識、感性認識、及知性的良性聯繫呈現出新儒學天地人三才的對待④〔1999a, p.2192〕，故第三節接著來討論此三才中知性的致中和之力⑤。

所謂新儒學知識論就是以北宋周濂溪太極圖說及林國雄新儒學系統論〔1998；1999c〕所展開的對知識產生的結構及內涵之論

種規律。此種陰陽動靜觀的思考邏輯頗符合黑格爾邏輯學中說的：「對思想的王國，…從思維本身的內在活動去闡述它，或說從它的必然發展去闡述它。」此外，理性與感性這兩種概念關係，並不是互相獨立存在的，而是互相聯繫、成雙成對的關係概念。

③ 爲何林國雄要從新儒學的角度來談知識論，此乃北宋周濂溪的太極圖說指出「無極而太極，太極動而生陽。動極而靜，靜而生陰。靜極復動。一動一靜，互爲其根。分陰分陽，兩儀立焉。陽變陰合，而生……」所以林國雄的新儒學，源於太極圖說，可以從相對的「無」思考到相對的「有」，而後進入兩儀及三才的思考等[1996b,1998,1999c]，這是歐美的科學思考方式通常所做不到的。不過，「相對的無」並非本文的處理範圍。

④ 新儒學的天地人三才有萬物之本、萬事之本、主動系統、及「太陽（或陽位）、太陰（或陰位）、中和（或人功）」三氣四種重要的涵義〔林國雄 1997，pp. 301-337〕。林國雄的新儒學系統論已指出：「太極之主動性生出天地兩儀，天地兩儀之主動互動性再生出五行與三才中之人。爾後天地人三才之主動性繼續維持，是爲宇宙社會主動系統；天地人三才之陽位、陰位、及主動致中和之力則變換爲一操作系統；陰陽兩儀本身則變換爲開放、演化、互動、卦變之被動系統。」[1999a] 本文三才之涵義，主要採取的是如下圖操作系統之涵義：

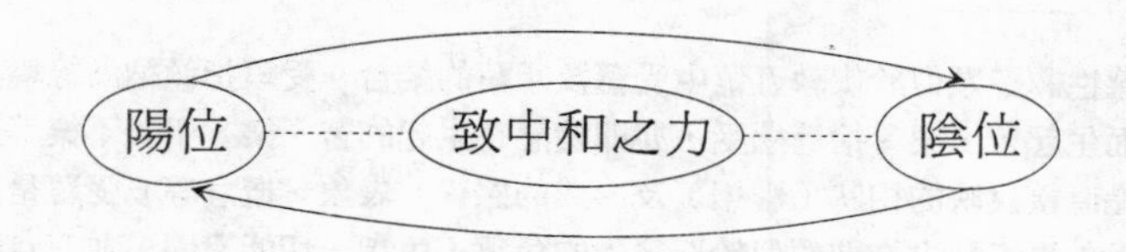

圖上實線箭頭代表的是陰陽兩儀的互動力量，虛線代表的是促成陰陽兩儀良性互動與圓融的「致中和之主動力量」。

⑤ 林國雄的新儒學系統論指出，天地人三才之陽位、陰位、及主動致中和之力是一操作系統，陰陽兩儀本身是開放、演化、互動、卦變之被動系統[1998,1999c]。

述。有了第二及第三節的基礎之後，於是本文就能順利進入第四節數據、資訊、與知識的結構關係之討論了。這些討論涵蓋了知識的現實取得過程及結果。而知識的內容與用途是第五節要繼續再研討的課題。最後爲本文依據老子道德經、周濂溪太極圖說及林國雄新儒學系統論的思維方式等所做的結語。

二、感性與理性認識的兩儀互動

知識是人類認識的成果或結晶⑥。知識的提煉離不開人類的經濟活動、人際關係處理、社會關係活動、及科學實驗操作等實踐活動。在實踐中，人類通常先得到的是其對事物的感性認識，爲陽儀。人類通過自己的眼、耳、鼻、舌、手、腳、皮膚等感覺器官直接或透過科學儀器的感覺及交易媒介的貨幣而延伸間接（含於廣義的直接之內）去接觸外界客觀事物⑦，並在頭腦中產

---

⑥ 本文僅指出，知識是人類認識的成果或結晶。本文並未對「知識」下一明確的定義，蓋爲了避免與周濂溪太極圖說中「而變化無窮焉」相違背，亦爲了避免與林國雄新儒學系統論中「陰陽兩儀…爲…卦變之被動系統」相牴觸。明確的定義似乎也容易對整體性的思維給予不必要的限制。此乃，人們常只運用定義的形式把在實踐中達到的對事物的特有屬性的認識暫時鞏固下來，常只運用下定義的方法來檢驗別人和自己所運用的概念是否明確，但隨著人對事物的認識不斷深化，反映這一事物的概念的定義就需要相應修改，甚至全部推翻，而形成新的定義。故定義總是不完全的，因而本文並不採用「有力定義」的方式作爲全文論述的出發點。

---

⑦ 此種感性認識類似於佛教五蘊中受蘊及想蘊的結合。受蘊指領納所緣境界的心所，由此而生起苦、樂、捨等感受，亦即隨感官生起的苦、樂、不苦不樂等感情；想蘊指認識直接反映的相狀（影相）及形成的感覺、表象、概念等。受蘊是隨感官而生起。而外界客觀事物則類似於五蘊中的色蘊，色指一切能變壞，並有質礙的事物，泛指由地、水、火、風四大所造成的一切事物。

本文此處預設「外界客觀事物」的存在，卻又引用佛教的五蘊觀，蓋五蘊是對一切具有生滅變化的現象之有爲法的概括，狹義的五蘊且爲現實人的代稱，廣義的五蘊則是指自然世界與精神世界的總和。此五蘊是佛教全部教義分析研究的基本對象，

生對於事物現象、形象、表面、具體、和外在連繫的各項認識。此種感性認識包括感覺 (sensation) ⑧、知覺 (perception) ⑨、和表象 (representation) 三種具體的認識反映形式。

感性認識 (perceptual cognition) 具有只能認識事物表面現象的局限性，感性的東西是個別的、變滅的。感性認識也具有含「科

小乘一般由此五蘊引出「人無我」的結論，大乘則進而發展爲人、法「二無我」旳結論。其實，「有我」與「無我」也是一對陰陽兩儀的新儒學對待概念。

雖然佛教唯識宗根本反對唯實論的立場，認爲人的認識不需依靠實踐，也不需要實踐的檢驗，而只是人內心自己對自己的認識，但筆者已把色蘊擴充爲包括自然世界及精神世界的外界客觀事物，不限於只指自然世界的色蘊，筆者亦把行蘊擴充爲不限於指「一切具有意願等傾向性的精神活動」，尙包括由此精神活動所生起和變化的一切具體行爲。故本文對佛教五蘊觀的引用，有其合理性。

⑧ 在張東蓀的認識論中，感覺即感相。他認爲感相是心物（物可含事）之交的產物，是一種暫生暫滅的幻相，指出內界有個構造（陽儀），而外界亦有個構造（陰儀）。這兩個構造之交，便產生許多空泛的東西。此種「幻相」及「空泛」見解，筆者並不贊同。「幻相」宜改爲「初始相」，「空泛」宜改爲「初始感覺」。

⑨ 後期墨家的認識論概念中，知材是人的認識能力、知覺作用。但僅有這種認識能力，還不等於知識。正如眼睛有看東西的功能但並不等於眞實地看見東西一樣，只有這種認識能力（陽儀）和認識對象（陰儀）相接觸，才能發展出知識。

知覺亦爲宋明理學（新儒學）的認識論概念，認爲知覺爲心所特具的認識能力。北宋程頤認爲：「知是知此事，覺是覺此理。」把知和覺分屬於感知和領悟兩個不同的認識層次。朱熹的朱子語類卷六十說：「有心則自有知覺」，卷五十八另說：「知者因事因物皆可以知，覺則是自心中有所覺悟。」明清之際王夫之的張子正蒙注太和篇指出：「形（感官）也，神（精神作用）也，物（客觀事物）也，三相遇而知覺乃發。」王夫之以知覺指人類的認識活動，認爲這種活動的最初發生是感官統合精神作用（陽儀），和客觀事物（陰儀）相結合的結果，其實這也是一種新儒學陰陽兩儀的互動對待結果。

但王夫之有時也將知與覺分言，以知爲可以名言的「隨見別白」，以覺爲不以名言的「觸心警悟」。其讀四書大全說卷二即指出：「隨見別白曰知，觸心警悟曰覺。隨見別白，則當然者可以名言矣；觸心警悟，則所以然者微喻於己，即不能名言而已自了矣。」

學儀器的感覺及交易媒介的貨幣而延伸」之感官直接性⑩、生動性、和具體性的特點。它是對外界事物現象的直接反映，是意識與外部世界的直接聯繫。感性認識的這些特點與人的感覺器官具有專門化的特殊功能，緊密相聯繫。人的每種感官，只能反映事物對象的某一個特別個性。但在大腦的支配協調下，關於事物對象的各個不同的感覺能夠互相聯繫，互相統一，從而組合成事物對象，整體的具體映像，此即知覺映像⑪。同時，在一定的條件刺激下，以往的知覺映像，還能在人的大腦中再現，形成表象。表象和當前直接獲得的知覺映像，又能夠互相結合，並加以改造組成新的表象。

感覺是一定的外界客觀事物運動，作用於感覺器官，並通過神經網路傳入人腦的相應部位所引起的意識現象。感覺可理解爲事物作用於感覺器官的結果和事物的個別屬性在人腦中的映像。感覺的形式⑫（陽儀）是主觀的，但它的內容、源泉（陰儀）卻

⑩ 在資訊科技發達後，智能機器是一種新型的認識手段，但它仍只是人類感覺器官的延伸而已。此處感官直接性的範圍已擴大，包含了儀器（甚至智能機器）的感覺延伸。

⑪ 康德亦把來自感覺的經驗看成是一些雜亂無章的材料，必須經過經驗統覺 (apperception) 的作用，才能構成知識。但此經驗統覺與知覺不同。經驗統覺的活動包括選擇、集中、決定、同化、意向、避開、意願等，經驗統覺除了有知覺的介入外，尙有下文第三節知性主動致中和之力的參與。康德還把統覺區別爲先驗統覺和經驗統覺，筆者認爲此先驗統覺相當於本文理性認識與知性致中和之力的結合。統覺使經驗具有秩序和意義。

⑫ 事物存在和運動的基本形式是時空。時空觀念是在人類長期的生產活動和生活歷史實踐過程中形成和發展出來的。時間不能創造，虛空也是眞實存在。一般認爲，時間的流動是均勻的。伽利略還把時間的連續性和均勻性作爲他建立落體運動定律的基礎。George Berkeley 認爲時空是人的感覺的產物，康德認爲時空是人們用以整理感性材料的先天直觀形式。時間的特點更是具有一維的不可逆性。此外，宇宙在時間上無始無終，在空間上無邊無際，至少對人類目前的感覺來說確是如此〔馮契；勞思光〕。

是客觀的，所以這兒即存在著主觀與客觀的一種新儒學陰陽兩儀的互動對待。人類通過製作工具儀器等，可延長和擴大自己的感覺器官，甚至通過與別人的直接交往，還以社會形式形成社會的器官⑬。社會實踐是人的感覺之基礎。有些事物本身就是實踐的產物；有些事物雖然從來就存在，但是如果沒有實踐提出的認識任務和提供的科技手段，也不可能成爲現實的感覺對象。

而知覺是人對客觀事物表面現象和外在聯繫的綜合整體反映。知覺在感性認識中已較感覺提高了一個層次。感覺是知覺產生的基礎，而知覺是對感覺的集合。對事物的各個部份、方面、和屬性的感覺材料越豐富，從而形成的對該事物的知覺就會越完整。在知覺的發生和發展過程中，詞和語言就開始起著重要的作用。人們往往把感官反映的事物屬性，同詞、語言所表達的屬性聯繫起來，從而獲得該事物的整體映象。但推動知覺產生和發展的基礎，仍是實踐。人們的感覺能力及知覺能力的提高，也離不開社會實踐。而知覺造成的對事物之感性整體形象，則是人類抽象思維的起點。不過，知覺也有其局限性，它通常只是反映事物的表面之感性認識。

至於表象，是先前獲得的客觀事物形象，在人的大腦中之再現。它是對記憶中保存的感覺和知覺的回憶和改造。表象產生的生理基礎在於外界事物作用於人的感官時，在大腦皮質上留下了聯繫的痕跡，以後在一定條件下這些痕跡又重新活躍起來，就會在頭腦再現過去感知過的事物之形象。表象是記憶的衡量器，記憶越好，表象就越完整越清晰。在實踐中，現有的知覺形象和記

---

⑬ 其實，也可將作爲交易媒介的貨幣看作爲一種社會器官。

憶表象相結合⑭，並對記憶表象進行改造和重新結合而成新形象。感知形象是表象的來源，表象是感知形象的合理儲存。同感覺和知覺相比，表象不如它們鮮明和穩定⑮，往往只反映事物的大體輪廓，不過它已具有初步的概括性和抽象性，並使人能把在實踐中的感知形象積累和合理保存起來，且可和新形象相綜合，進行思維加工〔馮契〕。

由實踐中所得到的感性認識，經過去粗取精、去僞存眞、由此及彼、由表及裡的加工製作，可以產生⑯抽象的理性認識 (rational cognition)，成爲以概念爲重要元素而系統的科學理論，這是認識的陰儀。人要達到對事物本質之認識，還必須將感性認識發展成理性認識。要獲得對事物本質的認識，就必需對知覺進行思維加工，進一步將其提高成理性認識⑰。理性認識是泛指人類

---

⑭ 知覺形象是流量型的陽儀，記憶表象是存量型的陰儀，它們兩者間也呈現一種新儒學的互動對待。

⑮ 表象猶如企業資產負債表上的資產，會發生折舊、損耗、攤銷、過時、磨損、陳廢、貶值等的作用，故表象不一定如感覺和知覺的當期性那樣原始地鮮明和穩定。

⑯ 一般認爲，感性認識可以上升爲理性認識〔田運，p.338〕，反之，理性認識亦可下降爲感性認識。

⑰ 因爲理性認識是來自對知覺進行思維加工，而其最後任務是要使認識更深刻、更正確、更全面地反映客觀事物，所以本文的「理性」概念與康德的純綷理論理性的「理性」概念是大致相通的。但本文則大致捨棄了康德的純粹實踐理性的「理性」概念，蓋因它指的是離開自然界的必然性（此必然性無法驗證）而指導人的道德行爲的主觀思維能力，不過本文並不捨棄康德的純粹實踐理性所必須具備的自由原則（此自由原則仍爲一般意義下的實踐理性所必須具備）。康德是先有「意志自由」之基設，然後才有「靈魂不朽」及「西方上帝存在」之基設。但康德認爲，純粹實踐理性是以先天的道德規律，採取命令的形式和決定性的意志，從而區別善惡，俾走向至善。因爲康德的這種純粹實踐理性之見解，係來自以西方上帝作爲最後依歸的不斷上昇思考法，但由於西方上帝基設的幻成特性，故本文大致捨棄了康德的純粹實踐理性的「理性」概念。

也有人說，儒家所談的是「道德問題」，恰是康德所謂的「實踐理性」(practical

應用不矛盾的概念及推理所產生特有的而合理的認識。理性認識是人類對事物的本質、規律、全體、和內在聯繫⑱的認識，是表現爲形成概念和運用概念進行判斷、推理的思維過程。理性認識具有抽象性、間接性、和普遍性的特點⑲。黑格爾曾指出，對感性認識中永久性的東西，大家必須通過反思才能認識⑳。

感性認識必然是隨後反映事物本質和內在聯繫的理性認識基

---

reasoning)，此種見解，筆者亦無法完全苟同。蓋康德實踐理性的處理對象是來自西方上帝的幻成而先天（西方上帝並非先天思想的唯一來源）的道德規律，而儒家的道德問題所處理的對象主要是後天（現實）的道德規律。本文的新儒學吸收了儒家、佛家、道家、及西方科學思想的優秀成份，因而林國雄認爲，凡是涉及人際的陰陽兩儀之良性互動皆是「仁」的行爲表現，凡是人類各自所有的價值判斷與行爲準則均共容至「社會倫理共識的社會福祉判斷」，這種太極適宜性，皆是「義」的心理及行爲表現〔林國雄 1999a，pp.1991-2014〕，所以新儒學的道德問題最後還是要回歸到無極、太極、兩儀、三才、四象、五行、八卦等的思維體系中。

唐君毅主張「心」之本體爲現實世界之本體，亦是道德自我之根源。認爲人能對道德自我自反自覺，這其實就是本文第三節能續論「知性的致中和之力」的重要前提。唐君毅並認爲人能以自覺之自我支配自己，從而可上超凡入聖之路，這是孔孟、禪宗、全眞、陽明思想所相同者，也是中華文化之精髓。至於牟宗三，認爲康德雖然說明了道德法則的先驗性和普遍性（但它們是建立在幻成的基礎上），但他沒有認識到自主自律的善良意志就是人人所固有的性，亦未能本著一種（周濂溪太極圖說所描述的）宇宙的情懷而透至其形而上學的、宇宙論的意義，見牟宗三的心體與性體第一册。牟宗三主張，以內聖之學爲依據，通過「道德良知的自我坎陷」轉出知性主體，這同樣也是本文第三節得以續論知性的重要前提。

⑱ 其實感性認識的事物表象與外在連繫，和理性認識的事物本質和內在聯繫，也是一種新儒學陰陽兩儀的互動對待。

⑲ 其實感性認識的局限性、直接性、和具體性，與理性認識的普遍性、間接性、和抽象性，也是一種新儒學陰陽兩儀的互動對待。

⑳ 有人認爲筆者似乎頗欣賞黑格爾，又列舉 K.R.Popper 的相關著作，而後者的名著「開放社會及其敵人」一書所攻擊的一個對象就是黑格爾。但 K.R.Popper 所攻擊的是黑格爾思想中神論及預言高潮的部份。然而黑格爾思想中也有一些可以繼續合理地存在的部份，例如思維與存在的分立與統一課題，概念表現爲成雙成對，相互聯繫的反思關係〔波普爾；馮契；趙敦華〕。

礎㉑。感性認識一定有待於發展到理性認識，才能使認識更深刻、更正確、更全面地反映客觀事物。而理性，通常用以表示推出邏輯結論的認識階段和能力；凡合乎自然，合乎合理人性的就是理性；理性也指在感性認識中無法達到的認識之完備性。但是，理性自身沒有先天的形式，只能借助於下文第三節知性的致中和之力範疇㉒來加以規範。黑格爾小邏輯說：「理性構成世界內在的、固有的、深邃的本性，或者說，理性是世界的共性 (universality)㉓。」理性承認分立雙方的相互轉化，而且看到分立面的統一。而理性認識又可回過頭來指導，並使得人類的感性認識更加正確和精確。

因而，人的感覺還受到理性認識或理論知識的影響；人的理性認識還在知覺反映中有著滲透和指導的作用；豐富的科學知識，使人的知覺能力獲得迅速發展，在感知事物時能迅速獲得知覺形象；知覺本身也受到人們在實踐中形成的知識之影響；表象的內容也受已有的實踐經驗和在此基礎上形成的理論觀點之影響；掌握各種科學知識，也是發展表象反映能力的重要途徑㉔。

㉑ 東漢王充繼承了前人傳統，已認爲感性認識中的感覺是認識的基礎，其論衡實知篇說：「如無聞見，則無所狀。」他也強調理性思維在認識過程中的作用，其薄葬篇說：「不徒耳目，必開心意。」其實，在此「必開心意」中，他也同時強調了下節知性致中和力的作用。

㉒ 中庸說：「喜怒哀樂之未發謂之中，發而皆中節謂之和。中也者，天下之大本也；和也者，天下之達道也。致中和，天地位焉，萬物育焉。」漢書揚雄傳法言目亦說：「立政鼓衆，動化天下，莫上於中和。中和之發，在於哲民情（哲民情的前提在於致良知）。」文選長笛賦更說：「皆反（返）中和以美風俗。」本文知性的致中和之力，其致中和之力即取意於此。

㉓ 其實理性是共性，與感性是殊性 (individuality)，亦呈現出一種新儒學陰陽兩儀的互動對待。

㉔ 王充論衡實知篇說：「人才有高下，知物（含事）由學，學之乃知，不問不識。」認爲人的才能雖然有高有低，但認識科學和科學知識的取得都必須經過學習，在科學上不學、不問的生知（生而知之）是沒有的。

由此可知，理性認識的陰儀和感性認識的陽儀，應該形成新儒學陰陽兩儀的良性互動㉕。理性認識常須依賴於感性認識，離開感性認識，理性認識就成爲無源之水，無本之木。由傳聞而得來的感性知識，及由泛泛的經驗，亦即由自己的感覺、想像而得來的感性知識，Baruch de Spinoza 則把它們界定爲不恰當的知識，它們常是不可靠的知識。

林國雄過去在討論因果原理〔1997,p.399〕時，已曾指出，因果原理並不是純粹在感性認識下經驗的推砌，也不是純粹在理性認識下理性的構思，而是同時含有兩種成份的陽變陰合之新儒學陰陽兩儀良性互動對待㉖。擴而大之，感性認識與理性認識所對應的經驗知識及理論知識㉗，亦然。

㉕ 若將理性認識的陰儀和感性認識的陽儀合在一起看，它就構成一種新儒學的小太極。有了這個小太極，那麼「太極動而生陽；動極而靜，靜而生陰；靜極復動；一動一靜，互爲其根」的認識上之邏輯操作，也就可以順利展開了。這就是本節推論的合理邏輯順序。有人說，在中華文化中，「陰」和「陽」是兩種非常寬廣的二分系統，此見解筆者只能局部同意，蓋陰陽觀念還需與動靜觀相聯繫。此外，有人認爲陰陽概念是中華式的參與式思維，有別於西方知識論的宰制式思維 (dominant thinking)。其實，西方知識論的宰制式思維，乃是來自以西方上帝作爲最後依歸的不斷上昇思考法，從而在全知全能的預設下逆向操作所產生的宰制性。而本文在註17 已指出，已大致捨棄了康德的純粹實踐理性的「理性」概念，故本文應無概念糾纏不清之困擾。

㉖ 陽變陰合是周濂溪太極圖說的說法，老子道德經的說法則是：「萬物（含萬事）負陰而抱陽，沖氣以爲和。」在台灣地區的大學校園，有一首管道昇作詞、李抱忱作曲而仍頗受歡迎的「你儂我儂」老歌說：「你儂我儂，忒煞情多。…把一塊泥，捻一個你，留下笑容，使我長憶。再用一塊，塑一個我，常陪君旁，永伴君側。將咱倆個，一起打破，再將你我，用水調和，重新和泥，重新再做。再捻一個你，再塑一個我。從今以後，我可以說，我泥中有你，你泥中有我。…」這首「你儂我儂」的老歌，最能道出「新儒學陰陽兩儀的良性互動對待」。若陰陽兩儀的互動對待是惡性的，那就是典型的矛盾鬥爭了。

㉗ 理論知識要能夠預見事物發展的趨勢、動態，甚至於新事物的出現，才是好的。沒有理論知識指導的實踐，是盲目的實踐。但是理論知識脫離實際經驗知識則是空洞

具有自由意志的人類，其認識的成果或結晶，不能被視為是純物理化學反應的機械性結果，而是含有理性與感性的互動成份。眞正的認識工作應像蜜蜂那樣，即要採集感性認識的材料，也要理性地加工消化材料。理性認識還必須由實踐來檢驗、修正、補充、豐富和發展。在實際的認識過程中，感性中寓有理性，理性中亦寓有感性㉘。在人類思想史上的經驗論 (empiricism) 和唯理論 (rationalism)，似乎均各執一偏，只重視自己而否認與自己分立的對方。唯理論甚至還推崇數學所運用的演繹法，並將其絕對化。

的、僵死的理論。理論知識要指導人們行動，必須為實踐者所掌握。理論知識也須要由實踐的經驗知識來賦予活力。

㉘ 禮記大學說：「致知在格物，物格而後知至。」但大學沒有對格物作具體解釋。不過，格物的物含事。程朱學派認為，「知」的精神作用中良知的致中和之力，是先天固有的，但由於受物欲影響而喪失了，主張通過「格物」來重新獲得。這種先天固有的「知」透過格物來獲得之見解，筆者並不贊同，筆者仍比較傾向於同意註 24 中王充的知物（含事）由學。

朱熹對大學的補傳說：「所謂致知在格物者，言欲致吾之知，在即物（含事）而窮其理也。蓋人心之靈，莫不有知；而天下之物，莫不有理。惟於理未窮，故其知有不盡也。是以大學始教，必使學者即天下之物，莫不因其已知之理而益窮之，以求至乎其極。至於用力之久，而一旦豁然貫通焉，則衆物之表裡精粗無不到，而吾心之全體大用無不明矣。此謂物格，此謂知之至也。」

程朱都認為由格物而致知有一個過程，這似乎要到明清之際方以智在一貫問答中才說：「因觸而通，格合內外」，外指客體的事物，內指主體的思維，格指主體探究出現於客體的行為，這才使得格物致知的觀念得以與「感性認識與理性認識兩者良性互動的實際認識過程」接軌。朱熹的朱子語類卷十八還強調：「蓋致知便在格物中，非格之外別有致處也。」

但程朱所追求的並不是具體事物被客觀認知的眞理，這種眞理是基礎性的眞理，而是以物理來印證人心中所固有而誠明的天理，企圖獲得豁然貫通的智慧，這種天理則是統籌性的天理。其實，基礎性的眞理（陰儀）與統籌性的天理（陽儀）也呈現一種新儒學的互動對待。統籌性的天理更是本文第三節得以續論致良知的重要前提。

把個別的、局部的、片面的感性經驗誤認為普遍眞理，是不對的。在實際工作中狹隘保守，缺乏感性與理性的良性互動，盲目自大，也是不對的。有工作經驗的人，要向理論方面再學習，然後才可以使經驗帶上條理性、分析性、綜合性，甚至上升成為理論。反之，有理論素養的人，亦要向經驗方面再學習，其理論才不致於天馬行空，不著邊際，不切實際㉙。

萊布尼茲已把眞理分為來自感性認識並以歸納推論為主的事實眞理，及來自理性認識並以演繹推論為主的必然眞理。事實眞理是由充足理由律 (law of sufficient reason) 所得到的感性經驗知識。在論證過程中，一個判斷被確定為眞或推定為可以接受，總是有其充足理由。但它的公式不是：A 眞，因為 B 眞，並且 B 能推出 A〔馮契，P.656〕。因為由 B 能推出 A，仍涉及演繹推理，不是事實的歸納邏輯。充足理由律要求理由必須眞實，不能虛假，所以它所要談的是 A 眞，或 A 可以接受，或在 B 能推出 A 下且 B 眞時 A 可以接受。其 A 眞或 A 可被接受，需靠林國雄已提出的歸納邏輯機率〔1997；1999a〕等才能加以認定，當歸納邏輯機率為一時則 A 眞，當歸納邏輯機率顯著地接近於一時，則 A 可被接受。

而必然眞理則是由不矛盾律 (law of non-contradiction)㉚所得到的理論知識。不矛盾律的推理要求是，在同一個思維過程中，思想必須首尾一貫，不允許自相矛盾，即不允許同時斷定一個思想及其否定都是眞的或推定為都可以接受的。但遵守不矛盾律的邏輯要求，並不意味著可以否認「來自不同人的主觀意識所形成的

㉙ 王陽明「心外無物，心外無理」的特殊觀點，可適用於人心中所固有而誠明的天理，但並不適用於事物被客觀認知的基礎性眞理。

㉚ 不矛盾律一般被稱為矛盾律〔馮契，p.467〕，名實不相符，有欠允當。

對客觀事物之認識本身」存在著矛盾㉛，也不意味著人們的思想不能反映此種客觀事物與主觀掛鉤所存在的矛盾，例如美國獨立戰爭時美國要獨立，而英國卻不願讓其獨立。在歐洲，亞里士多德最早明確表達不矛盾律的基本內容；在中國，墨經亦謂「或謂之牛，或謂之非牛，是爭彼也。是不俱當。」墨子活動的年代略早於亞里士多德，所以此種不矛盾律不分中西，是早都存在了的。

任何作為由不矛盾律所演繹得到的理論知識之演繹前提，或甚至其對應的數學公理，也應由對經驗的高度概括而來㉜。人們所知道的一切，除了尚未能與經驗連繫的一些純邏輯與純數學的知識之外，都最後以感覺材料作為依據。而且理性若不依賴於感覺與經驗，也不能給人以在現實上可落實的知識㉝。此由林國雄

㉛ 認識也具有主觀和客觀的兩重屬性。一方面，認識是作為主體的人以觀念的形式反映或再現客體；另一方面，認識是以客觀的個人實踐及社會實踐為基礎，認識的內容來自客觀世界，認識的目的和任務是要正確反映客體，獲得關於外部現實的正確知識。從實踐（陽儀）中來的認識（陰儀），還要再回到實踐中去，使自身得到檢驗和發展，並用以有效地指導實踐，並通過實踐轉化為客觀現實，達到主觀（陽儀）和客觀（陰儀）、主體（陽儀）和客體（陰儀）的統一。但是，這種「統一」只能在同一主體內來談論，對不同的主體或不同的人則不一定成立，故有矛盾的發生〔林國雄 1994〕。

㉜ 任何理論知識之演繹前提，均常有比其更基本的演繹前提；任何數學公理，亦均常有比其更基本的數學公理。這種演繹前提或數學公理，大致只有在北宋周濂溪太極圖說或林國雄新儒學系統論[1998,1999c]的架構下，才能由對經驗的高度概括而得來。兩文在「萬物（含萬事）生生，而變化無窮焉」之前，均說：「五行，一陰陽也。陰陽，一太極也。太極，本無極也。」

㉝ 梁漱溟的新儒學思想，實際上是西方非理性主義哲學、儒學、和佛學唯識宗之混合體。他提倡直覺主義的認識論，他的東西文化及其哲學指出：「要認識本體非感覺理智所能辦到，必方生活的直覺才行」，這種認識見解，可適用於對主體統籌性的天理之追求，但不能適用於對事物基礎性的眞理之追求。

至於熊十力的新儒學，其思想經歷了由儒轉佛，即直從大乘有宗入手，後捨有宗而深研大乘空宗，最後歸宗於大易的演變途程。他的新唯識論創制了體（陰儀）用

的演繹與歸納之兩儀論〔1999b〕可以看得更加清楚。關於事實的知識來自經驗，只有或然性；觀念關係的知識在其演繹邏輯的層面上具有普遍必然性和確定性，但一代入事實資料則仍只有或然性㉞。

本節追求事物的基礎性眞理之合理意向與能力和第三節追求人心中所固有的天理之合理意向與能力不同，亦即認知和良知不同，它們確實仍有著層次上的差別。荀子正名說：「所以知之在人者謂之知（此知是指人的認識能力所得的新聞或情報，包含感性認識與理性認識的能力），知有所合謂之智（此智是指主觀同客觀合理接觸而獲得的正確資訊或知識）。」而「知有所合謂之智」中的「知」則是追求事物的基礎性眞理之合理意向與能力之認知，包含「知之在人者謂之知」中第一個「知」的認知。

例如，舊說指天地之形的「天圓地方」觀念，甚或「天動地靜」觀念，其天地都是成對的陰陽兩儀觀念，動靜也是成對的陰陽觀念，但圓方卻只是一種靜態的規圓矩方之觀念，故用靜態的圓方以描述天地的「天圓地方」自有其不妥之處，其實，這種認識就是一種典型的認知力。但「天圓地方」很容易爲人類的初步

（陽儀）不二、心（陽儀）物（陰儀）不二、能（陽儀）質（陰儀）不二、吾人生命（陽儀）與宇宙大生命（陰儀）不二、翕（陰儀）闢（陽儀）成變的思想體系，指出本體與功用、實體與現象等原來都是成對的不二（小太極），而且都相反相成。

熊十力還突出並強調了思維實體的綜合統一功能和認識主體的整體作用。他指出宇宙萬物生生不已，其主宰者和能動者爲心，尤其是最合理的具有良知之心，因而強調其直覺體悟和整體把握，其實這也是本文第三節能續論「知性的致中和之力」的重要前提。據悉，現代新儒學自從 1986 年以來在中國大陸已成爲國家重點項目。

㉞ 任何演繹邏輯在代入事實資料時，只能代入影響結果的重要原因變數（稱爲因），忽略其餘的不重要原因變數（稱爲緣），這是中華傳統文化中典型的因緣和合論，所以一代入事實資料仍只有或然性。

感性認識能力及初步理性認識能力所共同接受。其中，周髀古算法就以勾股之法，推算日月之運行，而得其度數，以爲天似覆盆，此即蓋天之說。但晉書天文志已指出：「漢靈帝時，蔡邕於朔方上書言，宣夜之學，絕無師法。周髀術數俱存，（但）考驗天狀，（卻）多所違失。」

此外，書舜典疏亦說：「蔡邕天文志云，言天體者有三家，一日周髀，二日宣夜㉟，三曰渾天。惟渾天者，近得其情。今史所用候台銅儀，則其法也。虞喜云，渾天者，以爲地在其中，天周其外。日月初登於天，後入於地。王蕃渾天說曰，天之形狀如鳥卵，天包地外，猶卵之裹黃，圓如彈丸，故曰渾天。其術以爲天半覆地上，半在地下。其南北極，持其兩端，其天與日月星宿斜而迴轉。」後漢書張衡傳復說：「研覈陰陽，妙盡璇璣之正，作渾天儀。」〔林尹與高明〕由此可知，古代「天圓地方」的「天圓」見解，是有其初步感性認識及初步理性認識之依據的。不過，地圓而非地方之理，漢時已知之〔曹謨，P.261〕。

古希臘的 Eudoxos Knidios 在天文學上，曾提出同心球殼結構模型假設，認爲所有恒星共處在一個球面上，它圍繞著通過地心的軸線每日旋轉一周，以此解釋當時所觀察到的天象。其後，Claudius Ptolemaeus 從從西元 127 年至 151 年一直從事天文觀測，

㉟ 宣夜無傳，後人多不明其義。鄒伯奇以爲宣夜乃測星之學，因夜考中星，自古所重，有以渾天蓋天僅言其形，宣夜乃推究天宇之理。宣夜之書曰：天了無質，仰而瞻之，高遠無極，眼瞀精絕，故蒼蒼然也。譬之旁望遠道之黃山而皆青，俯察千仞之深谷而窈黑，夫青非眞色，黑非有體也。日月衆星，自然浮生虛空之中，其行其止，皆須其氣焉。是以七曜或游或住，或順或逆，伏見無常，進退不同，由於無所根繫，故各異也。故辰極常居其所，而北斗不與衆星西沒也。攝提（指歲星）塡星（即鎭星）皆東行，曰行一度，月行十三渡，遲疾任情，其無所繫者可知矣，若綴附天體，不得爾也。語見隋書天文志〔曹謨，p.268〕。

寫天文學著作「大綜合論」，繼承地心說，論述宇宙的地心體系，認爲地球居中央不動，日、月、行星、和恒星都環繞地球運行。這一論點直到 Nicolaus Copernicus 的日心體系發表後才被眞正推翻。不過，Claudius Ptolemaeus 已正確說明了月球繞地球的運動，較準確地確定了月球與地球的距離，還預測到行星在某一時刻的位置〔馮契〕。

Ptolemaeus 本人曾聲明，他的地心體系並不具有眞正的物理實在性，而只是一個用來計算天體角位置的數學方案。但是，它同人們的初期觀察經驗一致。過去學術界對地心說曾一度持完全否定的態度，但二十年來，已有人提出需要全面評價這一學說，並指出，地心說是根據當時的測量學和幾何學知識以及對天體考察的結果建立的。其後，日心說則是地心說的繼承和改革。日心說對地心說的改革，需要具備本節所講的「追求事物的基礎性眞理的認知力」，此認知力可從感性認識能力的方向去延伸，也可從理性認識能力的方向去延伸，更可從兩方向同時去延伸，例如科技所帶來的進步儀器及科學理論、科學哲學的新開展。

Copernicus 從 1497 年起用自己製成的儀器進行了日月、行星位置的大量觀測，反對 Ptolemaeus 的地球中心說，提出太陽中心說。Copernicus 說明日心說的「天體運行」一書，直至 1543 年他已重病在床時才印刷出版。他堅持理論與觀測事實應相一致的原則，強調觀測材料均必須通過理論思維加以分析、總結。他批判經院哲學關於天上的運動是完善的，地上的運動是不完善的，指出天體與地球都受到統一的自然法則的支配。他的學說不僅改變了那個時代歐洲人對宇宙的認識，而且根本動搖了歐洲中世紀整個基督宗教神學體系的理論基礎。

其實，在戰國時尸佼的尸子書中，就明確提出：「天左舒而起牽牛，地右闢而起畢昂。」在西漢末年成書的尙書緯考靈曜，亦提出一年之中，「地有四游」㊱，並認爲「地恒動不止，而人不知，譬如人在大舟中，閉牖而坐，舟行不覺也。」古希臘 Philolaus 則提出，地球與其他行星、月球、和太陽都圍繞宇宙中心一團看不見的火在運行。Aristarchus 還通過測算日、月、地球距離之比，得出太陽遠比地球大得多的結論，提出了人類最早的日心地動說，認爲地球以太陽爲中心作圓周運動，同時繞自己的軸作周日旋轉；其他行星也都在繞太陽公轉；與地球繞太陽軌道的直徑相比，恒星幾乎在無限遠處。這一學說遠遠超出了那個時代的天文學和力學已有的知識水準，未能爲當時的人們所接受。

從西元二世紀起，Ptolemaeus 的地心說在天文學上佔了統治地位㊲。1543 年 Copernicus 的「天體運行」全面系統地闡述了日心說。他指出，月球是繞地球運行的衛星，同時也被地球帶著繞太陽運行；恒星和太陽之間的距離十分遙遠。由於 Copernicus 日心說的革命性，羅馬教會把「天體運行」列爲禁書，殘酷地迫害宣傳地動說的學者。例如 Giordano Bruno 即於 1600 年 2 月 17 日被宗教裁判所活活燒死在羅馬鮮花廣場，Galileo Galilei 於 1633 年被羅馬宗教裁判所判處終身監禁。不過，1619 年 Johannes Kepler

㊱ 尙書緯考靈曜有言：「地體雖靜而終日旋轉，如人坐舟中，而人不自覺，春星西游，夏星北游，秋星東游，冬星南游，一年之中，地有四游。」此即爲地球自轉公轉之理，但不爲後人重視，猶上述的宣夜說，無人顧問。今人讀天文史者誰不知地轉之說創於 Eudoxos，而成於 Copernicus，迄無人憶及東漢之考靈曜，奇哉！以上的宣夜說及考靈曜的論點，均合於現代天文學的天爲相對的恒而不動，地才有自轉公轉之理〔曹謨，p.110 及 p.268〕。

㊲ 在中國，蓋天說爲最古，呂氏春秋中已言及之，可謂天繞地極而旋轉，王充論衡亦有類似敘述。渾天說則以地球爲中心的天球運動概念。張衡的靈憲已知地爲圓球，實則在其前已知之，而由張衡加以解說。漢武帝時落下閎即早已主張，因渾天說與渾天儀有關故也，見揚雄法言〔曹謨，p.268〕。

行星橢圓運動三定律的發現，和1687年牛頓的萬有引力定律的發現，仍進一步爲日心說提供了更強的理論基礎。

十八世紀光行差和十九世紀恒星視差位移、光譜線周年位移等現象的發現，證明了地球的公轉和自轉。在1842年至1846年間 John Couch Adams 及 Urbain Jean Joseph Le Verrier 根據牛頓萬有引力定律推算出一顆未知行星的位置，1846 年柏林天文台的 Johann Gottfried Galle 就發現這顆行星即海王星，更進一步確證了日心說。其實，天文學的發展還表明，太陽僅僅是一顆普通恒星，它並不在宇宙的中心〔曹謨；馮契〕。天文物理學的發展也表明，相對論的理論從天文研究中獲得證實。天文現象不能由本身理論解釋者，由相對論可獲得圓滿的解答。在這些演進中，「追求事物的基礎性眞理的認知力」均扮演著極其重要的角色。

總而言之，感性認識的材料可以轉換爲理性認識的內容，理性認識的內容亦可回頭滲入感性認識的材料之中。其實，這就是非常典型的新儒學陰陽兩儀之良性互動對待。而且，人對具體事物的認識，也不常是一次完成的，而是一個由淺入深的過程。人的認識也不是一成不變的，人的認識常是思維對客體內容的不斷接近，何況客體的內容有時也會隨著時間的推移而變遷。人更不是機械地接受外界刺激並作出反應的被動性有機體，而是有選擇地獲取、加工、同化外界刺激，在與外界環境的相互作用中將刺激納入有機體，構建出認知的結構。這些認知過程在人腦中都是第四節將提出之消息及資訊的加工過程。

三、知性的致中和之力

人自覺而有合理的目的地對自己的感性認識及理性認識進行

調節的主動行爲之現象，筆者稱其爲知性 (chih)㊳。它是取得知識和應用知識的合理意向與能力，也是認識、辨別、解釋、判斷、選擇、決策的合理意向與能力。這些合理意向與能力，都必須具備此種知性。感性認識是一切人的認識起點，由經驗的反復可形成統一記憶，由此而奠定理性推理的基礎，經推理而把觀念聯繫起來，從而掌握事物的本質，並回過頭再來指導更加合理而系統的感性認識與經驗。但這仍不夠，感性認識與理性認識的新儒學陰陽兩儀之被動性良性互動，還需有人的自覺而合目的之主動調節，這就是知性所欲扮演的主動致中和之力㊴。

康德把人的認識能力亦分爲感性、知性、及理性三個層次。其感性，是先天的形式，是解決數學如何可能的問題，有別於本文來自感覺器官的感性認識；其理性所研究的對象靈魂與西方上帝，是不可知而沒有經驗材料的，有別於本文由感性材料所發展出來的理性認識；其知性也是先天的，是解決物理學如何可能的問題，亦有別於本文知性的主動致中和之力㊵。比康德約早兩百年的Giordano Bruno，則把認識分爲感覺、理性、理智三個階段，

㊳ 不論理性認識或知性，均難與佛教五蘊中的行蘊或識蘊各作匹配。其中，識蘊是對境而照了分別各事物之心識，是人的精神作用之主體，對接觸的對象起了別、思慮、積集等作用，但似乎可以將本文的「理性認識與知性之結合」與識蘊互相類比。但本節知性的致中和之力之意義，要比識蘊的意義來得深遠。本處知性 (chih) 採用知字的音譯 chih[Chan]，而不採用知性的現成對釋 understanding[馮契]，蓋在 understanding 的知性中欠缺良善意志的主動介入，而在 chih 的知性音譯中則可容納良善意志的主動介入。康德所提出的知性 (understanding) 概念，亦有相同的情況。

㊴ 本處知性的主動致中和之力的引進，乃是天地人三才之陽位、陰位、及主動致中和之力在作爲操作系統下所必然要引進者。請注意本文註 4 在繪圖時與「致中和之力」連結的是虛線，虛線所代表的不是直接的作用力，而是指揮監督的維繫力。

㊵ 本處特別要指出，本文的感性、知性、及理性三個概念，與康德的感性、知性、及理性三個概念內容是不一樣的。

他所瞭解的感覺到理性，相當於從本文的感性認識到理性認識，並且再由理性上升至理智，甚或上升成智慧，形成一個不斷上升的過程，其實他用的仍是以西方上帝作爲最後依歸的不斷上昇思考法，有別於本文的感性、理性、及知性均可隨時回至實踐現實的情況㊶。

人生活在理性與經驗之間，經常受到經驗的引誘，有時不免也受到理性的誤導，例如食髓知味的貪婪無厭係來自經驗的誘惑，而美國長期資本管理(Long-Term Capital Management)公司的經營災難則係受到1997年兩位諾貝爾經濟學得獎人的理性誤導。而本節的知性之合理意向與能力，恰可用於導正這些偏頗。過去中國學術界一般把「知性」看成是舊名詞而摒棄不用，其實，這種知性（尤其是良知知性）是歐美文化到目前爲止最欠缺的，「知性」恰可救濟其窮，大家應該把中華傳統文化中知性的主動致中和之力好好地再予恢復過來。康德的「由感性到知性，再由知性到理性」的不斷上昇思考法，像 Giordano Bruno 的不斷上昇思考法一樣，實亦不能予以盲目沿襲，反而還需像本文一樣予以改造。

人的知性表現了人在活動中所特有的自覺，合乎其合理目的性與其選擇性，自然滲入了人的合理價值定向判斷㊷，體現了人

㊶ 以西方上帝作爲最後依歸的不斷上昇思考法，所產生的「理智」或「智慧」，在可隨時回至實踐現實的情況之平實思考法下，是否仍可繼續稱其爲「理智」或「智慧」，似仍有疑問。故本文在第四節採用智能(intelligence)的概念，而不採用理智的概念。而在第四節的智慧(wisdom)所談的是高明的思維，此種高明思維常「唯變所適」，有難以形式化的特徵。

㊷ 人的合理價值定性判斷，最後自然涉及倫理判斷與道德判斷，歐美常認爲這種知識是倫理學所特有的，與其他學域無關，因而多少妨礙了倫理學與科學的有效聯繫。但別忘了，Adam Smith 既是西方經濟學的開山祖師，又是個倫理學者。

的認識自覺性及行動自覺性。人的知性和人類的整個意識一樣，是社會的產物，但大家還需要再繼續追問，究竟其知性要如何才能合理？知性是在人的實踐活動中形成的，它以人對外部世界的認識和自己個人的可能性作爲基礎，在人的整體發展中合理確立起來。人類知性的特點是，人能根據自己預定的合理計劃（而非西方上帝的預定計劃）來調節認識，使認識至少服從於外界客觀規律，服從於道德倫理準則的良知知性，從而抑制同這些計劃相抵觸的誘因，以克服達到認識與實踐目的之各種障礙。人的知性，表現了客觀世界、社會存在、與道德準則對於人類認識的制約性㊸。

孟子離婁㊹ 上說：「（人之）所不慮而知者，其良知也。孩孩之童，無不知愛其親也。及其長也，無不知敬其兄也。」這段話中的「不慮而知」從現代科學的觀點來看，顯然有問題，有違知性在人的認識及實踐活動中形成之情況。張載正蒙誠明篇說：「誠明所知，（回過頭來）乃天德良知，非聞見小知而已。」因而誠明是天德良知知性發生且得以確立的重要條件，也是本文知性發生且得以確立的重要條件。禮記中庸亦說：「喜怒哀樂之未發，謂之中」，而此誠明亦是此「中」得以存在且確立的重要條

㊸ 知性是人在認識活動及實踐活動中的一種主體主動而適切的能力。人的經驗定勢通常是在實踐中形成和發展，思維定勢是在系統教育訓練的基礎上形成和發展，而知性具有對資訊的選擇功能和結合、同化、求其合宜之功能，若知性未能在感性認識及理性認識的互動中發揮其致中和之力，則有可能成爲限制主體認識及實踐的一種阻力。經驗主義、教條主義就是認知定勢僵化的典型表現，凡是認知定勢僵化，都不好。認知定勢的重組或重構，就是常要捨其糟粕，取其精華的一種揚棄式之更新。

㊹ 離婁是孟子篇名，也是人名，亦稱離朱，是古之明目者，黃帝時人。黃帝亡其玄珠，使離朱索之。離朱能視百步之外，見秋毫之末。

件㊺。也許上述的「不慮而知」應該正確地詮釋爲「因過去已誠明而慮知，而此慮知仍鮮明地存在於記憶中，故現在得以不慮而知」。

此處若逕行認定天德良知就是本節所稱的良知知性，本無不妥。因其是良知，也才能在認知力之上更加自覺而有合理目的地對自己的感性認識及理性認識進行調節。程顥及程頤二程遺書二上說：「良知良能，皆無所由，乃出於天，不繫於人。」此「皆無所由」及「不繫於人」，實與孟子的「不慮而知」異曲同工，實應比照「不慮而知」而正確地詮釋爲「皆無所因人欲而由」及「不繫於人欲」㊻。王陽明傳習錄討論良知最多〔De Bary,Chan& Watson〕㊼，謂良知只是個是非之心，良知原是中和，知得過或不及處。人所謂致知格物者，若再與正心誠意連結，就是致吾心之良知於事事物物。吾心之良知即天理，致吾心良知之天理於事事物物，則事事物物皆得其理。蓋良知只是個天理自然明覺發現

㊺ 禮記大學說：「欲正其心者，先誠其意；欲誠其意者，先致其知。」又說：「知至而後意誠，意誠而後心正。」再說：「所謂誠其意者，勿（受人欲蒙蔽而）自欺也。」此處先致其知及知至而後意誠的兩個「知」指的是包含認知力及良知知性的「知」，而非僅指因理性認識與感性認識良性互動所產生的「知」。不過，這種說法順序仍有其瑕疵。也許更合理的說法是「包含認知力及良知知性的知與誠意、正心三者之間彼此互爲因果並互相充實」。

㊻ 今人熊十力讀經示要卷一認爲：「愚謂陽明以心之發動名意是也。其曰『心之本體，本無不正，自其意念發動，而後有不正』云，則於義未協。心本無不正，則其發動而爲意者，自亦無不正。若云意有不正，則必此意非心之所發也。意既是心之發動，如何有不正？……然而意發時，畢竟有不正者，則此不正非是意，乃與意俱起（而不合理）之私欲也。」

㊼ 王陽明知行合一的「知」通常被翻譯爲「知識 (knowledge)」，「行」通常被翻譯爲「行動 (action)」。此「行」類似於佛教五蘊中的行蘊。此「知」包含本文感性認識與理性認識的兩儀良性互動所產生的知，自亦包含感性認識中的感覺、知覺、及表象，但也包含本節知性的主動致中和之力之知。

處，只是個眞誠惻怛。心之虛靈明覺，即本然之良知。良知者，心之正確本體。雖妄念之發，而已有之良知未嘗不在〔陳榮捷〕。

因爲已有之良知未嘗不在，所以良知知性才能隨時在認知力之上更加對自已的感性認識及理性認識進行調節。因爲良知即天理，所以王陽明又以已有之良知即是天植靈根，自可生生不息，且謂已有之良知是造化之精靈㊽。王陽明更謂，已有的良知之虛，便是天之太虛；已有的良知之無，便是太虛之無形。以至於在不思善惡時，易認清本來面目。此被認清之本來面目，就是良知。這並不是說良心無善無惡，只是良心自知善惡，而且良知常覺常照。因爲常覺常照，則如明鏡之懸，而物之來者，自不能遁其媸妍。所以良知的無善無惡，是對來者而言；良知的有善有惡，是對自已的主動內省而言。因良知是由誠明而知，故良知不由見聞而有。

第二節所述感性認識及理性認識之知，大致皆是見聞之知或含推理之知，張載已說它們是小知。不過，這些小知若能經過知性㊾調節匯成大知，並能發而皆中節，則皆莫非是良知知性之用。王陽明認爲，良知不滯於見聞，亦不雜於見聞。良知雖不滯於喜怒憂懼及經營決策，而喜怒憂懼及經營決策亦不外於良知。何況王陽明的「良知良能，愚夫愚婦與聖人同」，頗有勉勵大家一起來求良知之意，但每人良知已開發的程度各各不同，卻也是事實。不過，由孟子經宋儒到王陽明，人人具有是非之心以至作爲生生靈根並最終達成萬物一體之良知，不只別開生面，也對本節

㊽ 精靈，猶言精神。

㊾ 今後認知力的來源在科學儀器、科學理論、科學哲學及其境界之提升。

的良知知性主動致中和之力立下了很好的詮釋。

王陽明之致良知，自然是良知知性的求取與運用。致良知是可以小至修身大至平天下的活頭腦，可大處著眼，小處著手，故是聖人教人提升道德水準的第一義。不過，此「致良知」到目前爲止似乎仍是歐美科學及社會科學的內涵中所比較欠缺者。王陽明認爲，盡性知天不過是致吾心之良知而已。動心忍性以增益所不能者，亦皆所以致其良知。平時日用之間，見聞酬酢，雖千頭萬緒，仍莫非是良知知性之發用流行。然而這並不是懸空的致知㊿，致知均要在事實學理上格之，而且本節知性的主動致中和之力還得把第二節的感性認識與理性認識依新儒學的陰陽兩儀互動合理地好好推動起來。

聲色貨利，良知亦不能無。良知在聲色貨利上用功，精精明明，毫髮無蔽，則聲色貨利之交，亦無非天理流行。王陽明也怕其徒漸有喜靜厭動，務爲玄妙之病，故特說此與聲色貨利有關的致良知。謂良知明白，隨你去靜處體悟也好，隨你去事上磨傳也好，跨越於人與人之間的良知本體大致無動無靜。一般人致知，只是各隨分限所及，只在感性認識或只在理性認識上去下功夫，頂多只在認知力上再去下功夫。今日既已知良知的重要性，則今日良知見在，須隨今日所知擴充到底；明日良知隨著事物的發展又有開悟，便須從明日所知擴充到底；如此方是精一功夫。其實，這就是本節良知知性的致中和之力的要義與其應有的功夫。

果能隨事隨物，精察此心之天理㉛，以致其本然之良知，則

㊿ 王陽明早年接受程朱之學。爲實踐朱熹的格物說，曾在亭前「格竹」，「思勞致疾」，這就是懸空的格物致知。

㉛ 王陽明發揮陸九淵的「心即理」說，主張「心外無理」，後者是筆者不敢苟同的，蓋客觀世界之理即使不進入人腦的思維中或尚未進入人腦的思維中，也是「理」。

雖愚必明，雖柔必強，王陽明早就這麼說。世之君子，在感性認識及理性認識的基礎上，惟務致其良知，則自能公是非，同好惡(52)，視人猶己，視國猶家，並以天地萬物爲一體。今日世界之未能同好惡的最重要根源，大致就是因爲未能一起致良知。良知良能，愚夫愚婦與聖人同；不過需要去致。但過去惟聖人能致其良知，而愚夫愚婦常不能致，此聖愚之所由分。此處謂不能致，實不肯致之意。肯致良知，人皆可以爲堯舜，雖愚必明，人人可臻

王陽明認爲「理也者，心之條理也」，其實也應修改成「理也者，心物（含事）之條理也」。王陽明斷言「物理不外於吾心，外吾心而求物理，無物理矣」，此種神化自心之見解，其不妥與上述情況同出一轍。王陽明斷言「心外無物，心外無事」，用主觀及靈明完全吞併了客觀，還宣揚「天地鬼神萬物離卻我的靈明，便沒有天地鬼神萬物」的唯我論，兩者亦皆不妥。

(52) 王陽明的王門四句訣內容是：「無善無惡是心之體，有善有惡是意之動，知善知惡是良知，爲善去惡是格物（此格物應擴大指格物、致知、誠意、正心、與實踐五者結合起來的整體行爲）」，見傳習錄下。意思是說，心的本體部份完美自足，不受物（含事）欲蒙蔽，而且處於「未發之中」，寂然不動，沒有與之對立的不善，也沒有善惡的分別。而當人心對境而產生意念活動時，便有善惡差別，這是「太極動而生陽，動極而靜，靜而生陰」此種合理發展進程的必然結果。但心之「良知知性」能夠明辨是非，分別善惡，指明行動的正確方向。按「良知」的命令做「格物、致知、誠意、正心、至實踐」的整體功夫，自覺而合理地爲善去惡，便能使思想行爲均符合道德，而「歸於正」。這是王陽明晚年對其學說主張的高度概括。

明嘉靖六年 (1527) 王陽明與弟子王畿、錢寬在浙江山陰（今紹興）天泉橋曾有一段對話。錢寬堅守師說，而王畿持有異議：「若說心體是無善無惡，意亦是無善無惡的意，知亦是無善無惡的知，物亦是無善無惡的物矣」，見傳習錄下。二人爭持不下，晚上在天泉橋請王陽明裁斷。王陽明承認二人之見「正好相益爲用，不可各執一邊」，其實這也是新儒學陰陽兩儀良性互動應有的「仁」之行爲表現。王陽明認爲王畿之見「直從本源上悟入」，適用於未發之情境，可爲「利根之人」立法；錢寬之見教人「在意會上實落爲善去惡」，適用於已發之情境，可「爲其次（指已發在未發之後）立法」，筆者認爲，可「爲其次立法」應修定爲可「爲太極動靜的全面性立法」，才更允當。王陽明告誡王畿不可「只去懸空想個本體，一切事爲，俱不著實」而淪爲「虛寂」。不過，王門弟子似乎未能從太極動靜觀上去體悟，最後終於導致王門的分化。

聖境，此爲中華文化之共同目標，亦王陽明之目標〔陳榮捷〕。

到了王陽明的門徒，有謂良知須本於歸寂而始得，如鏡之照物，明體寂然，而妍媸自辨；有謂良知無成見，由於修證而始全㊳，如金之在礦，非鍛鍊則金不可得而成；有謂良知是從已發立教，非未發無知之本旨；有謂本來無慾，直心以動，無不是道，不待復加銷慾之功；有謂學有主宰，有流行㊴，主宰所以立性，流行所以立命，用以分出良知的體用；有謂學貴循序，求之有本末，得之無內外，而以致知㊵別始終。這些皆是其門徒的同異之見，可以使得本節所談的知性，內容更加充實。

廣義的格物仍應擴及於致知、誠意、正心、及實踐，非只言第二節感性認識與理性認識之功夫，還有待歸寂致良知而使得事物中和自化，使得喜怒哀樂及經營決策之未發可以謂之中，已發而皆中節。而相與虛憶以求悟，不切乎民彝㊶物則之常，這種致良知的作法是不對的。王陽明講致良知，講的是事上磨練的致良知㊷。良知是天然之靈機，時時隨從天機運轉變化，自見天則，

㊳ 在中華文化中，玉皇上帝的觀念就是來自於「修證而始全」，有別於被賦與全知全能的西方上帝。

㊴ 學有主宰，有好的主宰與不好的主宰之分；有流行，也有好的流行與不好的流行之分。這兒學有主宰，指的是好的主宰；有流行，指的是好的流行。

㊵ 本處的「致知」做「格物、致知、誠意、正心」中狹義的致知之解釋，並不妥當。應做含格物、致知、誠意、正心而廣義的致知之解釋。或做含感性認識及理性認識的陰陽兩儀良性互動並含良知知性的致中和之力而廣義的致知之解釋。

㊶ 民彝指人民之常性。

㊷ 牟宗三認爲，良知即道德主體，它要實現對客觀事物的認知，不能永停在明覺之感應中，它必須自覺地自我否定（亦即良知自我坎陷），轉而爲良知知性，此知性與事物爲對，始能使事物成爲對象，從而究知其曲折之相，語見其「現象與物自身」。這種良知自我坎陷，指的是由道德主體轉出知性主體的途徑和方式。蔡仁厚曾解釋說：良知自我坎陷亦即良知自我打開，使自己開爲兩層：一層是道德心（德性主體），亦即良知自己；一曾是認知心（知性主體）。這是良知自覺地坎陷自己

不須防檢，不須窮索㊽，與感性認識及理性認識大大不同。若徒任其理性認識與感性認識的互動，作用成率性㊾，倚其情識爲通微，不能隨時翕聚以爲之主，儵忽變化，良知將至於蕩無所歸。敬也者，良知之精明而不雜以塵俗㊿。戒愼恐懼，常精常明，則出門如賓，承事如祭。於是良知知性即良知，但認知知覺與良知，名似同而實異。凡知視知聽知言知動，皆屬認知知覺，然未必其皆善。良知者，知惻隱知羞惡知恭敬知是非(61)，所謂本然之

而轉出來的，語見其「新儒家的精神方向」。

道德心常是「與物無對」的，它要求與天地萬物爲一體，它的表現或作用是完成德性人格；認知心常是「與物有對」的，它在主客對列之中發揮作用，以認知外在的對象，其表現或作用是成就知識（狹義的知識）及運用知識。本文的知識所指的是廣義者，本文的知性包含了認知心及良知知性。而良知自我坎陷的論點，如何使知識不完全隸屬於道德，並如何使不陷入傳統儒學泛道德主義的窠臼，則亦值得予以全面重視。

㊽ 良知現成是明王畿、王艮等人的思想。意謂良知是現成自然，先天具足的本體存在，它無須學慮，不待修正，人人具有。其「無須學慮」的見解實與孟子的「不慮而知」異曲同工，應修定爲「仍須學慮」。只是良知現成的眞精神，如陸九淵集卷三十四語錄在論述心本體時所說的：「道理只是眼前道理，雖見到聖人田地，亦只是眼前道理。」或如王陽明傳習錄下所說的：「良知原是完完全全（亦即太極動而生陽之前完完全全的太極），是的還他是，非的還他非，是非只依著他，便無有不是處。」其後，泰州學派的王襞、羅汝芳，直至李贄，也都宣揚過良知現成說。

㊾ 率性可做好的一面之解釋，也可做不好的一面之解釋。禮記中庸說：「天命之謂性，率性之謂道，修道之謂教」，中庸的率性，是依循性之所感而行，不令違越，它是屬於好的一面之解釋。本處的率性，則相當於任性，是屬於不好的一面之解釋。人類語言的使用，不免有此種語言意義向其反面的轉化，例如英文trust一字，好的一面意義常做「信託」解釋，壞的一面意義已做「托辣斯」解釋了。

㊿ 王陽明因忤宦官劉瑾，被謫爲貴州龍場驛丞。到龍場後，以爲「聖人之道吾性自足，向之求理於事物者誤也。」此種見解值得商榷，蓋心物（含事）應符合新儒學陰陽兩儀良性互動而合一之正統。

(61) 王陽明傳習錄上說：「見父自然知孝，見兄自然知悌，見孺子入井自然知惻隱，此便是良知。」良知人人同具，先天固有，不假外求，不因見聞而有。王陽明還要求人們去人欲，破心中賊，存其良知。這些都是本文的良知知性之合理成份。

善〔陳榮捷〕，已是有合理的價值判斷成份介入了。

本然之善，以良知知性爲體，不能離知性而別有體。蓋天性之眞，明覺自然，隨處而動，自有條理者，是以謂之良知知性，亦謂之天理。天理者，良知知性之條理；良知知性者，天理之靈明。知覺尚不足以言之。良知本寂，感於物而後有知。知其發，不可遂以知發爲良知，而忘其發之所自。明哲這東西即良知，明哲保身這東西即良知良能。若一向在發用處求良知，便入情識窠臼中去，所以張載所說的「誠明所知，乃天德良知」仍最爲實在。以上有關良知知性的各種闡釋，更大大地豐富了本節作爲主動致中和之力的良知知性應有之概念。

四、數據、資訊與知識的結構關係

因爲知識是人類認識的成果或結晶，而包括感性認識與理性認識過程中所需的材料與半成品，目前國際上多數人都將其轉化爲一種金字塔型的簡化結構，即將數據 (data) 置於最底層，資訊 (information) 位於中間，在其上的是知識和智能 (intelligence)〔吳錫軍,p.137〕[62]。其結構示意，如下圖。其中，圖上重要的雙向互動關係其實就是新儒學陰陽兩儀的互動對待關係。現在，就金字塔型的最底層數據先來考察。

所謂數據，是用來描述事物構想、概念、技術、條件、存在、運動、狀況、指令、事實、特徵或其相關因素的文字、字母、數字、符號、聲音、話音、圖形、影像等消息 (message) 材料，且能由電腦或電信、通信等加以處理的材料。數據在資訊科技發達前與發達後，就是這些消息的載體。凡是數據，均能爲人

---

[62] W.J.Martin 早於 1983 年即已將其分成數據、資訊、及知識三層 (Jenkins&Witzel)。

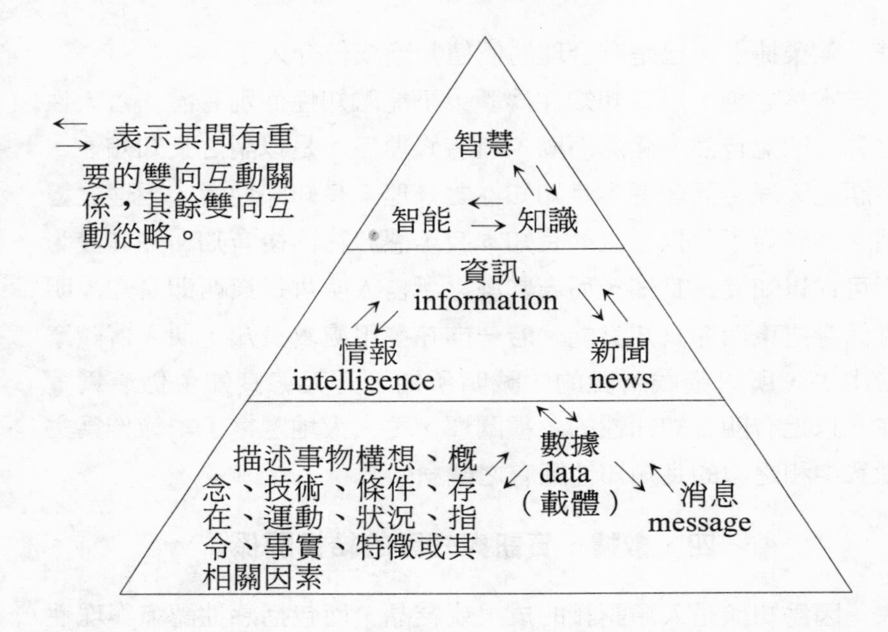

所識別，均能在電腦或電信、通信等系統中輸入、存儲、傳遞、處理、或產生。統計學則認爲從調查、實驗、或研究中所獲得的消息，叫數據〔波凱斯〕。通常數據可能是無序的，可能隨時發生，隨時消失。但是像會計、調查、實驗、錄音、錄影等的數據，則是有計劃地經收集、分類、核對、計算、彙總、分析、和記錄。因爲數據是消息的載體，所以數據處理 (data processing) 的對象一定是數據，而非消息[63]。

[63] 同理，數據也是資訊的載體，資訊是抽象的，必須先變成數據，而後才能爲電腦或電信、通信等系統所處理，因而相對於數據處理，資訊處理 (information processing)〔周果〕應該是一個不正確的觀念。同樣地，數據也是知識的載體，知識是抽象的，必須先變成數據，而後才能爲電腦或電信、通信等系統所處理，所以知識處理〔田運〕應該也是一個不正確的觀念。不過在人腦中所處理的則是消息、資訊、或知識。但人腦的機械性處理能力受限，無法與電腦相比。人腦的非機械性處理能力，則似乎又優於電腦。其實，電腦的機械性處理能力及人腦的非機械性處理能力在資訊社會也呈現著一種新儒學陰陽兩儀的互動對待關係。

數據處理的結果通常產生資訊半成品。數據處理的基本規律是「資訊不增原理」，經數據處理後，資訊量雖然不能增加，但可以突出有用的資訊，使資訊的可利用性增強〔吳錫軍，p. 310〕。而一組類型相同或相互關聯的數據記錄，就叫做數據檔案 (data file) 或數據庫 (data base)，而規模大並包括若干數據庫者則叫數據總庫 (data bank) ⑭。此種龐大的相關數據之集合，可用以提供參考性的查詢服務，係因分佈式電腦的網路發展而興起〔郭崑謨〕。例如一家醫院可將記錄病人門診的資料作爲數據檔案，每份記錄包含治療醫生姓名、病人姓名、年齡、門診日期、症狀、診斷、處理等。又如企業的人事檔案、生產檔案、採購檔案、銷售檔案、財務檔案等。

由於電腦的高速檢索、運算、及判斷能力，所以電腦能在此種醫院的檔案中很快找到所有年齡在 40 歲到 50 歲之間的靜脈曲張病患者，餘依此類推。通常，數據檔案所陳列的消息材料，均有其完整性。進入數據檔案的數據一般均需符合給定的標準，包括其正確性及精確性。在數據檔案中的數據，還可透過各種關係或測試，以核實數據是否眞正正確而符合要求，俾檢查數據的有效性 (validity)。亦即主其事者可利用其感性認識與理性認識的新儒學陰陽兩儀良性互動以檢查此數據的有效性。例如，民國 85 年台灣工商普查，一家製造業廠商接受抽樣調查，若其加工費收入是最大的營業收入，大於其產品銷售收入等，但其最主要的經營方式塡的卻是「製造」，而非「代客加工」〔行政院主計處〕，那麼，其相關數據便不可信。此時惟有把錯誤的原因弄清楚，並

⑭ 而知識庫是按照一定的知識表示方式在電腦或電信、通信系統中組織、存儲、和使用的互相聯繫之知識集合，它由知識領域的規則和事實所組成，則無像註 63「知識處理」那樣之觀念不正確的問題。

加以更正，否則這些數據不能作爲後續分析等的投入。

一般來說，無序的數據不能簡化，本身也沒有太大的時空上之意義。但數據檔案中的有序數據則常可轉換爲有用而簡化的資訊⑥⑤。數據檔案還可分成永久性的檔案及工作性的檔案，工作性的檔案數據在轉換成另一形式之後，通常就可以撤銷。在此，數據用來表示客觀對象的抽象內涵，亦即消息材料。人們爲了解決一個問題，總是需要選擇並取得一種對現實的抽象內涵並據以解決。有時甚至要定義一個代表現實情況的數據檔案架構以求解決。在數據檔案中數據均已形式化。在資訊社會，數據檔案是爲滿足應用需要，在電腦中組織、存儲、和使用的互相關聯之數據集合。能存儲大量數據的直接存取設備和管理數據庫的軟體，是建立和使用數據檔案的必要條件。

至於數據挖掘 (data mining)，是通過數據檔案中的數據材料進行分析綜合而獲得知識成果的一系列工作，其運用有利於提高經營決策能力。數據挖掘主要是從龐雜的數據中發現出原隱含而有價值的知識。數據挖掘在金融保險、醫療保健、市場營銷、零售倉儲、製造修配、工程營建、科學研究、司法治安等領域之應用均已取得良好成效。雖然數據一定是消息或資訊或知識的載體，但對某一個特定的人或團體來說，若未經確認，並不是所有的數據都是消息或資訊或知識。這些不被歸爲載負消息、資訊、或知識的數據，常是在生活上、工作上、或休閒上所用不到的數據，有時就被稱爲垃圾資訊。在科學數據處理的過程中，若輸入

---

⑥⑤ 例如甲工廠賣給乙客戶一批貨物，產生第 i 筆銷售收入 Ai，此 Ai 是一個數據材料。而甲工廠把該年度內含Ai的各筆銷售收入全部加總起來，得年度銷售收入A，此A就是一個資訊半成品。工作性的數據檔案，通常都可以簡化，簡化後保留A，可以撤銷所有的 Ai。

的是垃圾資訊，輸出的結論當然也只能是垃圾資訊 (garbage in,garbage out)。

從作爲消息載體之數據材料來到資訊半成品，或再來到知識成品的產生，通常會有推理的合理介入。此處數據材料及資訊半成品仍是感性認識的對象及成就，而有條理有系統的分析與綜合之推理運算就是資訊工作者或知識工作者的理性認識應用範疇，它們間須形成新儒學陰陽兩儀的良性互動以化生出客觀性的資訊半成品或知識成品來。例如 1940 年代，Simon Kuznets 根據凱因斯的國民所得概念，就美國 1869 年至 1938 年的資料研究其長期消費函數，發現其消費與所得呈固定比例的關係，邊際消費傾向始終等於平均消費傾向〔郭婉容〕，這就是人們對總體長期消費行爲多方面進行理解所得到的基本知識。

綜合上面有關數據的各種陳述，可見數據就是人們接受外界刺激所產生的原始感性認識材料，它可包含來自於傳感器 (sensor) 等所獲得的原始感性認識材料。數據原指這些原始的感性認識材料，通常尚未經過進一步的處理。

其次，就從金字塔的中間層資訊再來考察，所謂資訊半成品，其概念與數據材料非常類似，惟其內容常由數據處理得來，有的已升格爲新聞 (news) 或情報 (intelligence) ⑯ 等半成品，已非原始材料。新聞及情報可以是團體內生的，也可以對個體或團體而言是外來的。通過讀書、教育、訓練、或以其他方式所接受的事實、事件、及情報等也是資訊。爲了計劃、決策、或求解問題所需的一切情報等也是資訊。形式資訊⑰仍需靠數據來表達，數

---

⑯ 本處情報對應的英文字 intelligence 與前面智能對應的英文字 intelligence 相同，但本文將情報歸在資訊層，而將智能歸在知識層。

⑰ 形式資訊的概念來自形式認知〔森田松太郎與高梨智弘〕，其分立的另一概念是默

據亦是形式資訊的載體，已如前述。若延伸及於金字塔的最上層知識，同理形式知識亦仍需靠數據來表達，數據亦是形式知識的載體。所不同者，在知識及資訊的工作中，負載消息的數據一般是材料，以數據表達的資訊是認識的半成品，而以數據表達的知識則是認識的成品。

抽象一點說，資訊是人們在適應客觀世界，並使其在認識的過程中與客觀世界進行交換的內容，此內容就是資訊。資訊也可以說是事物存在的方式或運動狀態，以及這種方式、狀態的直接或間接表述。在資訊理論中，資訊用來表達信源的不確定程度，這個意義非常狹窄。在實際中，資訊的概念已遠超過此種狹窄的資訊概念並作了許多推廣。資訊常具有共享性⑱、動態性、可壓縮性⑲、和可擴散性⑳等特徵〔吳錫軍，p.309〕。資訊通常還是有壽命的，它會隨著事實的不斷擴大而增殖，也會隨著事實的過去而衰老死亡。一般商品隨著使用而磨耗，資訊則隨著利用而擴充和增殖，資訊的此種可擴充性還標誌著事物的發展。其實，商品的使用磨耗及資訊的利用增殖也是有趣的一種新儒學陰陽兩儀的互動對待。當然，數據也可以具有共享性、動態性、可壓縮

認認知。默認認知可歸屬於個人的無形資產，形式認知則是已形式化的消息、資訊、或知識，是一個組織或一個社會內部大家可以共享的無形資產。其中，默認知識，野中郁次郎則稱之爲隱性 (tacit) 知識；形式知識，則稱之爲顯性 (explicit) 知識[Harvard Business Review,pp.21-46]。此種默認認知及形式認知，亦呈現一種新儒學陰陽兩儀的互動對待。

⑱ 一般商品經過交易後賣者失去，買者得到；但資訊經過出賣後，買者固然已得到，但賣者常仍無所失，雙方分享著資訊。

⑲ 人對資訊進行加工、整理、概括、和歸納，就常可以使之精煉，甚至濃縮。

⑳ 資訊的可擴散性和需保密性常形成一種矛盾，其實這也是一種新儒學陰陽兩儀的互動對待。一般來說，資訊本身經歷的期間越短，價值越高，需保密性的程度可能越大；期間越長，可擴散性的程度一定越大。

性、和可擴散性等，但數據是處於知識及資訊工作的材料階段，常太過於繁瑣，從人們腦力資源的有效利用角度來看，這其中的共享性及可擴散性通常尚未具有顯著的意義。而到了資訊半成品階段，這些特徵就開始有其明顯的意義了。

資訊還被認爲同物質、能源⑪ 可並列成世界的三大資源⑫。人們自誕生以來，就開始從學習中獲取資訊，利用資訊⑬。在資訊社會，電信通信技術已使資訊的全球傳遞變得輕而易舉，電腦的使用使得人類處理資訊的能力大大提高。資訊科技的應用又可遍及社會各層次、各領域，是繼產業革命後再大大地促進人類生產力的提高，也改變了人們的社會生活。知識與資訊相同，也常具有共享性、動態性、可壓縮性、和可擴散性。不論資訊或知識，其生產、流通、分配、和應用在國民經濟和社會生活中已具有越來越重要的地位。

資訊作爲一種資源，一直在自然界和社會中存在著⑭，但需要有人去感知。資訊與事物運行結構密切相關，運行結構就決定了資訊。例如，語言資訊與聲、詞、句的運行排列組合有關，企

---

⑪ 資訊的利用有時還可減少資金、勞動、及其他生產因素的耗費。資訊在生產性工作中有著極其重要的作用，從工作的制定、實施、檢查、和修訂的全部過程，實際上就是資訊交流和傳遞的過程。資訊的全面、準確、與及時往往是工作取得成功的重要關鍵。

⑫ 物質與能源均受質量不滅定律、能量不滅定律、及質能互換原理的支配，但資訊則受其可壓壓性及資訊不增原理的支配，甚至在其資訊的利用價值消失時，資訊還是可滅的。廣義的資訊，可以令其包括知識。

⑬ 因而學習型組織 (learning organization) 的建立，隨著資訊社會的發展，已越來越受到重視[Harvard Business Review,pp.47-80]。

⑭ 今日的資訊社會，已形成由物料加工系統、能源動力系統、及資訊傳輸系統等所構成的龐大技術體系。其中，技術是顯示人的智能之重要標誌。在此體系中，資訊是物質及能量等事物運動等的普遍基本屬性，是寓於一切運動型式中的一類特殊資訊運動型式。

業損益表、資產負債表等的資訊與經營的運行排列組合有關。因此，Nobert Wiener 認爲資訊本身就是一種運行模式及其組識型式〔田運，p.451〕。也有人認爲，數據是尚未根據特定目的作出評價的各種事實消息等，而資訊則是這些數據按照一定的程序經評價、處理，加工後所產生者⑮。資訊和知識不斷發生，但許多資訊和某些知識也不斷消滅。資訊的運動對事物的演化有著重大意義⑯。資訊形態的發展與事物形態的發展，常直接相關⑰。

第二次世界大戰後，表達資訊的數據急劇增加，有人稱此爲資訊爆炸（information explosion）⑱〔周果，p.287；郭崑謨，p.411〕。但若將資訊視爲已整理分析綜合而成爲對某單位或某人有意義有價值的情報，再加上其可壓縮性，這樣的資訊通常是不會爆炸的。知識爆炸的概念，亦然。數據處理的功用，就在於萃取有用的半成品，例如將帳單轉成財務報表，以爲決策處事的依據。在資訊社會，如何讓適切的人在適當的時間獲得適切充分而有意義的資訊或知識，此工作已變得越來越加重要。

---

⑮ 此種主觀認知能力（陽儀）和客觀（陰儀）認知對象的結合，才能產生資訊，甚或再進一步產生知識。荀子正名早說：「所以知之在人者謂之知（新聞或情報），知有所合謂之智（資訊或知識）。」不只人的知識（含資訊），其實人的才能之獲得，也是主觀認知能力與客觀認知對象相結合的結果。

⑯ 資訊使用價值的發揮，通常需與人們創造財富、商品、勞務等的實踐活動結合起來。資訊的使用價值體現在有效地組織管理生產、提高經濟效益、爲人們提供精神食糧等。

⑰ 電子數據交換 (electronic data interchcnge) 可使交易或貿易過程中的各個環節，如訂貨、生產、運輸、銷售、結算、海關、銀行、保險等作業過程有機地連繫起來，減少了許多數據重複處理的工作，提高作業效率，就是一個典型實例。此思想始於 1960 年，1980 年代商業化，1992 年起美國和歐洲各國的海關業務全面採用電子數據交換。這是一種組織管理觀念上的大更新。

⑱ 隨著科學技術的進步和社會的發展，以位元計量的知識之積累和資訊之傳遞空前加快，這是事實。不過，這也促進了各學科理論的互相滲透以及新理論的產生。

在資訊社會，對資訊進行收集、評價、存儲、檢索、和傳輸的系統，叫資訊系統，它能在需要的時候向有關人員提供有用的資訊。再延伸之，知識分佈圖可告訴人們知識的所在位置，這種圖涵蓋了人員、文件、數據庫、和知識庫等。知識庫通常是由特定知識領域之規則和事實所組成〔田運；戴文坡與普賽克，pp. 132-146〕。爲了確保知識庫的價值，在知識水準或知識鮮度降低後該項知識就應予以摒除，例如十年前的知識，現在可能已變成單純的常識⑲〔森田松太郎與高梨智弘，pp.66-69〕。所以知識像數據及資訊一樣，也有其新陳代謝的現象，只是知識的代謝速度較慢，資訊居中，而數據較快⑳。

一般來說，知識及智能談的是正確的思維，而智慧 (wisdom) 所談的是高明的思維，高明思維常有難以形式化的特徵，故台灣地區將 intellectual property 譯成智慧財產權應是不妥的，似以譯成智能財產權較好。

五、知識的內涵與用途

有了上面的討論基礎，且知道知識是人類認識的成果或結晶。而知識包括經驗知識和理論知識，但由於缺乏其間新儒學陰陽兩儀的良性互動，致目前兩種知識仍有某種程度的分離現象，例如生產函數概念是一種黑箱的理論知識，但企業經營者所面對

---

⑲ 若我們將本文知識的相關結構示意圖之最上層，型塑成智慧居上、知識居中、及常識居下的知識層小金字塔結構，亦甚允當。

⑳ 在物質或能量的任何使用中，均需要大量的知識及資訊作背景，也需要調節和控制所必需的資訊。而資訊或知識的生產、處理、和分配也需要某些起碼的物質和能量之耗用。所以「知識及資訊」（陽儀）與「物質及能源」（陰儀）間也存在著一種新儒學陰陽兩儀的互動對待。

的生產活動卻是白箱的情境經驗知識[81]。若透過這兩種知識的新儒學陰陽兩儀之良性互動而能臻於兩種知識之合而為一，將是知識的最合理境界。林國雄的企業經營四個因果鏈條[1995,1996a,1999d,2000a]，就是朝向這個最合理境界前進之一種努力。

此外，知識通常以概念、判斷、事實、推理、假設、規律、預見等思維形式和範疇體系表現其自身的存在。人的知識屬於人的認識範疇，是在後天的社會實踐中形成[82]，是對現實的眞實或歪曲之反映，海市蜃樓即屬後者，所以知識有正確知識與歪曲知識之分，但別忘了，海市蜃樓也是一種知識，只是它常是歪曲的知識而已。知識是個人認識經驗的成果，當然也可推衍為一群人認識經驗的成果，當然還可再推衍為歷代人認識經驗的成果。而社會實踐是一切知識的基礎，又是檢驗知識的標準[83]。無論什麼

---

[81] 邏輯實證論 (logical positivism) 認為，科學知識由有意義的命題組成；邏輯分析的主要任務是授義。邏輯分析並根據證實原則來授義，只有可由經驗加以證實的命題才有意義。這是 1920 年代形成的重要科學哲學思潮。它對許多的微觀分析已具有良好的功效。但有意義的命題必須來自理論推理，而此種黑箱的生產函數與白箱的生產活動在運用邏輯實證論的科學分析方法時，卻有其難以跨越的鴻溝。此鴻溝似乎唯有賴新儒學分析法才能加以化解〔林國雄 1992,1994,1996a,1998,1999a,b,c,d,2000a,b〕。

[82] 中國古代有些人認為知識是「吾心固有」的，例如孔子的「生而知之」，這是值得商榷的。已有的知識，譬如牛頓力學，必須經由教育學習而知之。待形成的新知識，必須經由認知力的主導及感性認識與理性認識的良性互動才得以眞正形成。不過，在今日資訊網路發達後，老子道德經的「不出戶，知天下」是可能的。知識通過學習而獲得，這一論點東漢王充早已提出，論衡實知篇說：「人才有高下，知物由學，學之乃知，不問不識」，因而不學、不問的生知是沒有的。

[83] 明王陽明傳習錄上說：「知（知識）是行的主意，行（實踐）是知的功夫。知是行之始，行是知之成。若會得時，只說一個知，已自有行在，只說一個行，已自有知在。」他認為實踐要靠知識來指導，知識要靠實踐來實現；知識是實踐的開始，實踐是知識的完成。所以知識（陽儀）與實踐（陰儀）互相聯繫，它們也呈現出一種新儒學陰陽兩儀的互動對待。或許，我們還能這麼說，在有致良知的知性致中和之力的介入下，行得於知，方是眞行；知得於行，方是眞知。

知識，只有經過正確的實踐檢驗，證明是科學地反映了客觀事物，才是正確而可靠的知識。

知識是精神性的東西，借助數據載體，可以交流和傳遞給下一代，成爲人類共同的精神財富。科學知識對人類實踐，有重大指導作用。且人類知識已成爲認識世界，改善社會的強大武器。知識隨社會實踐及科學技術的發展而發展。知識的發展表現爲在實踐基礎上不斷地由數據量的積累來到知識質的飛躍之深化和擴展。知識也具有歷史繼承性。今日知識，乍看之下似乎其更新周期已日益縮短[84]，且知識門類衆多，在「吾道一以貫之」能力不強的情境下眞的確有隔行如隔山之浩嘆，但各種知識仍可相互滲透。更有進者，知識的社會歷史過程，既能鞏固現存的社會秩序，也能推動或阻礙社會的合理變遷。

在資訊社會，知識產業 (intellectual industry) 可以分爲通信部門、資訊服務部門、資訊機械部門、教育部門、及研究發展部門五類[85]。知識產業不同於知識密集產業。知識密集產業需要投入較多高級的複雜勞動，需要較多科學和專門技術人員綜合運用現代先進的科學技術，但不一定生產知識和提供知識。二次世界大

---

[84] 論語述而說：「舉一隅，不以三隅反，則不復也。」謂列舉一事可曉喻其他相類之事，亦即可因此而識彼。在此理解下，知識更新周期日益縮短，應不成立，但與產品勞務相關的特定技術知識之更新周期在資訊科技迅速變動的資訊社會之目前時代裡，確有日益縮短的現象。其實，知識更新周期（陰儀）與技術更新周期（陽儀）也呈現出一種新儒學陰陽兩儀的互動對待。

[85] 這五類產業均爲與獲得資訊、傳遞資訊、存儲資訊、處理資訊、顯示資訊、分配資訊相關的設備製造業和服務業，亦可稱其爲資訊產業 (information industry)。惟本文界定資訊爲半成品，知識爲成品，所以用資訊產業命名的位階似乎較低，而用知識產業命名的位階似乎較高。今日，以大型積體電路和微處理機作爲代表的微電子器件已成爲電腦設備和通信設備的物質基礎，而軟體既是電腦系統的核心組成部份，又是電腦推廣應用和拓展各種服務的關鍵。

戰前，一個青年成為一位學者，80%知識是學生階段取得的，20%是在工作階段學習的。現在則相反，知識陳舊率似已提高，甚至在校所學的專業技術知識在十年後幾乎全部陳舊。從科學理論提出到生產實踐和應用的周期也縮短。所以，使知識老化的人重新接受教育，使任何在職人員在社會上可學習本領域的最新發展，及與有關領域的前沿陣地進行學術交流和合作研究〔于光遠，p. 1436〕，已變得越來越加重要。

Wilhelm Weitling 把人的欲望分為獲得的欲望、享受的欲望、和知識的欲望三大類㊱，在它們間可以從一種欲望產生另一種欲望。人雖能享受免費的公共消費財及資源，但不能享受沒有獲得的私有消費財及資源，也不能獲得不知道在那裡和不知道怎樣去獲得的東西。他在提出欲望是發展整個人類社會的動力之學說時，特別強調知識欲望是一種最主要的動力，並領導其他一切欲望。在病態社會獲得的欲望和享受的欲望所掌握的領導權，在秩序良好的社會裡必須讓位給知識的欲望，使知識欲望領導一切人的欲望之滿足和能力之交換，眞正確立知識的地位〔于光遠，p. 1436〕。不過，由於知識量的一般眞正而客觀的測量非常困難㊲，尙難將知識的欲望作為解釋變數擺入任何消費者的效用函數中去。其實，效用函數本身的體會也是一種知識的運用。

1990 年代後期出現了「知識經濟」的新概念，認為知識今後

㊱ 柏拉圖認為欲望、理性、意志三者一起成為人的靈魂的三部份，其欲望與本文的感性關係密切，良知意志與知性致中和之力關係密切。同理，欲望（天）、理性（地）、及意志（人）也是一種新儒學天地人三才的對待。

㊲ 資訊理論中資訊量來自對資訊源認識上的不確定性，資訊量位元 (bit) 以電腦中最小的一個記憶儲存單位作為測量的出發點，均是資訊量特殊的測量方法，而非一般的方法。由於資訊的可壓縮性，要建立一套資訊量的一般眞正而客觀的測量方法，確實也有其基本困難存在。

將成爲主要的生產因素⑧。不過，傳統經濟學的廠商生產函數，知識早已隱含於其函數中，只是永遠難以成爲生產函數內量化的解釋變數而已。在知識經濟時代，一般認爲以知識爲基礎的創新、傳播、和應用，將成爲經濟再發展的主要動力，教育和科學成爲經濟再發展的關鍵性部門，知識產業成爲經濟中最有活力的產業。知識經濟將是建立在智力資源的佔有、配置、和知識的生產、分配、流通、使用、應用基礎上的新社會經濟形態⑧。其中，無序的數據不會自動變成資訊，資訊也不等同於知識，已如第四節所述。而資訊社會的主要挑戰，就是要去開發利用資訊的技能和可以意會的知識。

知識經濟的概念反映了一種對廣義資訊中最活躍的那部份即可以意會的知識之關注，它更重視在人身上活的知識，而不僅僅是電腦等機器可以處理的數據資訊。在人身上活的知識通常是高度個人化的隱性知識。野中郁次郎指出，當田中郁子向大阪國際旅館的麵包師傅學習時，她透過觀察、模仿、及練習去學習對方的隱性技巧。這些技巧成爲她自己隱性知識的一部份。然後，田中郁子描述她製作麵包的隱性知識，將其轉化爲顯性知識，與她所屬的研究團隊分享。結果這個團隊發明了松下式揉搓麵糰的獨特方法，烘焙出與該麵包師傅同樣高品質的麵包，這個家用製麵包機新產品也創下了廚房電器設備的銷售紀錄[Harvard Business Review ,pp.21-46]。

---

⑧ 知識是生產因素，當然資訊也是生產因素了，只是這樣的生產因素是無形的，有別於原材物燃料、機器設備車輛廠房、及勞動力等有形的生產因素，而更加有趣的是，無形的知識、資訊等生產因素常附著在有形的生產因素上。

⑧ 在 1996 年經濟合作發展組織 (OECD) 已明確提出了以知識爲基礎的經濟〔吳錫軍，p.136〕。

而該家用製麵包機之所以能成功，是田中郁子挑定了全大阪最棒的麵包產品及麵包師傅作爲學習對象。其實，這就是本文第三節知性致中和之力的應用。隱性知識通常是超越於電腦網路能處理的知識之上的。此外，伴隨彈性製造系統時代的到來，知識經濟將使製造業競爭中勞動成本的作用降低。知識經濟也使人們的需求和產業轉向知識密集的活動。以知識爲基礎的新技術應用，也是資訊社會提高生產力的新基礎。

隨著低成本寬帶通訊能力的不斷增加，網路服務活動已跨越了國界，隨而經濟管理的運行方式和競爭方式，也都在改變著。由於形式化的知識可低成本不斷複製的事實⑩，不僅會使過去用於依賴以獲取高額利潤的方式可能難以維持，而且更會加快高新技術的擴散，使知識在短時間內成爲普及性的商品。今天，擁有更多知識的人容易獲得更高報酬的工作，擁有更多知識的企業常是市場中的贏家，擁有更多知識的國家常有著更高的經濟活動表現。在工業社會，企業把競爭重點放在生產階段；在資訊社會，企業必須把研發⑪產銷服務利用資訊科技作恰當的整合以提升其市場競爭力。此外，知識的產生成本大，而傳播成本低，再加上運用知識的功效，所以知識均有著很強的外部性，因而知識的公共提供勢將成爲經濟再發展的持續發動機。

---

⑩ 在資訊科技的領域，電腦軟體也有著「難生產」，但生產後「易複製」的事實。

⑪ 研發即研究發展。任何研究發展都存在著其技術上的極限。故研究發展的報酬常先由低到高，而後再由高到低。最後，具有最大潛力的技術將佔領市場。如果研究發展的生產力高而收益力低，此時企業的研究發展能力可能持續過剩，乃本文的知性致中和之力未得到妥善運用，而此種領域的研究發展項目實不該再繼續採納，除非有極好的技術潛力且潛在市場還沒有被眞正發掘出來。同樣，對成熟技術的低研究發展生產力，表明再取得技術進步已經幾乎不可能了，這時，在製造、後勤、以及行銷上進行整合性的投入，也許會更有效。

從牛頓力學發展到相對論，後者知識包容了前者的合理成份，並擴展到更寬闊的領域。這種知識的發展包容性，是值得重視的。而Karl R.Popper稱知識爲第三世界〔田運，p.338〕，筆者並不模仿他。蓋感性及理性的認識活動屬於他的第二世界，而知識是人類認識的成果或結晶，卻屬於他的第三世界⑫，加之他的第三世界指一切見諸客觀事物的精神內容或體現人的意識的人造產品或文化產品，更包括設備、工具、飛機等〔馮契；趙敦華，p.143；Miller；Popper〕。其實這些文化產品和人造產品仍只是某些特定知識的載體而已。比較合理的說法應該是物質與能量的世界是第一世界，精神、資訊、與知識的世界是第二世界，而且這兩個世界有著新儒學陰陽兩儀的良性互動對待關係。若一定要再予以延伸，則良知知性的世界則可稱其爲具有主動致中和之力的第三世界。

知識工作中知識經過整理、篩選、加工和轉換，具有因果關係可互相連繫，且係按其不同層次表示客觀事物的運動規律或事實。而知識庫中上千個事實和成百條規則，常是從有關領域的專家那裡獲取。此種知識庫是按照一定的知識表示方式在電腦中組織、存儲、和使用的互相連繫之知識集合。一個知識庫既不是數字資訊構成的表，也不是對一問題的算法解。目前已有而較爲有用的知識表示方式有規則、框架、語義網絡表示等⑬。一些知識

---

⑫ Karl R.Popper 的物理世界是第一世界，但未含人造產品及文化產品；精神世界是第二世界；客觀知識世界是第三世界，但包含人造產品及文化產品。

⑬ 每個知識單元用一條規則表示時，規則可再分爲條件和結論兩部份，每個結論都有其自己的歸納邏輯機率。採用規則表示知識的優點是模塊性，易修改、增加、和刪除，但缺點是知識單元間的聯結鬆散。規則也可以純粹是人們定出來而供大家共同遵守的共識性規定。

而框架，便於表達知識單元的不同側面，並便於表達知識單元間的關係。其框架系

甚至難以用語言來清楚表達，純粹是一種感覺成果。

任何原理與經驗知識，不論來自何種理論體系或生產行業，只要有助於實現當前課題的功能要求，均可以採用，並可以進行重組。常見的圖例匯編係按功能分類的設計圖集。原理應用資料包括已有的應用和潛在的可能應用知識，其內容也可以來自專利事例。而專利文獻的相當部份，實際上是歷史較長而功能浩瀚的功能設計寶庫。不過，辭典式資料也是重組知識的良好方法。這些知識均可列入廣義的知識範圍內。但狹義的知識則僅指反映生產技術及經營活動領域內有關事物特徵的理論和經驗，其中工程技術人員的職業特別要具備強有力的專業知識。

設計方案構思方法中的封閉性循常選型[94]，可以較快達到較成熟、較可靠的思考結論，處理常規問題的效率很高，但容易使大腦受思維定勢的束縛，抑制創造性的發揮[95]。因而，以腦力激盪法爲代表的許多創造技法，則鼓勵人們盡量離開現行科學和常識而去自由暢想，以便弱化形成定勢的那一部份知識對思維的束縛，有利於釋放創造力。而深入理解現行知識內容，也是一種廣義的知識強化，亦能有助於創造力的發揮。其實，知識的強化（陽儀）與弱化（陰儀）也是一種新儒學陰陽兩儀的互動對待。在知識的強化與弱化過程中，知識現況與創造性此長彼消，也能

統可用來描述複雜而固定的事物、動作和事件知識。至於語義網絡表示，是由弧和結點組成，其中結點用於表示事物、對象、概念、和情況的知識，而弧則表示它們間的關係。語義網絡表示的優點是把各種事物有機地連繫起來，它所表達的知識主要是關係知識。

[94] 本文的新儒學就是來自北宋周濂溪太極圖說開放性的循常選型。周濂溪太極圖說適用於過去的農業社會。林國雄將其延伸改造成新儒學系統論[1998,1999c]，可適用於工業社會及資訊社會，就是知識的歷史可繼承性的具體典型。

[95] 幸而台灣地區的學術界已建立起一些合理的論文評審制度，匿名提供審查意見，恰可緩解此種思維定勢之束縛。

此長彼長，人們最重要的是要能在其間求取可再升級的中和。知識常規的強化法主要適用於常規問題，弱化法則主要適用於克服其思維定勢。

原理性知識的內容常可分爲前提、推理、及應用等，不過前提常有比其更基本的前提，但技術人員特別關心其應用方面，甚至關心其創造性的應用。例如機械振動原理不僅可用於增強或抑制其振動；還可利用其振動響應待測定系統的結構參數。經驗性知識的活化，則是對所見事物要深入分析，使思維大於狹隘經驗，例如鋼卷尺的基本原理在於截面形狀和抗彎剛度可變，並且以高剛度形狀爲穩態，這亦可運用於競賽用弓的變剛度弓體之再設計。又如單向閥、楔式超越離合器，唇形或碗形密封件、有自鎖作用的蝸輪蝸桿等，就是使事物本身自動產生並強化其特定作用。完備的經驗法則，須同時指出問題的特徵及對應的解法特徵。

在完備的經驗法則中如要使兩個互相排斥的作用互不妨礙，可令它們交替存在，並且自動實現其交替的轉換。不完備的經驗法則只能指出解法特徵，但不指出問題特徵，如上述單向閥等的自動發生法則，某些檢核儀表，用的也常是不完備法則。有些技術的具體結構應用範圍狹窄，但原理卻有啓發意義，若能揚棄其結構，則可以推廣其應用。一般來說，科學知識結構係指經加工整理後，人類的科學知識集合按各自描述對象的類型、範圍、和層次等主客觀標準，形成規範化、系統化的知識體系所具有的結構。個人知識結構則指某個人的知識集合在其頭腦中所形成的體系結構[96]。由科學知識及生活知識等映射成個人知識，知識映射

---

[96] 與個人知識容易混淆的有個人意見、個人信念兩種觀念。意見是不僅主觀上而且客觀上都不充分地承認其爲眞或爲可接受之判斷；如果承認一個判斷眞有足夠的主觀方面之根據，而同時認爲客觀方面的根據不足，那麼它就被稱爲信念；最後，主觀

崎變度小的人，其個體知識結構通常比較好，他的思維活動一般也比較好。個人知識中的合理成份也可以回頭映射成科學知識及生活知識。其實，這也是新儒學陰陽兩儀的互動對待。但由於知識庫的構建，還涉及許多非機械性的成份，故目前其頂多仍只處於各式各樣的專家系統水平而已〔田運，pp.341-342〕。

六、結　語

知識築基於人類代代相傳的感性認識而豐富客觀的累積經驗及理性認識而合理的主觀判斷兩者的良性互動，在互動的共同認定之後，就有其客觀穩定的存在。人類於感性接受任何新的客觀事實數據之後，可以再豐富其客觀的累積經驗，修正其理性認識中的主觀判斷，重新闡釋其知識客觀穩定存在的內容課題，並且周而復始。人類在知識學識的累積精簡過程中，以及在科學學域的不厭其煩而專注深入過程中，理性認識而合理的主觀判斷（非第二節的理性認識本身）是重要的陽動力量。人類在談論知識學識時，亦避免不了代代相傳來自感性認識而可資參考印證的豐富客觀經驗數據，這是客觀知識（非第二節的感性認識本身）[97] 得以存在的重要陰合力量。

上及客觀上對一個判斷的眞或接受在目前的科學觀念下都充分承認，它就是知識。主觀的充分性對於我自身，就稱爲確信；客觀的充分性對於一切人，就稱爲確實。

[97] 知識是人類認識的成果與結晶，但它是主觀判斷上及客觀上對事實或規則判斷的眞或接受在目前的科學觀念下都充分承認，故它在此種意義下是客觀的，有別於註96所提及的意見及信念。此外，第二節的感性認識是陽儀，理性認識是陰儀；而此處主觀判斷是陽儀，客觀知識是陰儀；乍看似有矛盾，其實不然。此乃陰陽邏輯的四大定律中第三定律的變換定律爲「在適當情形下，陰可變陽，陽可變陰」〔林國雄 1997,pp.14-18〕，但一切均以其動靜觀作爲依歸。猶如電磁石的南北極，可由線圈內電流方向的變動而改變一樣。

有了這些主觀的陽動力量，以及客觀的陰合力量，並包含本文於文中及註解中所提及的一切新儒學陰陽兩儀的互動對待，經由陽動（變）陰合，於是知識學識就源源不斷地穩健化生了〔林國雄 1992〕。老子道德經第四十二章說：「道生一，一生二，二生三，三生萬物（含事）。萬物負陰而抱陽，沖氣以為和。」⑱此處道生一的「一」，就是人的良知知性之主動作為；一生二的「二」，就是感性認識（陽）及理性認識（陰）或經驗知識（陰）及理論知識（陽）等被動性的新儒學兩儀之互動對待；二生三的「三」，就是理性的陽位（天）、感性的陰位（地）、及知性的主動致中和之力（人）所形成的新儒學天地人三才之對待；三生萬物（含事），於是各色各樣的知識學識就源源不斷地

---

⑱ 有人說用「道生一」的這一段話來作為新儒學知識論的主體架構，十分有趣。那麼其根據何在呢？蔡為熞認為：「道是萬物（含事及知識）化生的總原理，無極生太極，太極生陰陽，陰陽二氣相交而生第三者（此第三者還未用以構成天地人三才），如此生生不息，便繁衍了萬物，因此萬物稟賦陰陽二氣的相交而產生，這陰陽二氣互相激盪而生成新的和諧體（此來自良知的和諧體加上陰陽二氣才用以構成天地人三才），始終調養萬物。」〔蔡為熞〕

王弼老子道德經亦說：「萬物（含事及知識）萬形其歸一也。何由致一？由於無也。由無乃一，一可謂無。已謂之一，豈得無言乎？有言有一（太極）非二，如何有一有二（陰陽）遂生乎三（陰陽沖氣）？從無之有，數盡乎三。過此以往，非道之流。故萬物之生，吾知其主（主動力），雖有萬形，（來自良知的）沖氣一焉（將沖氣視為太極之本色亦甚允當）。」〔不弼〕此外，蔣錫昌復說：「如必以一二三為天地人，或以一為太極，二為天地（陰陽），三為（與）天地相合之和氣（三者），則鑿矣！」〔沙少海與徐子宏〕但筆者認為蔣錫昌的這一段引言恰恰並非穿鑿附會，而是確有其事。

陳鼓應同樣認為，歷代解老子道德經者，對於第四十二章的解釋衆說紛紜，但多用漢代以後的觀念作解。例如以天地或陰陽解釋「二」，以及用來自良知的「和氣」與陰陽合併來解釋「三」，這樣來說明萬物（含事及知識）的生成過程當然較為清晰。淮南子更早已用陰陽解釋「二」；用陰陽合和解釋「三」。高亨也有著相同的說法：「（來自良知的）沖氣以為和者，言陰陽二氣（在良知的指導下）涌搖交盪以成和氣也。）〔陳鼓應〕

化生了⑲。

北宋周濂溪的太極圖說指出「太極動而生陽，動極而靜，靜而生陰。靜極復動，一動一靜，互為其根。分陰分陽，兩儀立焉。陽變陰合，而生……⑳」此處的「太極」，就是人的知性之主動作為；其餘與上面所述相同，不再贅述。林國雄的新儒學系統論[1998,1999c]再指出「太極之主動性生出天地兩儀，天地兩儀之主動互動性再生出五行與三才中之人。爾後天地人三才之主動性繼續維持，是為宇宙社會之主動系統；天地人三才分別對應於陽位、陰位、及主動中和力之另一三位一組；……而上述陽位、陰位、及主動中和力則變換為一操作系統；陰陽兩儀本身則變換為開放、演化、互動、卦變之被動系統。」此處兩儀及三才的對應概念與上面所述相同，不再贅述。

本文也指出在感性認識中，感覺的形式是主觀的，內容是客觀的，也有著新儒學陰陽兩儀的互動對待。而天德良知即良知知性，是任何知識在產生或運用時致中和之力的泉源。事實上，知性的主動致中和之力還得把感性認識與理性認識等兩儀互動合理地推動起來。此外，從資訊的抽象系列來說，消息是材料，資訊是半成品，而知識才是人類認識的成果或結晶，它們的載體都要靠數據。然消息、數據、資訊、或知識都可以是感性認識的對象

---

⑲ 本文在行文結束之前，不免有人要問，新儒學知識論的主張，與認知心理學、管理學、社會科學等學科的關係究竟如何？筆者認為，新儒學知識論可以以其架構，吸收認知心理學、管理學、社會科學等學科已有的優秀成份，並設法揚棄其糟粕。此種吸收與揚棄，林國雄已經經歷了不少的經驗〔林國雄 1994, 1995, 1996a, 1997, 1999a, d, 2000a, b〕。

⑳ 太極圖說與新儒學系統論都是開放性的思維。有人說，本文的表達方式似乎完全不符合現在一般學院以邏輯實證論為主架構所接受之常規，此當為本文的開放性思維及其表達方式所造成。

或成就，仍需理性認識在分析及綜合領域的系統推論與條理運算才能正確掌握。最後還要知性致中和之力的介入，才能充分發揮資訊及知識的眞正成效。

本文還指出，知識的強化與弱化也是一種新儒學陰陽兩儀的互動對待。經本文的種種努力，繼林國雄新儒學系統論[1998,1999c]及價值論[2000b]後，本文終於完成了知識論。但本文思慮不同之處仍在所難免，敬請各界方家不吝賜予批評指教。

摘 要

本文從感性與理性認識的兩儀互動開始，利用知性的主動致中和之力，指出數據、資訊與知識的結構關係，從而抓住知識的內涵與用途，終於完成了新儒學知識論。雖然消息、數據、資訊、及知識都可以是感性認識的對象或成就，仍需理性認識在分析與綜合領域的系統推論及條理運算才能正確掌握。最後還要知性主動致中和之力的介入，才能充分發揮資訊及知識的真正功效。

關鍵詞：新儒學、知識、感性認識、理性認識、知性

參考文獻

1. 于光遠 (1992)，經濟大辭典（上、下册），上海辭書出版社，1-2539 頁，民國 81 年 12 月。
2. 方克立 (1994)，中國哲學大辭典，中國社會科學出版社，1-802 頁，民國 83 年 5 月。
3. 王弼 (1996)，老子道德經注，陸德明釋文，世界書局，1-60 頁，民國 85 年 1 月。
4. 田運 (1996)，思維辭典，浙江教育出版社，1-757 頁，民國 85

年 3 月。
5. 行政院主計處(1998)，中華民國 85 年台閩地區工商及服務業普查報告，35 卷，台灣地區抽樣調查，工業部門，正中書局，1-217 頁，民國 87 年 12 月。
6. 吳錫軍(1998)，高科技知識辭典，江蘇科學技術出版社，1-833 頁，民國 87 年 11 月。
7. 沙少海與徐子宏 (1993)，老子全譯，貴州人民出版社，1-164 頁，民國 82 年 11 月。
8. 波普爾 (1999)，開放社會及其敵人，作者原名為 K.R.Popper，中國社會科學出版社，1-385 頁（第一卷）及 1-431 頁（第二卷），民國 88 年 8 月。
9. 波凱斯 (Roger Porkess) (1995)，統計學辭典，陳鶴琴翻譯，貓頭鷹出版社，1-260 頁，民國 84 年 12 月。
10. 周果(1999)，英漢會計學辭典，五洲出版，1-639 頁，民國 88 年 3 月。
11. 林尹與高明 (1982)，中文大辭典，中國文化大學出版社，1-17244 頁，民國 71 年 8 月。
12. 林國雄(1992)，「論因果與機率，並歸結至陰陽思想之知識化生理論」，第九屆國際易學大會，夏威夷希洛，1-53 頁，民國 81 年 8 月。
13. 林國雄(1994)，「論矛盾」，第一屆中國文化與企業管理學術會議，台南，1-29 頁，民國 83 年 4 月。
14. 林國雄(1995)，「製造業普查資料之解析，因果鏈條及新儒學經濟思想的運用」，交大管理學報，15 卷 2 期，39-69 頁，民國 84 年 12 月。
15. 林國雄 (1996a)，「新儒學經濟思想的五行解說」，面向新世紀的中國管理，上海交通大學出版社，3-24 頁，民國 85 年 6 月。

16. 林國雄 (1996b)，「論有無與場」，交大友聲，354 期，70-73 頁，民國 85 年 2 月。
17. 林國雄 (1997)，新儒學經濟與管理，慈惠堂，1-515 頁，民國 86 年 2 月。
18. 林國雄 (1998)，「新儒學系統論」，新儒學產業發展㈠至㈣，慈惠堂，8-9 頁，民國 87 年 9 月。
19. 林國雄 (1999a)，新儒學產業發展，四册，慈惠堂，1-2242 頁，民國 88 年 3 月至 6 月。
20. 林國雄 (1999b)，「迴歸分析時演繹與歸納的兩儀論」，孔子思想光輝耀寰宇國際學術研討會，香港，1-22 頁，民國 88 年 10 月。
21. 林國雄 (1999d)，「由新儒學四象結構剖析製造業廠商的會計資訊（上、下）」，今日會計，77 期，102-108 頁，民國 88 年 12 月；78 期，67-86 頁，民國 89 年 3 月。
22. 林國雄 (2000a)，「企業經營因果鏈條的構建理性」，第二屆亞太管理學術研討會論文集，下册，台南，IVA5.1-13 頁，民國 89 年 6 月。
23. 林國雄 (2000b)，「新儒學價值論」，第二屆中日價值哲學學術研討會，無錫與上海，1-28 頁，民國 89 年 9 月。
24. 陳鼓應 (1997)，老子今註今譯及評介，台灣商務印書館，1-446 頁，民國 86 年 1 月。
25. 陳榮捷 (1991)，「良知．致良知」，韋政通編，中國哲學辭典大全，水牛出版社，301-309 頁，民國 80 年 9 月。
26. 郭崑謨 (1985)，中國管理科學大辭典，大中國圖書公司，1-652

頁，民國 74 年 6 月。

27. 郭婉容 (1996)，總體經濟學，三民書局，1-430 頁，民國 85 年 4 月。
28. 曹謨 (1975)，天文學，中山自然科學大辭典第三冊，台灣商務印書館，1-374 頁，民國 64 年 3 月。
29. 勞思光 (2001)，康德知識論要義新編，香港中文大學出版社，1-228 頁，民國 90 年。
30. 森田松太郎與高梨智弘 (2000)，知識管理的基礎與實例，吳承芬譯，小知堂，1-205 頁，民國 89 年 6 月。
31. 馮契 (1992)，哲學大辭典，上海辭書出版社，1-2085 頁，民國 81 年 10 月。
32. 趙敦華 (1991)，卡爾・波普 (Karl Popper)，遠流出版，1-160 頁，民國 80 年 7 月。
33. 蔡爲熞 (1983)，老子的智慧，國家出版社，1-304 頁，民國 72 年 10 月。
34. 戴文坡 (T.H.Davenport) 與普賽克 (L.Prusak) (1999)，知識管理 (Working Knowledge)，胡瑋珊譯，聯經出版，1-309 頁，民國 88 年 11 月。
35. Chan ,Wing-tsit (1989) ,Chu His , New Studies ,University of Hawaii Press , pp.1-628,1989.
36. De Bary ,V.T. ,W.T.Chan and B.Watson (1960) ,Sources of Chinese Tradition , Vol.1 , Columbia University Press , pp.1-578,1960.
37. Harvard Business Review (1998) ,Knowledge Management ,Harvard Business School Press ,pp.1-223,1998
38. Jenkins ,A.and M.Witzel (1996) , " Business Information," International Encyclopedia of Business and Management ,edited by M.

Walner , Routledge ,pp.497-505,1996.

39. Lin ,Kuo-hsiung (1999c) , "Neo-Confucion System Theory," Seventh International Congress of the International Association for Semiotic Studies ,Germany:Dresden ,pp.1-13,October 1999.
40. Miller , David (ed) (1985) , Popper Selection , Princeton University Press ,pp.1-479,1985.
41. Popper ,Karl P. (1979) ,Objective Knowledge ,An Evolutionary Approach ,Revised Edition ,Oxford at the Clarendon Press ,pp. 1-395,1979.

第二篇

東西文化的融合

1

羅馬帝國傳入中國的科學文化

劉增泉

前　言

本文主要的參考資料以中國古代文獻爲主。由此切入看古代及中古時代羅馬與中國的關係。大體而言，羅馬帝國曾經以玻璃、地毯、皮氈、藥品、貴重的寶石、檀香木等與中國進行貿易。將產品傳入中國的中間人是帝國統治下的敍利亞商人，他們將產品運往波斯灣，再經過帕提亞的陸路，再將之運到錫蘭以便轉運到中國各地。

有關上述提及商品的詳細描述具有重要的意義，從這些物品的種類及其他情況中，我們可以對古代中國的進口貿易有一定瞭解，同時，我們也可以從中獲得一些有關大秦（羅馬）的情況暗示。

在中國古代文獻中有不少關於羅馬帝國的記載，例如：《魏略》即提到大秦（羅馬）能夠生產十種琉璃，其顏色的種類包括：淡紅色、黑色、白色、綠色、黃色、藍色、紫色、天藍色、紅色、深褐色等。《新唐書》也載有：乾封二年（公元667年），拂箖國派遣使團前往中國，獻上底也伽（雄黃、雌黃）。

綜上所述，有關羅馬帝國傳入中國的科學與文化有很多，此記載不僅流傳於中國，同時也流傳於西方，並爲西方人所深信。

一、玻璃製造技術

中國是世界上最早製造玻璃的國家之一。至遲在西周（約西元前1066-前771年）早期，已經被用爲飾物和器具。一九七二年在陝西寶雞茹家莊弓魚伯墓中出土了上千件西周早中期的琉璃管，琉璃珠，經科學鑑定，琉璃管、珠的含硅量有的高達百分之四十，並有鉛鋇成分，屬於鉛鋇玻璃①。戰國時期（西元前475-221年）以迄魏晉南北朝（西元220-581年），在上千年的歷史中，南方沿海地區一直是中國玻璃工業的重要基地，也是最早吸收羅馬帝國的埃及玻璃製造工藝的地區。

羅馬帝國時期，埃及的亞歷山大城成爲帝國的玻璃製造中心，它所生產的玻璃含硅量在百分之六十以上，並且含有大量的鈉、鈣②，與中國的鉛鋇玻璃完全不同。亞歷山大城生產的玻璃成品，有半透明如紅、白顏色的，有類似黑曜石的黑玻璃杯碗；透明玻璃則有藍、綠、黃、紫、棕紅等色，而以像石英般純白的玻璃最爲珍貴③。自兩漢以來，亞歷山大城的玻璃成品便以其裝飾、日用和較耐高溫的性能，激勵著中國玻璃的生產，成爲中國玻璃工業學習的楷模。大致與中國煉丹術傳入亞歷山大城的時間同步，亞歷山大城的玻璃製造工藝也逐漸爲中國南方沿海地區的玻璃工業所掌握，至遲從西元三紀中葉開始，已經出現仿照埃及

---

① 楊伯達：《關於我國古玻璃史研究的幾個問題》，《文物》1979年第五期。

② 紐曼、柯蒂伽：《古代玻璃》(B.Neuman、G.Kotyga:《Antike Glaser》1925)；南京博物院：《江蘇邗江甘泉二號漢墓》，《文物》1981年十一期。

③ 哈爾頓：《希臘羅馬的玻璃》，《希臘與羅馬》第三卷；羅卡斯：《古埃及工礦》，1948年，倫敦。

玻璃工藝、配方的製造水晶碗即透明玻璃碗的工場了。大煉丹家葛洪並對埃及玻璃的成分進行分析研究，正確地指出水晶碗「實是合五種灰以作之」，他說：「外國作水晶碗，實是合五種灰以作之，今交、廣多有得其法以作之者。」④據派霍德《埃及玻璃工業》對十二朝以來埃及玻璃的化學分析，以及紐曼、柯蒂伽《古代玻璃》對埃及玻璃選樣鑑定的結果，證有古代埃玻璃的主要原料是硅土、鹹灰、石灰、鎂和氧化鋁，恰與當年葛洪的結論相符。按照葛洪的記述，至遲在西元 317 年之際，交州、廣州一帶採用埃及玻璃配方和先進工藝的工場作坊已非個別，而是「多有」，相當普遍了。它們不僅仿製出單色或多色的透明玻璃碗，而且還生產其他日用器皿和佩飾。中國南方沿海地區引進埃及先進玻璃製造技術的成功，不僅在工藝配方上擺脫了鉛鋇玻璃的傳統，趨向於鈣鈉玻璃及加大含硅量，而且在玻璃成品的種類、形製、製飾圖案等方面也開始了具有創新意義的改革，從而促進了南方玻璃製造業的發展，超過了北方黃河流域的傳統玻璃製造業。

西元五世紀前期，羅馬帝國的埃及玻璃製造技術，又由陸路經大月支傳入中國的北方。《魏書・西域傳》大月支條下載明：「大月支……世祖時，其國人商販至京師，自云能鑄石爲五色琉璃。於是採擴山中，於京師鑄之。既成，光澤乃美於西方來者。詔爲行殿，容百餘人，光色映徹，觀者莫不驚駭，以爲神明所作。自此，中國琉璃遂賤，人不復珍之。」⑤世祖即北魏太武帝拓跋燾，西元 424-452 在位。用五色琉璃建造宮殿，顯然是受了

---

④ 葛洪：《抱朴子內篇・論仙》。

⑤ 魏收：《魏書・西域傳》大月支條；又見《北史・西域傳》。

羅馬帝國宮殿建築影響⑥。其時，北魏的都城仍在平城（今山西大同）。《魏書》以北魏、東魏爲正統，凡劉聰（漢）、石勒（後趙）以及南朝的宋、齊、梁、陳都入「外國傳」，書中所稱「中國」，僅指中國北方地區的北魏轄地。《魏書》和《北史》的這一記載，在國外一直被看作埃及玻璃由亞歷山大城傳入中國的最早證明⑦，實則只是傳入中國北方地區的證據。

二、醫學知識

中國的醫學至爲發達，但對於外國醫學，特別是印度、羅馬帝國的醫學也注意吸收。羅馬帝國的醫學是在古希臘醫學的影響下發展起來的，內外科醫學都很發達，特別是醫眼疾和痢疾，並能應用穿臚術⑧。

早在西元前四世紀，古希臘醫學家希波克拉底⑨在他的著作中就曾提到用鑽孔術治療眼病，並建議對於黑矇病也採用鑽孔治療術。西元二世紀出生於帕加爾的羅馬帝國名醫蓋倫⑩認爲，醫生在打開腦蓋時可採用不同的方法，並對各種方法作了具體的描

⑥ 《晉書·四夷傳》大秦條。

⑦ 喬治·薩爾頓：《科學史導論》第一卷，1927年。巴爾的摩爾；莫歇·韋勒：《羅馬外紀》，1955年版。

⑧ 杜環《經行記》拂菻條：「其大秦善醫眼及痢，或未病先見，或開腦出蟲。」（《通典》卷一九三）。

⑨ 希波克拉底(Hippocrates,約西元前460-前377年），古希臘名醫，西方醫學的奠基人。

⑩ 蓋倫(Claudius Galen,西元129-199年），羅馬帝國的著名醫師、自然科學家和哲學家，繼希波克拉底之後的古代醫學理論家。他創立了醫學知識和生物學知識的體系，發展了機體的解剖結構和器官生理學的概念，認爲研究和治療疾病應該以解剖學和生理學爲基礎。以他的醫學理論在西元二至十六世紀時期被奉爲信條，他的醫學或就爲西方醫學中的解剖學、生理學和診斷學的發展奠定了基礎，影響很大。

述，還記述了一位老醫生進行手術後特殊護理的情況。希臘、羅馬的醫術經西亞傳到大夏（巴克特里亞），流入犍陀羅（北印度國名），此後又從印度、波斯傳入中國。西元七世紀，隨著景教的傳入，東羅馬帝國的醫學知識和醫療技術進一步傳入中國內地。景教僧侶在傳教的過程中，也舉辦一些慈善事業，「餧者來而飯之，寒者來而衣之，病者療而起之，死者葬而安之」⑪。《新唐書》並稱拂菻「有善醫能開腦出蟲，以癒目眚」⑫。唐高宗曾患頭重目黯病，「上苦頭重不能視，召侍醫秦鳴鶴診之，鳴鶴請刺頭出血可癒」，遂刺百會、腦戶二穴，出血，於是唐高宗又得重見光明⑬。此法與杜環《經行記》和上引《新唐書》所記如出一轍，當得自拜占庭醫生或景教醫生處借鑑。唐玄宗時，景教僧崇一並爲唐玄宗的長兄李憲治病，遂霍然而癒⑭。此外，希臘、羅馬世界的一些藥物知識和醫方也曾傳入中國，豐富了中國的醫藥寶庫。

中華民族是一個好學的民族，在吸收、消化外國傳入的醫學知識的同時，訪問外國的中國學者還主動學習、介紹外國的醫學知識。西元九世紀末的阿拉伯著名醫生、煉丹角齊（西元 865-925 年），講過一個中國學者請他幫助閱讀、記錄羅馬帝國名醫蓋倫巨著的故事，他說：

> 有一個中國學者來到我家，他在本城住了一年左右。他花了五個月時間學會曾拉伯文，確實達到講得流利，寫得通暢。當他決定回國時，他早一個月左右對我說：「我快要離

⑪ 《大秦景教流行中國碑》，《中西交通史料匯編》第一冊第 100 頁。

⑫ 《新唐書》卷二二一拂菻條。

⑬ 《新唐書》卷二二一拂菻條。

⑭ 《資治通鑒・唐紀十九》弘道元年 (681 年) 條。

開了，如果有人益意在我走之前爲我讀蓋倫的十六卷著作，讓我寫下，我將非常高興。」我告訴他這點時間還不夠抄錄它的一小部分。但他說：「我求你在我走之前把你的全部時間都給我，並且儘快地讀給我聽，讓我寫下。你會看到，我將寫得比你讀得還快。」這樣，我和我的一個學生便儘量快速地讀蓋倫的著作給他聽，而他卻寫得更快。起初我們不相信他能正確地抄錄下來，直到我們校對了一下，發現他寫得完全正確。我問他怎麼能這樣快，他說：「在我國有一種稱爲速寫的書法，即你所看到的。當我們想快寫時，便用這種字體，然後再把它轉寫成普通的字體。」可是他又說，一個學習敏捷的聰明人，也需要二十年的時間才能掌握這種書法。⑮

據此，至遲在西元十世紀之初，羅馬帝國名醫蓋倫的十六卷本醫學巨著，中國學者在阿拉伯名醫拉齊的幫助下，已經譯成中文了。由此看來，當時不僅有許多外國人來到中國販賣藥物、傳播醫學知識，而且中國人前往外國學習、傳授醫學知識的也必然不少，這無疑會極大地促進了彼此間的醫學和科學文化交流。只是非常可惜，這方面的人物事蹟和文獻資料大都湮沒無考了。

三、雜技樂舞

張騫通西域後，西域各國的樂舞雜技陸續傳入中國內地，極大地豐富了當時的娛樂文化，有些還一直影響、流傳到今天。羅馬世界傳入中國的樂舞雜技藝術，則以幻術、雜技最爲有名。早在漢武帝時，安息王密司立但特二世（西元 124-前 87 年在位）首

---

⑮ 轉引自《古代中國與西亞非洲的海上往來》第 95-96 頁。

次派遣使者隨漢使到長安觀察中國情形，即向漢廷進獻黎軒眩人二名⑯。眩人，又稱幻人，即今天所說之魔術師。唐代顏師古對此曾有注云：「眩與幻同，即今呑刀、吐火、殖瓜、種樹、屠人、截馬之術皆是也，本從西域來。」⑰這是羅馬世界的魔術師首次來到中國，也是羅馬雜技藝術傳入中國之始。

羅馬雜技藝術受到漢朝上層社會的歡迎，成爲宮廷宴樂的重要節目，以致某些國家也相繼遣使進獻樂舞及羅馬世界的魔術與雜技演員。比如，東漢安帝永寧元年（西元 120 年），地處「永昌徼外」的撣國（今緬甸東郡）國王雍由遣使到洛陽朝賀，也帶來了大秦「幻人」--羅馬帝國所屬埃及亞歷山大城的魔術師或雜技演員。他們「能變化吐火，自支解，易牛馬頭。又善跳丸，數乃至千。自言我海西人，海西即大秦也」⑱。據《後漢書·陳禪傳》記載，這次撣國國王所進獻的羅馬魔術師或雜技演員，於次年元旦朝會時獻技於庭，大受歡迎。其文略謂：

> 永寧元年，西南夷撣國王獻樂及幻人，能吐火，自支解，易牛馬頭。明年元會，作之於庭，安帝與群臣共觀，大奇之。

由此觀之，羅馬帝國的魔術雜技在中國漢魏時代是頗負盛名，並且影響極廣的。所以，《魏略》在記大秦的風土民情時，還特別指出：

> ……俗多奇幻，口中出火，自縛自解，跳二十丸，巧妙

---

⑯ 《史記》卷一二三《大宛列傳》，《漢書》卷九六上《西域傳》，《通典·邊防九》。

⑰ 《漢書·張騫傳》顏師古注。

⑱ 《後漢書》卷八六《西南夷傳》。

非常。⑲

《通典》卷一九三大秦條下亦稱：

> 大秦，一名犂靬……有幻人，能額上爲炎爐，手中作江湖，舉足而珠玉自墮，開口則旛毦出。（前漢武帝時，遣使至安息，安息獻犂靬幻人二，皆蹙眉峭鼻，亂髮拳鬚，長四尺五寸。旛，音煩。毦，人志反。）

羅馬世界的魔術、雜技傳入中國之後，不僅盛行於宮庭宴樂，而且逐漸流傳於民間市曲，反映在文學藝術作品之中。漢代張衡之《西京賦》、傅玄之《正都賦》、李尤之《平樂觀賦》，以及晉代陸翽之《鄴中記》等，都有著對跳丸等雜技藝術的描述。漢代繪畫和畫像石中，更有著對魔術、雜技表演的生動形象的描摹。如跳丸，乃羅馬絕技，但究竟如何表演，是弄丸掌中，還是跳丸空中，抑或以足舞弄，衆說不一，而漢畫所繪則是以手舞丸，或以丸與劍同時飛跳，並有同時飛弄四柄劍與兩丸者，旁設鼓樂以爲節奏；而在西元一一一年製作的山東濟寧兩城山畫像石中，則有飛弄五丸、表現倒立的圖像。盤外，嘉祥劉村洪福院的畫像石中，也有表現吐火施鞭的雜技表演。

東漢晚朝以迄隋唐時代，西域的娛樂文化和風俗習尙向中國內地廣泛傳播，成爲宮廷和上層社會奢靡生活中不可或缺的組成部分，並逐漸與漢族文化融合在一起，變成黃河流域廣泛流行的民間風習首娛樂形式。在這一總體背景下，羅馬帝國特別是拜占廷的樂舞遊戲也相繼傳入了中國。唐代段安節所撰《樂府雜誌》

---

⑲ 《魏略》大秦條。見《後漢書·西域傳》大秦條注，又見《三國志》卷三〇《魏書》。

等書，記載了自西域各國傳入中國內地的樂舞有健舞、軟舞、字舞、花舞、馬舞等多種，健舞曲中即有阿連（遼）、拂菻、柘枝、胡旋、胡騰等舞。其中之拂菻舞，即源出君士坦丁堡，由拜占金帝國傳入，並成爲流行於長安民間的外來樂舞之一。

唐代又盛行波羅毬戲。波羅毬一名擊鞠，是一種騎馬上以鞠杖毬入網的馬毬遊戲，波斯人名之爲 gui，是「毬」乃波斯語譯音。此種毬戲或即發源於波斯，西傳君士坦丁堡，後復東傳，經由中亞傳入中國，更由中國傳向高麗、日本。拜占廷的毬戲、毬具皆負盛名，唐玄宗開元二十二年（西元 734 年），安國曾遣使進獻拂菻繡毬一個⑳至於波羅毬戲傳入中國之時間，當在唐初。唐太宗曾令專人學習打毬，並親自觀看：

> 太宗常御安福門，謂侍臣曰：「聞西蕃人好爲打毬，比亦令習，會一度觀之，昨昇仙樓有群蕃街里打毬，欲令朕見。此蕃疑朕愛此，騁爲之。以此思量，帝王舉動豈宜容易？朕已焚此毬以自誡。」㉑

儘管唐太宗一度「焚毬自誡」，但波羅毬戲仍然很快風行長安，成爲上自帝王將相、下至平民百姓都普遍喜愛的體育競技。唐玄宗、宣宗、僖宗都是打毬名手，穆宗、敬宗也都酷嗜毬戲；而玄宗時諸王駙馬競相爭築毬場，文宗朝三殿十六王的邸宅皆可打毬；左右神策軍都有擊毬老手，文人學子也以擅長毬戲爲能，平康坊建有專門毬場，街里則隨時可以打毬，不但通行騎馬打，而且還有步打。唐釋慧琳《一切經音義》「如毬」：「皮丸也，

---

⑳ 封演：《封氏見聞記》卷六。

㉑ 封演：《封氏見聞記》卷六。

或步或騎，以杖擊而爭之爲戲。」㉒長安之外，洛陽及各藩鎮也各築毬場，時有毬戲。《宋史·禮志》、《金史·禮志》等書，都有關於波羅毬戲的記述。

東羅馬帝國的樂舞遊戲，傳入中國並受到各階層一致歡迎的，還有潑寒胡戲。此戲一名潑胡乞寒戲，簡稱乞寒、湖寒、潑湖，歌舞曲辭名蘇摩遮（摩字或作莫、幕）。張說㉓《蘇摩遮》詩五首，其一曰：

摩遮本出海西湖，琉璃寶眼紫髯鬍。聞道皇恩遍宇宙，來將歌舞助歡娛。㉔

海西胡，乃海西國胡人之謂。海西國，首見於范曄《後漢書》：「大秦國一名犁鞬，以在海西，亦云海西國。」㉕唐杜佑《通典》亦云：「大秦，一名犁靬……其國在西海之西，亦云海西國。」㉖《新唐書》並稱：「拂菻，古大秦也，居西海上，一曰海西國。」㉗據此，潑寒胡戲本出羅馬帝國，自無疑義。惟其傳入中國之先，早已傳入康國，復由康國傳入龜茲，並在兩地扎根結果，成爲當地居民的重要習俗，所以唐代也有「乞寒本西國外蕃康國之樂」㉘、「此戲本出西龜茲（一作茲）國」㉙之說。至

㉒ 慧琳：《一切經音義》。

㉓ 張說(667-730)，字道濟，一字說之，唐代洛陽人。武則天當政時應詔對策，授太子校書。中宗時歷任黃門侍郎等職。睿宗時進同中書門下平章事，勸睿宗以太子隆基（玄宗）監國。玄宗時任中書令，封燕國公。擅長文辭，朝廷重要文書多出其手，並能詩。有《張燕公集》行世。

㉔ 張說：《張燕公集》五，《蘇摩遮詩》之一。

㉕ 《後漢書》卷八八《西域傳》大秦條。

㉖ 《通典》卷一九三。

㉗ 《新唐書》卷二二一下《拂菻傳》。

㉘ 《文獻通考·樂考》卷二一。

㉙ 慧琳：《一切經意義》卷四一。

遲在北周（西元 557-581 年）時期，潑寒胡戲已經傳入幷州、長安等地，因爲《周書》中已有「又縱胡人乞寒，用水澆沃爲戲樂」㉚的記載。到了唐代，「臘月乞寒」已成長安、洛陽居民的風俗習尚，年年舉行。武則天晚年，每年十一月、十二月，都舉辦這種鼓舞乞寒的戲樂，坊邑相率爲渾脫舞隊，或駿馬胡服，騰逐喧譟，或裸露形體，澆灌衢路，潑水投泥，鼓舞跳躍，相與嬉戲。中宗亦好潑寒胡戲，神龍元年（西元 705 年）十一月十三日「御洛城南門樓，觀潑寒胡戲」㉛，景龍三年（西元 709 年）十二月初三日又率百官「向醴泉坊看潑胡王乞寒戲」㉜。玄宗繼位以後，以「臘月乞寒，外蕃所出，漸漬成俗，因循已久」，於開元視年（西元 713 年）十二月初七日下詔禁止。

四、繪畫藝術

漢晉時期，隨著大月支貴霜王朝在蔥嶺以東的政治擴展和佛教的傳入，犍陀羅藝術㉝也開始了它的東征，將希臘羅馬美術的風格、技法和題材帶進了中國。貴霜王朝從第一代統治者邱就卻開始，就已經接受了羅馬的藝術，在他的錢幣上仿造了一個羅馬皇帝的半身像，而貴霜王朝與羅馬世界的頻繁興旺的貿易往來，也把羅馬帝國東部各省的羅馬藝術帶到了犍陀羅，並對犍陀羅藝

㉚ 《周書》卷七《宣宗紀》大象元年十二月初七日（甲子）。

㉛ 《舊唐書·中宗紀》神龍元年十一月己丑條。

㉜ 《舊唐書·中宗紀》景龍三年十二月己酉條。

㉝ 犍陀羅藝術，是一個以犍陀羅爲中心的佛教藝術流派，其特徵是用希臘羅馬式的藝術風格、技法表現印度題材，有時還直接模仿希臘羅馬的題材，對東方藝術的發展曾有過一定影響。犍陀羅，又作健陀羅、乾陀羅。古印度國名，相當於今巴基斯坦的白沙瓦及其毗連的阿富汗東部一帶。西元一世紀大月支人入主其地，成爲貴霜王朝統治的中心，首都布路沙布羅（即富樓沙，今名白沙瓦）當建於此時。

術產生了深廣的影響，使犍陀羅藝術成爲希臘羅馬藝術東傳的媒介者。

早在西漢晚期，希臘羅馬流行的忍冬紋圖案就已經在中國內地逐漸流行，成爲變化繁富的一種裝飾紋樣。屬於西漢昭帝、宣帝時期（西元前 86-49 年）的洛陽卜千秋墓，其壁畫雲彩中出現了最早的忍冬紋。武威東漢墓出土的屏風用忍冬紋裝飾，民豐東漢墓出土的絲織物上也繡有忍冬圖形。到了魏晉南北朝時代（西元 220-589 年），忍冬紋成了佛教石窟中的主要裝飾紋樣之一。三瓣忍冬通過對稱均衡、動靜結合等方法，組成波狀紋、圓環形、方形、菱形、心形、龜茲形等種種邊飾；或者變化爲纏枝藤蔓，作爲鴿子、孔雀、鴕鳥等棲息的林木；或者與蓮花組合爲自由圖案，作爲伎樂歌舞的背景。直到唐朝初年，佛教石窟的忍冬紋飾才逐漸被新的紋飾圖樣所代替。而忍冬紋一經與中國內地的民間藝術相結合，也便逐漸形成了變化巧妙、布局嚴謹、形象精煉、色彩明快的具有民間藝術風格的裝飾紋樣。

中國天山南路的古代佛教畫中的羅馬式人物和繪畫技法，通過在阿富汗境內巴米安峽谷發現的犍陀羅式壁畫，便與埃及法雍的羅馬式繪畫自然聯結起來，成爲一個一脈相承的有機整體，反映了羅馬繪畫藝術東傳軌跡。舉世聞名的塔里木盆地的米蘭壁畫，是典型的羅馬式繪畫。壁畫出土在羅布泊以南、米蘭河東岸米蘭廢址（古樓蘭國都城扜泥城故址）兩座小磚塔的內壁，是西元四世紀前漢晉時代鄯善佛寺的遺物。米蘭壁畫的題材雖然多是佛教故事，但畫家筆下的神像和人物容貎卻大都富有閃米特人㉞

㉞ 閃米特人 (Semites)，舊譯「閃族」。西亞和北非說閃含語系閃語族語言的人的泛稱。得名於猶太經典《創世紀》所載的傳說，稱他們是挪亞（一譯諾亞、諾厄。《聖經》故事中洪水滅世後人類的新始祖）之長子閃的後裔。古代包括巴比倫人、

風格，並且是純粹羅馬式的。其中，善牙太子和王妃所駕馬車是羅馬式的駟馬車，一幅描繪有翼天使的木板水粉畫則完全是基督教藝術，黑色板壁的波紋花飾中繪有閃米特人男女天使，佛像後隨的比丘尼除有印度式知髭外也屬於羅馬風格。米蘭壁畫色彩鮮艷明朗，在技法上已經採用透視學上的渲染法，與埃及法雍的羅馬繪畫屬於同一個體系，具有濃厚的羅馬風格。

在庫車附近的克孜爾千佛洞㉟的畫師洞中，有一幅畫師臨壁繪圖的自畫像：畫師垂髮披肩，身著鑲邊騎士式短裝，上衣敞口，翻領右袒，腰佩短劍，右手執中國式毛筆，左手持顏料杯。關於這位畫師，可以肯定是拜占廷人，因為：其一，畫師的名字，銘文中題為米特拉丹達 (Mitradatta)，是純粹希臘式的。其二，畫師的服式，對拜占廷男子「衣繡，右袒而帔」㊱、「披帔而右袒」㊲的習俗一致。其三，畫師的髮式，也符合拜占廷帝國的實際情況。西元四一六年，拜占廷帝國詔禁長髮皮衣㊳，故《舊唐書》、《新唐書》皆稱拂菻「男子剪髮」。不過這只是一般情況，仍有例外，西元六世紀時的拜占廷歷史學家普羅科庇斯指出：「拜占廷人都剪髮，但是當時藍綠黨人只剪前邊的頭髮，而將後腦的頭髮留得很長，此外又不剪去髯鬚，時人稱之為匈奴裝。」㊴可見在西元四一六年詔禁長髮之後，拜占廷帝國仍有人可以「披髮垂肩」。況且，既然詔禁長髮，則恰好說明在西元四

亞述人、希伯來人、腓尼基人等。西元四至六世紀間所居地在東羅馬帝國疆域之內。

㉟ 克孜爾千佛洞，東距庫車 67 公里；共 236 窟，其中有壁畫的約 160 窟。

㊱ 《新唐書》卷二二一下《拂菻傳》。

㊲ 《舊唐書》卷一九八《拂菻傳》。

㊳ 林塞 (J.Lindsay)：《拜占廷與歐洲》第 444 頁。

㊴ 普洛科庇斯 (Procopius)：《查士丁尼秘史》。

一六年以前的拜占廷帝國流行長髮，「亂髮拳鬚」、「披髮垂肩」是當時男子的通常髮式。《通典》是注重歷史沿革、循流朔源的典志體史籍，其稱大秦為「人皆髦頭而衣文繡」㊵。「髦頭」，亦作「旄頭」，原指披髮的前驅騎士㊶，亦指前驅騎士的冠服㊷，此處或作披髮、長髮解。然以「髦頭」徑直形容這個垂髮披肩、身著鑲邊騎士短裝的畫師，尤覺逼眞而鮮明。總之，這個畫師的服飾、髮飾與羅馬帝國的男子習俗完全一致，又有一個純粹希臘式的名字，可以推知他是東羅馬帝國即拜占廷帝國人。克孜爾千佛洞壁畫的時代稍晚於塔里木盆地南部的米蘭壁畫，拜占廷帝國的畫師在此作畫應在西元四至六世紀期間。由此可知，新疆天山南麓的繪畫，不僅在畫風和人物等方面受到羅馬敘利亞派和埃及希臘派的影響和薰陶，而且還有拜占廷帝國人在此充任畫師，親筆作畫，為中國與拜占廷帝國的藝術交流做出了貢獻。

西元七、八世紀期間，新疆西部的繪畫仍然保持著強烈的希臘羅馬風格，並繼續向東傳播。如于闐附近的丹丹威里克遺址山土的一幅壁畫，有裸體龍女浮泳在蓮盤之上，畫師表現龍女的羞赧情態與曼第西的維納斯像頗為相似。吐魯番附近的亦都護城

㊵ 杜佑：《通典》內一九三《邊防九》。范曄《漢書·西域傳》稱大秦人「皆？頭而衣文繡」，「？」字當為「髦」字之誤。因該書所記為東漢（西元 25-220 年）時事，羅馬帝國並未詔禁長髮也。范曄撰《後漢書》在西元四一六年詔禁長髮之後，遂將此時拜占廷帝國男子剪髮之事移於前代，致誤之由當如此。

㊶ 《後漢書·光武紀下》建武二十八年條：「賜東海王疆虎賁旄頭鍾虡之樂。」注：「《漢官儀》曰：『舊選羽為旄頭，被髮前驅。』」又《史記·秦紀》「代南山大梓，豐大特」句《正義》引《錄異記》稱，春秋時期，秦文公伐雍南山大梓，大梓化青牛奔入豐水中，使騎士擊之不勝，有騎士墮地髻解披髮，青牛畏之，入水不復出。秦遂置「髦頭」，使先驅。漢、魏、晉皆因之。

㊷ 南朝宋徐爰《釋疑略注》：「乘輿黃麾內羽林班弓箭，左罼右罕，執罼罕者冠熊皮冠，謂之髦頭。」見《北堂書鈔》卷一三〇。

（古高昌）等處出土的壁畫中，既有身著希臘式衣著的婦女，也有採取拜占廷坐式的諸佛菩薩。勝金口出土的諸畫中的天女像，與天山南麓的庫車、阿富汗的巴米安出土的壁畫，在畫風技法上完全一樣，可以看出希臘羅馬式繪畫藝術由西而東的傳播路線。當然，在這一時期的吐魯番壁畫中，不僅有著希臘羅馬式繪畫的影響，受到中印度（笈多式）、波斯式藝術的薰陶，而且中國傳統的唐式畫法也開始滲透到當地流行的羅馬、印度、波斯式的繪畫風格中，逐漸形成一種具有羅馬式的優美、印度式的柔和、中國式的綺麗的新畫風。亦都護城勝金口出土的星宿畫像，正是新疆畫風作品中的代表作。這種新畫風的出現，不僅標志著中國傳統繪畫藝術在西元七、八世紀已經西傳，而且反映了中國繪畫藝術與希臘羅馬式、印度式、波斯式文化藝術相互交流、滲透、融合的過程。

與此同時，位於河西走廊西端的敦煌石窟壁畫，雖透過地藏菩薩、比丘等的衣褶仍可看到希臘羅馬式畫風的影響，但總的趨向已是崇尚中國傳統的唐式風格。至遲在西元八世紀時，唐式風格的佛畫已經向西推進到天山南麓的于闐附近地區，並逐漸在佛教題材的壁畫中佔據了優勢地位。在于闐附近多莫科以北的喀答里克發現的壁畫殘片，多是木板畫和圖案畫，乃是唐代大歷年間（西元 766-779 年）以前大乘佛教後期盛行的唐式風格的佛畫。儘管如此，希臘羅馬式的畫風在新疆境內仍有餘波可覓，一直到西元八世紀末葉，才逐漸消失了。

五、雕塑藝術

在漢代的石雕圖像中，出現了相當豐富的石刻畫像，或稱爲畫像石，類似埃及的淺浮雕，或者僅有線條的刻畫。畫像石出現在西漢晚期，流行於東漢中期和晚期，山東河南發現最多，四川、河北、江蘇、浙江等省也有出土。在漢代畫像石中，有神仙羽人和裸體人像，與希臘羅馬雕刻中的表現手法在藝術構思上有著相通之處。希臘羅馬雕刻盛行裸體神像和人物像，常見有翼的的裸體天使和愛神埃洛斯，這種藝術風格和手法在中國大地上經過變化也得到了再現。屬於東漢前期的河南唐河漢墓出土的畫像石，圖像已有羽人及有翼的蒼龍、白虎，雕刻技法用剔地淺浮雕。山東嘉祥武氏祠建於西元一四七年，是東漢晚期畫像石的寶庫，有許多有翼人像，形像生動，姿態鮮明。石室第一石畫像的頂部三角形中央，有翼神仙的左右各刻有翼人作供養狀。前石室之第五石頂部三角形內，左右相對，各刻有翼人像。後石室之第二石上層刻兩個有翼神仙，下層上部並出現有翼的男女神像，雲層中也列有不少有翼人；第五石第一層刻著三匹有翼馬，騎者也有飛翼，雲中也有許多人，第三層左方雕刻著兩排有四翼的人，各自乘龍飛翔，別有一神仙執旛接引。左、右石室之第二石山部三角形中央，也有有翼神仙端坐，周圍均有有翼人供奉。所有這些與希臘羅馬的神話傳說中的有翼天使、石雕藝術中的有翼神像，自然是有著某種相通和微妙的聯繫。

至於裸體人像，最早出現於西漢晚期。河南濟源泗澗溝西漢晚期墓葬中，出土一件綠釉陶樹，座部貼著裸體人、猿猴、飛蟬、奔馬等泥塑，形狀類似東漢後期在陝西南部、四川、雲南等地區的墓葬中出土的錢樹的底坐㊸。新疆和闐買力克阿瓦提遺址曾採集到肩負小罐的裸體人陶片，高使 2-5 厘米，細泥紅陶，時代屬於西漢末年。由此，可以追溯出裸體人像傳入中國內地的軌

㊸ 河南省博物館：《濟源泗澗溝三座漢墓的發掘》，《文物》1972 年第二期。

跡路徑。河南南陽漢代畫像中，有裸體舞的圖像㊹。山東嘉祥吳家莊畫像石上，有裸體力士支撐屋蓋，與希臘神話中大力神海克利士支撐地球在藝術構思上完全一致。山東曲仟顏氏樂園畫像路中，則有裸體男子相博的雕像。山東嘉祥武氏祠祥瑞圖「浪井」㊺，有兩個裸體男子；石室後壁第四層，更有兩個裸體男子相隨攀樹。江蘇連雲港市孔望山摩崖石刻，也有裸體力士像。這些裸體畫像石刻，都受到希臘羅馬的裸體石雕藝術的影響，成為中國古代的獨創一格的藝術形象。

中國新疆天山南麓出土的古代雕塑，大體上可分三類：一是純粹希臘羅馬式題材和藝術風格的雕塑品；二是泥塑模型和泥塑像；三是犍陀羅式佛像雕塑。這三類雕塑分別代表了不同時期不同藝術風格傳播的具體過程，但它們有著共同的特點，即都可以在五河流域的塔克西拉、興都庫什山麓的帕格曼找到它們仿效的藍本，都是發源於羅馬帝國時代的埃及。

第一類希臘羅馬式雕塑傳入中國新疆，從山土文物考察，要比繪畫早一或二個世紀。這類雕塑品的最大來源地是埃及亞歷山大城，並且早已傳入塔克西拉和帕格曼，其中年代最早的是一世紀帶有明顯的亞歷山大城徽記的赫波克拉特青銅像。大約在西元一世紀末到二世紀時，大月氏貴霜王朝統治下的犍陀羅開始對傳入的希臘羅馬雕塑品進行仿製，著名的代表作是塔克西拉附近玉蓮寺院中出土的孩頭笑像、達馬拉賈卡寺中的青年泥塑頭像、二世紀時仿製的羅馬皇帝馬克·奧里略青年時代的胸像。與這種仿

㊹ 滕固：《南陽漢畫石刻之歷史及風格的考辨》，《張菊生先生七十壽辰紀念論文集》。

㊺ 浪井，即泉川騰湧的天然井。《南齊書》之《祥瑞志》引《瑞應圖》（庾溫撰）：「浪井不鑿自成，王者清靜，則仙人主之。」

製同時，羅馬式美術工藝技法開始和印度的佛教相結合，成爲宣揚佛教的藝術手段，從而揭開了自西元一世紀一直綿延到五世紀中葉的犍陀羅藝術的輝煌時代，並隨著佛教的東進而傳入中國新疆南部。二十世紀初，斯坦因㊻在于闐附近的約特干、拉瓦克、尼雅等古代遺址中，曾經發現西元初幾個世紀中的羅馬式凹刻印章，其中有藝術神雅典娜、愛神埃洛斯、天神宙斯、大力士神海克利士像，並在尼雅遺址中有現了仿製羅馬指環式印章。至於庫車庫木吐拉千佛洞㊼中的天女小像，則完全是仿照埃及製作的同類小像，而約特干遺址中發現的曼多塞頭像，也是此類希臘羅馬式雕塑像的仿製品。

第二類泥塑模型和泥塑像，普遍流行於新疆天山南麓、泥塑模型，是爲大量製作石灰或陶土塑造的泥像而設計的模子。經過二十世紀三十年代和四十年代在五河流域的塔克西拉、興都庫什山麓的帕格曼等地的長期發掘，證實了灰泥塑像是犍陀羅雕塑藝術中的主要作品，灰泥是使用最廣的材料。所以從西元一世紀末葉至五世紀中葉，塔克西拉的灰泥雕塑十分流行，並隨著犍陀羅藝術的東傳，也傳入了隨處皆有灰泥的中國新疆境內，成爲當地最爲流行的一種雕塑技術和造型美術。西元四、五世紀時，在喀什噶爾和庫車之間的圖木舒克，已經有了塔克西拉製作的泥塑佛像，如無鬚的菩薩，有鬚的印度歐羅巴型的婆羅門，以及夜叉、

㊻ 馬克・奥里爾・斯坦因 (Mark Aurel Stein,1862-1943)，英國人，原籍匈牙利。1900-1916 年間三次深入我國新疆、甘肅一帶，爲英國印度殖民政府進行測量和偷盜文物的活動。曾從敦煌竊走大量的寫經、古寫本、佛教繪畫、版畫等珍貴文物，現藏於倫敦不列顛博物館。著有《古代和闐》、《塞林提亞》、《亞洲腹地》等書。

㊼ 庫木吐拉千佛洞，又稱「庫木吐喇石窟」，在庫車西南 25 公里，鑿建於渭干河出山口的東岸。

蔑戾車等。此類雕塑在庫車以東的喀喇沙爾以及吐魯番也有發現㊽。同時，沿著古代絲綢之路在新疆境內的南北二道，也都發現了窯製塑像和拓製浮雕的灰泥模型。在于闐故址學特干出土的窯製小像，與在中亞撒馬爾干發現的雕塑相同，大學是西元四、五世紀或者更早時期的作品。在喀拉沙爾西南碩爾楚克發現的模製泥人泥物的浮雕殘片，雖然是成批塑造，但已經不是犍陀羅式作品的簡單模製或仿造，而是在犍陀羅窯製刻像的格調裡已經滲入了中國內地陶俑的成分㊾，所屬時代大約晚於西元四、五世黨。在碩爾楚克發現的灰泥模型，完全是犍陀羅式佛像浮雕㊿，與在帕格曼發現的呈圓形或不規則圓形的各種石膏和灰泥浮雕模型幾無兩樣。圓形浮雕，源出於埃及的亞歷山大城金屬雕匠的製造模型，其金屬圖樣在羅馬世界堪稱首屈一指。經五河流域和中亞傳入中國新疆的這類泥模，屬於純粹的希臘羅馬式雕刻。

第三類犍陀羅式佛教浮雕，與泥像、泥模出自同一體系，受著希臘羅馬式藝術影響。新疆的犍陀羅式佛教雕像，有于闐附近拉瓦克出土的佛寺四壁浮雕，以及像身衣褶寬博飄逸的典型希臘風格的菩薩立像（頭部已毀）⑤①。喀喇沙爾附近的碩爾楚克麒麟洞塑像，是犍陀羅藝術全盛時期的寶庫，其中有新疆犍陀羅式佛像的完美標本。有些泥塑佛像衣褶都呈紅色，在藝術手法上則與羅馬式繪畫十分相似。吐魯番附近的亦都護城故址出土的諸佛菩薩像，亡屬犍陀羅式藝術晚期的作品，但仍有羅馬藝術的遺風。西元七、八世紀之後，新疆境內犍陀羅式雕塑已經逐步內地化，

㊽ 參見斯坦因《西域考古圖記》、格倫韋德爾《亦都護城考克報告》等書。

㊾ 斯坦因：《西域考古記》第四卷，1921 年，牛津。

㊿ 福歇：《犍陀羅希臘佛教美術》，1918 年，巴黎。

⑤① 斯坦因：《古代于闐》。

帶有明顯的唐代風格，特別是天女的面貌已變成唐式仕女像，惟冠帶體態仍保留有羅馬風姿，庫車的克孜爾千佛洞及碩爾楚克出土的彩色塑像和殘片，乃是這一過渡時期的代表性作品。

犍陀羅式雕塑藝術除在新疆天山南麓形成了藝術主流外，還沿著河西走廊向東繼續傳播。在甘肅天水東南麥積山石窟的早期洞窟中，保存有後秦（西元 348-417 年）、西秦（西元 385-431 年）時期的佛像，其造像雄健高大，鼻高耳垂，眉細眼大，肩寬腰細，服飾多內穿像僧祇支、外著半披肩袈裟，衣紋呈凸起均衡密褶，具有犍陀羅式塑像風格。大同雲崗石窟開鑿最早的曇曜五洞等主要石窟，都是北魏遷都洛陽之前完全的（約在西元 452-494 年期間），佛像鼻樑高直，薄唇闊肩，衣服短窄，足部外露，衣紋作平行褶皺，仍保留著犍陀羅雕塑的某些風格，但也加上了華美的裝飾圖樣、陰刻花紋、眉稍斜上等中國化的雕塑手法。河北磁縣南北響山堂石窟，建於北齊文宣帝高洋（西儿 550-559 年在位）時期，所刻佛像的佛光仍取圓形，尙存犍陀羅式塑像遺風，但雕刻技法已屬中國內地風格；而在裝飾紋樣上，卻仍有希臘式構圖，特別是類似希臘抱琴式花紋的採用，其中北響堂石窟第七洞四壁小龕上的裝飾浮雕，採用唐草、蓮花、火焰寶珠組成燭臺式樣，可謂完全脫胎於希臘抱琴式圖樣。

實際上，犍陀羅雕塑藝術經由新疆天山南麓進入河西走廊以後，便開始與中國固有的傳統民族藝術相融合，逐漸爲富有強大生命力、創造力和容納力的中國傳統藝術所消化吸收。所以，麥積山石窟、雲崗石窟和響堂山石窟中西元五、六世紀時的作品，已經很少體現出犍陀羅式的藝術形象，大多是在裝飾藝術方面仍保留著希臘羅馬式的特徵。當然，藝術上的借鑑遠遠勝過簡單的模仿，中國的佛教藝術創作從犍陀羅藝術中受到了啓迪，吸取了營養。北魏（西元 386-534 年）藝術中流行蓮花拱和？腰拱，都是由犍陀羅式裝飾藝術演變而來；犍陀羅的植物懸花狀裝飾，一度而爲中原地區的珠玉瓔珞的製飾圖樣；犍陀羅藝術常用的希臘羅馬忍冬花飾，更爲中國的傳統的裝飾藝術所吸收，成爲具有中國民族風格的富麗堂皇的流行裝飾圖案。經河西走廊、山西陜西黃土高原北部進入中原地區的犍陀羅式藝術，已經爲中黃傳統藝術融化吸收，與中國民族藝術融爲一體了。歷史進入西元七、八世紀，隨著唐朝政治勢力的強大和影響的擴展，唐代風格的繪畫和雕塑藝術也向西推進，中國傳統藝術以旺盛的生命力進入新疆地區，與天山南麓的犍陀羅式藝術互相影響，互相交融，互相吸收。隨著時間的推移，博大精深、包容萬方的中國傳統文化藝術影響日深，而犍陀羅式的繪畫和雕塑藝術益見衰微，到西元八世紀後，終於被中國內地的傳統繪畫和雕塑所替代。

結　論

古代羅馬帝國與中國，都是歷史上經濟文化高度發達繁榮的國家，在一定意義上代表了當時世界的文明程度。本文僅探討羅馬傳入中國的科學與文化，並介紹了羅馬傳入中國的玻璃製造技術、醫學知識、繪畫、雕塑藝術、音樂雜技、宗教等。而羅馬與中國的經濟文化交流，對促進東西方的文化交流和發展也起了很重要的作用。長期以來，人們認爲在上古時期，中國與西方的關係較少，很難有什麼影響，這種觀念之所以產生，是因爲沒有將本國歷史與世界歷史綜合起來研究之故，其實古代中國與羅馬的關係斷斷續續維持了近一千六百年。

2

跨文化管理與中西管理文化之融合

賴賢宗

導 論

全球化 (globalization) 與多元性 (plurality) 爲國際社會與當代世界文化的發展之脈動，探討東方社會與東方文化對此的回應方式爲當務之急。避免全球化所帶來的帶有剝削性和侵略性的一體化 (unification) 和同質化 (homogeniza tion)，必須同時進行多元化，以及在多元化的進程中，如何避免多元而可能導致的基本規範和共通價值的淪喪，傳統的全盤崩潰。而是在多元性與異質性 (heterogeneity) 之中，人類社會能夠進行溝通與協作，以實現人類共通的價值體驗與核心價值。①本文就跨文化管理與中西管理文化之融合的課題就此一回應展開論述。

本文首先在第一節之中，探討多元化與其對於管理所帶來的內外衝擊，探討發展多元化管理的必須性。在第二節之中，探討

① 參見李愼之、張世英、樂黛雲、漢斯.阿德里昂遜、德特里夫.穆勒、陳躍紅、宋偉杰等，〈經濟全球化與文化多元化〉及張世英〈文化多元化乃是順應經濟全球化的一種精神產物〉與成中英〈有必要一種《全球性的美德倫理》〉，以上各文收於《跨文化對話》第二期，上海，上海文化出版社，1999。又，金耀基、樂黛雲，〈文化趨同還是文化多元〉，收於《跨文化對話》第三期，上海，上海文化出版社，2000。

全球化之反思與跨文化前景，指出全球化的若要良性發展，則它必須不斷進行具有跨文化溝通。所以在全球化和多元化的管理之中，必須發展跨文化管理。在第三節之中，探討跨文化溝通與跨文化管理的一些具體內容，我首先探討成中英的C理論對於跨文化管理的意義，再闡述跨文化管理是一種中西管理文化的融合，闡明跨文化溝通是全球性領導人物的必備能力，最後並以禪的思維模式來闡述跨文化溝通與中西管理文化的融合之道。

壹、多元化與當代管理

一、社會多元化發展與其對於管理所帶來的內外衝擊

所謂「多元社會」(pluralistic society)，乃相對於「單元社會」(monolithic society)而言。隨著社會分工和專業化的脈動，社會上形成了不同的價值觀念，不同的利益，也導致不同的利益團體的出現，形成多元社會。在多元社會中所存在的各種價值與利益團體，其成員不像家族中的成員那樣固定不變；而且他們也不像傳統社群那樣，彼此之間具有差序格局，具有固定的高下層級之別，而是保持水平的關係。②

就多元社會對管理所帶來的外在衝擊而言：在社會多元化發展的新情勢之下，管理不再只是「效率的管理」，而是各種相關的「利益團體」之間的利益均衡。這種均衡，已不是單純的「經濟理性」(economic rationality)所能概括，不是僅用經濟計算所能達成的。這種均衡的實質是一種溝通與共識達成的結果，因此，

---

② 許世軍，《邁向21世紀的管理》，台北，1994，地球出版社，頁234-235。理性的多元性與開放性的新近的德語世界的討論，可參見Weingert/Gunther編，Die Offentlichkeit der Vernunft，Frankfurt am Main，2001。

乃使得管理程序中擴大包括了政治互動的成份，是一種「溝通理性」(communicative rationality) 的問題，因而如何使一個機構和外界各種利益團體達到均衡的關係，構成多元社會中的管理的一種新挑戰。③

就多元社會對管理所帶來的內在衝擊而言：在組織內部，管理者也面臨員工價值多元化的問題。員工會將自己的理念與價值帶到機構之內，使組織的價值呈現多元化的情況，員工並不滿足將服務機構作爲單純工作與賺取薪酬的場所，而員工又會在實踐的程序上，對於機構的決策程序和領導，持有不同的看法和要求。但是，一個機構並須建立某種規範和共識，因此並須具有某種權威或其替代物，但是，在一個多元社會之中，人們常以「領導能力」(Leadership)，代替「權威」(Authority)，要求對於組織進行一種多元的有效而開放的領導。這種「領導能力」的建立也構成多元社會對管理的新挑戰。

多元社會的發展使得管理者也面臨員工價值多元化的問題，以及管理者如何運用溝通理性以使一個機構和外界各種利益團體達到均衡的關係，如何在此一多元論的實踐環境和意義脈絡當中遂行企管行爲，這須要運用到跨文化管理 (Cross-Cultural Management) 的知識與實踐策略。再者，全球化的脈動使得跨國企業大行其道，在跨國企業當中，面對內外的不同的文化整體環境，如何做好跨文化管理也成爲重要課題。

簡言之，在多元化及全球化的衝擊之下，跨文化管理成爲當今管理實務與理論的重要課題，此中之種種疑難，需要吾人加以研究。

---

③ 許世軍，《邁向 21 世紀的管理》，台北，1994，地球出版社，頁 234-235。

二、多元論與多元化管理

多元論 (pluralism) 意味著群體成員與其價值觀的多樣化，而且彼此之間互相尊重彼此之間的差異，著重溝通。多元論是相對於「排他論」(exclusivism) 和「全包論」(inclusivism) 而言。「排他論」是認爲眞理的數量是唯一的，以這樣的唯一的眞理觀來排除異己，造成壟斷性的宰制。「全包論」則是認爲眞理的種類雖然有許多種，但是不同種類的眞理卻構成同一性質的體系，而不同種類的眞理也形成由中心向邊緣散佈的差序格局，造成一種差序格局的宰制。④「排他論」和「全包論」是我討論過的「一統全局」和「二構成一」的思維模式的結果，而「多元論」則可以是「一內涵二」的思維模式的結果。相對於「排他論」和「全包論」，「多元論」則著重差異性，認爲眞理與價值觀在量與質之上都是多元的，從而不同的眞理系統與價值觀之間必須進行互相尊重的溝通。「多元論」並不意味著混亂失序和價值觀的虛無主義，因爲多元性借助於溝通行動，能得以形成開放的和批判的共識和規範，多元性的分殊性也各自指向他們自己的隱喻性的超越實在。多元性說明了流動性，在差異之間遊走的流動性，但這並不意味了規範和責任倫理的缺乏，而是對於規範和責任倫理，也必須著重其在脈絡 (context) 之中的意義。⑤

---

④ 這裡的「全包論」(inclusivism),「宗教多元論」「(religious pluralism) 的觀念，起初是來自宗教多元論方面的討論，參見 Yong Huang, Religious pluralism and interfaith dialogue: Beyond universalism and particularism（宗教多元論與宗教對話：超越「共相論」與「殊相論」），收於 International Journal for Philosophy of Religion 37, 127-144 頁。此處討論見第 127 頁。

⑤ 參見 Karl-Otto Apel，Die Vernunftfunktion der kommunikativen Rationalitat（溝通合理性的理性功能）一文的相關討論，收於 Apel/Kettner 編，Die eine Vernunft und die vielen Rationalitaten（一個理性與許多合理性）一書，Frankfurt am Main，1996。

所謂的多元化管理是組織因應勞動力多元化急遽變遷所採取的一調整途徑，在思想上以多元論的管理哲學 (pluralistic management philosophy) 爲基礎，重視年齡、身體狀況（殘廢）、價值、文化或性別的個別差異，透過組織策略，創造一種無障礙的、公平的及整合的組織文化，使組織所有成員皆能充分發展其固有能力與特長，以提高組織的競爭力，進而繼續維持其生存。多元化管理是循序漸進的途徑，經由僱用機會的均等/優遇行動 (EEO/AA)，重視個別差異，進展到多元文化的組織建構。⑥

愛普丁 (Laurie Ashmore Epting) 等人則將多元化管理 (diversity management) 的類型分爲：性別多元化、年齡多元化和文化多元化三種型態。據此，從研究的論域來說，跨文化管理是多元化管理的諸多項目中的一種。另外，我們認爲，由研究方法來說，跨文化管理是由「跨文化」的角度來切入多元化管理，運用了比較管理學、溝通理論和跨文化哲學。

根據美國管理協會 (the American Management Association) 的新近調查結果，改善文化的多元性不再只是一件善事，不再只是固守於法律；它也是使企業組織變得更有效率的方法，是企業創新與重造的重要途逕。

學者指出認爲文化的多元論對於企業組織至少具有以下的優點：

1. 加強組織的多元成員的認同感與成就動機：特殊的傳統文化背景對於少數族群成員的自尊及認同具有極大的價值，傳統文化可以加強他們的自我肯定與成就動機。
2. 使組織更具活力：文化的多元論提供組織更爲民主和更具

---

⑥ 許彩娥，《多元化管理理論與實務》，台北，1996，天一圖書，頁 10。

機動性的文化，使組織更具活力。

3. 使組織成員能眞正和平共處：只有當少數族群的文化能夠得到組織的適當欣賞與尊重，他們才會由衷地、樂意地在沒有嚴重族群衝突下與組織融爲一體，和平共存。⑦

若能發揮以上的文化多元論的優點，文化的歧異性就能成爲社會和組織內部的正面因素。就跨文化管理而言，可以因應當代多元社會對於管理的挑戰。

貳、全球化與跨文化前景

一、全球化的回顧與前瞻

討論這十年來最流行的商業術語排名，必會包括下列幾個字：強化 (Empowerment) 、再造 (Reengineering) 以及全球化 (Globalization)。在此，我們必須釐清世界經濟中的全球化趨勢，並闡述公司與個人可以從全球化趨勢賺取利潤的策略。爲了在即將來到的全球經濟中生存繁榮，我們都必須創造靈通的商業圖途徑與個人策略。國際貿易與海外投資的國際商業的兩個主要成份，說明了全球化是是近年來的一個事實和世界企業管理的脈動。⑧

最近幾十年已經看到世界貿易的成長比世界產出的成長快得多。計統之計算資料顯示：整個二十世紀下半期，這個全球化的

⑦ 許彩娥，《多元化管理理論與實務》，台北，1996，天一圖書，頁 46。另可參照 Kallen，De Vod，De & Hsu 的討論。

⑧ 羅森史威格 (Jeffrey A. Rosensweig)，《全球取勝：商業版圖拓展策略》 (Winning the Global Game: A Strategy for Linking People and Profits)，台北，1998，中國生產力，頁 1-2。

趨勢是戲劇化的。《經濟學人》的一篇文章〈世界自由貿易現況〉⑨中，使用世界貿易組織的資料指出：世界貿易量在 1950 年到 1995 年之間成長了 15 倍以上，但是，世界的總體生產毛額的成長卻不到六倍。1995 年的貿易量是 1950 年的十五倍。因此，國際貿易的快速成長賦予全球化這個詞以生動的意義。⑩然而，什麼因素可以解釋全球貿易量的快速成長？我們能期望它繼續下去嗎？全球貿易量的快速成長的兩個關鍵因素是：一、通訊與資訊科技的進步，二、制度進步。前者有助於國際性商業的進行，後者移除了國際貿易障礙。⑪

在過去的二十年來，世界經濟經歷了全球化 (globalization) 的變化過程，此一過程更將成為二十一世紀的主流，在全球環境下經營的管理者們應瞭解他所將進入的國家的文化特點，藉由文化間的溝通互動來促進企業的整體活力。

學者在七十年代就已指出「多元化」將是我們這個文化的特點。跨文化管理就是在面對企業管理的文化差異之時，從跨文化 (intercultural) 的角度處理多元化管理的課題，跨文化管理在全球化的趨勢當中尤其是重要的課題，在跨國企業當中有其應用，另外，在面對國內企業的外勞以及國內不同族群的文化多元性的課題之時，如何處理文化統合的問題，遂行優勝的管理行為，跨文化管理也是重要的處理角度，以及企業主管必備的素養。面對當代社會的日亦多元化的社會文化體質，跨文化管理日趨重要。

---

⑨ World Trade: All Free Trader Now，7 December 1996，pp.21-23。

⑩ 羅森史威格，《全球取勝：商業版圖拓展策略》，台北，1998，中國生產力，頁 19。

⑪ 羅森史威格，《全球取勝：商業版圖拓展策略》，台北，1998，中國生產力，頁 20。

二、全球化之反思與跨文化前景

第一波的「全球化」引起了社會學家的批判，認爲是建立在先進資本主義工業國家對於落後的國家的均質化和剝削性的策略性聯合的基礎之上，建立在過去的已開發國家對於爲開發國家的剝削歷史經驗之上。德國社會學家貝克 (Ulrich Beck) 著有《全球化》一書⑫對此加以討論。爲了取代被人垢病的第一波的「全球化」，貝克提出「反身性的風險社會」，指出「『過去』失去了其對『現在』的決定權。取而代之的是未來，亦即不存在的、虛構的、想像的事物成了現實經歷與行爲的原因」⑬。擺脫了以國族國家爲單位的成見，貝克在風險社會的基礎上發展出「世界社會」的圖像，同時強調它不是另一種「分析單位」，而是新的社會理解方式，新的「社會想像」，也就是說貝克強調不同基礎與行動架構下的分析單位之間，不是過去所理解的你死我亡的零和遊戲，而是對話創造的雙贏邏輯。例如：海外華人透過社會網絡與海內緊密相連，國際綠色和平組織捍衛環境與國際醫療組織的跨國行動。「世界社會」是一個「反身性的風險社會」，和舊有的「全球化」並不一樣，前者承認「全球化」所帶來的危機，並提出「反身性的風險社會」作爲改善之道。因爲經濟成長的強國福音是建立在全球百分之八十的人民的災難之上，生產全球化讓企業在低成本的地方，在製造低稅率的地方繳稅，在高品質的地方繳稅。光是「全球化」並不足夠，而是要能提昇到「世界社

---

⑫ 貝克 (Ulrich Beck)，Was ist Globalisierung (Frankfurt am Main，1997)，孫治本譯，《全球化危機》，台北，1999。Ulrich Beck 討論全球化的書尚有 Politik der Globalisierung（全球化政治），Frankfurt am Main，1998。

⑬ 貝克，孫治本譯，《全球化危機》，台北，1999，頁 135。

會」的實現。

就企業管理的實踐的角度而言，企管界也嘗試走出全球化的新路。羅森史威格 (Jeffrey A. Rosensweig) 的《全球取勝：商業版圖拓展策略》指出「全球化」的回顧與前瞻：自從 1990 年以來到進入 2000 的這幾年間，國際商業場域的改變非常壯觀。在這段時間內多數國際商業仍不脫「傳統三角（關係貿易）國家」的範疇，亦即，不脫 1.美國，2.日本及其他東亞新近工業國家，3.歐洲聯盟的三角關係。但是，全球化運動將走向下一波的發展，以 1990 年代的事件與運動爲基礎，我們看到令人樂觀的巨大動力。從現在開始，直至下一世紀，國際商業可以經由更加全球化的策略而繁榮，將出現一個擴大的三角（關係貿易）國家模型，而逐漸擺脫先前的南方國家的惡性循環。樂觀的主要理由是：貿易已經開始從總體區域 (Macro-region) 的規模開始整合，這主要經由傳統三角（關係貿易）國家的三個區域的擴張來進行。雖然這個擴張仍然遵循傳統三角（關係貿易）的結構，但是，一個擴大的三角（關係貿易）國家模型，大於整個 1990 年代早期支配全球商業（關係貿易）的三角國家協作組合，將會出現。第二個樂觀的理由是：最近也是最後一回合貿易自由化談判（稱作多邊 Multi-lateral 談判）的成功⑭。

這些做法將走出全球化的新路，逃脫以往南北方國家對立的困局。全球化將因此而和「跨文化溝通」有著眞正的連結，從而「跨文化管理」會是下一波全球化運動中的最爲重要的課題。

---

⑭ 羅森史威格，《全球取勝：商業版圖拓展策略》，台北，1998，中國生產力，頁 77-78。

叄、跨文化溝通與跨文化管理

一、文化傳統與跨文化溝通的意義

首先，我們先對文化傳統與跨文化溝通的意義先做一些釐清。

根據美國人類學家維拉斯的觀點，文化就是「在歷史以及社會科學中人們的種種生活方式」，這是從廣義來定義文化。若從狹義來定義文化，則文化主要是指某個時期人們的經濟觀念、認識價值、成就價值、倫理道德等要素的綜合。因此，總結以上兩種說法，文化就是人的「生活世界」(Life-World，World of everyday life) 的基本價值與生活方式。傳統就是社會文化在歷史之中的流傳的整體。所以文化和傳統的關係二者的關係緊密，可以說「傳統是文化形成的泉源和基礎，而文化是傳統歷史的總結和反映」。⑮

所以，文化脫離不了他的之前所流傳的傳統，而傳統在每一個現存的文化之中有其總結和反映。但是，對於文化的理解並不因爲它和傳統不可脫離，所以是封閉的。相反，文化的理解與詮釋應該是開放的，對於自己或他人的文化的理解與詮釋雖然預設了我自己基於我自己的傳統而有的文化理解，可是應該盡量求取理解的開放性，做到嘉達瑪的詮釋學所說的視域融合 (Horizontverschmelzung)⑯。「視域」是一個人從內心的意義體驗活動

---

⑮ 席酉民井潤田，〈領導的跨文化概念〉，收於《領導的科學與藝術》，華泰文化事業公司，頁 273-300，此處的討論參見頁 274-275。

⑯ 嘉達瑪 (Hans-Georg Gadamer)，《眞理與方法》 (Wahrheit und Methode)，Tubingen，1990 年第六版，頁 311。

所看出來的外部世界的存在活動的範圍，也是一個人的存在活動所據以存在的前景。人活在他的視域之中，而他的詮釋活動包含了說出 (to say) 、解釋 (to interpret) 與翻譯 (to translate) 的三個層次。我們應該具備說出與解釋自己的文化的能力，同時也能夠傾聽別人，進入到別人文化視域，進行開放的理解與溝通，求取彼此的文化理解的開放性，達成所謂的兩個文化之間的翻譯的層次，從而做到兩個文化理解的詮釋學的視域融合。在當代社會的多元化的情境之中，我們並不追求全包論與排他論的宰制性意識型態，但是多元化的當代社會尤其應該具備跨文化的文化理解與溝通的能力，達到視域的融合，否則多元化社會將形成不了最低度的共識和道德上的規範，將成爲失序的狀態，社會也將因此而崩解。在這裡，視域的融合所形成的共識是一種開放性的和批判性的共識，而不是一種宰制性的意識型態。

其次，我們討論跨文化溝通與文化統合差異的途徑的課題。

組織如何克服潛在的文化差異的障礙？克服障礙的途徑，多元化管理強調的是整合 (integrating) 途徑，仍然保存文化的岐異性和各個文化的特性，而非同化 (assimilation) 途徑，同化是同質化，得到的是均質的同一化。

就不同族群的文化溝通而言，葛登.費克洛 (Gordon Fairclough) 在研究亞洲的多元化管理之時，提出文化統合的三種模式⑰：

⑴順從性 (anglo-comformity) 的文化統合模式：少數族群完全放棄自己的傳統文化，順服地接受而認同多數族群的行爲與價值。

⑵融合性 (melting-pot) 的文化統合模式：兩族群進行血統的

---

⑰ 許彩娥，《多元化管理理論與實務》，台北，1996，天一圖書，頁 45-46。

融合，而且各自的文化也得以混合形成一種新型態的文化。

(3)文化的多元論(cultural-pluralism)的文化統合模式：少數族群的政治和經濟層面融入主流社會，但仍保有文化中主要的特徵和自治的生活，形成此一社會的文化的多元論。

順從性的文化統合模式和融合性的文化統合模式分別預設了「排他論」和「全包論」的價值觀，是我討論過的「一統全局」和「二構成一」的思維模式的結果。相對於此，多元化管理和跨文化管理則預設了「多元論」的價值觀，可以是我討論過的「一內涵二」的思維模式的結果。多元化管理和跨文化管理是允許多元的工作者保留維持他們的個人特質及其文化特質，即達成葛登.費克洛所說的文化統合的三種模式中的文化的多元論。例如，就族群的文化溝通而言，文化多元論主張移民及弱勢族群不應被迫放棄其文化的獨特性，不該完全同化於強勢族群，而應設法保留其殊異之文化特質。這才達到眞正的多元社會當中的文化溝通。多元化管理和跨文化管理亦應允許多元的工作者保留維持他們的個人特質及其文化特質，使文化的歧異性成爲組織內部的正面因素，而非負面因素。

二、跨文化管理與成中英的C理論

比較管理學的基本模型有X-Y理論和A-Z理論和成中英的C理論。成中英建立了名之爲C理論的中國的管理哲學，成中英指出：「X理論」是「理性管理」的典型，「Y理論」（美國管理哲學）作爲「人性管理」的典型；「X理論」建立在人性惡的假定上，認爲人是自私自利而沒有榮譽心的，古典管理學如泰勒和法約爾都認可這種理論；「Y理論」則把管理決策建立在「人性善」的假設之上，認爲人有理想目標並且是可以信任的。另一方面，也可以把「A 理論」作爲「理性管理」的典型，而把「Z 理論」（日本管理哲學）作爲「人性管理」的典型，「A 理論」主張機械性的組織網絡和直線型的控制系統，是一種高度理性取向的管理理論；相對於此，「Z 理論」則主張團隊精神，採取寬鬆的組織結構，重視意見的共識的形成，是一種高度人性取向的管理理論。⑱成中英建立了名之爲 C 理論，則對於上述的 X-Y 理論和 A-Z 理論進行綜合。C 指的是「創造性」（生，creativity) 和「中心性」（中，Centrality)，C 同時也代表著「變化」(Change) 和協調 (Coordination)，C 理論是植根於中國哲學，主張創造性的基礎在於人的理性和人性，人的理性和人性可以進一步實現創造性的轉化，靈動地完成整體的協調，這個 C 理論是一個管理學的理論，簡述如下：

相對於日本的 Z 理論「強調團隊、家族、安穩，不要太多專長；重視共同作決策，在大家族上共同發揮」，也相對於美國的 A 理論的「講求功效、責任感，在管理上重視效率、績效的衡量」，成中英在《C 理論：易經管理哲學》從整體論哲學和易經哲學的立場創立了「C理論」的中國管理哲學，⑲。成中英的C理論強調「易經管理模式」，C是指下列管理學的五個C，Centrality（土：中作爲最高目標與動源）、Control（金：控制性）、Contingency（水：變化性）、Creativity（木：創造性）、Coordination（火：協調性），成中英以易經哲學來重新理解這五個管理學的課題的整體的辯證關係，五個 C 同時也是管理的五項要素，領

---

⑱ 成中英著，《C 理論：易經管理哲學》，台北，1995，東大圖書公司，尤其是第 107-192 頁，〈比論 C 理論與東西方管理〉，頁 186。

⑲ 成中英，《C理論：易經管理哲學》，1995 年，東大圖書公司，台北，第 136 頁。

導（金）、應變（水）、創新（木）、人才（火）、決策（土）。成中英的 C 理論的易經管理重視動態整體觀⑳與雙元並濟㉑的管理模式，依此，「易經管理模式」具有下列四個原則：

⑴掌握實際與變化。

⑵整合差別與矛盾。

⑶規劃方向，開發潛力。

⑷以一體多面方式解決問題，開創空間，實現目標，層層推進，止於至善。㉒

成中英的 C 理論從管理哲學的角度提出中國管理學和比較管理學的基本思想模型，其角度十分宏觀，並能與中國哲學的根源關連起來，十分值得吾人注目。

三、跨文化管理與中西管理文化的融合

㈠跨文化溝通是全球性領導人物的必備能力

艾摩利大學 (Emory University) 的領導與生涯研究中心 (Center for Leadership and Carrier Studies) 是被尊爲世界第一的執行長學院 (CEO College)，羅森史威格 (Jeffrey A. Rosensweig) 在此中心開設「全球化視野」(Global Perspectives) 一課，課程整合了數十位全球頂尖的商業和政治領導人，累積了多年的經驗，羅森史威格在其《全球取勝：商業版圖拓展策略》一書中指出全球性領導人物必備下列各項能力：

---

⑳ 此一易經管理哲學的動態整體觀主要是「八卦理論：體（乾）、用（坤）、外（震）、內（巽）、客（艮）、主（兌）、行（坎）、知（離）」及「五行理論：決策（土）、領導（金）、應變（水）、創新（木）、人才（火）」，參見成中英，《C 理論：易經管理哲學》頁 57-61。

㉑ 易經管理哲學的雙元並濟觀，參見成中英，《C理論：易經管理哲學》，頁65-71。

㉒ 成中英，《C理論：易經管理哲學》，1995 年，東大圖書公司，台北，第 56 頁。

一、廣博的教育（全球化策略思考的訓練）

二、多重文化能力與敏感性

三、整合性道德性與倫理價值

四、彈性、反應與快速行動的能力

五、個人特質（精力、世界性的外貌與禮儀）

六、溝通與人際關係技巧

七、熟悉資訊系統與技術

八、流利幾種重要語言。㉓

這些同時也是跨文化管理的必備能力。例如：關於多重文化能力與敏感性對於全球性領導人物全球性領導人物的培養的重要性。將來的快速成長的區域會在美國之外的百分之九十五的世界人口所住的地方，跨國企業必須新增有多元文化能力的決策執行人。多元文化能力的培養能了解和欣賞別的文化，對不同社會的政治和文化的細微差別較爲敏感，融會貫通於跨文化的不同社會，因此能作出正確的跨文化的企業決策。㉔因此，跨文化溝通是全球性領導人物的必備能力。

㈡禪的思維模式與跨文化溝通與中西管理文化的融合

禪宗以「向上一機」作爲禪的悟道之門，這涉及了思維方式的改變與存在的基本體驗，因此和中國式管理的精神內涵息息相關，在此，向上一機不僅表達了超越與切入的精神，也表現了圓融思維模式的當下把握。本文底下探討禪宗的向上一機與中國式管理的思維模式二者的相關性。中國文化是中庸之道，具有開放

㉓ 羅森史威格，《全球取勝：商業版圖拓展策略》，台北，1998，中國生產力，頁296。

㉔ 羅森史威格，《全球取勝：商業版圖拓展策略》，台北，1998，中國生產力，頁298-299。

性、包容性和融合性。因此，中國式管理也具備跨文化溝通和跨文化管理的潛能，底下以禪的思維模式來說明中國管理哲學所包含的跨文化溝通與中西管理文化的融合的潛能。

前面說，「向上一機」是由直線型思考轉化爲反 S 型思維方式的轉化的關鍵，它是掌握到中國式管理的精神內涵的關鍵。這是怎麼一回事呢？我們使用曾仕強教授的兩個圖（圖一圖二），我在此再加以進一步發揮（圖三圖四）以說明之：

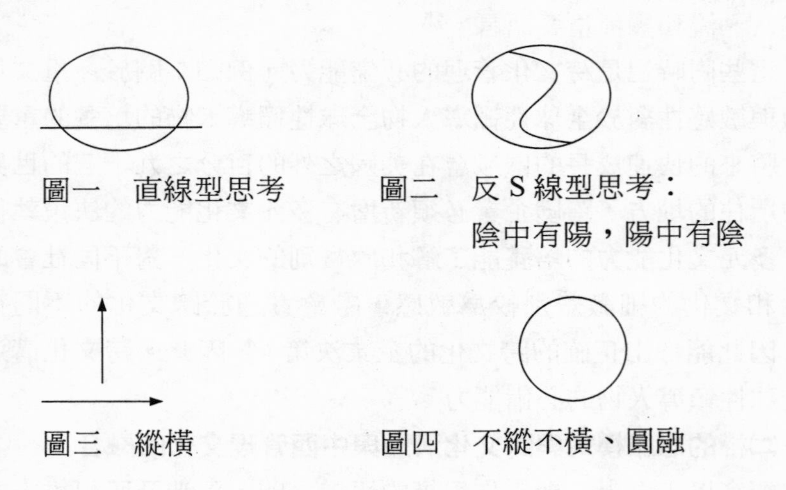

圖一　直線型思考　　圖二　反 S 線型思考：陰中有陽，陽中有陰

圖三　縱橫　　圖四　不縱不橫、圓融

圖一說明了直線型思考，也就是二構成一的思維方式。圖二說明了反 S 線型思考，也就是中國式管理的思維模式。曾仕強認爲「圖一直線型思考」和圖二「反 S 線型思考」，分別代表了西方和中國的管理思維，對此，《三種管理思維的交錯》㉕一書多有闡釋。圖三說明了縱橫的思維模式，人的生命存在是活在空間性的橫攝軸和時間性的縱貫軸當中，活在而二元對立的時空之

㉕ 曾仕強，《三種管理思維的交錯》，台北，1999，亞慶國際。

中，活在時空的固定的座標之中。圖四則說明反 S 線型思考的管理人是活在時空交融的圓融的世界之中。掌握了反 S 線型思考的管理人，也就能掌握中西管理思維模式的精義，開展優秀的跨文化管理。

禪宗常常講「向上一機」，作爲禪的功夫、悟道之門。到底什麼是「向上一機」呢？「機」是關鍵契機的意思，向上一機就是藉此而可以開悟的關鍵契機。用「向上」來形容，是因爲那是向「虛空」的跳躍，勉強說是「向上」，那是一種向佛性的當下即是的跳躍，是一種人的存在根基的轉變更新。

「向上一機」其實與中國式的管理有很深的關係，領悟「向上一機」，可以深入中國式管理的精神內涵，在管理事業上大開大闔，運用之妙，存乎一心。專研中國管理學的曾世強教授，在比較中國式的反 S 型思維方式和西方的直線型思考方式之時，其實已經涉及到了「向上一機」。人類思維模式具有「二構成一」、「一統全局」和「一內涵二」、等三種方式。底下分別說明之：

⑴二構成一的思維模式：傳統邏輯的直線型思考，是一種運用排中律和機械因果律，而展出出「二構成一」的思維模式，在這裡，非黑即白，非白即黑，並且講求黑與白的精確定義。這種思維模式的優點是精確，但是其缺點是不夠靈活，而且將存在的事實簡化了。

⑵一統全局的思維模式：一統全局的思維模式是從直線型思考方式，進一步構想籠罩全局的原理或體系，並回過頭來，根據這樣體系之中的律則所來說明現象的發生。這種思維模式的優點是具有系統性，其缺點是忽略了每一個系統都是不完美的，忽略了系統之間的差異性和跨系統之間的意義理解活動。

⑶一內涵二的思維模式、三的辯證的思維模式：像太極圖所顯示陰中有陽，陽中有陰，這就是一種一內涵二和三的辯證的思模式的圖示化，太極、陰和陽就是這裡所謂的三。我們所說的禪的向上一機的思維模式，就是要從前述的直線型思考方式到中國的反 S 型思維方式，也是一種人的存在根基的轉變更新，這是從二元對立的思維方式，轉化到整體靈動的道的思維方式。這種轉化，是一種「跳躍」，一種由微妙心印證的「悟境」。就此而言，「向上一機」是由直線型思考轉化爲反 S 型思維方式的轉化的關鍵，超越了二構成一的思維模式和一統全局的思維模式的思考模式的侷限性，這是掌握到中國式管理的精神內涵的關鍵，使得管理思維更具有靈活性和全體性。因此，想要掌握中國式管理的精神內涵、深入中國式管理的精神內涵，不可以不瞭解「向上一機」，不可以不體驗「向上一機」。

在全球化和本地化的對立之中，我們怎樣一方面具有全球化的眼光來審視當代文化的課題，使全球化部會淪爲同質化和一體化，而使在地的文化異化成爲被宰制的慾望對象。另一方面，我們能夠尊重文化的多元性，具有本土意識來回應全球化，在普遍化的脈動之中建構多元文化的意義脈絡㉖。在全球化和本地化的對立之中的課題之上，我主張進行跨文化溝通，使得全球化和本地化成爲互補融合的進步力量，發展良性的多元化。在這裡，揚棄二構成一的思維模式和一統全局的思維模式，而採用適合於跨文化溝通的一內涵二的思維模式、三的辯證的思維模式是非常重要的。

㉖ 參見王岳川，〈全球化與本土化的對峙〉，收於收於《跨文化對話》第五期，上海，上海文化出版社，2001。東方式的「解構」與「建構」：論「存有之道」的開顯可能

結　論

以上說明了多元化與全球化的當代社會文化之意義，闡明多元文化所帶來的不該是社會的失序和基本共識的淪喪，全球化所帶來的也不該是全球的分工體系被納入先進資本主義國家的宰制和變相剝削；而是，我們應該在多元化和全球化之中，不斷進行文化溝通。在管理學與管理哲學之中，我們也必須體會多元化和全球化的難以避免的趨勢，從而發揮跨文化管理的長才與不斷進行中西管理文化的溝通。如果能這樣，那麼定能從東方社會與東方文化的觀點，就跨文化管理與中西管理文化之融合的課題，來回應全球化與多元化的國際社會與當代世界文化的當前發展脈動。

3

東方式「解構」與「建構」：論「存有之道」的開顯可能

——一個東西方哲學對比的觀點

林安梧

題　要

本文旨在經由「存有論」與「道論」的對比：西方由「共相的昇進」推於至高無上的存在、中國由「生命的交融」感而遂通；進而去豁顯東方式的解構與建構的哲學特色。大體說來，西方傳統爲「話語系統的客觀論定」，中國傳統爲「氣的絪緼造化」。

「建構」乃是一「上通於道」、「下及於物」的活動；「瓦解」則須由「已論之物」還原至「未論之物」。「上通於道」必須經過體道的活動，使道的光照化掉知識系統的執著與染污，體道活動是循環的：上通於道又下及於物，下及於物又上通於道；這可以說是一「開權顯實」的開顯過程。

再者，筆者又以程朱、陸王爲例示，並對比儒、道兩家展開理解，進一步指出：由體道活動進行的批判、瓦解活動，是原建構的反省，是新建構的基礎。最後，筆者呼籲放棄自由不能眞正獲取生命的安頓，必須從瓦解中展開批評和治療，才可能調適而上遂於道，任存有之道彰顯其自己。

關鍵字詞：存有、道、物、開權顯實、孔子、朱子、陽明、老子、莊子、治療、生命、共相

一、存有論與道論的對比：西方由「共相的昇進」推於至高無上的存在；中國由「生命的交融」感而遂通

任何方法論的問題必牽涉到人與世界的關係。就我構造的「存有三態論」來說，這必得回到存有的根源來思考，或者用傳統哲學的字眼就叫「道」。「道」這個字眼，可以講成「存有」；但「道」與「存有」並不是等同的，因爲「存有」這個詞在西方的用語裡面，相當於「Being」，「Being」指的是所有的存在 (all beings)。相對來講，「道」指的是「天地萬物人我通而爲一」的總體根源。此處「存有」與「道」一個很大的不同，是從一個存在的事物往上溯，歸返到至高無上的存有 (Being)。這是通過一個抽象的過程，此抽象的過程是從殊相達到一個至高無上的共相，這裡可以看到所謂的「理一分殊」①，就其最高的共相爲

① 程頤：「天下之志萬殊，理則一也」《橫渠學案》（下）p-0102 楊龜山致書伊川，疑《西銘》言體而不及用，恐其流于兼愛。曰：「橫渠立言誠有過者，乃在《正蒙》。若《西銘》，明理以存義，擴前聖所未發，與孟子『性善』、『養氣』之論同功，豈墨氏之比哉！《西銘》理一而分殊，墨氏則二本而無分，子比而同之，過矣！」楊經此乃有「天下之物，理一而分殊。知其理，所以爲仁。知其分殊，所以爲義」說。朱熹《語類卷六》：「問：萬物粲然，還同不同？曰：理只是這一個，道理則同，.其分不同。」羅欽順《困知記卷上》：「蓋人物之生，受氣之初，其理惟一，成形之後，其分則殊」《困知記卷下》：「所謂理一者，須就分殊上見得來，方是眞切」這是一個說明道與器、理與氣之間體用關係的觀念，理是宇宙萬物的基本原理，它是「一」。自然現象和人事現象則是分殊的，它是「多」。多由一而生，一因多而成，故曰：「理一分殊」

「理一」，就個別的殊相來講爲「分殊」。

此「理一分殊」雖然亞里斯多德不直接這麼說，但在亞里斯多德的傳統裡，也可以看得非常清楚了，只是這樣的「理一分殊」與《易經》所謂的「天下殊途而同歸，百慮而一致」②不一樣。「天下殊途而同歸，百慮而一致」在中國道論的傳統中，道論的傳統跟亞里斯多德或者說廣的西方的主流傳統來講，存有論的傳統不同。所以，要區別中西形而上學（存有論）的異同，「道論」用「存有論」去說也可以，但一個是中國式的存有論，一個是西方式的，以亞里斯多德這個主流系統爲主的存有論。

我們現在回到「存有論」和「道論」作一個對比的時候，大體可以把它放在「理一分殊」的架構上說，而在以巴曼尼德 (Parmandies)，柏拉圖 (Plato)，亞里斯多德 (Aristotle) 爲主導的西方的主流傳統，其「理一分殊」是通過一個「共相的昇進」，從殊相到共相，達到一至高無上的Being，即God。但是在東方，特別在中國的傳統，他所走的不是一個「共相的昇進」的路，而是一個「生命的交融」，認爲任何一個存在的事物都是可以感通③而構成一體的，而這樣一個融於一體的的活動而上溯至至高，因而通之，皆可以造乎其道。

就「道論」而言，最後所推溯出的是「天地萬物人我一切存在事物總的構成不可分的整體」，而此不可分的整體，如其本源而說，我們勉強用一字說它，爲「道」。「道」經由一個內在的

② 語出《周易》〈繫辭下傳〉第五章：「易曰：『憧憧往來，朋從爾思』子曰：『天下何思何慮？
天下同歸而殊途，一致而百慮，天下何思何慮？』」

③ 《周易》〈繫辭上傳〉第十章「易無思也，無爲也，寂然不動，感而遂通天下之故」

生發創造活動而開啓這個世界。這跟西方的主流傳統有一至高無上的絕對者，在宗教來說，有一God創造這個世界，此至高無上的絕對者超越於這個世界之上來創造這個世界，這與我們華夏傳統是不同的。在亞里斯多德的系統，起先他並不處理這個問題，但他處理殊相和共相的問題，而推於至高無上的存在，此至高無上的存在也就是上帝，他通過了「潛能」與「實現」，「形式」與「材料」④這兩組概念去說最高的存有，就是純粹的形式 (pure form)，也就是純粹的實現 (pure actuality)。但是在中國的道論傳統不同，他講一切因而通之，通到了「道」，從「道」怎麼開啓這個世界。

二、建構的理解：西方傳統爲「話語系統的客觀論定」，中國傳統爲「氣的絪緼造化」

講這個「道」便得分陰分陽，《易經傳》所謂「一陰一陽之謂道」⑤，由陰陽翕闢開闔而彰顯，「陽」代表一個開發的力量，「陰」代表一個凝聚的力量，由開發凝聚、一開一合的力量，陰陽之氣的振動開啓這個世界。這裡指的是從內在的生發，到這個世界的開啓。這裡講的是氣的絪緼造化⑥，這不同於我們以前對比

---

④ 亞里斯多德認爲，我們所認識的對象都是「質料」與「形式」結合以後的複合體。所有的變動，必包含著「質料」與「形式」，「形式」是構成「種別」(species)的要素，「質料」是使個體成爲個體的要素。在《形上學》卷九又討論了「潛能」與「實現」，一切變動都是由「潛能」變爲「實現」的歷程。所謂「實現」即是形體的實現，由於形式的不同，因而存在之物有不同的等級，最下一層爲第一質料，往上依序爲元素、物體、植物、動物、人類、諸神，最後是上帝（純粹形式），它是純粹實現，沒有任何潛能

⑤ 《周易》〈繫辭上傳〉第五章：「一陰一陽之謂道。繼之者善也，成之者性也。仁者見之謂之仁，之者見之謂之知。百姓日用而不知，故君子之道顯矣。」

⑥ 《周易》〈繫辭下傳〉第五章：「天地絪緼，萬物化醇。男女構精，萬物化生」

說在西方傳統，他的重點是在一個「話語的客觀論定」。相對來說，我們華夏文化之所重則是「道」，「道」怎麼樣的絪緼造化，我在《關於哲學解釋學的一些基礎性理解-----「道」、「意」、「象」、「構」、「言」》一文中對於此已有相關的論述。在《易經》的傳統表示的非常清楚，「見乃謂之象，形乃謂之器」⑦，而道的彰顯過程如何，我們可通過「存有三態論」來理解，由「存有的根源」（境識俱泯），到「存有的開顯」（境識俱顯而不分），到「存有的執定」（以識執境）。這也就是從「道」，境識俱泯的狀態，到「象」，境識俱顯而沒有分別的狀態，進入到「結構」，以「語句」表現出來，亦即是王弼所謂「名以定形」的狀態。「道」、「意」、「象」三個不同的層次，是意識之前 (preconscious level) 的狀態，「構」、「言」是意識已及 (conscious level) 的狀態。「道」、「意」、「象」是主客渾然不分的，而還沒有顯現的狀態，「構」、「言」是以主攝客，用主來含攝客體的對象。

三、建構必須涉及「上通於道」與「下及於物」兩個基礎

如上所述，在這樣的發展過程裡，我們說，任何一切的建構必須有他的基礎，一是：「上通於道」、另一是「下及於物」。往上通達到存有的本源，建構一個東西，這個存有的本源，從這裡彰顯出來，必下及於物，但是物之爲物，是經過了主體的對象化活動方成爲物。換言之，這個經過了主體的對象化活動的物，已是「名以定形」的物，這個「物」就是「物論」之物，或者我

---

⑦ 《周易》〈繫辭上傳〉第十二章：「是故闔戶謂之坤，闢戶謂之乾，一闔一開謂之變。往來不窮謂之通。見乃謂之象。形乃謂之器。制而用之謂之法。利用出入，民咸用之謂之神」

們可以說「凡物皆論」、或者「凡物皆物論之物」。任何世俗所說的「物」都是經過言說或話語系統表達，經過主體對象化活動所構成決定定象之後的物。像我們要說明一個東西的時候一定要下及於物。

問題是物本身已經是被建構的，可見當我們下及於物，此物要說是還沒有被建構以前的物，這意思就是說，不可以講「唯識無境」⑧，也就是說，當我們在講道論的時候，不能夠說這個道是爲心之所契的道，若這個道是心之所契的道，那麼一切的物均是萬法唯心造了，所以，此「道」應是「境識俱泯，心物不二」，在這樣的狀態下才是「道」。或者，我們可以直接地說，在這裡我們跨出了意識哲學的思考，而將它連在存有哲學的角度來思考。

順這道理，我們應當提一下陽明所講的「心外無物」⑨，並不是「有心無物」。要是理解成「有心無物」，便出了問題。要是這樣，就變成我只要把心照顧好就好了，或我心照顧好，一切問題就好了，其實不是的。「心外無物」的意思是所有物都通於心，所有的心都要及於物，心物不二。但是當陽明的學生去理解「心外無物」的時候，理解到後來要是把它當成「只有此心，而無外物」，那樣會出問題，會墮入到「唯心論」的境域，甚至走向「獨我論」(solipicism)的傾向。所謂「獨我論」的傾向，是認爲世界皆環繞著我而建立起來的，當我撤離了以後，就沒有這個

---

⑧ 陳義孝《佛學名相辭典》唯識無境條：謂唯有心識，心識之外無一切物質現象。

⑨ 語出《王陽明傳奇錄》〈陸澄錄〉第 83 條：「心外無物，如吾心發一念孝親，即孝親便是物」又如《王陽明傳奇錄》〈黃省曾錄〉第 275 條：「先生遊南鎮。一友指岩中花樹問曰：『天下無心外之物。如此花樹，在深山中自開自落，於我心亦何相關？』先生曰：『你未看此花時，此花與汝心同歸於寂。你來看花時，則此花顏色一時明白起來。便知此花不在你的心外。』」

世界了。

這麼說來，任何一個知識的建構，均「上通於道」、「下及於物」，此「物」起先是在還沒有建構以前的「物」，也就是「未論之物」。「未論之物」就是我們講的「意識之前的層級」；「已論之物」就是「意識所及的層級」。當我們對任何一個存在事物在展開我們的知識建構的時候，必然的要涉及這兩個層面，主要在這個地方。當然要涉及「已論之物」，因爲我們已活在「已論之物」的世界裡面；我們若追溯那個剛發生的我之實存體會、實存感受的當下事件，此即是「未論之物」。

這兩個交織在一塊，該怎麼辦？是否會有問題？扭曲？例如說，我現在在讀唐先生所說的莊子，這是經過唐先生所論的「已物之論」，而莊子本身，未經由人詮釋的，是一「未論之物」。徹底的講，任何一個存在的事物，我們只能預取說他有一個未論之物；但實際上我們所接觸到的都是已論之物，只是我們得預取一個未論之物。我們在理解的時候，人們的理解能力可看到這個東西，但不能夠預取，能預取表示你理解能力能穿透，基本上我們的思維能力能由已論之物中看出已論之物背後原先的未論之物跟它的區別，我們要肯定這樣的能耐；要不然這已論之物扭曲了，我們怎麼知道它扭曲呢？我們之所以能夠知道它扭曲是因爲我們肯定有一個未論之物。但此未論之物又沒有辦法很明確的說它是什麼，因爲它是作爲你去對已論之物展開批評活動的一個基礎，但是那個基礎並不是你可以用你的語言，你的話語結構清楚的把他說出來。一旦，你用你的語言，你的話語結構清楚的把他說出來，他又墮入到一個已論之物，這就是他的難題！

四、瓦解活動的展開：將「已論之物」還原至「未論之物」

如上所述，這裡就是我們要不斷地對於我們所對的已論之物展開一個「瓦解」的活動，即展開「損之又損」「爲道日損」⑩的活動，把它削去，讓它還原，經過這個還原的活動回到未論之物，回到未論之物是作爲我們知識的積極性建構的「下及於物」的層面，並因之而「上通於道」。這過程並不簡單，它的麻煩點便在此，困難處也在此，怎麼辦？這便是我們今天所要談的！

我們對於一切已經建構了的知識系統，如何展開一個理解、詮釋、乃至瓦解、批判的活動？這如何可能？我們要問他如何可能的時候，就是我們要重新去問知識是怎麼被建構的？這問題很複雜，知識的建構本身就是「上通於道，下及於物」，這裡我們其實可以暫時借用公孫龍子的「指物論」⑪來說。「物莫非指，而指非指，天下無指，物無可謂物」一切存在的事物沒有不經過命名活動而使得一切存在事物成爲一個決定的事物，而我們之所以去指他，經由這個「指涉」的活動，也就是「指」出去以後就落成一個「所指」，這「所指」便不是「能指」，是我們把它分成「能」與「所」，「所」是客觀的對象，我們所指的對象並不

---

⑩ 《老子》第四十八章：「爲學日益，爲道日損。損之又損，以至於無爲。」此處可藉莊子的話來說，《莊子》〈知北游〉：「禮者，道之華而亂之首也，故曰：爲道者日損，損之又損之，以至於無爲。無爲而無不爲也。」

⑪ 《公孫龍子》〈指物論〉旨在闡發「物莫非指，而指非指」之說。物是具體個體，指是用來指謂或論謂客觀之物之概念。馮友蘭《中國古代哲學史》257 頁云：「公孫龍以指物對舉，可知其所謂指，即明之所指之共相也。」徐復觀先生《公孫龍子形名發微》12 頁云：「指是主觀認識能力中所形成的映象，同時也即是使映象得以成立的心的認識能力」。「指非指」之上「指」是指之物，下「指」爲指謂物的概念。物可以用指來說，然所說之物不等同於指（概念）

是我們能指的主體。我們是經由這個能指的主體，才使得這個所指成爲可能，但是這個所指的對象並不是能指的主體，天下要是沒有那個所指的對象的「名」，或者沒有經過人們這個能指的主體展開這樣一個指的活動，天下事物就沒有辦法被稱爲一個存在的對象物了。

這也就是說，任何一個存在的事物，都是經過話語建構而來，故「物莫非論」，而「所論非可論」，天下無「所論」與「能論」，天下事物則無可稱作爲天下事物矣。因爲「物莫非論」，任何一個存在的事物，都是經過我們的話語建構而來，而這個話語的建構就要以經驗爲基礎，而最先的經驗是不能言說的經驗，例如說：茶好燙，當我們感受到好燙的時候，我還沒有用好燙這個字眼去說他，我已經先感受到了，我的「覺知」先於我的「概念」，跟我使用的話語結構去說他，這個覺知是一個存在的事實，一個經驗，這個經驗我們還沒有用任何語言去說他的時候，這個經驗是純粹的，所謂純粹的經驗就是還沒有經過主客分立開來的，你當下一體明白的，如陽明跟弟子觀花之「物」⑫。此「物」用唯識學的字眼來講就是「境」，它是上通於道，如何能上通於道？因爲有心，所以能夠從你所體會的境、物，往上提，提到道，而這是經過後返去反省說這樣的活動，當下那個「道」，「物」「心」「識」「境」都通於「道」。「道」是就總體、本源說，「物」是就對象說，「心」是主體說，「境」是就存在的場域說，「識」是就心靈意識的活動說。

---

⑫ 《王陽明傳奇錄》〈黃省曾錄〉第275條：「先生遊南鎭。一友指岩中花樹問曰：『天下無心外之物。如此花樹，在深山中自開自落，於我心亦何相關？』先生曰：『你未看此花時，此花與汝心同歸於寂。你來看花時，則此花顏色一時明白起來。便知此花不在你的心外。』」

五、上通於道必須經過體道的活動，使道的光照化掉知識系統的執著與染污

「道」有很多種不同的層次，現在當我們要去說「下及於物，上通於道」，這「上通於道」是道的本源，本源是在哪裡展開？本源是在場域展開，展開了一切存在事物構成的總體，這總體又回過頭來，影響到了本源。所以，所謂的「本源」跟「總體」如同唯識學所說的「種子」跟「現行」的關係⑬，他有一個彼此互動跟循環的關係，一切存在事物的顯現所構成的總體又影響了一切的本源，而這本源又影響了總體的顯現。因爲本源經過顯現而成爲存在的事物，這裡頭形成了這樣一個彼此互動的力量，凡「本以貫末，末以成本」「本末通貫爲一體」，就落實來說，從這個「道」彰顯爲一切存在的事物，而這一切存在的事物又回歸到這個「道」，而彰顯爲一切存在的事物，又回歸到這個道，這裡有一個非常重要的就是「人心的參與」，如果把他畫成一個圖，變成這樣一個模形：

---

⑬ 丁福葆《佛學辭典》種子：（術語）阿賴耶識之別名。唯識論三曰：「或名異熟識，能引生死，善不善業異熟果故。」現行：（術語）從阿賴耶識種子顯現行動之一切法也。

陳義孝《佛學名相辭典》種子：法相宗將阿賴耶識中，能生一切法的功能，叫做種子，說它好像植物的種子能開花結果。種子識：阿賴耶識的別名。阿賴耶：心識名，八識中的第八識，華譯爲藏識，藏字有三義，即能藏、所藏、執藏。能藏謂阿賴耶識能含藏一切法的善惡種子；所藏謂阿賴耶識爲前七識熏習的雜染法所覆藏；執藏謂阿賴耶識爲第七識所執爲自內我。又譯作無沒，即含藏諸法種子而不沒失。又雖在生死而不沒失，故名無沒。現行：現行法的簡稱，阿賴耶識，有生一切法的功能，謂之種子，由此種子，生色心之法，現苦樂境界，謂之現行。

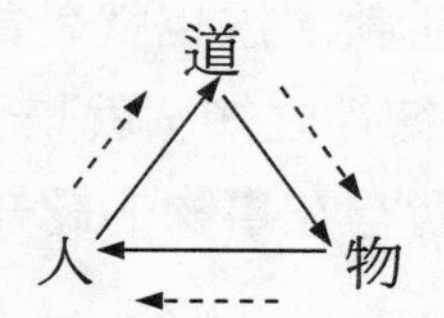

「道」彰顯為一切存在的「事物」，這存在的「事物」經由「人」而上及於「道」；而「人」因通於「道」，所以能理解存在的「事物」，「事物」經由「人」，所以才能上通於「道」。「物」不能直接通於「道」，我們誤認為「人」可以直接把握「物」；但其實不然，「人」是上通於「道」，一個「認知」的活動必須經由「道的光照」⑭。如果缺了道的光照，人直接對物的認知跟把握就會產生執著跟染污；因為經過了道的光照，人才能夠把它的有限性所產生的執著化掉，而人直接對物認知的把握就沒有辦法把執著跟有限性化掉，就會產生了染污，產生了其他嚴重的問題。

從這裡得到的架構來講，我們可以看到人直接對物的把握跟建構，也就是整個知識系統的建構，如果沒有經由道的光照，將導致一種主體的對象化活動所產生的一個異化跟扭曲；所以為了要免除人對於這個世界的一種話語的建構，即認知的把握所構成的系統而造成的異化跟扭曲，我們必須作一個體道的活動，經由這個體道的活動才使這個道照亮了物，這時候的物在道的光照之下，才可以免於知識系統建構所造成的執著跟染污，這也就是道的光照的必要性，也就是存有論的光照。此種存有論的光照如何

---

⑭ 在西方哲學中有「光照」(Illumination) 一辭，參考《西洋哲學辭典》第 206 條，依奧古斯丁即十三世紀奧古斯丁會士及方濟會士學派的認識論，人的確實、必然而普遍的認識之得以形成，是由於神的特殊影響，稱為光照。晚近的一種見解認為奧古斯丁主義所云的光照不過是鈔自然的信仰之光，屬於神學的範疇。

可能呢？必須經過一個體道的活動。這也就是為什麼宋明理學家們強調「德性之知」⑮之因，「德性之知」就是一個體道的活動，相對的，「見聞之知」就是人對存在事物的認知的活動。

六、體道的原則：「開權顯實」——瓦解暫時的表達系統，開顯了經常的眞實的本體

現在有一個問題就是，如果我們把人對這個世界的認知通通打掉了，一切都歸返到這個體道的活動；那麼，對於這個世界慢慢遺忘了，就變成把道體跟心體連結在一塊，此心即是天，對存在的事物遺忘，又會造成另外心學的弊病。再者，又如果不努力做這個體道的活動，只做這個認知的把握的活動，並且從這個存在的事物裡面發現了很多為人所不知的法則，因為這裡頭有很多為人處事的記載，你可以循行逐字地從從這裡把握到另一套，這樣一個活動而不及於道，這裡會造成一個嚴重的問題，那就是把你從文獻得到的道德修養通通當成一個千古不變的，人們依照這樣的方式而造成另外的異化、扭曲。

這樣子沒有體道、沒有道的光照，就是程朱的末流，他們從格物致知而不能上體於道。再說，陸王的末流是「此心即是天」，「心與天通而為一」，而不能下及於物。末流的意思就是說，他的這一派的思想發展到極至的另外一個尖端，而此尖端所導致的不好的後果。關於這一部份，我在〈存有、方法與思考——對於「方法論」的基礎性反省〉一文中已有所論及。如此說

---

⑮ 把知分為「德行」與「見聞」兩類是宋代儒學家的新貢獻，大略言，此一劃分，始於張載《正蒙》〈大心篇〉：「見聞之知，乃物交而知，非德性之知。德性之知，不萌於見聞」而定於程頤《語錄》：「聞見之知，非德性之知，物交物則知之，非內也，今之所謂博學多能者是也。德性之知，不假見聞」。

來，當我們談建構的時候，任何話語的建構都只是「權」而不是「實」，只是「變」而不是「經」，只是「一時之權宜」，而不是「眞常不變之實」，所以佛教裡面有一個詞叫「開權顯實」⑯，「開權」就是「瓦解」；「顯實」就是「顯現」，瓦解了暫時性的表達系統，開顯了經常的、眞實的本體。

七、先立乎其大是體道的優先性，而體道活動預取於經驗的實在性

先儒對這些問題提出幾個基本的大原則：「先立乎其大，則小者不可奪也。」⑰「先立乎其大」，如果用剛剛的架構來講的話，必須要先有一個體道的活動，這也就是體道活動的優先性。這個體道活動，你用現在的語句來講就是：我們必須上溯於本源，而有一存有論的光照。上溯於最高的一個道，就是談這個道光、照亮。照亮，要不然你看不見的。就好像這個燈光一樣，教室如果沒燈光你們就看不見，你也就不可能展開你的認知活動。所以，這個心靈之光來自那裡呢？來自於上溯的本源，指的是存有論的光照。必須上溯於道，而先立乎其大。在這個體道的活動接下去呢？你必須預取經驗的實在性，必須肯定經驗的眞實性。肯定經驗的眞實性，是相對於所謂上溯於本源而源於「存有論的光照」。現在把它轉成另外一個語詞：下及於經驗，而有一相對「存有論的光照」，而有一「認識論的把握」，這也就是前面所

---

⑯ 陳義孝《佛學名相辭典》開權顯實：權者方便，實者眞實，開方便以顯眞實，叫做開顯。法華經說：「開方便門，示眞實相。」

⑰ 見《孟子》〈告子上篇〉第十五章。「先立乎其大者，則其小者不能奪也。」此章言應先立定心志，然後耳目之官不能奪，則不爲外物所蔽，始可爲大人矣。後「先立乎其大」爲陸象山闡揚，成爲成德之先決條件。

講的「上溯於道，下及於物」。

八、體道活動是循環的：上通於道又下及於物，下及於物又上通於道，上通於道而有存有論的光照

「上溯於道，下及於物」，這兩個活動，它是循環的活動：一方面上通於道，一方面下及於物；而下及於物，它又上通於道。上通於道，又下及於物，就這樣子活動形成了一個箭頭，形成了可循環的三角：「道」、「物」、「心」。這「物」有兩層意思：一個是「未論之物」，一個是「已論之物」。「未論之物」是道之所顯，我們姑且可以說是「象」；而「已論之物」就是心之所對的「物」。這「未論之物」經由心靈意識活動，這個主體對象化活動，使得「未論之物」變成「已論之物」。一旦成爲「已論之物」，這時候就必須回歸到你的心，一方面你經由這個體道的活動上通於道，上通於道以後再下來。也就是你對於這「已論之物」展開一個照亮，這個照亮本身就帶有一種批判、反省。

當我們展開對「已論之物」批判的時候，這個物它就有一個隱含能力從「已論之物」回到「未論之物」。回到這個「未論之物」，這時候心對物就不只是一個對象化的執著與把握而已。它其實是有一個反省的能耐，經由一個複雜過程，由內心的「已論之物」能夠再後返的去建立成理解，理解這個做爲「已論之物」原先「未論之物」的狀態。這時候就導生另外一個力量可以「上及於道」。

九.「由心到物，由物上及道」與「由心體道」兩條體道途徑：程朱學與陸王學之異

這個上及於道的過程，跟你原先從心體道的活動不一樣的。

這邊是由「心」到「物」，由「物」而上及於道的活動；這邊則是由「心」直接體道的活動。其實程朱的正途講得好的話，就是「格物致知，致知而窮理，窮理而達於太極」⑱，因爲「物物一太極」⑲、「統體一太極」⑳。身爲一個存在的事物，都是太極之道之光之所照的那個物，而總的歸於一個「道」。所以朱子的路並不是如陸象山所說的不見道的，但是朱子的末流是可能不見道的。有「道」、有「路」，朱子的末流可能不見「道」，那陸王的末流呢？可能不見「路」。

如果以朱子的學問來講的話，「一旦豁然貫通焉，則衆物之表裡精粗無不至，而吾心之全體大用無不明。」㉑。表裡精粗無不至，全體大用無不明，如何無不明，爲道之所顯，爲道之所光照而無不明呢？所以他講到最後是講「體用一源」㉒、「顯微無間」。通過於道，「體用一源」，那也就是「格物」活動。是個什麼樣的活動呢？是從「已論之物」回到這個「未論之物」而上通於道，應該是這樣「格物窮理」的活動，這樣才能「一旦豁然貫通焉」。「已論之物」是分別的，而「未論之物」是分別前的未分別狀態。這個未分別狀態並不是道本身，而是道之所顯的。所以必須再往上追溯，追溯到道，要不然的話你只停留在道之所顯的那個「未論之物」，就不行了。

如果只停留在這個「未論之物」，這時候你也會進入一種惝

---

⑱ 見《大學章句》〈格物傳〉。「致知在格物，言欲致吾之知，在即物而窮其理也。」

⑲ 見《朱子語類》卷九十四。

⑳ 同上。

㉑ 見朱熹《大學章句》〈格物傳〉。「一旦豁然貫通焉，則衆物之表裡精粗無不到，而吾心之全體大用無不明。」

㉒ 見程頤《周易傳序》。

然恍惚的境界。這個境界會讓你以為是見了道的境界，其實不是。朱子認為：當你見了那個道的境界，你還是對那個道本身所隱含的客觀法則盡量的把握，那叫做「理」。這個「理」是「太極之理」。這理是太極，而對於任何一個存在的事物，事物也有「理」。所以「物物一太極」，「統體一太極」。任何一個存在的事物，都有那個太極之理分殊的在那裡表現了。而這個分殊的太極之理，是充於那個統體的「理一」的「太極」之理中。

十、「先立乎其大」所導生的「瓦解」與「重建」

那麼我們現在可以發現，原來我們所說的這個從「建構」到「瓦解」，「瓦解」變成有兩套方法：一套是「先立乎其大」的方式，經由我心靈意識推溯到道，默契於道的這樣的體道活動。上溯於本源，而有一個存有論的光照，而這個存有論的光照，下及於經驗而展開一個認識論的把握，而當我們下及經驗展開認識論的把握的時候，就把那個存有論的光照，帶進去這個認識論的把握，而起一個照明的作用。這個物展開了批判和反省的活動，更嚴重的是導致一個瓦解的活動。

整個心性之學系統再往下發展的時候，可以這麼講，由心通於道，而道下貫於物。「範圍天地之化而不過，曲成萬物而不遺」㉓。「範圍天地之化而不過，那還是「未論之物」。「曲成萬物而不遺」則是由「未論之物」轉為一個「已論之物」。而這個「已論之物」要能夠是往下落實，而且還是要回歸於那個道，回歸於那個本心。陽明格物致知也是如此的，還有陸王學、孟子學所主導的系統也是這樣。

㉓ 見《周易》〈繫辭下〉。

十一、由物上及道，對已論之物的認識必先預取於未論之物的狀態，而未論之物必須預取於道：程朱體系的核心

那麼如果依照程朱學的系統爲主導、朱子學爲主導的系統，那就不是這樣。我們心靈意識對那「已論之物」的把握，使我們徹底地深入到我們所把握的一個「客觀之理」。這個「客觀之理」之所以能夠如其「客觀之理」，這個部份到底爲何？也就是我們之所以會對一個「已論之物」，對它有個客觀法則性的把握，把握的穩當而不會錯的，是因爲人們對「已論之物」之所以能夠認識清徹，必須預取在「已論之物」之前的「未論之物」的狀態，而這個未論之物的狀態必須預取在通於道。這樣你才可能從「已論之物」，往上翻越回歸於道。要不然的話怎麼可能？要不然就會落入婁一齋（婁諒）告訴王陽明怎麼樣格物，於是他去格竹子，格到後來病了，爲什麼？因爲他上不去（指達不到道的境界）。

所以我認爲朱子的格物窮理的活動是一種上溯於道，「一旦豁然貫通焉，則衆物之表裡精粗無不至，而吾心之全體大用無不明。」㉔。表裡精粗無不至，全體大用無不明，如何無不明，基本上他的活動只到這裡，道理是什麼他沒有講徹底。道理到什麼時候才把它講清楚呢？我認爲王夫之的時候就差不多講清楚了。那有沒有完全講清楚呢？我不太敢肯定，可能還沒完全講清楚。那什麼時候講清楚呢？可能現在才講清楚，就是我以前也沒有講清楚，我覺得現在才講清楚。要不然不通的。

㉔ 見朱熹《大學章句》〈格物傳〉。「一旦豁然貫通焉，則衆物之表裡精粗無不到，而吾心之全體大用無不明。」

所以當陸象山去批評朱熹的時候，他說：「朱夫子泰山喬嶽，惜不見道」㉕。我們也可以說象山這提法對牟先生有所啓發，牟宗三先生說朱子學是「橫攝系統」㉖，它是橫面的、主客對立的、以主攝客的，這樣的一個知識系統。朱子學若只是對於一個客觀之理把握的系統，是沒有辦法上通於道的，那他就不在「盡心知性知天」㉗的傳統裡面。牟先生他認爲這個「此心即是天」，而心能夠上通於道，這個心學傳統做爲主流，做爲正宗；那麼朱子這樣的方式就叫做「別子爲宗」㉘，或者說是「繼別爲宗」。他是一個歧出，他是個轉向，但是他自別宗派，自成一個很大的流派。但是如果依照剛才解釋的話，朱子這樣的一套論點，仍然可以上通於道，我們仍然可以將它歸到孔子、孟子的大主流去的。

十二、新的「別子爲宗」：牟宗三先生理論的核心及其限制

那如果我們仔細審視牟先生的那套說法，他之談由「道」及「物」，而忽略了「心」對「物」本身的、直接的這樣的一個把握。而在他的整個系統裡面，太強調如何經由「心」對「道」的體道活動，再由「道」及「物」，而比較忽略了「心」對「物」這個直接的、經驗論式的一個把握。這又是他的一個弊病。而且牟先生在談這個「心」的時候，慢慢把這個「心」形而上化，使「心」跟「道」幾乎通而爲一。經由一個理論的建構活動，把「心」做一個形式化、純粹化的這樣一個建構，而這個建構就把

㉕ 見《宋元學案》卷 58〈象山學案〉「一夕步月喟然而歎，包敏道侍問曰：『先生何歎？』曰：『朱元晦泰山喬嶽，可惜學不見道，枉費精神，遂自耽擱。奈何？』包曰：......。」

㉖ 見牟宗三《心體與性體》。P113。

㉗ 見《孟子》〈盡心篇〉第一章。「盡其心者，知其性也。知其性，則知天也。」

㉘ 見牟宗三《中國哲學十九講》〈宋明儒學概述〉

「心」縮到一個形而上的保存的心去了，心直通於「道」。而這時候「心」就逐漸失去了眞存實感的經驗性。這時候強調如何從這個「道心」裡轉出了「認知的心」，去認知這個物就很重要，所以後來牟先生的系統更強調這部份。因爲它整個先上溯到這裡（道），然後再整個往下（下及物）。

他爲何必須要上及至那個「道心」，而忽略了「人心」和「物」之所對呢？這是因爲整個族群面臨了嚴重的「意義危機」。在這個「意義危機」底下，「心」只要擺在這實存的狀況下，幾乎不堪忍受這個「意義危機」。因爲無法忍受，所以必須做個「形而上的保存」，你才能克服。你放下來就沒有辦法，因爲這是一個時代的過渡。那麼牟先生再經由一個這樣方式，借用了整個康德的系統，建構了一個建構。

我認爲那樣的一套理論建構，忽略了中國傳統中原先從「道」所開顯的幾個不同的層次；忽略了在整個道論的系統裡，是一個主客渾然不分的「氣」做主導，這樣一個系統本身建構出來的，跟原先中國族群文化傳統的建構不一樣。所以我說牟先生建構了一套非常龐大、非常可貴的系統。這個系統又是一個新的系統，所以我才說它也是一個新的「別子爲宗」。但此論一出就引發了比較大的爭議。

十三、由體道活動進行的批判、瓦解活動，是原建構的反省，是新建構的基礎：道家老子、莊子的反省

大致說來，我們發現到任何一套體系的建構，都不敵我們要去反省它的時候。我們一定要反省它是如何建構的。當我們去反省它如何建構，我們才有能力批評它、才有能力去瓦解它。也因爲這個批評、瓦解的活動，能夠使得那個建構回到這個本源。所

謂的「本源」就是指未建構之前的一個狀態，從這個未建構之前的「本源」彰顯而有新的建構。這一點我認爲在整個華人文化傳統裡面資源最多。反省最多、資源最多的是道家，就是老子、莊子。

道家最重要的重點，是在於對整個人文的建構，對整個「已論之物」生出反省。任何一個既成的「已論之物」，我要反省它的正當性、合法性。要反省它正當性、合法性的時候，我就要反省這整個話語建構的過程到底是怎樣的一個過程。話語的建構過程，它不只是我們所以爲的純只是認識論的這樣活動；不只是我們哲學上傳統所說的主體對客體的活動。在主體對客體的把握活動的過程裡面，我們活在這個歷史社會總體；活在這個文化傳統中，用佛教的話來講有無窮的業力㉙，是無始以來即已沾染其中，它全部滲透進去，全部作用於其中，這是無法擺脫的。正因爲如此，所以王弼需要展開深入的反省。這意思是說，任何一個對於客觀事實的描述，必然隱含了你所處的存在境域，跟在這個存在境域整個關聯起來的，所導生的你這個主體的指向，而這個指向必然關聯到的權力的問題、利益的問題、興趣的問題、欲求的問題總總，整個力量都放在裡面，這是無法避免的。

如此說來，我們之所以要有體道的活動，是要告訴你，我要對於這樣的一個話語系統展開一個批判和瓦解的時候，之所以可能是因爲我可以經由我內在的一個自省的活動，先把不相干的東西通通擺落。這不相干的東西通通擺落後，讓我能夠達到所謂的上溯於本源，而有存有論的光照。這叫做「莫若以明，照之於

㉙ 業力，梵名Karma，音譯爲羯磨。是指各人憑自己的意志力不斷的活動，活動反應的結果，造成自己的性格。這性格又成爲將來活動的根底，支配著自己的命運。

天」㉚。「照之於天」指的是那個道的光照，天之所照，你要怎麼做？你「心齋」㉛「坐忘」㉜，你「虛室生白，吉祥止止」㉝。你整個把窗子打開了，陽光引進來了，這是一個空的屋子，但是這裡卻有亮光。這個地方你的心是謙虛的，你能夠致虛、能夠守靜。《老子》第十六章講：「致虛極，守靜篤，萬物並作，吾以觀復」。這是一個怎樣的活動呢？這是「觀復」的活動。「夫物芸芸，各復歸其根」，「已論之物」各復歸其根就回到這個「未論之物」；「歸根曰靜」，這個活動就是一個心靈能夠擺落的活動；「是謂復命」，就是讓一切存在事物能夠回到「復命曰常，知常曰明」，你能夠體會這個常這就是明；「不知常，妄作」，不知常你就不經由這個活動而妄作，這便是「凶」㉞。

當然老子第十六章它的詮釋有很多方面，詮釋有範圍、有向度，很重要的是有深淺。我們剛剛講的爲什麼敢說不是過度的詮釋呢？因爲過度的詮釋講的是：原來詮釋的向度應該是這個樣子，也可以這樣，但是你現在是另樣，這就錯了。但是它有深淺，你可能原來它意義結構是這樣，原來是講到這裡而已，現在

㉚ 見《莊子》〈齊物論〉「道惡乎隱而有眞僞？言惡乎隱而有是非？道惡乎往而不存？言惡乎存而不可？......欲是其所非而非其所是，則莫若以明。......是以聖人不由，而照之於天，亦因是也。......是以一無窮，非亦一無窮也，故曰莫若以明。」

㉛ 見《莊子》〈人間世〉。「若一志，無聽之以耳，而聽之以心；無聽之以心，而聽之以氣。聽止於耳，心止於符；氣也者，虛而待物者也。爲道集虛，虛者，心齋也。」

㉜ 見《莊子》〈大宗師〉。「墮肢體，黜聰明，離形去知，同於大通，此謂坐忘。」

㉝ 見《莊子》〈人世間〉。「瞻彼闋者，虛室生白，吉祥止止。」

㉞ 見《道德經》第十六章。「致虛極，守靜篤。萬物並作，吾以觀復。夫物芸芸，各復歸其根。歸根曰靜，是謂復命。復命曰常，知常爲明。不知常，妄作凶。知常容，容乃公，公乃全，全乃天，天乃道，道乃久。沒身不殆。」本章說明「致虛」和「守靜」的效果，能明察事理，能洞知萬物變化的常規。能識得這個常規，就能深得自然的妙趣，而與道同體。

却能講到更深一層，詮釋是有深有淺的。任何存在的事件一個境況，你去表述它的時候都可以做多層的表述。多面的表述，多重的表述，多面代表了不同的向度、不同的dimension；多重代表不同的level、不同的層級。它可以非常深，可以深到這一層。所以像「致虛守靜」那一章，我們剛剛做一個那樣很深的詮釋，把它深到一個知識論跟存有論裡。那你現在想一想那個莊子的「恢詭譎怪，道通為一」㉟，也就是對「已論之物」進行一個瓦解的活動，這瓦解的活動到最後回到了「道」，從「人籟」回到了「地籟」，從「地籟」回到了「天籟」，從「天籟」回到了「體道」㊱，「厲風濟則眾竅為虛」㊲！

十四、「至誠如神」，「涵養主靜」與「格物窮理」：孔子和朱熹的反省

任何一切語言的活動，在這活動以前是個怎麼樣的活動呢？其實是一個「名以定形」，一個走向「形器」的執定活動，而這個「形器」的執定活動又如何避免落入既有的殼構之中，這要回到「未論之物」，「未論之物」又如何上通於道呢？儒家能不能講呢？可以。儒家用「至誠」。「至誠」為什麼可以「前知」呢？「至誠」通於道，道之所顯為「幾」。你去體會那個「幾」，知其「幾」。知其「幾」，「幾」循物而成「勢」，即其「勢」而成「理」。反溯回來，在那道之彰顯未顯為「幾」，

㉟ 見《莊子》〈齊物論〉。「故為是舉莛與楹，厲與西施，恢詭譎怪，道通為一。」貴與賤，美與丑，大與小，這些差別都是主觀的認定，通過道來看，這些區別根本不存在。

㊱ 天籟、地籟、人籟都見《莊子》〈齊物論〉。

㊲ 見《莊子》〈齊物論〉。「冷風則小和，飄風則大和，厲風濟眾竅為虛，而獨不見之調調之刀乎？」

你已經可以達到至誠之前知了。也可以如此說，「至誠如神」㊳、「神也者，妙萬物而爲言者也」㊴。「至誠」通過了體道的活動，人能夠如神一樣，人能夠如其爲道。「神也者，妙萬物而爲言」，它不是你話語系統能夠說它的，但是它是使一切話語系統去稱謂萬物成爲可能的那個根源，你們應該有這種經驗。「神也者，妙萬物而爲言」、「至誠如神」，這個東西根據我的判斷，只要常常出現，你就可能事先判斷得到。

就這樣說來，我們發現教育的過程，道德和知識的活動密切相關，體道的活動與知識的攝取，密切相關。知識的攝取能夠把握的非常準確，它必須時時刻刻做這個活動——上溯本源的存有論活動。正因如此，所以朱熹他半日靜坐，半日讀書。半日靜坐最重要要做「涵養主靜」的功夫，「涵養主靜」的功夫就是上溯於本源，而有存有論的光照；半日讀書，就是「格物窮理」，它的重點在於下及於經驗的認識論的把握。其實，任何事都宜簡易，一旦簡易，生命力就強，就會越做越旺，因爲它不耗損，如此人的生命力自然可以豐富。人生命的豐富來自於，人要肯定我就是活在一個世界裡面，「已論之物」與「未論之物」糾雜而成的世界裡面，而這個「未論之物」與「已論之物」都可以「上溯於道」。所以「汝以予爲多聞而識知者歟？非也，吾一以貫之」㊵。要「一以貫之」也是因爲「多聞」才能「一以貫之」，所以把那個「非也」做一個創造性解釋，說它不是「不是」而是「不只

㊳ 見《中庸》第二十四章。「至誠之道，可以前知：國家將興，必有禎祥；國家將亡，必有妖孽。見乎蓍龜，動乎四體。禍福將至，善，必先知之；不善，必先知之。故至誠如神。」此章論至誠之明。

㊴ 見《朱文公文集》卷六十二〈答杜仁中〉。

㊵ 見《論語》〈衛靈公〉第二章。

是」，是可以這樣解釋的。但就語句本身來講它原來是講「不是」，但是它的深層意思是「不只是」，「不只是」是指孔老夫子他還是博學多聞。博學多聞是重要的，由「博」返「約」是重要的，要不然沒有材料。人的生命要豐富而有韌性、有力量，其實是對於這個物論的世界你要很清楚。

十五、宗教命令、教條化規定，都是體道之歧途：放棄自由不能眞正獲取生命的安頓，必須從瓦解中展開批評和治療

有沒有發現到有趣的現象：就宋明理學家而言，大體理學家壽命比較長，心學家壽命比較短。這裡隱含著人生命安頓的道理。我什麼都不要，不要用腦子，祇要用心。這種人恐怕不夠豐富，韌性也不夠。年紀輕輕的就對人間世事什麼的通通都看破了，直往體道的活動走，把體道活動又當成一種神秘的契路，他又走另外一條途徑，連不合理的教條都變成是一種宗教絕對的權威命令，以自由的放棄獲得生命的安頓。就是有這麼笨的人，在現在也是有，你知道嗎？就是以自由的放棄而獲取生命的安頓！有多少你知道嗎？很多啊！要不然就不會有那麼多那麼多法西斯。

法西斯就是這樣啊！法西斯就是我放棄我個人的自由意志，全部交予你這個全體的意志，由這個全體的意志，因此我獲得了另外一種意志。墨家也是一種類型，宗教也是一種類型。當然很多種類型，但那都是集體主義的類型，也就是放棄了個體的獨立性進入到整體。這有很多種類型，心學的末流也是一種類型。心學其實原來不是這樣，但末流就會搞成這樣。很有趣的，這個要留意一下。思想絕對不可能客觀的論定在那裡不變。思想就好像刀一樣，思想這個刀可以拿來做壞事，也可以做好事。從來沒有

一個思想可以說絕對很好，再好的思想也會有問題，所以要留意一下。所以思想一旦被某一群人一直使用之後，就會變成「意識型態」。「意識型態」以後，把它變成一種教條化的規定。把它放在這個架構來講的話，一樣有道啊！再變成「已論之物」，越拉越遠，迷而不返啊！所以要「尊道而貴德」，要不然會出嚴重的問題。

如此說來，「瓦解」的目的，其實是要展開一個「批評」和「治療」的活動。所以釋迦牟尼佛要圓寂前，弟子問他。他說：「吾無一法可說」。他所說的東西呢？凡是我所說的都已經過去，怎麼能當眞呢？因爲一旦成了話語系統就不能當眞，就是說我們今天說的也不能當眞。「道可道，非常道」㊶。凡「可道」皆非「常道」，凡「可道」皆是「詮言」，皆爲「詮表」也，都只是暫時的表權，暫時的表述，是「非眞常」的言，都是暫時的表詮，不是眞實。

十六、《道言論》的總結

如上所說，我們可以將這裡所說歸結到我所說的《道言論》：「道顯爲象，象以爲形，言以定形，言業相隨，言本無言，業乃非業，同歸於道，一本空明」。一個存有論從本源的這個「道」顯現爲「象」，「見（顯現）乃謂之象」也，「形乃謂之器」也。「形乃謂之器」，經過「名以定形」的功夫，言就出來了。而當你展開名言概念的這個話語系統活動時是帶有業力的。你的權力、你的欲望、你的利益、你的性好都含藏在裡面，而當我們對於一個話語系統做一個徹底的、後返的一個追溯，回歸到

㊶ 見《道德經》第一章。

一個還沒擺在話語前的無言之默的狀態。而我們這時候再去重新去理解，其實所謂業力，乃存於虛空之間，感時即有而不感即無。而業並不是一個實際的物體擺在那裡，他其實是一種被感應的存有，而一切歸於道。而這個道如其爲這個道本身，是一個照亮，而它本身是空無的。這個時候我想跟大家說，我們傳統的古典話語系統，跟整個現代的學問傳統是可以連在一塊的。像這些古典的話語系統所構作出來的一些語詞，它其實是清晰的，一個字一個字可以定位的，只是定位方式跟現在的學術性語言定位的方式不太一樣。現在的學術性語言的定位方式，基本上是它本身自爲定位；但是中文的古典的表達系統，它的定位是在表達的脈絡中定位。這不太一樣。

我們把古典新譯，我們對古代的典籍重新讀出現在的話語。應該說不是讀出現在的話語，而是用現代話語去重讀，因爲我們是現代人。但是當你要展開一個現代話語重新解讀的活動的時候，你必須要有能力進入它的核心。你要進入他們話語系統裡面，你要學習操作他的話語系統；你沒有操作，你沒有寫過文言文，就很難進入文言文的世界。就好像你要做個藝評家，你不能夠說純欣賞，你多少也要懂得怎麼操作。

（案語：庚辰 2000 年夏七、八月間我在國立台灣師範大學國文學系研究所講授【思想方法與教學】一課。當時我設計了一套人文學方法論的課程，共計八章，「第一章、人文學、社會科學與自然科學之異同」「第二章、方法、方法論與方法論意識」「第三章、人：世界的參贊者、詮釋者」「第四章、語言——存有之道落實於人間的居宅」「第五章、道（存有）：語言調適而上遂的本源」「第六章、詮釋的層級：道、意、象、構、言」「第七章、「言」與「默」：從

「可說」到「不可說」「第八章、建構、瓦解與開顯」。經任課同學據上課錄音整理，再由我刪訂而成，本文就是當時上課的第八章，是八月十四日所講授的內容，由碩士生嚴雪櫻小姐、顏婉玲小姐兩位同學紀錄，並經由我再三修定而成。時在壬午之春 2002 年四月十九日，深坑元亨居。

4

中西文化裡的戰爭與和平

邱垂亮

中國儒教與西方基督教兩大文明，兩千年來爲人類輝煌的主流文化體系；但在戰爭與和平問題上，都沒有找到永久解決之道。不僅如此，在避免戰爭、尋求和平的千秋事業上，兩者也長期各走各路，各有其思想理論基礎，焦點匯聚之處，有，但不多。歷史長河地看，兩者都沒有建構長遠、更沒有永遠的和平，在兩個文明世界裡殺戮戰場倒是普世現象。從弓箭到核武，從農業社會到信息科技，人類戰爭能力與生產模式一再大躍進，但國際和平仍停留在中國兩千多年前的戰國及歐洲黑暗的中古世紀，毫無進步。戰爭是否是人類的原罪和宿命？註定要不停地殺戮下去？如是，我們應如何建構、維持『暫時』的和平？如不是，我們要如何找到永遠和平之道？在東西兩大文明裡，是否必然文明衝突？是否有建構和平的制度的人性焦點？本文提出一個人性焦點，看到一個東西文明匯合的願景，雖還沒看到永久和平，但看到一絲希望。①

---

① 作者對儒學沒有深入研究，所讀孔孟諸家聖賢書甚少。本文所用參考資料大多根據英文著作。有關儒教，請參考 John K. Fairbank, The United States and China, 4th ed. (Cambridge, Mass: Harvard University Press, 1979) .

儒教文明

兩千五百多年前，中國處於春秋戰國時代，儒家、法家、道家百花齊放，百家爭鳴，孔子等哲人奔走於諸國之間，除了努力宣揚各家學術思想外，也向各國王公獻策治國之道，並在當時的諸國國際之間合縱連橫，在戰爭與和平的問題上提出維持不戰的權勢平衡 (balance of power) 與如非戰不可時的勝算之途。無疑地，在那思想、意態多元 (plural) 競技的時代，孔子的儒學成爲顯學，雖沒成一尊，也可說是領百家風騷。

兩千兩百多年前，秦始皇統一中國，焚書坑儒，嚴刑峻法，儒學衰法學盛，但沒幾十年就滅亡。漢高祖建朝，以內聖外王的儒學治國，儒學成爲國教。之後至今，兩千年中，雖有數十個武力造反的朝代變化，還有 1911 年孫中山領導的共和革命、1919 年陳獨秀、胡適之等北京大學師生發動的五四民主運動及毛澤東井崗山造反的共產革命和 1949 年建立的共產王朝，即使有大躍進和無產階級文化大革命，儒教基本主導中國思想、文化、社會、政治體系的建構和運作。其內聖外王的理念與大同世界的理想是否實踐、實現，是一回事；其儒學禮教、讀聖賢書與學優則士的教育、科舉及文官、還有士農工商、君臣父子的社會與政治制度，穩固建立和長期運行，造成的千年『超穩定』文化體制，令世人讚佩，是另一回事。

基督教文明

基督教文明強勢形成之前，西方有希臘、羅馬等古老輝煌帝國文明。兩千多年前的希、羅帝國，一樣有其春秋戰國時代，不過與秦漢以下的中國帝國，最不同的是，前者數百年即衰落、終結，後者兩千年一脈相承，雖有十九世紀中旬後西方帝國主義侵略造成的沒落，基本儒教意識形態、政經制度延續不變。現代西方基督教文明成為世界主導文明，是在中世紀西班牙、葡萄牙、大英等帝國興盛時代，在蒸汽機發明引起的工業革命後崛起，並成為西方帝國主義擴張霸權的精神文明支柱。之後歐洲英、法、奧、義等新興國家在 1648 維斯法利條約 (Westphalia Treaty) 國際體制下出現。這些新興國家在工業革命後資本主義的經濟制度下，取代西班牙、葡萄牙等帝國橫行霸道全球。

這些國家之間，當然也各懷鬼胎、權勢爭奪，曾鬥得死去活來。一方面，它們帝國主義地爭奪世界霸權，在亞、非、南美各洲廣拓殖民主義，擴張、擴大國力 (maximizing power)。另一方面，它們在歐洲展開互爭互鬥的權勢競爭 (power competition)，而有戰爭一觸即發之勢。為了爭權，但也不能任意開戰，奧地利政治家梅特涅 (Metternich) 建構歐洲議會 (Council of Europe)，並以其戰略政治家的智慧，頗像春秋戰國時代的孔孟學士，遊走歐洲諸國之間合縱連橫，建造、維持權勢平衡的和平國際關係。②

在十九、二十世紀，梅氏權勢平衡的現實主義，隨著美歐基督教文明的權勢主義高漲，水漲船高，掌控國際政治。即使在二次世界大戰後的美蘇兩極冷戰中，梅氏忠實信徒季辛吉 (Henry Kissinger) 也能大肆發揚光大，在 1970 年代的聯中國抗蘇聯的權勢運作中發揮得淋漓盡致，可說是權勢政治最高層次的表現。季辛吉認為，因他的現實主義的權勢國際政治有效運作，雖有韓戰、越戰等區域戰事，世界和平基本得以維持。

---

② Hans J. Morgenthau, Politics Among Nations, 6th ed. Revised by Kenneth W. Thompson (New York: Knopf, 1985) . Kenneth N. Waltz, Theory of International Politics (Reading, Mass.: Addison-Wesley, 1979) .

現實主義 (Realism)

當然，正如當代現實主義政治學者米爾蕭麥爾 (John Mearsheimer) 所說，現實主義的國際政治，始於十三、四世紀，八百年來爲國際政治學主流，至今，雖面臨自由主義一制度主義 (liberalism-institutionalism) 的挑戰，仍獨一無二，雄據主流，唯一可以檢驗國際政治實質、維持實際世界和平的理論架構。③

國際政治學的現實主義對基本人性的認知，以基督教的原罪論爲起點，與西方資本主義同步發展，兩主義都認爲人性本惡，自私自利乃人性本質，是人類生產、創造、追求物質文明的動力所在。人性本惡導至的社會性、國家性，一樣必然自私自利，國家的存在就是要維護主權獨立，增進國力，包括文化、社會、經濟、軍事國力，爲國人謀福利。爲此，國家必與別國不停國力爭奪、競賽，國家權勢增強、擴張、運用，不僅自然，而且必然、應該。故現實主義國際政治學者認爲，權勢運用導致戰爭，在國家主權之上無權威的無政府 (anarchy) 國際政治競場上，戰爭不可避免，甚至必要。所以，自有國家、尤其現代國家制度以來，大小戰爭從未間斷，仍人類社會正常現象。

文明衝突

季辛吉的現實主義權勢政治，在 1970 年代淋漓盡致發揮，逐有 1971 年的北京秘密外交，與中國發展正常關係，並在 1972 年

---

③ John L. Mearsheimer, “'Back to the Future': Instability in Europe After the Cold War," International Security, vol. 15, no.1 (Summer 1990) , pp. 5-56; “The False Promise of International Institutions," International Security, vol. 19, no. 3 (Winter 1994/95) , pp. 5-49.

上海公報及 79 年建交和 82 年 817 公報中改善中美關係，結果無情出賣台灣。

季辛吉的權勢政治對蘇聯國力判斷錯誤，並沒有預料到 1989 年柏林圍牆會崩潰和 1991 年蘇聯帝國會崩滅。不過，他的現實主義至今仍統領國際大局，如澳洲前總理弗雷澤 (Malcolm Fraser)，雖非常反對美國霸權主義，但相信，爲了不挑釁權勢中國觸動台海戰爭，迫使美國派兵保衛台灣與中國開戰，成爲世紀大戰，又因美、澳、紐軍事聯盟條約 (ANZUS)，如美、中開戰，必迫使澳洲參戰，故台灣絕對萬萬不可宣佈獨立，觸怒中國。弗氏認定，台灣是強權中國的一部分，必接受中國主權統治，此乃台灣宿命，無可抗拒。弗氏在反美霸權政治上雖服辟自由主義和多邊主義 (multilateralism)，但是在台灣問題上，他是冷血的現實主義者。此在在驗證了米爾蕭麥爾現實主義理論的邏輯說服力與正確性。

與季辛吉同列現實主義大師的杭廷頓 (Samuel Huntington)，於 1996 年推出爭議震撼性的『文明衝突』(clash of civilizations) 理論。理論裡，中國儒教文明雄霸東亞，與西方基督教文明遙相互應與抗衡，各領風騷。杭氏認爲，後冷戰 (post-Cold War) 的世界新秩序中，未來意識形態、如資本主義與共產主義之爭，已成過眼歷史煙雲，可能、甚至不可避免發生的將是八大人類文明衝突之間的戰事。最可能的就是中國儒教與西方基督教兩大文明之間的大戰。他預測的另一文明衝突，可能發生在西方基督教與中東回教文明之間的致命之爭。這些文明衝突引發戰事，可能成爲第三次世界大戰。④

---

④ Samuel P. Huntington, Clash of Civilizations and the Remaking of World Order (New York: Simon & Shuster, 1996) .

杭氏的文明衝突論以美國權勢霸權的維護為主軸，把國際政治的現實主義基本教義派地揮灑，當然有其宿命預言的荒謬。他以後冷戰的巴爾幹半島前南斯拉夫分崩離析後的種族與宗教戰爭為縮影，無限上綱地推論、擴張至全球八大文明體系，是有其跳躍性邏輯的悖論，值得商榷之處。至於 911 恐怖轟炸事件後，賓拉登的阿拉伯回教基本教義派硬說，他們與美國帝國主義之戰，絕對是基督教與回教文明的致命衝突。因西方國家、甚至很多回教國家都不認為與文明衝突有關，杭廷頓雖立場尷尬，但還是同意，911 事件有文明衝突的理論因子。

第三波民主化

杭廷頓的文明衝突彰顯的是國際政治的現實主義；但他也在 1991 年發表『第三波：二十世紀末的民主化』，實驗主義地指出民主化的時代趨勢。他的第三波民主化始於 1974，到 1991 年蘇聯崩潰後更大肆邁進，在 2002 年世界兩百個左右國家中，已有近三分之二已步入民主化的大門。這個發展絕對與杭氏的文明衝突，在世界戰爭與和平問題上，有不容忽視的矛盾。杭氏同意，數百年來，民主國家與民主國家之間很少相互開戰，阿拉伯國家沒有民主化，只有一個民主國家，絕對是產生賓拉登恐怖主義的主要原因。⑤

現代西方民主化起源於英國工業革命和資本主義的高速經濟發展，同時也與十六世紀後人權思潮與自由主義的興起有互為因果、相互激動的關係。根據社會學大師維博 (Max Weber) 的說法，西方民主化的觴殤與基督教新教徒文化 (protestantism)，有不可分

⑤ Samuel P. Huntington, The Third Wave: Democratization in the Late Twentieth Century (Norman & London: University of Oklahoma Press, 1991) .

離的因果關係。不過，在杭廷頓的第三波民主化裡，基督教已不再被認爲是民主化的必要因素。杭氏非常稱讚台灣、南漢、泰國等東方國家的成功民主化，對『亞洲價值』新權威主義的新加坡有嚴肅理論批判。⑥

民主主義與自由主義爲孿生兄弟，沒有自由主義不可能有民主主義。民主主義也是針對資本主義大肆發展後的『中途改道』(midway correction)。現代民主政治催生者，雖基本上認爲人性是惡，人是自私的，因此『權力一定腐敗，絕對權力絕對腐敗』(Power corrupts, absolute power corrupts absolutely)，爲了克制此人性惡、權力腐敗的政治現象，他們認爲只有建構制度和法治，來規範人性和權力。大哲奈伯爾 (Reihold Niebuhr) 說，『人有維護正義的能力，使民主可能。人也容易爲非作歹，使民主非常需要』(Man's capacity for justice makes democracy possible. Man's inclination to injustice makes democracy necessary)，一針見血點出民主與人性的關係，也即人性並非全惡，甚至有認識、爭取、支持正義的內在本能，故更貼近儒家人性善的說法。⑦

自由主義

英國『大憲章』揭櫫的人權觀念，法國大革命吶喊的『自

---

⑥ Samuel P. Huntington, “Democracy for the Long Haul," Larry Diamond, Marc F. Platter, Yun-han Chu and Hung-mao Tien, eds., Consolidating the Third Wave Democracies (Baltimore & London: The Johns Hopkins University Press, 1996) , p. 13.

⑦ Robert Koehane & Joseph S. Nye, Jr., Power and Interdependence, 2nd ed. (Glenview. Ill.: Scott, Foresman/ Little, Brown, 1989) ; “Power and Interdependence in the Information Age," Charles W. Kegley, Jr., and Eugene R. Wittkopf, eds. The Global Agenda, 6th ed. (Boston: McGraw-Hill, 2001) , pp. 26-36. Robert Koehane, ed., Neorealism and Its Critics (New York: Columbia University Press, 1986) .

由、平等、博愛』，美國獨立革命制訂的人權保護、三權分立憲法，爲現代西方自由主義基本定調。數百年後，二十一世紀的人權、自由與民主主義，延續英、美、法革命的人道主義傳統，雖有發場光大，成爲普世價值，但基本實質內涵沒變。

民主主義對人性惡的現實主義，明顯有所修正。在國際政治上，自由主義則是衝〃現實主義來的。第一次世界大戰後，威爾遜 (Woodrow Wilson) 提出國際聯盟的和平維持制度，當代制度主義 (institutionalism) 浮現，但被現實主義者認爲是天眞的理想主義。二次世界大戰的爆發，讓這個理想主義顯得更理想主義。二次世界大戰中，羅斯福 (Franklin Roosevelt) 再度提出制度建構世界和平的想法，而有戰後的聯合國及其他國際組織的產生，如雨後春筍，半個世紀來產生一定的和平製造 (peace-making) 與和平維護 (peace-keeping) 作用。

美蘇冷戰讓自由主義和制度主義再度顯得理想主義；但 1960－70 年代，美國被越戰搞得頭灰土臉，反戰的和平主義如燎原之火。國際政治的自由主義、制度主義、後現代主義 (post-modern-ism) 、新馬克思主義 (Neo-Marxism) 、婦權主義 (feminism) 、環境保護主義 (environmentalism) 及結構主義 (constructivism) 等新思潮，紛紛出現，開始在國際政治學界挑戰現實主義，收穫頗豐。先進如柯恩 (Robert Koehane) 和奈伊 (Joseph Nye) ，後進如阿許利 (Richard Ashley) 、聞德 (Alexander Wendt) 等，都有力挑戰、反駁季辛吉、米爾蕭摩爾的權勢平衡現實主義。⑦

自由主義認爲人性善，人有社會性，可以經由社會、國際社會制度的建構，接觸對話、談判協定，和平解決國際爭端。這個多邊主義 (multilateralism) 的制度建構與現實主義的單邊主義 (un-ilateralism) 權勢運作，前者認爲自由主義可導致長久和平，後者認爲不可能，並認爲唯有維持權勢平衡才可達到一時、但不是長時的和平。⑧

福山 (Francis Fukuyama) 的歷史終結論 (end of history) 寫於東歐共產主義崩潰後。他認爲蘇聯與東歐共產主義的崩倒，證明自由主義與民主政治的最終勝利，人類到達意識形態發展的歷史終點，再也沒有更進步、更好的意識形態、政治制度和理想世界，可能出現。⑨福山的自由民主，有如邱吉爾所言，是一很壞的政治制度，只是其他所有制度比它更壞，是太看輕人類追求理想世界的千年努力和決心。

儒教的大同世界

儒教的人性論與現代自由主義，一東一西，本屬兩大文明體系，但其抓住人性本質有一定相同之處，值得我們重視。兩者認定人性本善，如能發揮此人性本善特質，儒教甚至認爲，讀聖賢書可以修身，修身可以齊家，齊家可以治國，治國可以平天下，如人類都如是內聖外王地內在化，則天下大同，世界和平。

儒家的大同世界，與馬克思的『共產主義宣言』所揭示的理想世界，雖有人性認知的不同，其無國界、無威權、無階級、無剝削、無匱乏，每個人都能發揮他或她的生命潛力，創造生命意義，而成大同世界最高文明發展境界，大致一樣。西方自由主義還要民主政治來以制度克制人性，儒教認爲人性可塑造、可改

---

⑧ For various ideas on liberalism and neoliberalism, see Greg Fry & Jacinta O'Hagan eds., contending Imanges on World Politcs (London: Macmillan Press, 2001) .

⑨ Francis Fukuyama, The End of History and the Last Man (New York: Free Press, 1992) ; The Great Disruption: Human Nature and the Reconstruction of Social Order (New York: Free Press, 1999) .

善、甚至可完滿化，則是西方自由主義不敢奢望的理想主義。

當然，如馬克思主義在蘇聯和中國從未被實踐，儒教在中國兩千年的歷史中也從未眞正實質地被實踐，被檢驗過。幾乎所有中國的改朝換代，都是武力造反、成王敗寇的暴力產物。

東西文明匯合

二十一世紀的世界，進入信息科技高速發展的時代，浮現的願景與前兩個工業革命，似有質變的不同。前兩個工業革命，由蒸汽機和電力的物理動力發明引動；第三個工業革命的生產動力來自電腦的硬體和軟體，信息科技革命的動源是人的腦力、智慧和知識，這有非物理的人性成份。

這與西方的自由主義及東方儒家的『內聖外王』在人性認知上，似乎有一定的全球化、自由化的文明匯合 (convergence)。在這一點上，全人類的基因結構已證實一樣，如能以人性善、可善的基因整合全人類，世界大同的世界和平應不再是完全理想主義，而是可以如世界網際網路接觸、對話、整合全球人類社會的可能任務。

歷史驗證，儒教文明的內聖外王大同世界還是鏡花水月的理想主義；但這個理想主義有一定人性內涵根據。福山也承認，自由民主的歷史終結，造成的是『最後的人』(last man) 的『無人性境界』，並不『理想』，是故英美民主國度離理想主義似乎很遠；但自由民主是可以建構、實踐的制度主義，則無可置疑。儒教的理想大同與基督教的實踐制度，如能匯聚整合，是否可以碰擊出世界和平建造的理論與實踐基礎，正是本文思索的邏輯脈絡。

不過，眼看中東以色列和巴勒斯坦的盲目、瘋狂殺戮戰場的腥風血雨，彰顯的人性惡面，這個世界和平的願景仍難令人感到是可以實現的理想主義。不過，歐盟、聯合國、國際貿易組織、國際戰犯法庭等國際多邊組織，還是發揮一定的和平製造作用。再怎么好戰，在全球世人的注視下，以色列總理沙龍 (Ariel Sharon) 就是不能任意殺害他恨死的巴勒斯坦主席阿拉法特 (Yasser Arafat)。

在沙龍和阿拉法特身上，我們看不到『內聖外王』，看到的是現實主義淋漓盡致的權勢政治。在人性惡導致戰爭與人性善導致和平的人道路上，我們看到的還是延燒不盡的戰火，要達到長久、甚至永遠和平，西方基督教文明的自由民主與東方儒教文明的『內聖外王』的匯聚，是否能奏效，我們大概沒人膽敢開出這張支票。不過，環看人類歷史，我們有的選擇餘地不多，因爲信息高科技的不斷的躍進發展，全球化、自由化、民主化推向世界村的願景，雖還必然遙遠，但應不再永遠可望不可及。這還不可能是歷史定律，但可能性大增，應是毋庸置疑。

5

中國傳統中的非自由主義傾向

許振洲

一

1997 年，法國出版了由 6 名作者合著的《共產主義黑皮書》(*Le livre noire du communisime-Crimes, terreur, r╒pression*, Robert Laffont 出版社, Paris, 1997)，全面而系統地批判了 20 世紀世界各國的共產主義革命。該書立即在歐洲引起了強烈反響，一時間洛陽紙貴。但有趣的是，作者們都沒有認眞考察共產主義革命在這些不同國家中爆發的眞正原因和歷史背景，似乎這種革命是橫空出世的偶然事件；大部分讀者也都準備原諒這種明顯的不足一而我們知道，一部好的歷史顯然不應僅僅滿足於對若干事件的描述，而是要同時闡述這些事件的發生原因與相互聯繫。

在《中國一暗夜中的長征》一章中，作者 Jean-Louis Margolin 將中國的共產主義革命直接定義爲對古代中國自由或曰自由主義傳統的破壞。①這種描述的缺陷與上述全書中的總體缺陷是一致的：如果共產主義理想是對中國傳統文化及政治實踐的簡單否

① Jean-Louis Margolin : Chine, une Longue Marche dans la nuit, in Le livre noire du communisme, Robert Laffont, Paris, 1998, p.542

定，為什麼當時中國大多數先進的知識份子都接受了它？②

中國古代社會中存在著自由，甚至是較為廣泛的自由，應是一個不爭的事實（那種將中國傳統社會歸結為專制社會，並進而認為專制社會中便不可能存在自由的觀點其實過於簡單幼稚）。孫中山先生便認為，中國古代向來很自由，近世才由自由入於專制。③這種自由的基礎不是民主政制，不是封建制度，也不是社會契約觀念，而是中央政治權力及其行動手段的相對弱小有限。托克維爾 (Tocqueville) 的名言：”政治自由來因於國家弱小，而並非來因於國家本身”，④是這種狀況的最好注解。換句話講，政治權力的性質不管多麼專制乃至暴虐，只要它還沒有強大到足以控制一切的時候，自由便總能在角落裏生存下去。孔子師徒遇到的老婦人，寧可受猛獸的威脅，也不願在苛政下過活，當然是一種自由的選擇。而這種選擇之所以能夠實現，也證明瞭古代的苛政顯然還沒有強大到無所不在。

這種事實上的自由與我們今天談論的自由主義有重合之處，但也不是完全相同的概念。西方自 17 世紀後發展起來的自由主義思想建立在個人主義、個人權利的基礎之上，包括了經濟自由主義、政治自由主義兩大部分內容，並以前者為主；⑤經濟自由被視為政治自由的前提和保障。在民主或憲政尚未實現之前，自由

② 按照這個思路，我們可以提出同樣的問題：如果共產主義理想只是無端產生的邪惡，為什麼從 19 世紀後期一直到 20 世紀 60 年代，它可以贏得歐洲多數知識份子的信仰，可以在相當數量的國家中得以實踐？

③ 見《孫中山選集》，下卷，人民出版社 1956 年版，第 577—579 頁。

④ 托克維爾：《論美國的民主》，（上），商務印書館 1993 年版，第 179 頁。

⑤ 法國學者 Dominique Jamet 在其文章《統治政治、經濟、道德的密碼》（載《關於單一思想的辯論》La Pensee unique-Le vrai proces，法國 Economica 出版社，1998 年）中更將自由主義分為經濟自由主義、政治自由主義、思想自由主義三部分，並認為當前的危險是經濟自由主義對後兩者的壓迫，是經濟自由主義的極權主義。

主義者的第一訴求是政治自由（經常通過政治權力的民主化來實現），他們的敵人是暴政及特權；在這之後，他們的要求則是政治權力不要干涉國家的經濟生活和社會生活，要求對政治權力施以最嚴格的限制，因爲它是必須限制的不可避免之惡。哈耶克便認爲任何形式的公有制或國家所有制，任何國家權力對經濟生活、社會生活的幹預，都構成了對個人自由的威脅；爲暴政和極權主義奠定了基礎；並將人民引向了通往奴役的道路（見哈耶克：《通往奴役之路》，中國社會科學出版社，1997年）。換句話講，此時他們的鬥爭目標主要是國家幹預主義或社會主義。⑥目前大陸學界中推崇自由主義的學者，經常忽視這個概念的經濟底蘊而強調它的政治意義，沒有指明自由主義是社會主義的對立物。政治自由當然是每個人都向往的，但對於經典自由主義者來講，社會主義顯然不是它的實現途徑。⑦

因此，古代中國存在著相當程度的自由，但卻基本沒有自由主義的傳統。相反，國家幹預社會生活、經濟生活的思想及實踐的例子倒比比皆是。本文主旨便在於對中國歷史上的國家幹預主義做一些粗淺的考察。

---

⑥ 筆者這種分析只是爲了說明自由主義者在不同歷史時期的主攻目標。事實上，他們的核心思想是一以貫之的：不信任政治權力，制約、最大限度地弱化政治權力。

⑦ 然而即使是在西方國家中，哈耶克的主張也不是唯一的聲音。現在歐盟15國中的絕大多數是社會黨當政。儘管他們聲稱奉行的社會主義與馬克思主義有質的區別，儘管它們中的大多數已不再堅持生產資料公有制的原則，但它們畢竟不是自由資本主義學說的信徒，也沒有宣稱自己是自由主義國家一在法國，甚至傳統右派戴高樂主義也不是自由主義者。在這些國家的經濟生活和社會生活中，國家權力的作用和影響處處可見，國家干預主義的色彩頗濃。

二

西方民族國家出現較晚，而且在國家形成時，市民社會也已出現。因此在相當長的一段時間裏，國家政權對社會生活和經濟生活的幹預是微不足道的，它一般只滿足於收取賦稅，社會對於國家表現出了相對的獨立性。人們普遍認爲在西方國家中法國的民族國家成熟較早，王權較大，國家幹預主義的傳統較長。但從1261 年巴黎商會編纂的《常規》一書中我們可以看到，此時支配著巴黎市經濟生活的各行會是自由的。它們可以自行制定自己的規章、工作時間及產品價格等等，國王對此不加干涉。只是到了1305 年的饑荒時期，法王菲利浦四世才第一次規定富農們必須把自己的全部剩餘穀物投放市場；任命政府特派員監督麵包師，看他們是否使用上等麵粉，麵包的分量足不足，價格是否過高。1307 年，他更制定了只適用於巴黎的《大法令》，試圖降低當時過高的物價。具體措施如規範麵包、魚類、酒類的價格；禁止食品商使用醫用重量單位 livre 等。⑧然而這種干涉是有限的、不具體的，其效果也值得懷疑：1314 － 1313 年間，法國遭受天災，巴黎物價飛漲，大批人餓死在巴黎街頭，但國王並沒有採取什麼有效的調節措施。⑨事實上，法國國家幹預主義的眞正出現，與其說始于路易十四，不如說始於 1875 － 1940 的第三共和國。

反觀中國，現代意義的國家自春秋時代起便已形成，而國家幹預主義傳統的開端也不晚於此時。在這方面著了先鞭的是法家學派，其中尤以《管子》一書中的論述最爲出色（一般認爲，

---

⑧ 湯普遜：《中世紀晚期歐洲經濟社會史》，商務印書館，1992 年，北京，第 41-44 頁。

⑨ Op.cit,第 72 頁。

《管子》的作者們可被歸入法家一流)。作爲徹底的現實主義者,法家所關注的、所遊說于君主的,首先是”力”:他之所以成爲君主,之所以能夠維持他的統治,與其說是因爲他的道德高尙,還不如說是因爲他比臣民們更強:所謂”力多則人朝,力寡則朝於人,故明君務力”。⑩”上古競于道德,中世逐于智謀,當今爭於氣力”。⑪(我們可以比較這種說法與儒家思想的不同之處:”以力服人者,非心服也,力不贍也。以德服人者,中心悅而誠服也”⑫)反過來講,臣民服從于君主,也未必是因仰慕他的德行,而是對他擁有的力量充滿恐懼。”賢人而詘於不肖者,則權輕位卑也;不肖而能服於賢者,則權重位尊也。……吾以此知勢(應理解爲‘力’、‘權力’)位之足恃,而賢者之不足慕也”。⑬“賢不足以服不肖,而勢位足以屈賢矣”。⑭

力或曰權力,當然首先是政治權力,即決定他人榮辱、貴賤乃至生死的權力;它又是軍事權力,即掌握、控制著軍隊或其他形式的武力;然而它還可以是經濟權力,即擁有鉅額財富,控制著國家的經濟命脈。這後一種權力可能不如前面兩種權力那麼直接、那麼暴烈,但它的重要性絲毫不容低估。實際上,它構成了前者的基礎。按照法家的觀點,“國富而治,王之道也”。⑮具體地講,如果一個君主得不到臣民的衷心愛戴,則他的統治不會眞正牢固,這個國家不會眞正強大,它也不可能構成對他國人民

⑩ 《韓非子・顯學》
⑪ 《韓非子・五蠹》,又可見《韓非子・八說》:“古人亟于德,中世逐于智,當今爭於力”。
⑫ 《孟子・公孫醜章句上》
⑬ 《韓非子・難勢》
⑭ 《愼子・威德》
⑮ 《商君書・農戰》

的吸引力。然而這種愛戴只能來源於君主對國家經濟生活和社會生活的妥善管理，對與人民生活息息相關的物質問題的關心和解決："辟田疇，利壇宅，……勉稼穡，修牆屋，此謂厚其生；……修道途，便關市，慎將宿，此謂輸之以財；導水潦，利陂溝，……通淤閉，慎津梁，此謂遺之以利；薄征斂，輕征賦，弛刑罰，赦罪戾，宥小過，此謂寬其政；養長老，慈幼孤，恤鰥寡，問疾病，吊禍喪，此謂匡其急；衣凍寒，食饑渴，……資乏絕，此謂振其窮。凡此六者，德之興也。六者既布，則民之所欲無不得矣。夫民必得其所欲，然後聽上。聽上，然後政可善爲也"。⑯在這裏，君主或曰國家的社會責任是責無旁貸的。但我們看到，此"六興"如眞的都要實行起來，需要君主大量的財政投入，需要君主有雄厚的財力。而他又不應加重臣民的賦稅，否則就不符合這些措施的初衷。面對這個矛盾，法家引入了"輕重"的概念。所謂輕重，應理解爲君主對經濟規律的認識，利用經濟規律對國民經濟進行管理，使政治權力成爲經濟的調節者，直至打擊商人們的投機行爲，直接參預經濟生活。"天下下，我高；天下輕，我重；天下多，我寡"。⑰"夫物多則賤，寡則貴；散則輕，聚則重。人君知其然，故視國之羨不足而禦其財物。穀賤則以幣予食，布帛賤則以幣予衣，視物之輕重而禦之以准，故貴賤可調，而君得其利"。⑱因此，知輕重，通權衡，是人君應具備的基本素質，是對人君的最低要求。"燧人以來，未有不以輕重爲天下者"⑲。"凡將爲國，不通於輕重，不可爲籠以守

---

⑯ 《管子·五輔》
⑰ 《管子·輕重乙》
⑱ 《管子·國蓄》
⑲ 《管子·揆度》

民”。[20]任何強調客觀環境如幅員大小、地理位置、氣候條件而忽視本身的自我能動性與睿智才幹的君主都是不合格的。“昔者桀霸有天下，而用不足；湯有七十裏之薄，而用有餘。天非獨爲湯雨菽粟，而地非獨爲湯出財物也”。[21]如不能致國家于富強，君主又豈能不獨任其咎？

輕重的基本原則，如我們已經大致看到的，實際上是對供求規律的一種操縱，即君主或國家在某種商品產量多而價低時買入，到短缺時將其賣出。通過這一買一賣，使市場上該商品的產量和價格保持相對的穩定；而君主無須加賦，便可獲得維持自己的政權、體恤自己的百姓所必須的財力；並順便打擊了投機商人。“善者委施於民之所不足，操事於民之所有餘。夫民有餘則輕之，故人君斂之以輕；民不足則重之，故人君散之以重。斂積之以輕，散行之以重，故君必有十倍之利”。[22]在當時，一國經濟的核心是農業；對君主和人民舉足輕重的商品是布帛，特別是糧食。因此爲了鞏固國家的這個根本，輕重政策甚至經常伴之以政權的強力幹預。齊桓公曾問計于管仲，如何能調動農民的生產積極性，貶抑商人的利益。管仲對曰：大幅度提高穀物價格。如何做到這一點？管仲建議齊桓公下令所有的貴族和富人必須依自己的等級及財力貯存相應的穀物。其結果是穀物價格上升，農民得到了好處，國家又增加了穀物儲備（事見《管子·輕重乙》）。在農業生產中，不失農時是十分重要的。爲了使貧民也能力耕于田，《管子》的作者們建議由國家事先儲備足夠的生產、生活資料，如農具、種子、口糧等，在春播時貸給貧民。待

---

[20] 《管子·國蓄》
[21] 《管子·地數》
[22] 《管子·國蓄》

到夏秋絲帛和糧食收穫後，再由農民加一定的利息還給國家，這樣雙方都得到了好處（見《管子・國蓄》、《管子・山國軌》）。

法家所鼓吹的運用政治權力操縱供求規律的有些例子甚至讓人感到稍嫌過分：齊桓公想要朝賀周天子，但又苦於預算不足。管仲便制定了一項計劃：首先在齊國築一小城名爲陰裏，作爲朝見之地；然後令工匠雕刻大量玉璧。等這一切都準備好之後，齊桓公便請周天子移駕此城，並以他的名義告知諸侯來陰裏朝見，要求是必須向周天子送上玉璧以爲貢獻。各諸侯倉促間無法準備，只好向齊國高價購買，齊桓公因此大發橫財。又如齊桓公覺得周天子財用不足，但如直接向諸侯收稅又怕他們反感，因此問計于管仲。管仲告訴他：菁茅只長在江淮之間。現在可以讓天子派人守住菁茅的生長地，然後宣佈自己要封禪泰山。諸侯自然要隨行。此時要求他們必須攜帶菁茅一束當作祭禮，於是菁茅大貴而周天子所得不菲（見《管子・輕重丁》）。另一個例子是據說周武王滅殷後，繳獲了商的巨橋糧庫。爲使這裏的糧食增值，他專門設立了一種千里之外的兵役，然後宣佈家有百斛以上存糧的人可以免除此兵役。人們不願遠戎，於是紛紛爭相購買巨橋的存糧。武王因此獲利二十倍（見《管子・地數》）。但我們不應據此而批評法家在鼓動君主以權謀私，因爲按他們的說法，君主得利之後，實際上減輕了臣民的負擔：陰裏之謀後，齊桓公八年沒有徵稅；菁茅之謀後，周天子七年不求諸侯的貢獻；而周武王則用巨橋的二十倍利潤的一部分買了布帛，從而在五年內不用人民繳納軍衣；把另一部分存了起來，終身不向人民徵收貨幣賦稅。比起中國的、特別是西方的那些不善理財，國家和自己的全部支出都依賴於徵稅（爲此曾引起了多少次革命！）的君主，我們不是覺得這些出入于商場的政治家更加機敏，更加有能力，更加令人欣賞嗎？

三

先秦法家所鼓吹、所描述的這種國家直接參加市場經濟活動、君主直接致富的國家幹預主義，在秦代之後便基本銷聲匿跡了。對此我們可以做的解釋之一便是儒家思想的影響。眞正的儒者是恥於談利的，正如孟子的千古名言"王何必曰利？亦有仁義而已矣"。㉓儒家對君主的要求，是他的個人道德修養，是他的仁義之心、寬和之政，而不是他的理財能力。《大學》有雲："德者本也，財者末也。……是故財聚則民散，財散則民聚"，"國不以利爲利，以義爲利也。……長國家而務財用者，必自小人矣"。他們對國家在經濟生活中作用的要求是傳聞中三代時的輕徭薄賦、什而稅一："昔者文王之治岐也，耕者九一，仕者世祿；關市譏而不征，澤梁無禁"。㉔"殷人七十而助，周人百畝而徹，其實皆什一也"。㉕漢初賢良文學批評桑弘羊的鹽鐵國營，宋神宗時司馬光等反對王安石的新政，理由都是認爲國家不應進行盈利性的經濟活動，不要"與民爭利"。

然而我們不能因此就說儒家反對任何形式的國家幹預主義，反對政治權力對經濟、社會生活的任何影響。正如我們在文章開始時談到過的，儒家心目中的明主不應忽視國家的經濟職能和社會職能，不應在經濟生活中無所作爲，完全放任自流。與西方16—18世紀思想家那種認爲君民之間不過是冷冰冰的契約關係的觀

㉓ 《孟子・梁惠王章句上》
㉔ 《孟子・梁惠王章句下》
㉕ 《孟子・滕文公章句上》

點不同，儒家的明主應是“民之父母”，親民、愛人（所謂“仁者愛人”），體察民瘼，是他的基本義務，也是他進行統治和百姓服從他的統治的依據（從嚴格的意義上講，這當然也是一種契約，是包含著社會條款的契約。而一直到18甚至19世紀爲止的西方社會契約理論，都只停留在政治層面）。在不斷提高臣民道德水平的同時，他也要盡力滿足小民最基本的生活需要，使他們能夠安居樂業。要關懷鰥寡孤獨等弱者，給他們提供一定的社會保障，使他們免於凍餒：“夫腹饑不得食，膚寒不得衣，雖慈母不能保其子，君安能以有其民哉！明主知其然也，故務民于農桑，薄賦斂，廣蓄積，以實倉廩，備水旱，故民可得而有也”。㉖（政治學家們常常批評中國傳統政治思想將政治學與倫理學混淆了起來，從而妨礙了前者的發展。但我們認爲，這種對“德”、“仁”等道德倫理概念的推崇，對君主構成了眞正的限制，使其不能爲所欲爲。㉗在我們現在的話題上，則使得君主必須承擔起一定的社會責任，而這些責任在18世紀之前的西方，通常是由教會和地方貴族們承擔的）。我們可以認爲，這不再是盈利性的國家幹預主義，而是一種福利性的國家幹預主義了。也正是在這個意義上，他們與以《管子》作者爲代表的法家劃清了界

㉖ 《漢書·食貨志上》，第1131頁，載中華書局1997年版《二十四史》。以下引文俱見該版本《二十四史》。

㉗ 這一點十分重要，因爲如不以行仁政爲號召，則君主就失去了自己統治合法性的基礎，會被視爲“無道”。而道、德、仁等概念，又都有大家公認的解釋。所以我個人一直不願意籠統地指中國古代的君主制度爲絕對專制。如果我們承認西方的自然法概念是對君主專制權力的一種限制，那麼中國的這些政治道德、政治倫理信條顯然要具體詳細得多，要人道主義得多。自儒家學說占上風之後，中國就沒有了先天、先驗(transcendence)、天然合法的政治權力，政治權力至少在口頭上要尊重一定的對人民有利的道德規範。相對於同時代的西方來講，這是相當合理的、進步的。

限。

這種福利性國家幹預主義的主要目的是救荒。古時生產力水平低下，偶有天災，便可能造成相當數量的貧民流離失所。因此漢宣帝時在各地首設“常平”倉。由國家在年成好、穀價低時買入囤積；在遇到荒年、穀價飛漲時以低於市價的標準售出。這樣既避免了在年成好時穀賤傷農，又使貧民在災年時有所依靠。㉘自此，常平倉的設立成爲中國歷代王朝的通例，除末世百政廢弛外，這項制度一直被堅持著。到武帝時，常平的思路擴大到了糧食以外，“置平准於京師，……大農（負責中央經濟財政的官員）諸官盡籠天下之貨物，貴則賣之，賤則買之。如此，富商大賈亡所牟大利，則反本，而萬物不得騰躍。故抑天下之物，名曰平准”。㉙除此之外，漢初還比較廣泛地推行了國家貸款制度：貧民如遇急用，如祭祀喪葬，或欲治產業，都可以向國家借貸，年息不過10%（見《漢書・食貨志下》，第1181頁）。在遇到大災荒時，國家會進行大規模的賑濟，直至用政治權力動員募捐，或乾脆用公款遷徙災民：武帝時山東大水，受災者衆。“於是天子遣使者虛郡國倉廩以振貧民。猶不足，又募豪富人相貸假。尚不能相救，乃徙貧民於關以西，……七十餘萬口，衣食皆仰給縣官。……其費以億計，不可勝數”。㉚

唐太宗時，國家下令建立義倉。每畝耕地收稅二升，收成不好的可以豁免。商人富戶無田者交納現金。遇荒年則開義倉賑濟

㉘ 見《漢書・食貨志上》，第1141頁。又可見第1125頁：“小饑則發小熟之所斂，中饑則發中熟之所斂，大饑則發大熟之所斂，而糶之。故雖遇饑饉水旱，糴不貴而民不散，取有餘以補不足也”。

㉙ 《漢書・食貨志下》，第1175頁。

㉚ 《史記・平准書》，第1425頁。

百姓。義倉還爲災民提供種子口糧以爲借貸，進行再生產，待秋收後歸還（見《新唐書·食貨一》，第1344頁）。至唐高宗、武則天時，天下州縣，義倉廣立，成爲常平倉之外的又一種國家倉庫。而此時的常平倉則除儲存穀物外，還廣積絲棉麻屬。使得國家"谷價如一，大豐不爲之減，大儉不爲之加。雖遇災荒，人無菜色"。（見《舊唐書·食貨下》，第2123－2125頁）

宋代國家幹預主義的例子中最值得一提的似乎是宋神宗時的王安石變法，其中尤以《青苗法》最爲著名。王安石承管仲、桑弘羊之遺教，認爲君主應"因天下之力以生天下之財，收天下之財以供天下之費"。㉛他力主制定的《青苗法》的主要內容是：在春天以常平倉的積蓄爲資本，向無力耕種的貧民放貸。秋天時農民還貸，加若干利息。這項改革遭到了當時許多知名人士的一致反對，認爲小民會爲了眼前利益大量舉債，勢必導致將來無法歸還的悲劇。許多史家也認爲王安石的變法並不成功。但單純從內容上講，它與我們前面看到的國家借貸制度並沒有什麼不同。那麼是因爲新法的執行者品質惡劣，還是因爲客觀環境對這場變法不利？我們這裏不做探討。但實際上宋代國家對經濟、社會生活的幹預並不僅限於此。宋仍依舊例遍設常平倉、義倉（稱爲惠民倉）。一遇災荒，或平價售糧，或乾脆直接分給災民。（見《宋史·食貨上六》，第4335頁）但此時政策中眞正有特色的是在荒年中實行的"凱因斯主義"：對那些無家可歸的災民們，除了加以救濟外，還由國家出資招募他們做工。少壯者從事土木之役，老弱者則可以捕捉蝗蟲向官府換取糧食：一升蝗蟲換糧三升至五升。（見《宋史·食貨上六》，第4336頁）孝宗隆興六年有

㉛ 《宋史·列傳第八十六》，第10542頁。

災，皇帝又下令官府出錢米，招募受災饑民利用秋冬之季築堤防澇，興修水利。（見《宋史·食貨上一》，第4175頁）這與現代意義的以工代賑或利用興建公共工程以擺脱經濟危機的凱因斯主義已實在沒有多大區別了。此外，爲鼓勵人多地少地區的人向偏遠地區流動，實行“領土整治”，政府還向移民提供了8年的長期貸款，並免除5年至10年的租稅。（見《宋史·食貨上一》，第4173頁）

有明一代，“福利性國家幹預主義”政績平平。除依例設置常平倉外，幾乎乏善可陳。

清朝的國家經濟政策，雖無眞正的創新之處，但在兩點上頗值得人們注意：一是每年必有的、大規模地免除不同受災地區的賦稅；二是在很多領域裏將動用國幣役使人夫制度化了。清王朝鼎盛時期的統治者們對興修水利均給予了高度重視。清初河工的動員有兩種方法：按田畝徵調或用工資雇傭。康熙十六年，河道總督靳輔決定河工一律改爲雇傭，工錢攤入地畝之中。“大工用雇募自輔始”（見《清史稿·食貨二》，第3546頁）。同時對驛夫也實行了召募制。雍正初年正式實行“攤丁入畝”制度，實際上使富戶更多地承擔起了國家公共行政及公共工程的費用負擔。到乾隆年間，河工、海塘、宮室廟宇的修葺幾乎常年不停（以至今天我們在中國北方所看到的大部分古建築或是乾隆年間建造的、或是此時重修的），國家開支規模空前。這其中當然有乾隆本人好大喜功的因素，但至少在客觀上也是一種凱因斯主義的實踐。何況據說這些工程的費用除按畝派捐之外，還有很大一部分直接來自于皇帝的“內幣”（見《清史稿·食貨二》，第3547頁）。

因此，設置常平、平准機構；開展國家對貧民的借貸；免除災區賦稅；通過興辦國家工程開展賑災救災等，就構成了中國漢代後歷代王朝國家干涉主義的基本內容。

四

從上面的介紹中我們大概可以得出這樣一個結論：自由主義的基礎—經濟自由主義基本不存在於古代中國，或曰中國缺少經濟自由主義的傳統（老子的無爲而治，漢初的與民休息，確實帶有自由主義色彩。但我仍傾向於認爲在古代中國政治中，黃老之學已與儒家學說融合到了一起。省刑薄賦並不意味著君主可以放棄自己的"家長"責任）。與西方不同，中國國家的經濟—社會職能幾乎從國家形成之初便出現了，並得到了廣泛的承認。從君主到各派主流思想家到一般平民，一致認爲國家權力應在經濟和社會生活中發揮作用。沒有人相信所謂管得最少的政府是最好的政府。如不能有所作爲，則君主本身就不合格。在某種意義上講，人民對於國家權力干涉社會生活、經濟生活的期待甚至經常超出君主對自己這個責任的認知，"若大旱之望雲霓"。㉜而那些賢君明主也很少讓他們失望。

這種傳統在一定程度上說明瞭爲什麼在相當長的時期內，中國的市民社會不夠發達；爲什麼個人主義始終不能成爲主流思想（當然我們也可以說是個人主義傳統和市民社會的相對不發達導致了國家幹預主義的大行其道。孰因孰果，尙需探討）；說明瞭社會主義思想爲什麼那麼容易爲中國人所接受，在它傳入中國時實際上得到了多數政治力量的認同（被直覺地理解爲大同思想）：共產黨人自然堅持著共產主義或社會主義理想，國民黨人

㉜ 《孟子・梁惠王章句上》

的三民主義中也同樣有民生主義作爲組成部分。事實上，社會主義的由國家或社會組織經濟活動、社會承擔起人民的生活保障使命的原則，完全符合中國人民將國家視爲自己的保護者或最後依靠，視爲經濟生活的管理者或調節者的普遍心理（而至少從《禮記・大同篇》便開始的對“公”的崇尚；“老有所終，壯有所用，幼有所長，矜寡孤獨廢疾者皆有所養”㉝的設想；以“爲富不仁、爲仁不富”㉞爲代表的對財富的批判意識，也曾使得諸多先進的知識份子天然傾向於公有制）。這種傳統也說明瞭一般群衆對盎格魯－撒克森模式的本能抵觸，將其等同爲弱肉強食。我們的先輩很少能贊同下列觀點：個人的權利天然高於群體；政治權力是對個人自由的一種可能威脅；國家的建立是根據一種契約，因此統治者的權力和義務都是有限的。從這個角度，我們可以更好地理解20世紀社會主義革命在中國的勝利—共產主義的理想與中國文化傳統有著若干一致性，從而補正《黑皮書》作者們的大而化之。

事實上，在當前的大陸社會中，經濟自由主義最多只能是少數“精英”或曰“成功人士”的寵兒，而很難得到社會多數的認同。打一個可能並不恰當的比喻：經濟自由主義者趨近於尼采，而國家幹預論者會欣賞羅爾斯。然而問題是，儘管目前我們的經濟有了突飛猛進的發展，生產力水平得到了大幅度的提高，但社會差距也在迅速拉大，弱者群體仍然存在，並且恐怕仍然占了人口的大多數。在未能躋身于先富起來的人的行列之前，他們會順理成章地希望國家成爲社會資源的調節者、社會收入的再分配者、弱者的救助者。這種基於利益的考慮自然會與國家幹預主義

㉝ 見《禮記・禮運》。
㉞ 見《孟子・公孫醜章句下》。

的傳統迅速融為一體，成為影響決策的重要因素。樂觀主義者、進化或進步論者無不以改造乃至否定傳統為己任，但傳統的影響，儘管可能不那麼明顯，卻經常比人們想象得更為強大。這一點在社會轉型期尤其值得引起人們的充分注意。

二元論的思維模式在理論上最為簡單清晰：黑就是黑，白就是白：非此即彼，無法調和或兼顧。然而現實政治卻是複雜的，有多種可能性。國家對經濟、社會生活的一定幹預是否便與政治自由水火不相容，是否便一定演化成哈耶克筆下的暴政乃至極權，只是一個無法證明的假設，是一種純粹的邏輯推理。而在現實中，我們卻可以看到社會主義與政治自由、個人權利並行不悖的例子—這裏指的是西歐社會民主國家的實踐。以法國為例：她從來不是一個典型的自由資本主義國家。無論是右派還是左派，都在奉行一種國家幹預主義—社會主義的政策，[35]社會保障體系的年度預算早已超過了國家行政預算。但無人能夠否認，法國畢竟還是一個政治自由的國家。再次回到中國的例子：在一個資源有限、自然環境不斷惡化、同時又有著13億人口的國家中，絕對自由主義的經濟政策眞是一種認眞、負責的選擇嗎？即使它在經濟意義上是可行的，我們是否也應考慮它可能帶來的政治、倫理、社會後果？

㉟ 這次法國總統選舉中兩派候選人競選綱領的相似很好地說明了此點。

6

歐洲意識與亞太意識的比較

李義虎

一、問題的提出

歐洲的近現代歷史存在著兩條發展線索，一條是民族國家的興起和發展，一條是歐洲主義和世界主義的不斷騷動。在早期的歐洲國際關係歷史上，前者成爲發展的主流，形成了“國際關係”的基本單位，並且在此基礎上，“主權”、“國家版圖”、“勢力範圍”和“均勢”等概念大行其道，以國家爲基本法人單位的國際法和以國家爲基本運行單位的國際制度成爲推廣到全球範圍的現實。近現代歷史表明，歐洲在民族國家爲主宰的國際關係歷史上起到了先導的作用。

但是，實際上，在歐洲的歷史發展中還存在著另外一條潛在的線索，這就是“歐洲意識”和“歐洲合衆國”的思想以及在這種思想指導下的區域整合實踐。20 世紀末期和 21 世紀初期，歐共體向歐洲聯盟的質變，統一貨幣歐元的發行，說明歐洲將又一次走在其他國家和地區前頭，在實現區域主義和世界主義方面做出表率。這也就意味著，歐洲在兩次全球範圍的國際關係變動中，均充當了始作俑者和開路先鋒的角色。

在新世紀，歐洲的區域整合將會在更大規模和更深的程度上進行，其直接目標是“歐洲國”或“歐羅巴合衆國”。促使歐洲能夠成功地進行這種整合的原因有很多，包括經濟的、政治的和社會的，也包括文化的和思想意識方面的。本文重點討論的是文化和思想意識領域的因素對歐洲區域整合和一體化的影響和作用，但時間限於近代歷史以來的主要思想發展源流和戰後重要年代裏(50、60、70 和 80 年代）的思想發展脈絡，本文認爲後冷戰時期歐洲聯盟的成立不過是這種思想不斷發展的結果而已。本文同時認爲，歐洲的區域整合，其思想來源和實踐過程均對亞太地區的整合有著重要的參考價值和現實意義，也對兩岸關係的整合有著重要的參考價值和現實意義。

二、歐洲意識所提供的區域整合的文化基礎

在神聖羅馬帝國的後期，哈布斯堡王朝曾經有建立中央集權政府的實力和條件，但是，黎塞留的“國家至上”思想和統一法蘭西的出現，使得民族國家成爲歐洲世界的主角，大一統的局面終究沒有實現，以民族國家爲單位的國際關係由此成爲一種鐵定的現實。歐洲走向了另外一個方向，呈現出今天我們所熟悉的模樣。可是，歐洲主義和世界主義的思想線索並未銷聲匿跡，反而在不斷孕育著它們的生機，並在適當的時機把它們自己導入“國際關係”的實踐過程。18 世紀，歐洲頭號哲學家康得最早提出了“歐洲觀念”、“歐洲聯邦”等概念，從歷史哲學的角度提出了帶有世界主義的主張。這也成爲“民主和平論”的思想源頭。在歐洲第一個談到歐洲聯合的政治家是 20 年代的法國總理白裏安，他主張法德合作，鼓吹歐洲聯邦計劃。1923 年泛歐聯盟成立，白裏安被推爲“名譽主席”。（（法）皮埃爾·熱貝爾：《歐洲統一的歷史和現實》，中國社會科學出版社 1989 年，32)）但是，在 20 世紀 40 年代

以前上述人物的主張都被認爲是理想主義的思想產品，曾被存放于思想寶庫的深處。

戰後，歐洲著名的政治家和思想家都是歐洲聯合、統一的倡導者。儘管他們在歐洲聯合的形式上意見不合，或是主張聯邦，或者主張邦聯，或者主張合衆國家，但有一點是共同的認識：歐洲必須聯合起來；否則就會在蘇、美、中乃至印度、巴西等面積較大、人口較多的國家面前遜色。強調民族國家本位的邱吉爾和戴高樂（特別是戴高樂反對“超國家機構”），也都提出過“共同國籍的情感”和“從大西洋到烏拉爾的聯合”的地圖。（1966 年戴高樂訪問蘇聯，法國回應蘇聯關於歐安會的建議，提出“從大西洋到烏拉爾的歐洲”，包括蘇聯）阿登納主張建立“統一和自由的歐洲”與“統一與自由的德國”。就連義大利政府也主張，“爲了實現歐洲聯盟或歐洲聯邦，我們必須從奠定經濟性質的基礎開始，分階段進行，……以便逐步達到政治目的，經濟的和社會的合作形式”。（羅伊·威利斯：《義大利選擇歐洲》，上海人民出版社 1976 年，24）義大利對歐洲統一的看法被認爲是羅馬帝國的繼續，新歐洲也被認爲是羅馬帝國的繼續。）甚至歐洲社會黨和社民黨也已認識到，應通過各國社會黨和社民黨的聯繫而建立統一的歐洲。他們要求的是民主的歐洲。被譽爲“歐洲之父”的讓·莫內——曾被歐共體各國元首和政府首腦授予“歐洲榮譽市民”的稱號，以作爲一個時代的象徵——總結過：“如果不用創造性的努力去消除世界和平的戰爭危險，世界和平便無從保證。一個有組織的、生氣勃勃的歐洲將給世界文明帶來新的貢獻，對維護各國間的和平交往將是不可缺少的。”（施特勞斯則強調：“我們必須創造明天的政治現實——一個政治上統一的新歐洲”，並多次闡述“擁有自己核力量的歐洲聯邦”。（《挑戰與應戰》，247）歐洲主義者指出：“對付太平洋的競爭，歐洲經濟界必須更多地以整體出現，單幹是沒有出路的。”為了在國際舞臺上佔有與歐洲地位相稱的位置，“歐洲不應當是鬆散的一團。它應該解決的是它本身的問題，這個問題就叫‘統一’，更進一步的主張是‘歐洲合衆國’”。（《歐洲雜誌》，1984 年 5 月社論。）艾貝哈德·賴因博士認為，恢復歐洲同亞太的競爭能力，“並不是一件首先屬於國家經濟政策的事情，它需要企業、雇員和國家之間的通力合作才行”，而這要求在更高層次上做到。（《歐洲文獻》，1984 年第 4 期）

戰後幾十年來，歐洲意識作為一種共同的心理積澱包含著這樣的一些內容：

1. 將和平與全歐體制相結合。莫內認為：“歐洲各國如果只有在民族獨立的基礎上重建各自的政府，強權政治和經濟保護主義就會重新?頭，歐洲便無和平可言。”（《歐洲之父——莫內回憶錄》，10）全歐合作的原則同把歐洲分裂為排他性的、相互敵對的經濟、政治、軍事單位相對立，歐洲聯合是自願進行的，與歷史上的暴力兼併根本不同。所以，歐洲內部的團結是重要的，這意味著結束過去的仇恨。例如法國人從恐德症到安心於“法德軸心”。連邱吉爾也認為：“在重建歐洲大家庭方面，第一步必須是法德兩國之間建立夥伴關係，……如果沒有一個精神上強大的法國和一個精神上強大的德國，歐洲是不能復興的”。（引自《挑戰與應戰》，34）
2. 回歸歐洲的天然共性，歐洲聯合應該是本能般的和諧。歐洲具有共同的文化、心理與人格，在歐洲觀念與歐洲化的現實進程中，歐洲的文化底蘊將煥發出更強大的生命力。本德爾曾有預見地強調“歐洲的歐洲化”，“歐洲是歐洲人的歐洲”，引起過廣泛的注意。他主張使歐洲人“恢復歐洲的共性”，即歐洲人的共同價值觀：自由、民主與人。讓“歐洲”這一概念作爲一個參與競爭的價值觀念出現在世界舞臺上，將使歐洲文化因素在歷史進程中上升爲一個有決定影響的因素，爲此，必須超越意識形態，回歸歐洲。“歐洲的歐洲化從根本上是歐洲人的事業”。（本德爾，《盤根錯節的歐洲》，世界知識出版社 1984，138）

3. 強調在歐洲體制中解決歐洲的實際問題。莫內認爲：“唯一的辦法是成立歐洲聯邦”，以“解決我們歐洲問題”。（《歐洲之父——莫內回憶錄》，71）“歐洲的合併，或稱歐洲大陸上的自由人民的聯合，……是一條希望之路，而且是唯一的出路。”（《歐洲之父》，28）施特勞斯也認爲：“只有歐洲各族人民一致努力重建他們被破壞的經濟資源，歐洲才能完成它的許多工。只有把它的政治、經濟和軍事力量聯合和統一起來，才能使自己不受侵略性的共產主義的威脅”。（《挑戰與應戰》，56）

以上是歐洲意識所具有的基本內容，它顯然對歐洲聯盟的形成產生了重要的作用，是歐洲區域整合的主要思想源和文化基礎。

三、亞太意識的醞釀

亞太地區不像歐洲，長久以來歐洲有許多思想家和政治家，也有許多思潮和運動，極力提倡傳播“歐洲哲學”、“歐洲意識”。亞太地區沒有人（包括亞洲的先哲們）公開肯定或演繹“亞太意識”或“亞洲主義”的概念，作爲地區一體化的必然要求，它缺乏歐洲那種整體意識。換言之，同歐洲整合或一體化有著歐洲意識作爲文化和思想基礎恰恰不同的是，亞太的區域整合還不具備完整的思想意識和深厚的文化積澱，區域經濟合作的具體實踐也沒有思想文化的依託，所以它沒有能夠進行到亞洲聯盟或亞洲洲際共同體等一體化高級形式的階段。不過，在亞太地區也有孫中山的亞細亞主義，日本的"興亞思想"和"亞洲主義"，以及南北太平洋一些國家主張的"太平洋精神"。這些是亞太意識和亞洲主義新型思想的營養源。應該指出的是，儘管亞太意識沒有發酵到洲際或區域整體的思想文化層次，但是許多思想的火花和思想的原形仍然被一再重申和強調，成爲形成未來亞太意識的動力和源泉，也將成爲亞太區域整合（一體化）的重要文化基礎。

這裏値得提到的是：60 年代日本學者小島清提出建立的"太平洋自由貿易區"的建議。他曾受日本外相的委託，不辭勞苦，周遊太平洋列國，探詢各國對日本建議的意向。從那時起至今，亞太各國和西歐國家曾舉行過無數次會議，提出過種種引人注目的提法。但中心和焦點始終對準亞太合作的種種構想和方案，其中也閃爍著亞太意識的思想火花。

70年代末，日本首相大平政府提出《環太平洋合作構想中間報告》和《環太平洋合作構想最終報告》。大平的主導思想是"環太平洋連帶構想"。關於亞太合作的構想，不僅來自官方也來自學界的鼓動。日本著名腦庫野村研究所曾發表一篇論文，推動太平洋共同體的構想，並認爲可採取政府、民間和論壇等各種形式。日本的國家經濟研究所在《西元二千年的日本經濟：大東亞經濟集團的可能性》研究報告中，主張日本應根據眞正的"共榮"觀念採取主動，以便使亞太地區結合成一個可與西歐和北美市場相競爭的獨立經濟集團。直到 1982 年，鈴木首相在檀香山發表"太平洋時代的來臨"的演講，闡明太平洋即將成爲未來世紀的世界經濟中心這一主題。在美國，1975 年創立的夏威夷東西方中心和“太平洋論壇”成爲全美有關環太平洋合作的最活躍的兩個中心。1978 年 4 月，美國參議院外委會也專門研究環太平洋合作的構想。1984 年 4 月，美國總統雷根發表講話，強調美國是“太平洋國家”，並公開宣佈：“美國未來的關鍵是太平洋，而不是歐洲”。早在 80 年代中期，新西蘭國民黨領導人麥克萊也聲情並茂地說過：“早就該轉移了。太平洋地區在很長時間以來被視爲一種殖民地週邊地區，只有在歐洲的休假季節裏才特別有吸引力。今天，在我們向 21 世紀邁進時，太平洋地區就成了全球形勢中的一個主要部分”。（《亞太地區的現狀與前景》，135）“我認爲歷史能夠說，我們至少是帶著一些想象力和繼續獻身于自由繁榮的太平洋的精神跨入本世紀最後 15 年的。”“這不再是我們作選擇的問題，而是我們的責任”。（《亞太地區的現狀與前景》，147）

在太平洋國家各界人士的公開講話中，已經隱約可以看見強調某種太平洋精神的痕跡，但還不十分明顯專一。在關於太平洋的若干次會議後，有這樣幾個概念確立了：“太平洋自由貿易聯盟”(the Pacific Free Trade Union)，“太平洋共同體”(the Pacific Community)“太平洋地區鬆散的合作”(the Loose Cooperation on Pacific Area) 和“太平洋盆地”(the Pacific Basin)。另外，還有加拿大一位部長所建議的“建立亞太地區性大家庭”。

歐洲學者認爲，亞太合作對別的地區來講具有排他性，正如“歐洲大廈”對美國具有排他性一樣。然而，這正說明亞太合作和其思想文化基礎亞太意識的自身有著內在的一致性，雖然亞太還不如歐洲那樣強調以“歐洲意識”爲信念基礎，但它可逐步以文化、地理因素去聚合某種區域內的同質性。

四、中國學者的思想貢獻

中國是亞洲和整個亞太地區內部重要的思想大國和文化大國。80年代，中國伴隨著熱度極大的“文化熱”也亞太意識問題進行了重要的思考和探討。中國學者在1984年12月舉行的“太平洋地區發展前景和中國現代化”學術研討會早就指出：“在環太平洋地區經濟合作這樣重要的問題上，我們應該積極加強研究，改變‘我知人甚少，人知我甚少’的局面，並旗幟鮮明地提出我們自己的主張”。（《太平洋地區發展前景和中國現代化》，中國財經出版社1985年，前言）中國已故的國際關係首席學者宦鄉在這次會議上語重心長地說過：“面對這樣的形勢，中國怎麼辦？中國是袖手旁觀呢？還是積極提出自己的看法？我認為在實行對外開放的今天，應積極提出自己的主張，參加這場正在進行中的巨大辯論，不參加辯論就會喪失今後的發言權。在這個大動蕩面前，應用我們的主張來引導它朝著符合我國利益和第三世界國家利益的正確方向發展，要為第三世界繁榮、為進一步加強南南合作、南北對話做好充分準備”。（同上，7）當年宦鄉的上述講話在上海一家公開發行的刊物上發表時，已變成這樣一段十分鮮明有力的主張：“要舉起太平洋合作的旗幟”，“豎起中國在亞太問題上的旗幟是十分重要的。現在有三面旗幟，一是美國的太平洋共同體，二是日本的環太平洋圈，三是蘇聯亞洲集體安全體系。中國應樹怎樣一面旗幟，是當前迫切要解決的問題”。“這是我們學術界的責任”。

在進行亞太地區合作的時候，我們也許會想到亞太圈尚無固定的文化依託。亞太合作是無軸心的合作，也缺乏地區內共同的信念基礎，這與既有軸心（法德軸心）又有共同意識（歐洲意識）的歐洲一體化甚是不同。然而，也要看到，亞太地區有著特殊的歷史背景和各國特殊的國情，它的信念系統的聚合形成也與世界其他各個地區難以雷同。某種亞太意識或太平洋意識正處於萌芽成長之中，正由於這種意識的晚育，也許它會具有最開放、包容性最大和發散性最強的特徵。在中國學者的有關論述中，亞太意識或太平洋意識涉及到以下幾點內容，它們包涵著亞太合作的內涵：

1. 無霸權意識或反霸權意識。在亞太地區，無成功的單獨主宰者，歷史上凡是想在此稱霸的人都遭到了失敗，日本和美國概無例外。所以，這個地區沒有形成長期固定的勢力範圍。戰後以來，太平洋地區內不存在一個自上而下的單一集團體系，不可能貫徹一個統一意志和使用強制手段（這與歐洲不同：那裏是兩大聯盟體系的單一集團政治，亞太地區則分別存在許多集團或條約體系，中國更是不結盟的）。"今後，任何國家都不能單獨主宰亞太地區"，太平洋圈內的國家越來越少地依附於某個大國。（《當代世界與中國》，104）因此，前澳大利亞總理提出過"亞太無霸權"說。（《太平洋共同體》，惠特拉姆，澳大利亞研究基金會與東亞研究理事會，1981）日本人認爲，非霸權體制作爲一種新體制首先出現在亞太地區。中國從未想在這一地區稱霸，並首先在此承擔了不稱霸的義務，先後與日、美、蘇共同簽訂了明確載有"不稱霸"條款的和平友好條約或聯合公報。中美上海公報指出："任何一方都不應在亞洲——太平洋地區謀求霸權，每一方都反對任何國家集團建立這種霸權的努力"。中日和平友好條約對此予以了重申。1989 年 5 月，中蘇聯合公報也指出："任何一方都不在亞太地區以及世界其他地區謀求任何形式的霸權，也反對任何國家謀求這樣的霸權。”

2. 和平共處思想的主導地位。在處理亞太地區國家之間關係的外交實踐中，中國和印度、緬甸首先提出了著名的和平共處五項原則，這已被公認爲國際關係的基本準則。人們認爲，和平共處是亞洲思想的反映。美國著名亞洲問題專家斯卡拉皮諾認爲，這一地區“是檢驗和平共處各項原則的一個主要試驗場”。（《亞洲及其前途》，新華出版社 1983，10）在亞太地區，不同社會制度國家進行了和平共處的新嘗試，亞太合作已超越了意識形態和社會制度的異同，爲其他地區樹立了先例。

3. 多樣化的思想。在這一地區，存在著多種文化背景，就整個圈而言，東西方文化長期共處，多種宗教（儒、佛、道、伊斯蘭、基督教及當地宗教）並存是一個顯著的特點。各地世俗文化也風格各異。在人種方面，這一地區更是名目繁多，呈現出各具特色的人文風貌。加之意識形態、社會制度、發展水平上的差異，這一地區的多樣化思想更有充足反映。只有使之具有開放性，兼收並蓄，才能使太平洋意識穩健地形成。例如日本所提出的要將太平洋變成“和平的海、自由的海、開放的海、多樣化的海、互惠的海”。

五、對兩岸整合的啓示

歐洲意識和亞太意識都是一種地區性意識，是一種在經濟合作和文化融合的過程中形成的地區間和洲際統一意識。它們是區域經濟合作、共同發展和政治上和平共處的基本思想文化動因，是逐步完成區域整合的精神支柱。

對於同屬於一個國家的一種特殊的內部關係，兩岸關係應該借鑒區域整合和一體化的作法，以中華文化爲精神紐帶，以中華文化作爲雙方經濟合作和交流的思想基礎，大力推進兩岸經貿關係的發展，實現“三通”的突破，在目前兩岸政治僵局難於一時打破的情況下，採取實際步驟推動兩岸經濟協商機制的形成。

這樣做的根據有以下幾點：

1. 中華文化本來就是兩岸雙方的母體文化或文化主脈。臺灣地區雖然曾經受到過日本人的殖民統治50年，但是其文化主體始終沒有脫離中國文化的血脈，應該說在某些方面臺灣在保存中華文化和倫理價值觀的工作上做的比中國大陸還要好。
2. 2、兩岸經貿關係已經形成了事實上的結構性的相互依存關係，中國大陸是臺灣第二大貿易夥伴，是臺灣第一大順差來源，臺灣是中國大陸的第五大貿易夥伴和重要的進口市場。截至2001年底，兩岸經貿總額已經達到近2000億美元的水平（而僅2000－2001年度兩岸經貿總額就達到320億美元）。
3. 國際上已經承認中國大陸、臺灣地區、港澳地區的經濟共同屬於“中國經濟區”。在世界銀行等的權威性報告中，“中國經濟區”的概念被一再使用，說明國際間已經承認了兩岸四地經濟發展的事實，已經承認了它們之間在經濟上的密切互動。

因此，在兩岸政治處於僵局狀態的時候，雙方可以在經濟已經形成相互依存關係，文化已經處於整個亞太意識發酵下的中國文化圈等的情況下，拋開政治歧見和不合，大力促使兩岸經濟協商機制的內構，並在此過程中將本來就屬同質的文化作進一步的整合，以便爲整個亞太的區域整合做出自己的貢獻。

7

東西方文化之異同與美國强勢文化之衝激

李本京

前言

年前訪問南非、肯亞、巴林、泰國、印度、尼泊爾七個國家，對一個研究歷史的人來說，這是一趟非常有教育性的旅程。沿途看到亞非文化古國的貧窮落後，再遙想當年傲視群倫的盛況和風光，兩相對比之下，不覺令人感慨萬端。

古埃及的神祕金字塔，不知吸引多少從世界各地蜂湧而至的遊客。可是，生活在那塊土地上的人民，如今卻著貧困潦倒的生活，落的所得與不景氣造成境內處處飢民。眼見及此，再參照他們曾擁有的偉大古文化，不由得深深疑惑，除了令人莫測高深的金字塔之外，埃及的祖先留給後代子孫的是什麼？

是金字塔內琳瑯滿目令人見了嘆爲觀止的偉大古物？還是現今人民的災難？震撼之餘，心裡覺得頗爲不平靜，古代帝王集神權王權於一身，爲了鞏固江山不惜大量浪費資源，後代子孫是否爲此而要付出代價受苦難？參觀名勝古蹟之餘，如能從深一點的層次去觀照，進一步了解幾千來社會經濟環境的變化，將更能從中汲取經驗接沒教育。

所謂東方和西方，事實上是地理名詞。可是這地理名詞由於代表兩種不同的文化，於是由此而延伸兩種差異景象。

有些事情東方人認爲絕對是肯定的，但西方人不以爲然。東方人喜愛的東西，到了西方人眼裡可能不會覺得有什麼美好。例如對顏色的分辨，觀點上就有些不同，喪葬時靈堂佈置都是白色的。可是在西方結婚時汽車上要掛白色的紙條，禮服也是白色的，象徵喜慶吉祥。同樣的顏色，不同的社會所代表的意義就不一樣。

另外，反映在建築物的風格上，東西方的設計也互異。東方人蓋房子要砌圍牆，牆內種漂亮的花讓自己欣賞，西方人喜歡空曠，不砌圍牆，花是種給人家看的。從這些生活表現上的差異，可發現東方人對事情的看法和價值判斷之不一致。

價值判斷不同

在精神層次上，中國人講求心靈的滿足感。像陶淵明的人生觀深深影後斂，追求淡泊，不重視物質生活。反觀西方，他們採取的是功利現實的重商主義。在這種主義下，優勝劣敗，競爭才能生存。於是帶來不斷的發明和創新，進步神速。而我們由於把精神提昇到超脫物質的境界，這在科學的發展上來講，造成各種研究落在西方之後，這種價值判斷上的不同，不但明顯的影響科學的發展，其他文化、生活方面也一樣深受波及。

例如對家庭觀念，西方注重個人發展，減少家近成員間的互相依賴，彼此間的權利義務劃分清楚。但東方傳統則注重家族觀念，雖然現在進入工業化之後，小家庭紛紛成立，但基本上對家庭的看法和個人在家庭中扮演的角色認知，東西方的觀念還存在相當程度的不同。

其他如金錢的使，人際關係之間，我們常以花費多少表示誠意的輕重。因此，請客時可能主客有一位，而陪客坐滿一桌，上的菜超過實際吃得下的份量。在國外的情形正好相反，不是請客或送禮，西方人覺得表示心意不在花費多少，一件小禮物也可象徵禮輕意重，不像東方人送禮務求精緻隆重，以禮物的貴重表示人味。這種待客之道，在西方人眼中看來是不必要的浪費，可是東方人樂此不疲，認爲是非常重要的。

近年來，我們雖然因經濟發展提高生活程度，社會呈現繁榮富裕景象，於是飲食方面日趨豪華。其實，闊綽之餘，有些問題値得吾人深思，豪華所花出去的錢並不代表我們應該花出去的。傳統的中國美德崇尙勤春節儉，爲人處世講求中庸之道，可是當今的社會現象漸趨追求物慾的滿足，走向奢華和不節制，許多社會問題由此而衍生。所以，提高生活程度之餘，不可忽視要提高生活品質。如果再不注重精神文明的話，可能我們會比西方人士更重物質。而這種對物質和精神上的判斷價値之不同，是一個時代一個時代的，並不是千古永恆存在不變。所以，這是端視我們怎麼對這問題有正確的認識。

不同的思維

另一種情況是中國人的面子問題，凡事事物物以情面爲重。記得廿幾前吃拜拜，當時國人的經濟狀況遠不如現在優裕，但家家爲了表示面子，甚至可以省一年的錢只爲了請一次客。這種根深蒂固的面子問題存在人心中，時時或隱或現，成爲揮之不去的陰影。而這陰影擴大的結果，就變成以名爲「重」，這重名的風氣充滿在我們生活的每一個角落。父母爲兒女取名字唯恐不愼重，女孩子多半要端莊美麗，男孩子則英武聰明，從名字的意義來表示孩子未來希望走的方向。

西方人就沒有這種看法，他們認爲名字只是個符號，例如爸爸叫約翰，兒子也可以用約翰取名，甚至家裡面的狗用一個名字也無妨。他們認爲對一個人的判斷不是名字的好壞，重要的是他本人，可是中國人在這方面卻是很執著放不開的。

不但重視姓名字上的意義，更進而講求風水和筆劃吉凶。幾千年來中國人在名的漩渦裡打轉，一直轉不出去，好像孫悟空翻不出如來佛的掌心，這種觀念使我們在日常許多地方引起無謂的爭議。譬如說我們就認爲大學的名稱不學院好，於是許多學校紛紛改制大學，可是在西方國家，有些事界知名的學校仍掛學院的名稱，如麻省理工學院就是個例子，他們並不認爲有改制成大學的必要。因爲學校好不好在於本身的素質嶼水準，而不是名稱所代表的意義。可是對我們來說，名稱至上，好幾所學校改制成大學，舉行各式各樣的慶祝儀式，放鞭炮寫賀文不一爲足。

如今我們追求了幾千年已進入科學時代，還不能夠把過去遺留下來的面子問題和包袱放下，作一個事正的價值判斷，依舊跳不出名利束縛，找不出「名」和「面子問題」眞正的價值所在，迷失之餘，深覺得西方對名和面子問題的看法有值得我們參考的必要。

至於表現在生活上的，其實許多美國人的生活很儉樸，並不像國人善於炫耀，國人在這方面極爲講究注重，認爲使用名貴的東西是一個社會地位的象徵，另一方面可以顯示光宗耀祖的成就感。於是，台北市的馬路上各種歐洲進口的名牌車飛馳，不惜以能表買一幢房子的價錢去換取一部車子，雖然房子會增值，汽車會折舊。然而，爲了印誤自己在社會上達成某種地他和份量，各種名牌變成追尋的目標，用之顯示於人，這是一種什麼心態呢？一言以蔽之，反而是注重物質了。

文化的衝激

某些外國人雖然也注重物質追尋財富。但是，他們獲得財富之後，並不是用來放在身上炫耀。他們重視自由競爭，追求事業上的發揮，社會責任感重。如果用錢來代表心態上的滿足而論，我們所作所爲要比人家來得過份。國人往往以爲大企業經商賺錢追求事業的擴充是貪財好貨的表現，這種觀念要修正。企業家經營事業，本質上和作家用心寫出好作品，運動員努力發揮潛能，創出好紀錄是一樣的，發展的結果並不以己爲重，而是對社會有所貢獻，這樣才有存在的意義和價值。否則，如果賺錢的目的完美是爲了自己和子孫，拔一毛利天下而不爲，這樣的做法才眞正是個人主義的名利追求。這一方面，西方人値得我們借鏡，他們的企業家以個回饋社會爲己任，許多大企業的經營觀念，認爲取之於社會應用之於社會，成立各種基金會造福社會大衆。如洛克菲勒；卡內基、福特等基金會，都發擇很大的功能。這種推己及人的類爲，不但利人利己，使社會獲益，同時也贏得尊敬，反觀國內，這種觀念的培養，則有待推動和加強。

在迥異的文化背景中，人們隨著時代的進步，而有了另外一種揮之不去的陰影，那就是來自外域的文化。這種非本土以外的文化，促使何處帶來何種衝激？本土文化則走向何處？這問題可能沒有標準答案，然而卻給予我們更多沉思的空間，那就是文化與傳統的關係究竟是什麼？文化是否即是傳統？抑或僅是傳統的表象？今日所面對的是傳統文化？還是完全相異，互不連貫？

不論上述各問題的答案是什麼？今天我們所面對的是一個多

元性的文化，在此一新環境中，看似單純的文化問題，變得更形複雜，而在各形各色外來文化中，更以美國文化所帶來的衝激最爲強烈。事實上美國文化已不單只是一項單一的外國文化，而具有不可替代的特性。在強勢的政經勢力影響下，美國文化在美世界每個角落掀起了一波又一波的浪潮，世人似乎在沒有太多的選擇下，對美國文化不只好照單全收，而這也成爲各國百思而仍未能解套的罩頂烏雲。

美國對外文化流之意涵及實踐

自從一九一八年第一次世界大戰結束後，美國在世界上的影響力與日俱增。雖然未能參加國際聯盟 (The League of the Nations)，不能在國際政治上成爲指標強國。然而其特有之文化則漸漸受人注意，尤其西歐人更是對美國人有強烈的好奇感，也就引導了自此以一波又一波的認識美國及欣賞美國文化的熱潮。美國也成爲其他國家學習模仿的對象，美國文化於焉在世界多元文化中有了一席之地。

然而一個國家的文化要能成爲「強勢文化」(power culture) 則一定需要「強權政治」(power politics) 作爲後盾，美國對世界的影響力自二次世界大戰爆發（一九四一）後即奠定了堅固的基礎，到了一九四五年後，有是冷戰期間自由世界的領袖。已是一個享有「強權政治」的強國，其文化也逐漸走向強勢。降至一九九〇冷戰結束之後，美國則成爲「單一超強」(Sole super power)，美國文化時至今日已是一個絕對的「強勢文化」。

商業文化的誕生

美國文化依賴其強大之國力，佈散於世界的各角落而其之所以受人歡迎主要是商業行爲的推廣，一時之間美國文化有了另一個外貌；那就是「商業文化」(Commercial culture)。在舉世聞名的「麥迪生大道」①強力推銷下，美國文化經過了「流行文化」(Popular culture)，慢慢地與「商業文化」相結合，在這樣子的一個強勢引導下，美國文化漸漸成爲「強勢文化」與「群體文化」(Mass culture)②的綜合體。

「商業文化」之如此強烈且有效地進入海外市場，與美國娛樂界人士的努力及受歡迎有密切之關係。自從第一次世界大戰結束後，美國的影片深受世界各地的歡迎，好萊塢成爲家喻戶曉的名字，逐漸地也將美國人的生活百態呈現在世人面前，於是「美國夢」(American Dream)也成爲不少世人的「夢」。這種具有包裝的「商業文化」毫無疑問的，佔有了很多人的「心」。

然而此一商業行爲帶來的文化不可避免地對某些也帶來了衝激，強大的文化影響力最直接的負面，就是塑製了「美國人自大」(American Chauvinism)的形相③。事實上美國文化幾乎已與「商業文化」成爲一體之兩面。美國今日是世界第一大貿易國家，美國貨充斥世界各角落，而各國也視美國爲外銷的第一理想地方。在重商主義掛帥的大旗飛舞下，美國人的自大也就在所難免了。

---

① 「麥迪生大道」(Madison Avenue)是紐約曼哈頓南北走向的主要大道之一，美國大多數的知名廣告公司，均在這條大道上有辦公室，是以「麥迪生大道」已成爲廣告的代言詞了。

② (Mass culture)中 Mass 一字也可譯爲「強力」。事實上美國文化不但是商業成品的外銷，也成爲一股擋不住的力量。而這一層表象，「商業」、「流行」二詞均很難說明此一事實，而「強力」一詞似乎較能傳神。

③ Neil Harris, "American Manners", in *Making America: The Society and Culture of the United States*, ed. by Luther S. Luedtke. (Chapel Hill; The University of North Carolina Press, 1992) pp. 148-152.

文化的外銷與引退

美國文化在超強的國力，生動的廣告，有效的行銷綜合運籌下，遍佈各國。有人評論美國僅有「商業文化」，而沒有「藝術文化」(The art American culture)。加州大學教授塔什曼 (Dickran Tashian, Compaiating culture, University of California at Irvine)，認爲美國文化一直處於歐州文化陰影下，要想走出一片自己的天地非常困難④。美國自經歷過三〇代的經濟大衰退後，一直保持不斷的經濟成長，成爲世界經濟一大國。不過也正因爲如此，在高漲的物資主義下，美國人的文化具有內涵，還是僅有表面；就成爲有識者的一個討論重點。由於美國人享有了世界的絕大資源，於是也成爲了經濟迅速成長的受害者 (hostaye of portune) ⑤，更嚴重的批評，則認爲今天的美國人缺少眞實的價値。例如文化上的貧乏。「黨派治國，賢人退讓」(The United States come from an ear dominated by aentlemen to one dominated by parties) ⑥等事實，均是美國人應有所檢討的。

儘管如此，對許多開發中國家而言，接受美國文化幾手已成爲全民運動，也許在政治上敵視美國，然而在心理卻逐漸地「美國化」(Americanization)，例如中國大陸就是如此，有此地區對美

---

④ Dickran Tashjian, "The Artlessness of American culture") in *Making America: The Society and Culture of the United States*, ed. by Luther S. Luedtke (Chapel Hill: The University of North Carolina Press, 1992) , pp. 163-164.

⑤ Adron Wildavsky, "Resolved, that Individualism and Egalitarianism be Made Compatible in America: Political-Culture Roosts of Exceptionalism." In *Is America Different*, ed. by Byron E. Shafer (N. Y. Clarendon Press, 1991) , p. 116.

⑥ Michael Schudson, *The Good Citizen: A History of American Civic Life* (N. Y. The Free Press, 1988) , p.295.

國文化之擁抱已到了發燒的地步，例如台灣有些英文補習班以「美語」爲名。是以在人與人互通之間，強勢的美國文化直入當地人的家庭，接受美國文化就成爲「美國化」的第一步。

美國地大物博，是一多文化的國家，於是各國文化亦川流不息的進入美國，使得這一世界第一「大熔爐」(Melting Pot) 容納了更多的不同文化，這種外銷及引進的步驟是美國文化與他國文化互爲交流的最大途徑，當然也經歷了「漫長及艱辛的過程」⑦

文化外交之必要

「文化外交」(cultural diplomacy) 是美國文化交流中相當重要的一環，顧名思義，這一種對外關係是需要足夠經費作爲後盾，美國財富傲人，當然在這方面作得相當出色，也成爲美國國際交的一物兩面 (it has been tied very closely to international diplomacy) ⑧。

美國的「文化外交」在理念上及在實踐上，均與官方有密切的關係，尤其在經費上更是政府的白手套。在冷戰時期，美國的「文化外交」尤其重要，也就成爲「新聞總署」(United States Information Agency, USIA) 最重要的關係企業。自從一九九〇蘇聯瓦解後，美國新聞總署就與國務院合併，在人員及經費均呈縮減之後，美國「文化外交」也不免有所瘦身 (down sizing)。

「文化外交」的工作是多層次的，其中尤其以學術交流最爲人稱道，富爾布來特交換戲劇就是其中最有聲有色的一個戲劇。

---

⑦ Daniel J. Elazar, *The American Mosac: The Impact of Space, Time and Culture on American Politics* (Boulder: Westview Press, 1994) , pp. 2-3.

⑧ Frank Ninkorich, U.S. Information Policy and Cultural Diplomacy (N. Y. Foreign Policy Association, 1996) , p.1, 作者爲聖若望大學歷史學教授。

在這一個計劃下，美國政府在一九九八至一九九九年度預算是八百二十六萬美金。與一九九七年的預算（八百五十三萬美金）相較，減少了一些。這是否是一個趨勢，令各國文化人士關心不已。富爾布特計劃是標準的「雙邊關係」，例如與台灣合設的「學術交流基金會」(Foundation for Scholary Exchange) 就由雙方合資設立。在一九九八年度預算中，台北政府捐了金八十九萬，華盛頓政府則捐了美金五十六萬元⑨。

在這一計劃下美國教授得赴他國執教，也邀請他國學者專家至美國作短期研究，李登輝即在此一計劃下，在一九七三年「東亞中心」(East-West Center) 研究。除了此一龐大教育性之合作計劃外，尚有「外國人訪美計劃」(International Visitor Program)。此一計劃亦由新聞總署辦理，每一年均有來器世界各地四千至五千名的訪客，在美國駐外使領館的安排邀請下，來美國作短暫之停留。他們夕是各國的菁英，對認識美國有正面的效應。

結　論

儘管美國的商業文化遍及全球，然而華府仍將依賴「文化外交」作爲「官方外交」(public diplomacy) 之不足。由於「商業文化」的延伸不見得對美國外交政策有幫助，是以「文化外交」有其存在的必要性。否則過份強勢的「商業文化」有時會使得開發中國家認爲是一種來自華府的「文化帝國主義」(cultural imperialism)。爲了有所平衡，這種半官方式的美國文化交流也就有其持續推動的價值了。

---

⑨ *Fulbright 1998 Annual Report* (Washington D. C.: The U.S. Information Agency, 1999), p.23, p.24. Fulbright 1997 Annual Report (Washington D.C.: The U.S. Information Agency, 1998), p. 30.

然而也不能完美否定「商業文化」帶來的正面意義，由於這一令人歡迎的「商業文化」，使得「全球化」(Globalization) 更爲加速，而形成一個「全球文化」(Global culture)，使得我們都以身爲地球村的一員而有肩負起維護世界和平的大任。

作者：李本京現任淡江學美國研究所教授

---

⑩ *Building International Bridges: International Visitor Program* (Washington D. C.: Bureau of Education and Cultural Affairs, United States Information Agency, 1996) , p. 12.

8

中西方的法律觀念比較

——試析中國緣何缺乏法治傳統

唐士其

一、西方法治原則的基礎

在現代法治國家，法律應該包括兩個基本的範疇，即對公民的權利與義務及其行爲進行規範以及對國家機構的設置與行爲進行約束的部分。前一部分是古今中外各國法律制度的一項基本內容，但後一部分卻只是近代歐洲政治法律思想和制度發展的產物，而只有當後者成爲一個國家法律制度的有機組成部分的時候，這個國家才能被稱爲“法治”(rule of law)的國家。

法治是歐洲文明發展到近代的產物，但其本身卻凝結了從古希臘開始西方各歷史階段的思想與制度成果。通過對這一歷史過程的分析，我們可以假定，一種成熟的法治原則及相應的制度的確立，必須同時具備以下幾個方面的條件。

㈠某種形式的自然法觀念。

所謂自然法的觀念即人們相信存在著某種超越于任何人爲制定的法律之上，在任何時間、任何地方、對任何人都普遍有效的制約人們行爲的基本法則的觀念。這種法則與物理世界的基本規律一樣，是一種客觀的存在。它們不可能爲任何人爲的力量所改變，但人們可以通過發現與掌握它們，以創造出更公平合理的政治秩序。自然法觀念最早產生于古希臘，經羅馬帝國和中世紀長盛不衰，到近代爲以自由主義爲中心的西方政治學說的產生提供了重要的理論基礎。古羅馬的政治思想家西塞羅對自然法的觀念進行了系統的表述：他相信，“正確的理性與自然是一致的”，也就是說，人的理性能夠把握自然的規律，而這種自然的規律構成了“眞正的法律”的基礎。①“眞正的法律是與自然相一致的正確的理性的反映；它普遍適用，不會變遷而且垂于永遠；它的要求成爲人們的義務，它的禁令則避免人們爲惡。……任何篡改這種法律的企圖都是犯罪，而且人們也不可能對它有絲毫的改變，更不可能把它完全廢止。無論是元老院的元老們還是人民大衆都不可能免除它所加的義務，同時我們也不需要在我們自身的（理性）之外爲它尋找別的解釋者。無論對於雅典人還是羅馬人來說都不會有不同的法律，現在的法律也不會與將來有所不同。在世上只有一種永恒的、不變的法律，它對所有的民族，在任何時候都同樣有效。世上也只有一位主宰者或者說統治者，那就是神，因爲他就是這一法律的創造者，解釋者，也是它的執行者。任何違背這一法律的人實際上都是對他自己的背叛，是對他的人性的否定，而且由於以上的原因將受到最嚴厲的懲罰，儘管他可能會逃脫通常意義上所說的處罰。”②

自然法觀念在法律實踐中之所以具有影響，並非因爲它眞的體現了上帝的旨意或者說人性的本質。思想史已經證明，在自然

---

① Cicero, *De Re Publica, De Legibus*, trans. Clinton Walker Keyes, Cambridge, Mass.: Harvard University Press, 1928, p. 383.

② *Ibid*., p. 22.

法之名下其實可以在不同的時代得出不同的結論，但重要的是這並不影響人們對自然法的信奉。自然法觀念的眞正的意義，在於它的存在提供了一種對實在法進行道德判斷的法律基點，從而爲對實踐的政治法律制度及其實踐進行批判提供了可能。在歐洲的歷史上，法律與政治權力相比，至少在理論上或者說倫理上一直處於一種較爲優勢的地位，古希臘的情況存而不論，在中世紀，國王被認爲必須同時服從上帝的法律、自然法以及與遠古的習慣。甚至在近代所謂的專制君主統治時期，爲君主的權力進行了不遺餘力的論證的布丹，也同樣承認主權者必須接受自然法的約束。而且，在歐洲的歷史上，自然法並不是某種抽象的道德觀念，它在不同的歷史時期具有其特定的內容。在中世紀的神學家托馬斯·阿奎那那裏，自然法的基本內容得到了清晰的表述，並且他所理解的自然法完全立足於人類常識的基礎之上，是任何人都能把握的社會政治規範。他從所謂的人的自然稟性出發，導出了自然法的三項基本原則：由於人具有自我保護的本能，所以第一項原則就是對人的生命的保護以及使其避免故意的傷害；由於人具有繁衍後代的本能，所以第二項原則就是對兩性關係的維持和對後代的照顧；由於人具有自我發展的本能，所以第三項原則就是對眞理的認識和對人類社會生活的參與，以及保證這種社會生活能夠產生其所能夠實現的益處。③這些內容被後代的思想家們接受下來，並且逐步成爲人們共信共守的一些基本觀念。在資產階級革命時期，自然法的觀念爲人們抵抗專制政府提供了有力的思想武器。甚至象霍布斯那樣支援君主專制的理論家也對自然法的存在深信不疑，他同樣對自然法的內容進行了列舉，其中包

---

③ St. Thomas Aquinas, *Selected political Writings*, ed. A. P. D'Entreves, Trans. J. G. Dawson, Oxford: Basil Blackwell, 1959, p. 123.

括力求和平、在別人也願意的前提下必要時爲和平放棄自己所具有的權力、信守契約、有恩必報、合群、寬恕、不以惡抗惡、尊重他人、平等、謙遜、秉公辦事、服從公斷等等。④由於人們普遍地把自然法視爲實在法的基礎，同時也視爲包括政府在內的任何個人與機構必須遵循的基本規範，這就爲一種法治的政治秩序提供了必不可少的理論基礎。

㈡基於理性基礎之上的自主的權利意識

理性的思考，是西方思想傳統的一個重要特徵，它區別於神秘主義的個人體驗，所以雖然像柏拉圖那樣的思想家強調理性只是少數人的能力，但西方傳統中理性思考的結果卻始終沒有超出常人能夠理解的範疇。在某種意義上，它與邏輯、與常識是統一的。基於理性之上的權利意識，指的就是某些從人們的日常觀念或者通過理性的反思能夠得到的關於人的權利的基本結論。這種自主的權利意識在西方最早的體現是索福克勒斯的悲劇《安提戈涅》，其中明確地表明瞭這樣的信念，即相信存在著某些支配人世萬物的普遍法則，雖然人世的律法可能由於權力的支撐而與這種法則不一致，但它最終是對一切人的行爲進行判斷的依據，是每一個人的權利的最終的保障。

在安提戈涅之後，雖然有蘇格拉底寧死不願意離開雅典，以表示對這個城邦的法律的忠誠，但隨後就出現了另一位著名的政治家與思想家塞涅卡。塞涅卡本人是自然法的堅決擁護者，他最終因爲不願意接受羅馬法律的審判而以自殺相抗議。塞涅卡的做法與蘇格拉底適成對比，表達了另外一種忠誠，即基於自己的信念的、對自己所應該擁有的作爲一個人的權利的忠誠。

---

④　霍布斯：《利維坦》，商務印書館 1985 年版，第 106 頁。

可以看出的是，這種基於理性的權利意識與自然法的思想是緊密地聯繫在一起的，換言之，這就是所謂的“自然權利”的觀念。上面提到，自然法需要人們去發現，而自然權利觀念的存在恰恰爲人們的這種發現提供了持久的動力。可以理解的是，自然法和自然權利觀念的存在本身，就把現實的法律與政治制度帶入了一種與人們的理想狀態的緊張的關係之中，旣約束著當權者的行爲，也推動了一種更公正合理的政治法律秩序的產生。自然法與自然權利的理論一道，在資產階級革命時期爲西方現代國家和法律制度提供了完整的基礎，對此，洛克的理論是一個經典的例證：在自然狀態下人們根據自然法享有某些基本的權利，其中最重要的是生命、財產和自由。之所以建立國家就是爲了對這些權利提供更好的保護，所以這些權利本身成爲對國家的行爲進行判斷的最終依據。國家必須保護而不能損害它們，否則人們甚至可以通過推翻國家政權的方式以進行對國家的暴行進行約束和矯正。類似的思想也被寫入了美國憲法，被明確地視爲國家權力的法理基礎。

㈢某種最低限度的民主制度

如果按照字面意義把民主理解爲多數人的直接統治，那麼這種民主在任何地方、任何時候都不曾存在過，因爲即使是在被稱爲古代民主的典範的雅典城邦，能夠直接參與政治的公民在全體居民之中也只占少數。當然不能以此否定民主本身的存在，但需要對這種政治制度從稍微不同的角度進行理解，這就是在此提出的所謂的“最低限度的民主”的概念。這個概念類似于羅伯特·達爾所提出的“多頭政治”的概念，強調在統治者當中，政治資源分佈在不同的集團手中的情況，也就是某種權力的多元狀態的存在。⑤這種狀態的存在使各權力中心之間客觀上處於一種相互制約的關係，它們不得不採取某種妥協的方式以採取共同的行動，與此同時，由於統治者之間的緊張關係，處於統治集團之外的社會群體的權利與利益也能夠得到某種增進。在這種關係中，不排除某個集團甚至個人處於相對優勢的狀態，但只要這一個優勢的權力仍然難以完全獨立地進行決策，權力的相互約束就存在。從歐洲歷史上看，無論希臘羅馬時期的混合政體之中，⑥還是在中世紀，這種多元的權力關係都是一個客觀的事實。特別是在歐洲封建時期，各種封建領主之間、以及宗教與世俗權力之間相互牽制，使任何一種統一集中的權力中心的產生都成爲根本不可能的事情。必須強調指出的是，這樣一種權力之間相互約束的關係是法治最重要的制度性基礎，除了它本身就在實際上對最高權力形成某種客觀的限制之外，歷史證明，各權力中心之間相互妥協的結果往往會以一種法律的方式體現出來，英國 1215 年的《大憲章》就是國王與貴族之間相互妥協的結果。衆所周知，這項文件被視爲現代憲法的基礎，同時也是法治原則的出發點。

法律作爲一種便利有效的統治工具，在各古代國家都出現過。使“依法而治”區別於“法律的統治”的，就在於存在那麼一部分對統治者本身進行約束的法律。顯而易見，在一元化的政治權力結構中，這種對統治者本身進約束的法律是無從產生的。因爲歸根到底，法律是由人制定的，也是由人執行的，統治者在不受到任何外在約束的情況下，可以制定，也可以修改或者廢止

⑤ *Cf.*, Robert A. Dahl, *Who Governs*? New Haven: Yale University Press, 1961.

⑥ 歷史學家波裏比阿把混合政體的存在理解爲羅馬強盛的重要原因。*Cf.*, Polybius, *The Rise of the Roman Empire*, ed. f. W. Walbank, trans. Ian Scottkilvert, Harmondsworth: Penguin, 1979

任何一種法律，以利於維持和鞏固自己的統治，這正是古代中國的情形。柏拉圖在他的《政治家》一書中，曾經以統治者人數的多少和是否依法進行統治兩項標準對政體進行分類，後來亞裏士多德放棄了後一項標準而代之以統治是否符合大多數人的利益，其根本原因也就在於亞裏士多德看到了依法而治這項標準的相對性，因爲任何一種政體都可以通過對法律制度的安排讓自己的政權具有完全的合法性，從而使這項標準在實際上變得毫無意義。從這個意義上說，關係不在於是否存在一套完備的法律體系，而在於是否存在某種特定的政治權力分配的格局，使最高權力能夠得到制約，這正是亞裏士多德強調混合政體的重要性的意義所在，而這一個稠密後來被法國思想家孟德斯鳩一語道破：那就是必須"以權力約束權力。"⑦

㈣某種形式的習慣法原則，即習慣與法律在某種意義上的一致性

韋伯曾經區分過三種合法性的依據：傳統、理性與個人魅力。不言而喻，在傳統社會，傳統本身就是合法性最重要的來源。這樣的社會中，如果法律能夠與傳統取得某種形式的一致性，那麼這必然會成爲法律最重要的力量基礎之一。歐洲歷史上，日爾曼法的傳統恰恰提供了這樣一種一致性。日爾曼法作爲習慣法，以先例作爲法律，並且通過衡平對法律加以改進。在傳統社會缺乏完備的法律體系和理性尚未在整個政治法律制度中起決定作用的情況下，這是保證法律的權威性最重要的形式。具體地說，在封建時代的歐洲，統治者與被統治者之間被理解爲存在著一種權利與義務的契約關係，而這些權利與義務的內容又根據

---

⑦ 陣德斯鳩：《論法的精神》，北京：商務印書館 1961 年版，第 154 頁。

習慣加以確定，這就使統治者單方面變更這種關係的企圖即使不是完全不可能，但至少也會非常困難。實際上，在封建時代歐洲的歷史上，隨便都可以找到皇帝或者國王與其附庸們在權利與義務方面的大量爭執，這些爭執本身既強化了傳統和習俗作爲一種法律的地位，同時又變更著這種慣例的體系，使其作爲一種整體緩慢地演進和發展，但總不至於脫離傳統的軌道。因此有學者指出：“就中世紀而言，法律即目的本身。‘法律’一詞同時也指道德情感、人類社會的精神基礎、上帝以及理所當然的國家的基礎。因此，對於中世紀來說，法律是第一位的，國家是第二位的。”⑧上述《大憲章》作爲這種傳統的一個最重要的成果，本身就說明了日爾曼法的傳統對於法治原則的確立所發揮的重要作用。

在西方歷史上，從柏拉圖和亞裏士多德開始就一直有人強調法治相對於人治的優越性，但作爲一種思想可以說在很長時間內沒有找到制度性的體現。古代希臘城邦中，可以說沒有哪一個是眞正實行了法治原則的。古羅馬從共和國到帝國時期雖然制訂了大量的法律，並且的確爲公民的權利提供了一定的保護，但也不能認爲體現了眞正的法治原則。西元 125 年，當羅馬皇帝阿德裏安下決心從執法官手裏奪過立法大權，並命令他手下的法學家們編撰一部《永久訓令》(edictum perpetum) 的時候，法律與權力的衝突仍然是以後者的勝利而告結束。⑨只有經過歐洲封建時期，法治的原則才最終找到了它的制度性體現，即一種多元化的權力格局與主要由習慣構成的法律體系。

因此可以說，雖然法治在西方的確立是近代的事情，但卻是

⑧ Fritz Kern, *Kingship and Law in the Middle Ages*, 1956, p. 153.

⑨ 這一訓令被宣佈具有高於以往所有訓令的效力，而且將來也不再被修改。

西方諸多特殊的觀念與制度逐步演變的最終結果。文藝復興以後古代希臘與羅馬關於法治的思想遺產與制度設計被重新發掘出來，與封建時代的傳統相結合，使西歐各國在一種新的政治原則，即自由民主的原則基礎上眞正確立了法的統治地位。應當說，這是歐洲獨特的歷史發展的產物。

二、中國古代法律觀念中的反法治因素

中國古代歷史上曾經產生了若干高度發達的法律系統，但如果按照上面所提出的完備的法律制度的標準來看，這種法律體系的發展表現出明顯的不平衡的特徵。也就是說，在中國古代絕大多數時期，法律都被視爲一種統治工具，一種統治者對民衆進行控制與規範的手段，故而有“嚴刑峻法”之說。至於作爲對國家權力進行約束的一面，則始終沒有能夠發展起來。有西方學者認爲，“在世界其他幾個文明古國中，人們將成文法的制定歸功於神，並以神的名義來制定、實施。而在中國，法律在其產生之初，即具有純粹的世俗性。確實，法律最初一產生，即有人認爲它是道德論喪的產物，因而對其充滿敵意。”⑩正是在這個意義上，可以認爲中國古代並不存在眞正意義上的法治。

如果說西歐法治觀念與制度的產生是其獨特歷史發展的產物的話，那麼中國古代法治的缺失同樣可以被認爲是中國歷史發展的結果，其中既有觀念方面的原因，也有制度方面的原因。我們需要提示的，是它們爲何會出現彼此之間的不同。本文將主要集中在對觀念方面的因素進行分析。對比以上對於西方法治傳統的論述，可以認爲，中國傳統思想中，有以下一些方面對於法治原

⑩ [美]D·布迪、C·莫裏斯：《中華帝國的法律》，朱勇譯，南京：江蘇人民出版社 1993 年版，第 30 頁。

則的產生造成了相當的障礙。

㈠自然法思想的缺乏使中國古代難以產生一種法治的理性基礎

關於中國古代是否存在著類似自然法的觀念，是學者中長期爭論的一個問題，比如說中國人所熟知的李約瑟 (Joseph Needham) 就認爲儒家的禮可以被等同于自然法⑪。的確，在中國古代思想中，我們可以發現某種形式的“天道”的觀念，也可以發現把法律的基本原則統一到倫理道德上面的觀念。但僅此還不能得出結論認爲這就等於自然法的思想。自然法思想的重要特徵在於它的理性基礎，其實際作用在於它與現實的政治與法律制度之間存在的一種持續的張力。中國傳統的天道的觀念失之抽象，沒有它能夠予以確切保護的具體的公民權利，因此實際上除了爲現實存在的統治秩序進行辯護之外，並沒有眞正發揮對這種秩序進行批判與矯正的作用。這是因爲在中國的傳統觀念中，天道不能被“發現”，而只能被體驗，從而成爲一種與“禮”一樣個性化的東西。

在對這個問題的認識上，參考哈耶克對於法治的本質的理解是有所幫助的，他曾經提出，法治“不是法律的統治，而是關於法律應該是什麼樣的規則，是一種法律之上的範疇或者說是一種政治理想。”⑫具體地說，這些規範必須具有以下的特徵：即它們必須是“針對不確定的物件的……它們與任何具體的時間與場合無關，它們針對的是在任何時間和任何場合都可能出現的情

---

⑪ Cf., Joseph Needham, Science and Civilization, Vol. 2, Cambridge: Cambridge University Press, 1956, p. 544.

⑫ Hayek, *The Constitution of Liberty*, Chicago: University of Chicago Press, 1960, p. 206.

況。”⑬總的來說，它們必須具有一般性和抽象性、可知性和確定性、尊重個人在法律面前的平等。按照哈耶克的理解，如果政府依據這樣一種普遍性規則行事，那便是一種法治的狀態。可以認爲，哈耶克所列舉的幾項標準非常重要，不具有一般性與確定性則失去了法律最起碼的特徵；而如果沒有可知性與確定性則會使法律成爲某些特權人物意志的體現。

中國古代的天道觀念恰恰不具備後一方面的特性。班固曾經指出：“聖人既躬明哲之性，必通天地之心，制禮作教，立法設刑，動緣民情而則天象也。”⑭這種理解使法具有某種神秘性，非常人所能把握。孟子則乾脆明確表示：“禮義由賢者出。”⑮荀子進一步解釋道：“人生而有欲，欲而不得，則不能無求，求而無度量分界，則不能不爭。爭則亂，亂則窮。先王惡其亂也，故制禮義分之，以養人之欲，給人之求。……是禮之所起也。”⑯這段論述與霍布斯對於自然狀態之下人們由於欲望的驅使而爭鬥不休的描述十分相似，而他們之間最大的不同，就在於霍布斯堅持即使在自然狀態之下也有自然法存在並且起作用，而荀子則把禮視爲聖人之作。而且從根本上說，在人們的思想中，“天道”與法也屬於不同的範疇，這與把自然法視爲眞正的法的西方傳統觀念是明顯不同的。就是說，即使承認中國傳統思想中存在著認爲法律必須具有某種道德基礎的觀念，但這種作爲法律基礎的東西本身卻又被認爲是超越法律的，只是一種抽象的純粹的倫理判斷。這是中國的“天道”觀與自然法傳統的另一個重要區

---

⑬ Hayek, *The Constitution of Liberty*, p. 150.

⑭ 《漢書・刑法志》。

⑮ 《孟子・盡心上》。

⑯ 《荀子・禮論》。

別。

《說文》中說法從水⑰，只說明法律必須公平，這是對立法與執法的一個基本要求，本身不能說明法律實施的物件與範圍。實際上，中國傳統上把法理解爲刑法，雖然對此人們常常提出異議，但卻是一個無法否認的事實。《易傳》中說“利用刑人，以正法也”⑱，《尙書》中也說，“惟作五虐之刑，曰法”⑲。漢代的賈誼對此有明確的解釋，說“法者，刑罰也。所以禁強暴也。”⑳這些都是古人把法理解爲刑的明證。也就是說，中國傳統上從來說沒有把法律理解爲一種能夠對國家權力加以約束的工具。“天道”對統治者的行爲可能會有所規範，在民衆起義的時候可能也成爲一種合法化的依據，但從來就沒有進入法律，在中國傳統把法律與道德對立起來的觀念中也不可能進入法律。因此可以說，中國古代並不缺乏“自然”觀，但的確沒有自然法的觀念。

㈡“禮”與“法”的分離是中國古代法律不具備對國家的約束作用的一個重要原因

當然也不能得出結論認爲中國古代的統治者從來就不接受任何約束。或許可以認爲，春秋以前的禮對於統治者的行爲，恰恰提供了一種特殊的規範形式，因爲禮的一個重要特點，就在於它的相互性。孔子說，“道德仁義，非禮不成；教訓正俗，非禮不備；分爭辯訟，非禮不決；君臣、上下、父子、兄弟，非禮不

---

⑰ 《說文解字》中對於“法”這個字的解釋是：“？，刑也。平之如水。從水，廌（神話中的一種能夠辯明曲直的神獸）所以觸不直者去之，從去，會意。

⑱ 《易・蒙》。

⑲ 《尙書・呂刑》。

⑳ 《鹽鐵論・詔聖》。

定；宦學事師，非禮不親；班朝、治軍、涖官、行法，非禮威嚴不行；禱詞祭祠、供給鬼神，非禮不誠不莊。”㉑這裏明確體現出禮作爲統治者與被統治者之間相互關係的基本原則的特性。

但是，孔子本人對於禮的態度存在著一定的矛盾。一方面，他畢其一生“知其不可而爲之”，到處宣傳“克已複禮”，實際上就是在很大的程度上要求統治者能夠進行一種自我約束。所以說“禮，國之幹也。”㉒“禮，經國家、定社稷、序人民、利後嗣者也。”㉓當然，他同時也希望能夠建立一種普遍的禮治秩序，因爲他相信“夫禮，天之經也，地之義也，民之行也”㉔，而且認爲“禮，上下之紀，天地之經緯也，民之所以生也，是經先王尙之。故人之能自曲直以赴禮者，謂之成人。”㉕

但在另一方面，孔子又始終堅持禮作爲一種道德約束的非強制性，把“複禮”的希望寄託在人們自覺自願的基礎之上，並且堅持把禮和法嚴格地區分開來，這被總結爲所謂“禮者禁於將然之前，而法者禁于已然之後。”㉖實際上，重禮輕法，是除法家之外中國古代思想家的一個普遍性特徵。早在孔子闡明他的學說之前，叔向就在給鄭國的子產的一封信中明確反對把法律作爲一種統治工具，他寫道：“民知有辟，則不忌於上，並有爭心，以征於書，而徼幸以成之。……今吾子相鄭國，作封洫，主謗政，制參辟，鑄刑書，將以靖民，不亦難乎？……民知爭端矣，將棄禮而征於書，錐刀之末，將盡爭之。亂獄滋豐，賄賂並行，終子

㉑ 《禮記·曲禮》。
㉒ 《左傳·僖公十一年》。
㉓ 《左傳·隱公十一年》。
㉔ 《左傳·昭公二十五年》。
㉕ 《左傳·昭公二十五年》。
㉖ 《大戴禮記》。

之世，鄭其敗乎？”這被西方學者認爲是眞正具有中國特色的思想。㉗

儒家思想排斥法治，是因爲崇尚人的道德的力量，這與柏拉圖的思想倒是非常相近。荀子有一段十分有名的話：“有亂君，無亂國；有治人，無治法。……故法不能獨立，類不能自行，得其人則存，失其人則亡。法者，治之端也；君子者，治之源也。故有君子，其法雖省，足以遍矣；無君子，則法雖具，失先後之施，不能應事之變，足以亂矣。”㉘“故有良法而亂者，有之矣；有君子而亂者，自古及今，未嘗聞也。”㉙

雖然對於“刑不上大夫，禮不下庶人”㉚這一說法學者中間存在著不同的解釋，但孔子強調禮法之分這一點卻是沒有任何疑問的。孔子生活在一個“禮崩樂壞”的時代，在那個時候，傳統的統治秩序由於傳統的權威本身日益受到挑戰而越來越失去其原來對於社會的規範作用。如同蘇格拉底的時代一樣，這是一個個人意識開始覺醒的時代。在古希臘，這種傳統的斷裂體現爲所謂的“自然”與“習俗”的衝突。對於這種衝突以及由此引起的社會政治危機的意識，成爲古希臘政治哲學產生的契機。但在這裏，與中國的情況有一個重要的區別，那就是希臘的政治學家們都沒有把對於傳統的簡單回歸作爲解決問題的出路，無論是柏拉圖，還是亞裏士多德，都希望通過一種制度的或者法律的方式解決他們的時代所面臨的問題。

禮失去了傳統的支撐而變得蒼白無力，而禮與法在內容與適

㉗ [美]D·布迪、C·莫裏斯：《中華帝國的法律》，第12頁。

㉘ 《荀子·君道》。

㉙ 《荀子·王制》。

㉚ 《禮記·卷一》。

用物件上的區分又使禮進一步失去了其應有的約束力。有學者指出，“原則上，違禮即給予制裁；具體上，每一種禮的規範並未同某種制裁方法固定地聯繫在一起。一種違禮行爲給予何種制裁，並無事先規定，而是由執政者根據自己對該行爲的社會危害性的認識，在諸種制裁方法中任意選擇一種。晉大夫叔向說得準確：‘先王議事以制，不爲刑辟。’不事先規定出懲罰方法，而是根據具體事實來定。”㉛不僅如此，而且人們在文獻記載中還可以看到大量的事例，表明實際上不少人已經把守禮視爲一種迂腐的象徵。

這裏可以提出一種假設，即如果能夠使禮入法，即把那種約束不同等級的統治者之間的關係、以及統治者與被統治者之間關係的傳統規範法律化，那麼也許能夠爲中國古代社會提供某種法治的基礎。因爲這將會在統治者與被統治者之間產生某種確定的權利與義務關係，而特權轉變爲權利，這是西方法治建立的關鍵過程。當然，實際的情況是，在當時的中國已經出現一種向中央集權的方面發展的強勁的運動，因此這種法的建立已經沒有實際的可能。

從漢代開始，中國政治生活中出現了所謂“儒家思想法律化”的傾向，即儒家所提倡的一些倫理道德觀念，或者說禮的內容被納入法律的傾向。漢人認爲，“出於禮，入于刑，禮之所去，刑之所取”，㉜“失禮則入刑，相爲表裏也。”㉝把禮與法截然分開，正是漢以後的做法。但這一過程只是片面的，是統治者有所選擇地進行的，往往是統治者以法律的形式對被統治者進行

㉛ 栗勁、王占通：“略論奴隸社會的禮與法》，《中國社會科學》，1985年第5期。
㉜ 王充語，見：《論衡·謝短篇》。
㉝ 陳寵語，見：《後漢書·郭陳列傳》。

約束，而統治者對其自身的約束則被保留在禮的範疇之內。比如說，雖然講“君使臣以禮，臣事君以忠”㉞，但這樣一項禮的規範只有一半進入法律，即臣如果對君不忠可以被處以極刑，但君對臣無禮卻無須受到任何懲罰。當然，禮在法律中的體現的確使統治者中的某些成員人可以享受一定的優待，特別是在刑事處罰方面，但這種優待並不是嚴格意義上的特權(privilege)，只能說是一種恩惠，因爲它並非建立在特定的權利義務關係基礎之上。也就是說，統治者不必爲此承擔任何義務，享受“特權”的人也沒有任何嚴格意義上的理由要求統治者對其權利加以保障。總的來說，禮與法都成爲統治者的一種工具。

㈢“義”對禮法的替代大大減少了變革現存統治秩序和法律制度的張力

義是禮法之外中國古代社會一種重要的社會規範原則。在儒家思想中，義是所謂的“君子”通過對於情勢的主觀判斷而採取的某種生活態度或者行爲方式，具有其特殊性，是對禮與法的補充，但實際上被置於一種超越於禮和法的地位。孔子本人就明確表示，人（當然指的是君子）應該具有一種“爲自然立法”的地位，這就是所謂“人能亘集道，非道亘集人”㉟的意義所在，也是“義”的精要所在。孟子的一段話非常典型地說明了義的作用：“嫂溺不援，是豺狼也。男女授受不親，禮也。嫂溺援之以手者，權也。”㊱因此有人認爲，“孟子在提到禮的時候，更多地是指合於禮的內心態度，而不是指作爲規範體系的禮。”㊲

㉞ 《論語・八佾》。

㉟ 《論語・衛靈公》。

㊱ 《孟子・離婁上》。

㊲ Schwartz, *The World of Thought in Ancient china*, Cambridge: Belknap Press, 1985, p. 267.

但是，義在很多情況下往往成爲一種變通，成爲中國古代士大夫自我解脫的一種途徑。它通過強調個人道德或者精神的完善而實現對禮與法的超越，或者對違反了禮法的行爲進行正當化。義的存在使中國古代的嚴刑峻法中保留了一定的人情味，同時也爲知識份子甚至普通人某種程度上的人格自由提供了一定的空間。這就讓中國人能夠接受甚至欣賞梁山泊英雄那樣的殺人放火的好漢，也能夠同情和寬容像張生與崔鶯鶯那樣的原本既不合“禮”，也不合“法”的愛情。但顯而易見的是，義的存在在相當大的程度上緩和了現存的禮和法與某些普遍的道德倫理原則的衝突，從而也就大大地減輕了要求變革那些不合理的政治與法律秩序的壓力。

有人認爲，“儒法之爭的一個主要焦點就是是否需要在倫理的——隨機的判斷（義）的基礎上，而不是根據任何普遍的原則或成文法，對禮進行解釋以適應客觀情勢。”㊳這個判斷固然是正確的，但從法律的本質來看，一種眞正的法律制度恰恰是變與不變的結合。法律必須具有相當的確定性，在這一點上法家是對的。但法律又不是眞正一成不變的，它必須能夠根據某些確定的原則而得到完善，所以，眞正不變的不是法律，而是對法律進行判斷的依據，在這一點上法家錯了。相反，儒家思想強調每一個人根據情勢對於行爲的合理性進行主動的判斷，這體現了一種獨特的自由觀，但在邏輯上與法治的要求是相反的。總而言之，如果能用儒家提倡的倫理原則對法而不是對具體的人與事進行判斷，在確保法家所提倡的法的穩定性同時，又爲對法本身進行倫

㊳ 皮文睿 (R, P. Peerenboom)：“儒家法學：超越自然法”，見高道蘊、高鴻鈞、賀爲方編：《美國學者論中國法律傳統》，北京：中國政法大學出版社 1994 年版，第 132 頁。

理判斷提供可能，那麼一種法治的秩序就有可能建立起來。然而，中國歷史的實際發展卻走上了另外的一個方向。

㈣法家思想使中國最終走上了人治的道路

法家強調法律作爲一種確定的社會規範的重要性，但從他們的思想的實際影響來看，卻使中國最終走上了人治的道路。這裏的原因很簡單，那就是無論法家如何強調法律的地位，但對於他們來說，有一點是共同的，那就是法律不過是統治者對民衆與臣下進行控制的一種便利有效的工具，是一種與“術”和“勢”並列的“帝王之具”㊴。

法家思想中反法治的因素集中體現在兩個方面。首先是法家強烈的反傳統的傾向。法家的一個共同特點是強調君主必須根據具體情勢的變化採取適宜的統治方式，其中法律是一個重要的方面。《呂氏春秋》中就有下面這種非常能夠代表法家思想的觀點：“上胡不法先王之法？非不賢也，爲其不可得而法。先王之法經乎上世而來者也。人或益之，人或損之。”㊵有學者指出，“法家的這種理論觀點在否定儒家道德的絕對主義的同時走向了相對主義。”㊶這種思想的結果是使法律完全成爲統治者意志的體現，在傳統社會中原本具有重要影響的習俗與慣例因爲法家的破壞而在很大的程度上失去了作用，最關鍵的是，它們在統治者的個人意志面前不再具有不可動搖的地位。比如說，作爲“孝”的一種體現，《唐律》曾規定官吏如果在其父母死後27個月中生育後代，則將被處以一年的徒刑；但明朝建立以後，由於朱元璋

㊴ 《韓非子·定法》。

㉔ 《呂氏春秋·察今》。

㊶ [美]金勇義：《中國與西方的法律觀念》，瀋陽：遼寧人民出版社1989年版，第15頁。

認爲這一規定違反人性，從而便輕而易舉地將其廢除了。

其次，法家明確地把法律作爲一種統治工具，並且反對傳統的禮治中所包含的對於統治者進行約束的一面。在法家看來，禮治的結果就是“國利未立，封土厚祿至矣；主上雖卑，人臣尊矣；國地雖削，私家富矣……”。㊷這是禮治之下統治者與被統治者之間出現的一種不平衡的情況，是法家所不能容忍的，但這種關係本來恰恰可以爲法治提供某種基礎。法家之所以要求廢除禮治實行法制，其中的原因也就在這裏。當然，法家也並非完全排斥禮的作用。法家推行法制，在一定程度上也是寓禮於法。據傳，秦人頗不識禮，至孝公之世，仍然“父子同居一室”。商鞅變法時，即令“民有二男以上不分異者倍其賦”，孝公十二年，又“令民父子兄弟同室內息者爲禁”。由此，才開始“爲男女之別”。㊸商鞅曾表示，“所謂義者，爲人臣忠，爲人子孝，少長有禮，男女有別，非其義者，餓不苟食，死不苟生，此乃有法之常也。”㊹韓非也說：“臣事君，子事父，妻事夫，三者順則天下治，三者逆則天下亂。”㊺但這恰恰與漢代以後統治者使禮入法的做法如出一轍，僅僅把禮對於統治者有利的一面變爲法律。

法家強調統治者至高無上的地位，因此君主與臣民的關係準則是“君之上於民也，有難則用之，安平則盡其力”㊻。甚至在君臣之間，也必須做到“事成則君收其功，規敗則臣任其罪”㊼。在君臣關係中最理想的狀態是“明君無爲於上，群臣竦懼於

㊷ 《韓非子·五蠹》。
㊸ 《史記·商君列傳》。
㊹ 《商君書·畫策》。
㊺ 《韓非子·忠孝》。
㊻ 《韓非子·六反》。
㊼ 《韓非子·八經》。

下”。⑱法家甚至主張“獨視者則明，獨聽者則聰，能獨斷者，故可以爲天下王”⑲。在這種情況下，法治成爲一件根本不可想像的事情。

三、簡短的結論

通過以上的比較可以看出，中國古代之所以沒有能夠產生法治的傳統，與法治傳統在西方的產生一樣，是歷史發展中各種偶然因素共同作用的結果，不能說其中存在什麼必然的因素，也不能證明其中哪一方在任何方面具有優越性。除上述觀念因素的影響之外，制度的因素以及中國古代政治與法律演變的歷史本身也爲法治原則在中國古代社會的確立造成了特殊的障礙。與西歐相比，中國很早就進入了中央集權的時代，缺乏類似西歐封建社會那樣一種多個政治權力中心並存，並且在實際上相互制約與平衡的階段。中央集權制度過早的出現在很大程度上阻止了眞正意義上的法治觀念與實踐的產生和發展。

其實，在中國歷史上也曾經出現過類似於法治的思想，那就是以管仲爲代表的齊國的法家學派的觀念。與後來在中國歷史上發揮了重要影響的秦國與晉國的法家不同，齊國的法家具有以下這麼一些特點：第一，強制法律的普遍權威，要求統治者本身也服從法律的約束，這就是所謂的“令尊于君”⑳、“君臣上下貴賤皆從法”㉑的要求。第二，注重傳統的禮教在政治中的作用，管仲本人就認爲，“禮義廉恥，國之四維”，強調“四維張則君

---

⑱ 《韓非子・主道》。

⑲ 《申子・大體》。

⑳ 《管子・重令》。

㉑ 《管子・任法》。

令行”[52]，因而隱含了這樣一種思想，即君主的統治必須具有某種合法化的依據，那就是傳統的道德原則。第三，反對一味使用刑法，強調必須考慮民衆的實際需要。管仲的名言是“倉康實則知禮節，衣食足則知榮辱”[53]，他們相信“刑罰不足以畏其意，殺戮不足以服其心，殺戮衆而心不服則上位危矣”[54]，等等。當然，在當時的具體情況下，齊國法家的思想不大可能成爲一種主流的觀念。實際上，戰國時期的中國在某些方面非常類似於16至18世紀時期西歐的情況，即君主們正憑藉其實力掃除一切障礙，以集中國家的全部權力。在這樣的一個時期，法治必須大大地約束他們的手腳。因此當法國國王路易十四宣稱“朕即國家”的時期，他的確是想超越一切法律的約束。不同的是，歐洲的專制君主們在完成近代民族國家的建設之後就紛紛被推翻，西歐各國的政治被重新牢固地建立在法治的基礎之上，而中國的專制政權則被維持了兩千多年之久。

法治並非解決一切問題的萬應靈藥，孔子反對法律在政治生活中發揮太大的作用時所提出的理由並非沒有道理。法治的確限制了政府行爲的能力與範圍，也可能使人們的道德水準下降至一種倫理的底線而不是向上提升。但是，法治爲穩定的政治秩序提供了基礎，更重要的是對政治權力的濫用設置了強有力的障礙，從而有效地保護了公民的基本權利。從根本上說，法治體現的是一種與人治完全不同的政治理念，是政府不過是維護公民的基本權利的工具的理念，這是現代國家應該具有的法理基礎。

但以上的比較研究也表明，並沒有什麼必然的因素決定中國

---

[52] 《管子·牧民》。

[53] 《管子·牧民》。

[54] 《管子·牧民》。

不可能建立一種眞正的法治的基礎，相反，我們可以通過與西方的比較看出努力的方向。當然，在現代社會的背景下進行法治的建設，與歐洲的具體過程會有所區別，比如說，傳統的權威應該由理性加以替代。但這畢竟是技術性的問題。

中國傳統的人治思想中也包含了若干積極的因素，比如說強調人的道德力量（義）的超越性等等，這是值得發揚的。中國未來的任務，就是在建立和完善法治的同時，爲中國傳統文化中這些優秀成分的充分發揮創造出足夠的空間。

第三篇

各地區文化的特色

1

試論近代中國的文化民族主義

王聯、陳忠衛

民族主義一直是個熱門的話題。近代中國如何面對外部勢力的侵擾，如何確立現代意義上的民族意識和民族主義思想，也一直是學術界不斷重復的話題。對中國而言，這種西方的舶來品在19世紀末、20世紀初才開始形成，①並且迅速在思想界和普通百姓中佔有重要的地位，對近代中國的政治發展產生了深遠的影響。其中，對本土傳統文化的強調而形成的所謂文化民族主義影響尤其突出。本文即是想從民族主義的文化因素著手，探討近代中國民族主義形成過程中，文化的影響及作用。

一、儒家文化與文化民族主義

在西方各國到來之前，中國文明一直獨立發展，在儒家文化的影響下，民族意識已初具雛型，但現代化的民族意識尚未產生。西方各國的入侵，加速了中華民族的民族主義進程。由於深受傳統儒家文化的影響，因而近代中國形成的民族主義思潮更具有典型儒家文化色彩。借助對儒家文化的考查，我們可以把握近

---

① 對此，章太炎說過："民族主義，自太古原人之世，其根性固已潛在，遠至今日，乃始發達。"見章太炎：《駁康有爲論革命書》，《章太炎政論選集》上册，中華書局 1977 年版，第 194 頁。

代中國民族主義的要義。

自從傳說中的黃帝建立華夏族開始，華夏族同其他各族相比就一直具有道德和文化的優勢。隨著儒家文化的確立的傳播，“諸夏用夷禮則夷之，夷狄用夏禮則夏之”，以文化爲認同標誌的族類觀念開始確立。到秦漢時期，儒家心中的民族認同符號，已經超越西歐各國民族認同的種族、血緣、語言等標誌，開始達到古代社會很難達到的類似世界主義的境界，這一境界的標準就是孔子所言的“禮”——即倫理道德。由於周圍不存在一個同等規模或更大規模的民族文化，華夏民族不斷同化、融合其他民族。儒家文化主張用天道來教化周邊的“夷狄戎蠻”，使“天下定於一”。任何民族，只要能夠接受儒家文化，接受“禮”，都可以視爲同族同類，就可以成爲正統。這種以文化道德爲核心的族類觀念，伴隨著儒家中心地位的確立和不斷發展而日益完善，最終“披發右衽”等衣飾、飲食、文化標準也成了民族區分的標誌。這樣的一種“華夷之辯”的文化認同，最終融入到儒家的倫理道德的範疇之中，並成爲華夏中心觀的核心，構成了華夏民族文化的基礎理念。這樣一種認同理念已超越了被西方民族視爲根本的民族利益。“儒家把中國的倫理秩序視爲最優，並以此來說明，確信存在一種超越種族、血緣關係的全人類共有的文化價值，即普遍的天道。”②梁漱溟在論及中西文化的區別時認爲，在個人，家庭、國家、天下的鏈條中，中國文化更加注重家庭和天下，這同西方重視個人和國家的觀念大相徑庭。眞可謂一語中的。

從先秦到晚清，這種以文化價值爲基本取向的民族觀一直是

---

② 郭洪紀：《儒家的華夏中心觀與文化民族主義的濫觴》，載《河北學刊》，1994年第5期。

中國古代文化民族主義的主要內容，使得華夏的民族觀念一直定位于儒家文化的基礎之上。歷史上，華夏文明起伏頗多，但最終總是以華夏文化同化異族文化而告終，包括在宋朝時的“生死存亡”關頭也是以宋朝理學最終在文化上“俘獲”遼、金、元爲結果。但是進入近代，西方國家憑藉船堅炮利，打開了中國的大門。這些“紅番”非但沒有歸化之意，還大有讓“天朝”屈服的勢頭。在這種情況下，掌握著文化資源的士紳階層，雖然認識到中國在經濟方面大大落後於西方，但仍在華夏中心主義的心態中，將儒家文化倫理視爲最好的，並將其作爲民族認同的符號。近代民族主義中的文化因素不斷強化。

這一進程在中國首先從洋務運動開始。以魏源、李鴻章、張之洞爲代表的士紳階層，一方面羨慕西方的“器物之利”，主張引進西方的軍事、科學技術，一方面強調傳統文化倫理爲民族根本。於是他們提出“中體西用”，即以儒家文化爲根本，西洋文化爲用，作爲儒家文化不重“器物之利”的補充。這一批人是近代文化民族主義的先行者，也是當時民族主義的主流。除去這一批人之外，還有一批“儒家衛道派”的人物，他們以倭仁、徐桐、剛毅爲表，堅決排外，主張“回到傳統去”。但這一批非理性分支並不占主流，占主流的仍是開明士紳階層爲代表的“洋務運動派”。③

但是，“洋務運動”船堅炮利的美夢隨著甲午戰爭的失敗而破滅了。一些士紳人士認識到，僅僅引進器物之利，並不能使國家強盛、民族獨立，從而將目光轉向政治、經濟等社會制度，認爲“船堅炮利”之外，還要有“制度之力”。於是就出現了以康

---

③ 蕭功秦：《中國民族主義的歷史與前景》，載《戰略與管理》，1996 年第 2 期。

有爲、梁啓超爲首的變法派，以載澤、端方爲代表的君主立憲派以及以張謇爲代表的實業救國派等。他們認爲在保持傳統的儒家文化倫理道德的基礎上，可以通過政治經濟上的變革，實現民族團結和產業發展，最終並駕於西方，直至恢復“天朝地位”。但是八國聯軍攻進北京，庚子事件最終將這一進程終止。

辛亥革命以後，民族獨立的任務仍未完成，這一時期，民族主義更是集中轉移到文化傳統方面上來。以陳獨秀、錢玄同、陳序經爲代表的反傳統民族主義，主張全盤西化，完全改造中國文化，放棄儒家傳統的文化倫理道德。“在這種民族主義者看來，傳統文化是中國民族過去的落後和今日的挨打的根本原因，是民族強盛的根本阻力，因而全盤否定與？棄傳統文化是中華民族自我更新的前提。”④但這種否定傳統的後果極其嚴重。因爲對中國這樣一個有悠久歷史文化傳統的民族，否定文化傳統很大程度上就是否定民族本身。“由於民族性問題在新文化倡導者的視野之外，他們往往追求時代性而放棄民族性，作爲一個極端的例子是當時頗有一批人主張廢除中國文字。”⑤這樣一種激進的情緒，片面追求強大而忽視文化，必然會走向以惡抗惡和文化虛無的泥潭。在這方面，二十世紀上半期強調民族文化的一派便凸顯出來。其中以辜鴻銘、王國維爲代表，這是以極端文化保守著稱的一派，並不占主流。另一派則是典型的文化民族主義，以孫中山、梁漱溟、杜亞泉爲代表。他們大多從西方學成歸來，對西方有相當理解。在現代國家和民族構建中，他們主張在改造傳統儒家文化的基礎上，吸收西方，重塑儒家文化，實現民族和國家的

---

④ 陶東風：《現代中國的民族主義——兼論全盤西化與文化保守主義》，載《東方叢刊》，1995 年第 3 輯。

⑤ 徐遠和：《儒學與東方文化》，人民出版社，1994 年，第 148 頁。

獨立，並避開西方文明的弊端。但當時的形勢不可能讓他們從容的實現這種改造。最終，梁漱溟的鄉村建設試驗和孫中山的融合“西方自由民主精神和蘇聯社會主義，重建中華文明”的革命以失敗告終。近代中國的文化民族主義告一段落。

二、近代民族主義的文化來源

毫無疑問，只有在不同的民族、尤其是敵對的民族之間才會產生強烈的民族差別，近代中國所形成的現代民族意識，完全是西方列強侵略中國，並使中國淪爲帝國主義的半殖民地的產物。面對列強的堅船利炮和邊防海口的節節敗退，強調自身文化優越的民族主義自然擔當起了挽救國家的重要任務。它所具有的文化色彩，其來源不外乎以下三個方面：⑴儒家文化的深厚影響；⑵國家當時的社會結構；⑶西方文明的強烈應襯。

首先，近代中國的民族主義紮根于以儒家文化爲特徵的悠久的文化傳統之上。儒家文化自從確立其在東亞的主導地位之後，一直很少接觸與自己發展水平相當的異質文化。相反，它憑藉本身相對於周邊民族更強大、更高的文化勢能，而不斷同化和征服這些“夷狄”，文化成爲民族而不是血統的認同標誌。

在這種獨特的歷史環境下，儒家特有的華夏中心觀得以形成，以文化爲族類認同標準的“天下”觀也成爲主流。不難看出，這種以文化爲族類標準的觀念當中，有著厚重的文化自覺或者可以稱之爲“文化主義”的東西。這是一種典型的“文化民族”的觀念。文化民族要求其成員們行爲模式合于傳統的既成禮俗禮規，即基本的價值觀念，並籍此以實現民族社會一體化。“非我族類，其心必異”，文化民族把已群的精神實質視爲一切價值的中心，因而文化民族大都是“本族中心主義者”。⑥這種以文化道德爲核心的族類觀念，伴隨著儒家中心地位的確立和不斷發展而日益完善，成爲傳統民族精神的最高依託。它在中國傳統的小農社會中，不得不維繫的是社會的兩端：一端是皇權，即將皇權視爲民族利益的集合，拼命維護集權道統，“國破即家亡”，即“忠”的思想；另一端則放在家庭之上，於是拼命建立家庭倫理“保家就是衛國”，即是“孝”的思想。而這兩端間的聯結者就是士紳階層。士紳階層在這種雙向聯繫中，把握著文化資源，將皇權和小農家庭拉近，模糊了界限，“家即是國，國即是家”，從而將國家層面這一民族的追求隱含在他們的“天下”追求中。這種“家國”的思想是不存在現代意義上的民族和民族主義觀念的。由士紳所操縱的精英型文化觀念，最終在世界主義和閉關鎖國主義之間搖擺，形成西方學者所言的納貢式國家體系的鐘擺式運動。當華夏文明強大，國力強盛時，它的維度向天下一端挪移，以文化道德優勢吸納周邊，改造夷狄，宣稱皇恩浩蕩，呈現出對外是天下主義，對內是民族意識消解；而當華夏儒家文化式微之際，它又將民族精神的維度向家庭一端靠攏，會對傳統文化道德抱殘守缺，利用皇權來維持社會穩定，力求守住小家，對外是閉關鎖國，關起門來成一統，對內則是民族意識的提升和膨脹。這樣一種民族特性，在受到外部的強有力威脅時，其必然的反應就是極力保護傳統的文化倫理，走上文化民族主義的道路。

其次，西方國家的入侵，使得中國的外部壓力加大。爲了救亡圖存，自立自強，近代中國人逐漸將文化作爲自己的民族認同

⑥ 陳明明：《政治發展視角中的民族與民族主義》，載《戰略與管理》，1996 年第 2 期。

標誌，謀求建立現代的能與西方對抗的民族和國家。同西歐英法等政治民族主義靠自發性革命形成民族不同，近代中國強調文化的民族主義是被動反應式的。

19世紀以來，西方列強開始侵入中國，將東亞各國變爲殖民地、半殖民地，中國的生存條件開始驟然變壞，甚至有亡國滅種的危險。這迫使中國不得不謀求將本民族團結起來，聯成一個整體，以便與西方對抗，擺脫民族危機和困境。可以看出，這是一種避害反應式的民族主義。它不是自發的，而是在受到西方侵略，民族產生危機時的一種被動的自衛反應。因此，它的目標相對也就較爲複雜而激烈，包括民族獨立、文化傳統保留、政治和經濟上的強大等各個方面，目的仍在於維持原有的社會結構，尤其是文化倫理。就連西方的學者也承認，“亞洲民族主義遠不是僅僅強調語言、文化和種族特徵。亞洲民族主義尋求民族特性和民族尊嚴，以減輕西方白人統治所造成的自卑感。”⑦

這樣一種被動自衛式的民族主義，它必然同外界壓力相關。它的波及面、影響力，它對民族內部的精英與大衆的動員強度以及其表現的強度，取決於外部所施加的威脅、壓力的強度，以及人們所能感受到的民族生存條件惡化的程度。隨著西方列強侵入的不斷深入，近代中國民族主義的陣地越來越小。西方展示給中國的優勢，先是船堅炮利，再是政治制度，最後是一系列的制度和文化。近代也是循著這樣一條線在不停地向西方學習，民族主義情緒也越來越強。但無論如何，傳統的儒家文化造成的文化中心觀一直佔據著主導地位，在學習“西方物質文明”的同時，力求維護住“東方的精神文明優勢”，直至反過來“救西洋文明之

⑦ （美）塞裏格·哈裏遜：《擴大中的鴻溝》，中國社會科學出版社，1998年，第205頁。

弊，濟西洋文明之病”。這種文化保守主義“代表了在外來文化重大的影響下，一種‘自我認同’的急迫的追尋……它包含了一種欲望，希望顯示出自己的人民和他們的過去對人類有一定的貢獻，和其他的民族比起來同樣有價值——特別是和那些在物質上顯然優越的民族加以相提並論。”⑧可以說，文化作爲近代中國民族主義的最後一塊陣地，在文化民族主義者看來是優於西方的地方，自然在“事事不如人”的 19 世紀下半期直至 20 世紀上半期的時間內，具有特別的民族認同作用。因而民族主義最終在西方的壓力下貼上文化的標鑒，也就絲毫不奇怪了。

第三，文化民族主義在近代中國的濫觴同當時國家的社會結構密不可分。近代的中國是傳統的小農社會，皇權與小農家庭分居社會兩端，中間的聯繫者就是士紳階層。前面已經談到過，士紳階層充當了整合民族社會的因數，成爲溝通官府與民衆的仲介。這種特殊地位使他們能同時對統治者和民衆的主導價值趨向和政治運動造成影響。通過儒家文化特有的科舉制度，他們把持國家的文化資源。西方入侵以後，小農經濟下的民衆很難形成一種民族反抗的自覺，形成類似英法等國的民衆自發革命。腐朽的皇權也仍然在“家天下”的沈屙當中難以自拔。有類似精英政治特徵的近代中國，民族主義的重擔自然落在士紳階層上面，他們自然而然會選擇文化作爲民族認同的符號。即使在傳統王權滅亡和變爲殖民地之後，這些國家的民族運動主要領導者——知識份子，仍多是從舊的士紳階層中轉變而來。再加上社會的小農結構仍舊維持著，原有的文化民族主義也仍舊由士紳——知識份子階

⑧ （美）艾愷：《世界範圍內的反現代化思潮——論文化保守主義》，貴州人民出版社，1991 年，第 27 頁。

層繼續延續下去。最終，這種精英文化型的民族主義情緒，同在殖民地、半殖民地生活中日益破產的小農階層結合，便形成了有著濃厚的文化色彩的近代中國民族主義。

正是由於文化結構、社會結構以及西方入侵形式的外部壓力，近代中國民族主義中的文化色彩得以彰顯，成爲中國近代民族主義的主要特徵。

三、一點看法

文化民族主義作爲一種後發展國家的民族主義，往往具有被動反應的性質，而殖民化的壓力又迫使它目標複雜而艱巨。一方面，作爲一種政治權力實踐，它要維護族緣及地緣的完整和獨立，即建立民族國家，進入現代化社會，以便同外部列強抗爭；另一方面作爲歷史文明的延續，它又強調族群文化和族體價值的特殊性，主張保持自己的文化倫理傳統。這是一種兩難的選擇。近代中國的文化民族主義者十分容易給人一種“中體西用式”知識份子的印象。他們當中的大部分人，一方面主張學習西方的先進技術經驗，得其“物質文明”之長；另一方面又保留傳統的文化倫理，將獨特的傳統文化保留下來，保持文化獨立。他們在國家被西方殖民化之後，對西方文化有一種本能的拒斥心理，但痛苦的現實又迫使他們不得不接受他們“看不起的西方”的技術、政治和經濟制度。因此，在二者之間尋找一個平衡點十分困難，當時的殖民條件也沒有條件讓他們“從容”地實現。最終，他們必然產生分化，要麼轉向文化保守主義，十分激進而非理性地維護一切傳統的東西；要麼轉向反傳統主義，主張全盤西化，完全接受西方文化，走西方的現代化道路。即使最終未分化的人，最終也是在二者之間搖擺，而根本無法拉近傳統與現代化之間的距離。

現在，我們在談論起文化民族主義時，幾乎衆口一詞，往往會把它看作保守的，甚至是“愚頑不化的”。⑨不可否認，文化民族主義有時確實囿於成規，有保守的成分。在中國，其對民族現代化進程起到過一定的阻滯作用，忽略了民族國家發展的時代性。但是，文化民族主義在西方列強入侵後，在政治失序和價值失範的情況下，曾經成爲喚醒中國人民覺悟、爭取民族獨立、整合社會的力量。更爲關鍵的是，文化民族主義者主張在吸收西方文化的同時，在傳統的文化倫理基礎上構建新的民族文化，實現民族眞正的獨立與富強。這是它的理性的地方，也是它的最大價值所在。

傳統是不可超越的，它是每一個民族的根本，一個民族不可能超越傳統存在。20 世紀初，中國推翻封建統治，走上了現代化道路，此後的 100 年中取得了巨大的經濟、政治成就。“隨著經濟模式的確立，文化交往越來越繁頻，文化結構發生了根本性的變化……開始重視現代工業和普遍理性帶來的社會衝擊和實際效益。”⑩但是，這種發展後面有許多問題，最爲顯著的就是官僚腐敗，政府權威下降，民族凝聚力下降。文化民族主義雖然從經濟民族主義前面隱退，但是它所植根的傳統卻又將它的惡的一面顯示出來：家族觀念導致的家長式統治，經濟呈現出來的家族式經濟特徵，社會發展自我創新性差而只具有模仿性質等等。從中不難看出，傳統的影響力無時無處不在。只有解決好這個問題，

---

⑨ 袁偉時：《建立適應全球化時代的文化心態》，載《現代與傳統》，1995 年第 6 輯。

⑩ 郭洪紀：《文化民族主義的主要觀念及類型》，《青海師範大學學報（哲學社會科學版）》，1998 年第 3 期。

中國的現代化道路才會走上順途。否則，如果目前這種狀態繼續進行下去，這種浮萍式的現代化道路最終會走到盡頭。1997 年東亞金融危機便是一個明顯的例子，其集中體現了東亞各國經濟體制的脆弱性。更何況，東亞經濟發展的背後，往往隱藏的是道德的缺失，價值的失范，文化的失落等等更具有根本性的問題。這種挫折也會將已開始向經濟民族主義轉變的文化民族主義，"逼回"到文化保守主義的老路上去。

作爲後發展國家，中國的現代化不可能走西方國家的老路，只能是探索一條全新的路。特別是在一個由西方文明把持的世界體系中，西方國家更不會輕易讓中國崛起。西方各國對解決東亞金融危機的態度已說明了這一點。這使中國的現代化道路更加艱難。但無論如何，我們需要重構一種新的文明，作爲自己民族國家的認同標準。這是一個民族的根基所在，不可或缺。傳統雖不可超越，但可以揚棄，使之與現代化相契合。這就要求我們既不能躺在傳統上，又不能沈浸在西方模式中。

最近一段時間，一些人又重彈東西方文化衝突的老調。與此同時，東亞金融危機之後，東亞各國文化保守主義又有所？頭，開始強調當地文化的正當性。一時間，各種指斥西方文明的觀點廣爲散佈，而東亞各國對金融危機的反思也集中在歸罪於西方上。這是一直延續的文化民族主義保守一面的重要展示，也是一種危險的傾向。費孝通提出，"把國家的領土概念引申到文化領域中來，把不同的文化劃出界線，來強調文化衝突。我意識到這種看法是有很大危險的。如果邊界的概念改成'場'的概念，也許可能糾正這個傾向。"⑪這也許就是文化轉型的方向所在。中

⑪ 費孝通：《反思·對話·文化自覺》，載《北京大學學報（社科版）》，1997 年第 3 期。

國，包括東亞各國以及世界其他各國，必須反思自己的文化，將之轉型成一種開放的有自己的“場”的文化。這個文化有自己獨特的生存空間“場”，但卻沒有邊界，各個“場”（文化）之間可以互相影響、融合，但卻不會發生實體衝突。因爲這個“場”同磁場一樣，不具備實體的性質，是一個“空”場，大家可以相互隨便交叉、融合。這應該是文化民族主義的發展方向所在、生命力所在。

2

現代企業有效經營方法與中國文化的淵源關係

陳定國

壹、前　言

一、管理是帝王術及將帥術

管理是發揮「群力」，達致「目標」的將帥術及帝王術，「將帥」(general and commander) 有軍事將帥，也有企業將帥，「帝王」(king and emperor) 有政治帝王，也有企業帝王。軍事將帥及政治帝王的活動範圍在本國領土內，而企業將帥及企業帝王卻可以馳騁於國際間全球疆土，活動範圍廣闊許多。中國是文化古國，五千年歷史，朝代將近三十個，累積許多政治管理之智慧，可供企業人士應用。若能將中國政治管理加上西方（美國為主）之企業管理，將可創造出第三種新管理為文化，正如把中藥加上西藥，可以治療許多絕症一樣功效。

二、有效企業管理二目標十手段

有效「企業管理」的最終目標有二：即第一「顧客滿意」(Customer Satisfaction)；第二「合理利潤」(Reasonable Profit)。而達成此二大目標的手段有十個，即「企業功能體系」(Business

Function System) 的五功能：行銷 (Marketing) 、生產 (Production) 、研究發展 (Research and Development) 、人事 (Personnel) 、及財務會計 (Finance-Accounting)，以及「管理功能體系」(Management Function System) 的五功能：計劃 (Planning) 、組織 (Organization) 、用人 (Staffing) 、指導 (Directing) 、控制 (Controlling)。這個「二大目標十大手段」的管理原理是經過很長時間及衆多理論及實務交互磨練而得之結論。

依照美國管理學術界的進步過程，大約可以三個人的著作及影響力作爲劃分時代的標準。在 1930 年之前爲早期，以泰勒 (Frederick Taylor) 爲代表，是工廠機械化管理思想時代。在 1930 年至 1947 年爲中期，以梅友 (Elton Mayo) 爲代表，是工廠人性化管理思想時代。在 1947 年以後爲近期，以賽蒙 (Herbert Simon) 爲代表，是決策及戰略管理時代。此種大約性之分類僅爲方便介紹起見，並非說這三時期內沒有其他重要的管理思想家，或中期之後早期的思想就停止發展，或近期以後其他兩期之思想就失去地位。尤其中期至今已過七十多年，其間多角化、國際化、全球化、競爭化、簡縮化、電子化等等戰略思想，更是風起雲湧。

三、齊家、治國、平天下之「情境理論」

事實上，自有人類以來，幾乎所有的統治者及學問家，皆在累積齊家、治國、平天下的管理知識，同時經營管理知識之能應用於實業界，完全是綜合所有累積結晶之選擇應用，而非全盤換新之作用。管理思想知識之有效應用，不在於那一個時代，那一個人說得對，而是在那一個環境，那一個行業，那一個機構，那一個工作種類，那一個工作人員的特性爲何？應採取因時、因地、因人、因事、因物等五因之情境而選擇那一個古時或現時管理思想知識，此乃「情境理論」(situational theory) 之大觀念也。

貳、古中國管理思想之今朝應用

一、結合群力達致目標

管理活動之要義爲「設法經由他人的力量以完成工作目標」，所以也可以用「結合群力，達致目標」（見民國六十七年十二月十日中華民國管理科學學會年會嚴前總統家淦先生專題演講）來表示。凡是想經由部屬腦力及體力完成目標的任何領袖人物，都會也都應該講求激勵他人，發揮潛力的方法。所以推溯往昔，歷史上的文明古國，先聖先賢都有著作銘言，記載當時之管理思想及活動。

在西方，數千年前的Sumerians（閃馬利族人），Babylonians（巴比倫族人），希臘、羅馬、埃及等等皆有過有效管理的方法，所以能在歷史上留下名聲。到目前爲止，最早及最大的世界性組織，羅馬梵蒂岡天主教庭，依然發揮巨大的影響力，就是得力於其嚴密、有系統、有權威、有激勵、有計劃及控制的管理方法，方能管理世界各地的教會及教職人員。

二、中國爲政之道

在中國，講求「爲政」（即管理眾人）之道的古籍甚爲豐富，至今成爲中華傳統文化之主流。我國先賢教訓我們爲政在「仁」，所以帝王應該採行「人民爲主」(people-orientation)之導向哲學，此即現代管理所稱之「市場導向」(market-orientation)或「顧客導向」(customer-orientation)的哲學，所以有「民爲重、社稷次之、君爲輕」；「天視自我民視，天聽自我民聽」之教訓，一切應以人民之好惡爲君主好惡之導向，方能確保富強康樂。

古代中國的爲政也在於「求新」(innovation)，求改進變化，此即現代管理所稱之管理革新、行政革新、技術創新、新產品開發、新市場開拓、新制度建立，所以有「苟日新、日日新、又日新」之教訓。

古代中國的爲政也講求計劃謀略 (planning)，此即現代管理所稱之情報研究 (information research)、長期策略規劃 (strategic planning)、短期年度規劃 (annual planning)、經費預算 (budgeting) 及時程安排 (scheduling)，所以孫子兵法講求「上兵伐謀，其次伐交，其次伐兵，其下攻城」；「攻心爲上，攻城爲下」；「不戰而屈人之兵」；「兵貴拙速，不在巧緩」；「兵無常勢，水無常形」；「以曲爲直」；「兵不血刃」；「兵不厭詐」等等戰略。

賢明帝王的治國平天下之道爲「定大計、設制度、明用人、重賞罰」，此即現代管理所稱之計劃、組織、用人、控制 (Planning，Organizing，Staffing，and Controlling)。

古代文明國家講求君王統治，人民納稅，不講求開創企業，提高人民生活水準，所以爲政之道雖多，未成系統學問，並且大多屬於「組織」、「用人」、「謀略策劃」及「統御領導」等非數量性原則四大方面，但對學習成爲企業將帥的人，已有甚大啓發作用，本節特別摘錄整理供大家參考。

三、管仲的管理思想

管仲是春秋時代安徽穎上人，比孔子早生百年，交友鮑叔牙甚篤，世稱「管鮑之交」，比喻友情深厚的「友道」。鮑叔牙推薦管仲當齊桓公之相，助齊桓公「九會諸侯，一匡天下」，稱霸於西周春秋，安定社會四十年。管仲思想集成「管子」一書。管仲思想爲道家，亦爲法家。其著名管理思想有：

㈠「四維興邦」思想

『禮義廉恥，國之四維，四維不張，國乃滅亡』。指無禮、義、廉、恥之人，不可選用爲單位主管。

㈡「人才培養陶鑄」思想

『一年之計莫如樹穀，十年之計莫如樹木，百年之計莫如樹人』。指培養上等好人才要用長期計劃及執行不懈。

㈢「民富國強」思想

『國多財，地闢舉，倉稟實則知禮節（國強），衣食足則知榮辱（民富）』。指只要公司賺錢，多給員工獎金、分紅、認股，對公司前途有幫助。

㈣「法治命令任務」思想

『下令如流水之原，使民（員工）於不爭之官，明必死之路，開必得之門』。「不爲不可成，不求不可得，不處不可久，不行不可復」。指目標、任務、命令、規則、紀律等等制度之設定，事前必須做可行性分析 (feasibility analysis)，並且寬嚴適而可止，不可過猶不及。

四、老子管理思想

老子名叫李耳，據說他母親懷他八十一年之久，他出生時，鬚髮皆白，所以叫他爲「老」兒子。老子是西周春秋人，比孔子早生，孔子曾經遠從山東到河南洛陽去拜訪老子。老子是周朝的圖書館長，學問很好，據說晚年時他西度流沙到西域去，在過函谷關時，因無關牒（護照），被關吏尹喜逼寫文章傳道以交換，老子無法逃避，只好寫下五千字的文章，此文章就叫「老子」，到了唐玄宗時代，「老子」一書被尊爲「道德經」，代表道家思想。「道德經」有八十一章（取九九八十一之意）前三十七章爲「道經」，最後四十四章爲「德經」。「道」者宇宙萬物運作之規範，「德」（得）者，人類運作之規範圍。「道經」爲基本原理，「德經」爲人類應用。

老子的思想以「重返大自然」爲中心，所謂「人法地，地法人，天法道，道法自然」。後來莊周寫「莊子」，孫武寫「孫子兵法」，都是用「自然」（非人爲，非「僞」）法。以下摘一些與有關的思想：

㈠『天下萬物生於「有」，「有」生於「無」』，指擁「有」任何知識、名、利、財、勢之前，都是「無」。所以目前「無」，不必氣餒。(Starting from Zero)

㈡『見素抱樸，少私寡欲，絕學無憂』。指爲人樸素渾厚，降低私心貪慾，不學偷雞摸狗，貪贓污吏，暗箭傷人之邪術，就可以心安理得。

㈢『知人者「智」，自知者「明」，知足者「富」』。指知己、知人、知足都是認知個人行爲及組織行爲的要件。(individual behavior and organizational behavior)

㈣『治大國若烹小鮮。無慾爲剛。輕諾必寡信』。指若用有效管理之原理、技巧，則管理大國家和管理小企業一樣可以得心應手。若無歪斜貪慾，則做決策時，可按照理智的成本效益分析而定，不必牽就人性世故之壓力。不經理智的系統分析，就隨便答應，開空頭支票以取悅他人，最後一定無法履行兌現，先騙人再厚顏，非君子也。

㈤『禍莫大於不知足，咎莫大於欲得』。指貪得無厭之人不可選爲幹部。

㈥『跂支者不立，跨者不行』。指做事方法不可極端，否則不會成功。

㈦『上善若水，水善利萬物而不爭，處衆人之所惡，故幾於道』。指爲人有奉獻佈施助人之精神，就像水，至柔，可利萬物，而不爭功，能做衆人不喜歡做之事，才是上善之人，近乎宇宙萬物運作之典範。

㈧『我有三寶，持而保之：一曰慈，二曰儉，三曰不敢爲天下先。慈，故能勇；儉，故能廣；不敢爲天下先，故能成器長。今舍慈且勇，舍儉且廣，舍後且先，死矣。』意指做人，對上級，對平輩，對下級的最好方法就是「慈，儉，不敢爲天下先（不爭奪名利）」，一定可以交得很多好朋友，「做人」一定成功，故名爲「做人三寶」。

㈨『禍兮，福所倚；福兮，禍所依』指世間禍福相隨，故不可失意忘形，亦不可得意忘形。

㈩『功成，名遂，身退，天之道』。指功若成，名若遂，身若不退，則會因功高震主，災難必來矣。當鳥盡，弓就被收藏，當兔死，狗就被烹殺，當門敲開，磚塊就被丟掉。

五、孔、曾、思、孟儒家的管理思想

儒家思想是中國歷代君王奉行的教育及施政思想。孔子名丘，字仲尼。是歷史君王奉祀之大成至聖先師，其思想集爲「論語」一書。是西周春秋時代魯國人，幼由母攜與陶君謨學習。曾參是孔子七十二位賢人子弟之一，做「大學」一書，人稱曾子。子思是孔子兒子孔鯉之子，是曾參的學生，作「中庸」一書。孟子，名軻，是子思的學生，其思想集爲「孟子」一書。「論語」、「大學」、「中庸」及「孟子」是儒家代表作四書，闡釋做人，做事之學問，歷久不衰。日本經濟在 1970 年代及 1980 年代大興，蓋過美國。台灣、香港、新加坡、南韓也成爲亞洲經濟發展四小龍，歐美人士皆將之歸爲「新儒商」思想教育之功勞。以下摘錄部份儒家的管理思想：

㈠『學而時習之，不亦悅乎？』指「知」（計劃）與「行」（習作，執行）要合一，當有成就，就會喜悅在心中。

㈡『巧言令色，鮮仁矣。』指無實質內容之言談，以及光作表面工夫以取悅他人之「窗飾」(window dressing) 行爲，都不會是有仁義道德的人，千萬不要上當。

㈢『君子務本，本立而道生；孝悌也者，其爲仁之本與！』指能「孝」能「悌」的年青人才是公司要求的新血輪。

㈣『君子言忠信，行篤敬；誠於中，形於外；不誠無物；至誠如神』，指忠、信、篤、敬、誠是做人，做事成敗的要訣。反之，不忠、不信、不篤、不敬、不誠的人，早早不能任用。

㈤『德不孤，必有鄰。鄉愿，德之賊也；道聽塗說，德之棄也。有德此有土，有土此有財，有財此有用。德者本也，財者末也。大德必得其位，必得其祿，必得其名，必得其壽，必受其命。』指企業領導人士，必須修德、行德，才能獲取高位、奉祿、名聲、長壽、好命之人生目標。無德之人，雖暫時成功，終必失敗。

㈥『子曰：參乎，吾道一以貫之，何謂也。曾子曰：夫子之道，忠恕而已矣。子貢問曰：有一言而可以終身行之者乎？子曰：其恕乎，己所不欲，勿施於人。盡人之性，而後可以盡物之性。小不忍，則亂大謀』。「恕」道特別有用於對待部下，對待平輩，在領導統御及人事管理方面特別有助益。

㈦『君子有三戒：少之時，血氣未定，戒之在色；及其壯也，血氣方剛，戒之在鬥；及其老也，血氣既衰，戒之在得。君子不重（莊重得體）則不威（威信）。過，則不禪改。』指對低級，中級及高級幹部應有之修養。個人行爲 (individual behavior) 之修煉乃是組織行爲 (Organization behavior) 之基礎，也是企業文化的組成因素。

㈧『仁者，己立立人，己達達人。博學而篤志，切問而近思（博學之，審問之，愼思之，明辨之，篤行之），仁在其中。仁者無敵。君子喻於義，小人喻於利。君使臣以禮，臣事君以忠。當仁不讓於師（衆）。不義而富貴於我如浮雲。』指仁、義對員工行爲規範之重要性。

㈨『學而不思則罔，思而不學則殆。』指好學還要問、思、辨、行，才不會浪費員工訓練發展之成本。

㈩『人無遠慮，必有近憂。』所以企業必須有長期策略計劃，否則會面臨被競爭者淘汰之憂患。只埋首苦幹，不抬頭遠望，一定會撞到牆壁或車輛而身亡。

(土)『士不可以不弘毅，任重而道遠。』有知識之經理人員，必須要設定遠大之使命、願景及目標，並堅持走再遠之路也要達成。

(主)『能行五者（恭、寬、信、敏、惠）於天下者，爲仁矣。「恭」者不侮，「寬」者得衆，「信」則人任，「敏」則有功，「惠」則足以使人。』這是高階領導者的信條，也是能領導大衆完成目標的要訣。有人形容孔子的特性是「溫、良、恭、儉、讓」，與此處「恭、寬、信、敏、惠」之領袖特質略有不同。

(圭)『大學之道，在明明德，在親民，在止於至善』，指大人學習做人做事之三大目標（三綱）是：明訂光明磊落遠大之目標，要親近人民顧客爲他們的滿意而服務，要繼續努力追求，以達最佳的至善境界。明訂目標是企業策略規則的第一任務。「顧客導向」的親民作爲是現代企業成功的第一途徑。堅持努力，不達最佳目標不停止是成功的要訣。

(古)『知止而後定，定而後能靜，靜而後能安，安而得能慮，慮而後能得。物有本末，事有始終，知所先後，則近道矣。』指「止」、「定」、「靜」、「安」、「慮」、「得」是思考達成目標所需之策略手段的六步規劃功夫。

㈤『物格而後知至，知至而後意誠，意誠而後心正，心正而後身修，身修而後家齊，家齊而後國治，國治而後天下平。君子敏於事而愼於言（多做少說）。』指「個人技術」修煉（格物、致知、誠意、正心及修身等五目）及「團隊管理」修煉（齊家、治國、平天下等三目）的功夫。

㈥『好學近乎智（知），力行近乎仁，知恥近乎勇』指達到「智、仁、勇」三達德之方法就是好學、力行、及知恥。有三達德素質的人就是好人才，可以任用、栽培。

㈦『天將近大任於斯人也，必先苦其心志，勞其筋骨，餓其體膚，空乏其身，行拂亂其所為；所以動心忍性，增益其所不能。』指一個大丈夫有成就的人，都要經過「苦、勞、餓、空、亂」五種考驗。同時大丈夫也必須堅定意志，『富貴不能淫，貧賤不能移，威武不能屈』。唯大丈夫能本色，不受外界環境的變動，就改變其本質特性之優點。

㈧『入則無法家拂士，出則無敵國外患者，國恆亡。故知生於憂患，死於安樂。』指一個企業和國家一樣，不可懈怠，不可不讓人民參與不同意見，否則恆亡。絕對的權威獨裁，一定導致絕對腐化而滅亡。

㈨『仁、義、禮、智、信。』是儒家五常（五個基本不變的德行）與佛家的五戒（戒殺、戒盜、戒淫、戒酒、戒誑）相對照，是每一個企業員工應有的裝備德性。

㈩『賢者在位，能者在職。』指主管要賢（有管理能力），部屬要能（有技術操作能力）。「主管（後方）」與「部屬（前線）」分工合作，「管理」與「技術」分工合作，「賢」與「能」分工合作，大威力就自然產生。

㈩㈠『徒善不足以為政，徒法不足以自行。』指要有善意的目標政策及有效的方法手段，才能達成眞正的目標。光有善意的政策，而沒有手段方法，或光有手段方法，而沒有政策目標，都不能眞正達到目標。

㈢『天時不如地利，地利不如人和。』指企業內部員工和諧互讓、團結一致，對外關係良好，比好天時、好地利都重要。

㈣『人不可以無恥，無恥之恥，無恥矣。』指絕不可任用無廉恥之人。

六、荀子的管理思想

荀子名卿，著荀子一書二十篇，與孟軻同時代，約晚孔子二百年，原爲儒家系統，因主張「性惡說」（如McGregor之Theory X)，與孟子主張「性善說」（如McGregor之Theory Y)對抗，而被歸爲法家。荀子有弟子李斯及韓非，皆法家成名人物。荀子重要管理思想摘錄如下：

㈠『居必擇鄰，遊必就士。』指選擇好工廠地，好市場及辦公室，與有水平之君子作朋友，作供應商，作顧客。選對地點(location positioning)與選對人(people positioning)都是成功的要訣。

㈡『君子贈以言，庶人贈人以財』。指送知識（即佛家之法佈施）給人家比送錢財給人家更高尚。

㈢『麒驥一躍，不能十步；駑馬十駕，功在不舍』，指一流人才也不能一躍十步遠，但是二、三流人才若加以培訓，持之不舍，也可以十抵一。

㈣『青出於藍，而勝於藍；冰出於水，而寒於水。』指新一代的創新智慧勝過老一代的人，英雄出少年，年青就是本錢，應好好珍惜，不可虛費。

㈤『非我，而嘗者，吾師也；是我，而嘗者，吾友也；諂媚我者，吾賊也。有亂君，無亂國；有治人，無治國。』指精進修養，不拒批評，不受諂媚。國之亂治，不在國本身而在主政者是否亂或治。（在人不在國）

㈥『不聞，不若聞之。聞之，不若見之。見之，不若知之。知之，不若行之。』指眼見爲憑，不可聽信偏言，才不會做錯判斷，做錯對人、對事之選擇。

㈦『信信，信也；疑疑，亦信也。貴賢，仁也；賤不肖，亦仁也。言而當，知也；默而當，亦知（智）也。故知默猶知言也。』指正正得正，負負也得正，但若正負則得負（引用數學正負相乘之道理）

㈧『用王者；義立，而王；信立，而霸；權謀立，而亡。三者明王之所謹擇也。』此與曾參所言：「用師，則王；用友，則霸；用徒，則亡」之道理相似，但荀子所言爲對事，曾子所言爲對人。

七、韓非子的管理思想

韓非是東周戰國後期韓國庶公子，是法家的代表人，崇拜管仲，子彥，吳起，商鞅以及申不害等先人之成就，拜師荀卿，與李斯同學，因口吃不善言談，故發憤著述，融合老子「無爲，自然」思想，荀子「性惡論」，商鞅的「嚴法」，申不害的「權術」，愼到的「重勢」，寫出「韓子」十萬餘言，包括「兩柄說」、「說難」、「說林」、「五蠹」、「憤」、「內外諸說」，爲秦王政所喜，但終被李斯妒嫉暗害而死。韓非重要管理思想摘錄如下：

㈠『龍有逆鱗，人生亦有逆鱗，若有人攖（摸）之，必遭殺亡』。指伴君如伴虎，必須小心，識時務者爲英雄，知進退者爲豪傑。不可凡事不「審時度勢」而魯莽爲之，以致敗亡。

㈡『聖人之所以爲治道者有三，一曰「利」，二曰「威」，三曰「名」。用「利」者，所以得民也；用「威」者，所以行會也；用「名」者，所以上下周道也。』指治理國家要善用「利、威、名」三個工具。

㈢法家三要素：「法、術、勢」，用嚴法，用權術，再用重勢，三者合一，可以順利推動政務，尤其大規模、國際性、集團企業之管理，更須要應用法家之法術勢三合一思想。

八、六韜三略（韜略學）之思想

韜原指作戰時的戰略及戰術 (strategies and tactics) 的秘訣。「戰略」是指高階主管用來達成重大目標的競爭性、秘密性、重大資源使用性之手段，「戰術」是指中階主管用來達成中等目標的競爭性、秘密性、中等資源使用性之手段。就軍事而言，戰略由統帥、軍團司令，軍長等所制定，戰術由師長、團長、營長等所制定，「戰鬥」(combat technicals) 由連長、排長、班長等所制定。就企業而言，戰略由集團董事會（含董事長、總裁）、公司董事會（含董事長、總經理）等所制定，戰術由各部門經理所制訂，戰鬥由課長、組長、班長等所制訂。

六韜據說由姜尙所寫之兵書。姜尙，字子牙，爲周文王之太公所期望之能人，故又名太公望，六韜兵書名爲：

㈠文韜——用人要訣

㈡武韜——不戰而勝之法則

㈢龍韜——勝敗決定於戰鬥之前的準備

㈣虎韜——戰鬥中必勝之攻擊方法

㈤豹韜——臨機應變的奇兵策略

㈥犬韜——狙擊敵人於不意的要訣

三略包括上略、中略及下略，相傳是黃石公所撰之兵法。三略以政略（政治）爲主，孫子兵法十三章則以「戰略」爲主。三略兵法名爲：

㈦上略——以柔克剛

㈧中略——人盡其才

㈨下略——戰備應從平時開始

九、孫子兵法的管理思想

「孫子兵法」是西周春秋時代，吳國孫武應楚國伍圓（伍子胥）之請，寫出他對歷代戰役之實地調查研究心得，共十三章，獻給吳王闔盧，堅定其出兵助伍圓攻楚報復滅家之仇與必勝信心。「孫子兵法」已成中國文化在世界各國最被流傳之精典著作，講求「全勝」（非殘勝）之道，不僅對軍人有用，對企業家更有用，因爲商場如戰場，商場競爭之劇烈比戰場更強烈。本節第一部所引之名言，皆來自孫子兵法。「孫子兵法」人人要買來讀，尤其企業人士爲甚。

孫子兵法十三章，六千多字，在第一篇「始計」就提出二個「五字」觀念。第一個五字就是用來核計敵我雙方勝戰之可能性，那是「道、天、地、將、法」。若我方在這五方面比對方強，才可開戰，否則應求和。第二個五字是講將官幹部的五武德：「智、信、仁、勇、嚴」。這五個軍人紀律比儒家五常「仁、義、禮、智、信」及佛家五戒「殺、盗、淫、酒、誑」要嚴格。商場如戰場，企業幹部就是軍事幹部，紀律一樣鮮明嚴格。

致勝五決「道、天、地、將、法」解說如下：

㈠「道」：指我國要和敵國開戰之「目標」及「理由」，是否比對方要和我方打仗的目標和理由充足，並得到全國人民的認同。若是，則得「道」多助，全國上下同仇敵愾，開戰必能得勝。若不是，則對方理由及目標強過我方，對方之士氣會高我方，我方會敗，所以不可戰，應求和。

㈡「天」：指經營大環境，包括時間、氣候、內外情勢。在兩方比較下，我方「道」與他方「道」打平，但我方「天」然條件比對方強，也可以開伙，我方會勝。若比對方差，則不可戰。若雙方「道」、「天」條件皆相等，則比第三個條件「地」。

㈢「地」：指地理條件，山、川、河丘，以及市場環境。兩方比較下，我方「地」理條件勝對方，也可開伙，我方會勝。若不如，則不可戰，若兩方平平，則比第四條「將」。

㈣「將」：指軍隊軍官團幹部，或企業幹部團隊。若兩方「將」條件比較，我方高過對方，即我方幹部之「智、信、仁、勇、嚴」高過對方，即可開伙，我方會勝。若不如，則不可打。若兩方之「將」平平，則再比較第五條件「法」。

㈤「法」：指軍隊或公司內部組織、規章、作業制及倫理規範。若兩方「法」條件比較，我方高，則可開伙，我方會勝。若不如對方，則不可開伙。若兩方平平，則可打，可不打，勝算在未定之天。

很明顯地，目標、天時、地理、幹部及制度之健全，都是管理的要素，也是致勝的背後決定因素，軍事作戰和企業競爭完全一樣。

關於中國古文化的管理思想尚多，以上只摘錄一些著名作者的精華，供讀者瞭解中國文化不是無管理思想，不要輕視自己的文化寶藏。

十、中國陶朱公理財原則

關於企業經營之成功實例，在中國數子貢（端木賜）、范蠡（陶朱公）、呂不韋等爲有名大家。司馬遷史記貨殖列傳曾記載不少企業經營名人，但因古代中國將商人列爲四民之末，所以詳細經營方法只能用猜測及解釋方式求之。爲供國人參考，茲將陶朱公理財十二則（正面建議）及十二戒（反面勸告）列於下面。

范蠡是西周春秋時代越國人，受文種之邀，共同扶助越王苟踐，幫助苟踐二十年復國，打敗吳王夫差，然後飄然引退，移居齊國定陶，改姓爲朱（後稱其爲陶朱公），利用其師父計然子（亦稱倪子）七計經商，大有成就；三聚巨財，三散巨財，成爲千古佳傳。

㈠陶朱公理財十二則

1. 能識人——知人善惡，帳目不負（指對客戶之信用調查）
2. 能用人——因材器使，任事可賴（指對部屬量材授職、授權）
3. 能知時——善儲時宜，不致蝕本（指市場預測，事前預購原料及囤積成品）
4. 能倡率——躬行以率，觀感自生（指以身作則的領導作風）
5. 能整頓——貨物整齊，奪人心目（指物料管理、廠房佈置井然有秩）
6. 能敏捷——猶豫不決，到老無成（指能面對現實問題，及時解決，不拖延）
7. 能接納——禮義相交，顧客者衆（指對供應商及客戶和氣，信用相待）
8. 能安業——棄舊迎新，商賈大病（指安份守業，不心生貪多，見獵心喜，期冀非份之得）
9. 能辯論——生財有道，開引其機（指能明辨有利機會，說服反對保守派意見，投資生財，開發先導機運）

10.能辨貨——置貨不拘，獲利必多（指能見先機，事前購進各種有利貨品，不拘泥原有之種類）

11.能收賬——勤謹不怠，取討自多（指討取欠賬必須勤謹，不可怠惰，才能完全收回，否則被倒帳必多）

12.能還帳——多少先後，酌中而行（指支付供應商之貨款時，應會斟酌，應先還者，先還，可拖幾天者，就拖幾天，以賺利息，此為現金管理之道）

㈡陶朱公理財十二則

1. 戒莫堅吝——些少不施，令人懷怨（指不可刻薄員工，應行分紅）

2. 莫浮華——用度不節，破財之端（指資本主或經理人不可因私慾，而揮霍於無助益事業成長之處）

3. 莫畏煩——取討不力，付之無有（指討取欠帳，不可怕麻煩而不去，以致被日久倒帳）

4. 莫優柔——胸無果敢，經營不振（指不可遇到應解決之問題時，胸無主意及知識，以致拖延不決，貽誤時機）

5. 莫狂躁——暴以待人，取怨難免（指不可對待他人兇暴無禮，以致招來怨恨，樹立敵人）

6. 莫固執——拘泥不通，便成枯木（指不可堅持不通情、理之己見或規則習俗，以致失去生機，而成枯木而失敗）

7. 莫貪賒——貪賒價昂，畏還生恥（指不可貪圖利息之便宜而以賒欠方式買東西，結果招致高昂價格，反不得利，最後又不肯還人帳款，搞壞名義，招來奇恥）

8. 莫懶收——輕放懶收，血本無歸（指不可輕易把錢借給別人，又不肯勤謹收取，以致本息兩無歸）

9. 莫癡貨——優劣不分，貽害匪淺（指不可如白癡般，不分

好貨壞貨一起收買，以致賣不出去，受害不淺）

10.莫昧時——依時不兌，坐昧先機（指對方借錢或賒帳已經到期時，不可不採取行動要求兌現，否則將失去有利索還機會）

11.莫爭趨——貨貴爭趨，獲利必失（指貨物價格上漲厲害時，不要再去爭著買，否則將來必造成高成本局面，失去獲利機會）

12.莫怕蓄——賤極儲積，恢復不難（指貨物價格下跌到很便宜時，應買進儲積，以後不難價格止跌回昂，即可賺大錢）。

除了陶朱公理財十二則及十二戒外，司馬遷史記貨殖列傳，也記載許多古時企業家之言行，可供後人研磨仿行。

3

自律、有序、和諧：

關於老子無政府狀態高級形式的假設

葉自成

無政府狀態是西方國際關係理論主流學派的一個基本假設，也是多數西方學者思考國際關係理論的一個出發點。雖然西方新現實主義和新自由主義在許多問題上存在爭論，但兩派的主要代表人物，無論是沃爾茲還是基歐漢，都把無政府狀態作爲國際體系的最重要的特徵和研究國際政治的最主要背景。在他們的眼中，理解國際關係必須從理解無政府狀態開始。新現實主義者如吉爾平、沃爾茲等認爲，國際政治的基本性質，就是每個國家作爲獨立的行爲者，在無政府狀態下持續追求權力與財富的鬥爭，無政府狀態是國際體系的第一個結構性因素，國際政治的其他現象都是源於這個因素而產生的，而新自由主義者如阿克塞爾羅德，基歐漢等認爲，無政府狀態特別能切中國際政治的本質，各自獨立的、追求各自利益的利已主義的國家形成了一個沒有中央權威的自助體系，形成了所謂的囚徒困境，國家只能在這個困境中根據各自的利益進行合作，因而國際合作特別困難，新自由主義者的任務，就是尋找在一個無政府狀態下怎樣才能進行國際合作。①

西方主流學者描述的無政府狀態有以下三個主要特質：

第一，混亂與無序是無政府狀態的基本特徵。由於缺少一個有力的中央權威，因此各個國家受自私利益的驅使，完全從自己的角度考慮問題和行事，每一個國家都是如此，所以由這些國家構成的國際體系就是一個混亂的和無序的體系；

第二，相互對立、衝突和戰爭是無政府體系的基本狀態。由於國家之間的利益彼此矛盾，因此國家之間經常發生敵對衝突，戰爭是這種體系的基本的國家行爲，每一個國家都把別的國家視爲敵對的國家或可能的潛在的敵人；

第三，這是一個每個國家追求自助的體系。在這樣一個弱肉強食的體系中，每一個國家要想生存，就必須努力發展本國的國家實力，否則就會受到別的國家的威脅。而當一個國家發展自己本國的實力時候，別的國家又會把這個國家視爲自己的威脅，所以沒有一個國家處於安全狀態中。這就形成了所謂的安全困境：一國爲保障安全而採取的措施，意味著降低了其他國家的安全感。生存永遠成爲每個國家的第一需要和本能。“國家間的競爭和衝突直接來源一於無政府狀態下國際生活的兩個彼此相朕的現實，這就是：在一種無政府秩序下，國家必須依靠自身的力量來維護自己的安全，而對國家的現實威脅或可能的威脅隨處可見”。“在無政府狀態下，安全是最高目的。只有在生存得到了保證後，各國才會放心地去追求安寧、利潤和權力這類目標”。②

---

① 海倫。米爾納：《國際關係理論中的無政府假設》，轉引自：大衛。A。鮑德溫主編：《新現實主義和新自由主義》，浙江人民出版社 2001 年 5 月中譯本（肖歡容譯），143-145 頁，

② 肯尼思。沃爾茲：《國際政治理論》，胡少華，王紅纓譯，王輯思校中國人民公安大學出版社 1992 年出版 152 頁。

當然，西方學者在討論無政府狀態時，也有一些學者對這種假設提出批評，認爲不能把它作爲世界政治的中心事實來研究，同時，無政府的假設也無助於對國際政治進行科學的解釋，但這些批評未能改變無政府狀態在西方國際關係理論中的支柱作用。另外，贊成無政府狀態這一基本概念的學者，在解釋這一概念時也有一些進展，如認爲無政府狀態混亂、無序、敵對衝突和自助並不是絕對的，在一些事務中也存在鬆散的秩序，新自由主義者則強調研究在無政府狀態下怎樣進行合作的問題。不過，所有這些都不能改變無政府狀態這一假設在西方國際關係理論研究中的核心地位和作用。

西方學者所討論的無政府狀態無疑受到了西方文化的影響。霍布斯所描述的人人反對人人的狀態成了西方學者討論和觀察國際問題的出發點。西方的個人主義，自由主義也成爲無政府狀態假設的哲學基礎。

很遺憾的是，國內學人在談到無政府狀態這一西方國際關係理論最重要的一個概念時，幾乎沒有什麼話語權，學人們所做的只是翻譯和介紹西方學者們的觀點，甚至連像樣的學術批評也沒有。

我認爲，中國學者可以借助于中國豐富的歷史文化遺產並使之現代化來取得一種與西方國際關係理論的對話權。我發現，中國先哲們在當代西方國際關係的學者們討論的許多領域都表述過值得我們關注的思想。在無政府狀態這一問題上也是這樣。老莊的思想通過現代語言的重新翻譯，可以伸展出一座與西方學者在這一問題上進行溝通對話的橋梁。雖然他們沒有使用過無政府狀態的概念，但他們所描述的人類社會自然狀態這一客觀存在物與西方學者們討論的是同一類，因而是可以借用無政府狀態這一概念來對比分析的。

老子是中國偉大的思想家，與孔子同時而長於孔子（孔子的生卒年月約爲西元前551——479年）。雖然老子論述的也是自然狀態，但這個自然狀態與西方學者所討論的自然狀態有程度的不同。西方學者認爲，無政府狀態是人類社會在沒有中央權威之前必然存在的一種自然狀態，它是無序、混亂、充滿戰爭和衝突的，在老子眼裏，這種無政府狀態只是一種低級形態，它是一種自然狀態被破壞的結果。無政府狀態還存在一種高級形式，就是和諧的，有序的自然狀態。

老子認爲，大自然本身是和諧的，有序的，大自然和諧、有序的根本原因在於“道”的存在。“道”是老子學說的核心概念。它可以理解爲支配自然與人類社會變化發展的總規律。雖然“道”是“惟恍惟惚”，是“不可道”（無法認識、無法說清楚）的，但“道”也的確是存在的，道“有物混成，先天地生，寂兮寥兮，獨立而不改，周行而不殆，可以爲天地母”，它是一個自然的，獨立的的客觀存在，一切萬物都源自於道，道是一種運動形式，它始終以其獨有的方式和規則不停地運動著，道是宇宙最理想的最完善的存在模式，道就是順乎自然。

道的特點一曰靜，靜是萬物之根；二曰“無”，無即無爲，無欲，無利，無思，無得；三曰周行即“常”，它是循環往復的，永無休止的。靜，無，常，構成老子的世界觀。

在老子看來，人與人，人與自然之間本來是和諧有序的，但人類受各種物質利益的貪欲的驅使而破壞了這種和諧與秩序；無政府的自然狀態之所以充滿了戰爭，不在於天下有沒有一個有權威的中央政府，而在於各國的當政者違反了客觀的“大道”，

“以兵強於天下”③，追逐各國的私利，這才是造成天下無序，混亂，衝突和戰爭不斷的無政府狀態特徵的根本原因。

所以老子指出，“夫兵者不祥之器也”④。莊子也指出，“上誠好知而無道，則天下大亂矣！”⑤“上”即當政者的“無道”，是“天下大亂”的根本原因，

老子的思想主張無爲，但其實在無爲中包含著老子的有所爲。老子在否定無序、混亂、衝突和戰爭不斷的無政府狀態時，也提出了理想的無政府狀態，即在無爲中追求一種和諧的自然的國際秩序，在無序中達到一種有序。在老子看來，“無政府狀態”並不是一個壞的東西，道和自然本身就是一種最好的秩序，各國如果以道治天下，各國都會各有所得，各安其位，各得其所。

怎樣才能實現“無政府自然狀態”這個最好的秩序呢？老子直接講述自己觀點的話不多，主要體現在以下兩處：

其一是對大國和小國的關係進行了論述，主張大國小國各安其位，和平相處。他說：“大邦者下流也，天下之牝，天下之交也。牝恒以靜勝牡，爲其靜也，故宜爲下。大邦以下小邦，則取小邦；小邦以下大邦，則取於大邦。故或下以取，或下而取。故大邦者，不過欲兼畜人；小邦者，不過欲入事於人。夫皆得其欲，則大者宜爲下”⑥。老子認爲，大國好比江河的下游，好比天下物類的雌性，它是天下衆水的匯流處；雌性常常以沈靜戰勝

---

③ 沙少海等譯注：《老子全譯》，《老子第三十章》，貴州人民出版社 1989 年版，57 頁。

④ 《老子。第三十一章》59 頁；

⑤ 張耿光等譯注：《莊子全譯》貴州人民出版社，1991 年版，165 頁。

⑥ 《老子。第六十一章》122-123 頁；

雄性，因爲它很沈靜，所以願居下位。大國對小國謙下，就能取得小國信任，小國對大國謙下，就能被大國信任。所以有的以謙下取得信任，有的以謙下而被信任。所以，做大國的，不過要求領導小國，做小國的，不過要求侍奉大國。這兩方面都滿足了各自的願望，歸結起來，做大國的尤其要特別謙下。

其二是對小國寡民理想的論述。老子指出，“小國寡民。使有什伯之器而不用.。使民重死，而不遠徙。雖有舟輿，無所乘之；雖有甲兵，無所陳之。使民複結繩而用之。甘其食，美其俗，安其居，樂其俗。鄰國相望，雞犬之聲相聞，民至老死，不相往來。”⑦

毫無疑問，老子在這兩段話中描述了他的國家間關係的理想。這其中當然包含了許多消極的東西，如主張使人類社會在長期的發展過程中積累的文明成果棄之不用，主張國與國，人與人的互不往來，相互封閉等，實際上是把原始社會理想化，讓人類社會回復到原始的自然狀態中去。這些無疑是很消極的，甚至是反動的，倒退的。

但同時，老子的這種看似反動的倒退的消極的理想又包含著對現實的尖銳批判，是對儒家仁義德禮秩序觀的否定，是對低級無政府狀態的否定，它在否定中又有肯定，在倒退中有進步，在無爲中包含著有爲。正如莊子指出的那樣，“若至此時，則至治已”，老子表述的小國寡民和自然無爲的狀態，就是人類根絕大亂的最好的形式，因爲這一理想強調“和”這一天地自然的“大本大宗”：“此之謂大本大宗，與天和者也；所以均調天下，與人和者也。與人和者，謂之人樂，與天和者，謂之天樂，……一

---

⑦ 《老子。第八十章》160 頁；

心定而王天下，一心定而萬物服，言以虛靜推於天地，通於萬物，此之謂天樂，天樂者，聖人之心，以畜天下也”，認爲知道天下無爲的規律，就是掌握了根本，能成爲與自然諧和的人。與人諧和的，是人樂，與自然諧和的，是天樂，所以，“以無爲爲常，無爲也，則用天下而有餘”⑧。

首先，老子表達了一種自然的和平主義觀念。在他的理想的國家間關係中，沒有戰爭存在的位置，他要讓人們遠離兵器，遠離軍隊，遠離殺戳。他的理想主要不是反對文明與技術進步，而主要是反對把這些文明和技術的成果用於戰爭上；也正是這個原因，老子認爲要使那些擁有較發展的文明和技術成果的國家不把這些東西用於戰爭是很困難的，因此最好是使所有國家在這一方面都處於靜止狀態，這就可以從根本上斷絕用於戰爭的物質因素。

其次，老子表達了一種國家間應當和睦相處的理想主義觀念。老子並不絕對反對大國與小國的不平等，而是認爲這種關係應當是自然的，而不是強迫的，在他看來，大國對小國應當謙下，小國對大國應當尊重，這是大國與小國的實力差別引起的，不能要求小國與大國完全平等，大國對小國自然會有一種更大的影響力，大國領導小國也是自然的事情。但老子認爲，要大國完全尊重小國，很難做到，所以最好還是使所有國家大小最好差不多，國與國之間不要有太大的差別，最好都是小國，因爲在春秋時期雖然不少戰爭是在小國間進行的，但主要根源還是大國對小國的貪欲，大國尤其是爭霸的大國的擴張，是戰爭的主要根源，消滅了大國，不讓大國存在，也就消除了一個最主要的戰爭根

⑧ 張耿光等譯注：《莊子全譯》貴州人民出版社，1991 年版，165 頁、189 頁、220-224 頁。

源。如果只有小國存在，每個國家擁有的人口也有限，那麼即使小國間發生戰爭，那麼也不至於對整個人類社會產生嚴重的破壞。

最後，老子的封閉的自然狀態也表達了一種互不干涉的的理想。小國寡民的理想是封閉的，它們相距很近，但卻老死不相往來。這當然是一種倒退的觀念，沒有開放交流，人類就不會進步。在今天的全球經濟一體化時代，開放成了各國生存與發展的基本條件。但與此同時，開放也包含了衝突、矛盾、磨擦的因素，是國家間爭奪的一個因素。國與國之間互不往來，也就可以避免相互干涉，所有國家都安於現狀，都不干涉別國的事務，那麼世界就可以更和平和安寧。

老子的小國寡民是“處無爲之事，行不言之教”，體現了他的道的特點：無爲，自然，寧靜，和平。但他的理想與他的道之間又產生了尖銳的矛盾：道主張無爲，但他的理想卻是無論如何也無法實現的，這個理想好像是無爲的，但實際上卻是一個大有、大爲的理想，正象老子所說的那樣，“爲無爲，則無不治”（只要實行無爲政治，那麼一切就都可能解決了），“唯不爭，故天下莫能與之爭”（不跟別人爭，所以天下沒有誰能爭得過），“大象無形”（偉大的形象寓於無形中），“大音稀聲”（最美妙的聲音往往是無聲的）。他太過於追求道與自然的和諧。他的小國寡民理想只有在所有的人都無欲無知，所有的國家都大小相等、自律、且勢均力敵，都實行無爲政治，所有的國家都被分割隔絕不能發生聯繫的條件下才能實現，它是以封閉、相互隔絕、對人類文明的技術成果棄而不用爲代價來追求和平、和諧、和睦的價值，這注定是一種脫離現實的的空想。

但作爲一種假設，老子的無政府狀態的高級形式的理想又有很有意義的。可以說，和老莊的描述相比，西方學者們討論的只是一個現實中的低級的無政府狀態的假設，而老子則提出了一個理想的高級的無政府狀態假設。西方學者論述的無政府狀態是低級狀態，它是一個混亂的，無序的，充滿矛盾，衝突和戰爭，因而每個國家都奉行自助政策的狀態，是一個應當被否定的狀態。而老子所描述的無政府狀態則是一個高級的無政府狀態，它是對低級無政府狀態的否定，它是自律的，是一種最高級的和完善的秩序，合諧是它的基本特徵，它不但是對低級無政府狀態的否定和昇華，也是老子追求的一種理想狀態。從學術理論的研究來看，它與西方學者們的假設正好相反，因而可以啓發人們從另一個角度來思考問題。如果說西方學者的假設較多的看到了無政府狀態中的混亂、無序的一面，那麼，老子的假設則指出了無政府狀態中也存在和諧、有序的一面。例如，在近代之前，在無政府狀態下，雖然局部戰爭不斷，但東方與西方的關係，南方與北方的關係，由於科技不發展，既沒有什麼接觸，也沒有發生什麼大的衝突，沒有發生過眞正意義上的世界戰爭，兩個相互隔絕的部分相安無事，這種狀態類似于老子的自然和諧的關係。就這點而論，主張在無政論狀態下也存在合作可能、強調各國相互依賴的新自由主義無形中與老子的假設接近。

從今天的現實的角度來看，老子的小國寡民的無政府狀態是落後的封閉的，是烏托邦的，但其中也包含了它的合理因素。與以一個世界的中央權威政府來取代低級的無政府狀態的烏托邦相比，老子的高級無政府狀態可能有更多和更現實的因素。也就是說，認爲只有世界政府才能解決今天國際社會的衝突和問題的假設，可能是永遠不能實現的的理想，而承認在無政府狀態下，在沒有也不可能存在一個世界中央權威的情況下，人類社會通過自己的努力，世界各國也能不斷地改善關係，建構一種相對和諧和有序的狀態。按老子的思維推理，實現這種和諧與有序的途徑是：

第一，自律，尤其是大國的自律是實現無政府狀態下各國和睦相處的基本條件。老子的無政府高級狀態雖然建立在小國自律的基礎上，但老子也沒有忽視大國的存在和大國與小國關係的不平等，所以在大國與小國關係方面提出了以小事大與以大事小兩個方面的假設，它的核心思想是建立大國與大國，大國與小國，小國與小國相互考慮對方利益的基礎之上，尤其是大國在其中起著關鍵作用；正如老子所指出的，不僅是“小邦以下大邦”，小國對大國要尊重，而且更重要的“大邦以下小邦”，大邦以下大邦，如果所有的大國都能如此，那麼雖然小衝突難免，但大衝突不會發生；另外，各國的自律還表現爲“使有什伯之器而不用.。雖有舟輿，無所乘之；雖有甲兵，無所陳之。”各國的經濟、技術可以很發展和發達，但在使用時都采自律克制的立場；

第二，不干涉內政與承認國際社會生態多樣性是實現無政府狀態下的國家關係基本和諧的主要條件。不干涉內政是避免國家間發生衝突重要原則。它的基本內容在於尊重各國有權選擇自己的發展道路和發展模式，承認各國由於民族、歷史、文化價值觀念的不同而保持自己的特性。所以，當前的全球經濟一體化、行爲規範的趨同化的大趨勢不等於所有國家在文化價值觀念的同一化，更不等於政治的統一化。老子指出的“甘其食，美其俗，安其居，樂其俗”，可以是指各國的風俗生活習慣的共同性，也可以指各國在這些方面的多樣性，誰也別把自己的生活風俗習慣強於別的國家。當然，另一方面，也要看到，老子的“小國寡民”狀態中所包含的不干涉內政的內容，是以各國的發展水平大體相近為前提的，也有一定共同的行為價值作為基礎，比如，這些國家雖然國小民寡，但也都達到了有什伯之器，有舟輿，有甲兵的水平，各不相同中包含了普遍的共性在內。因此，不干涉內政是以第一條原則即自律的原則為基礎的，各國都要遵守一些人類文明共同的基本原則。

第三，各大國實力大體接近和發展多極化是建構這種無政府狀態高級形式的關鍵。“小國寡民”只是老子這一思想的極而言之的表述形式。老子的本意是，無政府狀態中的混亂，無序、戰爭和衝突都是由於各國勢力不均引起的，大國總想欺負小國，強國總想欺淩弱國，根源在於力量對比的勢差。所有國家都成為小國，那麼這種無政府的高級形式就可以牢固的建立起來。這是根本做不到的。如果各國能形成勢力大體均衡的自然狀態，無政府狀態就可能從混亂變為有序。所以，提出各大國實力接近與發展多極化的推理不是老子的原意，但符合老子的思維邏輯。

4

當代國家與少數民族身份的能動性以金秀瑤族爲例

石之瑜

摘要

國家對民族的意義與民族對國家的意義兩個課題，都值得政治人類學家認眞研究。以國家名義制定政策，分配資源的國家幹部，常將民族簡化成一些普遍化的指標，根據這些指標去動員具有民族身份的人來完成特定的任務。在歷史上，這些任務有時帶來災難。但具有民族身份的人沒有機會在國家體制中，形成某種民族角度的看法與幹部進行互動，使得國家作爲一個一統的制度，變成了文化心理上的霸權地位。民族的意義僅在於民族成員能否達到國家指標，國家的存在因此取得了本體層次上的先驗地位，不再受到挑戰。然而，金秀的經驗又顯示，民族不必是一種全然被動的身份，因爲各種國家所認知不到的文化活動，無所不在地、持續不斷地在對民族身份所具備的意義，進行再詮釋與再發展。新的展現民族身份的方式可能浮現，逐漸流失的民族身份符號也可能復甦。有趣的是，即使國家對這些文化活動在口頭上支持，在行動上不介入，但是許多民族身份的新詮釋都是依附在國家體制之中。總而言之，國家壟斷性的政策指標確實嚴重影響了金秀瑤族的意義系統，但卻不能決定或封鎖國家範疇以外的瑤族身份出現什麼方向的調整與回應。

一、前　言

國家對民族關係的管理，長期以來是政治學所忽視的課題，但政治學中向來就存有一項預設，即民族應當歸屬於國內的範疇，至於何為民族，則留由人類學家去研究。①一般政治學家只關注於如何透過制度的建立、資源的管理與汲取、公民文化的養成來動員國民參與國家事務，因此國家與民族之間的關係是什麼，變成一個乏人問津的課題。②由於政治學家對於「民族」的忽視，於是民族成員做為國家動員的對象，不能得到認眞的對待，連帶使得民族身份的認定、維繫與流動，都成為國家幹部政策制定時所想當然爾的現象，也就是關於國家統治的知識領域中，缺乏民族有關的分析。這並不代表國家對民族的壓制是絕對的，相反地，只表示國家對於具有民族身份的人怎樣回應於國家的管理，在論述上沒有一種可以用來觀察的機制。

人類學家與政治學家均未習慣於從民族的角度來看國家，因此使得民族身份的建構與流動均難以獲得充分的說明。在政治經

① 例見 John Mearsheimer, "Disorder Restored," in G. Allison and G. F. Treverton (eds.), Rethinking America's Security (New York: W. W. Norton, 1992), pp. 213-237；有關批評見 David Campbell, *National Deconstruction: Violence, Identity* and *Justice in Bosnia* (Minneapolis: University of Minnesota Press, 1998); Yosef Lapid and Fridrich Kratochwill (eds.), The Return of Culture and Identity in IR Theory (Boulder: Lynne Rienner, 1996); Yosef Lapid, "Theorizing the 'national' in International Relations Theory," in F. Kratochwil and R. Mansfield (eds.), *International Organizations* (New York: HaperCollins), pp. 20-31.

② 多數國家憲法都規定不能在種族的基礎上對個別公民進行歧視性的規定。

濟學與政治社會學中常見關於國家中心與社會中心的探討，但政治人類學的興起，勢將同一類問題意識，擴及於國家中心與民族中心之間孰輕孰重的辯論。在這個思路之下，本文報告了在廣西金秀大瑤山地區自治縣的田野考察，比較當地國家幹部各項對民族政策的看法，探索在不以民族身份爲考量的動員政策之下，民族身份是否仍保留某種能動的發展力和因應空間。基本上的發現是，國家政策固然相當程度限制了民族身份內涵的變動，但在一定的程度上，這個內涵仍具有持續性與變動性，而且並非國家所能完全規範。

金秀瑤族自治縣因爲知名社會學家費孝通早年的造訪與遭遇，而成爲瑤族研究的中心。費孝通在一次田野考察的行程中，不愼受困，其夫人在奔走求援時不幸墮山身亡。費氏之後再訪金秀多次，當地瑤族人類學家承費氏爲師繼續發揚瑤學的所在多有，台灣的人類學者研究瑤族時赴金秀考察亦不乏其人。金秀作爲世界瑤族研究中心之地位，則因爲其瑤族支系構成複雜而奠定。瑤族支系繁多乃衆所週知之常識，究竟其支系有多少，則衆說紛紜。唯一般瑤族聚居地，僅以某一支系爲主，金秀則不然，共有五個主要的瑤族支系：盤瑤、茶山瑤、花藍瑤、坳瑤、與山子瑤。本文關心的是國家的民族政策與具有民族身份的人在回應國家時，所發生的關於民族身份義涵的變遷，因此對於支系不再多述。

金秀自治縣是國家級的貧困縣，從一九八五年開始就設立扶貧辦公室，專司脫貧工作，主要是修路、找開發項目、找貸款、找政策優惠等等方面。在機構改革期間，原本民族委員會要歸在縣統戰部之下，與僑聯、台灣辦公室同一體系，但後來又考慮金秀爲民族自治縣，仍以維持民委的獨立性爲宜。不過由於機構改革的關係，民委也正面臨大量裁員，預計只保留三個員額，對於民族工作的推動，影響不可謂不小。除民委之外，這次訪談的重點是民族學校與學區辦公室。大陸地方縣級以下幹部常常是由學校師範體系中發展而來，先是通過中專或大專師範教育後分發遠鄉教學，逐漸再成爲學校的行政幹部，最後再提昇爲其他部門的幹部，因此造訪學區是了解基層狀況最佳的切入點之一

一、包括統戰、台辦、扶貧、民委都有由老師轉任之幹部。

二、家幹部眼中的金秀問題

金秀縣教育受制於貧困，也受制於地形。從貧困的角度來說，家長往往無法供養一個孩子就讀。這一方面是因爲負擔不起學費，另一方面則是由於孩子到了十歲之後已經可以上農務工，家裡面不願意失去一個幫手。家長對於教育不夠熱衷的道理很簡單，這在過去所研究過的四川涼山彝族、湖南城步侗族、雲南西雙版納傣族地區都一樣，③就是預期不到教育所能帶來的收益。一個孩子如果進高中以後不能保證再升大學，那麼投資在教育上的經費等於浪費了，畢竟進不了大專就意味著不見得能脫離農村，面對著如此不確定的結果，又何必花錢辛辛苦苦唸完高中呢？在受訪的家長中就有人直截了當地質疑，自己一輩子沒唸書，不也過來了嗎？不唸書而成爲文盲的現象，在金秀地區又以婦女尤其多。

貧困現象難以解決是因爲，金秀地區本身原本就糧產不足，

---

③ 拙著，〈涼山美姑彝族教育問題中的民族意識〉，《共黨問題研究》27,6（民90）；〈中國大陸民族教育的意義探略——邵陽侗族考察報告〉，《共黨問題研究》27,2（民90）；〈雲滇民族山區漢化問題初探〉，《中國大陸研究》41,9（民87)。

過去曾靠伐林砍杉，但後來保育觀念萌生，加上政府也開始重視生態破壞的問題，退耕還林、封山育林變成爲政策的主軸，目前在山外地區種水果爲主，在山內地區則種八角，但道路設施落後，目前還有五個行政村與兩百一十四個自然村尚未通車。邊遠山區因爲封山而難以爲生的，政策上希望將他們易地安置，遭到很大的阻礙，國家目前保證每人每年四百二十斤米糧。至於招商引資是發展商業的唯一契機，但因爲技術力量上頗落後，加上經營不善，企業局的業務推展也不能稱爲順利，至今在金秀地區沒有發展出任何骨幹企業或拳頭產品，扶貧工作還集中在傳播簡單技術知識的層次。

當地企業靠貸款幾乎不可行，因爲沒有企業可湊合到貸款所要求的條件，辦企業的主力軍是農民，故企業局亟思往外找尋「老闆」。但到外鄉參加「廣交會」必須是公司，金秀沒有這樣的公司，所以還得找一個外地的公司來掛靠。住在「山外」的百姓起碼可以種經濟作物，雖然不能擺脫農民的身份當工人，但起碼有機會脫貧致富。扶貧辦推動的項目固然琳瑯滿目，然而十分脆弱，在兩千年發生天災，旦夕之間有四萬已經脫貧的農民返貧。另外一個造成返貧的因素，也攸關山內產品的市場價格波動，主要指的是八角的物價水平，幾乎山內能種八角的地方都種下去了，一旦八角的價值跌落，立刻影響到幾萬農民的收入，因此「山內」地區的脫貧問題反而日漸嚴重。

山內的發展深受封山政策的影響，過去打獵、砍柴，現在都不行，遑論曾經盛極一時的杉木砍伐。在田野調查期間，觸目所見皆是光禿的丘陵，驚心動魄。後來山上居民首先發難要求管制，適逢政府也開始重視生態。九八年華中水災之後，封山政策更是雷厲風行。對於山內居民本來經濟發展唯一所依賴的杉木業，無異宣告終止。儘管每年按照政府計劃仍可開發一定數額的林產，但數目遠不如前，加上杉木生長週期近二十年，使得山內經濟收益全無前景。政府與周邊受益於天然林水源區滋潤的地方雖對金秀有補助，但卻全數用於設立林區派出所與林業保護站來執行封山政策，山內居民沒有受到眞正補助。其中有兩千人因爲封山政策已經完全失去旣有可耕之地，又由於近年縣內所需建設用地大幅擴張，山內居民幾乎已經盡失謀生之地。

貧困問題帶來的教育問題也使縣府官員感到棘手。山內居民以地形分散，交通不便之故，居住在廣大山區，使兒童教育不能集中。各山區設有的村小或教學點中，大量僱用代課老師，旣因爲村委會缺乏經費，也因爲平地合格教師不願意就聘山區。這些一校一師的校長月薪約一百二十五至一百三十人民幣，他們必須繼續耕田餬口，故也不可能提高教學品質。四年級以後要進入鄉政府所在地的完全小學就讀時，有的村因爲地處遙遠，孩子自然輟學，至於縣政府所在金秀鎭則決定在鎭中心辦一所民族學校，凡五、六年級同學一律寄讀在鎭中心的民族學校，暫時緩和了升高年級時的輟學問題。在教學點方面，學生不足十人的佔一百八十三個中的九十八個，他們的教學成本比平原地區高出兩倍以上。

對於教育當局來說，重中之重的工作是提高九年一貫教育的普及率，這同時涉及入學率與鞏固率（輟學率的反面）。於是教育政策多頭出擊，先以穩定教師隊伍，提高教師品質爲優，從而推出對教師自己的孩子的培訓計劃，並承諾優先安排他們畢業後的工作，藉此政策向外招聘所謂骨幹級的教師。其次是籌措經費改善教育條件，包括透過希望工程、海外捐資、政策撥付來完善基礎設施。再其次是從教育內容著手，提高技職教育，使學生即使不升學仍有一技之長。在田野訪談中的確看到，城市或沿海以藝術爲內容的素質教育，在金秀縣則是以生活技能，如種菜、養豬等農業生產爲導向，或施肥、剪枝等農業技能爲導向。但由總體投入不足，所以校舍的危房比例高達百分之十六，中學教學則全無實驗器材。

三、國家對瑤民族的反建構

在國家政策的考慮中，瑤族的身份所具備的意義在大多數的情況下，與其他少數民族身份所代表的意義，並無明顯的不同。甚至與漢族身份所代表的意義，都沒有顯著的差異。換言之，瑤族身份只是標示著少數民族的身份，而不問所涉及的少數民族是哪一個民族。國家在現階段的整體政策就是經濟發展，而不問政策的對象是何族，所以任何貧困地區都有扶貧的機構，任何升學率偏低的地方都有動員入學的政策，任何生態不平衡的山區都有封山的規定。發展政策的內容也千篇一律地指向造橋修路、資金引入、項目開發、政策優惠、技術深化等等概念。而國家不僅是企圖以舉國一致的政策來解決發展問題，還是因爲更高層的發展政策造成了因地而生的各種困境。

這個現象當然不限於金秀，以鄰省的西雙版納爲例，④國家的發展政策促成了濫砍濫捕濫殺，在沒有理解各地民族條件的差異之前，國家就規劃了以人均收入翻兩番的跨世紀目標，然後又以濫開發作爲政策對象，提出封山育林。殊不知版納傣族的火耕在過去並未造成生態破壞，而是國營農場與解放軍在濫用地力；而傣族以獵爲生轉而以獵爲商，更是國家鼓勵以效益爲先的發展

④ 同註③。

政策促成。在金秀，杉木砍伐過濫，危及桂柳地區二十五條溪流的水源保護，自始是五八年國家發動生產大躍進的後果。八〇年代以降的改革，強調各單位、各地區自行創收，當然進一步惡化了砍伐與開採。現在，國家又將因而形成的當地謀生手段指爲禍首，要求行爲調整，而又不能解決因此造成的生計問題。

事實上，地區民族早就有自己的調適之道，只是國家缺乏認知的角度來對猺族表達謝意。比如說，在國務院下令封山之前，金秀百姓已經自發地要求縣政府封山，因爲他們意識到砍伐對祖先財產帶來的危害。更重要的，桂柳地區水源獲得保護之後，原本可能因爲爭水所引發的民族間糾紛，得以事先消弭。國家幹部對這個深層的涵義沒有認知，是因爲沒有從當地民族眼睛裡理解民族關係。國家強調民族團結，因此疏於體察民族情緒。另一方面，五八年併村歸寨實行公社，盤猺大量進入茶山猺山區，原本山丁與山主的僕主關係打亂，俟公社解散，茶山猺並未要求盤猺歸還田地，且猺、壯、漢通婚漸盛，在茶山猺若干幹部眼中，他們的支系作了極爲重大的讓步，但屬於壯、漢兩族的國家與自治區兩級幹部，則對一切發展中的民族和諧關係視爲理所當然，使茶山猺感到自己作出的犧牲絲毫沒有得到回報。

在國家的扶貧政策中，隱含的就是由國家主導了關於「貧」的論述，⑤故在六〇年代提出一窮二白，一大二公之類對貧的正面評價，在七九年之後大翻轉，貧變成是壞事，這時所謂貧，初始是指沒有糧吃，接著因爲國家開始宣揚萬元戶，貧窮變成是指沒有錢。慢慢地，窮變成了沒有基礎設施，沒有條件，沒有基金。最後，貧變成了沒有文化。過去自視爲最有文化的茶山猺，

---

⑤ 見潘年英，《扶貧手記》（上海：上海文藝出版社，1997)。

或四川涼山地區貴族階層的黑彝，經由大躍進而貧，現在卻淪爲沒有文化的落後民族，情何以堪？國家的教育動員同樣犯了民族色盲，以爲問題只是民族家長的落後文化在阻撓入學動員，中央沒有看到的是，十幾年不變的教材，以及與當地民族的生活經驗及價值相去甚遠的教材內容。

就算國家有其不得已的苦衷，故在發展政策與教育政策上只重視硬體設施，而忽略民族文化與歷史，但就連這種硬體導向的政策思路本身都也發生自我矛盾，原因在於政府部門自己的利益沖淡了民族優惠政策。比如民族政策提供了一定數額的貸款，但財經部門另有貸款標準，比如凡原有資本額不足，原有貸款未還的人均不得使用優惠貸款，結果金秀瑤族享受不到政策貸款。許多優惠政策不是由民族委員會執行，包括扶貧貸款與以工代賑的優惠政策都掌握在扶貧辦手裡。政策優惠推動單位的不同也影響結果，如果是掛在民委系統就比較容易協調，如果掛在科委，就受制於科委的部門利益。國家各部門之間的不一致，使得瑤族的觀點得不到可以形成並發聲的管道，就好像瑤族並不存在自己的觀點。

其實國家幹部與政策中隱藏的這種不自覺的傲慢，恰恰是國家得以存在的文化霸權基礎。像瑤、彝、傣受到國家政策制約，然後進入發展困境，淪爲國家優惠對象而仍難以發展的落後象徵，這個過程一旦受到揭露，不就使得人們將目光轉向國家，看出先有了公社運動以降的國家政策，才有今天所謂落後民族的形象產生。國家能夠不顧及民族身份背後蘊藏的文化與歷史，逕自武斷地交付他們齊一的發展目標，斷定他們的成敗，提供舉國皆同的扶貧與教育政策，正是國家足以宣告自己存在的證據。假如人們看到瑤族的保育意識與政策調整先於國家，而且在國家不知情之下化解了國家害怕的民族糾紛；假如人們看到落後是彝族不進入國家教育體制的藉口而非原因；假如人們看到宰殺保育動物是傣族在封山與效益兩大政策夾攻下的自然反應；那個仰賴一致性而宣告存在的國家就不見了。

四、瑤民族在國家體制下的機緣

當然，國家對於民族身份的建構並不是完全爲負面的。對於國家民族政策中缺乏對民族觀點的敏感度的批判，往往就來自於具有民族身份的幹部。前述關於國家對茶山瑤爲國家所作的犧牲視而不見，就是一位茶山瑤的幹部提出的。這個批判的重要性不在於對或不對，而是在於這個批判是站在國家以外的茶山瑤立場提出的；它也不能代表所有的茶山瑤的看法，但反映了國家民族政策封鎖了不了某種民族立場的出現，故證實了民族身份可能賦予個人某種能動性。同樣，前述關於掛靠在民委的民族貧困地區，比掛靠在科委的地區更能獲益，也是屬於民族身份的民委幹部所具備的能動性的展現。

能動性未必是有意識的。以山內發展出八角栽種爲例，就是完全在國家立場之外的決定，但這個決定並非基於維護具體的民族利益，而只是站在當地經濟利益的一項考慮。當時猶在公社制度之下，一位地方書記獨排衆議，堅持開發八角，這在一九七二年的情境中頗不尋常。但十年之後，人人感謝他，今天金秀已成爲中國八角之鄉，幹部與職工都爭相種植。不過，由於這種莫名的能動性事後造成金秀瑤族的某種自豪，故也對民族身份的鞏固具有意義。同樣重要的，是這一類能動性乃附屬於國家機制之上，故書記的身份、國家以外莫名的能動性、與事後鞏固民族身份的效果三者合起來以後，可以說明國家對民族身份的無知和忽略，並不能封鎖民族身份內涵的持續發展。換言之，有民族身份的國家幹部在國家立場以外思考問題，與漢族身份的幹部超越國家立場，並不是兩件意義等同的事。

在金秀鎮另外一項常見的現象，是由村小學生到村中表演文化活動。值得注意的是，這類文化活動表演的時機，是在國家對幹部進行政策宣講的時候。所以具體的如生育知識的宣講，江澤民三個代表理論的宣講之後，都有瑤族文化活動的觀賞。將三個代表之類的意識型態與生活經驗中的瑤兒文化表演放在一起，當然甚不協調。但文化表演恰是吸引村民聽講三個代表的重要動機，故文化表演雖然是依附在三個代表的宣講工作上，但那只是形式上的依附，因為在動機上，其實是三個代表的宣傳依附在瑤兒的文化表演上。矛盾的是，沒有三個代表的宣講，就少一個瑤兒表演的場合，也就少一個瑤族身份獲得公開展示的機會。可以說，偽造的國家機制靠著有眞實感的民族文化展示在生存，故並非落是的民族依附於國家，而是表面強勢的國家論述附著在隨時可能戳破強勢論述的民族感中。

國家政策中也有直接維繫民族身份的部分，比如民族學校的設立，或在一般中學裡設立民族班便是最好的例子。近年瑤族的傳統行醫方式得到國家的認可，有特別的考試方式，發特別的執照給瑤醫，不但保障它，而且有促進瑤醫文化繼續發揚的效果。另外，金秀縣也在賠本的情況下，力謀維持一個瑤族的文藝隊。可見瑤歌、瑤服的存在對於國家有重要性，瑤族民族感的存在是國家民族政策的前提，而民族政策的劃一又是國家存在的一種宣告。金秀在二〇〇二年是建縣五十大慶，國家傾力維修之餘，不忘要求維修好的門面要有民族特色，金秀縣新修招待所除了果然搭建的瑤族風味的樓宇，也稱其中一棟為民族樓（而另一棟維持爲一號樓，讓國家機關由沒有特色的號碼來表示！）。

民族學校的運作是國家政策中最能維繫民族身份的政策。學生從民族學校升到縣立中學時，必須成績好才能夠再進入縣立中學所設的民族班，如果進不了民族班，就只能唸普通班，於是會失去國家的補助。這樣一來，民族班的學生有加倍努力的動機，而未來國家也會對他們的出路更加重視。在民族學校校長讀畢業生的畢業作文時，他發現有一個願望被許多學生提起，那就是將來他們想要回到民族學校來任教。這些學生中以女性的比例居多，而她們進入中專、大專的比例也明顯高過於男生。不過，目前民族學校的老師大部分是爲了讓夫妻團聚而調來的，她們本身必須維持一定的品質，因爲搶著要調來的人很多，所以任何老師教的稍差，就可能被調走。目前她們之中約百分之七十是瑤族。

金秀另一個有利於民族身份感的政策，是由縣民委正在編的一部「金秀瑤族史」。這類工作的特點是喜歡上溯不可考的歷史起源。民委的工作就在於開展民族文化活動，因爲經濟、教育、政治都有其他部門在主持，由於文化活動多方多面，使民委主任本人起了決定性的主導作用，加上即將裁員，他們個人好惡所起的影響將更大。不過，編史的工作受經費限制，縣府只撥了五萬，而包括蒐集資料、稿費、印行在內的成本至少要十八萬。值得討論的是，是否這一類高層次的文化工作眞的能普及，對於教育有限的金秀地區來說，這部金秀文化史的讀者大概不可能是以他們爲主，則族史的出爐所鞏固的民族身份，只能是在爲國家鞏固民族身份，而不能鞏固瑤民對瑤族身份所認知的意義。

五、看似淡化了的民族身份

出了國家的範疇以後，瑤族身份不見得是一個天經地義的心理認同，故國家與市場對瑤身份的無知與忽略，確實已經帶來一定程度的影響。在許多少數民族地區一個常見的心態是，大家都想脫貧，而脫貧就必須離開大山。這不僅是與漢族大山地區農民想法一致，也會形成對本身民族身份的一種衝擊。這個衝擊未必表示弱化，因爲出山之後反而可能對於民族節慶更在意，如湖南城步長安營的侗族鄉親；也可能發展出與現代化科技結合的民族身份內涵，這在各地民族學院的互聯網網頁建立之後日益明顯。不過，離山脫貧的意願在完全實踐之前，不可避免是對山區民族文化的一個離心現象。瑤族農民中也存有這種出山心態，所以只要考上了大學的，幾乎不可能再期待他們回到山區來工作，即使退休後都未必選擇回家。

瑤族兒童個個都看全國性的電視，這也是不可否認的一個現象，所以即使他們在家裡都使用瑤語，但就學之後對老師所用的普通話，都能理解，只是要會說還需要進一步學習。瑤族青年則同樣風靡於流行歌曲。一位受訪的瑤族年輕教師連伍佰唱的台語歌曲都能琅琅上口，還向訪者探聽歌詞的意義。在金秀縣城處處可見卡拉 OK 的小店，說明流行趨勢的不可阻擋。在易地安置的政策之下，山內自然村的農民已經遷出來的有六百多人。依照扶貧辦的評估，這六百多人「住得下，住得穩」，在全國流行趨勢一致的情況裡，瑤族青年的文化認同也已經易地安置，因爲瑤族文化沒有用，不能掙錢，如果要刻意維持，還必須投入資金。過去參與表演的人也逐漸失去興趣，⑥他們擔心參加表演會浪費工時。

一位金秀學區的領導對於瑤族身份抱著負面的態度，他認爲

⑥ 作爲比較，台灣也有類似趨勢，見拙著，〈兩岸民族地區經濟現代化中調適問題初探〉，《共黨問題研究》24,5（民 87）。

瑤族的服裝在流失，將來已經沒有人會編織，現在大家家裡的瑤裝，都是媽媽準備的，但這一代不會替自己的孩子織縫瑤服，有的話就是奶奶爲下一代準備的，而小孩子在春節時都已經不願意穿戴瑤服，對他們而言，瑤服服飾多已成爲一種負擔。他批評號稱瑤族節慶的盤五節根本沒有民族特色，在改革開放的大氣候裡，已經分不出來誰是瑤族，也沒有必要去分。瑤族語系複雜，沒有文字，故不利於瑤語的保存，他相信在普及普通話以後，越來越多的人就不講本地話了。已經有金秀地區的人不教孩子講瑤語，在鄰人中引起若干反彈。在學習中，有些觀念瑤語不能表達，他們看到美國的瑤族回來尋根很感慨，因爲認爲以後中國的瑤族也沒有了，只能保留下來做歷史，「三百年後變成博物館」。

即使民族學校的領導也有意推展民族特色的文化活動，但這一點顯然遠遠不及硬體改建與擴建來得重要。他們認爲當前最重要的就是集資建一個運動場或籃球場，而在介紹素質教育時，其中不但沒有前面第一節末提到的村小的生活技能教學，更沒有任何有民族特色的活動。在討論到民族服裝時，他們突然想起自己彼此曾提及要不要替學校購置一批小朋友穿的民族服裝，後來當然是因爲沒有經費而沒有繼續討論下去，不像籃球場那樣持久佔據他們的議程表。他們還回憶，有一次參加比賽，靠小朋友家裡帶服裝，不統一，而且有的沒有服裝，因此比賽名次往後掉了一些。但因爲覺得民族學校學生一百多人而已，「不好向上級要錢」置裝。

照一位瑤族研究專家（他本身也是瑤族人）的說法，現代瑤族年輕人的民族意識薄弱，不像美國的瑤人，他們二十年前由東南亞逃到美國以後，因爲人數少，怕被「美國人吃了」，所以

「拼命保留自己的民族語言，民族習慣」，每個禮拜都有瑤文課，由瑤族的老師來教。根據他的分析，民族意識看似薄弱的主要原因在於大瑤山的瑤人有自卑感，怕人家瞧不起自己，因此刻意隱藏瑤族的身份，總擔心遭到別人欺負。故當瑤族人說瑤族已然漢化時，其實是希望別人不要把自己當成落後的瑤族看。扶貧辦在討論易地安置政策的困難時，引述抗拒搬遷的人的話說，他們覺得出山以後會不適應，扶貧辦認爲這背後就是一種自卑心。這種情緒有歷史背景，多少是受了國家政策反對迷信封建的影響，就連帶對民族習慣有所排斥，因此民族幹部有這種自卑心態的傾向還比較高。至於年輕人，他們出生在五〇年代之後，正是民族文化受到政治衝擊的時候，所以表現出意識薄弱的樣子。這時想加深年輕一代的民族感並不容易，因爲他們刻意淡化身份的目的，是要證明自己已然融入主流社會，故儼然把深藏的瑤族身份視爲是一種低等的象徵，這豈是有利於自尊的建立？

自卑感所造成對民族文化與習慣的負面態度，並不能視爲是民族身份的淡化，反而代表的是一種揮之不去的焦慮，否則就不必刻意隱藏。不過，年輕一代對於瑤文化的疏離確實在使民族身份的內容日益空洞化。然而，舊的民族習慣即使爲人所逐漸遺忘，卻不代表身份的淡化。舊的民族身份認定方式除了靠瑤語、姓氏、法定身份等環境繼續維持下去，並不能斷定淡化的民族習慣在未來不會以不同的方式再生，或新形式的身份內涵被開發出來。美國瑤人近來的尋根是很好的啓示，也可能對金秀瑤族身份的意義，也刺激出新（或舊）的面向。

六、復興中的民族身份

對整個金秀地區的瑤族來說，瑤族身份的維繫從未間斷過，這不只是透過姓氏而已，更是透過文化宗教的活動。即使是在政治壓力之下，瑤民的探根祭祖儀式並未因此終止，在表面上大家不做儀式了，但是許多家庭在晚上仍然照樣進行，這又主要分成度戒與送終兩項主要活動，度戒是成年禮，十三到十六歲之間進行，對瑤族身份有很重要的鞏固作用，但本來多數人已經不做，今天卻又回來了，簡單說就是學唸經，這必須靠傳授。送終則是最主要的文化活動，這一點連外出瑤人都未必清晰。柳州地區接待的官員就以爲，瑤族已經沒有宗教活動，人們都不去廟裡祭拜，但實際上，宗教是金秀的重要活動，而且在政治壓力下頑強地保留下來，一位經師回憶：

> ……人們認爲有靈魂，瑤族習慣是死人以後要有道場，是給活人來看的，作爲子女不搞道場心裡會不安寧，要請道士來唸，有個安慰。五八年以後這不能公開搞，在金秀，行政不給搞，但半夜也要請道士老人來搞。被收繳以後，文革時我回來，經書神像都收走了，收到公社，在床下面，我找出一些來研究。到八五、八六年又開始了，物極必反。縣府領導家裡死了人就搞了，老百姓一看，就對著幹也大搞……
>
> 民族工作裡的民族知識與民族感很重要，在政策和人心違背的時候，我們也是唯心的，像經書裡有迷信要承認，不然就不是唯物，但裡頭很多哲理，有儒家哲學教育子女怎麼做人，導靈的人告訴下一代怎麼來的，他就知道自己跟某某有親戚關係，不忘祖宗怎麼苦過來。

今天民政部在各地推展村民自治，其中關鍵的一步就是寫下村民公約。村規民約的制度在傳說中是可以上溯至王陽明的鄉約，但金秀有石牌制度，考證結果發現石牌起源早於王陽明，處於原始宗族瓦解而國家組織尚未形成的歷史階段，這個論斷。據當地學者轉述，受到費孝通的支持。早在民政部政策下達之前，石牌制度一直是瑤山社會規範的基礎。所以現在村規民約的內容或許與過去石牌所刻的不同，但石牌制卻用不同的形式得以傳承，然則民政部所推動的村民自治，不僅代表公民個人參與公共事務的理性行爲模式，更代表民族身份所賦予社會的一種規範力量。石牌制度之所以中斷，仍然是文革時期破四舊的結果，對一位鑽研石牌制的瑤族學者來說，這證明瑤族不一定都是落後的。

宗教活動的復甦與美國瑤族尋根的活動同時發生，這當然與大的世界政治經濟背景密切相關，不過也在金秀進一步鞏固了民族身份。金秀目前是世界瑤文化研究的重鎮，各國學者絡繹於途，甚至按圖索驥來到當地考察風俗，金秀有五個支系並存的現象，反而間接增添了「瑤」這個概念的不可動搖，美國的多元文化主義與在美瑤僑的危機感相互激盪，如此所形成世界上維護瑤文化的學術浪潮，更變成瑤族身份獲得強化的外在條件。瑤族學者又深受國家意識的制約，除了經常沿用唯心／唯物與史達林的民族觀之外，也重視瑤文化如何作爲中華文化的一支，從而在飲食、穿著、建築方面相互交融。其結果，國際化與漢化竟可以因此就不必與瑤族身份認同與民族意識處在對立的情況下。

同時，瑤族自己的文化習慣也得到保留，當地人就喜歡介紹醃生豬肉與雪鳥的方式，許多外地人如何不適應，捉雪鳥的技術各支系如何地不同，各種捉法對生態環境如何形成好與壞的影響，生醃的肉多少年後可以不必煮就生吃，客人的親疏或尊貴如何決定所奉豬肉已經醃製的年齡，或吃不慣的人如何可能引起主人之不快樂等等。國家從來不會在乎在地人的飲食習慣，除非這個習慣抵觸了封山的政策。而瑤族身份的延續，恰恰大量依賴這些國家所不在意的文化領域。即使人們今天不會縫製瑤服，但完全不能就此斷定瑤服的需求會因此消逝。事實上，對老一輩訂製的市場需求正在增加，應當說手工瑤服的技能確實在式微，但代表瑤族身份的服裝象徵，則仍處於發展階段，將來在多大程度上受到觀光市場制約，或受節慶宗教場會的影響，不是任何線性史觀所能決定的。

即令是前述那位對瑤文化未來不看好的學區領導自己，都在許多場合不經意地流露出民族身份感，比如他堅持瑤族的男女平等不同於漢族男尊女卑，因爲娶老婆要存很多錢；或說瑤族老人不讓小孩全部出遠門，總要留一個男孩子在身邊。這些算不算特色不重要，而是他將旁人視爲無關民族文化的行爲視爲民族特色，反映出他對於瑤族有特色這一點仍有所執著。他又宣稱祖先是來自福建、廣東，所以是鄭成功之後，對祖先能收復台灣感到光榮。許多金秀瑤族保留了瑤裝，他也不例外，而且他的母親又以縫製瑤裝而聞名。這些跡象在在顯示，他前述對瑤族身份的悲觀談話是策略性地在迴避身份。

七、結　論

國家對民族的意義與民族對國家的意義兩個課題，都值得政治人類學家認眞研究。在金秀瑤族自治縣的例子裡，以國家名義制定政策，分配資源的國家幹部，將民族簡化成一些普遍化的指標，根據這些指標去動員具有民族身份的人來完成特定的任務。在歷史上，這些任務帶來了災難，造成國家幹部重新訂定方向與指標，也就是對瑤族身份的人重新評價，開啓了新的動員機制。但具有瑤族身份的人沒有機會在國家體制中，形成某種民族角度的看法與幹部進行互動，使得國家作爲一個一統的制度，變成了文化心理上的霸權地位。民族的意義僅在於民族成員能否達到國家指標，國家的存在因此取得了本體層次上的先驗地位，不再受到挑戰。

然而，金秀的經驗又顯示，民族不必是一種全然被動的身份，因為各種國家所認知不到的文化活動，無所不在地、持續不斷地在對民族身份所具備的意義，進行再詮釋與再發展。新的展現民族身份的方式可能浮現，逐漸流失的民族身份符號也可能復甦。有趣的是，即使國家對這些文化活動在口頭上支持，在行動上不介入，但是許多民族身份的新詮釋都是依附在國家體制之中，包括民族學校、民委、三講幹部都可能成為民族身份獲得再詮釋的機緣。有民族身份的國家幹部尤其可能在意義建構上發生流動，有時排斥民族身份的有效性，或因自卑而假裝民族身份已經不具有意義，有時又起了傳承維繫或建構民族感的意念。總而言之，國家壟斷性的政策指標確實嚴重影響了金秀瑤族的意義系統，但卻不能決定或封鎖國家範疇以外的瑤族身份出現什麼方向的調整與回應。

5

90 年代以來中國人“國際觀”的變遷與發展[①]

朱 鋒

90 年代以來，中國的經濟建設獲得了長足進步，中國的改革開放政策也在不斷地走向深入和發展。中國的社會轉型以及觀念更新也在這兩個過程中不斷加速。在 90 年代結束之後，在衆多的中國問題中，有一個問題開始突出起來，那就是中國人應該具有什麼樣的“國際觀”，以便能夠平衡中國崛起過程裏中國人自身的定位以及外界對中國的看法。

中國人“國際觀”問題的由來[②]

2001 年，是澎湃的世界與激情的中國開始全面對接的一年。這一年中國有三大“概念”突現了中國與世界的關係正在發生著深刻的變化。這三大概念分別是：中國加入 WTO、中國申辦 2008

① 本篇論文專門提交給臺灣談江大學與北京大學東西方研究中心於 2002 年 5 月 4-5 日聯合主辦的文化與 21 世紀國際關係學術研討會。由於僅僅是一個初稿，未經作者本人授權，謝絕引用或刊載。

② 在中國大陸，有一個詞表面上與“國際觀”相近、但卻有著特殊含義，這就是“世界觀”。在傳統的政治術語中，“世界觀”並非是指對世界的看法和認識，而是指人的政治思想覺悟以及對政治性問題的基本看法。

年奧運會獲得成功以及中國在2001年10月主辦APEC上海峰會。這三大"概念"無疑標誌著中國參與世界事務的深度邁向了一個新的臺階，也是中國與世界互動進入一個新階段的開始。當中國開始全面走向世界的時候，中國人應該具有什麼樣的國際意識和國際觀念，到底應該如何來審視世界與中國的關係，對這些問題的回答事實上中國人依然沒有完全地做好準備。③

其實，這是一個古老的問題，也是一個嶄新的話題。在1840年鴉片戰爭以前，中國人的國際意識很簡單：中國就是世界，世界就是中國，在中國以外的地方都是"化外之地"。1840年鴉片戰爭以後，中國終於開始"睜眼看世界"，意識到在西方的工業文明面前，我們大大落後了；也由此得出了切膚之痛：落後就會挨打。因此，一代又一代的中國人開始尋找富強之路。從辛亥革命到"五四運動"，從新中國成立到改革開放，從建設社會主義市場經濟到下定決心入世，近200年來，中國探求和追尋國家和民族富強、振興之路，從來沒有象今天這樣，變得如此清晰而又準確。在這樣的政策轉變和發展道路進行新選擇的背後，都有中國人對世界看法的變化，都有中國人不斷變化了的"國際觀"的引導和作用。④

回首歷史，中國尋求富強之路幾經起伏，各種內外的原因並

---

③ 中國人的"國際觀"，作者在這裏主要是指是中國人對國際秩序、現有的國際權力分配、國際制度以及國際規制的認同問題。這樣的認同到底建立在什麼樣的"範式"與"價值"的基礎上，中國如何在認同的過程中確立自己的目標定位與形象建設，是"國際觀"的主要內容。

④ 有關中國國際行爲與中國觀念變化之間關係研究的最新學術成果，請參見Elizabeth Economy and Michael Oksenberg, eds., *China Joins the World: Progress and Prospects*, New York: A Council of Foreign Relations Book, 1999; David M. Lampton, ed., *The Making of Chinese Foreign and Security Policy in the Era of Reform*, Stanford: Stanford University Press, 2001.

不難以甄別。一個似乎並不那麼顯眼、但卻在若隱若現中總能找到其痕跡，讓我們不得不去深思和重視的問題是：中國的現代化，中國的富強之路，到底應該建立起什麼樣的國際觀念和國際意識，到底應該從我們中國人的思想和意識深處，去建立什麼樣的對中國與世界關係的看法和信仰。從 1840 年鴉片戰爭以來，其實，這些問題依然還沒有全面和徹底地解決過。

從魏源、林則徐提出的“睜開雙眼看世界”到洋務運動時期的“師夷之長技”，從康有爲的“公車上書”到光緒皇帝以改制爲決心的變法維新，從張之洞的“中學爲體、西學爲用”到辛亥革命所提出的“建立共和”、效法西制、迎合世界潮流，中國近代以來的自強之路，原因之一是中國人對外在世界有了越來越實在的看法，才開始在社會與制度實踐上有了新的參考和新的目標。但中國人“國際觀”問題上的迷失與清醒交替出現，總是頑強地折磨著中國尋求強盛的道路探索。1899-1900 年的義和團運動，提出了“殺洋人、燒教堂”的口號，將所有中國的苦難都歸結於西方的入侵。1917 年的“五四運動”代表了中國民族意識的眞正覺醒。在“五四運動”催生下產生的中國共產黨以及毛澤東所領導的中國革命，代表了中國在西方列強環視之下中國的民族解放運動，推翻帝國主義、封建主義、官僚買辦資本主義壓迫、爭取通過建設社會主義來眞正實現自己的自強之夢。1949 年新中國的建立，代表了中國與世界關係的新的解釋性理論的成功：既要消除舊制度造成的中國的落後，又要達到加深中國人苦難的帝國主義、殖民主義和資本主義。⑤

新中國前 30 年的社會主義建設道路是毛澤東和他的同事們對

⑤ 費正清：《偉大的中國革命》，北京：世界知識出版社 1999 年，第 130 頁。

中國與世界關係認識的一種結果。毛澤東時代的中國在經濟上效法“史達林模式”，在對外交往上奉行對社會主義陣營的“一邊倒”和革命的國際主義，視西方國家和西方文明爲“洪水猛獸”。其結果，這30年完全是理想主義、激進主義佔據通知地位的30年，“文革”開始後，中國更是幾乎處在與世界隔絕與封閉的狀態。主導這30年中國人國際意識的主要內容是革命的理想主義。⑥ 1979 年後的改革開放，代表著中國人不僅在國內的建設上、而且也在國際觀上開始重新回歸現實，回歸一種中國與西方之間可以相互接觸、相互學習、而不是相互敵視與相互對決的國際觀。爲此，中國將“戰爭與和平”爲特點的國際局勢的總體認識，改變爲“和平與發展”，改變爲在平等與互利的關係上中國可以與世界一切國家發展友好合作。

然而，在80年代中國人的國際意識是有著種種的局限性，當時的開放雖然有鄧小平的“和平與發展”的世界主流作爲評估基礎和“解放思想”作爲思想動力，但中國並沒有改變一系列傳統認識：

首先，西方社會與文化有著腐朽與沒落的一面，中國最多只能取其精華、去其糟粕。即便這樣的學習過程，也需要注意提防和反對“資產階級自由化”；

其次，西方國家的政策不會改變其擴張性和干涉性，因此，鄧小平將“反霸”列爲80-年代的三大任務；

---

⑥ 參見 Thomas W. Robinson and David Shambaugh,eds., *Chinese Foreign Policy: Theory and Practice*, Oxford: Clarendon, 1994; Quansheng Zhao, *Interpreting Chinese Foreign Policy: The Micro-Macro Linkage Approach*, Hong Kong: Oxford University Press, 1996; Nan Li, "*From Revolutionary Internationalism to Conservative Nationalism: the Chinese Military's Discourse on National Security and Identity in the Post-Mao Era*", Peacework No. 39 (United States Institute of Peace) , May 2001.

第三，中國必須堅持有自己特色的制度實踐和發展道路選擇，中國不會接受西方式的民主制度和市場經濟；

第四，中國的社會主義理想與奮鬥不會變，這就決定了中國與世界的關係只是相互學習的關係，而不是眞正意義上的相互融合的關係；在內政與制度建設問題上，中國與西方國家關係的基本原則是"井水不犯河水"。爲此，鄧小平特別強調"不干涉"、"平等互利"等和平共處五項原則的重要性。⑦

尤爲值得注意的是，80 年代中國人國際觀的難題主要是保守思想與革新潮流之間的對立，即傳統的政治保守主義與思想解放之後被釋放出來的社會激進主義之間的碰撞，特別表現在"左"、"右"兩派的思想交鋒。

例如，80 年代後，覺醒了的中國社會要求進行新的思想啓蒙，並要求根據西方的政治與法治成功經驗來改造中國的政治制度，加強自由與個人權利保障。這一現象是後發達國家自覺現代化進程開始後，"社會動員"擴大與社會自我意識發展後的典型表現。以 80 年代後期學生運動進入高潮爲標誌，這種覺醒了的世界中的中國意識和開始獨立於國家的社會意識，加強了中國改革的動力，形成了渴望加速改革的"自下而上"的？喊。但在對西方國家的看法問題上，國家與社會兩個層次上都普遍表現出一種新的"理想主義"，具體來說就是看法比較簡單，幾乎一致認爲西方國家都是中國的"友好國家"、或者"朋友國家"。這一點，既同 70-80 年代美國等西方國家在中國政策上的"理想主義"有關，也與當時中國在"兩極格局"中穩定的戰略角色有關。

人權問題在"6 · 4 事件"以前還不是西方各國中國政策的

⑦ 鄧小平曾提出，就他個人的知識而言，國際關係中最經得起考驗的，是"和平共處五項原則"。《鄧小平思想年譜》，中央文獻出版社 1998 年版，第 413 頁。

主要關注點，人權問題上的中外互動因此而被限制在一個很低的層次。在美中關係上，國內政治還遠遠沒有影響到美國的對華政策，80 年代的中美關係曾被稱爲“蜜月時期”。⑧另一方面，由於 80 年代國際體系的“兩極格局”還沒有被打破，中國在“戰略大三角關係”中的地位還比較穩固，因此，中國在戰略安全層面之外對國際事務的參與作用還沒有應該中國改革開放的發展而有象 90 年代那樣的迫切性。換句話來說，由於當時中國的國際格局以及中國自身發展的局限性，中國參與國際事務的深度有限，因而也尚未對中國的國際角色提出更多的國際挑戰。⑨

然而，90 年代之後，這些傳統的認識和條件隨著國際環境的改變以及中國與西方國家關係的調整，正在經歷著一個崩潰的過程。特別是由於中國入世之後，融入國際社會的步伐大大加速，而在臺灣問題以及中美關係上的新的壓力又不斷增強，一個剛剛開始崛起的中國無法回避正在發生的一系列國際性的挑戰。與此同時，中國未來的政策選擇也更爲迫切地需要對國際問題有清醒的認識和準確的評估，才能使得大陸中國在新世紀的驚濤駭浪中穩穩地把握正確的航向。

特別是改革開放 20 年之後，中國大陸在國內經濟建設和社會發展上取得了巨大進步，中國與世界的關係也發生了著前所未有的空前變化。然而，中國和世界互動中折磨著中國人的各種新問題也開始出現。例如，當中國貧窮、落後時，中國受盡了西方列

---

⑧ Harry Harding, *A Fragile Relationship: The United States and China Since 1972*, Washington, D.C.: The Brookings Institution, 1992.

⑨ 有關“戰略大三角關係”在中美關係中的作用分析，請參見 Robert Ross, *Negotiating Cooperation: The United States and China 1069-1989*, Stanford: Stanford University Press, 1995; Patrick Tyler, *A Great Wall: Six Presidents and China: An Investigative History*, New York: A Century Foundation Book, 1999.

強的欺侮；但當中國變得強大時，不少西方人又開始說“中國威脅”。這是一個讓絕大多數中國人感到困惑、又難以理解的一個問題。⑩同時，歷史的、民族的，新的、舊的問題，那些在與世界的對接和交流中讓中國人憤懣、傷感而又無奈的事實也接踵而至。⑪因此，面對著變化了國際環境、變化著的世界對中國的認識以及中國自己新的實力地位和發展需要，中國人如何更新自己的國際意識、重塑認識與瞭解世界的理論建構，樹立全面而又準確的國際觀，既是中國以什麼樣的姿態走向世界迫切要求，也是中國必須走出歷史上曾經出現過的思想與政策起伏而導致的種種誤區、堅定地在與世界全方位合作中抓住一切機遇謀求發展的客觀需要。

90 年代中國大陸“國際觀”的變遷

與中國改革開放以來的政治思潮和社會思潮變化相當不同的是，中國人的國際觀念是不能簡單用“自由化”(liberalization) 和“多元化”(pluralization) 來形容的。如果說在政治、經濟和社會發展領域，90 年代以來，中國最活躍和最具生命力的思潮是“自由化”和“多元化”，那麼，在國際問題的認識上，90 年代以來，中國最具影響力的觀點是“民族主義”和“國家主義”，或

---

⑩ 中國大陸對“中國威脅論”的流行看法，要麼是西方國家從自己的利益出發想要遏止中國崛起的一種藉口，要麼就是西方國家依然戴著意識形態的有色眼鏡來看待中國的崛起問題。無論是哪一種觀點，由於缺乏對西方國際政治理論的瞭解背景，很難將這個問題既作爲政治性問題、又作爲一個國際關係研究中的學術問題來加以討論。參見朱鋒：“權力過渡理論與中國威脅論”，《歐洲》，1997 年第 2 期。

⑪ 例如在人權問題上，美國的對華人權攻勢就常常被中國人視爲是一種“屈辱”。Andrew J. Nathan, "Human Rights in Chinese Foreign Policy," *China Quarterly*, No. 139 (Spring 1994) , pp. 635-7.

者，也可以稱之爲“國家化”和“民族化”。

其原因，**一是中國人的國際觀念常常易於被民族主義所左右**。民族主義自80年代以來在中國一直呈現不斷發展和上漲的趨勢。在民族主義的影響下，對國際問題的認識，不是可以用我們所習慣的政治價值可以去衡量和取捨的，而是通過某種具有強烈的“外在指向”的情緒化宣示來表現的。傳統的價值包括象“人權保障”、“自由”、“民主”以及“個人權利”等等，由於民族主義的作用，並不構成大多數中國人“國際觀”的價值基礎。這一點也同中國缺乏西方式民主與自由爲導向的政治發展有關。

90年代以來，隨著中國參與國際事務程度的提高以及中國開放政策的擴大，中國人的國際意識正在不斷增強。最突出的變化之一是目前國際新聞已經成爲了中國大陸的主流新聞之一。網路化的數位世界的產生，也使得資訊的流動越來越超越傳統邊界的約束，使得中國人有機會更多地、自由地接觸電子資訊以及相關的國際新聞報道和背景資料，在加上經濟和社會生活的國際化程度的顯著提高，這是中國人國際意識空前活躍的兩大原因。但在民族主義思潮的推動下，當前中國人、特別是年輕人的國際意識都是在明顯地尋找中國在與世界關係中新的觀念支撐，努力重構“社會達爾文主義”的國際關係中中國人精神世界新的“平衡點”。特別是主張大踏步推進改革與開放政策的人士來說，高舉民族主義大旗是其觀點的重要依據。⑫

---

⑫ 有關民族主義在中國興起的背景雖然較爲複雜，它包括歷史、傳統等各方面的因素，但改革開放中的路線之爭——“左”和“右”的思想之爭，也是民族主義？頭的一個重要原因。Shi Zhong, "Chinese Nationalism and the Future of China," in Stanley Rosen, ed., "Nationalism and Neoconservatism in China in the 1990s," *Chinese Law and Government*, Vol. 30, No. 6 (Nov/Dec. 1997) , pp. 8-27.

然而，目前的普遍趨勢是大多數中國人在國家利益前提下“國家意識”的進一步發展，國家中心主義構成了當前中國大陸“國際觀”的基本特徵。1999 年 5 月中國駐南斯拉夫大使館被炸事件以及 2001 年 4 月中美撞機事件，都使得中國的民族主義思想得到發酵和膨脹，在維護國家與民族利益的大前提下，中國人的“國際觀”中，具有強烈而且突出的國家意識和民族意識。甚至那些在國內問題上對政府持強烈批評意見的群體，在國際問題上，卻是政府主張的強烈擁護者。一個典型例子是，露骨地討論和發泄民族主義情緒的《中國可以說不》一書，成爲了 1993 年到 1998 年間中國最有影響力的讀物。⑬強烈的國家意識與在全球化時代的國際意識如何協調，是當前大多數中國人的“國際觀”重構過程中面臨的一大困境。

大多數中國人對國際關係的看法是認爲，國際關係就是主權國家之間冷酷無情的競爭。⑭例如，“9 · 11 事件”後，反對和打擊國際恐怖主義已經成爲世界事務中的首要問題。但對恐怖主義究竟如何看的問題，在中國還有一定的爭論，甚至有人在 BBS 的討論中提出，恐怖主義是平衡美國霸權機制的一種手段，“不對稱戰爭”理論在中國的青年人中相當盛行。在臺灣問題上，由於擔心美國用武力阻止中國在臺灣宣佈獨立時動武，有關如何攻擊美國航空母艦、以及對美國進行“超限戰”的提議幾乎隨處可見。在中國網路討論中，不乏對日本要進行復仇的渴望以及強烈

---

⑬ 康曉光等，《中國人讀書透視：1978-1998 中國讀書生活變遷調查》，南寧：廣西教育出版社 1998 年版，第 52-59 頁。

⑭ Yong Deng, "The Chinese Conception of National Interests in International Relations," *China Quarterly*, No. 154 (June 1998) , p. 311,

的反美情緒。⑮

二是中國人的主流意見常常將西方的國內政治和社會發展成就，同西方的外交和國際行爲進行嚴格的區分。

許多人認爲，即便美國等西方國家在國內系統中有較爲嚴格的法治與民主，但在國際行爲上，都是國家利益的絕對追求者。民主、法治的西方並不意味著不會在國際事務中排斥和打擊中國。與此相對應的是，一種普遍的看法認爲，國家間的競爭與參與國究竟實行什麼樣的制度因素沒有關係，而只是同他們的利益目標、實力的行使習慣以及在國內的社會經濟結構有關。類似于“民主和平論”這樣的觀點，在中國幾乎沒有任何市場。中國大陸的學者，也幾乎沒有人公開將中國的民主化進程視爲是中國融入國際社會的必要條件，或者中國國內政治與法治的進展，是中國可以大幅度改善中國國家利益的努力目標。⑯

三是中國大陸的媒體控制依然嚴重，在國際問題上，“政府導向”依然還起著非常重要的作用。

儘管中國政府的對外政策行爲在90年代以後有了急劇變化，在朝著國際規制的接軌方面有了很大的發展。但中國國內在國際問題上的論說系統 (domestic discourse of international relations) 並沒有與此同步的發展和變化。相反，由於中國大陸歷來強調在外交政策中對內宣傳與對外鬥爭是“兩張皮”，結果是，媒體經常滯後於政府的政策變化。在公開的媒體上，也常常缺乏對政府政

⑮ Allen Christopher, "Chips on the Shoulders," *New York Times*, March 12, 2002; "Our Man in Beijing," *New York Times*, March 14, 2002.

⑯ 有關這方面的觀點，請參見閻學通：《中國國家利益分析》，時事出版社 1996 年版；陳樂民、資中筠主編：《冷眼向洋看世界》，中國社會科學出版社，2000 年版；朱鋒：《風雲 2001：新世紀開年國際事件點評》，新華出版社 2002 年版。

策調整的公開討論，政府更不重視用這樣的媒體討論的方式爲自己的政策調整做宣傳和推廣。以至於對大多數的普通中國人來說，缺乏相應的知識和輿論背景，引導他們對變化的政策內容的思考與任知。相反，由於大衆的國際觀念經常停留在還沒有變化的政策層次上，再加上他們無法很自覺地區分大陸政府在“對外鬥爭需要”與“對內教育需要”這兩方面的不同做法，而是一相情願地將政府出於對內宣傳需要的內容接受爲觀察和瞭解國際事務的方法，這就會招致一些“逆反效應”。在國際事務的認識上，大陸政府到是變成常常在國內製造自己的“敵人”——批評者。例如，有相當一部分民衆認爲，政府對美政策似乎“偏軟”，就是一個很生動的例子。

四是中國的文化背景以及“歷史情結”常常使得中國人的國際意識變得複雜化。

中國文化對中國和世界之間關係的作用，一直是中國人“國際觀”中不可忽視的重要因素。由於中國文化博大精深，中國文化的歷史成就，一直令中國人在面對世界以及中國與世界的看法時總是有著種種的憧憬和向往，這是中國在構築“國際觀”時自信與自強的信心來源，但也往往使得中國人背上歷史文化的包袱。晚清的“中學爲體、西學爲用”，常常有各種各樣的“現代版”。從江澤民的“以德治國”到北京大學一代宗師季羨林先生所提出的“21 世紀是中國文化的世紀”，中國傳統文化的輝煌常常成爲中國人支撐其國際意識的重要元素。甚至有人認爲，中國的民族主義是可以通過中國文化導引中國走向“世界主義”的重要橋梁。⑰但對於很多中國的年輕一代來說，文化因素難以成爲

⑰ 沈宏：“什麼是文明？”《戰略與管理》，1995 年第 5 期；“從民族主義到天下主義”，《戰略與管理》，1996 年第 1 期。

他們發展一種具有自信和成熟的國際觀念的基礎。相反，“歷史情節”卻在年輕一代的國際觀念中有相當大的作用。例如，強烈的反日情緒90年代以來在不斷高漲，反而使他們忽視了在一個互利、合作的地緣經濟環境中，中日兩國之間可以形成的新的互補與務實的關係。在大學的 BBS 上，抵制日貨的言論幾乎隨處可見。

中國人的歷史感是催生中國民族自豪感和大國意識的重要來源，但同時也造成了在現實的國際關係分析中常常依賴歷史經驗，從而將問題分析簡單化和概念化。例如，在中國當前有關“霸權主義”的討論中，許多老一悲的學者、官員都堅持“霸權主義”是中國最大的威脅，因而必須堅持在外交實踐中的“反霸”原則。他們許多人都堅持一條最基本的反霸理由，那就是如果霸權主義盛行，中國的主權和領土隨時就有被侵略的可能性，至少，中國將再度面臨美國等西方列強的軍事干涉。他們堅持，中國1840年後的歷史經驗證明，如果中國主權無法得以保障，那麼中國不可能有發展。

五是多元化的國際觀念初步形成，但由於缺乏充分的自由討論的空間以及政府導向的媒體支援，多元化的國際觀只是開始一個不同意見產生的過程，而沒有進入一個眞正的思辯與爭鳴的過程。活躍的網路討論充其量只是觀點的展示，而非理性的論辯與澄清的碰撞。

在這方面，中國目前國際觀念的多元化進程不能過高估計，這和已經普遍存在的經濟領域內的思想爭論與觀點交鋒有著很大的不同。由於擔心在國際問題上廣泛的言論自由會導致對政府的過多批評從而影響安定團結，事實上今天中國媒體在國際事務的評述上依然存在相當大的“政治化”。⑱

中國人的“國際觀”正處在一個轉型的過程中。從整體上看，在兩個問題上面臨著重大的理論和觀念的困境。第一個問題是，**從中國已經強盛的陶醉到中國在世界競爭中的強烈危機感之間來回徘徊，缺乏該如何理性地審視世界範圍內中國政策與道路選擇的整體判斷**。1996 年的《中國可以說‘不’》一書，表現了相當明顯的“自我優越感”，並在短短時間內，竟然迅速成爲中國當時新聞出版上的一股“熱潮”。⑲隨著“中國意識”的上升，認爲西方國家有意打壓、醜化中國的看法也開始盛行，爲西方正在“弱化、分化和西化”中國的傳統看法找到了新的注解。⑳但是，這樣的看法並沒有持續多久，很快就被新的危機感所取代，

---

⑱ David Lampton 把國際意識的多元化視爲中國當前外交政策決策過程中一個新的積極因素。在一定程度上這是合理的。毫無疑問，中國社會發展而導致的多元利益群體的出現，必然對中國外交政策的制定發揮作用。然而，是否一個多元化的外交政策主張正在主導著中國的外交決策，仍然還值得進一步探討。由於外交領域改革和開放程度落後於中國的其他領域，這種多元化的進程，至少不是當前中國外交決策的主導性因素之一。中國外交的靈活和柔性發展，很大程度上是得益於中國大陸高層在國際事務中的見解，而不是多元化的政策訴求。參見 David M. Lampton, "China's Foreign and National Security Policy-Making Process: Is It Changing, and Does It Matter?" in David M. Lampton, ed., The Making of Chinese Foreign and Security Policy in the Era of Reform, , pp. 12-19.

⑲ 1996-1997 年間，有一系列缺乏清醒認識、被盲目的民族主義沖暈頭腦的書在中國大陸出版。這些書包括：宋強、張奘奘、喬汴，《中國可以說不》，北京：中華共商聯出版社 1996 年；彭謙、楊明傑、許德仁，《中國爲什麼說不？》，北京：新世界出版社 1996；張學禮：《中國何以說不？》，北京：華齡出版社 1996 年版；李書義、雍建雄：《21 世紀中國崛起》，北京：中共中央文獻出版社 1997 年；何傑、王寶靈、王建基：《我相信中國》，北京：城市出版社 1997 年；何德功、蒲爲中、金勇：《請相信中國》，廣州：廣東人民出版社 1997 年。

⑳ 在這方面，最有代表性的是《妖魔化中國的背後》，作者李希光、劉康，北京：中國社會科學出版社 1996 年。

中國人又開始沈重地思考全球化衝擊下的出路問題，以及面對西方的超強優勢，中國所具有的有限選擇問題。㉑

第二個問題是，在有關中國所面臨的國際環境的認識和評估上，一方面堅持在開放與合作過程中促進中國的發展，在獨立自主的和平外交實踐中增進中國的安全；但另一面，對中國所面臨的安全局勢，特別是美國在中國的安全努力中的地位的看法，始終非常消極。

中國在後冷戰時代一直繼續堅持反霸口號，並且將美國推行霸權主義視為是中國面臨的最大威脅。這種看法的結果是，儘管90年代以來，中國一直在努力設法穩定與發展同美國的聯繫與交往，但在對美認識上，卻普遍將美國當作中國面對的最大敵人，這種看法甚至根深蒂固、難以改變。㉒在中國大陸，幾乎沒有人懷疑發展中美關係對中國的重要性，政府爭取與美國關係發展的努力也得到了大多數人的支援和理解。但在媒體報道和公開言論中，不管出於什麼樣的動機和目的，"反美主義"卻是普遍存在。以至於小布希2002年2月22日在清華大學演講中，公開提出中國教科書中有"醜化"美國的內容。㉓

美國在中國現代化進程中作用的爭論性看法，是中國人當前國際觀變遷過程中的一個重大問題。90年代以來，中國人一直在對美認識的"愛"與"恨"之間游離，這也是中國人認識美國問

㉑ 參見李冰：《中國現代化之路：當代精英大論戰》，香港：鏡報出版公司1998年；沈驥如：《中國不當'不先生'》，北京：今日出版社1998年；王小東、房甯、宋強：《全球化陰影下的中國之路》，北京：中國社會科學出版社1999年。

㉒ Wang Jisi, "The Role of the United States as a Global and Pacific Power: A View From China," *Pacific Review*, Vol. 10, No. 1 (1997) , pp. 1-18.

㉓ " President George W. Push Make Speech at Beijing on February 22, 2002", *Washington File*, February 22, 2002.

題的主導傾向。尤其是對美國未來地位、作用以及政策走向的看法，存在著很大的分歧。一種觀點認爲，美國在 21 世紀的地位必然削弱，但依然是最強大的國家；美國對外政策的三大支柱——經濟安全、軍事安全與民主人權，同美國對中國政策中的四大議題——經濟、安全、人權和臺灣問題幾乎完全重疊，因此，美國與其他國家的矛盾都是局部的，而與中國的矛盾卻是全面的。㉔美國與中國的競爭是霸權與反霸權的爭論，這一爭論的核心甚至可以涉及到國際關係中的結構性問題，即秩序的維護國與潛在的秩序的挑戰國之間的關係。㉕但另外一種觀點認爲，世界格局的單極化走向似乎不可避免，到底是多極化世界有利於中國的發展、還是中國必須接受一個“單極”世界的現實，並學會適應這樣的一個現實，必須要有進一步的冷靜觀察和思考。在 21 世紀中，美國的綜合影響力不是在減弱、而是在增強。㉖有的學者在當前中國大陸的政治形勢下更是勇敢地提出，中國應該放棄“反霸”口號，以便從觀念、理論到政策這三個方面，更好地實現以中國的經濟發展爲中心的國家能力建設。㉗

未來影響中國人的“國際觀”走向的基本因素

首先，中國參與世界事務程度的提高與中國的國際角色期待之間的關係到底如何得以合理的發展。

㉔ 王輯思：“對華政策“，載于王輯思主編：《高處不勝寒——冷戰後美國的全球戰略和世界地位》，北京：世界知識出版社 1999 年。

㉕ Rosenmary Foot, *The Practice of Power: U.S. Relations with China Since 1949*, Oxford: Clarendon, 1995.

㉖ 朱鋒：《風雲 2001》，北京：新華出版社 2002 年。

㉗ 參見梁守德：“當前國際形勢中的幾個基本問題”，《國際政治研究》，2001 年第 2 期。

中國對世界事務的參與是中國融入國際社會的必由之路。在經濟領域，隨著中國入世以及在 APEC 架構下作用的活躍化、特別是 2001 年 11 月中國總理朱容基提出要同東盟在未來十年內建立自由貿易區，中國融入國際社會的步伐已經不可逆轉。但在國際政治與安全領域，中國的參與似乎並不總是讓國際觀察家們滿意。但至少，中國已經在接受公認的國際規制上邁出了大步。例如，在軍控與不擴散領域，在多邊的國際安全合作領域，在國際人權法律文書規範領域，以及中國在聯合國的行動等各方面，90 年代是中國在參與國際制度與接受國際規制約束這兩方面，都取得決定性發展的時期。㉘這種擴大了的參與同中國人對世界的看法並不存在著必然的正面聯繫，而且，擴大了參與在中國人中間所能產生的影響也是以非均衡的方式出現的。

正如全球化在世界各地存在著不同的反應、全球化即便在同一的國家中也有不同的認識一樣，中國與國際社會的融合、並由此而產生的利益分配差異在不同的社會階層中將進一步擴大。目前，中國領導人將全球化視為是促進繁榮與穩定的重要途徑，㉙由於不同的年齡、訓練背景以及不同的價值取向，中國人中“國際觀”分化與差異是一個必然的過程，中國對世界的看法出現失衡也是一個暫時的、必然的過程。

正如在臺灣問題上，中國大陸“主戰”的聲音隨著中國地區經濟發展程度的不同而有明顯的變化。在東南沿海區域，一般的觀點是傾向於外交和政治壓力，迫不得已時才應該考慮使用武

㉘ Elizabeth Economy and Michel Oksenberg, *China Joins the World: Progress and Prospects*, New York: A Council on Foreign Relations Book, 1999.

㉙ 參見 2001 年 10 月 21 日江澤民在 APEC 上海峰會上的發言。在 2002 年 4 月 18 日訪問德國時，江再次就全球化問題提出了中國的正面看法。

力；而隨著經濟發展程度遞減的區域過渡，越是往內地，“主戰”的聲音越強烈。㉚因此，中國參與國際社會的程度，不是成爲中國的“國際觀”自然有所調整和理性化的必然因素。當美國等西方國家將中國拉入國際社會、通過有效的合作以及參與習慣的形成來影響中國國際行爲的傳統主張，在中國的國際意識的變化中是否能夠起到絕對的積極作用，依然還存在著疑問。作爲一種可以影響中國主流意識的方法來看，這一傳統觀點能夠發揮積極的作用。但是，由於中國發展始終存在著地域、社會集團以及城市和鄉村之間的顯著差異，中國加速融入國際社會的進程，在一定時期內，至少是中國人的國際觀爭論加劇的過程。

在對中國的國際角色的期待上，一般而言，大多數中國人都十分傾向於中國的獨立地位和獨立作用，視中國緊跟美國或者西方國家是一種政策“軟弱”的表現。這方面，既來源於傳統的政治宣傳，也同樣來源於中國人大多數缺乏對一種和諧的與西方國家的信心。人們普遍認爲，西方國家不會讓中國舒服地成爲一個崛起的大國。因此，當前中國大陸對中國的國際角色的期待存在著相當大的不同意見。例如，即便是通常所使用的“韜光養晦”一詞也存在著不同的解釋：有人認爲，“韜光養晦”就是“臥薪嘗膽”，以求東山再起，以便可以在西方國家面前揚眉吐氣；也有人認爲，在當前世界局勢的發展中，中國即便“韜光養晦”，也不應該對西方世界抱有敵意，而是應該以融合與和諧，作爲韜光養晦的基本目的。㉛一般中國人對中國的國際角色的期待，並非是雄心勃勃。

㉚ 這是筆者在日常交流與觀察中注意到的一個現象，還沒有經過嚴格的 field work 或者 survey 的論證。

㉛ 參見王禹生：“對韜光養晦的分析”，《環球時報》，2002 年 3 月 2 日。

其次，國的國內社會經濟結構的變遷，以及由此而導致的中國民眾朝著利益集團方向的加速分化，對中國人的“國際觀”正在產生前所未有的重大影響。

這種變遷已經產生了中國人“國際觀”的層次差別，可以分成三個基本部分：精英意識、次精英意識和大衆觀念。㉜其結果是，不同利益團體在政治和社會訴求上的差異也隨之進一步加大。這些不同的利益團體對國家的外交政策與外交目標有著不同的看法。他們之間的爭論日益擴大，並在成爲推動“國際觀”模糊化認識的重要力量。因此，對中國國內社會分化——不僅表現在一般意義上的貧富差異、城市和農村的差異以及地域的差異，而是更多地表現爲從事的職業類型、新的利益分配中的地位以及社會利益團體身份的差異。中國人的利益構成，目前正在越來越明顯地取代傳統的“左和右”的政治觀念差別，成爲分析中國人已經具有、或者正在具有什麼樣的“國際觀”的決定性因素。這一點在中國的外交政策分析中的意義也在不斷增強。誠如羅伯特·基歐漢 (Robert Keohane) 所言，“缺乏需要對國內政治進行有效利益分析的理論，沒有一種國際關係理論可以對國家行爲做出精確分析。”㉝

第三，中國知識份子的作用。

在中國人國際意識的變革過程中。知識份子毫無疑問起著主導的作用。在中國改革開放以來的歷次思想解放運動中，知識份

㉜ Joseph Fewsmith and Stanley Rosen, "The Domestic Context of Chinese Foreign Policy: Does 'Public Opinion' Matter?" in David M. Lampton, ed., *The Making of Chinese Foreign and Security Policy in the Era of Reform*, p. 169.

㉝ Robert O. Keohane, "Institutional Theory and the Realistic Challenge after the Cold War," in David A. Baldwin, ed., *Neo-realism and Neo-liberalism: The Contemporary Debate*, New York: Columbia University Press, 1993, p. 285.

子都扮演著決定性的作用，並且是將全球主義、市場化以及自由資本主義價值觀念加以結合、並進行傳播和推廣的發動機。特別是在國際關係中新的國家利益的追尋與確立方面，知識份子的作用是決定性的。㉞然而，問題是：知識份子的“國際觀”是否就是今天中國人所需要的“國際觀”的全部。當前，在中國有兩種看法：一種認爲，在國際問題上，最重要的是需要體現和發揮“精英意識”，即以瞭解和熟悉西方事務爲代表的中國知識份子的國際觀念；第二種是認爲，單純的“精英意識”並不能代表中國人應該具有的“國際觀”的全部，因爲即便是知識精英或者是國際事務的實務與研究精英，也只是中國當代社會群體中的一部分。有人甚至直接將“精英意識”斥之爲“貴族意識”。㉟從利益與動機分析來看，這部分人的思想依然代表的是一部分的利益團體，或者是從部分利益團體的需求出發來設計和發散自己的國際觀念。因此，國際問題上的“精英意識”並不是中國人“國際觀”問題上一個完全可靠的結論。

筆者更傾向于將“精英意識”與“大衆路線”的結合，從而能夠產生眞正能夠代表和主導不同社會群體的國際意識的“主流思想”。在這方面，“精英意識”不是單純來自于知識份子或者知識份子的利益群體，而是應該努力傾聽不同社會群體、不同社會階層、特別是中國廣大農民、工人等體力勞動者的意見，知識份子應該主動意識到，在中國今天社會利益集團分化日益顯著的大背景下，以知識份子、特別是有國際經驗和訓練爲代表的“精

㉞ Yong Deng, "The Chinese Conception of National Interests in International Relations," *China Quarterly*, No. 154 (June 1998) , pp. 311-16.

㉟ 王小東：“當代中國民族主義論”，《戰略與管理》，2000 年第 5 期（總第 42 期），第 78-79 頁。

英意識"，難以避免其"小團體化"的局限性。中國大陸目前依然存在著 8 億農民以及 2 億城市體力勞動者，任何忽視絕大多數社會群體的國際認識、而純粹著眼于知識份子的"精英意識"，只能導致中國人"國際觀"的內在緊張日益加劇，而不是眞正能夠爲絕大多數的中國人培養和造就開放與時代性的"國際觀"。

第四，中國政治改革的未來進程。

2002 年將是中國政治權力交接的關鍵一年。普遍的看法是，中國新一代領導人將加速中國的政治改革進程以及社會轉型，而不會採取軍事上的擴張政策，並在國內進一步抑制強硬派的政策主張。㊱由於中國人國際意識歷來受到政府主張的巨大影響，一個在政治上更加開明、在對美國的看法問題上估計與判斷更爲準確、並更加集中精力于中國國內建設的中國新政府，顯然對加速中國"國際觀"的轉型，將發揮重要的作用。費正清教授曾敏銳地指出，"自 1800 年以來，中國革命是打破舊枷鎖的鬥爭"。㊲這句話對今天的中國政治體制改革來說，依然具有針對性。中國的政治改革從本質上來看，是那一場"偉大的中國革命"的延續。

第五，兩岸關係的未來前景。

兩岸關係的未來走向是中國大陸在新世紀面臨的最大挑戰之一。如何處理好兩岸關係，如何建立從宏觀和微觀的角度認識兩岸關係現狀與前景的大思路，也是中國大陸目前"國際觀"變遷的決定性因素之一，更是最具綜合性和爆炸性的問題。中國絕不應該在此問題上輕易丟失經濟持續發展和國家振興的大好時機，

㊱ George Gilboy and Eric Heginbotham, "China's Coming Transformation", *Foreign Affairs*, Vol. 80, No. 4 (July/August 2001) , pp. 36-39.

㊲ 費正清：《偉大的中國革命》，第 438 頁。

但無論是從主權利益上還是從民族情感上，中國都無法坐視臺灣可能出現的獨立前景。臺灣問題，考驗著全體中國人對利益得失的估計、對權力運用的謀略，考驗著兩岸中國人的智慧和理性，也考驗著中國人對變化了的世界的基本認識。

結　論

和 80 年代相比，90 年代中國人的國際意識得到了更快的發展，這既得益於中國參與世界事務程度的不斷發展，也得益於中國以市場經濟爲核心的社會經濟結構的快速轉型。同時，變化了國際局勢——兩極體系的結束和“戰略大三角關的崩潰”、蘇聯的前提以及其後俄羅斯經濟發展的長期窘境、臺灣民主政治與台獨傾向的發展、國內政治因素開始主導美中關係以及中國的崛起而招致的以“中國威脅論”爲代表的非議、日本政治的全面右化和中日關係的惡化等等，都對中國人的國際觀帶來了種種新的衝擊和震蕩。結果是，中國的國際觀也處在深刻的轉型過程中。毫無疑問，新世紀中國的國際行爲和外交戰略究竟如何演化，將同這樣的國際觀的轉型，必然存在著直接的聯繫。從歷史的經驗來看，國際觀的走向，也將對中國的國內政策選擇造成影響。因此，對中國人的“國際觀”的研究最重要的是能夠分析其未來的走向，這有助於我們從一個側面瞭解中國今後國際行爲和政策變化的脈絡。

總之，新世紀中國與世界不斷增強的接觸和碰撞中，究竟應該如何去準確而又理性地建構對世界的總體看法，如何去營造新的條件下中國與世界關係的基本認識，是中國人必須解決的重大挑戰。這是中國人從追求國家利益到振奮民族精神、從從容自信地走向國際社會、到眞正面對國際風雲的複雜多變找出合理、務實而又富有節奏感的政策路線與民衆反應所必須的。

6

文化價值，制度運作，與國家發展：

台灣經驗的歷史制度與心理文化取向之分析與詮釋*

魏 鏞

1990 年代初期隨著蘇聯及共產集團崩潰，世界各國產生了對自由企業與西方式民主之未來發展前景的高度樂觀。然而進入廿一世紀後，隨著巴爾幹半島的種族衝突與內戰，中東情勢的持續惡化，部份高度發展的自由經濟（如日本）的長期低迷，以及因 911 事件而格外突顯不同宗教及文化的衝突，加上世界性生態環境惡化，上述樂觀的憧憬即使未煙消雲散，也至少大打折扣。

從世界各國在過去廿餘年的經驗看來，顯然單純的自由經濟發展促進政治民主及穩定的模式並不能完全解釋這段期間所有國家的經驗。一國國民的文化價值觀，政治意識型態，精英的領導與努力，國家及政府制度的建立與運作，以及國家領導人的心理需要與群衆的精神需求 (psychic need) 的互動，都會影響到一國的社會及政治發展的方向與品質。

對以上狀況，筆者有一個基本觀點，就是社會科學一般的有關國家發展的理論，無論是有關文化價值，經濟成長，社會發展，及制度影響的分析架構，已不足以解釋廿世紀末期以來許多國家的發展經驗，一個新的針對各國、各族群，及宗教團體領導人的心理狀態及其追隨者的精神治療的需求 (psychic-therapeutic needs) 的互動關係來解釋社會政治發展的過程及結果乃甚有必要。

另外一個有關政治發展與現代化過程分析的共同缺點，即缺乏對各國政府實際上如何建立制度並加運作以達成國家建設目標的第一手敘述，結果往往產生了衆多學者高度抽象的模式及未曾參加實際發展及建設過程者的過度概念化 (over conceptualized) 的剖析，卻未能對國家發展實際過程加以掌握及描述。因此如何將實際參與國家建設過程之決策者及執行者之第一手觀察暨經驗納入吾人分析之中，亦爲研究現代化問題之要圖。

基於以上多重考量，本文著者乃以社會科學研究者及臺灣國家建設過程之實際參與者之雙重身份，對以下與本論文主題有關之各個層面一一加以分析：㈠現代化與東亞發展過程；㈡文化價值與亞洲開發經驗之辯論；㈢現代化之分配性模式一自覺性之發展與力求自主的過程；㈣經濟成長、社會平等、與政治民主一簡明精實模式的嘗試；㈤制度化建設過程一中華民國臺灣地區經濟建設之回溯與詮釋；㈥心理治療與民粹主義的政治——另一種解釋現代化與政治發展的模式；㈦從理性化建設到非理性化操控一臺灣經驗對世界的啓發及含義。

一、現代化與東亞發展過程

二次世界大戰後世界局勢最主要發展之一，即爲亞洲及太平洋地區之興起；而亞太地區之經貿、科技，以至日益增加之國際政治影響力，又以日本爲首之東亞區家及地區爲核心。在四十六年時間內，非僅日本已成爲足與美國及歐洲抗衡的經貿大國，就是中華民國、大韓民國、新加坡、及香港，也成了在世界經濟體系中佔有相當比重的新興工業國家及地區。①近十年來，中國大陸一方面採擷了西方市場經濟的作法，另一方面仍維持其社會主義的政治運作，達成了高度的經濟成長及一定程度的政治穩定，也越來越受到各國學者的重視。②

從歷史的角度看來，東亞國家形成足與歐美國家分庭抗禮的經貿及科技力量，是工業革命後的一件大事，因爲自從十八世紀中葉後工業革命在英國發生以來，全世界的國家莫不成爲歐美經濟、貿易，及軍事力量膨脹及控制的對象，於此亞洲國家也不例外，然而經過了近兩百年的奮鬥，當世界其他地區仍然處於依賴歐美國家的落後地位之際，以上東亞國家卻能在激烈的世界經貿及科技競爭上脫穎而出，形成一股震撼歐美的新銳勢力，這不能不說是人類發展史上一個新的里程碑，值得東亞國家的領袖及人民引以爲榮。

近十餘年，東亞國家的發展成就已爲舉世所公認，隨之而來的是各國領袖對此地區的發展過程產生莫大興趣。此不僅在亞洲，非洲，及拉丁美洲地區之發展中國家如此，就是正在由共產主義邁向民主化、自由化、私有化的蘇聯及東歐地區亦是如此。於是所謂「日本模式」、「漢江奇蹟」、「台灣經驗」、「香港模式」、「新加坡模式」、「中國發展模式」以及「東亞發展模

① 參看牧野昇，《全預測：九〇年代的經濟、產業、經營、技術》，鄭凱譯（東京：三菱綜合研究所，一九九〇年）；Robert O'Neil (ed.), *East Asian, The West and International Security* (London: The Macmillian Press Ltd., 1987) ; Shibusawa Masahide, *Japan and the Asian Pacific Region: Profile of Change* (London: Croom Helm, Ltd, 1984) ; and Donald S. Zagoria, *The Regional Security and Economy of East Asia: Prospects for the 1990s*, No. 4 (Washington, D.C.: National Bureau of Asia and Soviet Research, 1991)。

② 請參看 William H. Overholt, *The Rise of China: How Economic Reform in Creating a New Superpower* (New York: W. W. Norton, 1993)。

式」乃先後應運而生。③

然而對於以上各種模式的解讀卻各調不同；試圖將以上模式移植至其他地區的努力也不一定獲得立竿見影的功效。屬於純技術性的農業及工業生產的技術移轉較易看到績效，可是一旦牽涉到政治及行政改革乃至社會及經濟資源分配的層面，東亞經驗的移植便遭遇到困難，土地改革在台灣獲得成功，但卻未能在菲律賓及拉丁美洲獲得同樣的成果便是一個例子。

由此便產生對東亞發展模式的一些新的探討與評估，在檢討過程中所提出的問題包括：東亞國家發展經驗的核心內涵爲何？那些因素及發展策略促成了東亞國家的「現代化」？這些因素及發展策略能否運用於其他國家而產生同樣或類似的結果？要回答上述問題，首先要對現代化的含義及東亞國家發展過程之意義加以探討。

在此需要特別指出的是，在二次大戰後，成爲歐美學術界，尤其是美國學術界的研究顯學—「現代化」(modernization) —其實是個意義不甚明確的概念。在初期有關現代化問題的研究中，「現代化」幾乎成爲工業化的同義字，因此一個國家工業化的程

---

③ 見 Lawrence J. Lau (ed.), *Models of Development: A Comparative study of economic Growth in South Korea and Taiwan* (San Francisco: Institute for Contemporary Studies, 1985); Peter L. Berger and Hsin-Huang Michael Hsiao (eds.), *In Search of An East Asian Development Model* (New Brunswick and Oxford: Transaction Books, 1988); James C. Hsiung et. al. (eds.), *The Taiwan Experience:1950-1980* (New York: American Association for Chinese Studies, 1981); and Ezra E. Vogel, *Japan As Number One, Lessons for America* (Cambridge, Mass.: Harvard University Press, 1979); Paul W. Kuznets, "An East Asian Model of Economic Development: Japan, Taiwan, and South Korea," *Economic Development and Cultural Change*, Vol. 36, No. 3 (April 1988), pp. 11-43; Bela Balasa, "The Lesson of East Asian Development: An Overview," *Economic Development And Cultural Change*, Vol. 36, No.3 (Apri1, 1988), pp. 273-290。

度便也成爲「現代化」的指標。除了工業化以外，接受西方國家文物制度的幅度與深度也常被用來度量非西方國家「現代化」的程度。於是「現代化」便成了「西方化」(Westernization) 的代名詞。④

除了自覺地或不自覺地以工業化及西化作爲現代化的衡量標準，西方學者在分析現代化問題上常有的另一個傾向。他們把非西方國家接受或追求工業化以及向西方國家學習，看成是一個自助自發的過程，似乎認定非西方國家的領袖及人民均係自然而然地欣羨西方的物質文明，因而產生效法之心。然而經過深入一層的探討後，我們使會發現，不僅以「工業化」及「西化」當成「現代化」的指標的認識不夠周嚴，就是把非西方國家的現代化看成是一種自動自發的過程也與這些國家的歷史經驗不相契合。

就以中國及日本的歷史經驗來看，中國在十九世紀中葉後的現代化努力，實與滿清政府在鴉片戰爭及英法聯軍兩個戰役中所遭遇的軍事挫折，以及在太平天國之亂中，借助外人的軍事科技打擊太平軍獲得績效因而產生效法之心有密切關係。因而在一八六〇年左右所發動的同治中興或自強運動，從開始就有很強烈的

---

④ 請參看 Daniel Lerner, *The Passing of Traditional Society, Modernizing the Middle East* (Chicago: The University of Chicago Press, 1965) ; Gabriel A. Almond and James S. Coleman (eds.) , *The Politics of Developing Areas* (Princeton, N.J.: Princeton University Press, 1960) ; Max F. Millikan and Donald L. M. Blackmer (eds) , *The Emerging Nations, Their Growth and United States Policy* (Boston: Little Brown and Co., 1961) ; P. T. Bauer and Basil S. Yamey, *The Economics of Underdeveloped Countries* (Chicago: University of Chicago Press, 1957) ; and Bert F. Hoselitz (ed.) , *Sociological Aspects of Economic Development* (Glencoe, Ill.: Free Press, 1960) ; and Eugene Stanley, *The Future of Underdeveloped Countries: Political Implications of Economic Development* (New York: Harper and Row, 1954) ; and Yung Wei, "Modernization in Taiwan: An Allocative Analysis," *Asian Survey*, 16 (March, 1976)。

「救亡圖存」及「以夷之道制夷」的色彩。從這個運動係以學習西方國家的軍事設施及工業發展為重點，便可看出這是清廷為了挽救危亡不得不爾的應變措施，而非自動自發的模仿過程。⑤

再就日本的明治維新而言，其內涵雖然超越了中國自強運動的範疇，而納入了經濟、教育、法制，以至文化思想方面的變革·但是明治維新的基本導因，還是來自西方國家的刺激與威脅，而美國海軍將領培里 (Matthew C. Perry) 在一八五三年及一八五四兩度率領艦隊進人日本領海並迫使日本簽定通商友好條約，實為促成明治維新的主要動力之一。而「尊王攘夷」使成為追求富強，抵抗歐美的號召。⑥

由此看來，無論中國及日本在十九世紀中葉後所進行的現代化的努力，就帶了相當程度的救亡圖存，不得不爾的成份。既然如此，則學習歐美的科技及經貿制度，其目的便不是將自己的國家完全西化，相反地，中日兩國從事現代化建設的目的，乃在於學習歐美的科技，增強本身的國力，以達成有效抵抗西方國家的侵略與控制，維護國家的生存與文化的延續為目的。只有在認識這種動機與心態下，才能瞭解創造「中學西用」及「蘭學和用」的中日兩國政治領袖及學者的苦心。⑦

---

⑤ 見 John King Fairbank, Edwin O. Reischauer, and Albert M. Craig, East Asia, the Modern Transformation (Boston: Houghton Mifflin Co., 1965)；金耀基等著，《中國現代化的歷程》（台北：時報文化出版事業有限公司，民國 69 年）。

⑥ Hugh Borton, *Japan's Modern Century* (New York: Ronald Press, 1955) ; Marius Jamsen, *Sakamoto Ryoma and the Meiji Restoration* (Princeton, N.J.: Princeton University Press, 1961) ; and Ryusaku Tsunoda, William Theodore de Bary, and Donald Keene, *Source of the Japanese Tradition* (New York: Columbia University Press, 1958)。

⑦ 參看 Joseph R. Levenson, *Confucian China and Its Modern Fate, The Problem of Intellectual Continuity* (Berkeley, Calif.: University of California Press, 1958) ; Benjamin I. Schwartz, *In Search of Wealth and Power: Yen Fu and the West* (Cambridge, Mass.: Harvard University Press, 1964)。

筆者不厭其詳地將現代化的含義，從中日兩國的歷史經驗一一加以剖析，其目的一方面在於澄清現代化及國家發展的含義，另一方面也是導正一些西方學者研究東亞國家的發展過程，常常侷限於一九四五年後發展過程的探討，而忽略了東亞國家的現代化，應溯源於十九世紀中葉及後葉中日等東亞國家從事現代化建設的動機，如此則不易對一九四五年後的東亞國家發展過程有更深入的了解。

二、文化傳統與東亞國家發展過程的關係：仍有待進一步探討的問題

有關東亞國家的發展經驗，事實上應該分成三個部份來觀察，其一是日本；其二是所謂「亞洲四小龍」，亦即南韓、台灣、香港、與新加坡；其三是中國大陸在一九八〇年代後採取的政治主導及經濟自由的混合建設模式及其成果；日本早在本世紀初便已經具備了近乎西方國家的軍事及經濟實力，這可從日在一九〇五年發生的日俄戰爭中擊敗了帝俄一事可看出，而在一九四一年珍珠港突襲時期的日本，其軍事及應用科技的實力顯然已與西方國家相抗衡，因此日本的現代化，不是二次大戰以後的事。⑧

但是亞洲四小龍的情形則不同，它們的現代化程度逐漸趕上歐美，的確是二次世界大戰後的新發展，其中值得一提的是：第一、四個國家及地區都曾經是殖民地，其中香港及新加坡是英國的殖民地，南韓及台灣則是日本的殖民地；第二，這四個國家及地區都是受儒家文化影響地區，其中有三個更是華人的聚集地；

⑧　請參看 William Lockwood, *The Economic Development of Japan Growth and Structural Change*, 1868-1938 (Princeton: Princeton University Press, 1954)。

第三，所有四個地區都十分依賴對外貿易作爲經濟發展的主要支柱。

至於中國大陸的發展，尤其在沿海各省的經濟發展已贏得舉世的注目。學者們儘管對中國大陸參加 WTO 後的可能發展有不同的評價，但是基本上對北京當局透過積極的經濟開放和有限度的政治及行政改革，達成了高度經濟成長和政治穩定，予以正面評價。⑨

對於東亞國家在過去四十餘年發展的成果以及東亞地區在世界經濟中所佔日益增加的比重，各項研究及報告均有詳細的敘述，此處不必贅言。⑩值得探討的是：爲什麼二次大戰後現代化努力，在東亞地區看到具體的成果，而在其他地區則遭到挫折與失敗？是東亞地區的文化價值較適合現代化建設的需要？或是東亞各國政府採取了適當的政策措施及創立了促進工商發展的制度所致？或是有其他的內在及外在因素，如外在的威脅，及人口擁擠，資源缺乏所導致的急迫感和危機感所促成？這些都值得我們根據各國實際經驗，加以深入客觀的分析。

先就文化傳統而言，部份研究現代化的學者，認爲現代化需要一種追求成功及進步的一種心理狀態及價值觀，否則即不易起

---

⑨ 有關中國大陸經濟發展的績效及經濟發展和政治穩定的關係，請參看 Chu-yuan Cheng（鄭竹園）, "The Economic Reform in Mainland China: Program, Consequences and Prospect," 見《國際社會變遷下的中國大陸政經改革學術研討會論文集》（台北：行政院大陸委員會及國立台灣大學合辦，民國 91 年 4 月 25 日至 27 日）；Yu-shan Wu（吳玉山）, "Economic Development and Political Stability under Authoritarian Regime: China in the 1990's," 出處同上篇論文；另有關台海兩岸經濟發展的宏觀剖析，請參看 Wei Wou, *Capitalism A Chinese Version* (East Asian Studies Center, Ohio State University, 1992) 及魏萼，《中國國富論》（台北：時報文化，民國 89 年）。

⑩ 見 Herman Kahn and Thomas Pepper, *The Japanese Challenge* (New York: The Hudson Institite,1978)。

步。⑪就日本、四小龍及中國大陸而言，均係屬於所謂「儒家文化地區 (Sinic or Sinitic Cultural Sphere)」⑫，如此則儒學文化之價值觀及社會制度是否適於工商業發展，便成爲學者研究的一個主要問題。

早期西方學者多認爲儒家文化不利於工商業之發展，其中尤以德國學者威伯 (Max Weber) 爲代表。威伯在其鉅作《基督教倫理與資本主義之精神》一書及其他相關著作中，認爲中國及印度之文化與宗教傳統，不適合於現代化之發展⑬。威伯這種看法引起了相當大之迴響。譬如華裔學者何炳棣便曾經以中國揚州鹽商因爲傳統中國家庭倫理觀念而必須將其財產與族人分享，因而妨礙到資本之累積，從而影響到資本主義在中國之發展。⑭

但是二次大戰之後。東亞儒家文化地區現代化建設之成功，卻大幅修正了威伯等人認爲儒家文化有礙現代化的理論。進而產生儒家倫理價值觀，尤其是「新儒學」(Neo-Confucianism) 有助於持續工商業發展及政治穩定。從赫滿堪恩 (Hermen Kahn) 、傅高義 (Ezra Vogel) 及彼得柏格 (Peter L. Berger) 等學者的論著中，⑮可以綜合出一些共同的看法，那就是：儒家文化的入世精神，重視自我修養及訓練，強調人際關係的和諧，尊重權威及講求秩序，提倡節約及克制，以及追求社會及政治穩定的各項價值觀，

---

⑪ 關於此類觀點，請參看 David C. McClelland, *The Achieving Society* (New York: The Free Press, 1961)。

⑫ 參看 Peter L. Berger, "An East Asian Development Model?" in Berger and Hsiao *op. cit*., pp. 3-11; Herman Kahn et. al. *World Economic Development, Projection from 1978 to the Year 2000* (Boulder, Colorado: Westview Press, 1978) , pp. 113-117。

⑬ Max Weber, *Religion of China* (Glencoe, N.Y.: Free Press, 1951)。

⑭ 參看 Ping-ti Ho, *The Ladder of Success in Imperial China, Aspects of Social Mobility*, 1368-1911 (New York: Columbia University Press, 1962) 及作者其他相關著作。

⑮ Kahn, *op. cit*., Vogel, op. cit., Berger and Hsiao, *op. cit*.。

加上穩定的家庭結構，均有助於經濟發展。

以上西方學者肯定儒家文化有助於東亞國家現代化的研究結論，對於東亞國家的領袖及人民，因有莫大的鼓舞作用，但是東亞國家人士在受寵若驚之餘，似應要提出三個問題：第一、設若儒家文化果眞有助於國家現代化，爲何西方學者要等到東亞國家工商業發展成功後才提出，這是否是一種事後有先見之明而落在事實之後的分析 (Post-facto analysis) ？第二、如果儒家文化價值體系是非西方國家現代化成功的一個必要或重要前提的話，那麼不屬於儒家文化範疇內的其他非西方國家如何能夠邁向現代化呢？第三、回教世界在目前顯然要算是經濟發展較落後的地區，可是在中世紀回教國家曾經享有高度科技文明，甚至領先同時期的歐洲，據此則僅以文化因素，顯然不能完全解釋一國現代化之成敗。

爲了回答以上問題，我們必須在文化因素之外找答案，這就進入了東亞國家現代化過程研究中的「制度化途徑」(Institutional approach) 的範圍。主張因制度化因素來解釋東亞國家現代化過程的學者認爲東亞國家在二次大戰追求工商業發展獲得成功之主要原因，除了文化因素以外，最重要是這些國家的領導階層，有極旺盛之企圖心，並且採行了一系列的政策措施所致。這種分析在經濟範疇中尤爲明顯。⑯

---

⑯ 請參看 Harmon Zeigler, *Pluralism, Corporatism and Confucianism and Political Association and Conflict Regulation in the United States, Europe, and Taiwan* (Philadelphia: Temle University Press, 1988)；Charlmers Johnson, *MITI and the Japanese Miracle* (Stanford, Calif.: Stanford University Press, 1982)；Gustav Papasek, "The New Asian Capitalism: An Economic Portrait," in Berger and Hsiao. *op. cit*., pp. 27-98; and Walter Arnold, "Bureaucratic Politics, Sate Capacity, and Taiwan's Automobile Industry Policy," *Modern China*, Vol. 15, No. 2 (April 1989) , pp. 178-214。

在西方學者分析東亞國家推動經濟發展獲得成功所提及的因素中，最常看到的包括：政府精英的有效主導，採用一定程度規劃性的自由經濟政策作爲發展的指標；培養並善用豐富的人力資源；採取漸進的經濟發展政策，先發展農業，再利用農業人口收入的增加支持輕工業的發展；採取出口導向的經濟發展策略；有效利用外援支持財經政策之達成；用財稅政策及其他相關措施同時達成經濟成長及收入之平均分配；著重教育發展作爲經濟及社會發展的基礎；維持高度的行政效率及政治社會秩序以提供經濟持續發展之環境。⑰

以上經濟學者對於促進東亞國家現代化之制度性因素之分析，與一九七〇年代中期以後政治學家及公共政策專家所獲致的結論共相契合。基本上他們不再相信「現代化」是一種自然發生的現象，相反地，他們認爲國家在一國現代化過程中扮演了重要的角色，因此將國家及政府的作爲作爲一個主要的獨立變數，用來檢視其與相依變數——國家現代化——的關係，便成爲公共政策學者及國家角色研究者的一項分析的主題。⑱

三、中華民國台灣地區的發展過程——歷史的回溯與制度性的探討

中華民國政府如何透過各項政策措施，使得這個原來的日本殖民地，重新成爲中國文化及政治體系的一環，並且形成世界上主要貿易國家之一，這項過程值得加以簡要的回顧，以作爲本論

⑰ 見 Richard A. Higgatt, *Political Development Theory* (London: Croom Helm, 1988)。

⑱ 參看 Yung Wei, "Democratization and Institutionalization: Problems, Prospects, and Policy Implications of Political Development of the Republic of China on Taiwan," *Issues and Studies*, vol. 22, No. 3 (March 1991) , pp. 29-48。

文進一步探討的基礎。

在經過五十三年時間，中華民國政府將台灣地區從一個以農業及輕工業爲主的社會，轉變成一個以出口貿易爲主，以資訊、電子及機器等製造業及服務業爲重心的經濟結構；同時透過經濟的持續成長，人民生活水準與教育程度大幅提高，人民壽命顯著延長，政治及社會日趨平等開放，中產階級業已形成，且成爲社會中堅份子，文化藝術活動也逐漸趨向多樣化與多元化；凡此均是每一位曾參與此項建設過程的人士所可引以爲自豪的成就。儘管近年來政治方面朝野衝突加劇，經濟成長變緩，但台灣經濟及社會仍持續展現活力。

中華民國政府在台灣地區經由何種過程以獲得如許成就？是世界各國關心現代化理論學者們所亟欲探討和瞭解的問題。過去，學者們對一個國家的現代化過程與成就，常著重於經濟層面，而對於現代化建設成功的解釋，亦常訴諸經濟因素。他們認爲：只要一個國家能夠透過經濟發展，提高人民的生活水準，則其他問題多半可迎刃而解。但正如上節討論東亞國家的發展模式時已經證明這種看法，顯然過於簡單與狹隘；不僅社會文化模式會直接促進或阻擋經濟發展，國家行政機關和公共政策之規劃及執行對社會及經濟發展，也具有極顯著的影響。

在民國六十五年至七十七年間，本文作者擔任了中華民國政府負責政策規劃及評估機關——行政院研考會——十二年的首長，親身參與了許多政府政策的規劃及推動工作，因此乃可從實際「參與性觀察」(Participation observation) 的角度作一些回顧檢視及分析。⑲在此首先要提出的是：從台灣地區現代化的歷程觀察，台灣建設的成就不僅與過去中華民國政府的有計劃的施政作爲有密切關係，而且隨著經濟快速成長所引起的政治、社會、文化、倫理道德以及兩岸關係、國際環境等各種問題，未來也必須透過積極性、前瞻性的政策規劃與行政作為，才能有效加以克服。

以筆者的觀察，自從一九四五年自日本手中收復台灣以來，台灣地區五十多年的現代化建設及發展的歷程⑳，大致可區分成以下八個階段：

㈠**光復與重整時期**（一九四五年至一九五〇年）

台灣光復初期，由於戰爭的破壞，一切百廢待舉；隨著四十八萬日本人遣返日本，形成了行政管理、技術、及教育方面人才的缺乏，惟中華民國政府立即推行民族精神教育及公民教育，推行國語運動，凡此均對促進共識增強團結甚有助力。民國三十九年，政府播遷來台，此時軍隊亟待整頓與補給，大量大陸來台民眾亦待安頓，物價上漲，幣值不穩定，情況至為艱苦。三十九年三月先總統　蔣公復行視事，加以韓戰爆發，美援恢復後，情況逐漸地改善；在此期間，國民黨總裁蔣中正先生積極主持規劃黨政改造措施，如中國國民黨之「中央政造委員會」及「革命實踐

⑲ 有關筆者在行政院服務期間參與政策規劃及評估之敘述，請參看魏鏞，〈在學術，政策，與政治之間：從事研考工作十二年的回顧與展望〉《近代中國雙月刊》，131 期（民國 88 年 6 月 25 日）；魏鏞，《行政工作報告》（台北：行政院研考會，民國 70 年 3 月）；《行政院六年施政重點及績效報告》（民國六十七年六月至七十三年五月）（台北：行政院研考會編印，民國 73 年 5 月）；魏鏞，「結合民意，開創新機：邁向前瞻性政策規劃」，以從政黨員身份在中國國民黨中常會上之報告（台北：行政院研考會，民國 75 年 6 月 18 日）；魏鏞，「向穩定、和諧、革新的道路邁進：從六次民意調查結果看政治發展趨勢」（台北：行政院研考會，民國 75 年）。

⑳ 參看 Yung Wei, "Democratization and Institutionalization: Problems, Prospects, and Policy Implications of Political Development of the Republic of China on Taiwan," *Issues and Studies*, vol. 22, No. 3 (March 1991) , pp. 29-48。

研究院」的設立，對於推動政治與行政革新，加強人才的培養與融合，以及促進各項經濟社會建設的推展，均產生重大的影響。

㈡規劃建設與推動發展時期（一九五一年至一九五七年）

民國三十九年，中華民國政府在台灣地區開始施行地方自治，復於四十年成立台灣省臨時議會；此外，推行一系列全面性的土地改革措施，包括三七五減租，耕地放領，及耕者有其田，這些措施不僅改善農村經濟，促進了工業成長，同時也提高了農民的社會及政治地位，爲後來的民主政治奠下基礎。此外並透過教育發展計畫，培養大量人才，對於茲後政治發展與現代化建設，影響至爲深遠。在經濟發展方面，自民國四十二年起，開始實施第一期「四年經濟計畫」，本「農業支持工業，工業發展農業」之政策，同時推動工業與農業發展，於是乃引導台灣邁入持續建設與發展階段。

㈢持續成長與轉化時期（一九五八年至一九六二年）

在此期間，議會政治日益發展，執政的國民黨運用其力量改造農會，建立地方民衆服務據點，擴大農村及地方基礎。在社會變遷方面，省籍與大陸來台同胞的通婚情形，日益普遍，導致省籍的隔閡日趨下降。民國四十七年，蔣總統設立「臨時行政改革委員會」，進行廣泛的行政改革規劃工作，對於促進行政的革新進步，支援經濟建設的發展，助益甚鉅。在經濟方面，農業持續成長，工業生產所占比率亦逐年提高，而年經濟成長率達百分之十。

㈣邁向經濟獨立與加速發展時期（一九六六年至一九七一年）

民國五十四年美援停止，但對台灣經濟並未產生明顯不利影響，在此一階段，台灣地區獲得前所未有的快速發展，每年經濟成長率均在百分之十以上，其原因固然由於世界經濟景氣蓬勃所致；然而台灣地區的政治安定、教育普及、人才匯集，以及科技進步，亦屬重要因素。

五十五年行政院組設「行政改革研究會」，進一步推動行政的革新，並於五十八年成立「行政院研究發展考核委員會」，專司政策之分析，規劃及管制考核工作。

五十七年施行九年國民教育，五十八年辦理中央民意代表增補選，強化民意機關的功能，促進政治之參與，提昇民主憲政的層次。民國六十年中華民國退出聯合國，從此遭遇政治及外交發展上新的挑戰。

㈤**克服衝擊穩定成長時期**（一九七二年至一九七八年）

在此期間，發生第一次石油危機，世界經濟景氣衰退。迨六十四年蔣總統中正逝世，越南陷共，台灣地區同時面臨政治及經濟各項衝擊，惟中華民國政府之領導階層均能以堅定沈著之態度予以因應；在經濟上積極推動十項建設計畫；在政治上繼續推行民主憲政，頒行十項行政革新措施，此外並推動爲民服務工作，爭取民衆向心，終能克服各項挑戰，維持經濟之持續成長與社會的安定發展。

㈥**突破橫逆與轉型蛻變時期**（一九七九年至一九八七年）

六十七年底，美國宣布與中共建交，接踵而來第二次石油危機，對台灣地區的政治、社會與經濟，再次造成嚴重的衝擊。有效克服這些衝擊，執政黨與政府部門先後制定「復興基地重要建設方針」、「貫徹復興基地民生主義社會經濟建設案」，及「台灣地區經濟建設十年計畫」等一系列中長程建設計畫，並繼十項建設後，賡續推動十二項及十四項重大經建計畫，使得中華民國在重重內外壓力下，仍能透過各項重大施政計畫之實施維持穩定與成長。

然而台灣的經濟社會及政治發展雖已到達轉型蛻化的階段，中華民國政府有鑒於此，乃於七十四年設立爲期六個月的「經濟革新委員會」，爲未來經濟結構的轉變與發展研擬可行方案，在政治方面，執政黨在七十五年三月舉行十二屆三中全會後，即成立十二人小組，研討六大政治革新議題，包括國家安全體制的建立（解除戒嚴），修訂「動員戡亂時期人民團體組織法」（開放政治性團體）、修訂「動員戡亂時期公職人員選舉罷免法」、推動地方自治法制化，促進社會風氣之改進，以及從事現階段黨政中心任務之檢討等；此外行政院亦於同年六月召開第二次「全國行政會議」，研討行政再進一步全面革新的各項措施。凡此，均將使中華民國的政治及行政發展邁向嶄新的階段。

㈦因應政治變遷、加速改革階段（一九八八年至二〇〇〇年）

民國七十七年一月十三日蔣總統經國先生逝世，李登輝先生繼蔣經國先生成爲中華民國總統；不久之後，李登輝先生在中國國民黨中常會中被推舉爲代理主席，後來在第十三屆二中全會中又眞除爲黨主席，此時在台灣的中華民國政府就進人一個新的階段，也就是進人所謂的「後蔣經國時代」。

李登輝主導的中華民國政府，此時期的作爲，可分爲兩個時期；前六年李總統基本上繼續了蔣經國總統的政策。在國內政治發展方面，李總統逐步消弭或至少壓制了國民黨黨內的抵拒，完成了總統的選舉，李登輝先生和李元簇先生分別當選爲中華民國的總統及副總統，在外交方面採取務實外交，和許多小型的國家建立外交關係；在大陸方面制訂「國家統一綱領」，使台灣和未來大陸發展有了中長期的展望；此外，並積極規劃憲政改革，基本上是以不更動原來的憲政條文，而以增修條文的方式來適應未來的狀況。在國會改革方面，透過大法官二六一號的解釋後，責成資深中央級民意代表在本年年底退職，同時並規劃選出新的、修憲國民大會代表。㉑然而在李總統主政的後六年中，他認爲政局已在他有效控制之下，因而採取了一系列的台灣地區政治、兩岸關係，及國際關係上的激進措施，包括廢除台灣省，剝奪立法院對行政院院長的同意權，實施總統直選，宣佈台海兩岸爲「特殊國與國」關係，並在國際推動加入聯合國，進行南向政策，推動元首至無邦交國家訪問。這些政策導致國民黨內強烈抵拒，直接間接導致國民黨的分裂。

㈧政黨輪替、經濟衰退，與兩岸僵持（二〇〇〇年迄今）

民國八十九年（公元二〇〇〇年）五月的總統選舉，國民黨由於分裂，產生了代表親民黨的宋楚瑜與代表國民黨以連戰競爭的狀況；結果導致民進黨候選人陳水扁以百分之卅九的選票當選少數選民支持的總統，開始了政黨輪替的新階段。接著李登輝由於受了黨內同志懷疑支持他黨總統候選人及脫離國民黨的一貫路線而被撤銷黨籍。親民黨在民國九十年底的立委選舉上得利，獲得四十五席，成爲立法院第三大政黨。陳水扁政府宣佈停建核四。但在在野黨壓力下加以恢復。經濟成長下降，失業率上升，外交及國防因有美國強力支持顯得局面尚可，但台海兩岸關係因大陸對陳水扁總統之不信任及台北不肯重申「一個中國」政策和不接受「九二共識」而陷入僵局。此外由於以李登輝前總統爲精神領袖的台灣團結聯盟的興起，提昇了台灣地區本土主義的氣

㉑ 請參看 Yung Wei, "Democratization in Taiwan: Interplay between Internal and External Variables," (Paper presented to the annual meeting of the American Political Science Association, Washington D.C., U.S.A. August 28- Sept. 2, 1991)。

氛，間接導致族群關係的緇緊；朝野政黨在重大政策上的強烈對峙，也不利於台灣的政經發展。

四、台灣地區發展過程的歷史制度性詮釋

對於台灣地區現代化過程含義之詮釋，本文作者的基本看法是要用兩種不同類型的模式來解析。有關台灣透過經濟建設、社會發展，逐步邁向政治開放的過程，可以用價值分配及制度化建設的模型來解析。但對台灣地區發展過程中，產生了激烈內部政治衝突，尤其對李登輝主持政府後六年的狀況，則要用心理治療(Psychic-therapy)及民粹威權主義(Populist authoritarianism)的模式來解析及預測。

在提出上述兩種模式之前，筆者願先就中華民國政府在台灣地區推動現代化建設獲得成功的因素，先作一整體性的評價：

㈠重視文化傳統的發揚及維護

不僅在遷台初期，全面推動國語運動，促進台灣地區民眾語言之統一，同時並推行中國歷史、地理、民族精神教育，及公民教育，以培養國家觀念及現代國民之理念。㉒

㈡根據建國理想，規劃施政藍圖

依據孫中山先生之建國理想㉓，發展出一系列開放性之國家發展計畫，包括土地改革、經濟發展、教育發展、地方自治和議

㉒ 參看 Yung Wei, "Taiwan: A Modernizing Chinese Society," in Paul S. Sih (ed.), *Taiwan in Modern Time* (Jamaica, N.Y. St. John's University Press, 1972)。

㉓ 見 Yung Wei, Sun Yat-sen and China's Nation- building Efforts," in Paul Sih (ed.), *Sun Yat-sen and China* (Jamaica, N.Y. St. John's University Press, 1974)。

會政治等方面㉔，這一連串之發展計畫可隨時因客觀環境之變化而加以調整，以反映客觀狀況，有助於順利達成目標。㉕

㈢重視人才培養，作為建設主力

蔣中正先生在世時一向重視人才培養工作，來台更備加留意，除了經由教育制度，培養大批人才外，並經由各項短期訓練，培訓政治及行政人才。此外並積極延攬海外華裔人才返國，加入建設行列。經由上述各方面的努力，使台灣地區之大專人口，從一九五二年之八萬六千人增加為一九八九年之一百九十一萬人。此種高度教育人口之增加，大有助於各項建設計畫之推動。㉖

㉔ 請參看李國鼎《台灣經濟快速發展的經驗》（台北：正中書局，民國六十七年）；李登輝《台灣農業經濟論文集》（台北：作者自印，民國七十二年）；Chi-ming Hu, "Economic Development in the Republic of China, 1949-1981: Public Policy, Comparative Advantage, and Growth with Equity," in Hungdah Chiu and Shao-chuan Leng (eds.), *China: Seventy Years after the 1911 Hsin-Hai Revolution*, (Charlottesville, Virginia: The University of Virginia Press, 1984), pp. 215-257; David Wen-Wei Cheng, "Political Development in Taiwan: The Sun Yat-sen Model for National Reconstruction," Issues and Studies (May 1989); and Hung-Mao Tien, *The Grest Transition, Political and Social Change in the Republic of China*, (Stanford, Calif. Hoover Institution Press, 1989)。

㉕ 有關中華民國政府之政策作為請參看 Yung Wei, "Planning for Growth, Equality, and Security: The Experience of the Republic of China" (Paper delivered at the 43th Annual Conference of the American Society for Public Administration, Honolulu, Hawaii, U.S. A., March 21-25, 1982)；and Yung Wei, "Policy Planning of the Republic of China in the 1980s" (Paper presented at the 47th National Conference of the American Society for Public Administration, California State University, Long Beach, California, U.S.A., April 13-16, 1986)；and Yung Wei, "Policy Planning and National Development: Planning for a Free and Secure Society in the 1980s" (Report presented at the Monthly Meeting Office of the President, Taipei, Taiwan, R.O.C., February 1987)。

㉖ 請參看魏鏞，「人才引用與政治發展：中華民國邁向已開發國家之經驗與展望」（台北：台大法學院政治系，民國七十七年十二月）。

㈣推動教育發展，支援國家建設

教育發展爲推動台灣地區各項建設之關鍵性因素。台灣地區在過去四十六年間，教育獲得長程進展，國民受教育機會日益增進。至公元一九八九年，國民小學之就學率已達百分之九十九點九；高中升大學之比率亦已達百分之四十四點四。在台灣地區之大專院校之數目亦已從一九五二年之八所增加到一九八九年之一百一十六所。㉗凡此均對經濟發展、社會進步、及政治參與甚有助益。

㈤注重收入分配，促進平衡發展

中華民國政府在台灣推出現代建設之主要目標，不僅在達成經濟之高度成長，也要維持收入之平均分配。爲達成此項目標，除採取適當財稅政策外，並採低學費政策，低差距公務人員待遇政策，並不斷擴大社會保險之範圍。以上各項政策實施結果，使得台灣地區民衆所得差距日趨縮小。近年來雖略有擴增但最高百分之廿家庭收上除以最低百分之二十二比例，仍維持在五倍左右，爲世界上收入最平均國家之一㉘。由於經濟持續成長及收入平均分配，台灣地區已形成一強有力之中產階級㉙，成爲維護政治及社會安定之支柱。

㈥採漸進性發展，逐步邁向目標

中華民國政府在台灣所推動之各項建設，無論經濟、社會、文化、及政治發展，均強調漸進性發展之原則，以避免推動過激

㉗ *Taiwan Statistical Data Book, 1990* (Taipei: Council for Economic Planning and Development, R.O.C., 1991) , p. 278。

㉘ 請參看 John C. H. Fei, Gustav Ranis, and Shirley W.Y. Kuo, *Growth with Equity, The Taiwan Case*, published for the World Bank (New York: Oxford University Press, 1979)。

㉙ Yung Wei, "The Emergence of a Middle Class in Taiwan and its Implications," *Chungkuo shih-pao* (China Times) (Taipei) , May 23-25, 1985。

而可能產生之不穩定狀況。

㈦著重制度性發展，避免過速發展引起社會及政治失調

不少非西方國家在推動國家現代化過程中操之過急，結果各項制度之建立趕不上經濟、社會、及政治發展之速度，結果往往導致各項失調現象。中華民國政府有鑒及此，乃在建設過程中，特別著重於法律之制定、機構之建立及調整，及各項規劃及評估程序之釐定，其目的在於透過制度之建立來吸收現代化及發展過程所產生之各項衝擊，以確保平穩而持續之發展。

㈧政治、經濟、社會建設之交替及階段之發展

西方學者分析國家建設及發展過程時，往往不知不覺採取一種直線型前進性的分析。但是以筆者研究台灣地區現代化過程所獲體認發現，現代化過程有其階段，而不同階段中各項影響現代化過程變數間之關係亦各有所不同。

但是筆者必須指出，在前總統李登輝之政期間，尤其是後六年期間，上述這些導致臺灣地區持續發展的多種策略均作相當大的修正，其中尤以對憲政體制作重大而激進的修改，其結果引發了激烈的政治衝突。目前臺灣政治陷入僵局，經濟邁入停滯，兩岸持續對立，與李登輝的政治更張，多少有一些關係。

五、現代化過程的分配性及互動性模型

把臺灣地區的發展過程，作了一些近乎「歷史制度主義」(Historical Institutionalism) ㉚，「新制度主義」(Neo-institutionalism)，以至現象學 (Phenomenological) 的詮釋後，以下筆者願試作一些經驗性模式建造的努力。

㉚ 請參看徐斯勤，〈新制度主義與當代中國政治研究：理論與應用之間對話的初步觀察〉《政治學報》，32（民國 90 年 12 月），95 至 168 頁。

在未建立筆者本身的模式之前，筆者願就西方學者在談到現代時常常提到的三組變數之間的關係作一評述。根據筆者綜合眾多研究現代化問題中外學者的研究，大家提到次數最多的變數有三，即「經濟成長」、「社會平等」、與「政治民主」。由於處理這三項變數之間關係的不同，筆者把各種有關現代化及政治發展的現論分爲三類：

㈠**混沌的現代化理論**：此類學者把經濟成長、社會平等、及政治民主混在一起討論，並不深究其間的因果關係，基本上認定民主政治會與社會平等及經濟成長同步發展，不分先後軒輊。

㈡**自由主義的現代化理論**：把民主政治當作一個目標或獨立變數，認爲民主政治會導致社會平等，最後導致經濟發展。但是不少經濟及政治學者已經發現，民主政治不一定有利經濟發展㉛，相反地在經濟發展的初期，政治權力與運作的集中，反而是較有利於經濟發展的策略。臺灣、南韓、新加坡的經驗，似乎多少印證了這一點。

㈢**保守主義的現代化理論**：這派學者把經濟發展或成長作爲獨立變數，民主政治作爲相依變數，認爲經濟成長會導致社會平等，進而導致民主政治的來臨。Lipset、Inkeles 及 Inglehard 等多位學者均持這種看法；多數國家的發展經濟似乎也支持這項理論。㉜

筆者對於以上的理論，提出一項保留性的意見，那就是對於

㉛ 請參閱 Robert J. Barro, "Is Democracy Good for Growth?" *Hoover Digest* (1996, No. 2), pp. 14-18。

㉜ 見 Seymour M. Lipset, *Political Man* (New York: Doubleday, 1960)；Alex Inkeles and David Smith, *Becoming Modern* (Cambridge, Mass.: Harvard University Press, 1974)；and Ronald Inglehart, *Modernization and Postmodernization, Cultural, Economic, and Political Change in 43 Societies* (Princeton, N.J.: Princeton University Press, 1997)。

上述各項變數，多數學者只注意到他們總體價值 (aggregate value) 的增加或減少的問題，而未注意到分配的問題。因此我在多年前提出了一個兼顧「能量 (Capability)」與「分配 (Allocation)」的現代化分類的模型如下：㉝

圖一　現代化：一個「能量」與「分配」關係的示意圖

	分配過程	
社會之能量	更平等	更不平等
增加	I	II
降低	III	IV

由上圖可以看出四種關係，第 I 類型爲社會能量（經濟、社會、政治）提高而各種價值分配更平等的社會；第 II 類型爲能量提昇但分配更不平等之社會；第 III 類型爲能量下降但分配更平等之社會；而第 IV 類則爲能量下降且分配更不平等之社會。

根據上述圖形，由第 IV 型邁向第 I 型自然爲最典型之現代化過程；其次爲由第 II、III 型到第 I 型；再次乃由第 IV 型到第 II、II 型。不過由第 II 型到第 III 型或相反之演變是否爲現代化，便有許多爭議，而將以判斷者之意識型態而決定。

把現代化之類型加以分析後，以下便可將經濟成長，社會平等，與政治民主三者之間的關係加以剖析。圖二是一組有關三者之間關係示意圖，其中「圖二之一」顯示一定程度之社會平等將有助於經濟成長，但過度則不利經濟成長。「圖二之二」顯示一定程度之政治民主之將有利經濟成長，但過度則反是。「圖二之三」顯示社會平等與政治民主之成正相關之關係。將圖二所含各分圖統合在一起便得到圖三有關經濟發展、社會平等、與政治民主之三者關係之立體示意圖。此圖所展示之關係應可用數量化之實證資料加以驗證。

以上圖二及圖三所含之模式雖對上述三組變數之關係作了相關性 (correlational) 之展示。但是並沒有掌握第四項變數，那就是時間。而從臺灣地區建設之經驗觀察，在不同之時期中，不同之因素分別形成獨立變數或相依變數。譬如中華民國政府遷台之初，在先總統蔣中正先生主持，從事各項黨政改革，此時政治發展實為獨立變數；其後推動各相經濟建設，經濟發展乃成為獨立變數；再其後因經濟發展導致中產階級在台灣之興起，影響到政治上的新需要，此時社會因數乃成為社會變數；及至蔣經國總統去世，李登輝，陳水扁相繼擔任總統後，政治發展乃再度成為獨立變數，影響社會發展及經濟成長。這種因時期之不同而形成的政治、社會、與經濟因素間不同的關係，筆者試以圖四的模式來說明。

圖二　經濟成長、社會平等、與政治民主之關係示意圖＊

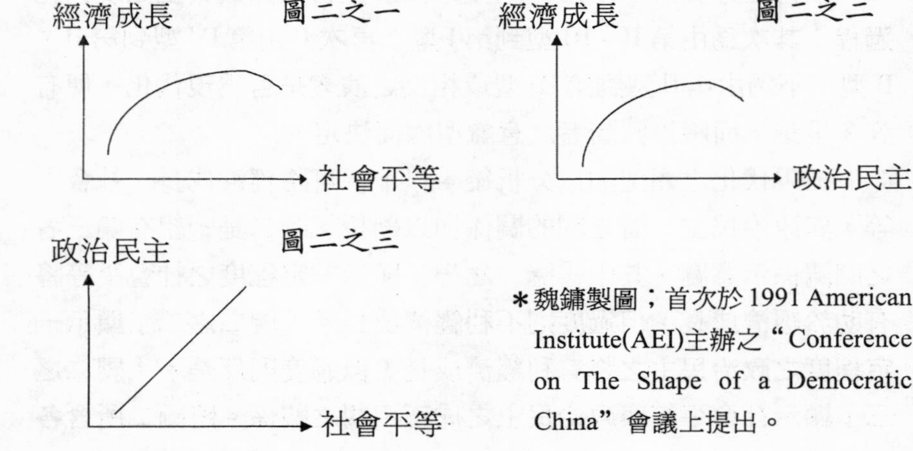

＊魏鏞製圖；首次於 1991 American Institute(AEI)主辦之“Conference on The Shape of a Democratic China”會議上提出。

圖三　政治民主、社會平等、與經濟成長：
三者關係之立體示意圖＊

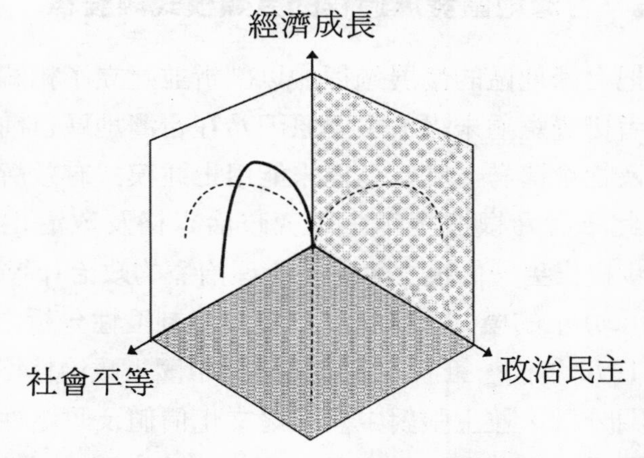

＊魏鏞製圖；首次於 1991 American Enterprise Institute(AEI)主辦之 "Conference on The Shape of a Democratic China" 會議上提出。

圖四　社會、經濟、與政治發展：一個動態模式示意圖

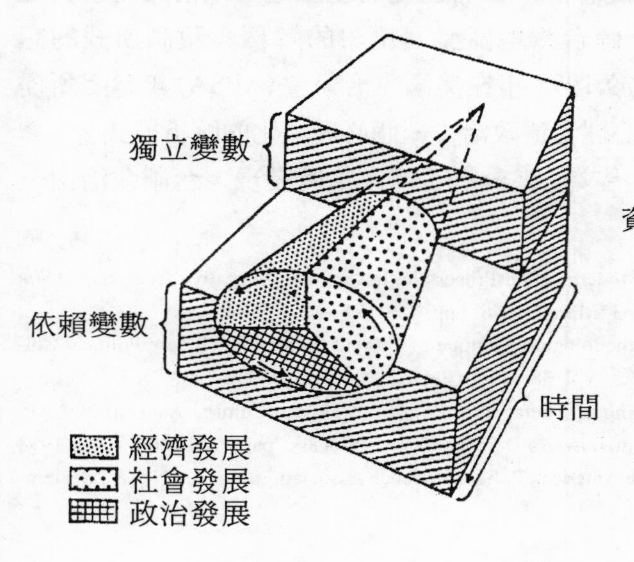

資料來源：魏鏞，"民主、平等與發展，政策規劃目標與國家現代化階段性之探討"，在「中華民國公共政策學會」年會上專題演講。（民國75年7月20日）。

六、心理治療政治與民粹威權統治：台灣地區發展過程的另類模式與詮釋

以上把台灣地區的發展過程加以剖析並建立了相關的理論模式後，筆者仍覺意猶未盡。主要原因乃在台灣地區目前所面臨的客觀政經及社會情勢，實有多種未能用上述模式有效解析及預測之處。因此筆者乃根據多年來研究政治人格及政治化所獲的心得，進一步提出另一個模式，即「心理治療的政治 (psychic-therapeutic politics)」的模式，來補充已提出之制度性分析之不足。

早在 1970 年代，筆者即提出了有關中國人政治性格及其行為模式的相關分析，並主張對中國人之文化價值及政治性格加以深入研究以為分析及預測中國文化地區之政治發展之基礎，㉞其時正值中國大陸文化大革命時期。事隔近卅年，台灣地區之政治發展，尤其在李登輝主政後期之作為，使不少中外社會科學家產生與文化大革命期間之聯想。筆者由是而產生運用政治文化研究之相關概念來建立一個台灣地區發展現象的解釋與預測模式的想法。結果便是筆者於 1998 年在美國政治學會 (APSA) 年會上所提出的「台灣地區的心理治療政治：一個心理文化的解析模式」。㉟

筆者在運用政治文化來分析台灣政治時發現，台灣政治由一

㉝ 請參看 Yung Wei, "Modernization Process in Taiwan: An Allocative Analysis," *Asian Survey*, Vol. XVI, No. 3 (March, 1976) , pp. 249-269

㉞ 見 Yung Wei, "A Methodological Critique of Current Studies on Chinese Political Culture," Journal of Politics, Vol. 38, No. 1 (February, 1976) , pp. 114-140.

㉟ Yung Wei, "The Waning of 'Therapeutic' Politics: A Psycho-Cultural Analysis of Populist-Authoritarianism in Taiwan's Democratization Process" paper delivered at the 1998 Annual Meeting of the American Political Science Association, Boston, U.S.A., September 3-6, 1998.

黨主導邁向多黨競爭的現象，近年來雖已成國內外不少政治學者研究的重點，但基本上均多半係把各種不同由西方學者所發展出來的理論套用在台灣發展過程的分析之上。包括人才引用、政黨競爭、國家角色、依賴理論、官僚威權主義、新制度主義，理性選擇、「第三波」，及後現代主義等各種概念及模式，都曾被用在台灣政治的分析上。㊱

㊱ 請參看 See for example, Yung Wei, "Democratization, Unification, and Elite Conflict," in Zhi-lin Lin and Thomas W. Robinson (eds.) , *The Chinese and Their Future, Beijing, Taipei, and Hong Kong* (Washington, D.C.: The American Enterprise Institute Press, 1994) , pp. 213-240; Y. Wei, "Democratization and Institutionalization: Problems, Prospects, and Policy Implications of Political Development in the Republic of China on Taiwan," *Issues and Studies*, Vol. 27, NO. 3 (March, 1991) ; Y. Wei, "Elite Conflict in China: A Comparative Note," *Studies in Comparative Communism*, (Fall, 1974) ; Edwin A. Winkler, "Institutionalization and Participation on Taiwan: From Hard to soft Authoritarianism," *The China Quarterly*, 79 (September, 1984) , pp. 481-499; Andrew Nathan and Yangsun Chou, "Democratizing Transition in Taiwan," in Andrew J. Nathan, *China's Crisis, Dilemmas of Reform and Prospects for Democracy* (New York: Columbia University Press, 1990) , pp. 129-152; Harmon Zeigler, *Pluralism, Corporatism, and Confucianism Political Association and Conflict Regulation in the United States, Europe, and Taiwan* (Philadelphia, PA: Temple Univ. Press, 1988) ; Hung-mao Tien, *The Great Transition, Political and Social Change in the Republic of China* (Stanford, Calif.: Hoover Institution, 1989) ; Linda Chao and Ramon H. Myers, "The First Chinese Democracy," *Asian Survey*, 34 (1994) , pp. 213-30; T. J. Cheng, "Democratizing the Quasi-Leninist Regime in Taiwan," *World Politics*, 41 (1989) , pp. 471-499; L. H. M. Ling and Chih-yu Shih, "Confucianism with a Liberal Face: the Meaning of Democratic Politics in Postcolonial Taiwan," *The Review of Politics*, Vol. 60, No. 1 (Winter, 1998) , pp. 55-82; Chien-kuo Pang, *The State and Economic Transformation, the Taiwan Case* (New York & London: Garland Publishing,, Inc., 1992) ; Janshieh Joseph Wei, "Institutional Aspect of Democratic Consolidation: A Taiwan Experience," *Issues and Studies*, Vol. 34, No. 1 (Jan., 1998) , pp. 100-128; Yun-han Chu, *Crafting Democracy in Taiwan* (Taipei: Institute for National Policy Research, 1992) ; Emerson M. S. Niou and Peter C. Ordeshook, "Notes on Constitutional Change in the Republic of China on Taiwan: Presidential versus Parliamentary Government," *Chinese Political Science Review*, 21 (December, 1993) , pp. 203-256; Thomas B. Gold, "Dependent Development in Taiwan," Ph.D. Thesis (Cambridge, Mass.: Harvard University, 1981) ; Julian J. Kuo, *The DPP's Ordeal of Transformation* (Taipei: Commonwealth Publisher, 1998) ; John Higley, Tong-yi Huang, and Tse-min Lin, "Elite

但是在衆多台灣研究中，有兩件事付諸闕如；其一是針對台灣各種現象，發展出兼具現實的解釋性及未來發展的預測性的理論模型。這種情況與不少台灣學者習於把西方學者所發展出來的模式硬套在台灣的政治現實之上有相當關係；其二是中外學者都感受台灣目前正在遭到外在環境的高度壓力和威脅，因此，不少外國學者把台灣民主政治加以正面的評價，其原因多少有一點認爲這將會有助於台灣的國際形象，從而有助於台灣安全。㊲但其結果都導致台灣政治品質的眞相難得凸顯，甚至還間接影響到中華民國政府的決策品質。

筆者有鑒及此，乃決定以另一種角度一心理文化的分析一來剖視台灣地區的政治發展，並進而發展出解析的模式，希望這樣做能有助於了解台灣地區政治現象的眞相。在分析過程中，著國家領袖的心理狀況與人民情緒的互動關係，從而針對「治療性的政治」(therapeutic politics) 及「民粹威權主義」的興起㊳，暨宣示性政策 (policies of advocacy) 的產生，一一加以剖析。

Settlements in Taiwan," *Journal of Democracy*, Vol. 9, No. 2 (April, 1998) , pp. 148-163; Alice H. Amsden, "Taiwan's Economic History: A Case of Estatisme and a Challenge to Dependent Theory," *Modern China* (July, 1979) , pp. 341-79; and Cal Clark, "The Taiwan Exception: Implication for Contending Political Economy Paradigms," *International Studies Quarterly*, 31 (1987) , pp. 287-356; also see Guillermo O'Donnell, *Bureaucratic Authoritarianism* (Berkeley, Calif.: University of California Press, 1988) ; and Samuel P. Huntington, *The Third Wave: Democratization in the Late Twentieth Century* (Norman: University of Oklahoma Press, 1991) , for a comparative perspective on the issue of socio-economic development and political democratization.

㊲ Linda Chao and Ramon H. Myers, *The First Democracy in China, Political Life in the Republic of China on Taiwan* (Baltimore and London: The Johns Hopkins University Press, 1998)。

㊳ 有關民粹威權主義在台灣之興起，請參看胡佛，《政治文化與政治生活》（台北：三民書局，民國 87 年）；黃光國，《民粹亡台論》（台北：商周文化，民國 85 年）；魏鏞，《突破，邁向大格局的未來》（台北：商周文化，民國 84 年）。

本文前面已經指出：李登輝先生擔任總統後期，事實上已大幅更改了國民政府的立場及發展策略。尤有進者，儘管台灣地區的民主化，係在蔣故總統經國先生任內就已經開始，不少中外學者都傾向把台灣地區的民主化，視爲從李登輝先生就任總統後才開始。對於李總統所推動的各項政府作爲及其效果，中外學者間看法有很大的出入。肯定李總統的人士認爲他是眞正能代表台灣本地人的領袖，他是一位能堅定地抵拒來自中國大陸的壓力、並不斷追求台灣的國際法人地位的總統。尤其重要的是，李總統被支持他的人士認爲李總統最了解台灣人的內心世界，所以李登輝先生才最適合領導台灣同胞，共同爲台灣的尊嚴及自主而奮鬥。

批評李登輝先生的人士，則指出李總統背棄了憲法及國家統一目標；他所從事的外交突破的努力，也常被認爲是過份冒進，而且不利兩岸關係。就連李總統陣營中津津樂道的台灣地區的民主化方面，也被指出李總統在民主化過程中的決策過份專斷，導致民粹動員與威權決策共存的現象。此外還指控李前總統把金權及黑道，容納在國民黨及國會之內，因此反對李登輝人士對他被國民黨撤銷黨籍一點也不感意外。

但是無論人們如何評價李登輝總統，有一件事情可以確定：就是吾人必須要分析李登輝及類似李登輝人士的政治性格與台灣同胞數世紀來累積的情結兩項因素間的互動關係，才能了解近年來台灣政局及社會經濟的發展。。

當我們深入分析台灣地區的現代化及政治發展過程時，我們就會發現台灣社會歷經荷蘭人、西班牙人、日本人，以及滿清政府等各種外來勢力的統治，在台灣人民心中的確有一種對外來勢力的抵拒心理存在。這種在殖民者統治下無法決定本身命運的「悲情」，的確代表著部份台灣精英的共同經驗，而一般民衆經歷不同階段的殖民統治，爲了適應統治者所產生的焦慮感，正與精英的挫折感形成一種互動的架構；這種互動的結果，便產生了筆者所建構的概念：「心理治療性的政治 (psychic therapeutic politics)」。

所謂「心理治療性的政治」，係用來於與「解決問題 (problem-solving) 的政治」加以區分的概念。在「治療性政治」中，領導者的政治運作的最重要的動機和考量，不在民主原則及政策效果，而在於掌握及操縱被領導群衆的情緒及情結，試圖把自己的價值觀和他認爲的群衆的期望相結合，從而產生一種兼具民粹性與威權性的動員與決策運作，並經由這種運作，一方面鞏固權力，另一方面傳播特定價值觀。從這種過程中所產生的決策，可以在相當長時間內不求實際的具體效益，而只求滿足領導者及群衆內心的需求；這種政策便是學者們所稱之爲「宣示性政策」，以有別於解決問題的理性決策模式。（見圖五）

圖五　治療性政治與民粹威權主義：一個啓發性的模型

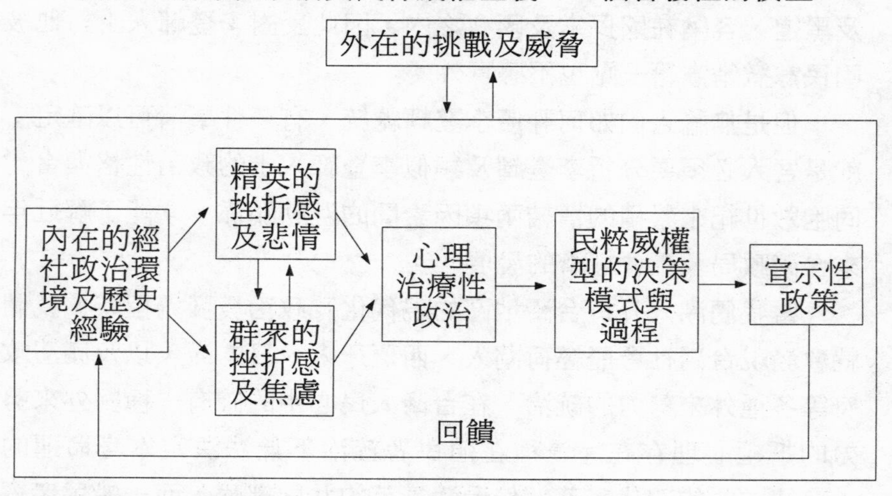

魏鏞製圖，民國八十七年八月六日

運用以上這種模式，我們可以針對台灣政治作相當程度的解釋，把台灣地區精英與人民的互動關係，與政治學中的比較政治文化，個人的政治性格與社會價值的適應過程，建立相互攻錯、相互徵引的關係。譬如「加入聯合國」、「元首外交」、「南向政策」、「達賴來訪」以及兩岸是「特殊國與國關係」等一系列看不出具體績效的政策，從「治療性政治」與「宣示性政策」的角度觀察，便可進一步了解其形式的原因和產生的作用。在此要舉出一點，這種形式的政治運作，也不限於台灣，爲金融風暴所困的東南亞政治領袖，爲柳文斯基事件所困的美國柯林頓總統的作爲，以及德法日等國右翼政治的興起，多少均可以看到這類政治運作的影子。（見圖六）

但是民主國家的政策作爲，究竟不能永久停留在心理治療的階段，而終究要負起責任，拿出眞正辦法，能解決問題的方案，爲國家增進安全、爲民衆增進福祉。西方學術輿論批評政府施政作爲，常問道「牛肉在哪裏？」事實上，面對經濟上衰退、失業率上升、兩岸關係的僵持、自然環境的惡化，台灣民衆已漸漸不約而同地發出「政策在哪裏」的呼聲。如果西方社會的「牛肉」可以比做華人社會的米飯，那「治療性政治」也許可以比做檳榔。檳榔可以刺激我們和麻醉我們，但長期只吃檳榔是不能養生活命的。要健身，還是非得靠米飯——切實可行並能在一定期間內獲得具體結果的政策——不可。所以筆者的結論與建議是：走出歷史的的悲情，邁向平衡冷靜的思考；脫出「治療性政治」的陷溺，提升到理性開放性社會的運作。最後，也是最重要的，拋棄只能滿足情結的宣示性政策，創造眞正能夠增進國家社會及人民福祉的問題解決策略。

七、從理性化建設到非理性化操控—

圖六 心理——文化分析與中共的打壓

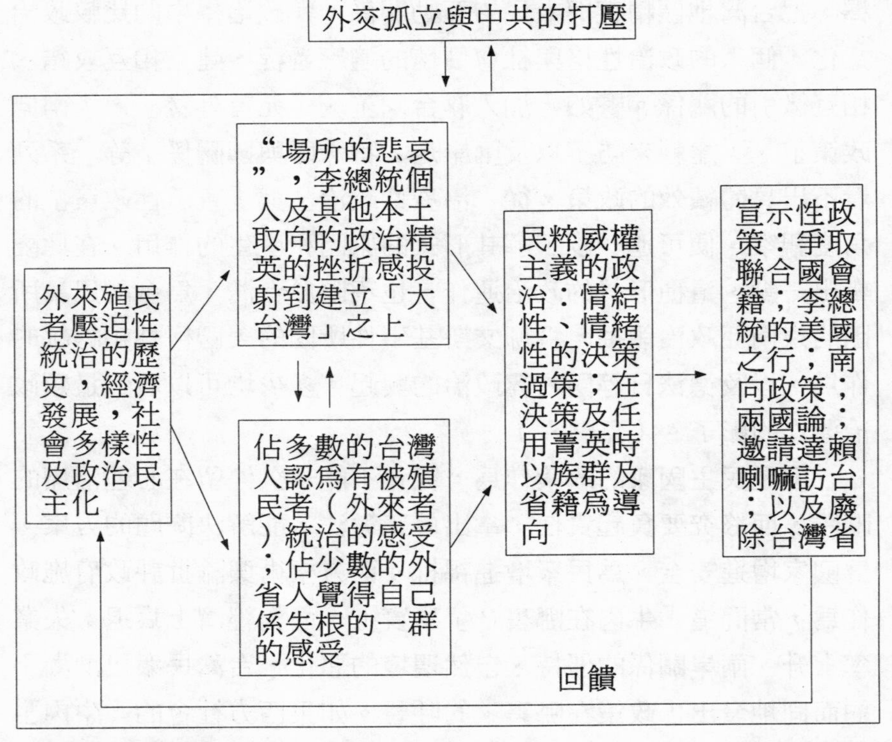

魏鏞製圖，民國八十七年八月六日

台灣經驗對世界的啓發與含意

本文從現代化觀念的澄清出發到台灣地區發展過程分析模式的建造，試圖爲現代化及國家建設創造出解釋台灣經驗及互動性的理論典範 (Paradigm)。全文的前段提出了現代化過程的分配性模式，同時也對台灣地區的發展做了一個歷史性及制度性的剖析。但筆者在本文最後一部份卻提出了另一個新模式——就是心理治療的政治與民粹威權主義的互動模式——來解析以至預測李登輝總統執政後的台灣政治發展情勢。

論者或以爲筆者針對同一現象卻提出兩種不同的解析模式，不免有陷入自相矛盾之嫌，其實不然。原因之一是本文作者爲Robert Merton 的中程理輪 (Theory of the Middle Range) 的服膺者㊴。筆者認爲吾人對一大型的社會現象不一定要刻意一開始就作全般性的解析模式，而可試圖用較低抽象層次的模式作部份性的解釋。其二是台灣發展過程有階段性。不同階段自然可以用不同模式來解釋。

上述針對台灣發展的理論模式，實際上對世界其他地區也有啓發性。從許多國家，包括已開發國家在內的狀況，我們均可以看到在一國現代化過程中，不同的政治精英在不同的階段運用不同的手段來治理國家及爭取人民支持。制度性的規劃及理性決策模式與心理治療性的民粹威權統治是交替出現甚至同時並存的現象。冷靜的整合性的政策作爲與激情的文化的政治訴求，即使在成熟的民主國家也常同時並存。歐洲及日本極右政治勢力的抬頭及中東和中南美洲民粹式領導人物的持續獲得掌權的機會，再度證明了心理治療模式的潛在有用性和有效性。

作者爲交通大學教授，前瞻政策研究中心主任
地址：台北市濟南路一段 15 號二樓
Email: yweic.nctu.edu.tw

㊴ 見 Robert Merton, *Social Theory and Social Structure* (London: The Free Press of Gencoe, 1957) , pp. 5-6.

7

台灣面對新挑戰：衝突信念的調和

馬若孟 (Ramon H. Myers)

創辦人張博士、張校長、魏院長、各位貴賓、各位女士、先生：

很榮幸參加這個大會，本人多年來關心台灣、也研究台灣的問題，在台灣結交了許多好朋友，也一直以台灣的成就爲榮。中國歷史上第一個現代化的市場經濟在台灣，中國歷史上第一個民主化也在台灣，1949 年以來，台灣人民及政府創造了世界矚目的「台灣經驗」。

但是，最近幾年來，有一個現象令人擔憂。

問題與現象

今天，台灣的領導人及人民對未來發展的方向，有兩種不同的、甚至是衝突的看法。這兩種不同的看法事實上是源自於不同的信念和理想。

第一種是「台灣民族主義」 (Taiwan Nationalism)，它有三個特徵：⑴台灣早已是主權獨立國家；⑵台灣必須與中國大陸建立一種特殊的國與國關係，未來時機成熟時，這種特殊關係將變成正常的國與國關係；⑶台灣人就是台灣人，不是中國人。

第二種看法是主張與「與中國交往」 (Engagement of China)，他們認爲台灣是中國的一部份，事實上，台灣在日本殖民統治之前幾百年早已就是中國的一部份了。第二次世界大戰之後台灣回歸中華民國，一九四九年中國分裂爲兩個政權，一個在大陸，一個在台灣，這兩個政權應該建立合作關係，互助互利，並在將來成爲統一的中國。

不過，在這兩種截然不同的理念之外，還有一個問題——台灣的安全問題。要維持台灣的安全，必須與中國大陸保持和平的關係。可是中國大陸的人民又有另一種看法，我叫它做「中國民族主義」(Chinese Nationalism)，它有三個特徵：⑴台灣一直是中國的一部份；⑵外國帝國主義把台灣與中國分開了；⑶中國與台灣必須要統一，最好是以和平方式統一，否則不惜以武力來完成統一。

「中國民族主義」與「與中國交往」部份是相合的，因爲如果台灣的政權回到「與中國交往」者的手中，台灣可能會開始與中國大陸協談。這兩種理念的人都認爲短期內雙方可以讓步、協商、進一步合作，再逐步尋求長期的統一。

但是，如果「台灣民族主義」者一直掌握政權並且拒絕與中國大陸談判，怎麼辦呢？台灣與大陸之間勢必發生衝突，而這種衝突可能把美國也牽扯進來。有沒有辦法解決這種對未來發展不同理念衝突的問題呢？

在回答這個問題之前，我要提出一個矛盾、諷刺的現象：台灣人民已逐漸接受民主，而無論是主張「台灣民族主義」的或「與中國交往」的，都強調民主，也都表示要致力推動民主。既然如此，爲什麼又會衝突、互相排斥呢？

兩種民主理念的競逐

這要從一九四九年國民黨由大陸撤退到台灣說起。國民黨到台灣以後開始實施「有限民主」，所謂「有限民主」是指直接選舉只限於地方民意代表及鄉鎮市長，人權上也受到若干限制。

國民黨領導者認爲發展這種有限民主，可以把台灣建設成一個民主、現代化的模範省，未來將作爲中國大陸人民推翻共產主義政權、建設中國的典範。

在此同時，國民黨領導者依靠一九四七年的憲法及戒嚴令，每六年以間接選舉方式改選總統及副總統；地方民意代表則每三年直接選舉一次。這種地方自治的法律及機制是以國父孫中山先生的三民主義爲基礎。三民主義及新儒家思想與價值一直是台灣教育制度的核心思維。國民黨的民主理念就是融合西方民主思想及中國的理念而成的。

還有一部份台灣精英受到日本、美國、或英國民主思想及理論的影響，他們要求「全面的民主」，也就是法制及公正的直接選舉。這些新的政治人物起先被統稱爲「黨外」，後來在一九八六年組成「民主進步黨」。他們追求美式或英式的民主制度，呼籲快速民主化及直接選舉。

民族主義及台灣式民主

西方政治科學家 (例如 Dankwart A. Rustow) 研究瑞士、土耳其及其他西歐國家民主發展的過程，發現當大部份人民有強烈的國家共同體 (National community) 的想法時，民主就會發展。

在台灣，有兩種民族主義並存。一九四五年到一九五〇年間由大陸到台灣來的中國人，認爲台灣是中國的一部份。他們以身爲中國人爲榮，對於失去大陸的恥辱難以忘懷，希望共產政權有一天會崩潰，或是被中國人民推翻。那時台灣的民主制度及市場經濟就能統一台灣及大陸。這些人的民族主義信念是根植在「台灣是中國的一部份」的原則上，而且認爲統一應該以三民主義及儒家思想爲根本。

但是另一派民族主義思想則與台灣特殊的歷史有關。許多台灣精英曾在日本受教育，仰慕日本的法律及現代化。他們也深受「二二八事變」的影響，認爲國民黨政府應對這個悲劇負責。當時國民黨統治者確實在某些職務上排斥本省籍人才，造成台灣人對大陸人的不滿，這些台灣人也認爲日本的現代化優於中國的文明。

不論如何，這兩種不同的民族主義者都提倡民主化，但他們要的是不同的民主政府，與中國大陸的關係也不同。

兩種衝突的看法

一九九〇年十月一日，台灣政府設立了「國家統一委員會」，「國統會」不久訂定了「國家統一綱領」，明確指出台灣和大陸將如何統一。

一九九一年十二月二十一日台灣人民投票選舉第二屆國民大會代表。這次選舉一般認爲是台灣歷屆選舉中最重要的一次，因爲它幾乎是一次攸關台灣未來發展方向的投票。競選活動非常激烈，民主進步黨要求選民支持他們建立台灣共和國；而國民黨除了要求選民支持他們社會經濟政策之外，更提出逐步邁向長期的、未來的三民主義的中國。兩黨候選人的政見對於台灣發展的道路明顯不同：究竟要「台灣民族主義」？還是與中國交往，未來建立一個自由、民主、及自由經濟的統一中國？

選舉結果，超過百分之七十的選民選擇國民黨，只有百分之二十的選民把票投給民進黨。國民黨在第二屆國民大會掌握了四分之三的多數，他們開始修憲，台灣也迅速的朝民主化的路上走。不過在一九九五年及二〇〇〇年之間發生了幾件事，影響了台灣的民族主義，也使相當多的台灣人懼怕中國。結果在二〇〇年的總統大選中，民進黨取代了執政半世紀的國民黨，開始執政。

新上任的民進黨總統陳水扁似乎開始悄悄的推動台灣民族主義。他的官員開始把一些三民主義統一中國的符號拿掉；他的政府開始修改小學教科書及台灣政府年鑑中的內容；他們也逐步在大學中增加研究台灣的系所。陳水扁總統無意恢復與中國的談判，他的政府一再拒絕把「一個中國」的原則作為協談的指標。陳水扁政府顯然是支持「台灣民族主義」的觀點。

另一方面，反對黨也努力尋求人民支持他們與中國交往的觀點。他們提出「國協 commonwealth」或「邦聯 confederation」的概念，作為未來台灣與中國合作的架構。

這兩股不同發展道路的衝突愈來愈明顯，也愈來愈激烈。不過，如果社會的精英份子及一般人民能真正實踐民主的「容忍」的話，民主可以調和這種差異與衝突。很可惜，最近一些事件卻顯示台灣民族主義的支持者並不能容忍不同的意見。

例如前總統李登輝曾表示，如果外來的政權不認同台灣，他們應該「滾回中國」。司法院副院長城仲模曾指出，目前的問題並不是「新台灣人」或「舊台灣人」的問題，而是「真台灣人」或「假台灣人」的問題。他說：「真台灣人有顆熱愛台灣的心及愛他們所生成的這塊土地。」⑵可是，許多愛台灣的人認為他們是台灣人，同時也是中國人，他們相信台灣與中國有特殊的淵源。什麼是「容忍」？就是說一個人可以同時熱愛台灣及中國，而他仍然是忠於中華民國的好公民。像李登輝、城仲模這樣的態度，不但不能容忍不同的意見，而且歧視、分化台灣人民，這對台灣人是不公平的。

「民主」允許人民說出他們心裡的話。最近我們在台灣聽到的一些言辭並不是眞正的民主。眞正的民主是根基於「容忍」，容忍不同的意見而仍然遵守法律。硬把台灣人民區分成台灣人或中國人，是在分化台灣的社會，把許多自己的人民排除在外。

結　論

今天台灣人民內心深處有許多掙札，這種掙札正是因爲這兩種不同的發展方向的拉扯。一派主張在維持台灣的民主與自由原則下與中國交往。另一派則認爲台灣與中國大陸毫無關係。「台灣民族主義」的主張會把台灣推到與中國大陸衝撞的路上。他們期望美國會支持他們與中國對抗，最終建立一個台灣共和國。他們認爲凡是不愛台灣的人乾脆離開台灣，這種態度違反民主的眞義。

如果台灣民族主義理念違背了民主的原則，台灣的民主將會腐蝕。台灣人民能不能展現民主容忍不同意見的修養？還是要那些不認爲是純種台灣人的回到大陸去？如果沒有民主最基本的素養——容忍，民主是不會存在的，台灣也不可能例外於這些根本的原則。

極端的民族主義是顆毒藥，它會使道德腐壞，社會分崩離析。台灣的民主目前最需要的是培養寬容的素質，用「容忍」來調和社會中不同的意見。大多數台灣人民仍然認爲他們是台灣人，也是中國人。他們應該站起來大聲疾呼：台灣的貿易、投資、就業都需要中國的資源，而台灣可以幫助中國的現代化及民主化，台灣可以使中華文明再現生氣，並創造一個台灣文明。

與中國交往，台灣會更繁榮、更民主、而且在國際社會及國際組織中更獨立，爲什麼？第一、台灣的領導人可以提供類似國協 (Commonwealth) 的觀念給北京領導人，在「國協」的架構下，台灣、香港、澳門都在「一個中國」的原則下，互相合作。「中國國協」也表示中國主權的至高無上。第二、在「中國國協」架構下，台灣與大陸互相合作，在三方面可以通力合作：安全及軍事方面，經濟社會及文化方面，以及國際關係方面。國協的成員都遵守國協的憲法及律法。法律保障成員對統一或維持現狀的立場，台灣及大陸都不需修改他們的憲法，只要加上一個條款，把現有的憲法與「中國國協」聯接起來即可。在這種情形下，雙方都遵守「一國兩制」及「一個中國」的原則。

台灣的民主人士應該帶頭推動與中國大陸的伙伴關係，這種伙伴關係將會創造台灣及中國的新文明。

第四篇

孫中山先生與國際社會

1

孫中山先生與歐美憲政的權力分立論

謝瑞智

壹　歐美權力分立論

所謂權力分立 (separation of powers, Gewaltenteilung)，即將國家權力之作用，依其性質區分為若干單位，並由各別構成之獨立機關來行使，以形成相互制衡 (Checks and balances)，藉以排除國家權力之集中與防止權力濫用，而保障國民主權與基本人權的政治原理。1789 年法國人權宣言第十六條謂：「凡權力保障不安全，分權制度不確定之社會，則全無憲法之可言。」因此，權力分立理論，乃成近代國家之政治組織的原理，而為各民主憲政國家普遍採行。政治上的權力分立論，原是受到啓蒙期思辨性合理性主義之影響，將牛頓物理學的力學原理運用在政治上之領域而形成的制度，但是否能保障數個權力實體互相保持均衡，共同協力為民謀福？從心理學上言，這是缺乏有力的依據，因為這一設計忽視了人類追求權力慾的事實。權力分立理論雖可溯自亞里斯多德，但一般都認為係起源於洛克 (John Locke) 的「政府二論」(Two Treatises of Government, 1690）與孟德斯鳩 (Ch. L. Montesquieu) 之「法之精神」(De L'Esprit des Lois) 的著作中。

一、洛克的權力分立論

洛克認爲國家權力可分爲立法權，即制定法律之權力與執行權，而執行權則包括行政與司法，亦即適用法律與行使判決之權力，彼又在這二權之外提出同盟權 (federative power)，即行使戰爭、媾和、同盟等權力。但洛氏認爲在這些權力之中應以市民階級參加之立法權處於優勢之地位。洛克在最後又以英國特有之法律概念而加上國王的大權作用 (prerogatives)，因此在他的理論中，應有四權在發生作用。

洛克的權力分立論

負責機關（主體之區分）	作用（客體之區分）
立法權	國民之代表與國王
執行權	國王
同盟權	國王
國王大權	國王

二、孟德斯鳩的權力分立論

權力分立的構造：孟氏受到前人的影響，其權力分立之構造爲：

政體的分類法：孟氏認爲政體可分爲：

共和制：又分爲

民主制：即主權歸屬於人民之體制。

貴族制：即主權歸屬於部分人民之體制。

君主制：即主權歸屬於一人之體制，但是以法律之支配爲統治之條件的制度。

專制制：即在主權歸屬於一人之體制上與君主制相同，但並不以法律之支配爲統治之條件，而是完全以主權者一己之意思而統治之政治體制，故與君主制有所不同。

國家權力的區分：孟氏認爲所有的國家都有三種權力：

立法權：乃制定或改廢一時性或恆久性法律的權力。

有關萬民法事項的執行權：簡稱爲執行權。即包括宣戰、媾和、派遣及接受大使、維持治安及防禦侵略的權力。

有關市民法事項之執行權：可簡稱爲裁判權。即處罰犯罪，或裁判個人訴訟之權力。

權力分立的目的：三權應分屬於各個獨立機關來行使，而不應集中於一人或一個機構，以保障人民之政治自由。

孟德斯鳩的權力分立論

負責機關	作用
立法機關（民選議會、貴族院）	立法權
執行機關（君主）	有關萬民法事項的執行權
裁判機關（由人民選出的非常設機關）	有關市民法事項的執行權

立法權與行政權歸於同一人或同一執政府統合時，則人民之自由將不存在，因爲同一君主或同一元老院將有可能制定嚴苛的法律，又以苛刻的方法執行之虞。

裁判權與立法權及執行權不分離時，人民之自由將不存在，當裁判權與立法權結合時，關於市民之生命與自由的權力將變成恣意任性，因爲裁判官會變成立法者的緣故。而當裁判權與執行權結合時，裁判官將擁有壓迫人民的權力。

如同一人，或達官、貴族，甚至人民的同一團體擁有這三權，則人民將失去所有一切的權力。因此，各個權力分屬於不同的機關，並保障與其他權力獨立存在，亦即各個權力在其自己之管轄事項之內保有其獨立「決定之權能」，乃是自由的保障不可或缺之事。

三權應相互制衡：爲有效保障自由，只有分權並不充分，而應保障使各個權力擁有阻止其他權力的權能。裁判權因爲是屬於機械性的適用法律的權力，它是消極的「無之權力」，因此在實際的制衡機制上，則以立法權與行政權爲主。

必須保障執行權有抑制立法權的權限：如執行權無阻止立法機關計劃之權限，則立法機關便成爲立法專制。因爲立法機關將獨攬一切權力，並消滅其他所有的權力之故。具體而言，則應保障執行權擁有法律之否決權，及召集立法機關與宣布閉會之權。但執行權因擁有上述阻止立法之權，故不得參與立法權，亦即不得參與法案之審查，亦不應有「提案權」。因執行權擁有否決法案之權之故。再者，立法機關決不可自行集會，與自行閉會，此應由執行機關按情事之判斷執行之。

因執行權在性質上具有其界限，自不必賦予立法機關有阻止執行權之權限。不過立法權當可檢討審查自己所制定之法律的執行情況。不論其檢討的結果是如何，立法機關並不得對執行者加以裁判，這是爲防止立法專制而設之規定。蓋如允許立法機關有追訴執行機關之權，則執行機關將喪失自由之故。

爲了被告之利益，有時對於裁判權也有必要承認例外之情形，即對於貴族也有必要承認貴族院（上院）應擁有裁判權，適用法律過於苛刻時，也應承認立法機關也可裁判，以爲緩和，如公務員有侵害人民之權利時，也應承認由人民代表構成之下院或貴族院可進行裁判。

三、歐陸與美國三權分立的不同

不過同樣是三權分立，但在歐洲大陸與美國對三權的制衡觀念就有不同的思考方式。

在歐洲大陸國家國民是代表主權者，在主權者之下就是立法機關，立法機關所制定的法律，交由行政機關與司法機關來執行。所以在三權之中，立法機關等於是最高機關，因爲立法機關最接近國民，也是由國民直接選舉而組成。在歷史上顚覆王權也是靠議會勢力才得以成功，所以國會在權力分立中應居於最優異的地位。

在英美國家就不這麼想，美國人認爲國民之下有行政、立法、司法三權鼎立的狀態，在同一線上並重。所以美國法認爲「立法機關不應比其他機關有高價値」他們認爲三權應爲同等重要。

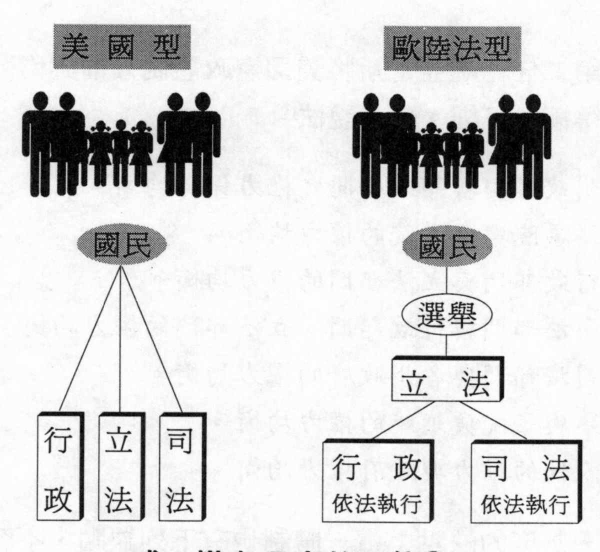

貳 權力分立的形態①

一、從立法與行政觀點言

① 田上穰治編：體系憲法事典，1984 年 4 月，第 140 頁以下。

嚴格分立型：原則上立法與行政之作用，分由立法機關與行政機關負責，即兩機關間之分立相當清楚之體制。法國 1791 年憲法、共和曆 3 年憲法、1848 年憲法、菲律賓憲法與美國憲法等均屬此類。此一型態爲確保兩機關之嚴格分立，故有下列之特色：

兩機關間因嚴格分離，因此禁止兩者之兼職。

原則上禁止立法機關對行政機關之干涉。立法機關無法追究行政機關之政治責任，因此無法影響行政之執行。行政機關亦不必獲得立法機關之信任，則可繼續留任而執行行政工作。

原則上亦禁止行政機關對立法機關之干涉。因此行政機關無停會與解散立法機關之權，亦無法律之提案權、出入議會之特權與發言等權。因此在此體制下立法機關較其他體制享有更大之自由。

美國第二任總統亞當斯將美國憲政體制分權與均衡之複雜關係，描述得極爲仔細。依其說法②：

> 州政府與聯邦政府間之權力保持均衡。
> 眾議院與參議院的權力均衡。
> 行政部門與立法部門的權力均衡。
> 司法部門與行政部門、立法部門的權力均衡。
> 司法部門與各州政府的權力均衡。
> 參與議院與總統的權力均衡。
> 人民的權力與政府權力均衡。

這一制度的缺點：這一體制也有下列缺點，不容忽視：即立法機關與行政機關對立時，因無解決之方法，致政治之運作有

② Stanleg killey, Jr. The American Constitutional System, 載於 American Polities and Government, p.10.

全面癱瘓之虞。譬如總統所屬之政黨在議會不占多數席次時，因兩機關之對立而並行，致使國家陷於完全停頓狀態，因此如非解決不可時，有可能採憲法外之手續；如採革命或政變等手段以爲解決，而招致憲法之全面否定。

均衡型（議會內閣制）：

即立法與行政之作用分屬於立法機關與行政機關（權力分立）。而沒有任何一方從屬於其他機關之情形。

兩機關並非嚴格的分立，而是兩機關間存在著相互協助之關係。

即立法機關要求行政機關（內閣）之連帶責任，而行政機關即對立法機關有解散權之制度。一般認爲這是在英國之政治發展的過程中，由憲法習慣逐漸形成之制度。這種制度在很多國家，也多多少少有變型出現。

立法機關優勢型（議會政府制）：

特徵：即在立法機關與行政機關之間無權力分立之存在，而立法機關兼有行政權，行政機關全面性從屬於立法機關之制度。行政機關不過是立法機關的委任者，因此行政機關不僅對立法機關無召集會議、停會或解散之權，其本身亦無總辭之自由，只是依照立法機關之意思而行動，而立法機關可任意任免行政機關之成員，對行政機關所執行之作用可自由予以改廢。如瑞士憲法所規定之體制、法國革命時之國民公會制則爲適例。

問題：這個體制也有下列問題：

因立法機關不被解散，不必考慮民意之動向，可任意處理重大問題，並決定內閣之進退，而爲事實上之主權者。

無兩大政黨存在時，上述特徵將更爲顯著。內閣就是認爲自己的判斷合於民意，也無法藉解散國會以訴之選民之決定，因此無法維持並貫徹自己之政策，如與議會對立時，只有總辭之一途。法國第三共和與第四共和之所以造成短命內閣就是其適例。

行政機關優勢型（法國第五共和之總統制）：即議會在原則上擁有立法權，但議會之地位則略受減弱，這是爲克服立法機關優位型之缺陷，確保國家政治能迅速有效執行而產生之制度。譬如限制議會之立法事項，或在議會之議事手續上保障政府之優位，或使議會難於追究政府之政治責任，抑擴大總統之權限，賦予總統有解散議會權或緊急命令權等，均使行政機關在執行法律時處於較優位之地位。此如法國第五共和或德國威瑪憲法之體制。

二、從司法機關之關係言

英國型：英國的司法對於具體法律上之爭訟，包括民事、刑事，甚至行政事件之裁判，均由司法管轄，因此行政機關應服從司法機關之統制。但在英國因無剛性憲法，而議會主權又已確立，司法機關在解決具體事件時，對於該事件所適用之法律是否合於憲法之規定，無權審查，因此在英國，對於立法機關，並無司法優位之問題存在。

美國型：美國的法律觀念因與英國大同小異，因此，司法也管轄民事、刑事及行政訴訟案件。但與英國不同者，即法院在處理具體爭訟事件時，在必要範圍內對法律是否合於憲法有審查之權。因此在美國原則上立法機關應服從司法機關之統制。蓋美國有剛性憲法之存在，而司法機關又擁有憲法之最高解釋權，故在美國已確立「司法權優越」之觀念。

德國型：依德國基本法第92條規定：「司法權付託於法官；由聯邦憲法法院、本基本法所規定之各聯邦法院及各邦法院分別行使之。」民事、刑事及行政事件之裁判權固應付託於聯邦最高法院及下級法院處理，而聯邦憲法法院則負責憲法上之權限爭議的裁判工作。因此在德國基本法之下，其司法權不僅涉及行政事項，並已超越美國型，將立法機關亦置於司法權之下。這種司法權之優越，在奧地利、義大利等國均已存在，在我國的大法官會議，亦已朝此方向運作，此種制度似爲今後憲政之發展趨勢，當可預期。

叁　五權分立論

此制爲　孫先生首創之理論，　孫先生將孟德斯鳩的行政、立法、司法三權，加上我國歷史上固有的二權，則考試權與監察權合爲五權，而將此五權各別獨立，分別由五個機關分工合作行使者，稱爲五權分立。依此而創造的憲法，稱爲五權憲法。中華民國憲法爲唯一的五權憲法。

一、五權憲法的組織體系

五院之組織關係：在中央組織國民大會，國民大會之下設立五院爲中央政府，即行政、立法、司法、考試、監察。中央統治權則歸國民大會行使之。即國民大會對於中央政府官員有選舉權與罷免權，對於中央法律有創制權與複決權。五院均爲治權機關，其組織採院長制，受總統的統率，總統暨五院則對國民大會負責，而國民大會則對人民負責。五院之職權：行政院行使行政權，並以下設各部。立法院行使立法權，制定法律、議決預算、戒嚴、大赦、宣戰、媾和、條約各案。司法院行使司法權，凡民刑及行政訴訟均屬之。考試院行使考試權，以確定候選人與公務員資格，並掌理銓敘事宜。監察院行使監察權，包括彈劾、糾舉、審計等項。

孫先生手列治國機關系統表：

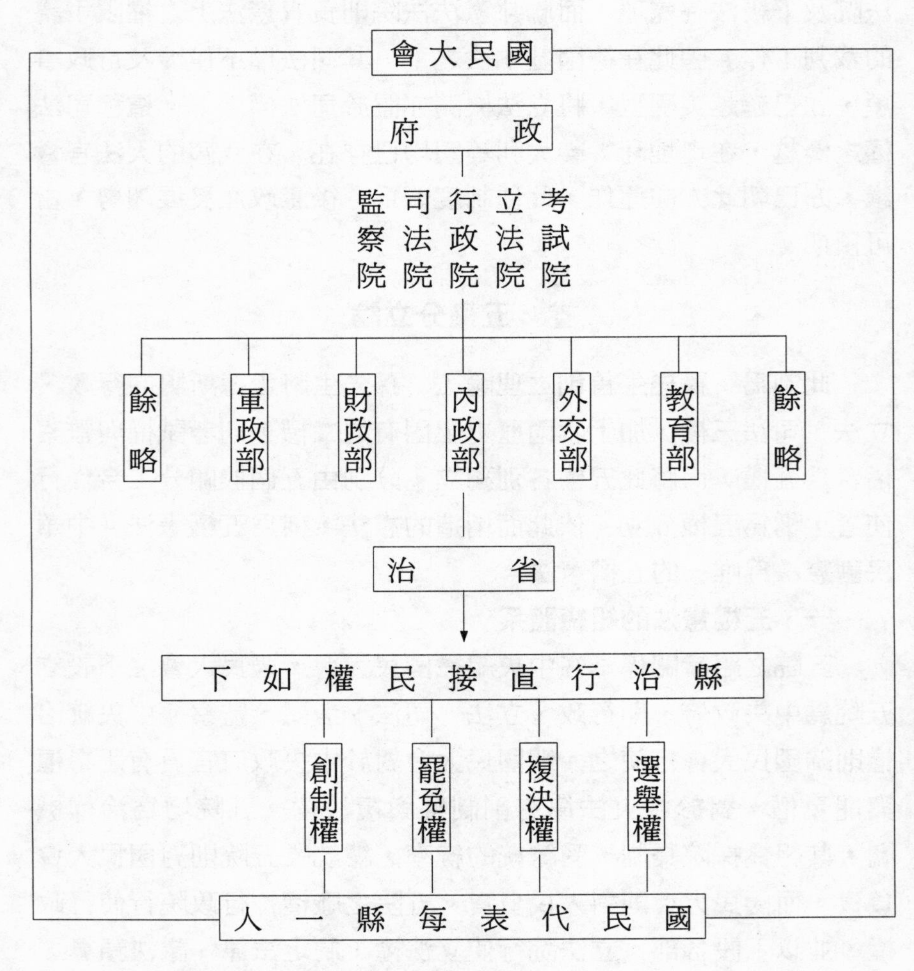

見「三權憲法」及「五權憲法」項。

二、三權憲法已有朝五權運作之趨勢

由此可知，五權憲法是由三權憲法蛻變而來；亦即三權分立，由五個機關行使。從功能上言，兩者並無二致。蓋三權憲法立法權兼監察權，易於造成議會專橫，而政府無能；行政權兼考試權，亦於植黨營私，引用親人，使考試權流爲有名無實之形式，易使政治趨於腐化。因此五權分立使監察權獨立於立法權之外，專司政府官吏之糾劾規諫。這種制度與歐美實施之行政監察官 (Ombudsman) 制度有異曲同工之妙。在北歐諸國爲彌補立法兼監察職權之諸多缺失，乃另創設監察官以第三者之公正立場，接受人民之申訴與處理政府與人民間的糾紛。目前該制已傳及挪威、紐西蘭、英國及美國若干州，日本已積極研究廣爲推介。至於考試權之所以由行政權獨立，蓋有獨立之考試機關，政府可定期舉辦考試，發掘優秀人才，使一般沒有良好家庭背景者也可藉考試途徑晉身文官體系，甚至可布衣卿相，其對於弱勢及基層民衆有百利而無一害，尤其只有在超然獨立之考試機構運作下才能公正選拔人才。而且只有建立完善之文官制度，公務員之進退才不致受到政黨政治政權更迭之影響，也因此才能保障政治社會之穩定和公務員之安全感。如日本的人事院是獨立於行政機關而單獨運作。因此目前各國憲政，在功能上已有朝五個行使之趨勢發展。

又三權憲法行政、立法、司法之分立，其作用既是彼此權力之相互制衡，因之其目的只在防止政府之專橫，不能使政府成爲萬能政府。五權分立，各權地位平等，一方面雖能相互制衡，但其主旨在於互助，以發揮憲法統合中央政府之作用，而收分工合作之效。故　國父曰：「可以發生無限的威力，才是萬能政府」。五權憲法之特點可列舉如下：

權能區分：則將國家之政治大權分爲政權與治權，政權即選舉、罷免、創制、複決，治權即行政、立法、司法、考試、監察等五權。

五權分立：即將國家的行政、立法、司法、考試、監察五種治權各獨立規定於憲法，分由五個機關行使，以防政府之專橫擅斷。

分縣自治：地方自治是憲政之基礎， 國父曰：「地方自治者，國之礎石也，礎不堅，則國不固」。故在五權憲法以縣爲自治單位，行使直接民權。且我憲法在基本國策章中，規定教育文化應發展國民之自治精神爲主旨，又憲法及增修條文，對縣之地方自治有詳細之規定。

採直接民權，實現全民政治：五權憲法遵循 國父遺教，不主張採用代議制度，而主張以直接民權爲主。

採考試用人制度：五權憲法之憲政，關於公務人員之選拔，實行公開競爭之考試制度，非經考試及格或銓定合格者，不得任用（憲八五、八六）。

採均權制度：五權憲法之憲政，關於中央與地方權限之劃分，採既不偏於中央集權或地方分權之均權制度。

規定基本國策：五權憲法之憲政，關於國防、外交、國民經濟、社會安全、教育文化及邊疆地區之國家基本政策，均有原則性之規定，以爲全國上下一致努力之目標。

2

孫中山先生與歐洲

許智偉

中山先生曾於少年之時，在夏威夷居留五年(1878-1883)並在美式學校(Jolani school 及 Oahu College)求讀，沐浴了西方禮儀文化，相信了耶穌基督的福音；但直到回抵香港，肄業於英國公教會(Episcopal Church)所辦"拔萃書院"(Dioceson Home)時，才正式受浸爲基督徒，獲命教名爲"孫日新"。旋又轉學於香港政府依英國漢學家理雅各(Dr. James Legge)建議而創設的中央書院(Central College，該校於1889年改名爲Victoria College，1894年又改稱爲Queen's College)這是一所設備完善，教育成績優良的學校，教師且多聘自倫敦，使先生對泰西文化重心之歐洲，更深印象。迨由廣州博濟學院(Conton Hospital)轉學新設的香港西醫書院(The College of Medicine for Chinese，1889年創立），蒙先後任教務長的孟生(DR. P. Manson)和康德黎(DR. James Cantlie，1851-1926)在課業上悉心指導，在生活上愛心輔導。這一段青年時期所受的教育，不僅奠定了中山先生醫人醫國能力的基礎，而且亦加深了他對現代化動力的來源——歐洲的嚮往。① 1894年他決心北上，擬請李鴻章“玉成其志”轉請總理衙門發給旅行護照能到歐洲去

---

① 吳相湘：《孫逸仙先生傳》（台北：遠東 1982)頁 28-61。

學習農務與養蠶新法，歸而教育國人，改善民生。他在上李鴻章書中，開宗明義的說：「竊嘗深維歐洲富強之本，不盡在於船堅砲利，壘固兵強，而在於人能盡其才、物能盡其用、貨能暢其流。」此四事者，富強之大經，治國之大本也。」接著說明：「所謂人能盡其才，在教養有道、鼓勵以方、任使得法也。所謂地能盡其利者，在農政有官、農業有學、耕耨有器也。所謂物能盡其用者，在窮理日精，機器日巧，不作無益以害有益也。所謂貨能暢其流者，在關卡之無阻礙、保商之有善法、多輪船能資鐵道之載運也。」②書中並加以剖陳分述，詳細列舉實踐之方法，但中山先生此行是否見到李鴻章，迄今仍衆說紛紜。根據黃季陸先生的推測，滿懷愛國熱忱的青年孫中山，好不容易見到暮氣沈沈的李鴻章時，一言不合，便被端茶送客：以致放棄和平改革的計畫，而堅定革命起義的決心。

興中會成立後的翌年 (1895) 年 10 月，廣州起義事敗，中山先生脫險抵港，經日本至檀香山小住。爲宣傳革命及團結僑胞於 1986 年 6 月到舊金山，7 月到紐約，9 月乘輪船去歐洲，這是他第一次歐洲之旅。但於 30 日抵達倫敦後立即便被清公使龔照瑗所雇密探跟蹤。其參贊馬格里 (Holliday Macartnay) 更設計於 10 月 11 日誘擒中山先生於使館，且圖謀雇輪秘密綁架送回中國，幸清使館英籍管家賀維 (Mrs. Howe) 得悉中山先生爲基督徒，且將遭異教徒殺害時，深受感動而促英僕柯爾 (George Cole) 速將先生簽署之名片送給康德黎，得以營救脫險。10 月 23 日重獲自由後，除完成倫敦蒙難記全稿，並應劍橋大學翟爾斯 (Herbert Giles) 之請撰寫自傳，刊於翟氏之新編：《Chinese Biographical Diction-

② 《國父全集》中國國民黨中央委員會黨史委員會編訂。（台北，1943 年）共六冊，第三冊，頁 1-11。

ary》，應《雙國評論》之約，口述〈中國之現狀與未來：革新黨呼籲英國善持中立〉(China's Present and Future：The Reform Party's Plan for British Benevolent Neutrality)，且曾將《救傷第一法》手册譯成中文外，他都整日留在大英博物館內勤談書籍，查考資料。③

近兩年來對歐洲政治、經濟和社會情況的親眼觀察，復經八個月的潛心自修、切問近思，使中山先生發現：「徒知國家富強、民權發達，如歐洲列強者，猶未能登斯民於極樂之鄉也。是以歐洲志士，猶有社會革命之運動也。」乃根據他對各種不同的社會主義和馬克斯資本論的研究，而倡議民生主義來完成三民主義之理論。「予爲一勞永逸之計，乃採取民生主義，以與民族、民權問題同時解決。此三民主義之主張所由完成也。」④所謂民生主義，就是共產主義，但亦不完全等於共產社會主義。因爲他曾在演溝中批判馬克斯爲社會病理學家，並未掌握社會生理之全面；亦曾引介克魯泡特金 (Peter Alekseevich kropotkin , 1849-1921) 的互助哲學來修正源自達爾文思想的鬥爭理論，並且特別推崇亨利喬治 (Henry George ,1837-1897) 的土地政策，與俾斯麥 (Otto Furst von Bismark, 1815-1898) 的社會政策，認均係思患預防，經得起實踐考驗的想法。⑤其所以名爲「民生主義」而未沿襲「社會主義」的名稱，亦溯源自「國以民爲本」「興大利以厚民生」，解決國民生計，改善人民生活之我國固有的傳統思想。換言之，民生主義乃是一種融合中西文化的新社會主義，是把西方

---

③ 同註①，頁 185-192。

④ 同註②，第一册，頁 494。

⑤ 詳見拙撰：〈西洋近代思潮與孫逸仙主義〉載於《中華學報》第七卷第二期（台北；1980 年 7 月），頁 91-101。

的社會主義轉換成適合中國國情的「中國式社會主義」。

蒙難後滯留英倫其間，中山先生結識了俄國志士沃爾科夫斯基 (Felex Volkhovsky, 1846-1914) 及克雷格斯 (Kparc) 他們把訪問先生的紀錄，連同〈倫敦蒙難記〉〈中國現在與未來〉等文陸續譯成俄文，刊載於聖彼得堡出版的〈俄羅斯財富〉雜誌上。這可能是他與俄國人民聯絡接觸的開始。而大英博物館東方部主任道格拉斯 (R.K.Douglas) 介紹認識的日本友人南方熊楠 (1867-1941) 則轉介了許多日本英豪，極有助於以後在日本發動革命起義。其時先生原有意往訪法國等地，但未及聯繫安排，不克成行，但其對法國之革命思想亦極推崇，曾謂三民主義不僅與美國林肯總統「民有、民治、民享」的主張一致，且也與法國大革命時「自由、平等、博愛」的口號相通。由於國內同志促歸，且為防滿清密探在途中再起陰謀，故未採取經蘇伊士運河東駛新加坡的路線，改為繞道加拿大，從溫哥華到日本橫濱。根據吳相湘先生的研究，繞道溫哥華，也可能是先生想瞭解，加拿大西部施行土地按價課稅法的成果。⑥於此可見中山先生對平均地權的重視，並且在進行「非常破壞」之期間，早已注意「非常建設」之方法，甚至要「先有了一種建設的計畫，然後去做破壞的事」。

1903 年 9 月，中山先生由日本再赴夏威夷，翌年元月正式加盟洪門，4 月抵舊金山，改組大同日報，重訂致公堂章程，5 月 24 日起由總堂大佬黃三德，陪同訪問全美各地洪門，雖因各地保皇會勢力深厚，總註册計畫未能如願實行，僅收到若干革命宣傳效果。12 月 14 日，先生乘輪離紐約赴倫敦。這是他第二次赴歐洲。在 1905 年的春天，不僅訪晤了吳敬恆、嚴復等學者，而且與湖北

---

⑥ 同註①，頁 205。

省官費留歐學生取得聯繫。由於劉成禺的介紹，他們邀請中山先生訪問歐洲大陸，並由賀之才電匯三千法郎，朱和中電匯一千二百馬克作爲川資，第一次到布魯塞爾，有三十餘人宣誓參加革命。第二次則係由柏林中國學生會會長賓敏陔（步程）出面邀請，在柏林與留學生反覆論辯後，又有二十餘人加盟；轉至巴黎，另有十餘人加盟。黃季陸先生於 1979 年 11 月 25 日在慕尼黑大學演溝「中德關係」時，特別強調這段歷史的重要性。認爲中山先生第二次歐洲之行，成功地說服了留學歐洲的高級知識份子與實際起義的會黨組織共同參加革命，奠定了成功的基礎。⑦當時使用的「歐洲同盟會」的名稱，豈不正是同年八月在東京成立的中國同盟會的先導？因爲同盟會成立，團結各方革命力量，才有黃花崗的起義與辛亥革命的成功，終於推翻滿清，建立民國，完成了第一階段民主革命的大業。

在歐洲諸國中，先生似特別情鍾德國。不僅在第一次世界大戰後期，當北洋政府宣布對德絕交，醞釀對德宣戰時，堅決加以反對；而且在 1922 年採行聯俄政策前，先派朱和中等進行聯德行動。雖因陳炯明叛變時公布了三封有關聯德活動的密函，終止了德國前駐華公使辛慈 (Hintze) 來華而無法如願；但其聯絡俄、德，友好美、日的外交戰略設計，始終未嘗放棄。⑧在內政上則更推崇「處處思患預防，制敵機先，消弭問題於發生之前的「德國式革命方略」，較「事事事後補救，發現一個問題便解決一個問題」的英國模式，更值得我們學習。在演講三民主義時，又曾多

---

⑦ 參見拙撰：〈出席第一屆歐洲孫逸仙學術研討會之報告及感想〉載於《中華學報》第七卷第一期（台北，1980 年 1 月）頁 145-161，此處爲頁 157。

⑧ 黃季陸：〈孫中山先生與德國〉載於《中華學報》第七卷第二期（台北，1980 年 7 月）頁 49-61。

次讚美俾斯麥的集產主義與社會政策，且謂俾斯麥執政期間的德國政府是歐洲最有能的政府。當中山先生在廣州成立護法政府時，亦曾聘請德租膠州灣時的民政長單維廉 (William Schrameier) 爲顧問，負責擬議廣州市的土地改革計畫，惜因楊希閔、劉震寰突然叛變，單氏又車禍身亡，未能將膠州灣土地改革的實驗成果，及早加以引用。⑨

事實上，中山先生在香港西醫書院求讀時，不僅遵循英國的醫學教育制度，且亦接觸德國的醫學成就。1892 年畢業典禮時，教務長康德黎博士致詞提及的俾斯麥，又在其後的學習中贏得他由衷的推崇。⑩在民權主義的演講中，甚至說：「俾斯麥……是很有本領的大政治家，在三四十年前，在世界上的大事業，都是由俾斯麥造成的，在世界上的大政治家，都不能逃出俾斯麥的範圍。」何況：「在那個時候，民權的狂熱漸漸減少，另外發生……社會主義。這種主義就是我所主張的民生主義。人民得了這種主義，便不熱心去爭民權，要去爭經濟權。工人的團體在在德國發達最早，所以社會主義在德國也是發達最先。世界上社會主義最大的思想家都是德國人。——馬克斯就是德國人——俄國的老革命黨都是馬克斯的信徒。」⑪再加上先生在革命期間的香港經驗，深知英國現實主義的外交政策，必定爲保有印度而不惜犧牲中國。⑫分析當時的國際形勢，爲了中國的國家安全與利益，最好的外交戰略之設計，乃是聯絡德、俄陸權國家以抵抗英國之海權壓迫，而調和美、日，共同制衡英、法，則可立中國長治久

---

⑨ 同註⑤，頁 98 及其次頁。

⑩ 同註①，頁 51 及 89。

⑪ 同註②，第一冊，頁 114 及其次頁。

⑫ 請參閱〈中國存亡問題〉，同註②，第二冊，頁 99-153。

安之基。也許就是由於這些緣故，中山先生對歐洲，尤其是對德國情有獨鍾。終身以發揚中山先生之思想與志業爲職志的黃季陸先生，也因而特別重視與歐洲的關係。在他擔任教育部長時，提出了「留學歐洲」的政策，以免青年人一窩蜂地全到美國和日本去留學。1979 年率團到薩爾茲堡大學出席第一屆歐洲孫逸仙學術研討會後，途經雅典，登阿克羅波利士山，至使徒保羅講道堂前，季陸先生更豪興大發謂：「保羅爲傳播基督福音遠來希利尼，吾人則爲宏揚中山思想而到歐羅巴！」⑬。

由泰國集會回到台北，又接國際研究學院魏院長伯英兄催稿通知，恰逢黃季陸先生冥誕（季公恩師於 1985 年 4 月 24 日安息主懷）⑭，歲月易逝，河山已改，但長者風範長存，故草此短文做爲引言，冀能拋磚引玉，獲得賢者先進之教益，並藉此表達對季公恩師的無盡思念！

---

⑬ 同註⑦，頁 158。

⑭ 拙撰：〈季公恩師三不朽〉收於：《黃季陸先生紀念文集》（台北，1986)，頁 195-200。

3

文化全球化的內涵與爭辯

翁明賢

一、前　言

「文化全球化」是一個爭議不斷的課題，因爲文化的內涵及其性質並不具有單一性的解釋用語，事實上，每位文化研究學者都基於其研究的旨趣而從各種不同的角度來界定文化的內容，以英國歷史學家湯恩比 (Arnold Toynbee) 的鉅著：歷史研究 (A Study of History) 爲例，他提出文化是：「一個社會成員內在和外在行爲的規則，但那些原本是明顯傳下來的規則不算文化」，①而「文化全球化」則可以描述爲個人、團體、地方種族集團、民族、民族國家、地區、宗教及人類等各種不同層次文化之性質、內涵、結構與涵義，在一定程度上受到全球化體系形成與發展的影響，②根據聯合國教科文組織國際專家小組的報告顯示，本來文化爲一種社會的行爲和物質特徵的複合體，就它的某些成分言，一直

---

① 湯恩比援引 P. Bagby 的看法來定義文化，參見湯恩比 (Arnold Toynbee) 著，歷史研究 (A Study of History: (The One-Volume Edition) Illustrated)，劉北成、郭小凌譯（上海：上海人民出版社，2000），頁 19。

② 參見星野昭吉著，劉小林、張勝軍譯，全球政治學一全球化進程中的變動、衝突、治理與和平（北京：新華出版社，2000），頁 190。

在各種文明之間川流不息的，不過其規模是有限的，直到人類社會在冷戰的餘波下進入一個不確定的新時代新的因素使得不同文化間的接觸有了新的契機，一些全球性的大變動打破了那些舊的阻礙運動的政治壁壘，如果長久以來的進程會導致各種地區和民族文化混合爲一種單一的同類全球文化，③是故，文化全球化就是全球文化的相互依存、相互交流下的過程，它包括文化的分離與同質性，透過文化的意涵，文化全球化的發展那些因素刺激全球文化的交往，科技對文化全球化的衝擊，及宗教、消費文化與傳媒可能扮演的文化全球化的角色，上述這些議題即是本文分析的重點。

二、文化與文化全球化的意涵

據學者詹明信 (F. Jameson) 的看法，文化具有下列三種涵義，首先，「文化」相當於德語中的 (die Bildung) 一意即個性的形成，個人的培養，屬於精神、心理層面，是個人人格形成的因素；其次，文化指文明化了人類所進行的一切活動，文化則與自然是相對的概念，是社會性的、日常的行爲舉止和生活習慣；再則，文化指日常生活中的吟詩、戲劇、電影等，此種文化和貿易、金融和工業相互對立，是一種裝飾，和日常生活工作是相對立的，④上述三種意義基本上無法排除歷史的因素作用，因爲人類既是文化的創造者，又是文化的創造物，如同語言、宗教、法律和藝術一樣，而且，科學、技術和經濟是文化現像，透過社會在它們的

③ 請參看歐文・拉茲洛編輯，戴侃，辛未譯，多種文化的星球：聯合國教科文組織國際專家小組的報告（北京：社會科學文獻出版社，2001)，頁 1。

④ 參閱詹明信 (Fredric Jameson) 著，唐小兵譯，後現代主義與文化理論（台北：合志文化，1990），頁 4-5。

歷史進程中創造且影響了它們進一步的走向，亦即「文化是人類爲了不斷滿足他們的需要而創造出來的所有社會的和精神的、物質的和技術的價値的精華」。⑤

其次，文化也要透過交流的過程才能得到交流與成長，誠如戴維・赫爾德等人所著的全球大變革中一書中也特別強調，文化是指人們對意義進行的社會建構、闡述和接受，亦即文化就是個人活生生的、有創造性的經歷，此外，文化也可以被解釋爲人類經由象徵性符號的運用，創造出的意義，經過許多是帶的演進，創造出來的生活秩序，亦即吾人欲瞭解人類如何生存，個人和團體又如何建構起共同瞭解的秩序和意義以方便溝通的工作；事實上，此處要強調的部份爲：文化、政治和經濟彼此交織的網路，有了「文化目的」的概念；才會使得人類生活有意義。⑥因此，文化既是象徵性符號的運用，又要具有一定的表徵目的，則其交流則是指前述之人工製品、信念和信息的時空運動方式，亦即這些交流過程可以被分解成許多不連續的現像、信息 (massages) 與意義 (meanings) 透過記錄上、保存和複製的工程，而且必須在物理意義上，被傳遞或移動到另外地點和另外的時間。⑦

至於，文化如何在此全球化背景下，進行「時空運動方式」的交流？吾人可先從吉登斯 (Anthony Giddens) 的角度來分析此問題，吉登斯把全球化定義爲：「世界範圍內的社會關係的強化，這種關係以這樣一種方式將彼此相距遙遠的地域連接起來，即此地所發生的事件可能是由許多英里以外的異地事件而引起，反之亦然。這是一個辯證的過程，因爲有這種可能，即此地發生的樁

---

⑤ 歐文・拉茲洛編輯，多種文化的星球，前揭書，頁 216。

⑥ 以上請參考 John Tomlinson 著，全球化與文化，前揭書，頁 20-21。

⑦ 戴維・赫爾德等著，全球大變革，前揭書頁 459。

椿事件卻朝著引發它們的相距遙遠的關係的相反方向發展，地域性變革與跨越時—空的社會聯繫的橫向延伸一樣，都恰好是全球化的組成部份」，⑧上述吉登斯把全球化的概念比喻爲時空的延伸，正好與羅伯森 (Roland Roberson) 的見解互爲補充，他說：「作爲一個概念，全球化既指世界的壓縮 (compression)，又指認爲世界是一個整體的意識的增強。全球化概念現在所指的那些過程和行動在多個世紀裡一直在發生著，儘管存在某些間斷」，⑨不管是時空的延伸和壓縮，文化的交流在其中扮演非常重要的角色。

三、文化全球化與全球化維度

星野昭吉以爲文化全球化是指西方價值體系在不同的、古老的價值體系中的擴展，是屬於全球範圍的西方，亦即文化全球化就是非西方文化被西方文化同質化和一體化的過程，另一方面，全球化進程向統一文化發展也非一個單一、簡單的過程，「在全球化進程中，異質文化與地方性將依賴於西方現代性。然而，每一行爲體都要受到全球文化結構的限制。由於世界空間的縮小，任何行爲體都不可避免地與其他行爲體發生聯繫。如此，行爲體間互動作用的加強必然會促使文化全球化」。⑩吉登斯針對上述全球化的結構而提出了全球化的維度架構圖，透過四個維度（包括世界資本主義經濟，民族國家體系、世界軍事秩序與國際勞動

⑧ 吉登斯 (Anthony Giddens) 著，田禾譯，現代性的後果（南京：譯林出版社，2000），頁 56-57。

⑨ 羅蘭・羅伯森 (Roland Roberson) 著，梁光嚴譯，全球化—社會理論和全球文化 (Globalization, Social Theory and Global Culture)（上海：上海人民出版社，2000），頁 11。

⑩ 星野昭吉，全球政治學，前揭書，頁 196。

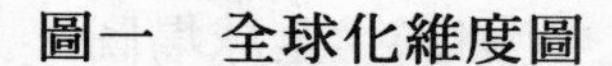

圖一 全球化維度圖

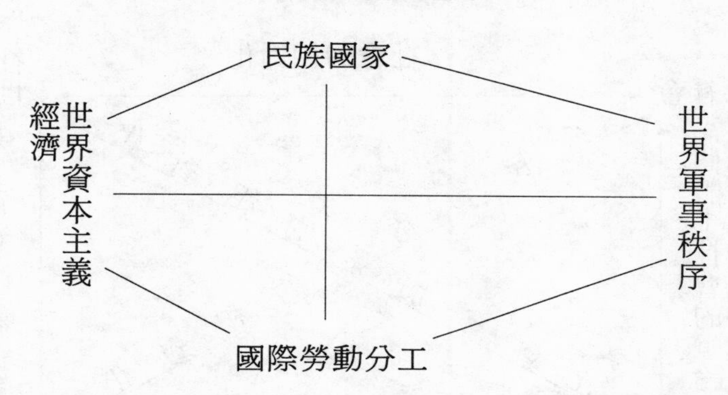

資料來源：安東尼・吉登斯 (Anthony Giddens) 著，田禾譯，現代性的後果（南京：譯林出版社，2000）頁 62。

分工）的相互作用形成複合的全球化現像，如果吾人再把文化的因素切入分析，則文化應該像一種黏著劑把上圖四個維度緊緊的結合在一起，不過，吉登斯以為全球化的過程具有一種辯證性質一相互推一拉的意涵：「一方面是諸國家體系的反思性自身所固有的權力集中文化傾向，另一方面卻是各特定國家所具有的維護其主權的傾向。因而，國家間的一致行動在某些方面會削弱這些國家的主權，然而，通過其他方式而實現的權力聯合，又在國家體系中增強了它們的影響力。⑪另一位學者羅蘭・羅伯森 (Roland Roberson) 反對吉登斯把全球化當作是“現代性的一種後果”，而是一種全球場一或是一份全球人類狀況的基本大網圖，透過上圖表現出全球性的四種主要概念（四個參照點：包括民族社會、社會組成的世界體系，自我與人類），根據這四個參照點，展示了我們作為從經驗方面知情的分析家可以“弄懂”全球性的基本方

⑪ 安東尼・吉登斯 (Anthony Giddens) 著，田禾譯，現代性的後果（南京：譯林出版社，2000），頁 64。

圖二　全球場圖

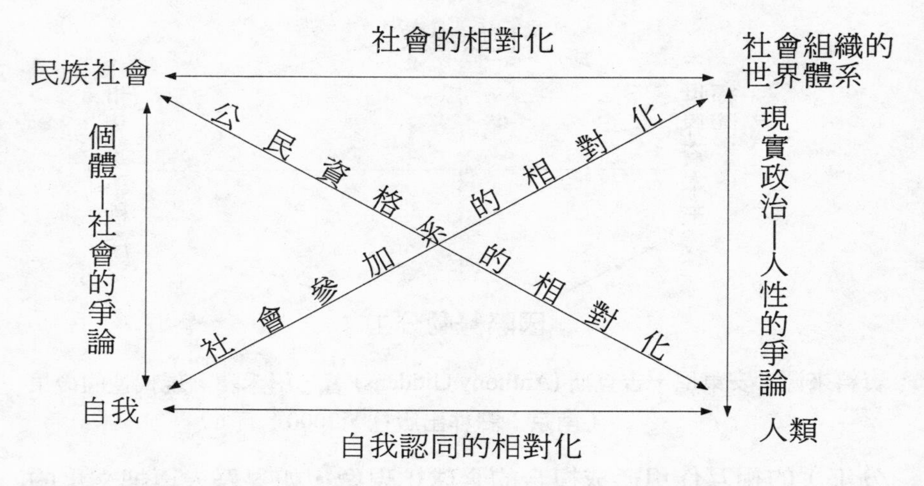

資料來源：羅蘭・羅伯森 (Roland Roberson) 著，梁光嚴譯，全球化—社會理論和全球文化 (Globalization, Social Theory and Global Culture)（上海：上海人民出版社，2000），頁 39。

式，而讓吾人瞭解全球化在過去數個世紀裡推展的形式。基本上，羅伯森認爲根據上圖，吾人必須有三個認知：⑴一個人要對作爲整個的世界形成某種“現實”的觀點，他必須接受四種主要成份中每一種的相對自主性與相互間的制約性；⑵此處存在著促進全球化過程的問題—“因果機制”或“推動力量”的問題，亦即看得全球化的文化視野時，全球化的“力量”和“機制”並不是不重要，但是，吾人亦可將文化從斷裂性 (discontinuity) 和差異性角度來加以認識文化全球化的問題；⑶如果再重新審視此一全球場圖時，亦存在相對化 (relativization) 過程的問題，換言之，隨著全球化的發展，對於瞭解全球化總過程以及集體和個人對此一過程的參與的特定視角的穩定性，人們提出了更多的挑戰，所以，相對化此一術語旨在顯示提出這些挑戰的方式。⑫

四、文化全球化的研究途徑

至於文化的研究理論與途徑和全球化亦有密切的關切，但是，吾人在進行文化研究時必須先摒棄三種錯誤與狹隘的假設：⑴文化主要包括思想、情緒、情感、信念與價值，是人類行爲所有可視察的形式去除後，所剩餘的部份，事實上，文化也應涵蓋人所建構出來的制度（客觀的社會建構），而非只是主觀的思想與感覺；⑵根據的狹隘文化研究假設得知，如果文化包括思想與情感而非行爲，則此兩類範疇間的關係、態度與行爲、意識型態與革命、階級意識與革命等問題，但是，此類問題研究的焦點不在於研究文化，在本質上反而在去除文化的解釋，亦即此種研究絕少會以無法觀察的文化氣質 (cultural predispositions) 去解釋人類可觀察的行動；⑶文化分析的第三種狹隘假設是指只有個人才有文化，基本上這種看法也是一種化約論，因爲如果只研究個人的主觀思維，而忽略了社會生活更廣的層面一例如機構、階級、組織、社會運動等，就不是一種完整的文化行爲，當然也無法達到客觀性的文化研究的目的。⑬

上述三種狹隘的文化研究途徑在全球化下會有窒礙難行之處，同樣的，文化全球化在當代研究爭論中存在三種主要論點：⑴超全球化論：它們以爲在美國大衆文化或西方消費主義的支持下，全球文化會走向世界同質性的趨勢；⑵懷疑論者：它們認爲

---

⑫ 參閱羅蘭・羅伯森 (Roland Roberson) 著，梁光嚴譯，全球化一社會理論和全球文化，前揭書，頁 40-41。

⑬ Robert Wuthnow, James Davison Hunter, Albert Bergesen & Edith Kurzweil 著，王宜燕，戴育賢譯，文化分析 (Cultural Analysis)（台北：遠流出版，1994），頁 15-17。

全球文化與民族文化相比較之後，全球文化具有空洞性和暫時性，另外，因為世界主要文明的地理政治隔閡，文化差異和文化衝突具有持續的重要性，而且其地位愈來愈重要；(3)變革論者：它們視察文化與人口的相互融合與交流將產生混合文化和新的文化網路，⑭與此相關的概念是討論文化全球化對民族國家與社群帶來的衝擊，美國學者杭廷頓 (Samuel P. Huntington) 就提出如果一個世界以文化，不管是種族、民族、宗教、文明的定位為核心，同時以文化的異同決定了敵友關係與國家的對外政策，會對西方和美國產生三個影響。

首先，唯有當政治家認清及了解事實，才能建設性的改變事實，亦即在及時登場的文化政治中，非西方文明勢力興起，及這些國家在文化上的強烈主張，非西方世界以普遍認知此種情勢；其次，美國的外交政策思考方式也受制於不願意放棄、改變，有時甚至開始重新考慮採取某些政策來因應冷戰的需求，亦即讓美國能讓北約、美日安保條約的內容與性質加以調整，以容納更多其他有意加入的西方國家，以凸顯多元文明世界的結構；再則，文化和文明多元化使西方人，尤其美國人，對西方文化在世界地位的信念動搖，因為此種信念在文字陳述上：使所有國家和人民希望接納西方的價值觀、制度和作法，在標準規範上，信仰西方泛世界論的人都認定，全世界的人都應該接受西方的價值觀、制度和文化，⑮不管如何，西方國家與非方國家都要面對此種文化在全球層面的交流與互動關係所衍生的文化全球化的現象。

---

⑭ 參看戴維・赫爾德等著，楊雪冬等譯，全球大變革，前揭書，頁 457。

⑮ 杭廷頓 (Samuel P. Huntington) 著，文明衝突與世界秩序的重建 (The Clash of civilizations and the remarking of world order)（台北：聯經出版，1997)，頁 430-433。

五、文化全球化的發展程度

至於，何以文化全球化在近代的發展如此迅速，學者戴維．赫爾德等人以爲，有五個論點可以說明：⑴跨區域、跨文明、跨洲際的文化交流和文化刻度的存在有其深遠的歷史根源，亦即在現代世界宗教和帝國菁英文化形成之前，文化全球化已經達到歷史發展的頂端；⑵從十八世紀晚期起，如此較古老的文化全球化形式的重要性已經被取代，一方面是民族國家、民族刻度和文化的大量出現，另一方面則是因爲新的西方意識型態和思維模式一包括：自由主義、社會主義和科學模式的形成和傳播；⑶一系列新的技術和制度的變革一國際電信和傳播的發展，使得全球文化的主流得以快速產生，⑷因爲文化交流所引起的挑戰，在一定程度上來自於大衆文化和不明確的消費主義和物資主義文化領域的產品及其意涵，如何準確地解釋這種新的文化全球化形式，及其對政治認同、民族團結和文化價值觀等產生的影響就是一件非常複雜與困難之事。⑯

另外一個議題是有關於，既然全球化有多重面向，爲何全球文化交流程度比政治全球化或經濟全球化更爲頻繁，更爲高程度之原因爲何？根據華特斯 (Malcolm Waters) 的方法，他認爲全球化的三個面向：經濟、政治和文化，並且各自包括物質、政治和符號的交流，同時：「物質的交流是地域性的，政治的交流是國防性的，符號象徵的交流卻是全球性的。人類社會的全球化主要取決於文化關係的交流，而不是由經濟和政治事務來主導。可預測的是，當經濟政治也達到全球化的程度時，其中的交流必包含

---

⑯ 參見戴維．赫爾德等著，全球大變革，前揭書，頁 457-458。

符號象徵的交流，也有文化的元素在其中。儘管如此，文化全球化的程度仍然較其他兩者高」。⑰既然文化流動透過符號表徵比其他全球化層面更容易影響全球各國間的關係，則一種爭辯也隨之而生，究竟「文化全球化」？還是「文化帝國主義」？因爲有學者認爲：全球化只是一種新的術語，或是某一種進程中的新階段，而此進程是和西方帝國主義的延伸有密切關連，亦即：全球化就是就是通過某種支配程序而開展的全球化作業，其中的西方（例如美國、跨國資本主義）就把各類文化通通納入自己麾下，誠如學者喬那森·弗雷德曼 (Jonathan Friedman) 的看法，認爲文化帝國主義理論即在設定全球化的最初輪廓來使人接受，其議程被定義爲：「一種帝國主義特有的帶有等級的東西，是一些核心文化所表現出的愈益膨脹的霸權主義，是美國的價值觀，消費品和生活方式」。⑱

美國學者湯姆林森 (John Tomlinson) 亦提出全球化與西方文化可以按照下列四個層面加以瞭解：⑴此種過程被視爲一種同質化，它導致了一種標準化的商品化之文化的出現，並威脅到世界文化的多元性；⑵把西方文化的各種毛病一熱衷於消費實踐，文化身份的碎片狀態，中心信仰的喪失和穩定的共同文化價值，強力移植於其他文化上；⑶上述⑴＋⑵兩種趨勢容易威脅到處於邊緣的第三世界民族國家的“傳統”文化；⑷此種西方文化的擴張過程被視爲是一種支配的重要型式，例如涉及到跨國資本主義的全球影響力，及對殖民國家在文化和經濟上的控制關係，⑲湯姆

⑰ Malcolm Waters, Globalization (London and New York: Routledge, 1995, pp.9-10.

⑱ 吳士余主編，大衆文化研究（上海：三聯書店，2001)，頁 6。

⑲ 參見劉登閣著，全球文化風暴（北京：中國社會科學出版社，2000），頁 51，註③。

林森 (John Tomlinson) 又提出有人贊成「文化全球理論」和「文化帝國主義理論」相結合的理由有三點：首先，西方產品無所不在—因爲西方的文化口味及文化習慣正在變成全球的口味和習慣；無論看到什麼標誌，從西裝到電影、建築，只要有任何人居住的地方，一定可以看到西方的文化商品、文化習慣的存在；其次，西方帝國主義的悠久歷史，對全球化進程的各種描述幾乎都提及它具有「不平衡的特性，亦即全球各地並非能體驗到相同的全球化影響與結果，全球化就造成所謂贏家與輸家的現象；最後資本主義在文化影響中的核心地位：贊成上述兩種理論相結合的理由爲，全球資本主義不僅在經濟能力方面影響顯著，因而也與吾人的文化體驗產生聯帶關係，換言之，文化帝國主義的論點即在引導吾人將全球化理解爲一種過程：即全球所有文化被無情地收入在單一的「資本主義文化」的影響範圍。⑳

事實上，湯姆林森並不認同上述三種看法，他以爲全球化並非那種貼上文化帝國主義的批評標籤便可以弄懂的東西，其理由有下列三項：⑴西方或美國文化商品的普及與影響的現實表現，既不像文化帝國主義理論所描述的那樣明顯，也沒有那樣可怕；⑵從辯證的角度看文化發展過程，吾人可以發現文化全球化是一幅比想像中更爲錯綜複雜的圖像；⑶全球化過程從本質上是一個「離心運動」過程，它在不斷產生吾人才剛開始意識到優勢與劣勢的新格局，而此種"新格局"亦非能恰巧嵌入爲文化帝國主義理論所認定的那種舊的支配勢力範圍圖，換言之，西方不應被該視爲理所當然地享有經濟或文化的保護權，而使其能穩定全球現

---

⑳ 參見吳士余主編，大衆文化研究，前揭書，頁 8-12。

代化的駕駛台，㉑另一位學者王寧則提出全球化是吾人無法迴避的一個客觀想像，因為：「我們今天所處的背景特殊的"全球化"語境，也即跨國資本 (transnational capital) 時代的全球化狀態，這在文化的意義上也是後現代性的一個直接後果」。㉒

六、文化全球化與全球社會的關係

文化此項因素究竟可以在全球社會中產生什麼作用？是否只是帝國主義的運用工具之一而已，事實上，學者阿里·邁茲瑞 (Ali A. Mazrui) 就指出有下列七項作用：⑴它提供了觀念與認識的透境，亦即吾人對世界持何種態度，很大程度上受到一種或多種文化典範的影響；⑵它提供了人類行為的動機；⑶它提供了價值尺度；⑷它提供了認同的基礎；⑸它提供了交流方式；⑹它提供了劃分階層、階級、等級與身份的基礎；⑺它也影響著生產與消費的方式。㉓

基本上，根據上述文化的七種功能加以彙整之後，吾人得出伴隨文化全球化會產生三種流動，首先是人口的流動被證明是最重要和最有影響力的文化傳播載體；其次則是實物的運送，亦即文化形式和思想依靠一般人和學者透過典籍、書面記錄，以及各種形式的文化產品而在空間上被廣泛流傳；最後則是電信革命的出現，文化傳遞的人工性以隨著無形的符號一以電子脈衝（數位

㉑ John Tomlinson, "Cultural Globalization and Cultural Imperialism ; in Ali Monammadi ed., International Communication and Globalization. London: Sage, 1997, 吳士余主編，大衆文化，前揭書，頁 21。

㉒ 王寧，「全球化語境下的後現代和後殖民研究」，王寧、薛曉源主編，全球化與殖民批評（北京：中央編譯出版社，1998)，頁 128。

㉓ Ali A. Mazrui, Cultural Forces in World Politics (London: James Currey, 1990）, pp.7-8., 轉引自星野昭吉著，全球政治學，前揭書，頁 193，註⑫。

式）的形式，在時空上同步傳播，而逐漸被取而代之。㉔此外，透過上述三種「流動」使得文化的全球化趨向同質化的發展，而有所謂「全球在地化」(globalization) 的話語出現。進一步言，因爲全球文化影響地方文化及其原有認同，但此並不意味將其改變爲同質性的全球文化，反而增強了地方文化抵抗全球化的力量，或是代之以地方與全球相互滲透的混合文化，㉕例如，以國際上風行之全球網際網路 (World Wide Web) 以英語爲強勢語言，在世界範圍的擴張淹沒了其他民族語言的聲音，引起一些第三世界國家的警惕、批評，甚至反目相向，因此存在著與全球化相伴而生，但又與全球化相反的一種趨勢一本土化。㉖

是故，如果全球化一旦出現，並且文化同一性的的效用變得顯而易見時，從辯證的角度看，本土文化的異質性將會受到更多人的重視，亦即某些文化越是現代化，越可能變得更傳統，換言之：「傳統未來的來臨，這句話有著矛盾的含意。他既意味著未來將成爲傳統，這已經達成共識；又意味著傳統將成爲未來的組成部分，這還沒有得到公認」，㉗另一方面，文化的傳佈絕非只有一條單純不變的管道，在其地理和文化區域間的傳播還社即到翻譯、變質、採用與是否能本土化 (indigenization) 的問題，學者霍斯 (D. Howes) 對可口可樂的描述就非常貼切的描述此種全球與本土的協調：「任何進口品，即使是可口可樂，也無法逃脫混血的命運。在不同的文化中，可口可樂總是被賦予不同的意義，而且絕非該廠商的本意。在蘇聯，他被敘述爲可以消除皺紋，在海

㉔ 請看戴維・赫爾德等著，楊雪冬等譯，全球大變革，前揭書，頁459。

㉕ 星野昭吉著，劉小林等譯，全球政治學，前揭書，頁201。

㉖ 劉登閣著，全球文化風暴（北京：中國社會科學出版社，2000），頁50。

㉗ 王寧、薛曉源主編，全球化與後殖民批評（北京：中央編譯社，1998)，頁55。

地他被誇張為可以使人死而復活，在巴貝多他被形容為可以點石為金。可樂也和其他飲料混和創造新飲料，以使在本土生根；…最後，可樂在許多地方已被視為一種「本土」產品，許多人堅稱此種飲料是國產品，而非來自美國進口的舶來品」。㉘

學者杭廷頓 (Samuel P. Huntington) 則從另外的認同的角度來看文化全球化對全球安全的影響，他有如下的五個觀點來解釋：文化同質性助長不同人民間的合作與凝聚力，反之，則加深了裂痕和衝突。首先，每一個人都有多重定位，可能因為血緣關係、職業、文化、制度、領土、教育、黨派、意識型態等因素而彼此競爭或強化其合作關係；其次，文化認同程度愈趨明顯，此為個人層次的社會經濟現代化的後果，而且失序和疏離使人尋求更有意義的定位，在社會層面上，非西方社會能力和權勢的擴增刺激了本土的認同和傳統文化的復興；在則，任何層次的認同，不管是個人、部落、種族、文明之間的關係來界定，另外，不同文明的國家和團體間的衝突，和經濟造成不同團體衝突的來源一樣，包括對人民、土地、財富、資源和控制，以及可以把一方的價值觀、文化和制度強加於對方的能力；最後，衝突無所不在，但人類需要敵人，像商場、學業和政壇上的競爭對手，對那些和他們不同又有能力加害他們的人，他們自然不信任甚至視為重大威脅，㉙是故，「文化認同」是個動態的概念，他必須在與其他文化的相對關係中進行自我限定，而且，在一種文化或化與實踐當

㉘ 參看 D. Howes (ed.) , Cross-cultural Consumption: Global markets, local realities (London: Routledge, 1996) ,p.6,轉引自 John Tomlinson 著，全球化與文化，前揭書，頁95～96。

㉙ 參見杭廷頓 (Samuel P. Huntington) 著，黃裕美譯，文明衝突與世界秩序的重建 (The Clash of Civilizations and The Remaking of World Order) （台北：聯經出版社，1997)，頁 169～171。

中，都會有對一種共同的認同的意識，但是，如果一種文化的認同根據與其他文化認同的相對關係而建構那麼其他文化可能會形成某種成，程度的干預，進而影響到「自我限定」和「認同本身」，每一種文化或話語實踐都必須不斷地確定自己的態度。㉚

是故，一個國家的文化在面臨全球文化或另外一個文化的時候，就面臨一種是否承認這些文化的〝他性〞？基本上，對於上面問題會有三種基本態度：⑴強調自己文化的普遍性，否認其他文化的〝他性〞，並改變這種〝他性〞；⑵承認其他文化的〝他性〞，但是要求去改變這種〝他性〞，不過會因為權力關係的調整，導致其他文化的入侵，而激起本國文化的防禦心態；⑶如果採取開放的態度，在不完全喪失自己文化獨特的情況下，承認一種文化可以是一個更大文化範疇的組成部分，亦即此種態度並不否認自己文化的認同和獨特性，同時希望自己文化的地方語境，變成一種涵蓋慢更廣的文化。㉛

在文化交流過程中，除了主觀的文化認同扮演與其他文化交往時的重要角色外，如何進行有效與完整的溝通 (communication) 過程亦是不可或缺的思維。學者哈柏瑪斯 (Jurgen Habermas) 即將「文化」界定為個人有關他們自己，以及周遭世界主觀意義的組合，而且，為了瞭解上述的」「意義的組合」，吾人必須重建特定情境中人們的主觀感知，並且找出這種一般人所共享並且視為理所當然的普遍共識，㉜是故，哈柏瑪斯就提出：語言提供了文化分析的一把鎖鑰，即使在個人賦予事物獨特的主觀意義，他仍

㉚ 王寧、薛曉源主編，全球化與後殖民批評，前揭書，頁 95。

㉛ 王寧、薛曉源主編，全球化與後殖民批評，前揭書，頁 95～96。

㉜ 參見 Robert Wuthnow 等著，王宜燕、戴育賢譯，文化分析（台北：遠流出版社，1994)，頁 192～193。

需要〝語言〞才能將此主觀意義傳達給別人，而且個人還會利用語言，編纂 (codify) 這些意義，以供自我反省之用，另一方面，哈柏瑪斯也基於下列兩種考量：⑴他想延展人類的理性和知識，他認爲以觀察者的角度言，唯一可以用來得知該情境，並且將所獲得資訊傳送到其他情境的主要媒介就是一語言；⑵哈柏瑪斯所界定的人類解放的目標，就必須透過更高層次的認知反省才能達到上述目的，而且唯有透過語言的運用才得以完成，亦即透過語言，任何事物、經驗和主觀的認知，才能成爲吾人批判反省的對象。㉝

七、結　語

文化全球化如果是一種全球文化相互依存，相互交流的過程，則其影響因素諸如「符號」、「語言」與「科技發展」就扮演關鍵性角色。事實上，文化透過符號表徵的全球流動比起其他全球化層面：政治全球化、經濟全球化、軍事全球化等更容易影響全球各國各層面的關係，但是，文化全球化除了促進各種型式的全球文化的形成外，面臨各國當地本土文化的反撲，也會造成一種文化的對抗效果，而此種文化對抗，如果被國家運用成爲權力鬥爭的工具，就會造成衝突與競爭的現象。是故，文化全球化的研究應從包容多元的角度，以文化相互依存爲理想，透過文化的交流，眞正促進全球社會間的相互理解，以增進全球的和平與穩定。

㉝ 參見 Robert Wuthnow 等著，王宜燕、戴育賢譯，文化分析，前揭書，頁193～194，另參考徐崇溫主編，歐力同著，哈貝瑪斯的〝批判理論〞（重慶：重慶出版社，1997)，頁 117～122。

4

全球化與中國大陸民族認同

謝政諭

壹：前　言

快速的變動是20世紀的主要特徵之一。而變動的主軸可說是朝著「現代化」運動(Modernization movement)方向發展。這股源於西歐的現代文明模式以資本自由競爭之姿很快地向全世界擴張。1820年代古典經濟學家李嘉圖就指出：民族國家如果不允許資本在某一地區使用機器已獲得最大利潤，則資本將會被移往國外。李嘉圖的意思，簡單而明白，「那裡有最大利潤，資本就會就會到哪裡去。」1848年馬克思、恩格斯發表《共產黨宣言》就深入談到全球競爭問題，說道：「由於需要不斷擴大產品的銷路，驅使資產階級就不得不奔走全球各地。他不得不到處鑽營到處落戶，到處建立聯繫。資產階級既然詐取全世界的市場，這就使一切國家的生產和消費都成爲世界性的了。……舊的民族工業被消滅了，並且每天都還在被消滅著。……過去那種地方的和民族閉關自守、自給自足的狀態已經消逝，民族的片面性和狹隘性已日益不可能存在，於是由許多民族的和地方的文學形成了一個世界的文學。」（馬、恩全集㈣：469-470）馬克思、恩格斯的預言對了一半，全球化無可擋，但資本主義下的民族國家經濟並沒有被共產國際所取代，反而是1990年東歐非共化、蘇聯解體，這種現象標示著「民族國家」的自由主義取得了近乎普世化的勝利。

1992年日裔美籍學者福山說：民族主義、法西斯主義等意識形態在單一且整合的世界市場之出現後，最終走向衰落與終結(Fukuyama,1992:) 自由主義已成全球「最後一人」，全球化是否會如同福山所說將民族主義、民族認同 (national identity) 完全相融掉呢？這是近十年來學界熱門研究的命題，同時也是大陸與台灣在全球化浪潮中所面臨的嚴峻且微妙的課題之一，因時間及篇幅關係，本文祉針對中國大陸加以探討。

貳、全球化意涵及其與民族國家認同的糾葛

現象的變動將帶動著「語詞」的轉換，1960 年代「全球」(globe)一詞已出現在各學術領域，但「全球化」(globalization)此一語詞則要到1980年代中期才被大量使用 (Robertson ,1992:8) 當前許多現象與趨勢，幾讓學界內外共同感受到「全球化」已無遠弗屆的擴張與產生巨大影響，諸如：可口可樂與麥當勞現象 (Coca colonization and McDonaldization) 的普世化以及科技與資訊跨國企業與國際金融等介面已貫穿世界各角落人群生活領域之中。

阿帕杜芮經由安德森的想像的世界體 (imagined worlds) 概念，亦提出了景觀 (scapes) 概念以描述在「全球化」下全球流動的五個景觀：1.族群景觀 (ethnoscapes)（如：移民、難民、外勞等），2.科技景觀 (technoscapes)（如：多國政府與企業的合作發展），3.金融景觀 (Finanscapes)（如：資本的世界性移動、國際基金等），4.媒體景觀 (mediascape)（如：以影像代替文字推廣流行峰，如哈日、哈美、網路族、CNN等），5.意識景觀 (ideoscapes)

（如：結合國家或反國家的政治意識運動、台灣統獨、國際綠色和平組織等）(Appadurai ,1990:295-310）上述概念勾勒了不同的行動者如移民社區、多國公司、跨國基金、國際組織等的運作已建構成「全球化」的景觀圖像並形成全球化重要社會基礎。透過這些景觀，各種原有認同時強時弱，產生變化。從這些「景觀」吾人較可以理解紀登斯所定義的全球化，他說：「全球化意味著以全世界爲範圍的社會關係之增強作用，他連接著距離遙遠的異地，同時在此一情況下，某地方上所發生的事件並非導源於事發地而是被遠方所發生的事件所塑造，反之亦然。」(giddens,1990: 64) 這種社會關係的增強作用，就20世紀而言，西方的“現代性”已成爲全球化的主要動力，Pieterse就說：「全球化是一種觀念，通過源自西方的技術、商業與文化活動的同時擴散，使得世界逐漸地趨於一致與標準化，而與現代化聯繫在一起。」這種西化的現代性是否已成爲毋庸置疑的普世唯一標準，答案顯然不是。

如果說「現代化」的主要內涵爲「工業化」、「民主化」、「個人主義」依此而論，1970 年代以降的日本及亞洲四小龍的發展經驗，P.Berger 就視東亞所展現的是「非個人主義的資本主義現代性。是現代性的第二個個案。」而一般認爲東亞現代性受其特殊的儒家文化影響深遠。（金耀基，1997；125-175)。換言之，文化與民族特色是可以影響現代化方向的。D.Held (1993) 亦認爲佔有性的個人主義 (Possessive individualism) 與無節制的消費主義行爲，並不代表進步。可以完全迴避民主機制監督的資本家而又掌握投資與生產決策大權下，並不符合社會正義與民主的原則。也就是說，以西方現代性所主導的全球化運動，雖然是主要驅動力但並沒有改善許許多多的問題。

全球化的深度與廣度，使全球主義者認爲生產、消費跨國化已成主要趨勢，資本流動將擺脫國界和制度框架的限制，而提出「國家無能說」。琳達、韋斯就說道：全球主義者不僅誇大了國家無能的程度而且也失之過於概括。……在全球化進程中，民族國家的作用不是更小而是更大了，不是在阻礙發展而是推動進步。」（王列、楊雪冬編譯，1998：88-97)。英國政治學者蘇珊、斯特蘭奇認爲全球化對國家產生的影響給世界政治經濟帶來了三重困境：「首先是經濟困境，一種市場經濟無論是全球性的還是民族性的。……無論是以前的霸權，還是國際組織，都無法完成解決經濟困境的任務。二環境困境，污染日益嚴重。三、政治困境：全球化把權利從國家轉向了公司，從而坐視國際官僚破壞對人民負責的精神。現在不僅在歐洲，在美國和日本在整個全球化的經濟中，都存在著民主的缺乏。」（王列、楊雪冬編譯，1998：113-114) 再者全球化者認爲「民族認同」將逐漸降溫，「全球認同」(global Identity) 將升溫。Guibernau 反駁說：「語言是文化傳承的要素。全球認同的出現，前提之一乃是廣泛的溝通基礎必須存在，這基礎正是共同語言，但那一種『全球語言』(Global Language) 能被接受爲共同語言？」(Guibernau 1996：133) 總而言之，全球化雖有其勢不可擋的趨向，但民族國家的作用依然龐大且發揮不可忽視的力量。也就是說，以自身民族的文化、語言吸收且轉化某些全球性的價值與体系，一者可提升民族國家適應力，再者可以較穩健的步入全球化的競逐之中。簡言之，民族認同與全球化不是零合的關係而是一辯證發展關係。

參、全球化與中國大陸的民族認同問題

1949 年中國共產黨在大陸取得政權，至 1978 年基本上是以俄共爲的發展過程的模本，這種集體所有制，乃至欲求一步到位

的共產化運動，導致一窮二白，差一點淪為被開除「球籍」的命運。1979年以後，鄧小平提出改革開放政策「讓中國走入世界，讓世界走入中國」。意圖使中國加入「全球化」的進程中來。在過去二十多年中，在經濟上取得了輝煌的成就，當前大陸在勞力供應儼然發展成「世界的工廠」，在資金吸納上又有「宇宙的黑洞」之稱，大有一洗百年來國家貧窮落後的恥辱。這股氣勢引發了「強烈的民族意識」，大陸民族主義能開創民主、繁榮與和平嗎？威斯康辛大學Edward Friedman教授引Barry Sautman和John Fitzgerald兩人對近年來中國民族主義的分析強調，「這是後毛澤東時代產生的種族民族主義，部分北京人士的自大、霸權，種族排外主義正造成相當的破壞。」他又說：「這種危險的擴張式種族主義逐漸激起中國天生的民族自傲。」（費里曼，2000：263）這正是當前西方社會所擔心的「中國霸權論」、「中國威脅論」的源由。處在「全球化」與「中國化」，「全球認同」與「民族認同」的拉鋸戰中，中國大陸的問題何在？他又如何因應呢？

一、全球意識V.S.中國中心論

中國的崛起與融入全球化的過程有許多值得反思的一面，少數敏銳與理性的大陸學者提出：「中國在加入全球化過程中，一定要警惕『中國中心論』的抬頭和蔓延。『中心論』是逆全球化進程的……現在有一些人利用中國近年來優異的經濟成績和『大國情緒』正在鼓吹『中國中心論』的論調，這種盲目自大的表現有著極大的危險，它不僅會影響中國在全球化進程中的形象，而且會阻礙中國更深入的改革和思想解放。」（王列、楊雪冬編譯，1998：20）做為「世界工廠」的中國大陸，惟有以穩定、改革的形象，才能引導更多的資金與技術投入其中，亦才能與世界同步發展。同理可證，全球化將有利於中國的改革開放。Friedman 就說：「全球化並不是失序和破壞性的，而是安頓在某種更大的共同利益之下，這將有利於中國的政治開放。但是這種轉變過的全球化需要更多的創新，遠超過主要強權集中力量所能做的。缺乏這項轉型，內部的火藥將在中國和世界各地將持續堆積。」（費里曼，2000：265-266）換言之，全球化是帶動中國改革開放的前提，而全球化程度亦與「中國中心論」成反比發展關係，在全球化的共同利益推動下，中國中心論做適度認同的轉型將是中國在創新的前提與減少中國與世界衝突的關鍵機制。

二、文化的民族主義 V.S.僵硬的馬、列、毛思想

1978 年以前的中共，基本上是受「極左思潮」的影響，亦即相信在「教條主義」下「階級鬥爭萬能論」，並全面反對「修正主義」的。鄧小平上台後，「堅持一個中心，兩個基本點的道路。搞改革開放動搖不得，不搞改革開放、不發展經濟、不改善人民生活，只能是死路一條。」此時鄧小平提出了他的看法，他說：「我們的現代化建設，必須從中國的實際出發。無論是革命還是建設，都要注意學習和借鑑外國經驗。但是，照抄照搬別國經驗、別國模式，從來不能得到成功。這方面我們有過不少教訓。把馬克思主義的普遍眞理同我國的具體實踐結合起來，走自己的道路，建設有中國特色的社會主義，這就是我們總結長期歷史經驗得出的基本結論。」（鄧小平文選第三卷，1994：2-3），由這段話可知無論是中國特色的社會主義也好或社會主義初階段也罷，這是中國擺脫教條馬、列主義過渡到全球化的必要思想準備工作。而後一步步發展經濟特區，到市場經濟到南巡講話其堅持「中國」特色，已與僵化的共產主義思維漸行漸遠。

再者，中共爲挽救「共產主義渺茫論」、「三信危機」等思想危機而興起另一個替代性意識型態，那就是有限度的開放傳統中華文化。大陸學者蕭功秦指出：「在承認共產主義已經喪失對於中國人的吸引力的基礎上，儒家學說被明確指爲『凝聚民族向心力的新資源。』（吳國光，2001：328) 這種向「本土文化」乞靈的現象作用之一，可詮釋是某種建立於文化上的「民族認同」，由此進而解決「國家認同」的危機。作用之二在於：「中國走向『文化本質主義』又可區隔中國與代表西方的現代性之不同。強調中華文化傳統的重要性，強調復興中華傳統來做爲中國面對西方壓力時的一個槓桿。」（李英明，2001：81) 作用之三就如同「中共官方學者指出，突出中國傳統，尊孔崇儒，可以抗擊西化，對抗『和平演變』。」（齊墨，1997：177)

由上述結合中國環境論的「中國式社會主義」以及傾向有條件接受中華傳統文化論，儘管事出於多種動機，但不容否認的是，教條的馬列主義產生了中共的認同危機，爲了挽救這種危機，「文化的民族主義」適時地塡補了思想的空白與信仰的危機，則是不爭的事實。

三、自由的民族主義 V.S.「全能主義」的政權

中國大陸過去二十多年來的變革中，在經濟、社會、文化領域已產生許多巨大改革，美國學者何漢理稱爲第二次革命 (Harding，1987) 但是，幾十年來變中有堅持不變的區塊，那就是大陸的政治統治理念變遷不大，鄒讜教授名爲「全能主義」(Totalism) 的政治，意指政治機構的權力可以隨時無限制地侵入和控制社會每一階層和每一個領域的指導思想。」（鄒讜，1994：3、59) 在面對全球化壓力下，鄧小平時代可說是企圖透過列寧主義政治權威去解決人民的認同問題，亦即著重菁英路線以及逐步制度化朝制度主義發展，並透過愛國主義來支撐此模式，要求社會和大衆支持中共的黨國機器。（李英明，2001：10-23) 在頂著愛國主義

前提下，全能主義政治成爲「正當性」的基礎。此時民族主義難以注入自由民主之色彩，六四天安門要求民主之運動被血腥鎮壓也就成爲必然。

當前江澤民以「三講」（講學習、講政治、講正氣）之後又提出「三個代表」的論述（中共代表先進生產力的發展需求、代表中國先進文化的前進方向、代表中國最廣大人民的基本利益），如果三個代表在2002年「十六大」中能成爲綱領性文件，則中共可說正式擺脫「無產階級」意識型態匡限，正式進入以先進生產力、先進文化的全球化路線作全面性的競爭啓動。在此架構下，民主自由主義方才能逐漸打破「全能主義」成爲中共這個「族群」的思維之組成部份。在自由主義與全球意識能夠注入中國全能主義的政權之中，相激相盪之下，主權觀念、國家角色亦做調整，兩岸間的民族認同問題才能壯大對話的空間。

肆、若干反思——代結論

結合上述兩個段落的分析，以Appadurai的「景觀」(scapes)流動觀念做簡要的結論。

一、中國在全球化中「經貿、金融景觀」表現最優，科技次之，但關鍵仍在兩岸認同問題：

在全球化過程中，近二十多年來，中國大陸以「實事求是」的精神做了若干「超英趕美」的事情，尤其在經濟層面上，夾其龐大低廉的人力成本，以「梯形理論」架構，分東部、中部、西部逐次開發融入世界。而亞洲開發銀行、亞太經濟合作會議、世界貿易組織、東協11+1等區域性、全球性經貿組織，都可見中共努力的痕跡。一個大陸內部反省聲音指出：「世界貿易組織不僅是這一過程的產物，更是這一過程的推動者。中國也從曾經是這一進程的反對者和逃避者，一躍變成這一體系的熱心的加盟者。中國要求加入世界貿易組織的持續努力反映了中國希望盡快把自身納入全球化經濟體系的熱切願望。」（劉軍寧，1998：67）經貿的改革開放，讓大陸擁有全球500大企業中的80％以上移到大陸投資、經貿體系已大步邁向全球化，這也是台商認同大陸的部分「景觀」之所在。

各國大企業入主中國，亦帶來了部份高科技產業的移植，在這二種全球化景觀中，中國可說費盡心思，意圖與全球同步發展。但是在經濟管理體系則有若干尚待加強，論者以為：「全球管理機制的建構必然是透過北美、歐洲、與東亞三大經濟體間的協商與合作來達成，而這三大經濟板塊，北美與歐洲都具備一個經濟實體所需要的政治操作機制，惟有東亞還只是一個地理概念，缺乏緊密的協調與合作機制。……未來東亞關係在中國與日本，而北京與東京關鍵在台灣……兩岸在建構東亞新的安全與經濟合作機制上，責無旁貸。」（朱雲漢，1999：14-161）換言之，東亞區域經貿的健全化，關鍵仍在於兩岸和諧互惠的關係，而兩岸民族認同的分與合則是兩岸此時的歧見所在。

二、「族群景觀」的民族認同與和諧尚待努力

40多年前，中國以第三世界領導人自居，意圖進行「世界革命」，將民族國家逐一消滅赤化成共產世界。隨著毛共的死亡，中國對外以「走入世界」代替「世界革命」，對內則強調「多元一體」，表面上強調多元民族一體性，但對於少數民族宗教如西藏佛教以及新疆維吾兒的回教等信仰，仍抱持不信任態度，對近年來崛起的「法輪功」組織亦給予妖魔化；對台灣與大陸流亡海外的「民運人士」之追求全球主流價值的民主化要求則深不以為然，這種現代性的落差加上族群間夾雜著複雜的歷史因素，因而產生「建構性」的「分離意識」。這是中國當前困擾的民族認同問題。如果中國能多注意民族主義學者 Hobsbawn 所言：「倘若主要民族能珍惜並促進其國境內的方言和少數族群的語言，各族群的語言、文化、歷史傳記、風土民情獲得保持與延續，如同在巨大的國家畫版上，明確繪出每種顏色，從而使該國的民族精神呈現多采多姿、多元傳統的新氣象。」(1999：35)，一般認爲對族群的語言、文化歷史傳統的尊重是建立族群和諧的主要工作，亦是產生民族認同的重要基礎。近年中國尊重傳統文化的提倡，如果大陸能從手段工作具理性角度進而提倡到實質理性的對待與尊重多元文化，對認同將可強化與促進功能。而台灣認同問題除了上述「景觀」的溝通與趨同外，媒體與意識的開放尤其是關鍵。

三、「媒體與意識景觀」的開放是中國能否置身全球化的關鍵

理論上而言，一個國家如果全球化程度很深，則必將帶動技術、法令體制與價值觀的全面性變化，但因中國實施「政、經分離」影響所及，中國出現了金融、經濟景觀與媒體、意識型態景觀斷裂的現象。這種極不協調的矛盾現象處處可見，經濟景觀、圖像生猛有力，可謂如同戰國時期，群雄並起，但媒體與政治意識型態則仍然鐵板一塊。中國在經濟議題上可以接受全球議題，但新聞自由、人權保障上則常持「中國特色」拒絕西方基本的標準而備受國際間社會所責難。

根據 1996 年 5 月《中國青年報》公布的一項調查顯示，90％的中國人感到美國有「霸權」行爲，對中國有擴張企圖，91％的人還說美國在處理台灣問題上「不友好」。半官方的中國青年調查中心的民調顯示，大約 90％的年青人相信美國尋求支配中國，

86 %的人相信美國的人權論點基於它對中國的「惡意」。(Burstein and Keijzer 著，孫英春等譯，1998：81) 如此高的「民意」不同意西方論點，主因之一在於中國控制媒體與意識型態，在一元化的政治社會化下，公民的「愛國意識」受到制約，自由民族主義及開放社會的媒體自由不可得，中國就無法較平和和理性的與西方對話。在斷裂式的全球化認知與行動下，中國大陸的「民族認同」將缺乏與其俱進的彈性，其「全球意識」也將是片面的。

如果中國大陸一再堅持「全能主義」與任由基本教義派的「愛國主義」狂熱發展下去，而不在媒體與意識的「景觀」多作開放，則大陸的經濟與金融景觀愈取得全球性的成就，「全球」將愈感到中國民族的威脅與恐慌，其道理是不難明白的。

參考文獻

王列、楊雪冬編譯，全球化與世界，北京：中央編譯館出版社。

朱雲漢，1999，中國人與二十一世紀世界秩序，載中央研究院歐美所主辦：西方文化與現代化兩岸學術研討會論文，頁1-16。

吳國光，2001，中國民族主義的歷史變遷，載林佳龍、鄭永年主編：民族主義與兩岸關係，台北：新自然，頁317-334。

李英明，2001 全球化時代下的台灣和兩岸關係，台北：生智。

金耀基，1997，中國政治與文化，香港：牛津大學出版社。

馬克思、恩格斯全集第四卷，1965，北京：人民出版社。

楊雪冬、王列，1998 關於全球化與中國研究的對話，載胡元梓、薛曉源主編：全球化與中國，北京：中央編譯出版社，頁1-21。

鄒讜，1994，二十世紀中國政治，香港：牛津大學出版社。

齊墨，1997，民族主義-中共的替代性意識型態，載王鵬令主編：民族主義與中國前途，台北：時英，頁170-182。

劉軍寧，1998，全球化與民主政治，載胡元梓、薛曉源主編：全球化與中國，北京：中央編譯出版社，頁67-71。

鄧小平文選第三卷，1994，台北：地球出版社。

琳達·韋斯，1998，全球化與國家無能的神話，載王列、楊雪冬編譯，全球化與世界，北京：中央編譯出版社，頁88-97。

蘇珊·斯特蘭奇，1998，全球化與國家銷蝕，載王列、楊雪冬編譯，全球化與世界，北京：中央編譯出版社，頁110-121

費里曼 (Friedman) 著，2000，民族主義能開創民主、繁榮與和平嗎？載田弘茂、朱雲漢編，張鐵志、林葦芸譯：江澤民的歷史考卷——從十五大走向二十一世紀，台北：新新聞，頁253-270。

Appadurai, Arjun.1990,"Disjuncture and Difference in the Global Culture Economy "In M. Featherstone (ed.) Global Culture: Nationalism, Globalization and Modernity. London: Sage.

Fukuyama, Francis.1992, The End of History and the Last man, New York: Free Press.

Giddens, Anthony.1990, The Consequences of Modernity, Cambridge: Polity press.

Guibernau, Montserat 1996,Nationalisms: The Nation-state and nationalism in the Twentieth Century, Cambridge: Polity Press.

Harding, Harry.1987, China's Second Revolution: reform after Mao. Washington D.C: The Brookings Institution.

Held, David (ed) 1993,Prospects for Democracy,Ca: Stanford University Press.

Hobsbawn, E.J.1999, Nations and Nationalism Since 1780,London: Cambridge University Press.

Pieterse, Jan N.1995, Globalization as Hybridization, In M. Featherstone, S. lash and R. Robertson (ed) : Global Madernities, London: Sage.

Robertson, Roland.1992, Globalization: Social Theory and Global Culture, London: Sage.

5

PIONEER GLOBALIST: DR. SUN YAT-SEN AND GLOBALIZATION

GEORGE T. YU

Dr. Sun Yat-sen is best known as the father of the Chinese republic, first founded in 1912. His role as the leader of an organized revolutionary movement that overthrew the Ching dynasty and established the Republic of China is universally celebrated and recognized. Though Dr. Sun has been described primarily as an activist leading the Chinese revolution, during his lifetime he was also a man that sought to introduce and spread ideas that he thought were universally applicable, Asian, Western and others. In other words. Dr. Sun can be seen as an early global statesman, linking different parts of the globe with a set of common ideas, institutions and practices.

Clearly, Dr. Sun was an eclectic thinker, drawing upon both what he understood of traditional Chinese culture and modern Western and Japanese attitudes and values, the latter based upon his Western educational background and years of sojourn outside China, in the Americas, Asia and Europe. It is important to also note that Dr. Sun's ideology or ideas were developed over an extended time period and were frequently articulated by his followers, in addition to being enunciated by Dr. Sun himself. But there is no question that Dr. Sun's ideas were multifarious, representing a blend of Chinese, Japanese Western and other global influences, and were accepted by a significant body of followers.

From the beginning of his revolutionary career in the late nineteenth century, Dr. Sun Yat-sen was a true globalist. For example, the main ideas that he expounded were those of liberalism, the mainstream ideology of the contemporary West. He was also an early proponent of global resource transfer, the use of Western and other foreign capital and technology to modernize the less economically developed. A review of Dr. Sun's ideas prior to the 1911 Revolution clearly demonstrates his early commitment to a "global society", a society in which the best ideas, institutions, practices and resources were shared and universally applied.

An example of Dr. Sun's early notions relating to the use of Western ideas for the economic development of China can be found in the letter to Li Hongzhang in 1894. Sun argued that Western wealth and power lay not so much in the military (which was well recognized) as in the manner in which human and natural resources were cultivated. China needed to adopt the best practices of the West, including the training of experts, civil and military, through specialized education and practical experiences, the development of scientific agricultural, encouraging the development of commerce and industry, including enlisting the assistance of foreign experts, and other reforms. Sun offered himself with his Western training and experience as a "bridge" to introduce global (Western) "methods" to China. Nothing came of Sun's appeal, but it does illustrate his willingness to borrow from the global storehouse of knowledge, at a very early stage of his revolutionary career. Today, ideas and practices cross boundaries freely; in late nineteenth century. Dr. Sun's role as a "global" person was relatively novel, especially among Chinese.

Another illustration of linking China to the world was Dr. Sun's use of Henry George's "land nationalization" formula and forms of modern socialism as measures against future economic and social injustices in China's development. A primary concern was to prevent wealth disparities in China that Sun had witnessed in the West, specifically in developed America and Europe. Beginning with Liang Qichao's dissection of Sun's *mingshenghuyi* (principle of people's livelihood) and socialism in the famous debate in the pages of Liang's *Oingvi bao* and *Xinmin congbao* and Sun's *Min bao* at the turn of the century in Japan, Sun and his followers, including Hu Hanmin, Zhu Zhixin and others, argued strongly for the need for a social revolution, to prevent the rapid growth of wealth and the development of mass poverty, as in the West.

Dr. Sun's solution to China's future development was to learn from the "global" experience, e.g., the developed West, while also learning from Western proposals how to prevent and treat great economic and social injustices. Henry George and his concept of a single tax on land values were accepted as an answer to China's needs. Sun's followers also joined in the debate, expanding the discussion to include Western socialist thought. Examining the advent of socialism in the

West, Hu Hanmin saw socialism's primary goal as the equalization of economic class differences resulting from the rise of classes in the course of Western modernization. Hu, too, accepted "land nationalization" as a cure to China's future development. Concurrently, Zhu Zhixin, while rejecting "pure communism", proclaimed that Marx and "scientific socialism" heralded a new day for socialist theory, correcting the flaws in the West based on the doctrines of laissez-faire and the absolute sanctity of private property. Speaking for Dr. Sun, Zhu concluded that there was no reason why China could not become as developed as the United States if it borrowed the most advanced programs (land nationalization and socialism) from such a society.

The debate at the beginning of the twentieth century over Western "methods" and ideologies and their adoption by Dr. Sun and his followers was to vary greatly in emphasis and in content over the years to come. The importance of the debate and the "global" ideas, institutions and practices laid not in the proposals themselves, however valid or invalid they maybe or how applicable or inapplicable they maybe for China's developmental needs. Indeed, George's single tax system was largely rejected in the West. A significance of the debate and the proposals can be found in Dr. Sun's recognition of global political, economic and social interdependence. That not only are ideas, institutions and practices global in nature and cross-borders, but the very ideas, institutions and practices have an equalizing and unifying function, bringing political, economic and social justice to all mankind.

Dr. Sun's early recognition of global interdependence is to be commended. Today we are aware of the important role of foreign aid in global economic and social development and the need to promote and support democratic regimes and movements. In the nineteenth century, such ideas and practices were, at best, in their early stages, especially throughout East Asia. Whereas these developments were underway by the mid-nineteenth century in Japan, China's drive toward modernization and global integration were essentially a product of the twentieth century. But this does not exclude individual Chinese reformers who were early advocates of change.

As an early advocate of some of the ideas of globalization. Dr. Sun contributed to both China's modernization and global integration. Clearly Dr. Sun was a pioneer, a statesman ahead of the times.

6

Russia Between East and West: the Everlasting Debate

Alexander A. Pisarev

Abstract:

One and a half years old debate between Westernizes and Slavophiles is not finished in Russia up to now. After the collapse of the Communist state, which represented the triumph of the ideas close to the theories of the partisans of the unique Russian role in world history, the split between those who see Russia as inseparable part of the West and their opponents - is still the mainstream of the ideological controversy. One can easily identify the representatives of these two camps in all walks of life of contemporary Russian society: among ordinary people, businessmen, politicians and scholars. Meantime, it is clear that the future of the country depends on the results of the choice between " East and West," and often in a very practical way.

Key words:

" Westernizes," " Spavophiles," Russian Idea," " Russian Power," " Eurasianism," totalitarianism, political and economic

reforms

"Russian Idea" and "Russian Power"

"Russian Idea" - a conception, which was designed to reveal the essence of Russia's role and mission in world history, was not only deeply rooted in the debate between "Westernizes" and "Slavophiles" that dates back to 1840-1850s, but in fact was a continuation of a more long standing cultural tradition.① It is widely acknowledged among the scholars of Russia that one of the most characteristic features of traditional Russian culture was a messianic view of Russia's place in world history. Since the 15th century and especially after the fall of Byzantium Russian thinkers and politicians, and probably even common strata of the society viewed their country as the last resort of the "true Christianity." Since that time Russian Orthodox Church was considered to be the sole successor of the religious tradition of the "Second Rome" - the Byzantium Empire, Moscow was often called the "Third Rome" and the historical mission of Russia was formulated as a salvation of the Christian world, precisely the West, which has lost links with pure Christianity.②

---

① For the first time this concept was used by a famous Russian Christian philosopher Vladimir Soloviev in 1888 in his lecture given in Paris and later published in French. In Russian this article was published for the first time only in 1909. See: *Russkaya Ideya* (*Russian Idea*) , Moscow, 1992, p.7.

② American historian of Russian culture wrote: "Moscow was the site of the 'Third Rome' for the apocalyptical monks of the sixteenth century, and for the 'Third International' apocalyptical revolutionaries in the twentieth." (J. Billington, *The Icon and the Axe: An Interpretive History of Russian Culture*, New York, 1970, p. 48) .

During Peter the Great reforms (first quarter of the 18th century) traditional Russian messianism suffered a significant blow, as the West was chosen to be a model for the economic and cultural reconstruction of the country, and reemerged in the middle of the 19th century under the influence of the humiliation of the defeat in the Crimean war (1853-1856), when Russia confronted with a coalition of Western powers. During this period of time the debate between the proponents of traditional Russian values (Slavophiles) and the advocates of the "Western way" (Westernizes) became a dominating theme of the spiritual life of Russian intellectuals.③

Thinkers, writers and politicians who belonged to the first camp (Annenkov, Granovskii, Kavelin) strongly believed that Russia was destined to accept the model of historical development demonstrated by the Western civilization. On the other hand, their opponents (Kirievskii, Homyakov, Aksakov brothers, later - Dostoevskii, Soloviev and others) emphasized the uniqueness of Russian civilization and culture. While for Westernizes there were no theoretical difficulties in defining their approach (which later laid the ground for Russian liberalism), the supporters of the Slavophile approach had to specify the features of the "unique Russian culture," essence of Russian messianism and "Russian Idea".

Theoretically, the starting point of this discussion looks different from the theories developed centuries ago. While before, Russia was

---

③ There is an enormous literature of the Westernizes - Slavophile debate both in Russian and Western languages. See, for instance: A. Valicki, *The Slavophile Controversy: History of a Conservative Utopia in 19th Century Russia*, Stanford, 1989.

observed in fact as the representative of the "true West," in the middle of the 19th century the partisans of "Russian Idea" reformulated the problem on the foundation of the conception of the initial separation between East and West and Russia - placed both historically and culturally between these two extremes.④ Probably, it was Dostoevskii who suggested the clearest response to the theoretical challenge: whether Russia belongs to the East or to the West? His argument was: Russia belongs both to the Western and to the Eastern worlds, hence to the mankind as a whole, and in this sense is capable to demonstrate something critically valuable for both parts of the divided universe. Specifically, argued Dostoevsikii, some moral values, which do not exist as a part of the Oriental cultural tradition and cannot be find in contemporary Western countries.⑤

Among the participants of the Westernizes-Slavophile debate there were those who formulated alternative conceptions defining the nature of "Russian Idea," though from their point of view, these specific characteristics of Russian tradition were also of a universal value.

---

④ An influential Russian thinker and philosopher of the middle of the 19th century Chaadaev was the first who presented the problem in this way. He wrote: "And yet placed between the two great divisions of the world, between East and West, resting one elbow on China and the other on Germany, we ought to combine in ourselves the two great principles of human intelligence, imagination and reason, and fuse in one civilization the history of all parts of the globe." (See: *Russian Intellectual History. An Anthology*, New York, 1978, p. 166).

⑤ He wrote: "The assignment of a Russian man, with no doubt, is all-European and universal. To become a real Russian probably means only to be a brother of everyone (in this world), to become a universal man." (See: F. Dostoevskii, "Pushkin," *Russian Idea*, p. 145).

For Aksakov, for instance, it was the unique spirit of emotional unity between the people, human community and the state institutions that one cannot find in other cultures.⑥ From the point of view of an influential Russian Christian philosopher Soloviev, " Russian idea" was a way to achieve an ideal political system based on theocratic monarchy that could be accomplished in Russia earlier than in other parts of the world, due to the specific Russian cultural tradition.⑦

Quite often the ideas developed by the representatives of socialist and revolutionary factions in Russian thought of the second part of the 19th - early 20th centuries are observed out of the context of " Russian Idea" , but from my perspective, they were an inseparable part of Russian messianism.⑧ The most important contribution of Russian *narodniks* (populists) , which can be considered to be a " revolutionary faction" of Slavophiles, to " Russian idea," was the stress on the unique role of Russian traditional peasant commune (*obschina*) in the transition to the ideal socialist society not only in Russia, but also all over the world.⑨

Familiar messianic motives may be easily found in the history of social-democratic thought in Russia as well. At its initial point the so-

---

⑥ K. Aksakov, " O Russkom Vozzrenii (On the Russian View) , Ibid, p. 111.

⑦ V. Soloviev, " Russkaya Ideya (Russian Idea) ," Ibid, p. 204.

⑧ For instance, Engels criticized messianic illusions of one of the most outstanding representatives of Russian populists (*narodnikks*) Tkachev. From his point, Tkachev was defining Russian people as, so to speak, " chosen people of socialism." (See: Haruki Wada, " Marx and revolutionary Russia," T. Shanin ed., *Late Marx and the Russian Road. Marx and the 'Peripheries of Capitalism,'* New York, 1983, p. 51.

⑨ T. Shanin, *Peasants and Peasant Societies*, Harmondsworth, 1971, p. 98.

cial-democratic movement in the country represented, as it seemed, an uncompromising alternative to the conceptions of "Russian Idea" and was totally based on the view that the "Western Way" was the sole historical choice for Russia. But at the beginning of the 20th century the faction of "Bolsheviks," whose major representative was Lenin, more and more advocated the theory of Russian revolution that was Russo-centric and in fact messianic. According to Lenin, Russia was destined to become the motherland of the World Communist Revolution and thus would embody mankind's everlasting dreams for the "ideal society." ⑩

It is not surprising that after the "Bolsheviks" takeover theoretically the most comprehensive alternative to the Russian communists conception of Russia's role in world history was also based on a modification of Russian messianic idea. It was represented by the school of "Eurasianism," which was founded in immigration and included some most prominent Russian thinkers who had to leave the country after the triumph of the communists. Among them we can find such figures as specialist in comparative culture Trubetskoi; historians Savitskii, Vernadskii and Shahmatov; philosophers Suvchinskii, Florovskii, Karsavin, Il'in, Stepun, Shiryaev; economist Sadovskii; a famous scholar in the field of Oriental studies Nikitin; writers and literary

---

⑩ Some of the critics of "Bolshevism" convincingly argued that this interpretation of the traditional Russian messianic idea was one of the major reasons of their triumph and one of the most powerful sources of the legitimization of their power. (See: N. Berdiev, *Istoki I Smisl Russkogo Kommunizma* (*The Roots and Essence of Russian Communism*), Paris, 1955, p. 88).

critics Ivanov, Kozhevnikov, Yakobson; an outstanding specialist in comparative law Alekseev and others.

It is quite natural that there were different positions advocated by the representatives of the "Eurasian" movement, as all of them were talented and independent thinkers, but still there was also a common ground, which permits to define this intellectual trend as based on a common understanding of Russia's past and quite close estimation of the perspectives of the future development of the country. In accordance with the views of their predecessors - Slavophiles, the supporters of the "Eurasian" paradigm emphasized their "Anti-Westernism," and on the other hand concentrated on the specific historical role of Russia. From their perspective, due to its geographical position, historical and cultural inheritance Russia was destined to create a constructive symbiosis of both Western and Oriental cultures and on this foundation built an alternative to the declining Western civilization. It is worth noting, that "Eurasianists," unlike their predecessors from the Slavophile school, were much less inclined to discuss the problem of the salvation of the West and concentrated more on the alternatives to the world order created by the Western countries.⑪

A close observation of the theories presented by the participants of this intellectual movement will certainly take me too far and away from the main subject of this paper, though with no doubt it deserves special consideration. One can discover a lot of creative conceptions formulated by the adherents of the movement, each of which deserves

---

⑪ I. Orlova, *Evraziiskaya Tsivilizatsiya* (*Euro-Asian Civilization*) , Moscow, 1998, p. 104-105.

special attention and critic.⑫

Probably, it was N. Alekseev who made the most important contribution to the theory of Russia - as a center of the future-coming "Eurasian" civilization. He viewed this problem from the perspective of the specific features of the Russian type of statehood. He did not use the concept "Russian Power", but in fact formulated the definition of this phenomenon. It has been noted already that Alexeev's predecessors both from the camp of Slavophiles and Narodniks paid serious attention to the problem of the interrelation between the people and state institutions, but he was the first who presented a sophisticated conception of the specific role of the supreme political power in "Eurasian" civilization.⑬

From his perspective, Russian state from the very beginning was founded on the Oriental conception of statehood that was essentially different from the Western principles of state building. If the Western

---

⑫ Contemporary Russian scholars pay a close attention to the ideas presented by the members of the "Euro-Asian" school of thought. See: *Evraziya. Istoricheskie Vzglyadi Russkih Emigrantov* (*Eurasia. Historical Views of Russian Emigrants*), Moscow, 1992; *V Poiskah Svoego Puti: Rossya Mezhdu Evropoi I Asieii* (*In a Search of Its Own Way: Russia Between Europe and Asia*), parts 1-2, Moscow, 1994; *Global'nie Problemi I Perspectivi Tsivilizatsii [Fenomen Evraziistva]* (*Global Problems and the Perspective of Civilizations [Phenomenon of Euro-Asianism]*), Moscow, 1993; *Rossiya Mezhdu Vostokom I Zapadom: Evraziiskii Soblazm* (*Russia Between East and West: Euro-Asian Temptation*), Moscow, 1993.

⑬ "Russian Power" (*Russkaya Vlast*), unlike "Russian Idea," does not have a status of an "official" paradigm closely interconnected with the theory of the "Russian Idea," but is largely accepted by historians, sociologists and politicians in contemporary Russia. (See, for instance, V. Makarenko, *Russkaya Vlast* (*Russian Power*), Rostov-na-Donu, 1998.

theory of the state was based on the conception of the "contract" between individuals and the supreme political authority, and thus emphasized the necessity of the guarantee of individual rights, the Oriental perception stressed the motive of "service" (*sluzhenie*) both of the supreme political authority and its subjects. In this context, from Alexeev's point of view, not the problem of individual rights, but the question whether the state represents the "right-doing" was critically important for Russian people. In other words, the state institutions and the supreme political leader were personally responsible for the formulation of the right direction of the development of the society and were in charge of the maintaining of harmony, based on the equilibrium of different interests.⑭ From this perspective, Russian people who were, as a matter of fact, indifferent to the problematic of personal rights and freedoms, were ready to accept even the dictatorship, if it was based on the "right-doing," in their understanding. The alternative to the "right-doing" dictatorship or authoritarian regime was only an "uncontrolled liberty" (*volnitsa*) that could bring the society to a state of a complete disintegration.⑮

Thus, "Russian Idea" and "Russian Power" became inseparable parts of the alternative to the Westernizes' view of the past and future of Russian civilization. If Westernizes stressed the necessity of the perception of the basic Western values, including liberal tradition based of the guarantee of personal rights as a starting point of state build-

---

⑭ N. Alekseev, *Russkii Narod I Gosudarstvo* (*Russian People and the State*) , Moscow, 1998, p. 90.

⑮ Ibid, p. 114.

ing, and its continuation - the free market economy; the advocates of "Russian Idea" emphasized the limits of the "declining" West and tried to draw attention to the specific role of Russia in the forthcoming universal civilization. From their view, Russia was obliged to formulate an alternative to European experience based on the messianic "Russian idea," which was inseparable from the system of "Russian Power." In other words, not the individual, but collective forms of social organization (*obschina*) reunited and guided by the "right-doing" authoritative state were viewed as a foundation of the anti-West world "counter-system."

"Russian Idea" and Contemporary Russian Politics

After the fall of communism in Russia, which can be attributed as well to the failure of "Russian Idea," the debate between the defenders of the unique "Russian Way" and their opponents, as it came clear soon, was still far from resolution. In fact, even before the disintegration of the USSR, during Gorbachev *perestroika* period, inside the Soviet Communist Party (CPSU) were formed two main factions, which represented ideas close either to the theories of Westernizes or conceptions advocated by their Slavophile opponents. After the leadership of the CPSU lifted a ban on organization of party factions (platforms) within the CPSU, the "Democratic Platform" faction clearly represented "Western Way," while the supporters of Russian uniqueness grouped around the leadership of newly formed the Communist Party of the Russian Federation (CPRF) .⑯

The ideology of the CPRF was a composition of conceptions derived from "classic" Marxist theory and certain ideas that clearly belonged to Russian traditionalists. They strongly advocated view that Russia was a natural stronghold of communism due to the role of communitarian social structures and types of thinking based on them that characterized traditional Russian society. These features were only strengthened during the period of communist rule. It was also very natural for the supporters of the "russified" communist idea to emphasize the constructive role of the strong state structures in resolution of the problems with which Russia confronted.⑰ It was also quite understandable why later on communists joined hands with Russian nationalists who frequently appeal to "Russian Idea." During 1990s they were active participants in "Russian National Reunion" - a composition of different political parties and movements of nationalistic orientation.⑱

It is worth noting, that contemporary party politics in Russia which includes more 5000 different parties and political movements, as a hundred years ago is split in to Westernizes and Slavophiles camps and each camp is subdivided into a conservative, liberal, and revolutio-

---

⑯ The "Democratic Platform" was organized in January 1990 and actively coordinated its activity with the "Democratic Russia" movement, which brought Eltsin to power during the first free parliamentary elections in Russia in 1990. Later on the supporters of the "Democratic Platform" left the CPSU and formed one the most influential parties of liberal orientation at the end of 1980s - the "Republican Party." (*Partii I Politicheskie Bloki v Rossii* [*Parties and Political Blocks in Russia*]) , Moscow, 1993, p. 32.

⑰ V. Sogrin, *Politicheskaya Istoriya Sovremennoi Rossii* (*Political History of Contemporary Russia*) , Moscow, 1994, p. 73.

⑱ *Parties and Political Blocks in Russia*, p. 198-199.

nary versions of the two main Russian ideological trends.[19]

Political crisis over Yugoslavia, which sparkled in spring 1999 served as a catalyst for a new round of discussions concerning the prospects for future development of the country and the nature of reforms that Russia needed. For some of the scholars and political analysts who took part in this debate, which resulted in publication of dozens and dozens of articles in Russian press, it was obvious that NATO attack against Yugoslavia was in fact a "conflict of civilizations" and the major target was not the Balkan country per se, but Russia, which is still considered by the West to be an eminent and alien entity. Westernizes, on the other hand, emphasized that bombardment of Yugoslavia had nothing to do with an attempt to encircle Russia and it was critically important to maintain stable relations with the West, because it was the only one way to secure Russian democracy and reformation of the country.

These two conflicting points of view prevailed both in academic and political communities. For instance, for A. Dugin, Director of the *Center of Eurasian Geopolitical Studies* and influential scholar and politician, this conflict it fact represented the clash between two types of civilization - "civilization of sea" and "civilization of land." Contemporary West is a true representative of the first kind of culture, which is characterized by the domination of such values as individualism and materialism. Russia, which inherited the culture of traditional

---

[19] *Politicheskie Partii, Dvizheniya I Organizatsii Sovremennoi Rossii na Rubezhe Vekov* (*Political Parties, Movements and Organizations of Contemporary Russia Between the Two Centuries*), Sankt-Petersburg, 1999, p. 26.

"land type" civilizations of Roman Empire, Byzantine Empire and Tsarist Russia manifests quite a different value system: communitarian social structures, stress on the importance of the organizing role of the state and preference to "idealism" in comparison with mercantile values, argued this scholar.⑳

During the months of the Yugoslav war Russian liberals were placed in an awkward position as the public opinion was on the side of Yugoslavia and anti-NATO sentiment was very strong.㉑ Still, S. Rogov, a famous scholar and Director of the influential *Institute of the USA and Canada of the Academy of Sciences of Russia*, stressed quite clearly that the future development of Russia must be alienated with the West, and Russia is destined to build a new system of collective security with European countries and the US in order to become an integral part of this system.㉒

In fact, for the modern partisans of "Russian Idea" every international political crisis serves as a good reason to come back once again to the discussion of the "threat" from the West, which is the result of the differences between European and Russian civilizations and to speculate of the composition of the future "Anti-Western" al-

---

⑳ A. Dugin, "Mi Dolzhni Osoznat Nashu Istoricheskuiu Missiu (We must realize Our Historical Mission)," *Krasnaya Zvezda*, 10.04. 99.

㉑ According to opinion polls more than 80% of Russians at that time condemned the policy of the Western alliance. See: "Fond Obzchestvennoe Mnenie: Pochemu NATO Voyuet Protiv Yugoslavii (Public Opinion Foundation: Why NATO Fights Against Yugoslavia?" *Novie Yzvestiya*, 07.05.99.

㉒ S. Rogov, "Nasha Strana Mozhet Okazat'sya na Zadvorkah Evropi (Our Country May be Pushed Out of Europe)," *Nezavisimaya Gazeta*, 16.06.99.

liance. One of the recent examples of this kind is an interview given by General L. Ivashov, a former Director of the Department of the International Military Cooperation of Ministry of the Defense of Russia. L. Ivashov was known as one of the strongest supporters of Russian nationalism. His interpretation of the developments in world politics after "September Eleven" is based on the conception of basic cultural differences between the Western world and Russia and emphasizes that the US utilized the aftermath of the "September Eleven" events in order to encircle Russia both in the Middle Asia region and in the Caucasus. This is a continuation of the US strategy directed at the constant pressure over Russia in order to subject it to the "dictate" of America, stressed Ivashov. The only one way for Russia to survive in this environment is to initiate an organization of a military-political alliance with some countries of the East, to be precise, China, India and Iran. Not only pure political considerations should serve as a foundation of this alliance, it must as well be based on similar cultural values that, as Ivashov pointed out, Russia shares with the Oriental world.㉓

It is worth noting, that not only scholars and political analysts in Russia address themselves to the problems, which were formulated more than a century ago, current Russian President is also inclined to use the concepts, which contemporary Russia inherited from the past. Unlike his predecessor, he clearly realizes that the strategy of the future development of the country depends on the choice between "Western Way" and "Russian Idea."

㉓ L. Ivashov, "Vokrug Rossii Razvertivaetsya 'Petlya Anakondi' (Russia is Going to Be Trapped In 'Anaconda Loop'), *Parlamentskaya Gazeta*, 05.04. 2002.

President Putin: Between "Russian Idea" and "Russian Power"

On the eve of Year 2000 Presidential election in Russia there were a lot of speculations on the actual ideological and political orientations of the main candidates for presidency. Russian liberals seemed to be suspicious whether Mr. Putin is a real supporter of the democratic reformation of the country, while Russia's left wing political forces were cherishing the hope that the future President will strengthen anti-Western motives in Russian foreign policy and block liberal economic reforms.

To be precise, Novodvorskaya, a leader of the first political party of democratic orientation established in Russia made a tough predicament when she argued that on the Russian political arena Mr. Putin represented the ideas of the "Russian Way" and another attempt to base Russian future on this utopian foundation could climax in the total disaster.[24] On the other hand a Vice-Speaker of State Duma from the Communist Party at that time expressed the expectations of his political comrades in arms arguing that Mr. Putin was in fact exercising the political agenda of the CPRF.[25]

Probably, in the most explicit way Putin presented his views on the most burning problems of Russia's past and the perspective of the

---

[24] V. Novodvorskaya, "Kogda Lider Strani Sobiraetsya ne Sledovat Zakonu - Eto Uzhasno (When the Leader of the Country is not Going to Rely on Law - It Is Really Frightening)," *Segodnya*, Kiiv, 21.01. 2000.

[25] P. Romanov, "Ne Nado Gadat o Soderzhanii Politici Putina (There is No Need to Make Conjectures About the Nature of Putin's Policy)," *Nezavisimaya Gazeta*, 15.02. 2000.

future development of the country in a lengthy article published on the eve of Presidential elections. Strange though it may seem, but up to now this major "theoretical" publication is overlooked by his political foes and supporters. He was quite strait forward when he characterized the results of the seventy years of the Communist experiment as a "movement to a dead end that brought (Russia) far away from the main direction of the development of the world civilization." ㉖ He clearly associated himself with the basic values typical to Russian Westernizes teaching while stating: "We can have decent future only if we can organically unify the universal principles of market economy and democracy with the realities of Russia..." ㉗

If what he said really represented his views, one can come to a conclusion that for him the "Western Way," or the universal direction of the world civilization was the only historical road that Russia should follow. In his understanding, market economy and democratic political institutions were the most characteristic features of this historical experience and Russia had no other choice, but to accept them.

On the other had, he addressed himself to the problem of "Russian Power" in a way that could arouse sympathy among the partisans of the Russian uniqueness and provoke apprehension among those who believed in principles of freedom and democracy. From his point of view, "a strong state for Russian people is not an anomaly, but on the contrary it is a source and guarantor of order, the initiating and driving

㉖ V. Putin, "Rossiya Mezhdu Dvumya Tisyacheletiyami (Russia Between the Two Millenniums)," *Nezavisimaya Gazeta*, 30.12.1999.

㉗ Ibid.

force of all the innovations...Russia needs a strong state power and must have it." [28]

From my perspective, views demonstrated by Putin on the eve of the presidential elections in Russia were quite systematic and presented quite a unique effort to solve the contradiction between "Western Way" and "Russian Power." Obviously at that time the future President of Russia recommended himself as a strong supporter of the "Western Way" and basic institutions associated with this pattern of historical experience. From his point of view, the system of "Russian Power" that became an inseparable part of Russian political culture could serve a good instrument in "dragging" Russia, sometimes against its own will, along the road of modernization.

Conclusion

1. After more than ten years of painful attempts of reformation of Russia polemics between different political factions in the country as a century ago is based on concepts derived from the past. The problematic of the "Western Way" and "Russian Idea" is still an actual and the most powerful controversy in the political process in this country.
2. The theoretical foundations of the conception of the reformation formulated by the current political elite is rooted in an attempt to solve this contradiction by turning "Russian Power" in to an instrument of the modernization of Russia. We can easily identify

---

[28] Ibid.

that in a liberal economic policy and on the other hand measures aimed at the strengthening of the central power structures, sometimes at the expense of what can be called the "sprouts" of civil society.

3. This kind of compromise between the modern Westernizes and contemporary Slavophile, at least for the time being, resulted in a situation of a certain political stability characterized by the fragmentation of the Russia's left and growing influence of the "centrist" political faction both among the society and in Russian Parliament. These changes on the political arena correspond to a shaky and uncertain recovery of Russian economy.
4. In terms of the shifts in foreign policy of Russia it is obvious that it is characterized by a more pragmatic approach and an attempt to establish Russia as an inseparable part of the Western community.

7

Globalization and the moral Issue

V.V. Maliavin

1. The modernist genealogy of globalization

Globalization can and does mean very different things depending on how we look upon it. One thing, though, remains certain: it cannot have just one meaning, be it a triumph of the universal Reason or a smooth expansion of the modern Western civilization. In fact, the concept of globalization at closer look reveals a profound crisis of that particular type of Western mentality which for the first time in human history claimed universality on the global scale. I mean of course the pattern of thinking and civilization that is peculiar to the so called modernity or, more vaguely, modernization process. Let me remind in brief the main facts about modernity's historical nature.

We can safely assume that the starting point of modernization was the reduction of man's *Lebenswelt* to the homogenous and fully rational subject. The latter by projecting on the exterior world its clear and universal "light of reason" changes it into the "subject of thinking" and reshapes it in its own image and likeness. So modernity rejected living spontaneity, cultural traditions and wholeness of existence in the name of critical reflection. This essentially tragic imperialism of consciousness actually pretended to rule over human life, in accordance with the classical dictum, by dividing humanity into two irreconcilably opposed dimensions: the enlightened and the ignorant, the civilized and the primitive. Modernity was born of violence and through violence - initially the internal one but always paralleled by the exterior conquest of natural world, including "immature peoples".

The growing mastery of human beings over themselves prompted many liberal scholars in the West, as well as many non-liberal ones like Karl Marx, to see in modernization the cause for human self-liberation. This conclusion is not to be reached so easily, though. A startling discovery precipitated already by Friedrich Nietzche was that the very will to the domination over the nature enslaves man himself: under the spell of what came to be called "metaphysics of production" man can be free from and for anything except his very will to be free. Seized by this irresistible drive towards the universal domination: man, on the one hand, destroys the individual qualities of things and, on the other hand, loses his own individuality. He finds himself trapped in a totalitarian subjectivity of a man-machine continuum which imposes its own rules of functioning on what was supposed to be an "autonomous subject" depriving the latter of its freedom. In the final account, the technological system brings about what is sometimes called "a total" relation of humankind to being - a kind of a pure, or absolute, self-transcending activity. At this high point of modernity man's image itself starts to bifurcate: the man ceases to be a unified personality he used to be in the early modern times and appears rather both as a superman endowed with a titanic "will to power" and a human animal that is forced to serve this very will and, because of lack of autonomy, is virtually obsessed by the animal side of his existence. His whole being seems to be determined by the forces of the "catastrophic anarchy" ①, a nihilistic self-negation.

Taken on its global scale, therefore, the unfolding of modernity has obvious limits. It is oriented, as Hegel predicted, towards "the end of history" or, in other words, it is bound to lose its actual object, i.e. the strategy of rationalization, and finally come, as it were, to a standstill represented, for lack of adequate means, by some sort of "simulacra", "seduction", *negativite gratuite* ("aimless negativity") of A. Kojeve. This triumph of playful irresponsibility means in fact modernity's falling back on itself, a retreat from representation to the "generating matrix of information", an ongoing implosion that bogs down, to quote J. Baudrillard's memorable dictum, to "accelerating in the void" ②. But already at the turn of the 20th century the Russian avant-guard artist K. Malevich declared that human thinking was destined to venture into the "subject-less world", and a final outcome of human perfection will be the "absolute laziness". Technology creates power, but power eliminates technology finally leaving man suspended between total alienation and the immediate self-knowledge. Such is a peculiar ambiguity of the Western modernity - at least examined in the nietzschean perspective.

---

① I refer in particular to M. Heidegger's work "The Overcoming of Metaphysics". The staggering testimony of modern times was written during the Second World War.

② J. Baudrillard, *The Transparency of Evil*. London-New York: Verso, 1993.

Let me repeat: modernity is not a messenger of some universal human nature. On the contrary, it is a companion to the deepest crisis of human identity for the measure of modernist humanity is man's negation of oneself, a “dehumanization”. Modernity's essence is not some unity of humanity, immediately perceived or postulated, but a pure *difference* in existence, a continuing split within the Self violently produced and no less violently concealed. It represents “the victory of Reason” that slips into the madness of irrevocable enmity. Indeed, this classical modernity, after reaching its culmination in the totality of human technology or technocratic humanity, suddenly transforms into its dialectical opposite - a postmodernity. The latter, defined in the most concise way, corresponds to the disclosure of modernity's nihilistic essence ③. In the works of its most renowned advocates in France, such as M. Foucault, J. Derrida, J.-F. Lyotard, J. Deleuze, J. Baudrillard et al., postmodernity is celebrated as meaningless violation of (equally meaningless) regulations, a life in the void, an endless irony and, not least of all, a triumph of particularity. We should keep in mind the nihilistic background of this esthetic outlook: postmodernity means the dissociation of spirit and matter, soul and body, it is the sign of the “radical alienation of man from the organic states of being” (E. Halton). It marks the level when negativity - a real essence of modernity -

---

③ I have to neglect the rich variety of contemporary opinions on the nature of post-modernity and its relation to modernity. My evaluation is close to the views put forward, in particular, by E. Halton et al. See: E. Halton, *The Modern Error, or the Unbearable Enlightenment of Being*, in: Global Modernities, ed. by M. Fetherstone, S. Lash and R. Robertson. London: Sage Publications, 1995.

starts negating itself. So postmodernity is the frustrated modernity that has lost its vigor in esthetical contemplation and has forgotten itself in play or, to be more precise, the semblance of a defying and dangerous actions which are all the more daring because nothing is at stake and man alienated from being really runs no risk. The measure of postmodern playfulness is, in fact, the denial of responsibility.

So postmodernity has realized prediction of Paul Valery who remarked back in 1919 that "European life will culminate in the infinitely rich nothing". As for the meaning of human life, it is associated by the post-modernist thinkers with all kinds of protest and deviation, be it a "nomadism of spirit" (J. Deleuze), a "self-stylization" (M. Foucault), a power of "seduction" (J. Derrida) etc.

Postmodern mentality revives interest in culture previously almost totally neglected by classical modernity. This is understandable since culture is based on the notion of the self-sustained and eternally reproduced action - exactly that type of action that has been rediscovered in a roundabout way by late modernity. Yet the postmodern thought, being an outcome of human self-alienation, satisfies its esthetic interest mostly on various formal schemes, such as classifications, codes of behavior and related matters. Politics itself is treated in postmodern literature as a manipulation of semiotic systems where power is located in the "information generating matrixes".

This esthetical approach is a sure mark of indifference and can hardly contribute to the cross-cultural communication and understanding. Yet it does allow for plurality and equality of cultures and, what is even more important, it calls for the rediscovery of culture's unique and absolute value in human life. What it lacks is a sense of moral commitment The absence of the ethical ideal of good life is the most deplorable effect of modernization. Classical modernity did away with the authority of tradition and treated morality as a set of rational norms and rules. Postmodernity has rendered obsolete the moral abstractions of early modernity. It has brought into the foreground something much more vague and changeable: "moral feelings", "intuition" and above all esthetic taste. How are we to deal with this acute crisis of moral tradition?

Some scholars, especially in anglo-american world, are convinced that the particularistic turn of postmodern thinking is favorable for the revival of ethics. For instance, Z. Bauman argues that postmodernity creates a new ethical problematic because, firstly, it "rules out the setting of binding norms" so that "the agencies my be guided by their own purposes"; and, secondly, it "shifts the center of gravity decisively from heteronomous control to self-determination" ④. Bauman continues: "In the absence of a universal model for self-improvement, or of a clear-cut hierarchy of models, the most excruciating choices agents face are between life-purposes and values. Supra-individual criteria of propriety in the form of technical rationality do not suffice" ⑤.Bauman concludes: under postmodern condition "the agent is perforce not just an actor and decision-maker, but a moral subject" ⑥.

---

④ Z. Bauman, *Intimation of Postmodernity*. ,London and New York: Routledge, 1992, P. 201-202.

⑤ Ibid., P. 202.

⑥ Ibid., P. 203.

Bauman's position induces respect and is mostly timely but it is not without its flaws. It rests on the same old individualism that used to be the cornerstone of classical modernity but eventually caused the crisis or, as postmodernists would argue, even a breakdown of normative morality. Why should "fully autonomous agent" choose to be moral subject instead of pursuing his or her egoistic interests? In fact, Bauman's reasoning is no more logical than the calls of ecologists to care about environment for the sake of personal comfort. And yet a "postmodern condition" clearly presents a real moral challenge: one has to be a moral subject in the pluralistic world. To stop at maintaining the relativity of cultural "living worlds" would mean for this subject no more than a comfortable trap. Such relativism most probably will become just a cover for indifference - by itself profoundly amoral. One can wonder as well, where will seriousness in human relations come from in the world of the postmodern "void"?

A creative response to the moral challenge posed by the postmodern globalization can only be the radicalization of ethical problematic, i.e. elevating morality to the status of the absolute imperative of human existence. One should bear in mind, though, that in the postmodern world this turn of mind can not be dissociated from the overall "culturalization" of human activity. Consequently, cultural values must acquire the weight of personal responsibility.

Apparently, the tendency towards what has just been called the radicalization of morality is am indispensable condition of globalization. Suffice is to recall the idea of "macro-ethics" or the "reverence for life" that play such an important role in the contemporary intellectual movements. Still, like Bauman's position, they lack the inner impetus for moral transformation. Such impetus can be found in the modern existentialist philosophy. The most famous example is, perhaps, the so called "metaphysical ethics" created by French philosopher Emmanuel Levinas. Levinas constructs the ethics of assymetrical relations with the "absolute Other" that constitutes the meaning of human existence and precedes culture. What is this meaning which is antecedent to cultural norms? Levinas calls it "Enigma" noting that this primordial riddle of existence summons to moral responsibility. He explains: "To the idea of the Infinite only an extravagant response is possible. There has to be a " thought" that understands more than it understands and... is capable to go beyond its death... The response to the Enigma's summons is the generosity of sacrifice outside the known and the unknown, without calculation, for going on to infinity" ⑦.

This "first ethics" of Levinas exposes well the religious predicament of morality but it is not completely satisfactory precisely as the ethical teaching. Its relation to human sociality and even to cultural norms remains problematic. How can the link between the primordial revelation of the Other and practical experience be substantiated? To answer this question let us look for a more balanced position in the cultural heritage of the East.

---

⑦ Emmanuel Levinas, Basic Philosophical *Writings*. Ed. by A.T. Peperzak, S. Critchley and R. Bernasconi. Bloomington: Indiana University Press, 1996, P. 76.

2. Far Eastern Globality

It appears now that the Western modernity has made unexpectedly a kind of a circular movement: having started from total rejection of cultural tradition it came, via its postmodern turn, to the affirmation of cultural values and a sort of "pan-cultural" reality encompassing both politics and economy. It has discovered, as we have noticed already, the world of the infinitely rich variety of being, though this richness turns out to be "empty". About 20 years ago L. Dumont suggested a model of global order in which the relationships between social entities serve the condition of their autonomy so that the unity of humanity and the uniqueness of human individuality complement each other ⑧. This Leibnizian world fits perfectly the Taoist image of the universe as the infinite net where every knot encloses (virtually) all others. One may as well recall the Buddhist image of the universe as a string of pearls (standing for the individual moments of existence) where each pearl reflects all others. Reality in Chinese tradition is something both whole and absent - a sort of (W) holeness, so to speak, a Fold endlessly folding on itself (J. Deleuze's favorable and essentially a postmodern image)

One cannot help asking, what is there *between* the knots and pearls of the tissue of Being? We should, therefore, conceive behind appearances of the non-objective space-time continuum: a hole within the plenitude of life's rhythms, a "mystery of mysteries" where stillness

---

⑧ L. Dumont, *Essais sur l'individualisme*. Paris: Seuil, 1983.

merges with activity. This means that transformation can only be detected as a shift of perspective. Such a symbolic reality brings together metaphysics and practice, but it affirms their identity in an oblique way, beyond the opposition of ideas and things. Now if postmodernity signals the "end of history", then the real meaning of this event consists in discovering the priority of pure events and, therefore, ruptures in experience. That means, the situation of the "end of history" creates a new mode of temporality - essentially symbolic one - in which history is accumulated and compressed solely through the contingency of things. Postmodern globality is meta-historical: like the event of awakening it encompasses the eternity of dream in one fleeting moment. It demands, let me repeat, the restoration of the symbolic, ever absent but absolutely real, dimension of human experience.

These observations sufficiently explain, I believe, the relevance of the Far Eastern civilization to the issue of globalization. For this civilization presents in the most pure and consistent form the compelling power of culture in human life. Surely, both China and her neighbors did resort to the oppressively rationalist ideologies of Western modernity whether of nationalist or communist brand. However, the age of ideology proved to be a transitory phase in their history. In fact, Chinese civilization, as we shall see soon, did not develop the conditions for the modernization of the Western type and opened itself only to the passive reception of Western modernity, to be precise - to the degree that the technological project of the West suited the most urgent practical needs of economics and state administration. The coming of the postmodern globality with its denial of the former logo-centric world-view and its emphasis on the non-duality (both non-identity and non-differentiation) of sign and reality have opened for the Far East the real prospects of globalization. Yet the response of various Far Eastern countries to the challenge of globalization and their passage to the globalized world has been quite different. We should also inquire about the reasons of these differences.

According to J. Baudrillard, in the Postmodern world "there is no more subject, no mere focal point, no more center or periphery... no more violence or surveillance: only "information", secret virulence, a chain reaction, a slow implosion and simulacra of spaces..." ⑨. This description fits very well the nature of reality in Chinese traditional thought. The latter addresses itself not so much to the contents of experience as to its qualitative presence, its very "suchness". In other words, it is interested not so much in the process of thinking per se, as in the very limits of reflection. Consciousness here is neither a tabula raza nor a container but rather a vessel whose contents are flowing freely into the world. Its main qualities are emptiness (or rather the act of self-emptying), openness and mirror-like (non) translucency. The reality for Chinese Mind is just an event, i.e. the meeting and, moreover, mutual penetration of two self-transcending, or self-emptying things. In this abyss of the unconditioned metamorphose (s) every entity exists in and by its "otherness" just like in Chinese landscape gardens the flowers are pictured by the white wall behind them or in the Taoist parable the life of philosopher Chuang Chou is lived through by a

⑨ J. Baudrillard, *Simulacra and Simulation*. Tr. By S.F. Glazier. Amm Arbor: University of Michigan Press, P. 29.

naive butterfly. This " subtle matching" (*miao chi*) or " spiritual encounter" (*shen hui*) of opposites constitutes the very essence of human communication. It makes possible what ancient Chinese thinkers called " " he technique of the Heart" " (*hsin shu*) that makes possible human cooperation even without sharing common " ideas" or commitments, i.e. without any objective lnowledge. This emphasis on the cultural factor in human activity is quite distinct from the predominance of the " technique of tools" in the Western civilization with its stress on the relations between subject and object.

The ground (groundless) of the absolute event is called in Chinese tradition The Great Void, or Chaos. Both terms are just tentative names or *faute de mieux* metaphors of the plenitude of being, the omnipresent and elusive environment that transcends ideas, representations, forms and substances. To be wise in Chinese thought means to be sensitive to the slightest changes in the totality of beings and to be understanding as mother and child understand each other - by a sort of tacit intuition that transcends rational knowledge. The secret of Chinese wisdom is the impeccable confidence in the creative potential of life. As for the appearances, they have the status of " shadows" or " traces" of reality that point in some obscure and roundabout way to the hidden force of changes. Yet, like the appearances in the postmodern world, they represent all there is - a conclusion that served the best apology for culture in the Confucian China: the physical universe can indeed perish but the shadowy existence pertaining to cultural endeavors, the very principle of self-transformation will remain for ever. This is the most resisting part of the " stubborn fact of Being" .

So Chinese tradition has developed an ingenious idea of practice as a "non-action". The latter means an integral and integrating perspective in every action, an infinite efficiency in the finite act or, to borrow once again from J. Deleuze, "action adequate to Aeon" (such is the original meaning of that catchy word *Kungfu* now greatly popular in the West). "Non-action" has the character of nurturing, harmonizing, self-completing but also self-forgetting, undoing, returning to the Beginning that precedes or rather anticipates existence just like a grain presupposes a plant. Chinese "non-action" resonates to a certain degree with the postmodern concept of a "subject-less activity" mentioned above. The work in Chinese tradition has the immanent source and justifies itself, It is not a curse but, on the contrary, a condition for rejoicing. The Taoist philosopher Chuang-tzu defines the everyday activity of people as the state of the "Heavenly freedom" (*tian fang*). The Chinese have luckily avoided both the nihilistic attitude to work and the question that has always haunted Western mind: who will supervise the supervisor? The goal of thinking in China consists in "letting go everything" (*fang hsia yi chie*). Yet this "letting go" has the nature of moral perfection that brings the mind to the symbolical vortex of universal transformation. The Chinese wisdom is neither knowledge nor technique but the unity of intuition and the virtuoso skill, i.e. of pure knowledge and pure action. It is the act of seeing the seeing, walking in walking etc. and thus a rest in acting.. This means being sensitive to the very "semen" of things, the minutest impulses of experience. It did not seem absurd to the scholars of old China to demand having one's evil desires detected even before they become apparent in one's mind!

This supra-sensitivity has eventually forced Chinese to refine all their social practices into the stylized gestures - visible signs of the inner awareness and thus of a moral effort. China's cultural heritage represents the enormous repertoire of these typified forms of enlightened living (designated in Chinese by various terms: *pin, ke, shi* etc.) . Appropriating these forms or, rather, intuitively perceived dynamic configurations, the very *limits* of forms was an exercise in heightening one's sensitivity and thus in moral perfection which is achieved through mind's opening to the continuity of creative transformations - a real essence of life. This is filfilled, let me repeat, by *unlearning*, going back to the matrix of experience - the very condition of human sociality. The latter's closest prototype were to be found in the relations between the teacher and the disciple, i.e. in the phenomenon of school as "spiritual family" . The school is an example of, so to speak, a "vertical" form of sociality: it is a continuity of moments endowed with the same quality of experience. As a social medium it represents the typified form of its founder's existence.

The historical development of Chinese culture is marked by the striving to discern ever more subtle nuances of perceptions, to penetrate ever more deeply into the differentiating faculty of consciousness. The cultural type-forms occupy in this process an intermediary position: they are placed between the primordial Chaos of the Great Void (in Chinese: *wu chi*) and the Chaos of pure practice, utterly concrete and transient (*tai chi*) . These two types of Chaos - natural and cultural - are identical not by analogy but by the very limit of their existence, i.e. by the act of self-transformation. In this way culture and nature are united in Chinese tradition through the intermediary region of life enlightened, i.e. life *transformed and exalted*.

The historical limitations of this cultural pattern are determined by the failure to perceive the symbolic background of the typified forms of experience that constitute tradition. In the Ching period this failure caused a painful crisis of cultural identity that finally forced the new intellectuals of China to discard traditional culture altogether ⑩. At this point it would be interesting to compare the fate of China with that of Japan - a country that provides an example of seemingly more successful modernization within the domain of the Far Eastern civilization.

The Japanese culture, as far as Chinese influence is concerned, has been formed by the deliberate projection of China's cultural forms (essentially typified experiences) on external reality. One can point to numerous attempts at literal representation of the essentially symbolic concepts of China, such as the practice of painting the picture with one stroke of brush or, the field of martial arts, the reduction of a dynamic " configuration of power" (*shi*) to a static form (*kata*) . Consequently, a remarkable shift in cultural values occurred: symbolic realization, that famous *Kungfu* (a word notably absent in the Japanese vocabulary) was substituted by the formal execution, a perfect performance as such, devoid of its symbolic depth. As a result, the Japanese cultural ideal

---

⑩ For more details see: V.V. Maliavin, *The legacy of Sun Wukung: on being (post) modern without Modernity in China*. Paper presented at the Second Sino-Swedish Conference. Tamkang, November 18-19, 1999.

was *doomed* to merge with the reality, whether objective or ideal ⑪. To combat this tendency towards realistic representation the Japanese had to perceive external world as the most elaborate *mask*, a perfect illusion.. Life itself has been treated by the Japanese as the continuation of art - a move contrary, as we should remember, to the Chinese exaltation of enlightened life. However, the impossibility to merge completely the symbolic and the actual dimensions of experience accounts for the strange mixture of cool detachment and intense anxiety so peculiar to the Japanese mentality.

Contrary to China, Japan's cultural pattern easily succumbed to ideological interpretations. In modern times this provided a powerful impetus for molding the modern national identity and nationalist ideology in the Japanese society. For some Westerners it even served as the best model of the modernized world. A. Kojèv was, to my knowledge, the first European philosopher who saw in Japanese culture the highest realization of Hegel's negative action. He even predicted the future "japanazation" of the West though for him Japanese culture was devoid of humanistic contents. ⑫. For Kojeve the triumph of negativity in Japan (exemplified by the cult of suicide) is a sign of snobbery which alone keeps the modernized man above the "animal" level of limitless consumption. He concedes, though, that there is nothing humanis-

---

⑪ See profound remarks on this topic by Heidegger's Japanese interlocutor in: M. Heidegger, *Unterwegs zur Sprache*, Pfullingen, 1959, S.23.

⑫ A. Kojeve, *Introduction to the reading of Hegel*. Ed. by A. Bloom, Ithaca: Cornell University Press, 1969, P. 161-162. Interestingly, in earlier times the mentioned merging of the spiritual and the technological aspects of human practice in Japanese culture was behind the popular theories of the "Yellow Peril".

tic in this attitude. Yet there are no less sound reasons to see in this "aimless negativity" a sign of despair at the impossibility of bringing together the actual and the symbolic aspects of existence as well as an attempt to prove one's authenticity in an utterly illusionary world. (Much of the contemporary terrorism, especially suicidal, seems to me the outcome of this loss of inner authenticity in late modernity.) Historically, this trend exposes the collision of classical modernity and the postmodernity. Another facet of this situation is the flexibility in dealing with the foreign cultural codes ⑬. Such capacity, let us make clear, is the opposite side of the extraordinary rigidity of Japan's own cultural pattern

In China, contrary to Japan, the non-objectifying nature of tradition did not allow for a fast and easy passage to the modernized national culture. This was one of the reasons why early Modernity with its oppressively transcendentalist ideologies, as I have mentioned before, has proved to be a transitory stage on China's way *beyond* modernity. The very search for the (pseudo) realistic representation, apart from the official art of the totalitarian regime, has been notably absent in China. The age of informatics has liberated Chinese from even the theoretical necessity to search for the definitive links between things and ideas. If postmodern condition means the "deconstruction" of the autonomous subject and his objective knowledge while attuning culture to

---

⑬ This fact is stressed by J. Baudrillard who points out an extraordinary ability of the Japanese to borrow from foreign cultures (J. Baudrillard, *The Transparency of Evil*, P. 74.) In fact, it is complimentary to the no less amazing rigidity of the traditional Japanese pattern of thinking.

the virtual/symbolic dimension of experience then we must admit that it is precisely the "Postmodern situation" that helps to recover the life attitudes and values upheld in old China.

Chinese globality, then, belongs to the meta-history discovered by the passage to postmodernity - a sort of inner and encompassing reality that is bound to remain unwritten and yet is being continuously written out by the very lacunae in observable history. It is the virtual existence endowed with the infinite potentiality. In this axis of the universal vortex we are able, to quote J. Deleuze, "to constitute a continuum with fragments of different ages" ⑭

Does not the real meaning of the "end of history" amount to recognizing the priority of ruptures in experience and discovering in it a symbolic depth that can become a condition for spiritual liberation ? Will this "return of the tradition" lead to the revival of the inner fullness of existence that makes possible the free interchange, as suggested by the ancient Chinese thinkers, between the consciousness (*xin*) and unconscious (*wu-xin*) , knowledge (*zhi*) and no-knowledge (*wu-zhi*) , fictitious and genuine, dreaming and awakening? Perhaps these questions do not call for answers. Rather, they are destined to safeguard the primordial existential indeterminacy and, therefore, freedom of humankind.

3. The Moral Issue

I would like to finish this paper with some observations on the

---

⑭ J.Deleuze, *L'image-temps*. Paris: Minuit, 1985. P. 161.

issue of morality because the task of late modernity, as we can see now, is essentially a moral one. It amounts to the restoration of the positive element in the modernist negativity, the reconciliation of man with himself. Such a task demands the radical overcoming of modernity's subjectivist premises and accepting, as a necessary condition of thinking, the human communality, the very humanness of man. The moral philosophy of ancient Taoist thinkers strikes me as the most convincing plea for fulfilling this gigantic task.

The Taoist outlook is based on the idea of the universal harmony whose highest embodiment is the very "suchness", or "self-evidencing" (*tzu ran*) of things. In and through this suchness things are as identical as they are unique and self-sustained. Suchness invokes the intuition of one's wholeness perceived within the experience of fracture in existence that constitutes consciousness. Appropriating suchness calls for an ascetic (but reasonable and not passion-bound) limitations of one's subjectivism as well as the courage to appropriate the abyss of the absolute Other. In Chuang-tse's words, the sage "follows the Middle Course", i.e. he re-actualizes the all-pervading Change - The Great Way. This implies of course not the denial of the universal order, still less the imposition of one's deliberate will on the world, but the return (*fan*, *fu*) to the symbolic proto-existence, the hub of the world transformations - an absent space of mutual opening and mutual enclosure of things in the imperceptibly subtle rhythm of the absolute harmony. In chapter 74 of the "Tao Te ching" the ruler who passes judgements on the basis of appearances and abstract notions is compared to an inexperienced wood-cutter who is very likely to hurt himself. In fact, the re is no need to try to do "Heaven's work" by human hands, since the nature of the Great Way as the absolute and hence incipient and ever-recurring event guarantees retribution to every action. The Taoist sage rules by the (non-knowing) knowledge of the "semen" of things: his strategy stems from the invisible details and he knows how to dissolve conflicts even before they become apparent. His rightful actions are immediately rewarded just because they are completely self-sufficient!.

The Taoist thought suggests an inspiring alternative to the modernity's quest for the total control, comfort and security. It discloses the real meaning of *insecurity* as the desire to be "*in security*", to enclose oneself and detach oneself from the world. Accordingly, it instructs to find a peace for oneself by opening oneself to the world, making oneself vulnerable. Lao-tzu is never tired of repeating. "The weak overcomes the strong". He adds that the wise man cannot suffer from the wild beasts or enemy's sword just because he has "no place of death" in him. Now this "place of death" in man, according to Taoists, is precisely the point of Ego's self-fixation, a fixed identity that creates anxiety and the feeling of (in) security. The sage, says Chuang-tzu in his turn, must become "like someone he has never been before": he merges with the "recoiling of one body" of the universe, i.e. a universal human always in flux. And, being universal, he "hides the world within the world" - only to find that everything is absolutely safe. Openness to the abyss of Change is the source of the most exalted and pure joy. Chuang-tzu is often considered a writer of fantasies, but in fact he means what he says and what any life means: the most dreadful is simultaneously the most exciting.

In Taoist writings the experience of one's finiteness or, as Levinas reminds, of the approaching of death, turns out to be a real impulse of morality and the desire for self-cultivation. Here the motives of spiritual perfection, moral stand and death are related to each other in a definite and quite peculiar way. The experience of dying or, we can say, of human finiteness is a sure sign of wisdom which means simultaneously heightened sensitivity and moral commitment. Thus, in chapter 20 of the "Tao Te ching" (and also in the "Chuang-tzu") the fear of death stimulates "the inner illumination" of the Sage. In chapter 69 Lao-tzu declares that "the one who feels sad on the battle field will win" and this most probably means that the one who is more sensitive in fighting will be the winner. Lao-tzu's rejection of war is based not on any strictly "humanistic" sentiments but on a more abstract considerations: the war is for him the disruption of the world harmony. It would certainly be misleading to call "Tao Te ching", as Russian sinologist I. Semenenko does, "one of the most tragic works of the world philosophy". Chinese tradition simply has no place for the opposition of the autonomous individual and the blind fate that nourished the concept of tragedy in the West. In any case, for Lao-tzu the physical death did not constitute a problem. The Taoist Sage who has returned to the "root of things" is aware rather of the impossibility of death. We should rather say that the Sage accepts the horror of the void that is unbearable to the common people/ In this way he is able to overcome his selfishness and acquire the moral authority to rule. He is the ruler precisely because he knows what his subjects do not know or are unwilling to know. Yet he "has one heart with the people" for he has no separate life of his own and lives by the pure outside of his existence including, of course, the common social practice and whatever is proper and convenient at the moment. Thus the inner illumination (the peculiar knowledge of the Sage) and general opinion are fused together though they merge by their very limit. This kind of unity is conveyed by the numerous paradoxical statements that call for the discovery of meaning that is "left unsaid" and is in fact contrary to the apparent meanings. This interplay between sense and non-sense reflects the "double movement" of the Way represented by the double spiral. The sage returns to the common "Ancestor" of things that reveals itself as a quasi- personal mediator between the opposing lines of meanings. The Way is revealed not through individual things but rather through the recurrence of events, the very fact of the "opening of the vision".

This loss of the individual Self constitutes man's communal spirit and hence a human morality. It is not morality of norms or rules but essentially internal and inherently contradictory morality of the ultimate personal responsibility : the latter, as Levinas and Blanchot remind us, is made possible by the completely "irresponsible" act of self-forgetting. .What kind of a society does this aporia of responsibility presuppose? Not some sort of objective social order but rather the openness to the creative potential of life, the very possibility of human sociality, a promise of society. It is,, a sort of communality as the "hidden identity" (*hsuan tung*) of things - the one that has no fixed form and transcends all finite social groups. This commonality is achieved by "letting go" of one's Self and "undoing" social ties. Chuang-tse called this the state of "Heavenly relaxation" that allows everyone "to live in self-sufficiency without serving others". Perhaps, what is meant here is the very limit, an impasse of communication that lays down conditions of human sociality while liberating individual from all external forms of social life. This life of constant "self-emptying" amounts to the highest realization of one's responsibility with its paradoxical demand to find one's true Self through self-sacrifice. We discover here life that, according to M. Blanchot, "no longer having to do with production or with completion , encounters interruption, fragmentation, suspension... This unworking of community puts an end to the hopes of groups" [t1] ⑮

There is, no doubt, much in this new ethical attitude that may perplex the Europeans. Perhaps the most puzzling and disturbing motif for them would be the total lack social norms, including human rights, and inevitable, even if hidden or symbolical, discrepancy between public and private, appearance and reality, the ruler and the ruled, or the ways of everyday life and the Great Way of the sage who is capable of perceiving "the deep impulse" of existence. This dichotomy smacks of the "oriental despotism" or at least "macchiavellism" with its strategy of conspiracy between the ruler and the people. It should be admitted that, generally speaking, Chinese civilization is distinguished by a continuity between morality and strategic thinking which have usually been separated and often radically opposed to each other in the

---

⑮ M. Blanchjt, The Unavowable Community, New York: Station Hill Press, 1988, P. 20.

Western thought ⑯ Historically in Chinese culture strategy and morality actually complimented and justified each other. Morality in China was bound to be strategic because it contained in itself its own symbolic and fundamentally non-objectifying dimension while strategy pursued an essentially moral goal: the achievement of the human existence's integrity and supreme harmony. Yet the one-sided interest in strategic schemes at the expenses of the moral perfection is a sign of degeneration which appears relatively late in Chinese history. The living tradition in China has always safeguarded the priority of symbolic or, in Chinese, "Heavenly" values of existence. Chinese ideal of wisdom as the extraordinary sensitivity capable of grasping the invisible and unthinkable "seeds" of things has always served the common ground for both morality and strategy. We have to put up with this conclusion and allow for the possibility and even necessity of *strategic morality*.

*

Let me conclude this paper with two statements that not so much summarize my observations as call for further generalizations.

1. Globalization is a complex notion that holds in itself some iinternal, even innate contradictions. Historically its contradictory nature manifests through the dialectical opposition of what has been called here the early and the late modernity, or postmoder-

---

⑯ One of the most recent examples is J. Habermas' rejection of strategic thinking on moral grounds. Cf. J. Habermas, *Moral Consciousness and Communicative Action*. Cambridge, Mass.: The MIT Press, 1980. P. 58

nity. Far Eastern civilization lacks the historical background of the modernization of the Western type and its entrance into the globalized world has been basically a matter of contingency. From the point of view of the globalization, at least, it is unnecessary and even meaningless to speak of the backwardness of Far Eastern countries in comparison with the modern West Moreover, these countries possess their own rich potential for globalization and this potential is to became an important correlate of Western globalizing tendencies. It looks like Japan and China represent two different patterns of modernization roughly corresponding to the early modernity and the postmodernity of the Western world. This accounts for the initial success of Japanese society at an early stage of modernization and the difficulties it encounters at present when, under conditions of globalization, the most pressing issue has become the flexibility of social forms right to the point of their, so to say, "creative disintegration" . On the contrary, Chinese people, after a prolonged crisis of identity, are successfully working out the globalized *modus vivendi* of their civilization. The most evident and widespread among these forms are the "Chinatowns" - a postmodern, meta-historic image of Chinese society that represents quite visually, I would like to underline, a world *within* world, a model of discontinuity that generates essentially *globalized* - i.e. symbolical - unity of humankind. On the contrary, one is not likely to come across some sort of a "Japantown" in European capitals.

2. The tendency towards globalization is making ever more urgent

the appearance of the new type of morality that transcends both the norms imposed by cultural traditions and the rules established by abstract reasoning. Eastern civilization can make a significant contribution to the development of such morality destined to highlight the very conditions of human communality and global ethos. It can be suggested that the new morality may include a strategic dimension - a philosophical correlate of a new symbolic hierarchy of sociality in the globalized world. However, the forms and the scope of this dimension as well as the ways of bridging the gap between ethics and religion are open to discussion.

8

Two main types of difficulties in translation botanical names from Chinese

Mieczyslaw Kunstler

On Some Botanical Difficulties of Translation from Chinese.

There are many different kinds of translations and each of them has its own scale of means, but also its own scale of difficulties and problems. Philologic translation for instance may largely make use of footnotes which are generally not good in a literary or artistic translation As a rule a philologic translation must be very exact On the contrary an artistic version of translation must be very exact, because it should first of all render the spirit and the athomosphere of a translated text, which in a sense are more important than the mentioned two kinds of translation may be shown on the problems of the translation of botanic terms.

It is quite evident that in a short presentation like this we cannot give any exhaustive classification of different kinds of translation, even of different kinds of artistic translation (e.g. translations of novels dramas, prose and poetry are quite different) Therefore we will concentrate below on the artistic translation of poetry, which certainly belongs to the most difficult kinds of translation.

Before presenting here briefly two chosen problems of translation of botanic terms we must make here some preliminary remarks of general caracter.

First of these remarks is that the difficulty of translation depends much on the cultural distance between the translated original and its equivalent in the language of translation.

Secondly we must say that it depends also much on differences of grammatical structure of the original and the translation

Thirdly, it depends also much on literary standards current in the two cultures.

Thus it follows that taking all these points into consideration we must state that for instance translation of classical Chinese poetry into European languages (I am using here this term to simplify the presentation) belongs doubtless to the most difficult translators tasks.

Therefore some years ago in my speech on a symposium on tranlations from Chinese " held in Taipci on Taiwan I dared to say that in this extremal case we ought to speck rather of renderings then of translations sensu stricto.

To justify this opinion let us take into consideration the following foul points.

1. Classical Chinese is a tonal language and that means that each syllable (which in quite alt cases is a word) is pronouced in a concrete tune It must be here underlined that a tone is not to be confused with stress nor with intonation in European languages) .At last from about V Century AD Chinese poetry knew rigid rules of succession of tones.

Tones-divided for the needs of poetry into two classes of even and oblique - formed a quasi-melodic structure of the poem and that was very important in any melorecitation of poetry, It must be here strongly stressed that Chinese poetry is always melorecited.

To show how these tonal schemes looked like let us give two examples In five syllabic tetrastichs the most current tonal schemes were:

(0 - syllable not entering in the tonal scheme, and thus being in any possible tone, / - syllable obligatorily in oblique tone, - - syllable obligatorily in even tone) :

0 / - - / and 0 - - / /
0 - / / - 0 / / - -
0 - -/ / 0 / - - /
0 / / - - 0 - / / -

It must be said (hat all first syllables in these schemes had also their tunes which - though not obligatory - contributed to create the melody of the poem One of possible schemes of a seven syllable tetrastich was:

0 / 0 — 0 / 0
0 — 0 / 0 — 0
0 — 0 / 0 — 0
0 / 0 — 0 / 0

This scheme was used by a famous Tang time poet Zhang Ji, who filled it in the following way :

/ / - - - / -
- - - / / - -

- - - / - - /

/ / - - / / -

As we can sec even 0 position syllables were not absolutely arbitrarily used.

This very important characteristic feature of Classical Chinese poetry cannot be rendered in European languages which as rule have no tones (in the sense of Chinese tones) Thus a translation of Chinese poem into European languages is necessarily deprived of this important feature Moreover this particular feature cannot be replaced by some other phonologic feature characteristic of the language of translation Thus translation means that this feature must be lost.

2. Classical Chinese poetry is very compact The best example arc so popular classical tetrastichs or four-lines poems with lines from five to seven syllables. A comparable compactness is impossible in European languages even in these languages which have relatively many monosyllabic units (like Modern English) . As a result each line of a Chinese poem in an European translation must be much longer.

Some translators try to adopt certain rules of correspondances e.g. rendering all Chinese five syllabic lines by European ten syllables or ail Chinese seven syllabic lines by European fourteen syllabic lines Other translators try arbitrarily to replace typical Chinese rythm by a typical European rythm, as for example in Polish translations of Chinese poetry seven syllable lines are often replaced by thirteen syllabic rythm, very popular in Polish poetry. But in reality all this are only half-measures. The result is always the same in an European translation Chinese poems are much longer and thus very different from the original version.

3. Rhymes constitute another problem. Chinese poems have regular full rhymes. The most popular scheme is AAOA In longer poems the same rhyme is often repeated many times or even it appears as the only one e.g. ABCBDBEB... However such a feature of Chinese poetry may be rendered in an European language, but in quite all cases it sounds rather bad.

In Most Modern European literatures Rill grammatical rhymes are considered as not good and the repetition of the same rhyme in longer senquences is hardly acceptable Thus practically very often translator must make choice between not rhyming (which is unusual in Chinese poetry) and aliterative rhyming (which Chinese poetry does not know at all) Moreover he must change rhymes and use other rhyme schemes All this makes that the translation is very far from the Chinese original.

4. The highest level of difficulties is however the result of grammatical differences between Chinese and European languages '1 he grammatical features of the Chinese language make that Chinese poetry is generally indefinite The lack of grammatical gender, lack of opposition of singular and plural, the lack of tenses of verbs etc make any translation very difficult. The translator must make choice between 'he', 'she', 'it' and 'us'. He must decide whether to say 'a flower' or 'the flowers'. He must decide of the tense and aspects of verbs et.

It is difficult to give an example of this kind of difficulties, but let us try. There is a tetrastich by Yang Wanli, a Song time poet intitled *Xiaochi* - 'Little pond'.

The first line gives a description of a little pond. In the second line of this poem we have the following expression *shu yin* which may be understood either as 'the shadow of the tree' or as 'the shadows of the trees'; in the third line we have *xiao* he, which is either 'a (the) bud of a (the) lotus', or 'buds of a (the) lotus', or 'the buds of lotuses', in the fourth tine we have *qingting* which means either 'a dragonfly' or 'the dragonfies'. It follows thus that depending on the accepted translation we are creating quite different images a little pond overshadowed by a tree is something other than a little pond hidden in the shadow of many trees. One bud of a lotus is something different from a pond full of lotuses One dragonfly is something quite different from many dragonflies etc.

I have compared some translations if this poem into English and Polish. All translators made quite different choice between singular and plural. What is more interesting 1 found a landscape picture made by a Chinese who tried to illutrate the English translation of this poem. All what the translator rendered in plural, the painter has shown - so to say - in singular. When the translator says: 'the bud of lotuses', the painter creates one single bud of one lotus etc.

It follows thus that from this point of view a translation is in a sense a 'concretisation' of something which is not concrete. Chinese poetry allows many interpretations, but its translation must use concrete images. And we must say that descriptions of nature arc essential for Chinese poetry.

All this makes that European translation of Chinese poetry is very far from the original and thus it should be rather called 'a rendenring' or 'a transposition', because in fact it is not a translation, but only an subjective attempt to render one of its possible meanings.

The translation of botanical terms is another field of many complications. It is impossible to discuss here all types of this kind of difficulties, therefore I will limit this presentation to two types of difficulties and to show some possible solutions.

First of all it must be remarked that there are in China plants unknown in Europe. In such cases specialists of botany use Latin systematic names of plants and add its equivalents in an European language. It must be also pointed out that generally speaking in such cases the European equivalents are artificial and very often sound rather bad In a scientific text describing some botanical problems Latin terms and more or less artificial European names are quite acceptable. This is however inacceptable in literary textes, poetry or prose.

Let us take the example of a water plant called in Chinese *hongxucao* which botanically is *Eulaliopsis binata*. The dictionaries give its English equivalent as Chinese alpine rush. There is however in Chinese another similar name: *longxucai*, and the dictionaries say that it is *Asparagus schoberioides Kunth or Gracileria verrucosa Hunson*. Sinologist does not know if these two Chinese plant names refer to one and the same plant or not. He must first of all search information about these three Latin names. Nevertheless one thing seems quite clear in a literary translation (poetical for instance) all these names - Latin or English - are inacceptable. A translated text must be understandable for the lecturer. Who knows what kind of rush is called 'alpine rush' and why this one is a particular Chinese kind of it.

This plant name appears in a title of Lao She's work *longxugou* and I am quite sure that this cannot be translated as *The Canal of Eula-*

liopsis binata nor as *The Canal of Chinese Alpine Rush*! Who will understand that in a middle of Peking we have Alpine Rush. This makes no sense at all Other Latin idetifications arc also not good. Let us only remark that we cannot say what plant indicates the mentioned title: *longxucao or longxucai*?

In this particular case I propose to translate literarily the Chinese plant name as 'dragon whiskers' (it is in Chinese - like many other terms - a periphrastic noun) . Thus we will have something like 'The Canal of Dragon Whiskers'. Yes, 1 realise that the name 'dragon whiskers' means literally nothing, but 1 am sure that it sounds much better than the Latin scientific name of the plant and better than the artificial "English" name. What more it helps to create an oriental athmosphere.

The same may be said about *longyacao* which is *Agrimonia pilosa* or in English a 'hairyvein agrimony'. Happily enough the Chinese name of this plant is also a periphrastic one. Thus the translation of it is possible: 'dragon teeth plant' or simply 'dragon teeth' Once more in a literary work a literal translation is better than a botanical exactness or an so to say 'English' term given by the dictionaries.

It is however quite evident that we cannot exagerate with this kind of literal translation of Chinese periphrastic plant names. Thus for example 1 would rather like to say 'gentian' in the case of Chinese *longdan* and not 'dragon's liver' nor 'dragon liver plant', which is the exact meaning of the Chinese term.

The decision when translate the Chinese name and when not must be left for the translator's individual sense of artistic effect. Any exaggeration is certainly not advised. In some cases - I realize -there is no good solution at all.

To end this kind of remarks 1 would like to add that the same kind of procedure is to be used as far as some animal names are concerned. I feel that it would be much better to translate Chinese *juhn* - '*a small kind of beetle*' as 'Chrysantemum tiger' instead of calling it *Carpophillum pinctissimus* Reitt. or finding some artificial English name of it.

Another serious problem of translations from Chinese is that of plants having symbolic meanings. This problem is caused by cultural differences between Hast and West As a rule the Chinese symbolic meaning of plants does not function in European languages. All possible types of discrepancies are to be observed and all of them constitute great difficulties for translator. And again I must say that in most cases there is no good solution at all.

I will give below only some chosen examples of such difficulties.

Let us begin with a 'lily', Chinese *haihe*.

In Europe 'lily' is a symbol of chastity, innocence. It refers first of all to sexual purity, abstinence Chinese culture however docs not know the ideal of sexual purity. In China lily is a symbol of 'having many children' and therefore lily is given to young women on wedding, thing immaginable in European iconography, where lily is associated wild images of saints, vergins etc. What more in European culture and languages we do not have floral symbol of 'having many children'. There is thus impossible to replace in a translation an European symbol for a Chinese one. Thus in this case the only solution is to preserve 'lily' and to add a footnote explaining the cultural difference of symbols And footnotes - 1 am quite positive about it - are not good in an artistic translation Nevertheless I do not see any other solution of the problem.

On the other hand it must be said that in China a 'lotus' (Chinese *lianhua*) is a symbol of 'purity'. This is however a purity which is not associated with sexual abstinence. Chinese believe that lotus is growing in mud, but nevertheless its flower remains pure. This is a quite another image and quite another understanding of purity. Therefore there is impossible to replace in a translation e.g. 'lily' by 'lotus'.

Only in some cases the solution is seems rather easy 'Peony' for example is in China a symbol of an excellent flower, a queen if flowers, which it is not in Europe. In such a case we may replace the original Chinese 'peony' by 'rose'. We must however be very carefull, because ' rose' is in China also a symbol of 'youth', which it is not in Europe.

The same type of difficulties are to be observed as far as symbolic meaning of animal names is concerned. The owl is for us a classic symbol of wisdom. For a Chinese it is a symbol of misfortune. Thus a footnote is rather inevitable in case of an owl appearing in the translated Chinese text. The same may be said of magpie, for us a thief, for Chinese a bird announcing matrimonial happiness. Me seems that form the point of view of the translation Chinese animal names having symbolic meanings are the most hopeless group of difficulties.

Warsaw, September 2000.

The Chinese traditional approach to emotions : a rich heritage in the World culture to be discovered

Paolo Santangelo,

ABSTRACT

Every society creates its own culture with values, taboo, control of drives and passions, in order to make more efficient and harmonious the life inside its community. Chinese society has developed its own tools and codes in order to cope with the affective sphere, encouraging some moral sentiments and discouraging some other excessive emotions. Thus, Chinese civilisation has a peculiar and rich wealth concerning the emotional of affective world. This legacy has been mostly ignored in Mainland China until the '80s. Any study on the recent literary production, as well as on the mass media attitude ("education" of sentiments, discussions on love), and on literary criticism (for instance on 言情小 說) demonstrates the need to re-discover this rich heritage and to go deeper into the psychological studies. The need to develop a rich and modern individual personality can find a continuity re-discovering the Chinese heritage of Ming and Qing period, besides the comparison with the Western intellectual achievements.

Notwithstanding these trends, still no organic study has been started on this traditional heritage, and on its comparison with the Western tradition. The international Project started in Oriental University of Naples and now also in Rome University is a contribution to discover the rich world of emotional perception and representation in traditional China, compared with the Western approach.

Through our research of verbal and non-verbal expressions of emotions we intend not only to collect and combine elements of so called " mental structure" in Ming and Qing China, but to collect them in order to understand social and ideological influences on emotional behaviour. The field of observation covers feelings and reacting, attitudes, desires and abhorrence, moral, religious and aesthetic feelings, pleasure and grief, the world of the imaginary, etc.: these are all elements which constitute the mental sphere of a certain culture in a certain period.

The census of such terms allows singling out verbal and non-verbal, allusive and overt relations among communicative codes, and links among emotions within the symbolic and social systems, as well as interactions between emotional meanings and value systems. Therefore this kind of glossary may be a useful instrument for any historical and literary analysis. Besides that, however, the information collected may be useful also for lexicographical purposes, like any diachronic analysis and definition of changes, expansion and reduction of semantic fields of each term, studies on the evolution of lexicon, the occurrence of certain words, etc.

The work consists of studying the anthropological use of terms and expressions concerning emotions and states of mind in various literary and historical contexts of Ming and Qing China, on the basis of the collection, evaluation, presentation and critical analysis of various sources (stories, novels, drama, annotations, diaries, poems, judicial reports, moral and philosophical essays). This approach, therefore, represents a new attempt at understanding the "world of mind" of a certain civilisation and period by means of a multi-focal and interdisciplinary way of reading and analysing sources.

The publication of the Encyclopedia of Emotions and States of Mind in Ming and Qing Literary and Non-literary Sources - thanks to the generous financial support of the CCK foundation - will be the final result of our research, as it will represent an important instrument to throw new light on the private life and on mental categories of traditional China. (see: http://www.iuo.it/emotions/home.htm; http://www.iuo.it/emotions/criteria.htm; http://www.iuo.it/emotions/database1.htm).

THE OBJECT OF INVESTIGATION

Many are the studies that analyse and discuss the "Oriental" cultures, and compare them with western cultures, in modern and pre-modern world. I will examine some aspects of the emotions as expressions of Chinese culture in late imperial China, and compare them with the way the same phenomenon has been represented, conceived, lived and evaluated in pre-modern and modern Europe. I consider this topic as fundamental not only for the creation of a "private history of China", but also for the influence that such an aspect has on any other discipline, from religions to politics, from economy to literature.

For emotions and states of mind I intend : fragments of consciousness with a coherent system of psychic and somatic elements (hormonal structure, gestures, etc.), in part biological, in part acquired, implying a cognitive act, i.e. assessment of its social role. I would however like to stress in advance that this emotion, although part of the inner consciousness and thus difficult to study, is also a "social phenomenon", not only because it influences social life, from economics to politics, but also because it reflects a social assessment in its cognitive elements, and above all because it is itself the basis of an interpersonal system of communication.

If we talk of passions, we may mean any affective experience, or we may intend an emotional phenomenon of particular intensity and duration, implying reorganisation of the personality under the force of a dominant tendency, the concentration of the whole self toward one object. As Sartre points out, passion is a game that we believe in, denying or exalting the object, "magically" transforming it, shifting our perspectives in achievement, in rejection and in flight.① It thus in-

---

① Cf. J.P. Sartre, 1962 (1939), pp. 161-89. As he also writes: "Consciousness is a prisoner of itself, [...] finding itself forced to live in the magical world into which it threw itself, it tends to perpetuate this world in which it is imprisoned [...] it is moved by its own emotion, and piles it on [...]" (pp. 188-89). Cf. also belief and doubt in C.S. Peirce (see Savan, 1988, pp. 138-40). Another aspect that here it is not possible to discuss but is relevant for the problem concerning the "spontaneity" of passions and their communication nature (the way in which we present ourselves to others and to ourselves) concerns their mystifica

volves both the cognitive aspect and the more or less correct application of social forms, the personal viewpoint and language. We must distinguish also between these concepts and the notions of sensation and primordial psychophysical impulse, which constitute essential parts of emotion, and the dispositions, which are tendencies of an affective nature (like irritability) or in behaviour (like the vices and virtues). Although there are no clear borders between emotions and sensations, and both may be pleasant or painful, we can say simply that the former are expanded (Durkheim) and psychical or moral (Spinoza), while the latter are localized and physical. These concepts are not distinguished by the Chinese tradition and any other traditional culture as clearly as in modern psychology. In fact not only any sensation can arouse sentiments like remembrances and nostalgia, but sensation itself is often conditioned by sentiments (pleasant or unpleasant taste, horror or pleasure at touch). Moreover emotions are often influenced by sensations, like the sense of smell or sight.

The emotional aspect is certainly the most all-consuming in an individual for the colour and the meaning that it throw upon life, yet it is also a social fact, as has been authoritatively defined.② It is thus that it is perceived in Chinese civilization, where "good" sentiments are closely bound to cultural models, although are considered inherent in

---

tion, of which we are partly aware (Cf. J.P. Sartre, 1962, E. Goffman, 1959), amplification or reduction of emotional display, and deliberate and intentional simulation.

② Cf. for instance Emile Durkheim, New York, 1964. On the acquired rather than spontaneous character of emotions see also René Girard, Milan, 1976

human potentiality for good.③ Human relations stand on real or simulated sentiments: gestures are regulated by a kind of ritual rules (grief, taboo, reverence, tenderness, etc.) and are controlled, since childhood, in their intensity according to circumstances.

The Chinese, notwithstanding their secular strict tradition, influenced by the rigorism of the Neo-Confucian School of Principle, define themselves as the people who "attribute importance to 'human sentiments and experiences'" (zhong renqing 重人情). This expression, however, is open to a wide range of interpretations, because we may understand it in different ways: for instance, does it mean that the Chinese are passionate or sentimental? Which of the many meanings of renqing should we apply? Or do we mean that the Chinese are a people who have noble sentiments ④? Such questions risk to overstep the limits of the purpose of the present essay, while the central problem concerns the way emotions and desires are defined, expressed and evalu-

---

③ For instance, Luo Rufang (1515-1588), thinker of the Taizhou school, alluding to Mencian concept of filial piety, stated that the sentiment of affection and devotion towards parents (*qin*) was representative of the spontaneous expression of the innate mind of the child. Cf *Mingru xue'an*, 43:337. For a modern brilliant interpretation see Tu Wei-ming's identification of good feelings with principle and moral sense (Tu Wei-ming 1985, pp. 19-34)

④ Lin Yutang, for example, considers the "spirit of sentiment and of principles" (*qingli jingshen* 情理精神), or reasonableness, as the expression of a Confucian display of culture, thereby providing a positive appraisal without refraining from criticism. He maintains that such an attitude places greater weight on realty and human factors than on logic. See Lin Yutang, London, 1936, pp.85-86, 107-8. Exemplary is Wang Rong's answer to the blame of excessive grief for the death of his small son: "Sages withdraw from passions; small people are not able to feel sen-timents; it is just among us that emotions are concentrated." Cf *Jinshu*, 43:1236-37; cf also Hong Pian, *Qingpingshan tang huaben*, 14:247-48; Feng Menglong, *Jingshi tongyan*, 38:572

ated. The above statement would look at least in contradiction with common experience of psychologists and sinologists, who have singled out the control of emotions as the central factor of Chinese education and personality. As Lucian Pye wrote in The Spirit of Chinese Politics, Chinese socialization processes stress the imperative of repressing personal feelings and striving for the good of the collectivity.

In literary works emotions are frequently expressed through allusions, that mostly in figurative works are inspired to landscape and plant life, instead of human body, in sharp contrast to Western figurative arts. In philosophical treatises and in literary works, the closest term is qing, in older texts associated with the idea of negative, feminine energy (yinqi 陰氣), and with the most natural, genuine impulses. ⑤ But it has a number of meanings, ranging from "love, love passion" ⑥, "desire", "moral consciousness", to the wider meanings of feeling and passion, including every reaction available to hu-

⑤ Cf. *Zhongwen dazidian*, p. 5326

⑥ *Qing*, however, is distinct from the synonym "love" (*ai*) in the sense of passion (of love), the source and consequence of a "stable emotive state of mind". See *Qingshi*, 6:181. In Chinese spoken language *ai* was used in the case of sexual love, as it is visible in the name of some courtesan like Yang Aiai (Song dynasty) and Liu Shi (Rushi, 1618-1664) [cf Ko Yin-yee 1989, p. 99] In philosophical language, on the contrary, ai means a feeling of affection and sympathy without any sexual implication. In "Stories of Figures from the Four Books" (*Qishi'erchao Sishu renwu yanyi*), a collection of stories written in a simple vernacular style in the 17th century, Mozi's universal love (*ai*) is ridiculed as as a false kind of sentiment (*qing*). Cf P. Hanan, 1985, p. 191. Zhu Xi considers "compassion", one of the "four seeds", as a kind of love (*ai*) which is based on the virtue of humaneness (*Zhuzi yulei*, 53:1287, 95:2453-56). It is beyond the scope of the present essay the examination of the substancial differences between the Western concept of "love" and the corresponding concepts in China, and will be the topic of a separate study.

man sensitivity, from sensations and primordial impulses to desires and worries. It would be difficult therefore to identify it with emotion, at least in the modern psychological and philosophical language.⑦ The character xin, "mind", "heart", is also employed as a synonym, and in a general sense, of "human soul".⑧ Finally, the term qi 氣 (psychophysical energy, vital energy, mood) may express affective and passional tendencies of the human soul that are close to natural dispositions:⑨ whether a person is introvert or extrovert, of choleric or phlegmatic temperament, passive or aggressive, depends on what Confucians call his specific and concrete psychophysical nature (qizhi 氣質 "energy and stuff") - which is contrasted with the "metaphysical and moral nature", xing 性. The notion of temperament in this sense reminds us of the concept that originated in Europe with the Greek physician Galen, who developed it from an earlier physiological theory of four basic body fluids or humours: blood, phlegm, black bile, and yellow bile, and influenced western medicine for the next 1,400 years. According to their relative predominance in the individual, these humours were supposed to produce, respectively, temperaments designated as sanguine (warm, pleasant), phlegmatic (slow-moving, apathetic), melancholic (depressed, sad), and choleric (quick to react, hot

---

⑦ Cf for instance Robinson, 1983, pp. 731-33; Shaffer, 1983, pp. 168-69

⑧ So, in the "Veritable Annals" of Ming dynasty, the term "human feelings" is often used as synonymous of "human mind", "human soul". Cf. Muzong shilu, 44:6-7; Shenzong shilu, 361:5-6. For a more general excursus of the evolution of the term qing see P. Santangelo 1992.

⑨ See K.M. Lin 1981, pp. 95-111. Kuang-Ming Wu (1997, p. 156) compares qi to Spinoza's conatus.

tempered).⑩ According to the Huangdi neijing 皇帝內經, qi's rise corresponds to anger (nu), while its falling to fear (kong) and its disorder to fright (jing), its becoming slow corresponds to joy (xi), and its weakening to fatalistic sadness (bei).

In lieu of an exhaustive definition of qing, Chinese texts abound with lists of four, six or seven different types of qing. As examples of categorization, in the Huainanzi 淮南子, emotions are divided into four categories according to their corresponding regulatory "rite": emotions relative to sexual desire correspond to marriage, emotions relative to taste correspond to banquets and sacrificial ceremonies, those relative to joy and pleasure correspond to music, while those relative to pain and suffering correspond to funereal ceremonies and mourning. ⑪

There are also lists of desires which may be divided into six categories (regarding life, death, hearing, sight, taste and smell).⑫ The Zhuangzi text identified the principal human sentiments/essences (renqing) with the desires of sight, hearing, taste, and with ambition, providing a double evaluation; these sentiments were positive when they represented the satisfaction of vital needs and favoured longevity, but

⑩ On the evolution of the doctrine of the "four humours" see the first chapter of Klibansky, Panofsky and Saxl [1964] 1983.

⑪ Cf *Huainanzi, Taizu*, 20:1301, and Jiao Xun's quotation, *Diaoguji, 9, xin-gshan jie* 5, in *Zhongguo zhexueshi ziliao jixuan*, p. 455

⑫ See the *Jinghuayuan*, 7:25, where in addition to the "seven emotions", Tang Ao mentions "six desires"; he affirms his wish to abandon these emotions and desires and retire from society life in order to follow the Way of the immortals. In *Liezi* (*Yangzhu*) several desires which may make a man drunk are presented, including perfumes, music, and female beauty.

they were negative when they were blindly followed, provoking tensions, worry, and ultimately damaging health. Mencius also dealt implicitly with a number of na-tural wishes to do with the senses of taste, sight, hearing, smell, and physical well-being; without giving a wholly negative judgement, he subordinates them to virtue. Moreover, other feelings and emotional dispositions are frequently named in the Classics and other works. Inside the mind, then, since antiquity the Chinese used to distinguish the intentions (yi), i.e. ideas and thoughts emerging in the mind and evaluating how it should operate, and determination or aspirations (zhi), i.e. the will that directs the mind toward a direction [generally a correct direction]. Although emotions were examined under a moral perspective, the Zuozhuan commentary (the 5-4 century b. C.) seems to single out six main "impulses" (zhi) in them: attraction and repulsion, joy and anger, grief and pleasure. At last Xunzi 荀子 explains desires as reaction of emotions (qing zhi ying ye 欲者情之應也), and reflection (lü ?) as the mind's selection among them.⑬

Emblematic of the different way in dealing with the concept of love in Europe and China is the text of one of Pu Songling's 蒲松齡 (1640-1715) tale, Lingjiao 菱角, one of the many examples that can be

⑬ Cf *Gujin tushu jicheng, lixue hui, xuexing dian, xinyi bu*, [61] 61:73587-88, *Zhiqi*, 62: 73594-95; Zhuzi yulei, 5:95-96; Chan Wing-tsit, New York, 1986, pp. 64-68. However, in *Liji* (*Shaoyi*), the character means "selfish intention", which is contrasted with "justice". Illuminating are Lingjiao's desperate words, when she meets the husband she has been forced to marry: "My parents have forced me to become your wife. I can yeld up my body, but you cannot seize my love[-will]" (*shen ke zhi, zhi bu ke duo ye*). *Liaozhai zhiyi*, (Hong Kong 1988), 11:540. Here, "love" translates the term *zhi*, which generally means "determination", "will". See also *Zuozhuan*, Zhao 25, and *Xunzi*, 22:63, 3. Cf the analogous Mencian concept of thinking/reflection (*si*) in *Mencius*, 6, a,15

useful to understand the different emotional attitudes in different cultures on the basis of its specific cognitive elements. The plot is very simple, and ends with a final coup de théâtre that rewards the loyalty of the two main characters: Hu Dacheng, a fourteen-year-old boy, meets a girl, Lingjiao, in a temple, and they fall in love with each other. Following Lingjiao's advises, Dacheng is able to arrange an official engagement between the two families, but then they lose contact because of a rebellion. For a long time, the two keep their engagement, and look for their respective partner, refusing any other marriage arrangement. At last Lingjiao is forced to marry a new fiancé, without knowing that he is actually Dacheng; only then do they recognise each other.⑭ To a Western reader this plot would be understood as a very romantic love story. But if we consider the social context, the exchange function between families, some doubts arise on the first interpretation. Is the fidelity of the main characters to be understood above all as a moral engagement - keeping the contract between their families - and their determination as fulfilment of social rules? Or is it the victory of passion-

---

⑭ "Strange Stories from the Leisure Studio" (*Liaozhai zhiyi*) repr. Hong Kong, Zhonghua shangwu, 1988, 11:539-40. It should be taken into account that in traditional China, as well as in most societies, except the Western modern world, marriage was above all a social contract; as a Chinese proverb says, marriage was based on the words of the middleman and on the will of parents. In Ocko's words, "Betrothal agreements were contractual arrangements between two family lines represented by the family heads. The <rights in person> of the wife, in particular the right over procreation, were conveyed from her natal family to her husband's upon payment of the betrothal gifts [...] The primary purpose of marriage was continuing the family line." (Jonathan Ocko 1990, p. 219) For the West, cf. De Rougemont (1977, parts I and VI) on the uniqueness of "romantic" solution.

ate love, covered with the moral dignity of betrothal? If we follow the process of psychological evolution and of behaviour in this story, we notice the following stages:

1. Dacheng first notices the girl and falls in love with her 心好之
2. He asks her about personal data and status, and whether she is engaged or not: you wen you xu jia wu 又問有婿家無
3. He proposes himself as her fiance: wo wei ruo xu hao fou? 我爲若婿好否
4. With embarrassment she answers that she is not independent and cannot decide by herself: nu can yun: wo bu neng zi zhu 女慚雲：我不能自主

At the same time, however, she expresses her agreement: her glance became shining, while she looked at his whole appearance, with the apparent intention that she liked to belong to him er meimu chengcheng, shangxia ni Cheng, yi si xin shu yan..而眉 目澄澄上下睨成意似欣屬焉

5. She proposes a matchmaker (Cui is loved by my father; if he is used as machmaker, the agreement is done): Cui Ercheng wu fu suo shan, yong wei mei, wubu xie 崔爾成吾父所善 用爲媒無不諧
6. Dacheng loves her more and more, thinking of her wisdom and her love: yin nian qi hui er duoqing, yi qingmou zhi 因念其慧而多情，益傾慕之
7. Dacheng states: The first engagement cannot be disregarded anyway wulun jiefa zhi meng bu ke bei 無論結髮之盟 不可背
8. When Lingjiao believes that she is forced to marry a new fi-

ance, and does not know he is in fact Dacheng, she states that only her body can be given, but her sentiment-determination-aspiration (zhi) cannot be taken by force: fumu qiang yi wo gui ru jia, shen ke zhi, zhi bu ke duo ye 父母強以我歸汝家 身可致 志不可奪也

I started with this example - one love story from Pu Songling for its shortness and simplicity, but several other examples might be taken from the xiaoshuo - in order to illustrate the point of my research: was Dacheng and Lingjiao's heroic behaviour due to a passionate romantic love or to a social engagement? Of course this question is carried to extremes and posed in a simple way. What I intend to underline with such examples is the different cognitive attitude behind the apparent similarity of sentiments in different traditions. One may stress love passion, one may stress social duty. Among the above nine key points, only the number 1, 5 and 7 have a clear emotional character, and the last (9) contains both emotional and moral elements. It is reasonable to think that in fact both ritualistic-social and emotive elements are fundamental. This example demonstrates furthermore how complementary social role and feeling, ethics and affection are.

As far as love is concerned, we are obviously dealing with two different concepts in European and Chinese civilisations. These differences can be traced back to the antiquity. Europe has been marked by Plato's myth of the charioteer: the soul if contrasted with the body is unique, but it can be divided into three parts. The charioteer who drives the chariot with two steeds represents the rational soul (seat of cognitive faculties) controlling the irrational soul (seat of action); the horses are two, one white (irascible) and one black (concupiscible). This distinction between rational and irrational, body and soul, matter and spirit was inherited by Christian thought (and then in some way by modern thought and science through Descartes). In late Medieval Europe the Troubadours elaborated the concept of courtly love, transferring religious values to mundane love, which was extolled above morality and institutions. Such a cult was further enhanced by the Romantic movement, after the establishment of the nuclear family, late marriage and the beginning of the so called 18th century "sexual revolution" and "affective individualism". All these social and intellectual changes involved the nature of conjugal and parent-child relationships, courtship practices, attitudes toward sex, and the relative importance of privacy and individualism in the family context.⑮ This greater autonomy and idealisation of the love concept in Europe can be traced back to Platonism, which can be found even in modern times in the image of Nerval's female characters as well as in the taste of the absolute of Berenice ⑯ and in the religion of love in Novalis' "Hymns to the Night". A tragic and sublime conception of love is common to the conflict passion-marriage of courtly love and to the ambivalence of the Romantic synthesis, combining the primacy of passions and institutions, love and free marriage.⑰ Thus, - in simple terms - the Western

---

⑮ Cf E. Shorter 1975; J. Solé 1976

⑯ Aragon, *Aur┌lien*, Paris, Gallimard, 1944, p. 223

⑰ The mutual consent of the couple, distinct from the parents' approval, is an important element which is strictly bound to the Christian influence: a fundamental role was played by the church's concept of the sancrament of marriage against different approches by political powers and heretical sects. Cf. G. Duby, *Medieval Marriage*: *Two Models from*

more imaginative and aesthetic conception of love seems to be faced by a more practical and concrete vision in China. Some contemporary psychological studies seem to confirm this trend at least for exaggerated "romantic love". ⑱

In late Ming dynasty, "The History of Love" (Qingshi leilue 情史類略), attributed to Feng Menglong (1574-1646), ⑲ and compiled in about 1630, consists of an anthology of tales and short stories, which presents a kind of survey of the representation in the collective imagination of the reactions, actions and manifestations related to love in its various forms. This collection distinguishes between various kinds of emotional attitude, mainly concerning love. Although its positive and negative connotations, effects and consequences are dealt with, a precise definition is not arrived at. Nevertheless, the most impassioned in-

---

Twelfth-Century France, Baltimore, 1978, D.O. Hughes, "From Brideprice to Dowry in Mediterranean Europe", *Journal of Family History*, 3, 1978, pp. 262-96, Jean Louis Flandrin, *Families in Former Times*, London, Cambridge University Press,1979, Jack Goody, *The Development of the Family and Marriage in Europe*, London, Cambridge University Press, 1983. An analogous concept is rather missing in Chinese tradition. For a psycho-anthropological confirmation of the specificity of Western attitudes, see Dion K.L. and Dion K.K 1988, pp. 264-92.

⑱ According to the anthropologist Sulamith H. Potter's enquiry in Chinese villages (1988, pp. 181-208, especially 200-201), "romantic love is a culturally alien concept in China ... marriage choice is ideally based on what are called 'good feelings'"; more generally she states that emotions, although extremely important to the individual, are excluded from social relations and order. Similar conclusions can be found in G. Chu 1985, p. 205, S.R. H. Beach and A. Tesser 1988, pp. 330-55, and V. Grant 1976. Cf. also J.A. Russel and M. Yik 1996, pp. 171-72.

⑲ However *Qingshi* should not be considered as the only product of the editorial and commentary work by Feng Menglong: as other anthologies it is probably the final result of a previous growth by accretion.

troduction to this concept is, without a doubt, found in Feng Menglong's preface, where three important concepts are expounded: 1) it is thanks to qing-emotion that the myriad of things and beings in the universe reproduce; 2) its presence brings closer those who are far away, and its absence renders even neighbours strangers; 3) it is compared to a thread that unites all things in the universe, just like a fine cord that links a string of coins.⑳ For Feng Menglong, qing is still more than ren, the virtue of humaneness:㉑ it regards the relationship between man and woman, and is close to the generative, dynamic concept of love between the sexes exalted by Li Zhi as the foundation of the universe.

I have compared the Qingshi leilue, and another classic of world literature, the well known mediaeval treatise in Europe, the "Book of the Art of Loving Nobly and the Reprobation of Dishonourable Love" [Liber de arte honeste amandi et reprobatione inhonesti amoris by Andre Le Chapelain (Andreas Capellanus, 1150-1220, of about 1185, hereinafter referred to as De amore)].㉒ De amore also provides a synthesis

---

⑳ Cf. *Qingshi*, 1:30-1, 18:557

㉑ See for instance Zhu Xi, *Zhuzi yulei*, 95:2424, where *ren*, the virtue of humaneness is identified with "the mind of production and reproduc-tion of the universe, a metaphysical Mind, common to all beings of the universe.

㉒ Andreas Capellanus, French writer on the art of courtly love, best known for his three-volume treatise. He is thought to have been a chaplain at the court of Marie, Countess of Champagne, daughter of Eleanor of Aquitaine. André wrote his book on love at Marie's request. For the original latin text see E. Trojel's, *Andreas Capellanus regii Francorum ' De amore libri tres*, Hauniae, 1892 (repr. Munchen, 1972), and the Italian version Andrea Cappellano, *De amore*. Traduzione di Jolanda Insana con uno scritto di D'Arco Silvio Avalle, Milano, ES, 1992

of Western thinking on the subject, at the dawn of modern times. It codifies the whole doctrine of courtly love, and spans practically all the elements of the cult. Obviously European late Medieval society was far different from late Ming Chinese society, and it is not my intention to ignore social factors. Here however we cannot deal with such a topic, and what we want to focus on is the long term ideological tools adopted and elaborated by each culture. What I would like to stress are the divergent trends of intellectual assumptions and the approach to love sentiments in the two cultures. In short, the greatest contrast between the two works can certainly be found in the relation between feelings, on the one hand, and society and mundane interests, on the other: Andre Le Chapelain delights in juxtaposing the autonomy and sincerity of passion with social differences, wealth and marriage itself. When expressing the concept of courtly love, the author even denies that true love is actually possible within institutional constraints: indeed passion feeds on jealousy and its very illicitness;㉓ therefore "it is a fact that love cannot exist between husband and wife [...] love cannot assert its power between spouses" (1:77, 83). Conversely, for Feng Menglong, society, institutions, personal interest, and morality all coincide with true love through the action of retribution and the predestination of marriages, so that "The relationship between husband and wife is the most intimate of all social relations" 夫婦其最近者也 (1:30). While this sentiment is also conceived as an individual need of the lovers, it remains in harmony with social requirements.

㉓ Capellanus 1992, pp. 77-83, 91, 116-19, 143, 157-58. This tradition was to continue in Romanticism: cf. also Stendhal (*De l'amour*, 1822) 1990, pp. 289-96

The Qingshi is one of the few examples of the "cult of passion" flourished in the late Ming dynasty. This conception of love resembles to some degree the conception held by the Greeks and popular during the Renaissance, where love is the universal bond, the force that generates the world,㉔ though without appealing to the absolute, the eternal or to the "wish for immortality". In an essay I wrote some years ago, ㉕ I have stressed that also in Chinese traditional concepts of love, one can find some religious elements which not only ennoble desires and justify them, but also create myths and ideological frameworks that regulate and socialize them. For instance, the concept of "predestined unions" (yuanfen 緣分) can be traced back in references to reincarnation (overcoming death as Heaven's will and the principle of retribution) and marriage (the institution that socially sanctions the love union). At the same time, the passion of love is considered to be beyond people's overall control because "fate is sealed by the heavens, and even feelings are imperceptibly influenced by it." ㉖ Heavenly predestination is relevant from an ideological point of view because it elevates love-passion to almost the same metaphysical level as the celestial principle, and reunion after death makes love's power stand out above

㉔ See for example the *conspiratio omnium in unum* according to Pietro Bembo (Ferrara, 1505, 1,2), or Bruno's "eroico furore"

㉕ "中國與歐洲‘愛情‘ 概念化的宗教影響 Influence of Christianity and Chinese Tradition on the Conceptualization of Love", *Journal for the Study of Christian Culture* 基督教文化學刊, 4, 2000, pp. 41-71

㉖ Qingshi, 2:66, and also 11:320, where passions are likened to wind. See also Ximen's blasphemous answer to his wife (chapter 57 of *Jin Ping Mei*), when he states that anything can be bought with money, even the forgiveness of the gods', and that illicit and adulterous affairs in this life are the pre-arranged result of past lives.

and beyond the brief course of human life. Destiny provides the lovers with a justification capable of undermining the severity of social norms,㉗ also because the cycle of reincarnation is like the illusive fluctuation of human existence. What distinguishes this trend from the analogous interaction of religious elements in western tradition, and from the concept of predestination in European courtly love is that, in the latter, soulmates find each other only to merge into one and ascend, in the end, towards the metaphysical world. In the Buddhist-based concept of predestination, on the other hand, the meeting of the two lovers is necessarily tied to another existence, another life in the illusory and phenomenal world of "red dust" : there is no reference to the Platonic world or uncontaminated beauty.

Another demonstration of religious influence on the concept of love and its different impact owing to the different religious attitude in Europe and in China, is the role of marriage. The almost opposite positions can be simplified in the anti-institutional and anti-matrimonial stance in courtly love and in marriage-centred ideology in Chinese cul-

㉗ Beginning in the second millennium of the vulgar era, in China a woman's prenuptual verginity was certainly a necessary requirement, since losing it was not only scandalous for the bride's family but it meant she also risked being repudiated and given back to her family. Even in the case that a young woman ran off with her lover to form a family with him, her status could not be higher than that of a concubine until a wedding took place with the proper rites and approval of both sets of parents. Moreover, for an unmarried woman, and therefore still dependent on her father, to run off was in many ways likened to a married woman fleeing her husband on whom she depended; it was considered a crime committed against the family and against father/husband authority. Not surprisingly, one of the major debated in the May 4th movement dealt with the issue love-marriage. Cf. Zhao Yuan, 1984, 2, pp. 191-214.

ture. We cannot overlook Eloise's opposition to marriage, or her professed mistrust of the restraints of legitimate love. On the other hand, Tristan's love for Iseult is completely outside of the bonds of marriage, and even Christ is rather "courtly" when, understanding the ways of the heart (la bonne foi), he allows Iseult to override God's judgement, thus justifying adulterous passion.

Marriage is one of the means of social recognition and control on sexual relations. As in the Christian idea of love passed through the re-evaluation of marriage as sacramentum (sacrament), not just as remedium concupiscentiae (remedy to lust), marriage is the main purpose and starting point, although different is the spirit of its centrality. For Christian thought, marriage is an expression of God's gratia (God's benefit)，and it was considered in Europe one of the highest and ideal loves, the "true love". Thus, in China the ideal of "true love" or "genuine love" (zhenqing 眞情) that we find in Chinese literature is an important element in the love rhetoric and mentality, like the multifarious concepts of the "true love" in the West. But here again the difference between the two concepts of love, in China and in the West, has to do with the qualities attributed to it. Chinese novelists, in fact, tend to emphasise the constancy of "true" love, rather than the violence of passion and the process of winning a person's heart that rule in the Western love story; indeed Jacques Pimpaneau observes that Chinese love stories begin where ours end.㉘ It is indeed duration - compar-

---

㉘ For example, Rongniang, the heroine of the erotic story "Xu Xuanzhi resorts to trickery in order to escape from strict imprisonment" (*Xu Xuanzhi zuan chu zhong qiulao*), states: " The only thing that matters is the endurance of love, more than gratification of passion!"

ed to the pinetree which remains green even through the hardships of winter - which proves the "sincerity" of love and which at times bestows it with an exceptional quality. Even in stories that extol love-passion the focus falls, rather than on the excesses and on the 'winning over' stage, on the preservation and duration of feelings, through overcoming obstacles which come between the lovers. The trials, however, do not bear positively upon the intensity of the lovers' feelings as much as upon the depth of their feelings.

Hence, it is not rare that at the happy end of many Chinese stories, instead of the Western formula "and they lived happily ever after", we learn that two main characters "grew old together" (xielao 諧老): [29] success and possession cannot mean the decline of "true" love, and a prosperous lineage becomes the final target. In this light, even the idealisation which allows two hapless lovers to reunite in another life means actually striving to make it happen. Whereas for the European worshippers of courtly love - who upheld passion - passion was perceived as an uncontaminated ideal that was always essentially anarchic and uncontrollable, and thus only suspension of desire could guarantee

---

(*dan de qingchang, bu zai quse*). Cf. *Huanxi yuanjia*, 10:181; *Tanhua bao*, 10:13. In the same story (*Huanxi yuanjia*, 10:181; *Tanhua bao*, 10:14.) a proverb is cited that could refer to the wear of passion: "the most delicious sweets, if eaten in excess, become nauseating; the most pleasant things, taken in immoderation, become damaging." But actually this saying seems to warn of the consequences of any type of excess more than it warns of the inexorable passing of time. On the fraying of passion over time see also *Xingshihengyan* 醒世恒言, 1:8: "If love were like it is at the first encounter, in the end neither hate nor resentment would be stirred." Cf. J. Pimpaneau 1989, p. 362.

[29] This expression is used in greetings to newlyweds. For the precedents in *Shijing*, see Koike Ichirô 1974, pp. 14-15.

immortality, for Chinese intellectuals - who upheld affection - the emotion could be justified and thus directed toward its primal function as preservation of the species. By identifying individual desire with such needs, passion could be "tamed", and its duration delivered it from potential conflict between passion and social demands: hence the demonstration of "true" love.

Another characteristic of the perception of feelings in China concerns the relationship between emotion and ritual or ceremony, especially in the case of the "good and genuine sentiments" ㉚. In the West a number of scholars have devoted their attention to this relationship, not only with regard to the link between liturgy, myth and religious sentiment, but to every aspect of interpersonal behaviour in which "ostentation" - as in the case of courtship - expresses, inspires and emphasises a series of emotions, even if in an encoded form ㉛. Carlitz

---

㉚ Cf. P. Santangelo 1992, pp. 1-47. Emblematic is the following passage of the "Art of mind" (*Xinshu, a*) in Guanzi, concerning rites: "Rites, which depend on the right natural principles, following the genuine emotions of man, regulate and educate them." (13/36: 144). Mencius furthermore singled out the manifestation of the main inner virtues(-sentiments) in the superior man's countenance, the expression of his face and the movements of his body: "That which a gentlemen follows as his nature, that is to say, humaneness, rightness, honesty and wisdom, is rooted in his heart, and manifests itself in his face, giving it a sleek appearance. It also shows in his back and extends to his limbs, rendering their message intelligible without words" (*cf. Mencius*, 7, a, 21, translation by Lau 1970, p. 186, with small changes). On the didactic function of ritualization and gesture in Confucianism, see *Lunyu*, 10, 5; cf. also Tu Wei-ming 1972, pp. 187-201. Furthermore, as in the West, physiognomy has been developed in China also, for the interpretation of human character from physical shape, especially from the face's morphology.

㉛ Cf. E. G. D'Aquili, C.D. Laughlin Jr., J. Macmanus, 1979, E. Erikson 1977. As far as ancient China is concerned, Marcel Granet points out that emotions of love and of sorrow were expressed through stereotyped sentences and conventional gestures (Cf. M. Granet,

presents an example of a 16 years old girl who presented offerings of food to her dead fiance's spirit tablet, weeping and fainting until his parents became so annoyed that they tried to marry her off to someone else.㉜ Qian Yi, the third wife of the 17th century poet Wu Ren, had an altar built in her garden where she worshiped and made offerings and sacrifices to Du Liniang and Liu Mengmei, the two romantic characters of Peony Pavilion 牡丹亭.㉝ Undoubtedly, in traditional China these are the most intense forms expressing the religiosity of love, which appear in all cultures.㉞ In Chinese civilisation rituals are more than just ceremonies or external gestures. In the cases aforementioned, acts such as the veneration of a tablet or portrait convey a precise emotional involvement. Through theatrical or religious rituals, certain states of mind are evoked, such as the sense that love is eternal or the sense of the shortness of youth and beauty.㉟

It is not possible to find, as in the West, one or more periods in which love-passion has emerged as predominant above all other "noble" passions, such as religious devotion, the rage of the warrior or the

---

in Granet and Mauss, 1975, pp. 15-39). Against the romantic antithesis of "spontaneity of feelings" and "hypocrisy of conventions", see M. Mauss' classical essay, in Granet and Mauss, 1975, pp. 3-13

㉜ Carlitz 1994, pp. 118-119

㉝ For the story about He see *Qingshi*, 7:187-88. As for the episode of Xiao Dianyun's beloved, it is related by Yue Jun in "Notes of a Gullible Person" (*Ershilu*), 3:4101. Finally, on Qian Yi cf. Dorothy Ko, 1994, pp. 71 and 83.

㉞ "In the life of the person in love," Barthes writes, "it doesn't matter which culture he or she belongs to, there is never a shortage of appeals to magic, secret little rituals and votive offerings." R. Barthes, (Torino, 1979), Paris, 1977, p. 132.

㉟ Cf. Judith Zeitlin, 1994, pp. 127-79.

loyalty of the knight.㊱ Nor do we find those intimistic and conflictual themes which are first presented in courtly poetry. In Europe, this attitude, reciprocally interchanging the mysticism of religious passion with the mysticism of love-passion, thus, implied both a transcendent view of love (from God and towards God) and an immanent view of love which feeds on the suffering of the subject whose love is unrequited and on the attitude of the beloved woman. The subtle pleasure reaped from suffering that is caused by passion characterises Western culture.㊲ Perhaps a personal and jealous God who speaks to the soul and delves into the "heart and the kidneys" has taught the European to expect exclusive and absolute love.

However, one does not have to wait for Romanticism and Stendhal's "crystallization" of love to find how important the imagination and rumination are when falling in love. Even in eighteenth century China, as in Europe, there was an awareness of the "dangers" of fiction, which disseminated the knowledge of the passionate lover's "code", shifted attention towards romance, and led to seduction. The roles and models created by fiction and plays of the time contributed to the development of a trend that re-evaluated human emotions, because the readers and spectators imitated what they read and saw. Whereas in Europe the attitude towards fiction became more and more positive, in China the disapproval of fiction became more accentuated under the Qing dynasty. Moreover, the significance of the "codes" was differ-

---

㊱ For the concept of love in the Middle Ages, see Mariateresa Fumagalli Beonio Brocchieri, 1982, 1986, and Silvia Vegetti Finzi, 1995, pp. 75-100.

㊲ De Rougemont, 1977, pp. 59-60, 69.

ent. Even if we go back to the twelfth century and look at an exemplary work of courtly literature, the Lamentations by Maria di Francia, we can see fundamental differences. In southern Europe the novelty is that the religious values are no longer pre-eminent; rather, what is important are the social and especially individual values (of love).㊳ Love finds its cause in the glorification of the beloved woman, to whom the king swears he is a slave, and for whom knights vie with each other and die; Eros is made sacred through suffering and devotion, on the one hand, and by magic and initiation on the other, so much so that the social and religious transgression of adultery often becomes a condition for, rather than an obstacle to, "true love". This process cannot occur in Chinese culture where, among other things, there is no opposition between religious and lay values, Christian morals and Classicism. For its ideological references Chinese inspiration does not draw its inspiration from Neo-Platonism or Christianity, but from the Buddhist concept of "emptiness", the Taoist concept of change, Confucian moral inspiration, or popular belief in retribution and predestination. It too draws upon its own allegories, such as the union of two trees, the pair of birds, the dream, flowers. There exist to some extent also a "desecration"

㊳ In *Equitan* the word *mesure*, which stands for reason and respect of social relations, is explicity contrasted to *mesure d'amer*, that is the laws and codes of passionate love: "Those who love without reason or moderation do not care for life. That is, indeed, the law of love, that no one has to follow reason." (*Equitan*, 146c, vv. 17-20, Maria di Francia 1992, pp. 102-03; cf. also *Deus Amanz*, 160d, v. 189, *ibidem*, pp. 218-19; regarding "good manners", see *Yonec*, 162 d, v. 20, *ibidem*, pp. 234-35). As Christina Shu-hwa Yao observed (1976, pp. 332-36), already in the works of the Yuan period, *Xixiangji*, the compromise that the author must reach between passionate love and social demands put on the characters is dignified through constant allusions to astrological myths.

and a "mundanization", although in an obviously less dramatic form: rather than in the language (there is no religious concept similar to that of God-Love), they are expressed in the parodies of and ironical illusions to Buddhist meditation and the ideal of the predestination of love.

Ideological and ethical implications

Yang Xiong 揚雄 (53 B.C.-A.D. 18) said that one's writing is the picture of one's mind-heart (書心畫也), and represents one's vices and virtues. ㊴ Although this sentence has moral intentions, it is clearly reflecting on the possibility that one can obtain information about moral and mental issues from old documents. Passions are a dominant theme in narrative and, in China too, literature becomes an important factor in the education that regards matters of the heart. Emotions are recognised through a textual analysis that takes into account contents, social and institutional contexts (J. Dore and R.P.McDermott 1982, pp. 374-98), as well as semantic and syntactic features: elliptical constructions, repetition and reduplication, interjections, exclamatory and optative sentences, rhetorical questions, onomatopoeias and diminutives, address terms and pronouns, impersonal construction and any device which increase or decrease the textual distance between selected elements of the discourse, etc. - that is any verbal message that can be decoded.

Ideas and emotions are closely related, as they embody each other:

㊴ Zhang Geng 張庚 *Pushan lun hua* 浦山論畫 *lun xing qing*.論性情, Shitao, *Les Propos sur la peinture du moine Citrouille-am⌈re,* Traduction et commentaire de Pierre Ryckmans, Paris, Hermann, 1984, p. 115

ideas are infused with values, beliefs, feelings, just as affects have basic cognitive elements directed towards understanding and communication. The authors of Chinese literature could not avoid to be influenced by the ideas and values of their times. Especially the so called popular literary works, which are more conformist than culturally higher texts, accepted the ruling ideology and tended to be conservative in the adoption of the dominating moral codes (Henry Zhao 1994, pp. 106-114).

According to Chinese ethics, and Confucian ethics in particular, in the place of the sense of individual sin there emerges the sense of social responsibility. Although both attitudes - Western and Confucian - share the common function of restraining and controlling human urges, they manifest themselves in different ways. Free as it may be from the sense of sin, however little touched by religious dread of the beyond, the dominant sense of social responsibility in the Confucian mentality seems paradoxically more effective in restraining the passions and preventing transgressions than the Western religious precepts, which include extenuation through redemption and grace. Even recognition of the naturalness and insuppressible nature of sensuality and ambitions is more than counterbalanced by the internalisation of concrete obligations towards the group belonged to, while Neo-Confucianism also succeeds in moralising certain emotions by identifying them with actual virtues, restraining others with the iron rule of moderation. Moreover, since the traditional cosmology, philosophy and medicine made no distinc-tion between inner and outer forces, stress on the importance of inner balance automatically implied reinforced respect for social balance. Thus social norms inevitably entered into the norms for cultivation of the inner self: mistrust of every form of excess in behaviour and expression extended equally to society and the self, while self-discipline meant control over the most secret thoughts as also over the consequences of words uttered and emotions displayed. Like retribution, this conception could not fail to affect the ideology and the very structure of xiaoshuo 小說.

An analysis of literature indicates that the concept of evil is multiform: in its formal and most conformist meaning it corresponds to the violation of official moral norms influenced by the Three Doctrines 三教. The concerns of the Neo-Confucians were two-fold, social and personal, adding to the preoccupations of the Confucians some precepts of the Taoists and Buddhists: allowing oneself to be led by "the dictates of the heart" without being overwhelmed by the passions is the apparent paradox of Chinese thought. Taking due account of the differences in the Chinese and European concepts of "heart" and "spontaneity", we must not underestimate the complexity of the Neo-Confucian attitude to the emotions.[40] The ideal of taking part in social life without being overwhelmed by it and reacting to events without becoming dominated by them is, in fact, that formidable ideal of the "looking-glass" which, (varied as interpretations may have been), has nevertheless brought together thinkers of all periods and currents from Zhuangzi to Wang Yangming, Zhu Guangqian and Feng Youlan. It was frequently said that the world of emotions was the most attractive and

---

[40] The Confucianisation of the Taoist concept *wuwei* brings the focus onto social requirements. See Feng Youlan, 1950, pp. 58-63.

the most important in a person's life, but that it was also the most dangerous due to its inherent personal and social implications: loss of balance and inner peace and loss of social prestige are the price that may have to be paid.

Furthermore I deal with the complex and contradictory way in which literary works represent emotions and passions: undoubtedly in the Ming-Qing period a certain cult of emotions is worshipped, but what is interesting too is to find the new elements, as well as the limits and the extent of such a cult. Put simply, we may say that whenever emotions were extolled, this was not because they were considered beyond the social bounds, but because they were the best channels of social relations.

We can see a number of positions developing but, although emphasis may shift and conclusions vary, an appraisal of the ambiguity of emotions and desires is common to all writers. Differentiation between good and evil is traced back to the moment when the mind begins to operate. The mind being good, its products are good, but evil may emerge through its mode of operation: if emotion is out of proportion or out of place, then degeneration of passions and desires will be unleashed. Thus, in order to maintain virtue and avoid vice, vigilance is essential, with careful examination of the mind's first movements as it passes from the state of calm to that of perception. While the principle is innate, the passions derive from external influences, but passions and emotions are at the same time expressions of an original nature. They are not evil in themselves, but they can lead to evil and deviation if their manifestations are abnormal or out of place. If the mind is overwhelmed by wrath, fear or other passions, it is plunged into disorder becoming the slave of external objects and phenomena, losing control of itself. Thus the sentiments are always to be controlled, and passions almost always barred. Rigorist currents and a set bias against the passions and desires play a significant role in Neo-Confucianism and, just as in the Western equivalents, they are not lacking in metaphysical contents.

Two main trends

Traversing the history of Chinese philosophy and its reflections on the emotions, we find a counterpoint of constant elements that no author seems able to ignore. Constant is the guarded approach to all excess and disorder, and thus to all kinds of passions. However, this does not rule out a positive approach, which we may trace back to the pre-Imperial age, and which granted certain desires and emotions their natural character as essential elements shared by all men.

We can thus distinguish two theoretical trends: we detect a current deriving from the very beginnings of Chinese philosophy and expressing caution, diffidence and severity in the face of emotional phenomena, guarding against their disordered, inconstant nature. The world of emotions is seen as a weakness of human nature, with the intrusion of external elements - or at any rate the dependence upon them - overclouding, limiting, subjectivizing and muddying with preconceptions the all-desired universalisation and clarity of the inner eye. The text of the "Great Learning" (Daxue) warns of the dangers of the passional (bu de qi zheng 不得其正) and partiality (pi 辟) under the influence of the emotions.[41] We find the same negative attitude in the "Record of Rites" -[42]. Dong Zhongshu (179-104 B.C.) may have been the first to apply here the theory of yang and yin, the two cosmic forces, associating the goodness and purity of human nature with yang, and the dark, cloudy world of the emotions with yin. Thus human nature is expressed positively through the virtue of humanness and negatively through the craving of the desires, the wise being in fact devoid of passions and desires.[43] This trend was to prevail in all the various orthodoxies, beginning with Neo-Confucianism.

However, we can in abstract terms contrast this with a second trend concerning what we may call the "natural emotions", the essential elements shared by all men, which finds expression in the needs/desires, superfluous/essential nexus, and corresponds to the ideal conception of the sentiments identified with the principle of social relations.[44] This interpretation often couples the terms "principle" and "sentiment",[45] and is based on two assumptions, i.e. that desires and repulsions are equal and common to all men, and that these sentiments correspond to basic social relations. They might be said to be the heirs of the old "essential desires" and "vital humours" rendered more sensi-tive to social requirements. In ancient China the individual was thought to have internalised the social norms, with the result that sentiments conformed to the hierarchic view of society characterised by

---

[41] Cf. *Daxue*, 7; 8

[42] See *Liji, Yueji* 1.

[43] 春秋繁露，深察名號篇 35, 56; 基義篇,53, 68

[44] See Jin Yaoji, in Yang Liansheng, 1987, pp. 75-104

[45] Cf. Cheng Tien-hsi, 1947, p. 42; Feng Youlan 1950, p. 121

familism.㊻ Thus a profound sense of reciprocity underlies sentiments in traditional Chinese culture, the noblest and most evident manifestation of this being the virtue of humanness (ren 仁) and reciprocity (shu 恕), by means of a sort of extension of the self towards the others (tui ji ji ren 推己 及人).㊼ The display and satisfaction of such emotions, it was pointed out, are not only useful and necessary for the life and health of individuals, but also for the very survival of humankind. Indeed, awareness - through analogy and induction - of these stimuli in our neighbour can become a means for self-cultivation and socialization. These concepts go right back to the very beginnings of Chinese philosophy, with the earliest attempts to get to grips with "human nature", but occasionally taking sharp turns. Up to the Han period the prevalent tendency seems to have been to distinguish between two types of emotions: the "vital", positive emotions and those that are "voluptuary", "artificial", harmful or at any rate excessive. Subsequently, however, the influence first of Buddhist asceticism and then of Neo-Confucian rigorism shifted the emphasis to the dangerous potential of the emotions and the contrast between celestial principle and selfish desires. Against this background have emerged, especially in last few centuries, a number of heterodox thinkers who return to the ancient concept of "essentiality", which originally connoted the term qing

---

㊻ Cf. Talcott Parsons, 1951, pp. 195-98;Qian Mu, 1951, p. 16; Liang Shuming, 1964, pp. 90, 201; Jin Yaoji, in Liang Liansheng, 1987, pp. 77-89.

㊼ Cf. *Lunyu*, 12, 2; cf. anche *Zhongyong*, 13, 4 e *Daxue*, 10, 2 e 17. See also Feng Youlan 1950, p. 35 and Jin Yaoji, in Yang Liansheng, 1987, pp. 81-83. On the analogic concept of *shu*, cf R. Ames 1985, pp. 39-40

itself, to bring the focus on the aspects that are positive from both the individual and social point of view and conclude with the formulation of certain principles which we might compare with the definition of "human rights" . Here lies the significance and innovative spirit of these thinkers, who draw upon tradition to undermine some of the corner-stones of the Song Neo-Confucian orthodoxy. But even they did not depart from the educative endeavour of the Neo-Confucians that undoubtedly represents one of the major attempts in human history to "tame the passions" for the sake of social integration.

Analysis of the various attitudes might lead us to attribute the orthodox currents with a moralistic vision marked by mistrust of the emotions and desires, and to see the more subjectivist and relativist currents as vehicles for a permissive approach to ethics thanks to their revaluation of emotions. However, the facts do not always bear out such a straight contrast. Not only does differentiation of the various positions fail to respect the confines of the schools, but it was also quite a frequent occurrence for scholars blamed for contributing to a looser way of living with their relativism and subjectivism to uphold the great importance of moral concern, and even to write moral books. Nor did revaluation of the emotions and desires imply rejection of all moral codes. In reality, even the authors of xiaoshuo, in the literary sphere, and the "heterodox" thinkers were less subversive than they might appear at first sight, while Confucian "orthodoxy" itself was less static, puritanical and reductive than we might be tempted to suppose.

This however should not be surprising, because analogous phenomena can be seen in western approach to emotions. One should not consider automatically open to human freedom those who support and emphasize emotions. Milan Kundera, in the preface to his Homage to Diderot, explains why in 1968, after Soviet invasion of Czechoslovakia, refused a convenient proposal to prepare a stage adaptation of Dostoevski's The Idiot: "That world of excessive gestures, obscure depths, aggressive sentimentalism - he said - made me feel sick." To this atmosphere - that reminded him the oppression of the irrational and the sacred of the Christianity, the 'Russian soul' and the Soviet tyranny - he contrasted "the doubt, the play and the relativity of human affairs ... the questioning and making fun of everything" of the enlightened spirit of Diderot: the desecrating and libertine spirit that spares no religious, moral, political authority. Here it is clear how Kundera, following the Renaissance-Enlightenment way, has singled out the oppressive aspect of passions, which is one side, and which coexists with the other side of making men free from social and conventional rules.

The identification of emotions with moral principles and genuine human tendencies by some authors leads to a positive interpretation of emotions, in correlation with the condemnation of disorders and imbalances caused by their immoderate exercise or by the selfishness of passions and selfish desires. Human relations are based on real or simulated sentiments: gestures are regulated by a kind of ritual rules (grief, taboo, reverence, tenderness, etc.) and are controlled, since childhood, in their intensity according to circumstan-ces. The term renqing 人情 ("human sentiments and experiences") is often paired with the "affairs of the world" ㊽. The reciprocal nature of sentiments and feelings in China has been recently pointed out by several scholars, like Yang Liansheng 楊聯升 and by Jin Yaoji 金耀基 who, using anthropological, psychological and sociological theories, have located the fundamentals of sentiment and the basis of social relations in a "sense of reciprocity" (bao 報).㊾

An anthropological approach

The so called history of mentality differs from other historical approaches as regards the field of action involved, which is not so much political and economic events, social organisation and institutions, the collective activities of mankind, or even the dissemination of ideologies. It is an approach considering the context of communication, the nature and styles of interpersonal exchanges or confrontations, the availability and use of explicit concepts of linguistic and other categories in which the actors' self-representations are conveyed:㊿ we might inquire with our modern eyes and instruments about the viewpoint of a Chinese merchant like Chen Dalang, or a man of letters, or a young girl like Lingjiao, engaged in everyday life in Jiangnan around the fall of the great

---

㊽ Feng Youlan 馮友蘭, 新世訓 Shanghai, 1950, pp.42-43

㊾ On the "sense of reciproci-ty" (bao 報 cf. *Liji* 禮記 (Quli) 曲禮 *Wang er bu lai fei li ye. Lai er bu wang yi fei li ye* 往而不來非禮也 來而不往亦非禮也 .See Marcel Mauss, (1923-24), Torino, 1965, pp. 155-292, Alvin Gouldner, Middlesex, 1975, p. 242, and, for the theory of the "social exchange", Sir James Frazer, Bronislaw Malinowski, Claude Levi-Strauss, George Homans, Peter Blau, Peter Ekeh, London, 1974. Cf. also Blau, 1964; Gof-fman, 1967; Gouldner, 1960, pp. 161-78; Heath, 1976; Rausch, 1965, pp. 487-99; Rausch, Barry, Hertel, Swain, 1974; Shannon, Guerney, 1973, pp. 142-50; Wills, Weiss, Patterson, 1974, pp. 802-11.

㊿ G.E.R. Lloyd, 1990, p. 13。

Ming dynasty or after the consolidation of Qing empire. Their social conditions are important, their philosophical and moral ideas and religious beliefs contribute to our knowledge, but all these data cannot disclose the inside world - or what we assume to be his/her inside worlds -, unless we can trace back the influence of such factors to the psychic and affective world of their contemporaries.

We define "mentality" as the more or less unconscious body of representations, reactions and perceptions. Instead of analysing conscious, voluntary action, this historical approach examines the deep-seated and more or less unconscious sphere of internal psychological processes, of the collective unconscious which underlies even the most obvious commonplaces, categories and definitions, such as the ideas of health, life, death, beauty, kin, friendship, passion, love, and so on. This new historical approach involves a reconstruction of what might be called a mental structure, i.e. the psychological totality of a cultural area. The field of observation encompasses feeling and reacting, attitudes, tendencies to reject or to desire, aesthetic, religious and moral sensibility, and the world of the imagination, all of which constitute the mental universe of a given culture or era and. This mental universe is based on everyday habits and predominant values, on attitudes and on individual types of emotivity. It is a matter of dreams and nightmares, illusions and fears, of ways of perceiving oneself and the external reality, which all originate in the collective mentality but at the same time flow back into it and modify it in turn, albeit very slowly.

In this field, emotions have the most pre-eminent role. Inexorably subjective, they are tied to "life experience",[51] that has its roots in the organic depths of the individual, and are the fruit of a double stratification of remote and recent heritage (the evolution of the species, and genetic heredity). At the same time emotions are the fruit of acculturation (domestic and social background, education). It is an often impalpable field which is more concerned with the inner life of the individual than with social life, but certainly no less relevant in that it constitutes the essence of our being, the colour that illuminates or darkens the reality that we see, the flow of private history. The emotions remain central for any understanding of human behaviour as regards the individual and his private history as well as society, constituting a sort of "energy" that is reflected in world view, in solidarity and conflict, in organisation, and in social and political authority; not to mention the so called "collective intentionality", that is the phenomenon where the social share of intentional states aimed at attributing to certain objects a function they do not have by themselves, or the social share of beliefs, values and desires leading to objective social realities.[52] The power of images and imagination is well known in the construction of believable reality, as it is stronger than its source, i.e. what it is an image of. Anyway we do not need to go too far, if we think about the effects of friendship on our personal life as well as on Chinese political and intellectual

---

[51] On the concept of "lived experience" (*Erlebnis*), see W. Dilthey, *Ermeneutica e religione* (*Die Enstehung der Hermeneutik*, 1900), Milano, 1992, pp. 14-20, 75-100.

[52] Cf. John Searle 1996. In the past, Georges Sorel emphasised the practical value of myths in influencing the "collective will", as well as Gustave Le Bon and James George Frazer focused their attention on social effects of human beliefs and superstitions. We may consider also the economic value attributed to certain goods, like gold or money and currency, or in the field of medicine the placebo effects.

history: however, although one of the cardinal Confucian human relations, friendship has been neglected by historians ㊿[53].

Provided that the basic personality structure of man is universal in any society with its spectrum of variations - or, in the new "trait theory", [54] that personality traits, unlike their manifestation, are endogenous trans-cultural dispositions -, it is clear nevertheless that cultural habits, values and adaptations - or their cultural expressions - change. Impulse to escape a danger or sexual attraction may be common to all human beings in certain conditions, but the way they interprete their reactions and reconstruct or justify their experiences are different. Similarly, sociability is common in any group, and personal relationship is not only a patrimony of the Chinese; however the contents and the ways they are lived are different. Evidently a Chinese has another way of imagining and living social interactions from an inhabitant of London or from a Sicilian, for instance. The phenomenon of in-group and out-group distinction for example has a special character in China because the so called "greater self", 大我 is expanded through the insiders (自己人), but also because social networks are tendentially

---

[53] Cf. J. McDermott 1992, p. 67. An exhaustive ethnographic study on personal connections in Northern China is Yan Yunxiang's book (1997). For contemporary Chinese society, see also for a theoretical distinction between the more moral rural renqing and the more instrumental urban *guanxi* Mayfair Mei-hui Yang 1994. For economic influences of such relationships in the People's Republic, cf. Ezra Vogel 1965, pp. 46-60, Anita Chan and Jonathan Unger 1982, and for Taiwan Joseph Bosco 1992, pp. 157-83.

[54] A. Tellegen 1991, vol 2, pp. 10-35; R. McCrae, P. T. Costa, Jr, and M. S. M. Yik 1996, pp. 189-207. Experiments on facial and vocal expression of emotions have provided support for the universality hypothesis.

patterned on the hierarchy of the marked status differentials (intra- and extra-family relations, the work unity, etc).[55]

As a general hypothesis, it is therefore assumed that emotions and passions are also social phenomena: this means that their manifestation and their perception change according to different cultural backgrounds. This means that, as for instance Anne Vincent-Buffault [56] demonstrates in her Histoire des larmes, concerning the strategy of tear-shedding in the 18th and 19th centuries French literature, the emotive language changes according to culture and period, and it is very dangerous to exclusively apply our psychological criteria to understand the tears of the past. Furthermore, the so called acedia, which may be translated as "apathy", "boredom" [from the Gk. Akedeia: a- + kedos, care, grief], is an important emotion in the mental representation of European Middle Ages, with strong ethical and religious nuances which no longer exist. But it was replaced in 18th-century Germany by the so called Wertherkrankheit (the Werther sickness) - not to mention the "Elizabethan malady" in the 17th century English literature -, and by the ennui and mal du Siecle in 19th-century France, and up to the famous Russian "Oblomovism".[57] Because of the high value given to

---

[55] W.K. Gabrenya, Jr, and Hwang Kwang-Kuo, 1996, pp. 309-21; R. Goodwin and Catherine So-Kun Tang, 1996, pp. 294-308

[56] Anne Vincent-Buffault, *Histoire des larmes, XVIII-XIX si\cles*, Paris, Rivages, 1986

[57] See Robert King Merton, *Social Theory and Social Structure*, Glencoe 1964, pp. 131-194, and Wolf Lepenies, *Melancholie und Gesellschaft*, Frankfurt am Main, Suhrkamp Verlag, 1969 (*Melanconia e societ◊*, Napoli, Guida, 1985). For a naive attempt to infer the rate of melancholy in different social strata through the "psychopathologic index of culture" at the beginning of the 20th century, see Ludwig Stern, *Kulturkreis und Form der geistigen Erkrankung*, Halle, a.d., Saale, 1913.

some of its motivations, melancholy was justified and encouraged as a social phenomenon. And again, the distinction between ambition and emulation depends on social mobility and values; attitudes concerning the sense of honour which now may be regarded as irritability, were not supposed to belong to passional sphere in the 17th and 18th centuries.㊿58
And, according to moral judgement and economic conditions, you may find the same event described as frugality or greediness. As far China is concerned, we can observe how writers contributed to the development of new types of emotion, like the re-conceptualisation of their role in terms of how they could help reinvigorate the stagnated Chinese culture, re-educate people and rebuilt society.[59]

And again, even what appears to be the same antecedent may be constructed differently in different cultures: in the case of contemporary psychological tests on pride, for instance, "Unlike Americans, for whom pride is a prominent emotion that is linked with high ability ascription in achievement contexts, [...] Chinese may not experience or may tend to deny experiencing pride. Or, given the often reported cultural value of sacrificing personal gains for the good of society, ... Chinese may only report experiencing pride for achievements that beneficit others" [60]

Antecedents and consequences of single emotions may differ according to different historical periods: these differences should apply

---

[58] Cf Algirdas Julien Greimas, Jacques Fontanille, 1996, pp. 75-76.

[59] Cf Cai Zongqi 1997, pp. 63-100.

[60] Cf. Stipek D., Weiner B., and Li K., 1989, pp. 109-16, cit in James Russel and Michelle Yik 1996, p. 167.

especially to the so called "social emotions" (shame, guilt, etc.). But basic emotions (happiness, sadness, anger, disgust, surprise, fear)[61] also, and the different display rules (that is acquired conventions, norms or habits that dictate the proper emotion, contexts and counterparts; see Ekman and Friesen 1969, Kemper 1978, Bailey 1983) cannot but be influenced by value systems of a certain society.

Emotions always create a system of interpersonal and collective incitements, and are governed by rituals and norms of communication. Rituals, marking the fuzzy borders between "conventional" and "genuine", are fundamental in the cultural transformation of personal experiences, allowing the expression or control of certain universal feelings, distancing individuals from certain emotional experiences, helping to regulate and socialise some affects. In fact, every intellectual or affective activity presupposes a social life, and its tools imply the existence of a social environment in which they are developed, enriched and refined.

Of course, the study of emotions as any attempt to understand and recreate reality, is a kind of reduction and abstraction. As this reality is internal, the success of such research depends on the social nature of emotions: not only their meaning is based on social values and cultural attitudes - as we have seen -, but they are a kind of interaction between the individual and other men: there is a strict relationship between the affective world and verbal or gestural language, which - on the one side - not only imposes severe limitations on the study of the emotions

[61] Cf Averill, 1975; Izard, 1971; Ekman e Friesen, 1971. See the classification of emotions in the following pages.

themselves but also - on the other side - makes it close to any study of social communication. This phenomenon in China has its specific characters: implicit and indirect style, the importance of nonverbal communication, the tendency to restrain the expression of personal emotions, especially strong and negative ones. This confirms Klineberg's analysis, according to which Chinese consider emotions dangerous, prefer moderation, and emphasize social harmony over individual expression. (62)

Summing up the characteristics of this approach, I will say:

1) Research on emotions is based on signs and evidences, because it concerns inner and inductive phenomena;

2) emotions are fragments of the stream of consciousness in which our ego is always flowing, so that they may be considered as homogeneous systems or discontinuous and apparently uninterrupted processes;(63) We select and single out a limited number of phenomena in a sequence of mental states (Katz 1980, Lutz 1987).

3) single emotions are only some of the aspects of our multiform consciousness, on which we focus our attention. Even the simplest emotions are complex systems which include, interact with, influence or encourage other emotions. Thus, emotions are small sections of an inner world, an ambiguous reality

---

(62) Cf. O. Klineberg 1938, pp. 517-20; Ge Gao, Stella Ting-Toomey and William B. Gudykunst, 1996, pp. 280-93

(63) Cf Marcel Proust, *A la recherche du temps perdu. Du co*⌈ *de chez Swann*, Paris, Gallimard, 1954, "Un amour de Swann", p.445. See also Algirdas Julien Greimas, Jacques Fontanille, 1996, p. 250.

where even contradictory phenomena may coexist, collide and collude. They will be embodied into historical sources inasmuch as they are noted and recorded in memories.

4) As the object of historical studies, the emotions are accessible only through the record of their manifestation. It is only the most external part of affective experience that is expressed in a language.

5) Language (in its affective or expressive meaning) is doubly important in that it constitutes evidence of an emotive reality but also plays a creative and educational role in the emotional sphere. It is both a key to the reading of affective experiences and the vehicle of social learning of how they are lived. It mirrors emotions and their representation, but also contributes to understand and create them ("the magic of words"). But emotion itself is a way of communication, through an action-reaction chain, the reciprocity of positive/negative dispositions, a channel used to re-adjust roles in interpersonal relations (Averill 1982, Lutz 1987). Furthermore, talking about somebody's feeling, not only is this emotion often considered the performance of a particular "illocutionary" act in an interpersonal process (i.e the act performed by a speaker in saying something, such as the act of asking or answering a question), but it also implies a judgement on the person who is mentioned, as well as the position of the speaker him/herself with regard to the listener or the reader.

Historians often dismiss emotions as either unknowable or too psychological and trivial to be of historical value, and relegate feelings and desires to literature. But the lack of scientific precision in this field of research should not surprise the historian. I remember that when I started to teach Chinese history, I explained to students how traditional Chinese historiography lacked a progressive concept as it was based on a cyclical dynastic ideology. I was not aware that a "progressive concept" was itself another ideological and relative vision of history, an hypothesis which cannot be scientifically demonstrated. Some scholars have begun to reconsider the theoretical foundations of historiographical work, pointing out its "narrative" nature. When historians choose and structure their field of historical studies, when they put "facts" in a certain order, re-construct them and try to explain them, they are creatively at work.[64]

---

[64] For instance, in his essay on the 19th century historiography, *Metahistory* [Baltimore, The Johns Hopkins University Press, 1973 (*Retorica e storia*, Napoli, Guida, 1978, 2 voll.)], Hayden White overcomes the dualism between mythology and science, and concludes that there is no "true history" which is not philosophy of history, whose practical elaboration resorts to different interpretative strategies, based on aesthetic or moral choices rather than epistemological ones. This *meaning* thus created and the *formal coherence* of events are what distinguishes history from simple chronicle - but chronicle itself anyway is not just a true and complete registration of reality, but a selection of few events according to strict rules. All historians - not only those belonging to the organicist or mechanist tendencies who believe in the "scientific rules" of history or in an underlying teleology, necessity or evolution of the historical process - search for a *telos* (finality and coherent process) of events, even if they do not agree on the laws of social casuality and on the ways of explanation of any series of events. Years before, also Benedetto Croce has stressed the importance of the historian who resurrects dead history by unifying the past with an interest of the present life. He reminds us that "*philology*, together with *philosophy*, produces *history*" (Cf. Benedetto Croce, *History and Cronicle*, in Hans Meyerhoff, ed., *The Philosophy of History in Our Time. An Anthology*, Garden city, Anchor Books, 1959, p. 57)

This approach offers new interpretative filters which will allow us to re-read documents already examined, and appropriate as historical sources materials hitherto regarded as the domain of other disciplines, such as literature or philosophy, or ethics, philosophy of law, iconography, and mythology, i.e. all those studying the forms and externalisations that express collective mentality in their various ways. This also means that while the traditional primary sources, such as edicts, regulations and records of legal proceedings, can be used, different methods will be applied to them, both in selection, critical evaluation and interpretation. As Vovelle notices from his study of religious sensibility, scholars have drawn inferences from mere indications and presumptive evidence, and have proceeded from external signs and circumstances to the inner world.[65]

THE PROJECT

This research project intends to collect and combine fragments of the so-called mental structure in Ming and Qing China, resorting to literary criticism, psycholinguistics, psychology, and anthropological history.

The work consists of studying the anthropological use of terms and expressions concerning emotions and states of mind in various literary and historical contexts of Ming and Qing China, on the basis of the collection, evaluation, presentation and critical analysis of various sources (stories, novels, drama, annotations, diaries, poems, judicial re-

---

[65] Michel Vovelle 1989, pp. 22, 25-36

ports, moral and philosophical essays). This approach, therefore, represents a new attempt at understanding the "world of mind" of a certain civilisation and period by means of a multi-focal and interdisciplinary way of reading and analysing sources.

It offers new interpretative patterns in re-reading documents that have already been studied, and also allows for materials that have until now been regarded as territory of other disciplines, to be considered as historical sources such as philosophy or literature, and even moral writings. The census of such terms allows singling out verbal and nonviable, allusive and overt relations among communicative codes, and links among emotions within the symbolic and social systems, as well as interactions between emotional meanings and value systems. Therefore this kind of glossary may be a useful instrument for any historical and literary analysis. Besides that, however, the information collected may be useful also for lexicographical purposes, like any diachronic analysis and definition of changes, expansion and reduction of semantic fields of each term, studies on the evolution of lexicon, the occurrence of certain words, etc.

The publication of the Encyclopedia of Emotions and States of Mind in Ming and Qing Literary and Non-literary Sources will be the final result of our research, as it will represent an important instrument to throw new light on the private life and on mental categories of traditional China.

The analysis is not necessarily comprehensive of all the literary production of the period, but it is obvious that the more material is examined and more reliable it is. In order to allow a progressive development of the work, without a great number of scholars and researchers, the scope is initially restricted to single representative novels or collections, which will be easily combined and compared, growing with the new data added by the successive analyses.

This approach will allow us to extract new interpretative patterns from documents that have already been studied before using different methods. It will also allow us to use materials and historical sources which have until now been regarded as belonging to the territory of other disciplines, such as philosophy or literature, and even moral writings.

The focus of our work is a list of key terms for emotions. These terms will be analysed in the contexts in which they appear, such as verbal and non-verbal, allusive and overt relations among communicative codes. This analysis would also enable us to establish links between emotions within the symbolic and social systems, as well as interactions between emotional meanings and value systems.

The primary result is therefore a series of glossaries that may be a useful instrument for any historical and literary analysis. Besides that, however, the information collected may also be useful for lexicographic purposes, such as the diachronic analysis of meaning, the definition of semantic changes, the analysis of the expansion and reduction of semantic fields of each term, studies on the evolution of the lexicon, and on the frequency of certain words, etc. In fact, the study of expressive or emotive meaning in language cannot be separated from a concurrent investigation into distinctive emotion-management styles.

In March 2000 the Italian Cultural Office in Beijing has presented my book in Chinese which is an introduction on theoretical and methological problems concerning the Project, [史華羅], 明清文學作品中的情感,心境詞語研究 (Textual analysis of expressions and terms concerning emotions and states of mind in Ming and Qing literature , Beijing, The Chinese enciclopedia Publishing House 中國大百科全書出版社, 2000). In its last part, the volume contains a sample of a Glossary of Emotions and States of Mind in some Ming and Qing Literary Sources, including examples from various sources [Qingpingshantang huaben 清平山堂話本 (20, 25) Pai'an jingqi 拍案驚奇 (1, 2, 22, 23, 25, 26, 27, 32), Qingshi 情史 (Selected stories), Erke pai'an jingqi 二刻拍案 驚奇 (37), Ershilu (pp. 4018, 4095, 4101-06, 4187-89), Gujin xiaoshuo 古今小說 (2,3,5,9), Xingshi hengyan 醒世恆言 (4,7,14,16,29,34), Jingshi tongyan 驚世通言 (1), Xiyouji 西遊記 (54, 55), Lao Can youji 老殘遊記 (Preface and ch. 1), Wushengxi 無聲戲 (Li Yu quanji 李漁全集, 10) ，Yuan Zhonglang quanji 袁中郎全集 (p. 20), Zibuyu 子不語 (selected stories)].

Besides this volume on general criteria of a textual analysis on emotions, in Chinese, a volume in English with the title Sentimental Education in Chinese History. An Interdisciplinary Textual Research on Ming and Qing Sources. Is going to be published by Brill, in the series Sinica Leidensia -- thanks to the generous financial support of the CCK foundation. After this methodological introduction and theoretical presentation of the project, several volumes will follow with the Glossary and textual analysis of various sources. We selected sources according to different categories:

Xiaoshuo: Liaozhaizhyi, Hongloumeng, JinPingMei, Rulin waishi, Shierlou and Xianqing ouqi,

三言，二拍，情史類略，子不語，Tao'an mengyi 陶庵夢憶，shuihuzhuan， sanguoyanyi， Jinghuayuan 鏡花緣。

Theatre Tang Xianzu 湯顯祖,Mudanting 牡丹亭 ; even if it is earlier, Xixiangji 西廂記,

Biji and private records: Shen Defu 沈德符,Wanli yehuobian 萬曆野獲編

Historical works, Penal court materials: Ming shilu 大明 實錄, Qing shilu 大清 實錄; Neige tiben 內閣題本 (Routine Memorials of Grand Secretariat, Qing dynasty), 第一歷史檔案館

Moral philosophical works: Lu Kun 呂坤 , Shenyinyu 呻吟語; Wang Yangming 王陽明,傳習錄,

Works in progress:

a) An analysis of the Rulin waishi 儒林外史;

b) a collection of international studies on emotions in Asian written and iconographic sources has been object of discussion in the workshop of May 27 2000. A joint publication IUO of Naples-INALCO of Paris will collect all papers.

1. in 1999 the group directed by Prof. Guo Yingde 郭英德, Prof. of Chinese Literature in Beijing Normal University 北京師範大學, has done the textual analysis of the Hongloumeng《紅樓夢》which is revised by Ye Zhengdao of ANU;
2. Glossary of Emotions and States of Mind of Liaozhai zhiyi 聊齊誌異, which has been realized in cooperation with the Department of Chinese Language and Literature (supervised by Prof. Zhang

Anqi 章安祺. And revised by Prof. Yang Huilin 楊慧林, director of the institute for the Christian studies.) of Renmin University (Beijing)

3. In 1999 the group directed by Prof. Zhou Faxiang 周發祥, expert in comparative literatures in the Institute of Literature of the Chinese Academy of Social Sciences 中國社會科學院研究生院，(in cooperation with 王彪： 文學 碩士， 中國社會 科學院 文學所研究員, 國近代文學學會副會長，中國南社與 柳亞子研究會理事 and 鄭永曉： 復旦 大學學士， 文學所副研究員) has worked for the publication of a glossary of all the terms and expressions concerning emotions in the Shi'er lou《十二樓》by Li Yu. The work has to be completed and revised.
4. In 1999 Prof. Wan Ming 萬 明， vice-director of Ming-Qing section of the Academy of Social Sciences 明清 研究室 副主任, with a research group, with the support of Prof. Chen Zuwu 陳 祖 武, director of the Institute of History of the Academy 歷史研究 所所長. Has analysed some chapters of the Da Ming shilu 大明 實錄, Da Qing shilu, and other Ming historical sources.
5. In 1999 Prof. Meng Zhaolian 孟昭連 , of the Department of Classical Literature, Nankai University 中國天津南開大學中文系, Tianjin, is going to finish the analysis of the Jing Ping Mei 《金瓶梅》. Dr. Paolo de Troia is charged for the revision and translation.
6. In 1999 Prof. Zhang Xiping 張西平 of Beijing Foreign Studies University, The Research Center of Overseas Sinology 北京外國語 大學, 海外漢學研究中心, has established his research group

(Dr. Luo Xiaodong 羅小東 , Dr. Ma Xiaodong 馬曉東, and Dr. Li Ran 李然, Li Zhen) is doing the textual analysis of Mudanting 牡丹亭;

7. Prof. Kin Bunkyo (Kim MoonKyong) 金文京 of Kyoto University, Jinbun 京都 大學 人文科學研究所東方部 in 1999 has started a cooperation on dramatic sources, especially on the analysis of the Xixiangji 西廂記 。This opera is very important for its influence on the themes and stereotypes in Ming and Qing literature and thought.
8. An experimental analysis of Chinese poems is now done by Prof. Zhang Xueli 張雪麗 on some collections such as the Mingshi biecaiji 明詩別裁集 and the Qingshi biecaiji 清詩別裁集.
9. In 2001 the group directed by Prof. Guo Yingde 郭英德, Prof. of Chinese Literature in Beijing Normal University 北京師範大學 , has started the textual analysis of Sheng Fu's 沈復 Fusheng liuji《浮生六記》to be finished within the year 2002;

Other sources still to be analysed:

三言，二拍，情史類略，子不語，Tao'an mengyi 陶庵夢憶，shuihuzhuan， sanguoyanyi， jinghuayuan 鏡花緣, Wang Yangming 王陽明,傳習錄.

Other similar glossary are expected to be prepared on sources of other cultures (Korean, Indonesian, Malay).

Chinese presentation of the Project ⑥⑥

---

⑥⑥ For this Chinese presentation, I am indebted to Prof. Zhou Faxiang of the Chinese Academy of Social Sciences, because he contributed to it not only with his translation, but also by adding examples and concrete cases..

文學創作自然離不開“情感”二字，中國很早就有“詩言志，歌永言”（《尚書·堯典》）、“情動於中而形於言”（《禮記·樂記》）之說，自古迄今，歷代也不乏諸如“情以物遷，辭以情發”（劉勰《文心雕龍》）、“世總?情，情生詩歌”（湯顯祖《耳伯麻姑遊詩序》）、“離合悲歡，嘻笑怒?，無一語一字不帶機趣而行矣”（李漁《閑情偶寄·重機趣》）之類的主張。因此，中國文學不僅有著異常豐富的辭彙與情感、心境相關，而且有著多種多樣的表情達意的方式。而探討這種獨特的文學現象，尤其是對西方漢學研究而言，當能藉以洞察中國悠久文化的特質與根柢，從而深化對中國文學、史學、乃至哲學文獻的理解。

也許是有見於此，近一二十年來，各國漢學家對中國文學作品裏的情感辭彙多所關注，並從種種角度觸及這些辭彙所反映的心理與情感。在此，我們已見有包切爾（J.B. Boucher）的《情感的判斷》、Hama、Matsuyama 和 Lin 的《中國情感辭彙分析》、沙非爾（P.E.Shaver）等人的《不同文化間情感及其表達的異同》、史華羅（P.Santangelo）的《中華帝國晚期的情感與心態研究》等著作或文章。在這些研究中，有的以現代漢語?研究物件，有的以古代作品?剖析樣本；有的集中研究含有憂、怒、喜、悲的四字成語，有的則把情感與心境歸結?幾種基本的“家族類型”（即積極反應類型、消極反應類型、滿意反應類型、攻擊性反應類型和不滿反應類型）；有的專門研究漢語辭彙與短語，有的則把英語作?參照物件而進行中英比較。所有這些研究實例，?我們展示了一個蘊涵豐富、前景廣闊的領域，這是個很值得認眞開發的領域。

我們認?，在目前似乎還不具備通盤研究中國文獻中情感辭彙的條件，因?那將是個極其龐大的工程，而採取斷代方法則是切實可行的。所以我們決定就明清文 學進行“普查”，編纂一部《明清文學作品中情感、心境辭彙表》。其步驟是：首先閱讀原文，揣摩語境，確認涉及情感與心態的單詞、短語、乃至語句；其次，挑 選辭彙，提供英語（或義大利語）譯文，詞語古奧難懂者，則分析其語義，或譯成 現代漢語，並且在應該說明的地方，盡可能對情感辭彙的構成、用法、語源等等做 橫向或縱向考察，由是匯總成一份原始的關於某部作品的辭彙表；最後在初步調查的基礎上，再將所有表格加以比較，精選佳詞範句，刪汰冗複，繼之分類歸納，彙 編成册，力求提供最完整、最精確的資訊。

顯然，這一研究的可靠性與調查物件的多寡密切相關，調查的資料越多，可靠 性越大。但即使明清兩代文學，其浩繁卷帙，亦不可能在短期內細覽無餘，兼之目前我們又沒有更多人手參與其間。?了順利開展這項研究，我們先以親合力強、比 照鮮明的明清小說和文集?調查物件。隨著初始資料的積累、語彙體系的成形，我 們再逐步擴大選材範圍。

研究工作的實施離不開研究方法，而研究方法的確定又取決於研究的目的和研 究物件的特點。調查情感詞語，參照西方語言學和心理學理論是必要的，它們的透 視角度往往給人以?發。不過我們的研究物件是中國文、史、哲文獻資料，一味西化，就難免出現齟齬不合的情況。舉例來說，若按常見的做法，把情感和心境分成幾種相 互對照的基本類型(如積極反應類型——愛、感動、喜歡、希望等等；消極反應類 型——恐懼、懷疑、焦慮、驚異等等；滿意反應類型——快樂、美感、宗教情懷、 歡愉、滿足等等；攻擊性反應類型——憤怒、仇恨、嫉妒等等；不滿反應類型—— 悲哀、沮喪、羞慚等等) 固然不無“科學性”，但用之于中國文學，就很可能淡化、甚至忽視介於這些極端之間的情感領域，如“淡泊”、“閒適”、“溫柔敦厚”、“悠遊從容”之類。這個情感領域相當廣闊，中國的中庸思想、道家美學往往在這裏有所表現。而且在中國文本裏，各種感情常常不是單一而存，如“愛慕”是由“愛”而“慕”，即由滿意而積極進取，“喜極而悲”、“喜憂交並”等等，則同時牽扯到兩種類型。因此，根據研究物件的特點適當調整一下分類標準，應該說是十分必要的。

中國文學情感詞語的獨特性，從這些詞語的語境關聯和歷史演變上也可折射出來。考察情感詞語，應該首先考察它們所在的語境（context），如果使之遊離在語境之外，其楚楚動人的姿態便會黯然失色。例如“韋翁聽了，驚得眉毛直豎，半句不言”（《十二樓·拂雲樓》），如果單單挑出“驚”字，略去補語，人們便不知“驚”到何等程度了。再如“悍”字，單看是說心腸之狠，態度之蠻，合用則可能?生情感的光譜，譬如說喻潑婦用“潑悍”、喻奸徒用“刁悍”，喻強盜用“凶悍”。這是近義詞輻射出來的細微而有趣的情感色彩。漢語的辭格也異常豐富，諸如“比喻”、“借代”、“雙關”、“回文”、“對偶”、“層遞”、“摹狀”等等，不一而足。且不說作品裏的實例，有些辭格本身即“習與性成”，甚至鑄就了某種感情體驗，譬如說“雙關”因暗含他意而使情有兼涉，“回文”因能倒順反復而令人回腸蕩氣，“對偶”因字斟句酌而給人以整飭之感。所有這些以及類似的情況，無疑均構成了橫向考察（即共時研究，synchronic studies）情感詞語、從而使之面目清晰的內容。

另一方面，語言經過歷史的淘洗，其詞語有的保持了原來的面貌，有的則發生了或多或少的變化，情感詞語自然亦不例外。這些變與不變的歷史痕?，保存在詞源、習語、成語、典故等語言結構裏面。每一情感詞語，均有一條劃過歷史長河的 光帶。在觀察其現狀的同時，追溯其源頭，考察其演變，便能增加關於其情感內涵 的瞭解。況且有些簡化了的成語典故，僅用其中的部分詞語，它們所含的往往是極 深摯的情感內容卻被掩蓋了起來。試舉例說明之。在“甯使噬臍於今日，無令反目 於他年”（《十二樓·奪錦樓》）句中，“噬臍”二字貌似與情感無關的動作，實 際上如果追溯到?之推“雖得免死，莫不破家，然後噬臍，亦複何及”（《?氏家 訓》）的勸誡，便知這二字比喻後悔已晚，因而“噬臍莫及”傳?成語。不過，上 述例句只用“噬臍”表示後悔，今譯是“寧可今天後悔，不使他日互相爭吵。”顯而易見，如果不做歷史考察（即歷時研究，diachronic studies），諸如此類的詞語就有可能被忽略，諸如此類的感情內涵也不一定揭示清楚。

鑒於上述的種種考慮，我們對情感詞的調查設置如下四個欄目：

基本詞彙、中文拼音、英語對應詞	基本詞彙所在語句 、原始出處英語、意語譯文	習語與典故、隱喻與辭格、條件和動機	資料來源

下面，我們就所設欄目再逐一詳加闡釋。

第一欄：如上所述，中國作家一貫主張寫人情物理，以致有“情以物遷，辭以情發”（劉勰語）、“世總?情，情生詩歌”（湯顯祖語）等著名論斷，但這是著眼於宏觀上的情感內容。我們的這項調查屬於文本局部或細部的操作，而非尋找文本通篇的旨意或情感，因此在這一欄要求選出直接或間接表達情感、描繪心境的詞語。

所謂直接，是指從字面上一望即知的詞語，如直接傳達七情

"喜、怒、哀、懼、愛、惡、欲"(《禮記·禮運》)的表述。在文學作品中，這種表述數量很多，也有更?具體的多種多樣的表述形態。其中的"欲"字，往往涉及複雜的心理活動，其近似詞尚有"心"、"志"、"意"、"謀"等等，對此應細加辨別。它們若牽扯感情，方可入選，否則便不選。如"算"、"謀"二詞在"多算多謀的子弟"句中，只是說"子弟"聰明，不應入選，而在"謀人錢財，以 圖報復"句中，則牽扯感情，應入選。

所謂間接，是指字面上看不出、實則表達感情的詞語。上述簡化了的成語(指噬臍")屬於 此類，其他還見於一般?述。如《奪錦樓》中的二例：

寫驚奇——"個個伸頭，人人著眼……"

寫遺憾——(及至見了奇形怪狀，都)"低頭合眼，暗暗的墜起淚來。"

寫憤怒——"夫妻二口就不覺四目交睜，兩聲齊發。"

再如《拂雲樓》寫貪戀女色的一例：

只從扇骨中間露出一雙"餓眼"，把那兩位佳人細細的領略一遍。

這種以言談舉止或面部表情進行暗示的表達方式，有時其內含不很確定。如"大聲 疾呼"、"很緊張"、"哭泣"、"臉紅"等等，單獨看來不知起于何種情感或心態，須靠上下文而定。有的學者也提供一些精彩的例證，如"齜牙咧嘴"、"抓耳撓腮"、"正襟危坐"等等(參見楊曉黎的《見貌辨色，意在言外》一文)。同樣地，那些嚴格說來並非情感辭彙卻能引發情感的辭彙(如祈使動詞和使動動詞，即"使高興"、"使害怕"、幹擾、安慰之類)或表示生理狀況的辭彙(如"渾身燥 熱"、"慟哭欲絕"、"食欲不振"等等)，一般也能暗示出某種情感或心態，這 仍須依上下文而定。例如：

至家，藏花枕底，垂頭而睡，不語亦不食。母憂之。（《聊齋志異》）

這裏並未直接提及，這位青年男子是?相思所傷而不語不食。但從上下文來看，他 的心境很明顯，不僅患相思病，而且病情不輕。凡此種種非直接表達的詞語，均須 注明表達何種感情，並加上圓括號置入第一欄內。

選入的詞語，我們一概稱作“基本詞彙”。在可能的地方，還可注出其特定的 含義。

這一欄還包括基本詞彙的英語譯文，或稱作英語對應辭彙。翻譯時，儘量給出 意思最相近的詞語 (equivalent)，以便減少翻譯語言和被譯語言之間的“接觸空間”（contiguity space）。考慮到漢語的歷史性、社會性、及其語法結構、語意構成、語用成 規等特點，翻譯起來一定會遇到種種困難，即使它們並非全然不可翻譯。根據 德莫羅 (Tullio De Mauro 1982) 的看法，任何民族、任何時代的語言，都能採用“反省式元語言學方法”(reflexive meta-linguistic means) 進行研究。這對我們來說是最難的工作之一，因?它多半要依靠研究者的主觀判斷，況且每一種語言都有一些特殊的辭彙，根本不能完全準確地翻譯成另一語言，即使是科技術語也不例外。這種困難普遍存在於翻譯工作和辭書編纂工作之中。

第二欄：包括基本詞彙原來所在的上下文，即原始出處。引述上下文，是?了 使讀者更好地把握基本詞彙的意思，也?了使讀者能發現某種特定情感及其相關概 念之間的聯繫。 這種分析既要考慮文本內容和社會、歷史背景（都爾 J. Dore 和麥克德摩特 R. P. McDermott,1982），也要兼及所涉語言的種種含義和語法特點，以便抓住任何可供破譯的語言資訊。

同樣，這一欄的另一部分是對應的西語譯文。

第三欄：這一欄是關於情感?生、情感表述之條件與動機的說明，記錄我們共時研究的種種發現。具體說來，有下述幾個要點：

1. 說明基本詞彙的涵蓋程度，如在“意氣相投”一詞後，指出“意氣”乃總括地指人的脾氣和性格。

2. 說明基本詞彙的詞性，如分辨“勢力心腸”與“忽然勢力起來”，一是用作 形容詞，一是用作動詞。

3. 說明基本詞彙的語法特點、語法結構或語法功能。例如：

在“就高聲喊起屈來”句後，指明“喊屈”一詞夾進了助動詞“起來”；

在“恨不得”之類句後，指明注意其補語，因?補語是該句最精彩的部分；

在“引得人人興發，個個心癡”句後，指明疊用近義詞；

在“《詩經》上面有兩句傷心話雲……”句後，指明“傷心”虛指，做“話”的定語。

4. 說明基本詞彙所賴以表達的種種辭格，例如：

比喻——“怒火中燒”，以“火”喻“怒”；

映襯——“一個枉自嗟呀，一個空勞牽挂”（《紅樓夢》）；

摹狀——“視成所蓄，掩口胡盧而笑”（《聊齋志異·促織》），“胡盧”是笑的樣子；

移就—— 上述“餓眼”一詞，由腹“餓”移?眼“餓”；

回文——“文回織錦倒妻思”（《拂雲樓》）句，可倒順讀之；

借代——“聽者?齒”（同上），以“?齒”代笑；

層遞——“恨不得他寅時說親，卯時就許，辰時就偕花燭”（同上）；

雙關——明代曹臣《舌華錄》以禦苑“芭蕉”雙關心中“巴”望以致“焦”急。

5. 說明是否?行?主體實在之情，例如：

在“寄言?兒女，何必覓閑愁”（《紅樓夢》）句中，“?兒女”不一定有“閑愁”；

在“就辦一副吃驚見怪的面孔在堂上等他”（《奪錦樓》）句中，“吃驚見怪”是“辦”出來的，並非實有。

這一欄的另一部分試圖說明基本詞彙的來源（如果明顯可察的話），習語、成語和典故的出處，基本詞彙在語義上的變化，主要是記錄我們歷時研究的考察與發現。現舉例說明如下：

1. 加添習語或成語——如在“膽大”（出自“須讓我輩膽大者言之”句）詞目 後，加添“膽大妄?”、“膽大包天”等，但不宜羅列過多；

2. 說明詞源——上文已就“噬臍”一詞做了說明，再如在“當初的織錦回文是 妻子寄與丈夫的，如今倒做轉來，丈夫織回文寄與妻子”（《拂雲樓》）句中，“織錦回文”系典故，應當說明前秦武功人蘇蕙，在彩錦上織回文詩寄給丈夫竇滔，以抒思念之情的故實；

3. 說明語義的變化——古今詞義常有變化，應予以說明，如“城府很深”，指待人處世很有心機，而“城府”原來只是指城市、官府；

4. 有些新鑄詞語（晚清多見之），亦應注名。

在上述例證中，有不少結構特殊的習俗化模式，它們簡單而又具體，直樸而又巧妙，或寓含熾熱情愫，或激發心境回應。無疑，它們也是鑄造“認知模式”(cognitive models) 的基礎，借助這些模式，當便於洞察或隱或顯的文化背景，當便於探明複雜多變的情感現象。如透過“乾渴”以理解“渴望”，透過“疾病”以理解“癡愛”，透過“火熱”以理解“熱情”，透過“欠債”以理解“內疚”。再如上文以行?表現情感的例子，一言一行、一顰一蹙、一舉手、一投足皆與心理、情感有關，誠如西方學者所謂的“軀體化”(somatisation) 現象。由此看來，認知模式是十分重要的。在西方，拉可夫 (George Lakoff) 和科維西斯 (Zoltan Kovecses) 和伯克萊等人的研究處於前沿地位，他們所闡明的種種模式及其邊緣體系尤具優勢。他們主張通過習俗化語言和日常社會（尤其是物質世界），以聯想和類推方式提取感情成分和情感結構，以及抽象或精神世界裏的新概念; 正如歐洲人自動由希臘一猶太一基督傳統出發來理解西語體系的大多符號。當然，研究中國的語言符號，也必須基於中國文化的類推原則和聯想方式。

第四欄：注明原始資料，即基本詞彙所在的作品，以供讀者查考。

我們相信，《明清文學作品中情感、心境辭彙表》具有多種用途，或許它不僅是研究哲學、史學、心理學、尤其是文學的有用工具，而且在辭書編纂中對辭彙闡釋的深化有所幫助。如上所述，這項工作具有廣闊的前景，值得投入時間和精力大力開拓。不過在初始階段，我們寧可提供原始的、生動的語言資料，而不準備進一步做所謂的元語言學研究（metalinguistic studies）。及至把漢語中情感詞、心境詞大體上搞清楚，再做理論的總結、歸納不遲。

10

Towards A Consultative Rule of Law Regime in China A Socio-Cultural Explanation for the Polity Difference Between China and the West

Pan Wei

I. Introduction

Why is it that China has not embraced democracy? Shall we consider alternatives when the change in China is unlikely to lead to a democracy?

The pressure for political reform is again being strongly felt inside China. Unlike 1989, the current pressure is not derived from an eagerness to speed up marketization, but from the strong resentment against the widespread Corruption. Abusing public office for private gains exploded in the mid-1990s, quickly conquered all levels and branches of the government, and has clearly become the top concern among the general public.

The rampant corruption stems from the contradiction between China's newly installed market system and the party-state's unchecked power. The party possesses the final say over the judicial, legislative, and executive branches of government, and over the media, markets, universities, and particularly the promotion of officials. Moreover, the economic decentralization leads to the feudalization of administrative power, and the power monopoly of the party becomes the personal power monopoly of each chief administrators. Nearly all the enterprises, social institutions and officials at all levels try to buy their way up through bribery of some kind. Their competitiveness depends less on how well they compete in markets than how much and how skillfully they bribe the concerned higher authorities. The lack of a just order within the newly built market framework calls for a decisive political move. It is widely believed within the Communist Party that if the regime falls, corruption will be the most immediate cause.

Besides the critical issue of timing, however, there are profound disagreements about what direction the political reforms should take. For many in the West, the solution lies in the introduction of a democracy mirroring their own political machines. While most Chinese intellectuals support that, most rank and file officials see it with deep suspicion. As the average Chinese people know little about polity options, what they mainly care is an effective cure to corruption, so as to guarantee a fair competition in markets. The top decision makers have given confusing signals that represent their indecision and fear, the fear of losing the power monopoly of the communist party and hence a Russia-like chaos and collapse. For a time, they seemed willing to try a democratic direction - gradually from the village level. The 15th Party Congress in 1997 decided to "develop socialist democratic politics," even asserting that "without democracy there is neither socialism nor modernization. "① However, their attention in the recent three years seems to have shifted to "rule by law." The official propaganda has been making a big noise about that term, which has also become the description of China's polity in the newly revised Constitution of 1999. All three terms -- communist leadership, democracy, and rule by law -- are used simultaneously in the official media. Chinese leaders are not ready to go anywhere, but they know that they need go somewhere.

In the following pages, I will first clarify the concepts of democracy and rule of law (and "rule by law" later), and specify their different functions to demythologize the democratic option. Then I will compare the socio-economic settings in China and the West, and argue that the differences will likely shape different polity options. Finally I propose for China some decisive political changes in the direction of "consultative rule of law," which is a rule of law regime supplemented by democracy instead of a democracy supplemented by rule of law.

II. Democracy and Rule of Law

Why should democracy be such a desired form of government that its spread is even desired for at the cost of fighting international wars? How could we even think of an alternative other than a democracy? I write this section with the single idea that in the third world countries a "pure" democracy would likely decay to social disorder and tyranny. For the purpose of explaining that, I discuss four questions. (1) What is a democracy? (2) Is rule of law an inherent part of democracy? (3) How does a democracy become a "liberal" one? (4) Why do we need a “mixed” regime?

1. What is a democracy?

Democratizing all the world's polities has become, for some in the West, a Crusade-like undertaking, like some kind of religious cause. In 1848 Tocqueville wrote a “Preface” to his 12th edition of *Democracy in America* that “This work was written ... with a mind constantly preoccupied by a single thought: the thought of approaching irresistible and universal spread of democracy throughout the world.” ② In that book's “Introduction” he even asserted that resisting democracy “appears as a fight against God Himself, and nations have no alternative but to acquiesce in the social state imposed by Providence.” ③ After World War II, Parsons, who might be qualified as the founding father of American political sociology, suggests that democracy is an “evolutionary universal.” ④ After the Cold War, the fanaticism for spreading democracy has reached a new height in terms of “democratic peace,” implicitly attributing all the international wars to non-democratic countries no matter who is the aggressor.⑤

This paper does not list the wonderful merits and achievements of democracies. It is not that I have no admiration for democracy, but that democracy needs be demythologized, it is merely an instrument of governance, and its efficacy is conditional -- on rule of law and certain social settings derived from historical accidents.

How should we define democracy and rule of law? Rule of law as a concept is much more parsimonious than democracy - it means the supreme authority of the established legal requirements.⑥ The authority of law increases as the branches of the government is separated to allow "checks and balances" among themselves, and when the law enforcement agencies are made accountable to law instead of representatives of interest groups. Even as early as Aristotle's time, scholars understood that rule of law is preferred to personal rule. ⑦

Defining democracy, however, appears rather difficult. Although we have precise definition of autocracy as self-imposed leadership, prevailing definitions of democracy are vague and cumbersome, hardly usable to tell democracies from non-democracies. They often describe normative ends rather than practical means, and they add vague degree requirements, such as "minimum," or "effective." Robert Dahl recently defined democracy as: (1) effective participation; (2) equality in voting; (3) gaining enlightened understanding; (4) exercising final control over the agenda; (5) inclusion of adults. ⑧ It seems that the concerned theorists are reluctant to write a neat and clear definition. Scholars may disagree on definitions, but they all well understand the need for, and importance of, a precise and useable definition. Why do we allow those ambiguous definitions in this important area of study? The most likely reason is that there are very backward countries that might also qualify as democracies, for they feature periodic elections of top leaders, and the voting there may be no less equal than that in the U.S. federal system, under which the worth of the suffrage greatly varies.

Democracy is said to be "people's rule." If people could rule themselves, why there is the need for a "government" ? If there were no government, the Hobbesian state of nature would prevail, and people would be subject to the law of the jungles. Safety in social order is the first and most important reason for the need of a government that is authorized with all the means of violence. The polity closest to "people's rule" was the Athenian direct democracy wherein all of the "demos" had a good and equal chance to participate in all major decisions. However, even the Athenian "direct democracy" was often said to be oligarchic in reality. Aristotle's "rule of many" against "rule of one" and "rule of a few" was not the rule of even all of the "demos" although the number of participants in the business of government were far more than just "a few." The point is that a democracy must also be some kind of "cracy." The modern representative government is not designed to be "people's rule," but people's right to periodically elect a few representatives who "govern" the people. Thus, the current "sovereignty of people" is not much more than a parliamentary sovereignty or in the case of the United States, the sovereignty of the President plus Congress that Robert Dahl had called electoral "Polyarchy" - rule of a few out of pluralistic contentions.⑨

The mythologized definition of democracy often implies the function of a panacea - all evils in a society are often implicitly traced to the lack of (representative) democracy, or the lack of enough democracy. Dahl's recent book *On Democracy* lists (in Chapter Five) ten great reasons for desiring democracy, which has exhausted all the good things one can imagine in this world, such as liberty, equality, prosperity, and peace. Should we forget the American Civil War, slavery, and the "great depression" of the 1930s? Should we ignore the prosperity and social progress in Japan, Singapore, Hong Kong, China, and other non-democratic countries? With vague and flexible definitions of democracy, ambivalent elements and qualifications are added, illusory ends justify means, and democracy by definition becomes an unchallengeable "universal value." We know that the democratic value is not universal, the education sector, the world of enterprises, the societies of natural sciences, etc, do not believe in that. As to a polity option, democracy was a void even in Europe for two thousand years. It is often argued that the current democracy is imperfect, and democracy is a "process" towards perfection. Communist propaganda tells that a communist society is the most perfect and ideal one. If anything bad happens, by definition it must have been produced because the society is actually non-communist or not communist enough. The perfect communist society belongs to the other world, and so does a "perfect democracy," or a "process towards perfection."

Democracy is often said to treat its own people well. How could a democracy feature bad governance and poor socio-economic performance? Sometimes India is labeled the "biggest democracy in the world," and it is perhaps one of the most stable democracies in the third world. Yet the label is rarely mentioned due to India's many features of underdevelopment, including violent ethnic conflicts. Not long ago, President Clinton labeled Yugoslavia as a "fascist" country led by a "present-day Hitler" who carried out another "holocaust." Yet that country under "Hitler" not only held regular elections of leaders, but also allowed open operation of opposition parties and their media even during the war witlı NATO. Despite free and regular elections, how could a country with constant ethnic wars be a democracy, and how could a "drug trafficker country" like Columbia be a democracy? It is often ignored that the United States had the bloodies civil war of the whole world in the 19th century, and Britain was a much bigger "drug trafficker country" than today's Columbia. Of course, some would argue that democracies in non-Western countries are not "liberal" ones, and only those in the West enjoy the key label "liberal." I will show in a moment that the "liberal" part is associated with rule of law rather than elections; and rule of law overcomes weakness of democracy.

Democracy is also believed to treat its neighboring people well. Athens of ancient Greece was far more democratic than today's democracies. However, it was clearly much more war-prone than Sparta. When Athenians asked Melos, a small city state, to give up its neutrality in the Peloponnesian War, the Athenian envoy told the Melians, "You know as well as we do that right is in question only between equals in power, while the strong do what they can and the weak suffer what they must." The Melians surrendered their 700-year independence to the discretion of the Athenians. Yet, the Athenians "put to death all the grown men whom they took, and sold the women and children for slaves, and subsequently sent out five hundred colonists and inhabited the place themselves." 8 The Athenian invasion of the democratic Syracuse was democratically decided. The battle was famous because it was the Waterloo of the Athenian empire. The Post-World-War II history of international relations finds little difference in the pattern of what makes a country more war-prone than others. Does any concerned scholar want to seriously argue about which country is the most war-prone in today's world? The key problem in the statement "liberal democracies don't fight each other" lies in such an implication that all international wars should blame those that are not "liberal democracies," no matter who invades whom.

There can be a clear and neat definition of democracy. Modern representative democracy is a polity featuring *periodic elections of top leaders by electorates*. This is, of course, the definition for democracy only. A democracy is made "liberal" by adding *non-democratic* arrangement.

I know that many would disagree with my above definition, and would like to include a lot more "good" things in it, especially those in the category of rule of law. However, I am not the first or only one to define democracy as such, Joseph Schumpeter did the same. (Chapter 22) * When all the good things are thrown into the single basket of "democracy," democracy appears more like an ideology than a practical polity or an instrument of governance. Even if we define democracy as only "liberal democracy," and others are phony or childish, we still want to know what is an "infant" or "hybrid" democracy, and why others are "genuine" or "mature" or "developed," or "liberal."

There are three major reasons to define democracy as periodic elections of top leaders. First, the essential difference between autocracy and democracy lies in how the leaders are produced. Thus, periodic election of top leaders is the core characteristic of all democracies, and all definitions include it although they disagree on other features. Ardent advocates mainly spread democracy by demanding free elections of top leaders. They take this as an essential of "human rights," and as the critical indicator of democratization. Second, other key factors, such as checks and balances and freedoms of speech, press, assembly, and association should be excluded, for they can be obtained without elections of top leaders. I also exclude factors that are mainly a matter of degree, such as "effective" and "free" political participation, so that the concept is made clear and usable. After all, how effective is "effective," and how free is "free"? Is the general election in India not freer than that in the U.S.? In 1997 a provincial parliamentary seat in Pakistan was competed by 107 candidates; was it "free" enough? Third, I exclude ends, which are often attached to definitions. All forms of polity claim noble ends, and the declared noble ends serve to mythologize a polity and ignore its means. Means is what polities are all about, and democracy's means is periodic elections of political leaders, which, as is shown below in a comparison with "liberal" democracy, serves fewer ends than it often claims.

2. Is rule of law an inherent part of democracy?

Democracy in the West is supplemented by rule of law, and many believe that rule of law is an inherent part of democracy. Yet, "rule of the people" and "rule of law" obviously indicate two different things, and *one could exist without the other*. Their essential differences are five:

(1) Democracy and rule of law differ in political philosophy. Democracy trusts good governance to the *extensiveness* of political participation, hence the demand for the supremacy of the people's

power - through their elected representatives in modern times. People's contemporary welfare is democracy's major concern. Yet people's welfares are divided and often conflictive, which lead to partisan politics. Without partisan politics, there couldn't be democracy. Rule of law, in contrast, trusts good governance to that the Law must be above rulers of whatever number, hence the belief in limiting government power, whether it is the power held by one, a few, or many, and whether they are elected or not. Rule of law concerns people's liberty more than their divided welfares. It emphasizes equality in front of the law, hence "universal justice" instead of partisan interests. How could laws " rule? Laws could rule due to checks and balances. Checks and balances by the separation of government power reduce the leaders' accountability to electorates and increase their accountability to the Law. Of course, all laws are made according to social interests. However, the basic Law - the Constitution in modern terms - is not made according to only contemporary interests of a relative majority.

(2) Because of the different political philosophy, democracy and rule of law differ in basic functions. Democracy's basic function is to authorize a few elected with the power to rule. The government could govern because it has obtained the consent of a relative majority. Rule of law is to regulate government instead of creating a government, no matter how the government is produced. It regulates government behavior by defining and limiting its boundaries of power. By separating the government power to form checks and balances among government branches of different functions, rule of law tells the government officials what they can do, and they cannot do what laws do not clearly tell.

Thus, the people enjoy the right to do whatever laws do not prohibit. Checks and balances, particularly its incarnation in the autonomy of judiciary and civil service, can force the government leaders law-abiding. Only power can effectively control power; and only the government power can effectively control the government power. Therefore, elections authorize a few persons to govern, while checks and balances regulate the few persons how to govern.

(3) Because of the different functions, democracy and rule of law differ in political agenda. Democracy emphasizes law *making*, laws are only fair when they are made with people's agreement. Rule of law emphasizes law *enforcement*, no matter what kind of law it is or how it is made - as long as it is " constitutional," namely, made in accordance to the Basic Law. As in the case of the United States, a law is enforced as long as it is a law in effect, even when it refuses, for whatever reason, one equal vote per qualified voter, and when it says, for whatever reason, the one who wins fewer popular votes could win in the presidential election. That provision of the U.S. Constitution is unfair or even undemocratic. It was made more than two hundred years ago by a tiny number of self-claimed " representatives of the people."

(4) Because of the different political agenda, democracy and rule of law differ in institutional sources of power. The power base of democracy consists of elected law-making offices, mainly parliament and the chief executive. The institutional power base of rule of law consists of non-elected law enforcement offices, mainly civil service and the judiciary. Although separation of powers enable checks and balances, some institutional overlaps are necessary, so as to intensify checks

and balances, and avoid either rule of people or rule of bureaucrats-judges. In the United States, for example, both the court and the president are authorized with some law-making power, in addition to that of the Congress. And in some clearly defined area, the Congress is authorized to interfere into executive and judiciary functions.

(5) Because of the different institutional sources of power, democracy and rule of law radically differ in game rules. Democracy features election plus relative majority votes, while rule of law features examination plus independent evaluations. The former is about majority, and the latter is about meritocracy. While partisan wills dominate the former game, the loyalty to the Law dominates the latter. Professional civil service and judges are not living in a vacuum, they cannot be totally impartial, but they are much more impartial than openly partisan representatives, due to how they come to power and what they are held accountable to.

All laws are man made, and man implemented. How there could be rule of law? With power concentrated in one leader or one party's hands, how could they rule "by law" and not abuse the power for their own convenience? The essence of rule of law is to regulate the government. No matter how the government is produced, rule of law intends to force the government law abiding, namely to govern according to the spirit of the Basic Law. It could do so mainly because of the constant checks and balances among government branches. When the powers of government officials are separated, checked and balanced among each other everyday, the authority of law increases, and the abuse of power decreases. The Law could "rule" due to the implementation of three basic principles. (1) The supremacy of the Basic Law. All laws must be made according to the constitution, and the concerned disputes should be subject to the judgment of the third party -- impartial professionals of law. (2) The independence of judicial and law enforcement agencies. In principle, the elected officials and political appointees cannot interfere into the daily and routine work of judicial and law enforcement. (3) The meritocracy of judicial and law enforcement. The quality of judicial and law enforcement agencies depends on sophisticated systems of examination and evaluation, so as to guarantee their impartiality.

In sum, parliamentary democracy is rooted in the belief in the eventual election of "good" leaders. It is often believed that the chance of government turnover in every four or five years could protect the welfare of the "people." Rule of law is rooted in the disbelief of "persons," it distrusts anyone who holds power, hence emphasizing the mechanism that works everyday to punish government officials in case they abuse the enormous power in their hands, or in case they fail to govern according to the Basic Law. Democracy produces the government, but it could not force the government law-abiding everyday, it could not prevent the officials' abuse of power in the name of "people." Rule of law does not aim at governing the people; it aims at governing the government. It could govern the government because there are independent judicial and law enforcement agencies built inside the government. Again, only power can effectively control power; and only the government power can effectively control the government power. That is why "liberal democracies" separate "power of people's representatives," curbing democracy with checks and balances among government branches, and allowing professionals to manage the judiciary.

3. How does a democracy become "liberal"?

Even if we define democracy as only "liberal democracy," and others are hybrid or childish, we still want to know what is an "infant" or "hybrid" democracy, and why others are "genuine" or "mature" or "developed," or "liberal."

"Liberal" democracies in the West feature not only periodic elections of top leaders, but also rule of law. The authority of law is built on the effectiveness of law enforcement, enforcing equality before law, checks and balances in the separation of government power, legal provisions for freedoms of speech, press, association and assembly, as well as other laws made in accordance with the Constitution. The effectiveness of law enforcement depends on systems of civil service and judiciary that are of high quality and of independence to the electoral machine. Being "liberal" democracies as such, there are much fewer signs of corruption or social instability than those "pure" democracies in the third world.

Are the periodic elections associated with those "liberal" features? Here I want to show that the above-mentioned "liberal" features of Western democracy are in fact obtained by solid institutional arrangements of rule of law instead of elections. Liberty is not obtained through liberty per se. To obtain liberty, we have to be slaves of the Law, namely living under the strict and impartial law enforcement.***

Tyranny by one, a few or many, begins where the effect of the Law ends and when the law enforcement is abused by the politicians, whether elected or not. I use "the Law" for the basic constitutional provisions of justice, and "law" or "laws" for detailed regulations of daily life, which are supposed to be interpretations of the Basic Law in the current routine. Of course, even the Basic Law is man-made; yet it is not made according to the contemporary group interests, it is made to reflect the universal justice of the "Natural Law," out of the long-term and costly experiences of human kind. Of course, the contemporary "interpretations" of the Basic Law do often reflect current ideologies and group interests; but that is exactly why we need "impartial professionals" to interpret and enforce laws.

Although "free" elections are supported by the freedoms of speech, press, assembly, and association, those four freedoms are not the product of elections. Compared to the principle of majority votes, the clear provisions and effective enforcement of law are a much more secure source of, and protection for, those four freedoms. Without an independent and impartial civil service and judiciary that are loyal to the concerned laws, those who hold the majority votes tend to enjoy a concentration of power, and deprive minorities' rights to the freedom of speech, press, assembly, and association. Even in the United States, the tendency of majority by and then has threatened the four freedoms. Right after "9.11" terrorists' attack on the World Trade Center in 2001, that tendency was clearly seen again. A democracy needs freedoms of speech, press, assembly, and association, but it does not provide means for obtaining them. Moreover, the four freedoms do not require democracy - they can be protected even without periodic elections of leaders. We could see that in the case of Hong Kong, in both its yesterday and today. With periodic elections, the four freedoms are still widely abused by governments in the third world. More often than not, the four freedoms are abused there because of the need for winning periodic elections. The rights of those four freedoms are written in constitutions almost everywhere, but they remain only on paper in most developing countries. The key lies in checks and balances, in how independent the power of the non-elected law enforcement agencies is, in how they are made accountable to the concerned laws instead of the elected leaders, elected offices, or influential/powerful "civil societies."

Similarly, elections do not create checks and balances among government branches, laws do. In fact, checks and balances had appeared in Europe way before democracy came into being, such as the separation of the Church and the secular power of kings and queens that the "oriental despotism" did not have. Moreover, neither the making of judiciary-civil service nor the practice of "judicial review" is compatible with the democratic principle. Without being checked and balanced by independent judiciary and law enforcement, even elected representatives could become merely money and/or power suckers. Among many new democracies today, elected leaders often hold the kind of power that is nearly "absolute" during their tenure, laying a heavy hand on judiciary and civil service. It is not uncommon to believe that winning a greater electoral majority means people's endorsement of the leader's greater power. Does an election make a leader more legitimate than a non-elected judge or civil servant? The belief in the legitimacy of only elected leaders often leads to the concentration of power in the hands of elected leaders. Elections per se do not correct it; they make up a major source of it. In short, checks and balances belong to the domain of rule of law, not electoral democracy.

Election is said to permit "equal," "adequate," or "effective" political participation of all adults.*** How can those who elect and those who are elected be equal in political participation? One has the power of a few minutes to cast a vote in every two, four, five or six years, but another decides policies for two, four, five or six years. Public opinions can influence policy making, but the influence of public opinions is not necessarily a part of electoral democracy. More importantly, the question of whether we really want more and more equal political participation looms large. Had major decisions been made by the "people," who would take the responsibility of wrong decisions, and who could punish the "majority" of people? Don't we want a "responsible" government? It was a fundamental Athenian belief that the greater the number of people who participated in the affairs of government, the more likely the decisions made would be just. They confused the power of the people with justice to the people. In fact the tyranny of one, a few, or many have little difference. Almond and Verba used to describe a kind of political indifference unique in the Anglo-Saxon political culture. They asserted that the political indifference was a main reason for a mature democracy.*** "Equal" political participation must be a fiction if they are correct; and those ambiguous adjectives of degree, such as "effective," or "adequate," merely serve to further confuse people. If we carefully study the electoral arrangements among "liberal" democracies, we would learn that their mass political participation is much more strictly - but legally - confined than that of "new democracies" in the third world, such as in Taiwan. For example, American electoral arrangement has effectively prevented the influence of the third weaker party.

Or we may not assume equal political participation through elections; instead, we assume equal social status through the principle of "one man one vote." Social equality has been greatly valued ever since the French Revolution. Yet, the issue was mainly out of the context of European history of feudalism, which was not at all a universal thing in the world, at least not in China. And I doubt that the principle of "one man one vote" could claim more social equality than the grand constitutional principle that "All men and women are equal before the Law." Social equality has much less to do with the number of votes than with the provisions and enforcement of law, with the degree of social mobility, and with the distribution of wealth. Elections force the elected to be accountable to certain strong social groups' demands, and they reflect the changes in the balance of power of certain social setting, but they have not contributed to social equality as much as many would like to believe, such as in the case of India. Equality in social status is easier to achieve under an effective rule of law arrangement that guarantees the strict enforcement of the principle "No one is above or below the law." That is, social equality is achieved and assured when interpretation and administration of laws are independent from the influence of powerful interest groups. "Liberal" democracy provides means for that, while pure electoral democracy does not. In other words, rule of law provides means for that, while elections do not.

In new democracies corruption is often a central political issue, while it is rarely so among "liberal" democracies. How could that happen? Should we believe that the higher the degree of democracy, the fewer chances would there be for corruption? This belief is the major reason by which many Chinese intellectuals favor democracy; and that utilitarianism is also the reason for their shaky belief on democracy.

Corruption means that officials *illegally use public office for private material gains*. Corruption has two related roots: an embedded human character of pursuing private gains, and the fact that there are people who hold public offices. As such, nowhere corruption could be totally eliminated. However, corruption could be controlled to such a degree that it is not a major concern of the general public when opposing the government.

If corruption is defined as using public office for private gains, it has only three possible kinds of variables, namely, the power of public offices, the desire to seek private gains, and the linkage between public offices and private gains. Hence the three kinds of methods in curbing corruption: (1) retain the autonomy of each functionally specialized government branch, so as to form checks and balances among public offices and reduce the concentration of power; (2) require higher moral standards for officials, making them refrain from seeking private gains; (3) reduce the linkage between the public offices and private gains with stricter regulations and smaller government. None of the three has much to do with elections, and in the current world of market economy, checks and balances provide the most effective means to prevent the concentration of power that often leads to the abuse of public office for private gains.

Many believe that only authoritarian regimes feature concentration of government power. Yet a democratic regime could also feature that - in the hands of elected leaders. That happens when election is believed to be the only source of "legitimate" power, and the autonomy of judicial powers and law enforcement could not sustain. Moreover, election per se contains a built-in tripartite mechanism that creates potentials for corruption. (1) The more electorates the politicians want to reach, the more money they need. (2) There are always rich people who want to provide money in exchange for some government support. (3) Therefore, once elected, the public offices are to serve electorates on the one hand, and money providers on the other.

With checks and balances, "liberal" democracies have effectively brought corruption under control. In contrast, despite more open and more frequent elections, corruption has increased in "pure" (electoral) democracies. The governments of both Singapore and British Hong Kong intervened relatively less in economy than other governments (i.e. less linkage between public offices and private gains), but both intervened intensively into social life due to the characters of their respective societies. The social intervention invited widespread corruption through the 1960s. Singapore built an independent system of anti-corruption in the late 1960s, and Hong Kong imitated it in the early 1970s - both effectively reduced corruption within a few years. * ** Today both governments rank among the most honest in the world, despite that they have only marginalized democratic institutions. An authoritarian regime comes to its end once the autonomy of judicial powers and civil service is in place. That is why the non-democratic regimes in Hong Kong and Singapore are radically different from authoritarian regimes. Sometimes the two regimes are said to be "rule by law" instead of "rule of law." However, no leader would "rule *by law*" if he or she enjoys unlimited power. The key is institutional checks and balances among government offices.

Since corruption was also a serious problem in the West before, many believe that it only takes time for new democracies to become "mature." The point, however, is not about *when* the corruption will be brought under control, but *what* could control corruption.

In sum, the solidity of rule of law has little to do with the degree of democracy (the more extensive the mass participation and the more frequent elections, the higher the degree of democracy) . Only when "rule of the people (or people's representatives) " is combined with "rule of law," could a democracy be turned into a liberal one. Liberty is obtained through the supreme authority of the Basic Law, not through imposing the will of "majority" on minority.

4. On the "mixed" regime

Democracy plays an extremely valuable function; the periodic election of leaders prevents autocracy - the self-imposed government on the people. The advantage of democracy over autocracy lies not in that democratically elected leaders necessarily serve people's welfare better than tyrants, but in that democracy periodically provides chances to expel "bad" leaders. In other words, democracy is preferred because it cannot be "worse" than autocracy although it might not be "better." However, despite its obvious advantage, we are still witnessing the presence of autocracy even today - 2,500 years after the Athenian democracy. In fact, the term "democracy" had been ignored even in Europe for more than two thousand years. Up until the early 19th century, everyone knew what democracy was, but few supported it. Today, however, few know what democracy is, but everyone supports it. *******It was not that people of the past were less "enlightened" than Athenians or us. People support "modern" democracy because of its excellent performance; and its excellent performance comes only when the direct democracy is turned into a representative government - rule of a few via popular elections, and when the representative government is combined with rule of law. In short, modern representative government is "good" only when it is a mixed regime, mixed with rule of law and rule of a few via elections of many. We need a mixed regime because even the government of an elected few has crucial shortcomings, which can be overcome by rule of law.

We may all agree with Aristotle that a "mixed regime" is wanted. *** A "pure" democracy is little more than the tyranny of the majority, and a "pure" representative government is little more than the tyranny of a few elected by the (relative) majority. However, few people today are interested in why a regime should be mixed, what makes it "mixed," and how it is mixed. A mixed regime could be a parliamentary democracy supplemented by rule of law, or a rule of law supplemented by parliamentary democracy. The two kinds are radically different.

The strong legalist tradition in the West allows a sound mixture of parliamentary democracy and rule of law, but most developing countries have been unable to make it. Distributing ballot boxes is by far easier than building independent and quality judiciary and civil service systems. Many would believe that with democracy it is only a matter of time to obtain rule of law. However, Democracy without rule of law is vulnerable to corruption and political decay; it could well turn out a gambling game of shifting dictators. A democracy is likely to sustain and foster "good governance" if built on the basis of rule of law.

By the presence or lack of democracy and rule of law, we may divide the world's existing regimes into four groups, and roughly evaluate their performance by three categories.

	(1) All Western Countries	(2) Most Developing Countries	(3) The rest of Developing Countries	(4) Hong Kong, Singapore (Japan before 1993)
Democracy	+	+	−	−
Rule of Law	+	−	−	+
Performance	+	−	0	+

(1) Those that enjoy both democracy and rule of law are Western democracies, and their performance is excellent. (2) Most "new democracies" in the third world lack rule of law, and their performance ranks among the poorest. (3) The rest of the third world countries have little democracy and rule of law, and their performance is generally better than the second group. (4) Two essentially Chinese societies - Hong Kong and Singapore - enjoy rule of law but have only ma-

rginalized institutions of democracy, and their performance is no less excellent than that of Western democracies. The regime in Japan since Meiji reform of the 1860s until the early 1990s might also fall into this last category. And the 19th century Prussia might represent its early form in European history. There is a room to debate the significance of the two small city-states, but I will do that later.

The knowledge of political sociology - even before Max Weber - tells us that rule of law is the most effective indicator of social change from a "traditional" society to a "modern" society.*** A society becomes "modern" when the dominant patron-client relationships are replaced by the dominance of legal relations, or "contracts," so to speak.

Like autocracy, democracy (as periodic election of top leaders) is also a kind of rule of person (s). Personal rule means rule by political leader (s). In an autocracy, one or a few non-elected leaders impose their rule on the people. In a democracy, a few elected representatives rule the people. "Government of the people, by the people, for the people" has been a special pride for modern representative democracies; but the "of" and "for" may no less be applicable to regimes of other types. The question remains only with "by the people." Even if we challenge whether people can govern, we have to at least admit that democracy is the government by the people's representatives. As it is, democracy is still a kind of personal rule. That is the essential similarity between democracy and autocracy. Rule of one, a few, and many all belong to "personal rule."

By contrast, a rule of law regime emphasizes the supremacy of law through separation of personal power to form checks and balances. It is based on non-elected offices that explain laws, enforce laws, and are accountable to laws. Thus, rule of law differs from personal rule. In Japan, ever since the Meiji Reform, we could hardly find clear "political leaders" to take responsibilities on top of the bureaucracy. So the Japanese government is said to be a "truncated pyramid." ** Similarly, ever since the early 1980s, Hong Kong did not have a clear political leader. And since the early 1990s, Singapore has not been under anyone's dictatorship. Of course, a "pure" rule of law regime has fatal shortcomings. It is either a stagnant regime, allowing little change, or it could become the government of judges/civil servants.

Why should we be alert on the rule of political leaders when they are popularly elected and hence accountable to their electorates? We have two major worries against building a pure representative democracy without the authority of law being established first. We worry not only that the concentration of power under the elected leaders may allow them to abuse their public offices, but also that a representative democracy is likely to breed potentials for social disorder.

(1) Unlike the principle of meritocracy, the principle of majority, which is the principle in electoral democracy, justifies an institutionalized game of power politics. The powerful groups have the legitimacy to win the right to govern, and the less powerful ones are supposed to gracefully accept their failure. What is the problem of power politics? Since some groups are unavoidably better organized, hence more powerful, their demands tend to obtain more representation, often disproportional to the number of people that they represent. Then the

"minority" could well become hopeless under the principle of majority, and they have to seek solutions by either non-democratic means, or special arrangements of non-democratic nature.

The conflict of minority with the democratic principle of majority offers us a room of thinking for the right of minority. While none-democratic polities are supposed to have a built-in legitimacy problem, the power politics of democracy is said to be naturally legitimate. What if the legitimacy of majority principle is challenged in certain cultural establishments? Do we have to believe that a government is "legitimate" whenever its leaders are elected? The legitimacy of elected leaders is more of a belief than a sound logic. How does winning a certain proportion of popular votes on one single day relate to the justice in governance for a few years? The question is not answered, but rejected with "what else is a better alternative?" There are, of course, easy alternatives. When democracy fails, autocracy is a feasible and widespread alternative. A rule of law regime, like that in Japan, Hong Kong, and Singapore, is also a practical alternative. Why do we consider none-elected judges "legitimate" and trust them to make judicial decisions? The general public in the West deems the game of open power competition among social groups as just and fair -- the powerful should gain their due. In most cases, and it is unavoidable in the game of numbers, the game winner represents only a "relative majority," namely, a *de facto* minority in terms of the total number of the electorates. The game is only "fair" when the general public has the consensus with the game's rule. This consensus, however, is culturally unique. Shall we obey the decision of certain people simply because they are backed by a relatively "larger" number of people? Why should it be a "universal" value? People in the world of sciences, education, and enterprises have never followed the principle of majority. In the Chinese civilization, the belief in majority is not only alien, but also problematic. In the Chinese language, the word "politics" (*zheng zhi*) is written like "the governance of justice", or the "governance of righteousness," not the government of certain number or kind of people. The culturally unique consensus on power politics is crucial to the success of democracies. We have to know that there are cultures in which people do not identify with the powerful and with the kind of "justice" out of the balance of power among social groups; and that lack of consensus is by no means culturally inferior. The lack of that consensus may derive from certain social settings. Some social settings may not feature clear boundaries among social groups. Sometimes even a boundary between "state" and "society" might not exist. Under such a different social setting, it could be very dangerous to play the power politics of social cleavage, stirring up social conflicts by enlarging social cleavages. In China, "class struggle" turned out to be a Hobbesian war of all against all. None of the involved parties respected or accepted any "legal procedure," and the losers would not "gracefully" accept their failure, but fight to a bloody end. Without a chance for even corporatism, only populism, violence, and dictatorship were left. In China a different socio-economic setting enabled examination as an easy alternative to election. While elections depend on social cleavages, examinations blur them. Therefore, in the Chinese social context, non-elected officials tend to enjoy more respect than the elected ones, as long as they govern according to the principle of justice. I will explain this further in the next section.

(2) Unlike the Western societies, in which group or class politics may quickly reach a balance of power in the society, power politics of periodic elections in many third world countries lead to easy politicization of social issues and enlarges social cleavages, making a divided society more divided, and a vulnerable social order more vulnerable. Moreover, without a tradition of legalism, this "class struggle" leads to little more than an accumulation of social chaos. Rather than the consideration of universal justice, the periodic open contention for government looms large in the daily work of legislature, executive, and even judiciary, politicizing non-political issues and linking political issues directly to winning the next round of election. If we could agree with the "modernization theory" that "nation-building" is the first important thing for the development in many third world countries, democracy has not been an effective way of approaching a unified national identity. More often than not, it is detrimental to it, like in the case of India. Politicians exploit the most sensitive or even explosive issues in the society, such as religion, ethnicity, and historical hatred. When politicians try to exploit social cleavages to win the right to govern, and democracy fails to neutralize sensitive issues, we see how the tribal rifts in Rwanda was handled, how the fire in former Yugoslavia was extinguished, how the historical hatred in central Asia was revived, and how the conflicts in Indonesia was bloody. The interesting point is not about how long those conflicts had already existed before democratization, but how they were not explosive without democratization.

Many believe that the electoral democracy is good at neutralizing sensitive issues since politicians want the largest number of votes, hence being forced to adopt the central line. This is a fallacy because it has to assume that the majority votes are around the center - the existence of a *dominant* middle class. What happens if there is no such a "middle class" in most developing countries? A strong consensus makes a democracy work, but democracy per se creates neither middle class, nor consensus. Despite a strong "middle class," it was the equality before law instead of electoral politics that has been creating and maintaining consensus between Singapore's 70% ethnic Chinese and 30% ethnic minorities. Politicians do not have to take a central-line position. More likely, they try their best to exploit all potential social cracks to win a certain proportion of votes - in the name of "liberty." As such, democracy without rule of law demonstrates a tendency of self-destruction, leading to an easy decay from democracy to autocracy.

The crucial shortcomings of democracy force us to consider a mixture of democracy with rule of law. The justification for rule of law has been strong throughout the Western civilization. The logic is simple and powerful.

Liberty means people's freedom to do whatever they want to do. It is self-rule, so to speak. However, "self-rule" invites the rule of "the law of jungles," so comes the need for a "government." People need a government first and above all else for order. Therefore, the government is authorized with the power to monopolize all the means of violence. Yet whenever a government is in place, its existence per se becomes *the* major threat to a *fair* order. In the name of order or "long-term social interests," those who hold the government offices often deprive key liberties belonging to individuals. The people have no reason to trust any one who is authorized with the tremendous power of government, whether he or she is elected or not. Thus, there must be a mechanism of checks and balances to make sure that the government is law-abiding, namely, to act according to the basic social norms, and strictly follow the principle that people can do *all* what laws do not prohibit, and the government can do *only* what the laws allow them to do. With a mechanism as such, officials would be punished whenever they do things other than they are allowed to do by law. Government maintains social order, and rule of law maintains a just order.

In a society of class or group politics, however, laws often strongly reflect the interests of strong or influential social classes or groups. Thus, representative democracy is an effective way to correct laws unfair to certain groups of people. In a largely undifferentiated society without a stable consciousness of social cleavages, representative democracy can also help in improving laws, making laws reflect social progress.

In our era of the triumph of representative democracy, the danger is that the elected leaders abuse the tremendous power in their hands, and their power abuse leads to unjust order that creates potentials for social disorder. For example, despite the fact that the American people elect their leaders in fair elections, American leaders are obviously abusing the power of the United States, creating an unfair world order, which fosters rebellions and a new world disorder. That derives from the fact that no other countries could check and balance the tremendous power of the United States. If there is no way to correct that international politics short of the emergence of a multi-polar international power structure, we clearly know that the power abuse in a domestic context could be prevented by a mixed regime. Elected leaders could be checked and balanced by the non-elected agencies produced under the principle of meritocracy, such as the judiciary and civil service. The none-elected offices are, therefore, as "legitimate" as the elected ones. When the elected leaders and the none-elected judiciary and law enforcement rule together, we call it a "mixed regime" of democracy and rule of law. A pure democracy comes into being whenever the discourse on election as the only source of legitimacy prevails, and whenever elected leader (s) could inundate the judiciary and civil service. A *pure* democracy is not far from autocracy. On the eve of the 80th anniversary of the founding of the Communist Party of China (CPC), there was a very terse press passage that gave an official interpretation of the current Chinese polity. I quote it here to show how close the rule by people's representatives could be to an authoritarian form of government, or that the extreme kind of democracy is the starting point of autocracy.

"Separation of power is not a democratic principle; rather, it represents the elites' rule against the rule of the people. China does not practice separation of power because we seek the most thorough and extensive people's democracy. All powers belong to the people, and all state power must be exercised in a unified manner by the People's Congress, and must never be shared by any other organs. All other organs, such as judiciary and inspection, are generated by the People's Congress and are accountable to it, being placed under its supervision. There is a division of duties, but no separation of power." ***

When all the power belongs to the people's representatives, China could legally maintain the one-party rule as long as the Party enjoys a dominant majority in the parliament. Many fascists came to power through fair elections; and the most important signal of their rise was to disable some key constitutional rights of individual liberty, in the name of "majority people's desire." The real enemy of autocracy, therefore, is not democracy, but rule of law.

A democracy without rule of law may easily decay into the trap of corruption and social disorder, which turns autocracy into an attractive and practical alternative. So comes the seemingly endless cycles of democracy and autocracy in the third world countries, as well as the practical difficulties there to tell a democracies from an autocracy.

There is no such a belief in the West that election is the only source of legitimacy although that belief is widely advocated in the non-Western countries to defeat autocracy. Liberal democracies in the West are not merely the "cracy" of people's representatives, but also that of judges and law enforcement agents. In both Western Europe and the United States, the term "rule of law" enjoys almost the same authority as democracy. They are the two pillars of "liberal" democracies. The beauty of it lies in that it is a "mixed" regime. This "mixed regime" consists of the rule of both elected representatives and non-elected government branches. Liberal democracy as such enjoys the best performance in today's world, demonstrating a beautiful balance between order and liberty, and representing the highest achievement so far in the political civilization of human kind.

However, people in the West tend to call their mixed regime democracy or "liberal democracy", they take their rule of law for granted, often forget that their performance is not derived from democracy only, and believe that the differ from the backward countries in the latter's lack of democracy. How many Americans know the significance of the fact that their president elected cannot assume his office without taking the oath to observe the Constitution, which must be witnessed by the none-elected Supreme Court Judges? The American President has to "swear in," no matter how many people have elected him. After the Cold War, people in the West tend to forget their own strong legalist tradition on which the "liberal" democracy was founded. They are too carried away by the idea of spreading democracy, and thus ignore the critically important issue of mixed regime and sequence of priority. Moreover, by and then democracy is used as an unprincipled foreign policy instrument, and double standards are seen everywhere. The recent joke, of course is the U.S. official reaction towards the military coup in Venezuela against the democratically elected president in April 2002.

Democracy could be created with little rule of law, and rule of law could be created with little democracy. They are not naturally integrated, but can be "mixed." Because of their contradictory natures, each balances the other. Rule of law reduces the authority of the people's representatives, forcing them to be law-abiding. Democracy reduces the rigidity of the established legal system, making it less stagnant and more adaptable to a changing society. While elections are easy to hold, rule of law is difficult to build, for rule of law is very far from the personal rule of one, a few, or many. Without a legalist tradition, the authority of law has to be planted; and building independent and quality judicial powers and civil service is much more difficult than distributing ballot boxes across the country.

As Western democracies were built on an already solid belief in the authority of law, the third world new democracies are built with little legalist tradition. Having obtained the tremendous power of "representation," the politicians in the third world are reluctant to yield their power to laws and the authority of law enforcement. Rather, they tend to manipulate judiciary and civil service, and manufacture laws for their own convenience. Democracies in Asia, such as those in India, Philippines and Taiwan, have not strengthened but weakened their tradition of legalism originated from the time of colonialism or authoritarianism. In most developing countries, modernity depends not on replacing rule of one with rule of a few or many, but on the authority of law. What really differentiates the developed and developing countries is not whether they are democratic, but whether they are "liberal," namely, whether they have rule of law. This also means that sequence is critical. Due to the differences in sequence, the transitions from socialism in China and the Soviet Union have obtained radically different results. In the Post-Cold-War world, acknowledging the importance of sequence requires the intellectual world to demythologize democracy by understanding what it actually does. Therefore, whatever is the favorite choice in the West, China cannot regret its choice different from the Russians; and the people of Hong Kong do not feel any inferiority of their polity vis-à-vis the democratic regime in Taiwan.

Different conditions require different proportion of the "mixture" of rule of law and representative democracy. The feasibility of a particular balance depends on the social setting and cultural tradition of a particular nation. After all, no one could leave the earth by pulling one's own hair. As the grounds beneath peoples' feet differ, people are not all the same, and they are radically different. If we truly tolerate and respect cultural diversities, including the diversities of political culture, we would not only justify and tolerate the need for a uniquely conservative American system, but also some unique systems in other cultural backgrounds.

Due to the shortage of a legalist tradition, building the authority of law is the priority in the current Chinese context. Building the authority of law is the most effective way to overcome tyranny and protect liberty in its rudimentary markets. The problem in China is not who should rule, but what should rule. So comes my argument that China needs a mixed regime. The suggested regime is a mixed one, but mixed in a unique way: it is neither a pure democracy nor a democracy supplemented by rule of law, but rule of law supplemented by democracy.

III. Polity Options Out of Different Social Settings

With the above understanding of the differences and different functions of democracy and rule of law, I am now ready to explain why China has not embraced democracy. I write this section with two things in mind: (1) compare different social settings in China and Europe; and (2) argue that the differences shape different paths to polity options.

1. Rule by law in "feudal" Europe, and rule by morality in "traditional" China

In the feudal Europe, personal rule was more or less justified with the Law of Divinity. In traditional China, personal rule was justified more or less by moral principles. How did the two civilizations obtain the difference?

1300 years ago around the 8th century, the Frankish kingdom started the European "feudal" society, with large plantations as its economic basis, a rigid system of estates as social basis, and highly fragmented administrative entities as its political basis. Manors or seigniors and small kingdoms competed with each other and collaborated with a unified church system. This feudal society had four major characteristics. (1) A lack of economic freedom in selling land and labor. *** (2) A lack of political equality for lower classes to participate in government. (3) A strong tradition of power politics derived from competitions among the decentralized political entities and fragmented societies. (4) A strong tradition of legalism that recognized the authority of law, which was rooted in the belief in the authority of Divine. The justification for government was a matter of "contract" with God, and later in modern times with the "society" or "people."

How China was different from that?

2300 years ago in 356 BC, "Shang Yang Reforms" started the Chinese "traditional" society. Its economic basis was small and self-sufficient family farms. Its social basis was equal farmer families without a clear or stable differentiation of social status. Due to the lack of primogeniture and to the agricultural interests in giving birth to as many sons as possible, "No rich family could sustain for more than three generations (*fu bu guo san dai*)", as a Chinese proverb says. Its political basis was a unified kingdom under an emperor. The emperor led a centralized, hierarchical, and very secular government of civil service that governed in collaboration with local gentries. Gentries led their local communities via the bound of lineages in natural villages. This traditional society also had four major features. (1) An embedded tradition of economic liberty. (2) A unique tradition of political equality. (3) A tradition of governance that depended mainly on persuasions instead of power politics. (4) A tradition of authority/legitimacy that was based on moral principles instead of laws or the God.

What do those sharp contrasts imply for politics? Some further descriptions of the Chinese features will be self-explanatory.

(1) China enjoyed a very strong tradition of economic liberty. The freedom of selling land and labor was legally provided for by "Shang Yang Reforms" in the country of Qin -- one of the seven states in the period of the "Warring States" (475 BC - 221 BC). Shang Yang's method soon socialized the other six countries. 135 years later (221 BC), Qin unified the whole China and built China's first unitary regime of dynasty -- the Qin Dynasty. In the following 2,200 years, except during the first three decades of communist rule, freedom of selling land and labor has generally been upheld as a natural principle. It is not a surprise that in the past seven years economies in both Hong Kong and Singapore have been rated as the "freest" in the world, freer than the American economy. In Taiwan, the government tried hard to block economic exchanges with the Mainland China, but the effort has been

understandably not effective although it should have been easy for the island. It is quite natural that China's command economy was extremely hard to maintain and easy to set free. Today, witnessing China's huge imports by smuggling and the dramatic difference between nominal tax rates and the actually collected taxes, we could easily find very high incentives inside China to reduce government intervention, open up to the outside world and support free trade. In history, Chinese traditional government tried to block linkages with the outside world, but it was exactly during that time, Chinese immigrants opened up Taiwan, and filled South East Asia. A similar tradition of economic freedom made the United States independent from the Great Britain, and become the strongest hold for the free trade of world markets. In the foreseeable future, the Chinese tradition of economic freedom may well allow China to replace the United States and become the strongest hold for free trade in the world.

For certain social strata in Europe, there would be no economic freedom without democracy, but in China economic freedom took deep roots without any understanding of democracy. This difference was mainly derived from a unique Chinese social setting - an undifferentiated small farmer society. And that non-feudal social setting was closely related to the early maturity of agricultural knowledge. However, democracy is not just for economic liberty. How could people access government without democracy?

(2) China enjoys a very unique mechanism of political equality. To adapt to an undifferentiated small-farmer society, China invented a system of civil service. Through civil exams, the government, except the

emperor, was institutionally open to competition among rich and poor, young and old, and even native and foreign. There was no wealth limit, "age discrimination" or even nationality requirement for attending civil exams. The system was built in Sui Dynasty (581-618) of 1400 years ago and was institutionalized in Tang Dynasty (618-907) . It lasted for 1300 years until its abolition in 1905.*** The examination system was the dominant approach of political participation and was popularly deemed fair. Prime ministers were often born from poor farmer families, and even a poorest farmer could expect to become a government official if he worked hard to master the contents of the examination. Lineages often financially supported their most promising (smartest) boys -- not necessarily from the rich family -- for school learning, so as to guarantee the success of the lineage. A Chinese proverb so describes the miraculous social mobility through civil exams: "A common farmer in the morning can become an official beside the emperor in the evening (*zhao wei tian she lang, mu deng tian zi tang*) ." No matter how true the social mobility was, the ideology blurred social cleavages via the examination mechanism. Just like the United States, no matter how big the gap is between the rich and poor, the *consciousness of status* is low due to the belief in social mobility. China's social cleavages were further blurred by the lack of primogeniture, and hence "No rich family could last for more than three generations." The open regime thus enjoyed such a "legitimacy" that no peasant rebellion or foreign conqueror before the 20th century ever tried to abolish the system. Rebellions always targeted at only "bad" emperors and corrupt officials, not the system of political participation via examination. Revolutionaries of the 20th century challenged the content of the examination, but not the fairness of the approach. Even during the communist rule of the past fifty years, passing the national college entrance exam was still the most important qualification for government offices. Most people in China today agree that the national college entrance exam is the fairest thing, or perhaps the only fair thing that still remains. No nation in the world takes examination and the skills of examination so seriously as the Chinese do. In the summer of 1997, the countryside of southern China was suffering the worst flood of the entire 20th century, and many were on house roofs or trees. That happened during the national college entrance examination season. Military boats came to them on the early morning of the first examination day, with soldiers shouting, "taking examinees." If one had the examinee certificate, he or she would be safe, for the examinee "need attend the national exam," and nothing was more important than that. No one objected it, and the military was highly praised for doing it. On the national examination day, Beijing Municipal Government sent government vehicles to pick up examinees trapped in traffic jam. The vehicles bearing "Examinee" sign have the privilege to ignore traffic rules, including red light and the "one way" sign. Because of the long tradition in believing the fairness in "equality before examination," the Chinese have a natural doubt about the class politics or "group politics," in which a stronger social group should obtain greater political influence. It is a common sense in rural China that villagers often do not respect the authority of the elected village leaders, for the majority principle is "unfair," a person from a larger lineage would always obtain the position to make key decisions. They would rather respect the mediation by the "learned" (knowledgeable) ones, such as senior or fair (neutral) ones who are, or used to be, officials. The village election in China is highly publicized in the world media, yet few know that it has been a top-down effort for nearly ten years, and villagers often do not come to the election if they are not paid to attend. The same thing happens to the Chinese student and scholars associations in American universities. Although each association represents hundreds or even thousands of students and scholars from China, each year's election in each university often draws fewer than 10 participants, including candidates. The similar kind of indifference to elections is also found among Chinese Americans, despite that they should have high incentives to cast votes under such a structural pressure of power politics. It is neither a surprise that the general public in both Hong Kong and Singapore support the civil service to institutionally enjoy higher authority than that of the elected politicians. Has bureaucracy or partisan politics dominated Japan? There had been little doubt about it from the Meiji Reform until 1993 when Japan started "democratization."

In Europe due to the feudal tradition, certain social strata were legally excluded from political participation, and democracy effectively solved that problem. In China equal opportunity of political participation took deep roots without democracy; and the lack of feudalism again explains that. It was elite politics, but the process of elite selection was open and equal. We might say that modern representative democracy also contains the meaning of elite selection, hence a somewhat elite politics - through elections though. However, without elections, how could people's desires be represented?

(3) In a country of scattered and undifferentiated society of villages, the governance in China heavily depended on persuasions instead of power politics. The persuasion was mainly carried out through indoctrination of moral principles via the examination system, and people could orderly climb up the ladder of social prestige. Both Confucius (551-479 BC) and Plato (427-347 BC) thought that moral principles could rule, but both failed as their world fragmented into "warring states." Confucius' ideas, nevertheless, had a chance of success in a huge and unified kingdom of small farmers. In 130 BC, 350 years after Confucius' death, Liu Che (Han Wu Di), the fifth emperor of the Han Dynasty (206BC-220AD), adopted Confucianism as the official ideology, which was since then followed by nearly all the Chinese emperors throughout the dynastic history. In a fragmented feudal Europe, there was never a chance to implement Plato's idea although it has continued to fascinate the Western people till today and is being taught in all the Western universities. Confucius told the rulers "To govern with moral principles (*wei zheng yi de*)." He explained: "To lead the people with administrative order and punish people with laws, people would obey only for the fear of punishment, but they would not have a sense of right or wrong. To lead with moral principles and sincere rituals, social order would be easily maintained with people's strong sense of righteousness (*Dao zhi yi zheng, qi zhi yi xing, min mian er wu chi. Dao zhi yi de, qi zhi yi li, you chi qie ge*)." *****The traditional Chinese government's reliance on persuasion instead of power produced two results. The first result was that it allowed a "small government." The

traditional government in China was so small and lean that it did not have a separate institution for collecting taxes or for judicial affairs, and often it did not even maintain a standing army. At the county level, there was in most time only one state-paid official, and this official was in charge of public order, judicial affairs, conscription, and taxation. * * The size of a county in traditional China was at least two times larger by area than today's county. China, with exactly the same size of area as that of the United States, has nearly 1,800 counties today. An emperor in Ming Dynasty (1368-1644) was famous for that he did not attend administration affairs for 30 years, completely dependent on his small government of civil service. Most common farmers did not have a chance to see a state official in their lifetime. The polity was authoritarian in form, but liberal in reality. A Chinese proverb so describes the people's freedom under that regime: "The heaven is high, and the emperor is far away (*tian gao huangdi yuan*)." Chinese farmers thus enjoyed the liberty of a "limited government." The actual mechanism of rule could be summarized as follows. A villager passed the civil exam and became an official. When retired, he returned to his village to become a local "gentry" with one foot in the state and another foot in his local community, helping local officials to maintain social order. *** The second result was that the "state-society boundary" was alien to the Chinese people. The reliance on gentry blurred the state-society boundary and made it almost non-existent due to the ideology of China being a big family. The "state" that the farmers dealt with was the gentries of double identities of state officials and communal leaders, and the two identities were so integrated in the concept of big "family" that even themselves would not be able to tell, unless a political crisis occurred and they had to take side between supporting or opposing the emperor. In Chinese language, there were no such a dichotomy like state and society. Both state and country are still translated as one, namely, "*guojia*," which literally means "a country of families." The state had the right to do anything to its people like a father leading a family, or it had the right not to do anything like a father spoiling his kids. This "family" concept implies that the state and society are one and shall not be pitted against each other. Until today, the grassroots authority in both urban and rural China is still not a formal level of government, but widely considered a level of government that deals with everyday state-society relations. As there was no clear boundary between the state and society, the power politics of status or groups lost its conceptual basis.

In Europe, class or group desires could not be protected or promoted without representative democracy. In China, without democracy, the blurred state-society boundary still somehow led to effective accountability. The lack of feudalism and the solidity of a small farmer-society meant that people's desires (interests) , whether more or less diversified than the European ones, were definitely less confrontational. They did not need compete for the power of representation to protect or promote their interests against each other. Thus, election had been alien to the Chinese language until modern times. There came the possibility of liberty under a small government, and the small government could govern by persuasions and hold itself as long as the principle of justice - basic social norms of the time - was upheld. However, what were those social norms of the time? Without democracy, how could the government officials observe the social norms instead of abusing the centralized and potentially tremendous power in their hands?

(4) Moral principles, instead of laws or the God, were the source of authority/legitimacy. In a society of scattered and self-sufficient farmer families, upholding moral principles was enough to maintain social order under a unified kingdom, and the state relied on local gentry's help to rule, rarely intervened into communal affairs. Unlike a commercial society of intensive interdependence, laws made little sense in a stagnant society of self-sufficient farm families. A gentry won allegiance from his community not because of his family wealth, but because he received an intensive indoctrination on Confucianism, passed the first, second, or even the third level of civil exams, and was a retired official, hence the "teacher" of many current officials and an incarnation of Confucian moral principles. The content of civil examinations were mainly about four things: (1) the Chinese history of governance; (2) the social moral principle (respecting hierarchical social order of emperor, officials, and father/husband - jun chen fu zi) ; (3) the rulers' moral principle ("The people's welfare is of the most importance, the country is the next, and the emperor is the least important" - *min wei ben, she ji ci zhi, jun wei qing*) ; and (4) the personal moral principle (benevolence, righteousness, courtesy, intelligence, and credibility - ren yi li zhi xin) . A gentry was loyal to the state because he was indoctrinated to respect the hierarchical order that allowed him to become successful. He was also loyal to his communal interests because he was educated with the moral principle of the governance. The Confucian

teachings thus featured a kind of reciprocity of rule. The emperor and local government could be "legitimately" overthrown when the ruler "loses his sense of morality" (shi de) ; and so came another proverb, "People take turns to become emperor, and it is my family's turn next year" (huang di lun liu zuo, ming nian dao wo jia) . Kang Xi (1654-1722) , an early emperor of the Qing Dynasty, ordered that the farmland tax should be fixed forever to the level of his time (*yong bu jia fu*) . Until the end of the Dynasty in 1911, not a single Qing emperor dared to increase the farmland tax by even a cent, not even after China was forced to pay 450 million taels of silver - one tael by every old and young, male and female Chinese -- as the war indemnity to the eight foreign countries that invaded China in 1900 to put off the Boxers. To collect the money, the Qing Government sold the titles and ranks of government offices, and borrowed from domestic and foreign banks. It was to respect ancestor, and also for the care of welfare of farmer families. The motto for all Chinese emperors ever since the Tang Dynasty of 1400 years ago was, "The boat (royal family) was both supported and sunk by water (people)" (zai zhou fu zhou) . Due to the legitimacy and effectiveness of rule by moral principle, Chinese people bore very weak sense of law. Unlike laws, however, the constraint of moral principles to personal behavior was always very "soft," and patron-client networks permeated the society and government, in the forms kinship, lineage, community, locality, and guild. Restricting the use of public office for private gains relied mainly on moral teachings and self-restraints. The widespread natural worship of ancestry, local superstitions, cults, customs and habits loosely held the society together. A traditional society as such, like a plate holding a large amount of sand, was very vulnerable to modern kinds of tremors, especially when being challenged by modern organizations born out of industrial markets, such as the military, accounting system, and the organization of modern industries.

In Europe, power could be abused to the interests of certain social groups or classes, and rule of law could prevent that. In China, the lack of clear or stable social cleavages allowed the idea of universal interest (*tian li* - a kind of "natural" moral principles) to dominate the state-society ties. However, it is true that the soft moral control of the officials and emperors became more and more problematic as they stayed in power longer. And abusing the public office for personal gains had long been a central issue in China's history of governance. Although some sophisticated regulations were invented in China's long history of civil service system, such as periodic office rotations and performance evaluations, as well as the strict rules to prohibit officials assuming office in their home counties, however, corruption periodically exploded due to the personal concentration of power. That problem became chronic when the society became commercial and competitive, hence the collapse of moral restraints.

China before the 20th century was more of a category of culture than a "nation state." It had no lack of economic and political freedoms, but lacked the capability to mobilize and organize the scattered and equal farmer families that were self-sufficient. Before the encounter with the Western powers, there was little need for such a capacity to organize or mobilize the stagnant traditional society. The need came into being when China met with the Great Britain. In 1840, for protecting the British liberty in selling opium to Chinese, a few thousand British soldiers came from two oceans apart and defeated a country of 400 million people. From then on, humiliations and defeats became part of the Chinese routine life. Therefore, the 20th century Chinese revolutions aimed at neither economic liberty, nor political liberty, but mobilizing and organizing farmer families for "modernization." The agenda in China was shaped by the then social crisis out of the sudden encounter with the West. The difference in agenda shaped the differences in polity. And democracy was thus not within the Chinese choice.

2. Different polity choices

The choice made in the Western civilization has been democracy, but democracy after "modernization". Clear cleavages among large social groups constitute the social basis of this democratic polity, such as three or four social estates in feudal Europe, tripartite "corporatism" in today's Northern Europe (union, business, and executive), and huge interest groups and "civil societies" in North America. The cultural basis of this polity is a belief in the fairness of power competitions among social groups, and a firm belief in the authority of law. The modern social revolutions in the Western Europe were largely class-based, and American politics has always been group-based. History is path shaping, and the social crisis in both the feudal and modern Europe shaped the choice of Western kind. It is natural and unavoidable that democracy was on the top of Western political agenda.

China has made a different choice, and is likely to make a different choice in the future.

The Qing government was overthrown not because it was "authoritarian," but because it failed to mobilize farmers to effectively resist imperialism and build modern industries. ***Qing emperors tried to imitate Japan's Meiji polity; "Northern Governments" after Qing imitated the European parliamentary system. Both failed in no time. The KMT under Dr. Sun announced a three-stage revolution: military dictatorship (*jun zheng*), authoritarian rule (*xun zheng*), and constitutional rule (*xian zheng*). His party did not achieve very much until Sun's successor, Chiang Kaishek, imported German advisors and adopted a de facto fascist rule. Yet, the KMT failure in mobilizing farmers led to its inability to put off communist rebellion, and its defeat by Japan helped the rise of communism. Eventually, the KMT rule in China ended in a fiasco and the imitation of Russian communism prevailed. The communist regime won popular support not because it was anti-authoritarian or democratic, but because of its capacity to mobilize and organize farmers in Civil War, Korean War, and industrialization. The legitimacy came from that the communist regime made the country "standing up" to the powerful nations, and helped the nation as a whole to regain self-respect.

The reality that the rule of morality was replaced by the KMT "military dictatorship" and later by the communist "proletarian dictatorship" shows that the economic liberty and political equality was hardly an issue in China's 20th century revolutions. The top concern was social "mobilization" for "modernity." Modernization contains three main tasks, namely, nation building, market building, and state building. The first is to achieve for China a mechanic solidarity; the second is to achieve an organic solidarity; and the last is to achieve an advanced form of government that would replace the dominance of traditional authority of patron-client ties with "legal-rational" authority. Like Weber and mainstream "modernization" theorists would believe, the emergence of a "legal-rational" authority indicates the completion of "modernization." Thus, a country could become "modern" without necessarily being democratic. China under Mao accomplished the first task, and under Deng, the second task. There came the issue of "state building." The communist "dictatorship" has now become outdated, and China is in need of a modern polity, so as to institutionally guarantee social justice under a market system. The "total" control by the party and particularly by its politburo in education, media, ideology, and executive, judicial and legislative branches of government no longer fits the state-building task. The concentration of power leads to the systemic abuse of power. So comes the two current options of political reform: democracy or rule of law.

For the following reasons, I see rule of law is a more promising option in China.

(1) China is not a hotbed for large socio-political groups. The social basis of the traditional Chinese society was free, scattered, undifferentiated, self-sufficient farmer families; and the country was a loosely structured "big family" of stagnant communities/villages. China is a country of equal families, not a country of social classes or large interest groups. Otherwise, the "rule by moral principle" would not hold. Mao's "class struggle," which was imported from the West,

was extremely hard to carry out, but was easily given up. Once imposed on the Chinese society, it led to bloody Hobbsian wars of "all against all." In contrast, through the 2500-year dynastic history, there were so few large-scale, government-threatening farmer rebellions that counting with fingers would be more than enough. Most dynasties collapsed upon external invasions. In today's industrial markets, the small-farmer society has naturally evolved into a society of family-based small and medium enterprises, which are becoming the backbone of the Chinese economy today. They enjoy high vitality, and are just as competitive as the family-based firms in Hong Kong, Taiwan and Singapore. Their interests are as scattered as the small farmer families in the past; and due to the lack of the consciousness of power politics, the entrepreneurs do not feel the need for forming large interest groups to protect or promote their interests. Scattered socio-economic interests can be obstacles to social solidarity, but they may also be a sound pre-condition for a highly unified will under the Law. Laws in China can be the incarnation of universal justice, neutral and acceptable to all. It is not necessary to make laws favoring politically influential groups or "civil societies," and there are no obvious signs of strong "civil societies" like those in the West.

Many in the West expect a rapid growth of "civil societies" in China. Civil societies were once widely believed to be the driving force and social basis for democratization in the Eastern Europe. Nevertheless, the current development of civil societies in the Eastern Europe is disappointing, which leads to a second thinking of the collapse of the communist regimes there, and cast a shadow over the promise of its growth in China.**** If only political opposition groups are considered "civil society," then China had a long history of that. Particularly in the modern history, mass movements against the government emerged one after another. Was Communist party a "civil society" during the Republic era, or only organizations against the communist party are "civil" ? Those who expect independent "civil societies" to check the Chinese government power would surely become very disappointed. China does not have that kind of civilization. The so-called NGOs in China are mostly state-sponsored, and I would call them "official civil societies." In fact, even crime syndicates - those that known as "underground societies" in China - has little room of survival if without connections to certain key officials. NGOs without any connection to government officials are rare and of little influence. This is not to say that there is no room for opposition in China. Even a faction of the communist party could turn against the communist party, like in the case of Tiananmen in 1989. The collapse of the Soviet Union was not due to civil societies, but the split within the Communist Party. Taiwan's democratization was not due to the emergence of "civil society," but the split of the KMT.

It is a fallacy to believe that plural economic interests in today's China must naturally lead to political pluralism. It is the case in the West, but not in China. The Hong Kong and Singapore markets are way more "plural" than most Western economies, but they do not lead to pluralistic politics. Democratization in Taiwan had little to do with plural interests in the economy - it came from "sub-ethnic" (by provincial origin) politics and international politics as well. The key is not just how "plural" the economic interests are, but whether the scattered and divided economic interests can be integrated into powerful political groups. That has to do with two things, cultural tradition and the size of the economic units. The entrepreneurs in the context of Chinese tradition do not appear to believe in the strength of such political grouping. The shortage of that belief has to do with the size of economic units: mobilizing and organizing the small and scattered firms into large and politically powerful groups incurs high "transaction" cost. Anyone who tries it has plenty of chances to suffer from the state's instinctive response to "divide and rule," and from the constant pressure of betrayal among fellow firms. That is the most obvious in the case of today's Taiwan. Selective "tax check" is already enough to silence even the strongest business leaders. Thus, the "politically correct" idea of group politics or class politics does not take roots even until today.

(2) Due to the lack of powerful social groups or clear-cut social cleavages, Chinese people have a natural difficulty to identify with power politics. Rather than resorting to the competition for the government power, they tend to place their hope in the justice of the government. They expect that government would act in accordance with the basic principles of social norms. In the West, it is a fair game that interest groups make the government represent their interests by winning a (relative) majority of votes. In China, however, the game is not considered that fair or legitimate, the admired virtue is "*jun zi bu dang*" - a decent person should not join any clique. Partisan politics - the key to democratic politics of balance of power - has no natural legitimacy in

the Chinese tradition. The people do not admire politicians who hanker after politicizing the existing social cleavages. And the principle of "social harmony" disapproves stirring up people against people by exploiting potential cleavages. For the average people, fair law enforcement by a neutral civil service, or *gong zheng lian ming* in Chinese, is all what justice means. Although the democratic principle of majority can be indoctrinated, and the ideology has overwhelmed a considerable part of intellectual society in China, more often than not the people who claim themselves democrats do not respect election procedures, they often abuse the procedure, and they often disdain the authority of winners with the excuse of "unfair procedures." Indicative of this are those U.S.-based Chinese organizations for democracy, which have been constantly suffering from splits, betrayal, corruption, personal slander and scandal, and one after another "coup d'etat." The most effective ones, as it turns out, are those organized after the principle of Leninist parties or simply mafia. In the Taiwan presidential election of 2000, James Soong, an independent without the support of a party machine, put forward a platform centered in the concept of "supra-party and all people's government." As runner-up, he lost only by 2 percentage points of votes (37% vs. 39%) . All the three candidates had little difference in their platforms of socio-economic policies. Having won the election, President Chen picked the KMT defense minister to be his prime minister in charge of forming his cabinet, and claimed that he had turned a "supra-party and all people's government" into a reality. The point is, a "supra-party and all people's government" is hardly a democratic one; there cannot be a democracy without partisan politics.

Today's Taiwan seems in deep social strife, and that is out of a very primitive kind of partisan politics - partisan politics of sub-ethnic groups, which has made nearly all politicians notorious.

(3) As in the traditional time, there is little popular pressure for more liberty in today's China; the strongest pressure comes from the demand for "fair terms" of liberty. People and firms compete wildly to win a niche in markets, and there is always a way to ignore or bypass the concerned regulations. Astonishing is the lack of fair rules and of effective rule enforcement. Winners are often, if not always, those who are capable and willing to bribe the concerned authorities. Due to the need for building a market economy, the power of the ruling party is "feudalized" due to the process of decentralization. Each party secretary has become a monarch of a locality or sector. As the success in competitions has become the essential means of subsistence, neither moral principles nor the communist ideology can effectively regulate party officials. The traditional moral pillars of governance have collapsed, and officials are "commercialized." The feudalized and commercialized government system is endangering the newly created and vulnerable market order, and the market system remains in the rudimentary stage of unfair competition - competitions for government connections rather than competitions among firms. Therefore, the corruption problem has become the top concern in China. The mainstream Chinese political culture is not necessarily more tolerant to corruption than others. In China corruption is the most legitimate reason to overthrow a government. KMT government on mainland was overthrown at the charge of rampant corruption instead of representing certain so-

cial classes or foreign forces.

Democracy by way of periodically electing leaders is not the right medicine for the lack of fair terms of competition. Pleasing certain social groups is not much better than pleasing party secretaries. If the democracy in Taiwan has not increased corruption, it has not reduced it. It has solved the problem of who should control the government power instead of how the government power should be controlled. Taiwan's corruption problem might be brought under control later, but it would be done by more rule of law instead of more democracy. The problem in China today is not about liberty, but liberty under what terms. It is not about who should run the government, but how the government should be run. Strictly enforcing laws is to increase the cost of firms' "government connections," making immoral competitions "inefficient," and creating fair and just conditions for market competition. To make strict law enforcement possible, a decisive political move in the direction of rule of law is required. The government power must be separated, so as to build an effective mechanism of checks and balances, and make the Law above anyone or any one party in power. In other words, it is a solution similar to the polity in Hong Kong and Singapore. That is a practical solution for China although it may not be a "politically (i.e. ideologically) correct" solution in the eyes of many in the United States.

(4) The Chinese social setting and the tradition of rule by moral principle are compatible with an essentially rule of law regime.

First, moral principles are the very basis of the Law. There is no insurmountable barrier between rule of moral principles and rule of law. The spirit of the Law is the spirit of justice found in basic social norms. From the Natural Law and the "Ten Commandments," to the British Common Law and American Constitution, the Law was "found" according to the moral principles of the time instead of "made" according to wills of the majority. Take the American Constitution, it was "agreed" by only a tiny number of self-claimed "representatives" of the people more than two hundred years ago; and no plebiscite or referendum has been held ever since. Take the American "Declaration of Independence," "the Laws of Nature and of Nature's God" was mentioned in the very first sentence to justify the American independence. Of course, laws about concrete details of life should be those agreed upon by the people or people's representatives. Yet man-made laws of the time must derive from the Basic Law, and should not be contradictory to the basic moral principles of the time. They should not violate the spirit of constitution, so to speak.

Second, rule of law directly answers to the most urgent need of the Chinese society - curbing corruption in the time of market economy. Electoral competition for government offices is not an effective way of curbing corruption, it could well lead to the concentration of power in the hands of elected leaders. During the 55 years after World War II, the Italian government changed hand for 58 times, but it was still a very corrupt one at least until the mid-1990s. India has a stable democracy already for half a century, but it is no less corrupt than before. In East Asia, no country is more democratic than the Philippines, but its corruption is as bad as any authoritarian regime could be. The least corrupt regimes in East Asia are found in the two essentially Chinese societies,

Singapore and Hong Kong; and their governments are not only similar, but also non-democratic. China today needs a government in which officials should neither be party secretaries' pets, nor "civil" societies' instrument. It needs a system to institutionally check and balance the government power, replacing the authority of leaders with the authority of the Law.

Third, the "consultative rule of law" regime suggested in the next section represents an attempt to revitalize a unique tradition of Chinese political civilization. China itself had a legalist tradition -- the "Law School of Thought" was started by Guan Zhong (?-645 BC), a Prime Minister of the State of Qi. The thought dominated China until Liu Che's time in Han Dynasty when it was replaced by Confucianism around 130 BC, more than two thousand years ago.17 Like the polity in Hong Kong and Singapore, the proposed regime inherits the tradition of civil service and the consultative gentry support, but it refuses the ultimate power of a top leader and the abstract moral principles as the pillar of governance. Like the polity in Hong Kong and Singapore, the proposed regime borrows legalism from the West, checks and balances in particular, to force the government law-abiding, but it refuses the democratic principle as the only source of legitimacy. Elections are no more legitimate than examinations and independent evaluations. People and people's representatives should be intensively consulted, but the regime would not be the rule of people's representatives, it would be rule of law supplemented by the representative democracy. The proposed regime is made accountable to the people's demands by effective and impartial law enforcement, by the representatives' right to approve laws, by extensive social consultation arrangements, and by the freedoms of speech, press, assembly and association.

Election and examination are two competitive ways of political participation. In the real world, the two approaches co-exist in all regimes, but it is impossible to make the two equally important - one has to be the core institution in the political machine. Parliament by election is the core institution of a democratic regime, and civil service by examination is the core institution in a rule of law regime. "Liberal" democracies" are based on the rule of both law and people's representatives, with the balance tilting towards the latter. The "consultative rule of law" regime is also a mixed regime of rule of law and democracy, but with the balance tilting towards the former. It allows less room for the rule of political leaders.

IV. Towards A Consultative Rule of Law Regime

As is pointed out in the beginning of Part I, rule of law is not so much about regulating those who are ruled than regulating the government power and behavior. How can the authority of law be built in China? Inspired by the polity in British Hong Kong and Singapore, this section proposes a "consultative rule of law regime" of a six-pillar structure. I will present my suggestion, propose its steps of implementation, and explain its feasibility.

1. A Six-Pillar Structure

Unlike any democracy where parliament is the core institution, the civil service is the core institution in the proposed five-pillar regime. The "legislature," whether selected or elected, is essentially a consultative institution to the executive branch.

(1) A neutral civil service system. This system has two functions: the major one is to strictly and impartially enforce laws, and the secondary function is to propose legislative bills. Compared to democratic regimes wherein the parliament is the core institution of the polity, the civil service is a much more neutral instrument of governance due to its source of power -- open examination, comprehensive evaluation, and life employment. Examination is the only way to enter the civil service, and the promotion to each higher level requires a certain length of time in service and passing a higher level of examination. Internal and external evaluations also play a large part in promotions within the system. Examination, performance evaluation, seniority, and life employment are the four basic elements that internally sanction those career professionals. All people have equal opportunity in taking the open entrance exams of the civil service, which represents the principle of political equality based on meritocracy instead of majority. There is no shortcut to the top level within the bureaucracy. Civil servants can only follow the legally designated system of promotion, demotion, reward, punishment, transfer, and retirement. Although the system of civil service is sophisticated, the knowledge of its mechanism is not beyond our current political civilization. More importantly, the Chinese culture generally accepts that examination is a fairer approach than elections. China's civil examination system started 1400 years ago, and lasted until the beginning of the 20th century. Once again, most Chinese people still consider examination the fairest thing in modern Chinese society.

(2) An autonomous judicial system. The civil service must be

checked and balanced. It is checked and balanced, above all else, by an autonomous judicial power. The judicial system also plays two functions. First, it has independent and final authority to settle any legal disputes between the society and civil service, within the society, and within the civil service. Second, the Supreme Court has the authority of judicial review, so as to serve as the Constitution's final gatekeeper. There must be laws that protect the judicial system's autonomy from the civil service and from social influence, such as separating the administrative districts from the judicial ones. Judges must be neutral career professionals, guaranteed by life employment and a sophisticated internal system of promotion, demotion, reward, punishment, transfer, and retirement. This is to say, meritocracy is also the principle of the elite selection process. Judiciary is the weakest branch of government among all, and therefore, its power is allowed to be more autonomous than the others. Nevertheless, to keep it from the power abuse within the judicial area, transparency, public evaluation, and internal mechanism of checks and balances must make up a critical part in its institutional arrangement.

(3) Extensive social consultation institutions. The civil service would also be checked and balanced by an extensive system of social consultation. At the national and provincial levels China's People's Congress could be the institutional basis of this system, which is supplemented by a wider system of social consultation. It also serves two functions. First, it has the final authority to approve, reject, or shelve legislative bills proposed by the civil service. The civil service has the authority to propose laws, the People's Congress has the authority

to approve or disapprove laws, and the Supreme Court enjoys the authority to review laws. The law-making procedure is thus made difficult. Second, it has a legally designated power to make executive suggestions, regularly hold hearings, and carry out investigations in the administrative affairs, forcing the civil service to transparently perform its functions. Moreover, as is the practice in Hong Kong, each level of every governmental department must build its own social consultation committee (SCC) , which should consist of retired civil servants, concerned citizen representatives, and concerned entrepreneurs/specialists. *** By law the civil service has the duty to periodically report to the People's Congress and SCCs, hear their suggestions and accept their investigations by providing necessary government files. By law the civil service must answer their inquiries, and within a legally designated time limit they must openly accept, reject, or partially reject the suggestions made by the People's Congress and SCCs. The suggestions from the people, the decisions made by the civil service, and the administrative results must, by law, be put on file with higher levels of the civil service and made available to the public media, so as to provide a basis for openly evaluating the performance of the concerned executives. By China's Constitution today, the National People's Congress is the institution with "the supreme power." Everyone knows that it cannot possess that power without free elections. The legislative power is actually in the hands of the Communist Party, and the People's Congress is at best a consultation institution. Although China's provincial people's congresses enjoy a partial right to make local laws, just as the National People's Congress enjoys a partial right to make national laws, they are also mainly consultation institutions, serving the dual-executive system of the party and government. The people's congresses at the county and township levels have performed only consultation functions. Hong Kong's "Legislative Council," nevertheless, is also merely a consultation institution to the "Executive Council," as is Singapore's parliament. Instead of a revolutionary change to a democracy, this design cancels their authority on paper, but strengthens and institutionalizes their consultation functions, so as to make the regime accountable to various social demands, though not a surrender to those demands. In so doing, a pure rule of law regime is turned into a "consultative rule of law" regime.

(4) An independent anti-corruption system. As historic experiences show, the critical danger of the civil service is not whether it could maintain neutrality, but corruption. The civil service must be checked by an independent anti-corruption system, specializing in investigating corruption among public servants. Singapore invented that institution in the late 1960s and Hong Kong imitated it in the early 1970s. While Singapore's CPIB has been acting like a secrete police, Hong Kong's ICAC has been highly visible and maintained good public relations. This independent institution has played the decisive role in curbing corruption among public servants in both Singapore and Hong Kong. Promotion inside the system depends solely on achievement in uncovering corruption among civil servants. By virtue of its single duty, it is a very lean institution, and its own internal corruption has very little social impact. Its single function plus its small size make the work of checking the system's internal corruption simple, an internal disciplinary com-

mission will do the job. In both Hong Kong and Singapore, the wild corruption of the 1960s was effectively controlled within three years of the institution's establishment. By the early 1980s, Hong Kong's ICAC even extended its mandate to finding "corruption" within the private sector, for corruption in the civil service became extremely rare. The ICAC is widely trusted and respected in Hong Kong society. The key to its success is the system's complete independence from the civil service, and a partial independence from the judicial system.

(5) The independent auditing system. The civil service should also be monitored and checked by an independent auditing system. Public office is most often abused with abusing the government financial incomes. The financial power of civil service is easily concentrated, for the general public, as well as the people's representatives, could hardly understand the sophisticated arrangement of the government spending. Therefore, an institution of professional auditors, which is independent from the civil service, plays the function of preventing civil service from abusing taxpayers' money as well as other government incomes generated from the society. It will help make the government income and spending effectively transparent to receive social criticisms and evaluations. However, for the working of an independent auditing system, the need for reforming China's budgetary system is absolutely a pre-condition. All the budget of all levels and branches of government should be counted from zero, and thus funds can be allocated with transparent needs and explanations for later auditing. The degree of transparency and discipline in government spending indicate how well a government is regulated by law.

(6) The freedoms of speech, press, assembly and association. These "citizens' rights" do not constitute government institutions, but they constitute a standard and critical principle that all government branches must observe, hence a pillar in a political system. The civil service is also checked and made accountable to the general public by Constitution provisions that guarantee freedoms of speech, press, assembly and association. While these freedoms are an indispensable part in any modern and civilized society, they are particularly important for a rule of law regime. These freedoms represent major channels for expressing people's demands and major approaches to monitor and evaluate the performance of the civil service. Although people's right to freedoms of speech, press, assembly and association appear to be a basic criterion for modern civilization, these freedoms are often feared by governments of developing countries, and their people are often deprived of those rights. The lack of self-command among the media and political associations is only part of the reason, which comes from the lack of a strong middle class or "mainstream" class. The major reason, however, comes from the tendency that the four freedoms are often used as a major political tool for obtaining state power. Under a rule of law regime in which civil service is the backbone and the door to the government power through partisan politics is narrow, that tendency is minimized, hence there are much fewer reasons on the part of the government to fear people's right to those freedoms. Moreover, the four freedoms are guaranteed and regulated by law, and under a rule of law regime wherein strictly enforcing laws is vital to its survival, the freedoms are more secure and healthier than under a democratic structure

of power competition.

The above-proposed political system represents an attempt of institutional innovation in political civilizations, with the hope of a fine regime for China. It is a practical combination of Chinese and Western political civilizations for solving China's current problems of communist power concentration. It receives from China's tradition of civil-service-based structure with the consultative co-governance with gentries, while discarding the emperor's absolute power on the very top, as well as the tradition of rule by abstract moral principles. It also receives from the Western tradition of legalism, but reduces the current Western emphasis on the legitimacy of power competition among social classes and groups. It is innovative because it is a rule of law regime supplemented by democracy instead of a democracy supplemented by rule of law.

2. What is to be done?

If China's political reforms are set to take the direction of consultative rule of law instead of democratization, the following five things could be specified.

(1) Mobilizing an open discussion on the rule of law, particularly the need for power separation and checks and balances, just like the discussion on the "criterion of truth" in the late 1970s, so as to exert political pressure on corrupt officials and generate support and consensus in the society, clearing the way for further action.

(2) Announcing that the "central work" has been shifted from "economic construction" to "building rule of law." The declaration of a new "central work" has utmost significance in China's

political life under communist party, for it decides the promotion of new government officials. In Mao's time, "class struggle" was the designated "central work," and the most important criterion for promoting cadres was how active and capable they carried out class struggle. In Deng's time, "economic construction" was the designated "central work," and the indices of economic growth were the basic criterion of promoting cadres. In the new era of "building rule of law as the central work," effective law enforcement and the government's strict observation of laws at each level and in each department should be the criterion of promoting cadres. Deng decisively changed the Party's "central work" in 1979 from class struggle to economic construction, which marked a new era in China. The post-Deng regime could do a similar thing to open an era of political reform.

(3) Separating the duty of the Party from that of the government. "Separating the Party and Government work" was a decision made in 1978 by the Third Plenary Session of the 11th Party Congress, but has never been implemented. In other words, the dual-administrative arrangement of the party and government should be changed, so that the Party leads through its members inside the government, and the government should be reformed to observe the regulations of a civil service system. It is a "rule by law stage," the purpose of which is that the Party would no longer control and administrate the personnel affairs inside the government, and would not interfere in the government's routine work of law enforcement.

(4) Building the institutional system of checks and balances. It is to allow the genuine independence of the judicial system, anti-corrup-

tion system and auditing system, and building laws on the relationships between the civil service and the social consultation institutions. This would be a primary stage of "rule of law," the purpose of which is to provide the legal basis for the relationship between the regime's six pillars.

(5) Making the four freedoms the basic principle of governance. Officials of all the government branches and institutions must be told to observe the principle. With the freedoms of speech, press, assembly, and association, the state-society relationship would be further tested and adjusted to fit into the regime's endurance.

With the five things done, the "consultative rule of law regime" would be established, and the law instead of the Party would represent the supreme authority in China. The "communist" Party would only nominally "lead" via its members inside a neutral, honest, and law-abiding civil service, which would appear like Singapore's People's Action Party. The "communist" party leader would become a symbol of neutrality and social unity.

Although our Western friends would be reluctant to receive even the Communist Party's nominal leadership in China, the party, if it could make a rule of law regime possiblé, would enjoy very high prestige among the Chinese people, for it will have accomplished all of the three tasks of China's modernization: mechanic solidarity in nation building; organic solidarity in market building; and sustainable justice in state building. Attaining modernity, instead of democracy, has been the dominant theme in China's modern history. And that has been the source of legitimacy of the communist rule in China.

3. Is the consultative rule of law regime feasible?

Compared to a democratic option, the proposed regime might be feasible for the following reasons.

(1) It is a direct and effective approach to deal with the corruption problem; and a decisive move towards that direction could gain the Communist Party badly needed legitimacy.

(2) It provides for reliable social stability since the linkage between law and order has endured the test of time.

(3) It does not eliminate one-party rule in form, it merely reduces the role of the party. And it requires the Party, especially its top leaders, to carry out the political reforms.

(4) The proposed regime is not very far away from the current political structure although some major changes must be made to allow the genuine independence of all the six pillars.

(5) Rule of law is the surest indicator of modernity that has long been cherished by the Chinese people. (6) The polity of Hong Kong and Singapore, both essentially Chinese societies, has provided rich experiences for building a regime as such.

Nevertheless, the construction of any new political system depends on heroic leader (s) . There is no exception of that in the entire history of human kind, be it the creation of democratic or communist system. The feasibility of *building* a new polity in China decisively depends on the will and capacity of Chinese leaders of our time. And, compared to a democratic option, it is obviously less difficult for China's top leaders to accept the proposed regime. For example, they, particularly the late paramount leader Deng Xiaoping, often admired the polity in Hong Kong and Singapore.

Deng openly signaled his political support to the Hong Kong system. He said a number of times, "We need build a few more Hong Kongs inside China." He stubbornly resisted the British attempt to democratize Hong Kong on the eve of reversion, and declared: "Hong Kong's system must be preserved for 50 years, and afterwards we will no longer have any need to change it." And he added, "I've said that many times - I am serious, not talking irresponsibly." *** He might have assumed it would take half of a century for China to build a system similar to Hong Kong's. He dared not say that he supported the Hong Kong political system, just like he dared not say, during his economic reforms, that the other side of the river of his famous "Crossing the river by searching for stones" was the capitalist market economy. Nevertheless, this outstanding statesman clearly showed his political preference and his expectation for China's political future "in 50 years" (from 1988) . Under Deng, so came Jiang Zemin's famous support for the city of Zhangjiagang, a medium-size city in southern Jiangsu Province, which boasted an official policy to build a city " like a daytime Singapore and night time Hong Kong. ***

The skepticism to a rule of law regime often comes from the following five challenges.

(1) The legal system and the tradition of legalism in both Hong Kong and Singapore were imposed by the British colonial rule. Could China adopt such a system without a similar experience? There is no doubt that the legal system and the tradition of legalism in both Hong Kong and Singapore were imported from Great Britain, and it attests to

the great success of the exchanges between the Chinese and Western civilizations. However, the British colonies were all over the globe, why does the polity of "rule of law short of democracy" only take roots in Hong Kong and Singapore, and not anywhere else? The answer is that the Chinese civilization has had the capacity to imitate and absorb the Western tradition of legalism because it fits well into the need for managing a modern Chinese society. For both Hong Kong and Singapore, fair laws make "foreigners," or "racial" and "ethnic" minorities live together fairly harmoniously, as in traditional China where even a large number of Jews "melted" into Chinese society. Playing the power politics of democracy would enlarge the cleavage, and it would be very hard to organize the scattered families, lineages, underground societies, and ethnic minorities. The British enjoy the longest tradition of democratic institutions in the world, but did not make any attempt to democratize Hong Kong until the early 1980s when China and the U.K. signed the Joint Communique on Hong Kong's return; and Governor Pattern, the last British governor in Hong Kong, seriously tried to democratize the territory only on the very eve of its reversion. As rulers of Hong Kong, the British understood that democracy could only create chaos, and their attempt to build a mature rule of law was easy and successful. The policy would not have been very different had Americans ruled the two cities and seriously wanted to maintain its rule there. If the Chinese people in Hong Kong and Singapore could imitate and accept the rule of law, there is no reason that the Chinese on the mainland could not imitate and accept it. It would only take a longer time due to the larger size. Although the difference between the common law system and the continental law system is obvious, and Hong Kong and Singapore inherited British common law while China has adopted continental law, the difference is not large enough to hinder the building of rule of law. While China's judicial practice has been to import many of the elements of the common law system, both Hong Kong and Singapore have been revising the common law system towards continental law, and the jury trial has been rare in both cities. In short, the consultative rule of law originated in the British colonial rule, but the British colonial rule is not the precondition to build a consultative rule of law. China could imitate it -- just as China had the capacity to import the Russian communist system, which did fit the Chinese needs of the time. In fact, the rule of law without democracy was not just a British invention. It has existed nowhere else, including the Great Britain. The system was created with the joint efforts of British and the Chinese; and it was created in essentially Chinese societies.

(2) Since the rule of law in Hong Kong was guaranteed by the democracy of the U.K., how could China build and maintain it without democracy? Rule of law was not built by democracy - nowhere was it the case. The spirit of rule of law in America was built before American settlers crossed the Atlantic. The earliest settlers went to Virginia by patent and charter. When by mistake the pilot of the Mayflower sailed to Cape Cod instead of Virginia, the Pilgrims knew that they needed a Compact before pulling in to the shore of Massachusetts. The American respect for law came from Europe, and the European respect for laws came long before democracy. The Japanese rule of law, which was

also imported long before democracy, is just another case. Was rule of law in Hong Kong built and maintained by democracy? Saying so is a mistake. The British took Hong Kong with gunboats. The respect for law among Hong Kong's citizens was imposed by the authoritarian power of the British governors who ruled Hong Kong like emperors. If the rule of law in Hong Kong was "guaranteed" by British democracy, whose democracy has guaranteed the rule of law in Singapore since its independence in 1960? Moreover, Hong Kong had been a place of wild corruption before the early 1970s when most rank and file officials came from the U.K., Australia, and New Zealand. The Hong Kong government became an honest one only after imitating the independent anti-corruption institution of Singapore in the early 1970s and after the Hong Kong government started "localization." Singapore invented its anti-corruption institution by the end of the 1960s, long after its independence from Great Britain. The likely scenario is that Hong Kong's rule of law would have been destroyed and replaced by personal rule, had Deng not firmly refused the last British Governor's attempt of democratization. Rule of law in Hong Kong and Singapore is not guaranteed and maintained by the British democracy, nor by democracy of any kind. Rule of law is easier to maintain without democracy. It is maintained by rule of law itself, by separation of government power to form checks and balances.

(3) Since Taiwan has successfully adopted democracy, why cannot China do the same? Taiwan model is unlikely to spread to China for four major reasons. First, Taiwanese democracy is based on a "natural political cleavage" that does not exist or is not allowed to exist in the

communist China. For the forty years after World War II, the KMT from the mainland monopolized the political resources while the native-born Taiwanese had few chances to participate in the government. Provincial origin thus became a "natural cleavage," allowing the formation of an effective opposition party. Second, democracy has split the Taiwanese societies politically into factions, more than just provincial origins. For the mainland China, however, no leader would allow provincial or ethnic cleavages to enlarge and become political, because that would mean splitting China into a dozen or more countries, killing the very existence of "China." Third, Taiwanese democracy is also based on the Taiwanese independence movement, which would not have been possible without the security guarantee of the United States. Democracy could not take roots in either Taiwan or China short of a separatist movement and its context of international politics. Fourth, compared to the performance of the Hong Kong and Singapore polities, the performance of the Taiwanese democracy has not been attractive. Corruption, underground criminal societies, separatism, and dependence on American strategic checks on China, etc., further reduce its attractiveness in China.

(4) Hong Kong and Singapore are just two small cities. How could their experiences fit into the reality of the largest country by population in the world? Democracy originated in Athens, how could a country as large as the United States adopt democracy? The size of a country has to do with the degree of a political system - American democracy is far less democratic than the Athenian democracy. However, American democracy, or Western liberal democracy in general, has far fewer fla-

ws than the Athenian democracy. It is much more mature than the Athenian one. There is no doubt that the degree of rule of law in China could not match that in Hong Kong and Singapore, but it will become a well-known and mature type of polity once adopted by one fifth of the world's population. Important for China is that both Hong Kong and Singapore are essentially Chinese societies, and the two metropolitan cities represent a very likely image of China's future - a highly urbanized China. China has no other way to economic prosperity but building many more huge cities to accommodate its farmers who consist 60% of its population.

(5) How could the Communist Party - an institution that controls nearly absolute power and is as corrupt as it currently is - build a rule of law regime? I can never be sure that the Party would build rule of law. Yet, if any top Chinese leader intends to build rule of law, it is likely that the Communist Party will be the right instrument to do it. While that is not a certain thing, I see quite a number of chances: a popular demand for controlling corruption, an urgent necessity for a substantial political reform, the impossibility of real democratic reform short of a sudden regime collapse, a very receptive socio-economic setting for implementing rule of law, the popular expectation for "modernity," the existing polity whose structure is not too far away from my proposed six-pillar regime, and a politburo in which a few members could make the decisive decision to embark on a substantial political reform like what they did in pursuing the market-oriented economic reforms. In short, I cannot see much room for an alternative other than a rule of law regime, except the possibility that the decision-makers may not

want a substantial political reform at all, which is hardly an "alternative." A "pure" democracy may rise from the result of the inaction - a general collapse, and followed by a popular dictatorship.

I want to end this long article with a short, simple and unreliable prediction. China's political option in the future could well be so unique that it might again surprise the world as China has done before. China has surprised the world with a very unique traditional polity, with the communist takeover, with the Cultural Revolution, with the result of "Tiananmen," and with a huge economic miracle amid the economic collapse of nearly all of the other formerly communist countries. The Bible says, "Many are called, but few will be chosen." This largest country by population can hardly be "converted," for its people are hopelessly non-religious and pragmatic. The Chinese have clearly heard the "calling" of democracy, but are unlikely to be "chosen" for the "irresistible and universal spread of democracy." That will be a political miracle, however.

Notes

and a substantially political [illegible] itself, which eventually in [illegible] alternatives. A [illegible] pluralistic democracy may rise from the [illegible] of the [illegible] — a general collapse and followed by a popular dictatorship.

I want to end this long article with a short, simple and [illegible] prediction: China's political option in the future will be so unique that it might again surprise the world as China has done before. China has surprised the world with every time its national politics [illegible] the communists takeover, with the Cultural Revolution, with the [illegible] of "Tiananmen," and with a huge economic [illegible] amid the economic collapse of nearly all of the other formerly communist countries. The Bible says, "Many are called, but few will be chosen." This largest country by population can hardly be "converted," and its people are most likely more [illegible] than [illegible], have elected [illegible] and the [illegible] of democracy but are unlikely to be "chosen" by the "irresistible and universal spread of democracy." There will be a political miracle, however.

附錄一

「東方文化與國際社會」國際學術研討會議程

（2002 年 5 月 4-5 日）

2002 年 5 月 4 日（星期六）

地點：淡江大學淡水校園驚聲國際會議廳

8:30 - 8:50　報到

8:50 - 9:00　貴賓介紹

9:00 - 9:30　開幕式

1. 主席致詞　張校長　紘炬／淡江大學校長
2. 貴賓致詞　張創辦人　建邦／淡江大學創辦人

李會長　煥／中國孔孟學會會長

梁教授　守德／北京大學東西方文化研究中心主任

于教授　子橋／美國伊利諾大學亞太研究中心主任

劉教授　述先／中央研究院中國文學與哲學研究所研究講座

張館長　瑞濱／國父紀念館館長

（開幕式主持人：張副主任 炳煌／淡江大學文錙

藝術中心副主任）

9:30 - 10:10 Key- note Speech

馬教授 若孟／美國史丹佛大學胡佛研究所資深研究員

成教授 中英／美國夏威夷大學哲學系教授

10:10 - 10:30 茶敘

10:30 - 12:00 第一場 東西文化的融合

主持人：劉教授 述先／中央研究院中國文學與哲學研究所研究講座

潘教授 國華／北京大學國際關係學院常務副院長

黃教授 世雄／淡江大學文學院院長

發表人：葉教授 自成／北京大學外交系主任

自律、有序、和諧：關於老子無政府狀態高級形式的假設

潘教授 維／北京大學國際關係學院副教授

Towards A Consultative Rule of Law Regime in China--A Socio-Cultural Explanation for the Polity Difference Between China and the West

Mieczyslaw Künstler ／波蘭華沙大學漢學研究中心主任

Two main types of difficulties in translation botanical names from Chinese

李教授 本京／淡江大學國際問題暨國家安全研究中心主任

東西方文化之異同與美國強勢文化之衝擊

黃教授 光國／台灣大學國家講座教授
從新儒家到新新儒家

謝教授 政諭／東吳大學政治系副教授
全球化與中國大陸民族認同

陳教授 定國／淡江大學管理學院院長
現代企業有效經營方法與中國文化的淵源關係

許教授 振洲／北京大學國際關係學院教授
中國傳統中的非自由主義傾向

魏教授 鏞／交通大學教授
文化價值，制度運作，與國家發展：台灣經驗的歷史制度與心理文化取向之分析與詮釋

石教授 之瑜／台灣大學政治系教授
當代國家與少數民族身份的能動性--以金秀瑤族爲例

12:00 - 14:00 午餐（便當）

參觀淡江大學文錙藝術中心、現場書畫揮毫（主持人：張副主任 炳煌）

14:00 - 15:00 第一場 座談：東西文化的融合

主持人：劉教授 述先／中央研究院中國文學與哲學研究所研究講座

潘教授 國華／北京大學國際關係學院常務副院長

黃教授 世雄／淡江大學文學院院長

15:00 - 16:30 第二場 各地區文化的特色

主持人：余教授 傳韜／前中央大學校長

林教授 耀福／淡江大學外國語文學院院長

梁教授 守德／北京大學東西方文化研究中心主任

發表人：劉教授 述先／中央研究院中國文學與哲學研究所研究講座

現代新儒學發展的軌跡與展望

李教授 義虎／北京大學國際政治系主任

歐洲意識與亞太意識的比較

王教授 聯／北京大學國際關係學院副教授

試論近代中國的文化民族主義

Paolo Santangelo ／義大利東方大學亞洲研究中心教授

The Chinese Traditional Approach to Emotions：a Rich Heritagein the World Culture to be Discovered

邱教授 垂亮／淡江大學東南亞研究所客座教授

中西文化裡的戰爭與和平

彼薩列夫 教授／淡江大學俄羅斯研究所所長

Russia Between East and West：the Ever-lasting Debate

劉教授 增泉／淡江大學歷史系教授

現代新儒學發展的軌跡與展望

馬教授 良文／淡江大學俄羅斯研究所教授

Globalization and the Moral Issue

16:30 - 17:30 第二場 座談：各地區文化的特色

主持人：余教授 傳韜／前中央大學校長

林教授 耀福／淡江大學外國語文學院院長

梁教授 守德／北京大學東西方文化研究中心主任

2002年5月5日（星期日） 地點：國父紀念館中山講堂

8:30 - 8:50 報到

9:00 - 10:30 第三場 孫中山先生與國際社會

主持人：成教授 中英／美國夏威夷大學哲學系教授
黃教授 炳煌／淡江大學教育學院院長
李主任 奇茂／淡江大學文錙藝術中心主任、中國孔學會理事長

發表人：朱教授 鋒／北京大學國際關係學院副教授
90年代以來中國人「國際觀」的變遷與發展

唐教授 士其／北京大學國際關係學院副教授
中西方的法律觀念比較-試析中國緣何缺乏法治傳統

于教授 子橋／美國伊利諾大學亞太研究中心主任
Pioneer Globalist：Dr. Sun Yat-sen and Globalization

馬教授 若孟／美國史丹佛大學胡佛研究所資深研究員
台灣面對新挑戰：衝突信念的調和

謝教授 瑞智／前中央警察大學校長
孫中山先生與歐美憲政的權力分立論

許教授 智偉／淡江大學國際事務與戰略研究所特約教授
孫中山先生與歐洲

翁教授 明賢／淡江大學國際事務與戰略研究所所長
文化全球化的內涵與爭論

張教授 永儁／東吳大學哲學所教授

從儒學史略論當代新儒家的自我肯定與自我期許

10:30 - 10:50 茶敘

10:50 - 12:00 第三場 座談：孫中山先生與國際社會

主持人：成教授 中英／美國夏威夷大學哲學系教授
黃教授 炳煌／淡江大學教育學院院長
李主任 奇茂／淡江大學文錙藝術中心主任、中國孔學會理事長

12:00 - 13:30 午餐（便當）

13:30 - 15:00 第四場 儒學、新儒學、新新儒學

主持人：于教授 子橋／美國伊利諾大學亞太研究中心主任
鄔教授 昆如／輔仁大學哲學系教授
祝教授 錫智／淡江大學工學院院長

發表人：成教授 中英／美國夏威夷大學哲學系教授
第五階段儒學的發展與新新儒學的定位
高教授 柏園／淡江大學中文系主任
普世倫理與全球化——一個儒家觀點的考察
魏教授 萼／淡江大學國際研究學院院長
新「新儒家」釋疑
林教授 安梧／台灣師範大學國文系教授
東方式的「解構」與「建構」：論「存有之道」的開顯可能——一個東西方哲學對比的觀點
鄔教授 昆如／輔仁大學哲學系教授
孟子與聖奧斯定人性論比較

賴教授 賢宗／華梵大學哲學系助理教授

跨文化管理與中西管理文化之融合

林教授 國雄／交通大學經營管理所教授

新儒學知識論

葉教授 海煙／東吳大學哲學系教授

當代新儒學與台灣的本土化——一項悠關文化抉擇的課題

15:00 - 16:00 第四場 座談：儒學、新儒學、新新儒學

主持人：于教授 子橋／美國伊利諾大學亞太研究中心主任

鄔教授 昆如／輔仁大學哲學系教授

祝教授 錫智／淡江大學工學院院長

16:00 - 17:30 綜合座談

主持人：梁教授 守德／北京大學東西方文化研究中心主任

馬教授 若孟／美國史丹佛大學胡佛研究所資深研究員

陳教授 幹男／淡江大學理學院院長

陳教授 定國／淡江大學管理學院院長

邱教授 忠榮／淡江大學商學院院長

蔡教授 信夫／淡江大學技術學院院長

魏教授 萼／淡江大學國際研究學院院長

17:30 - 18:00 閉幕式

梁教授 守德／北京大學東西方文化研究中心主任

潘教授 國華／北京大學國際關係學院常務副院長

李主任 奇茂／淡江大學文錙藝術中心主任、中國孔學會理事長

張館長 瑞濱／國父紀念館館長

張副主任 炳煌／淡江大學文錙藝術中心副主任

	張教授　植珊／中國孔孟學會秘書長
	魏教授　萼／淡江大學國際研究學院院長
18:00	晚宴

附錄二

「東方文化與國際社會」學術研討會與會學者名單（論文發表者）

大陸學者

姓名	職稱
梁守德	北京大學國際關係學院學術委員會主任、教授
潘國華	北京大學國際關係學院常務副院長、教授
許振洲	北京大學國際關係學院副院長、教授
李義虎	北京大學國際政治系主任、教授
朱　鋒	北京大學國際關係學院教授
潘　維	北京大學國際關係學院教授
唐士其	北京大學國際關係學院副教授
王　聯	北京大學國際關係學院副教授
吳祖馨	北京大學國際關係學院副研究員

歐美學者

姓名	職稱
George T. Yu 于子橋	美國伊利諾大學亞太研究中心主任
成中英	美國夏威夷大學哲學系教授
Ramon H.Myers 馬若孟	美國史丹佛大學胡佛研究所資深研究員兼東亞部門主任
Mieczyslaw Künstler	波蘭華沙大學漢學研究中心主任
Paolo Santangelo	義大利東方大學亞洲研究中心教授

國內學者

姓名	職稱
石之瑜	台灣大學政治系教授
李本京	淡江大學國際問題暨國家安全研究中心主任
林安梧	台灣師範大學國文系教授
林國雄	交通大學經營管理所教授
彼薩列夫	淡江大學俄羅斯研究所所長
邱垂亮	淡江大學東南亞研究所客座教授
高柏園	淡江大學中文系主任
翁明賢	淡江大學國際事務與戰略研究所所長
馬良文	淡江大學俄羅斯研究所教授
許智偉	淡江大學國際事務與戰略研究所特約講座
張永儁	東吳大學哲學研究所教授
陳定國	淡江大學管理學院院長
黃光國	台灣大學心理系教授
葉海煙	東吳大學哲學系副教授
鄔昆如	輔仁大學哲學系教授
劉述先	中央研究院中國文學與哲學研究所研究講座
劉增泉	淡江大學歷史系教授
賴賢宗	華梵大學哲學系助理教授
謝政諭	東吳大學政治系副教授
謝瑞智	前中央警察大學校長
魏鏞	交通大學教授
魏萼	淡江大學國際研究學院院長

（依姓式筆劃排列）